熊铁基文集

第六卷

秦汉官制史

熊铁基／著

本书原名《秦汉官制史稿》，由安作璋、熊铁基合著（合作情况见本书附录），此次收入文集时有所修订，并改书名为《秦汉官制史》。限于文集体例，此次未署安先生之名。特此说明。

華中師範大學出版社

新出图证(鄂)字 10 号

图书在版编目(CIP)数据

熊铁基文集.第六卷/熊铁基著.—武汉:华中师范大学出版社,2021.8
ISBN 978-7-5622-9470-2

Ⅰ.①熊… Ⅱ.①熊… Ⅲ.①文化史—中国—秦汉时代—文集 ②政治制度—中国—秦汉时代—文集 Ⅳ.①C53 ②D691.21

中国版本图书馆 CIP 数据核字(2021)第 135149 号

熊铁基文集 第六卷

©熊铁基 著

责任编辑:张怀东 **责任校对:**王 炜 **封面设计:**罗明波
编辑室:学术出版中心 **电话:**027-67863280/7792
出版发行:华中师范大学出版社
社址:湖北省武汉市洪山区珞喻路 152 号 **邮编:**430079
销售电话:027-67863426
网址:http://press.ccnu.edu.cn **电子邮箱:**press@mail.ccnu.edu.cn
印刷:湖北新华印务有限公司 **督印:**刘 敏
开本:710mm×1000mm 1/16 **字数:**805 千字
版次:2021 年 12 月第 1 版 **印次:**2021 年 12 月第 1 次印刷
印张:50.75 **定价:**198.00 元

欢迎上网查询、购书

幼年与父母合影（中为作者）

初中留影

本科留影

研究生留影

与弟弟、妹妹合影
（右一为作者）

在华东师范大学

全家人合影（左一女儿、左二妻子、左四儿子）

与李雪松游长沙

与妻子李雪松游鸣沙山

与妻子李雪松手托老照片，记录时光

本科同班同学合影（二排右一为作者）

与研究生导师吴泽（中）、同学郭惠青（右）合影

研究生同学合影（前排左一为作者）

与何兹全（中）、李雪松（左）合影

与陈启云（右）合影

与安作璋（左）合影

与陈鼓应（右）合影

与李学勤（右）合影

与林甘泉（左一）、窦连荣（左二）、张美娣（左三）合影

与田昌五（右）合影

与裘锡圭（右）合影

与钟肇鹏（右）合影

与第一届研究生
赵国华（右）合影

第一届博士生论文答辩会合影
（含第二、三届的博士生，前排右三为作者）

八十华诞合影（前排右四为作者）

学/术/著/作

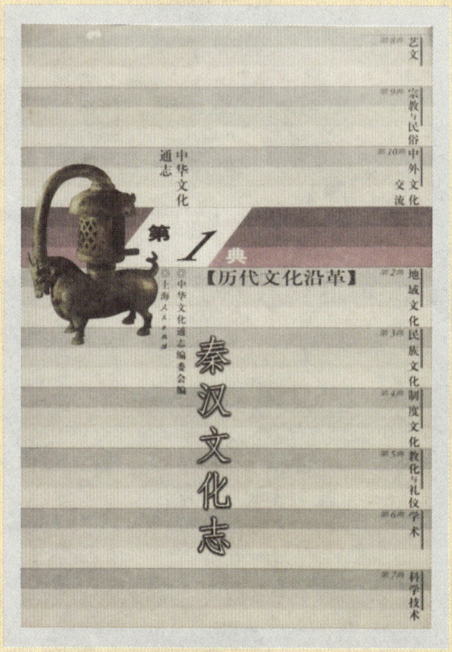

《秦汉文化志》

《秦汉文化史》

《汉唐文化史》

《秦汉新道家略论稿》

《秦汉军事制度史》

《熊铁基学术论著选》

《中国老学史》

《中国庄学史》

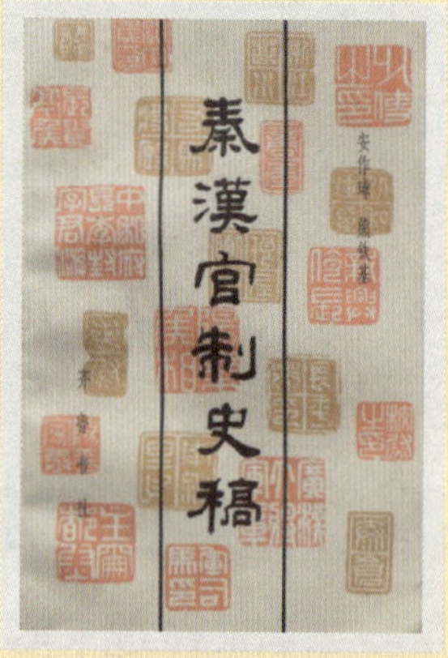

《秦汉官制史稿》

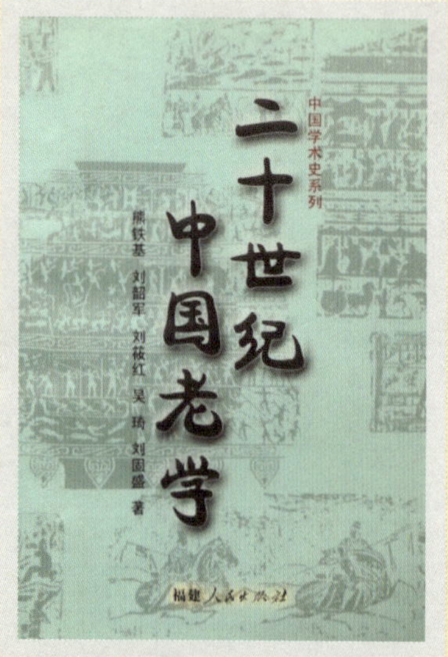

《二十世纪中国老学》

《汉代学术史论》

自　　序

有几位好学的朋友（学生）极力促成为我出一套文集，这对于一辈子读书、教书、写书的人也是一种总结，既有纪念意义，也有继续为社会做点贡献的作用。首先是它应有社会作用，这可以从内容谈起。

本文集共 10 卷，其中有 9 卷，主要是曾经出版过的专著（包括与人合作的由我撰写的部分）以及两部论文集。

我的第一本书是 1984 年出版的《秦汉新道家略论稿》，该书在当时是有一定影响的，引起哲学史领域的诸多学者的关注，这些我在 2001 年出版的《秦汉新道家》的前言中有所记述。1993 年我参加大型丛书"中华文化通志"的编写，写了一本《秦汉文化志》，是有点新思考的（当时范军写了一篇有思想的书评），2007 年上海东方出版中心组织一套断代文化史书系，把它以《秦汉文化史》的书名出版，除了做过一些文字校对之外，内容未做修改。没想到 10 年之后（2018 年），北京新世界出版社又比较高调地出版了一次，书腰上写道："一部诠释全球视野下秦汉时代文化发展脉络的重磅力作"，"一部了解秦汉时代历史文化沿革的入门经典读物"。两次重新出版，反映的是社会的某种需要。另一本书是我和安作璋先生合作的《秦汉官制史稿》，除开 2007 年因某些需要，齐鲁书社出了一个第 2 版之外，现在人民出版社又准备纳入"人民文库"出版，责任编辑翟金明告诉我："'人民文库'精选出一批在当时产生过重要历史作用，在当下仍具有深刻思想性、学术性以及珍贵史料价值的优秀作品。"看来该书有文化积累的意义，对当前社会文化的发展也是有意义的。前几天参加研究生的读书会，讨论制度史研究延伸和发展的问题。有学生说，即使延伸，原来的重要著作，如《秦汉官制史稿》之类的，也是基础，不可忽略（在读学生有此见解，也很难得）。以上是讲影响较大的两本书，其他如《汉唐文化史》（出版 10 年后，曾被纳入"学海一牛鸣"丛书再版）、《秦汉军事制度史》、《秦汉新道家》等，在小范围内也是有点影响的，读者各有所好地予以赞赏。既然如此，出版文集也不过是再多印刷一次罢了，或能满足需求者的需要。

主编和合作撰写的《中国老学史》与《中国庄学史》，我发起组织并自己动手撰写（《中国老学史》的秦汉以前部分、《中国庄学史》的隋唐以前部分）。这两本书在社会和学术上的影响都比较大，《中国老学史》出版以后，加印了四五次。《中国庄学史》先后在湖南人民出版社和福建人民出版社（增订本）两次出版。实际上可以说是开辟了老庄学史研究这样一个新的领域（紧接着我还组织出版了《二十世纪中国老学》和《二十世纪中国庄学》），后续的还有断代的和专题的老学史以及多卷本的中国老学通史出版。

另一大类是论文集，两卷。一卷是古代史，分秦汉史（秦汉史专攻了30多年）和其他关于古代史的论文两部分（包括几篇未刊稿，反映我学习和研究古代史的足迹）。另一卷是关于道家与道教研究的论文，道家研究是从读秦汉史书《吕氏春秋》开始的。开始是把它当作秦汉史的资料读，后来发现其思想研究的意义更大，写了《重评〈吕氏春秋〉》，接着是读《淮南子》，评《淮南子》，因而提出了一个"秦汉新道家"。道家与老子有关，从而研讨老学，进而研究庄学，这就有老庄学史的产生。20世纪90年代以后，道教界的学术研究风气日渐浓厚，时不时举行一些研讨会，我也常被邀请参加，因为老子是道祖，我写老子学史，那也就是道教文化的研究者。参加活动多了，自觉和不自觉地思考一些道教有关问题，陆陆续续也写了一些小文章，至今还在继续。现在我想解决的是道教何时产生的问题。

有些论文是产生过一定影响的，例如《秦始皇的最后十年》《重新认识古书辨疑》等曾为一些朋友津津乐道；有些论文如关于道教产生的问题，被作为一家之言看待；还有些虽被人称引（如李振宏的推介"汉人改造先秦典籍"并且有所发挥），我认为还未引起足够的重视，所以又写了"再论"和"三论"。"汉人改造先秦典籍"，这虽不是完全新的发现，但关系到如何依靠文献资料研究先秦史的问题，出土先秦文献越多，越说明这个问题重要，不应该把汉人的思想当作先秦人的思想。文集收集了一些散见的论文，更便于查考，这是最直接的意义。

文集收了几篇未刊稿，意在表明在某些问题上自己是思考过的，其实还有一些，就不必全收了。未公开发表的只是自己学习和研究的一个记录，从 1956 年当研究生开始，我可以说是笔耕不辍的，有些是作业，还有吴泽、束世澂等老师或长或短的评语；有些是自己学习过程中的心得体会，开始想学明清史，写过一些理论方面的东西，如资本主义萌芽问题之类。后来拜师唐长孺先生，认真读过《隋书》、新旧《唐书》、《资治通鉴》等相关史籍，写过几篇文章，还做过《隋书·食货志》译注（有原稿保存）。1979 年转学秦汉史，开始写《秦统一六国》（也保存有原稿），汉武帝研究除已发表的之外，还有未刊的稿子。还有一些未刊稿没有产生过社会影响，也没有很特殊的见解，就不必收录了。

还有一卷，包括回忆录、序跋、杂文等，可以说这是从几个横断面看人生的足迹。我始终认为自己是一个普通人（本来也是），普通人和大众更接近，经历能得到更多人理解，有人或可从中获得点什么启发。记得何建明主持过我的一次讲座，一个较大的阶梯教室，室内走道、室外走廊满满都是人，屏声静气一个多小时。内容大概是结合个人经历讲未来。何建明说，不必太高远，可望而可即，也许这就是流行的接地气吧。我这一生，也就是读书、教书、写书，但不论什么时候，不论做什么事，都会与社会时事有关。这也是我长时间表示的一个看法，从古到今，完全脱离时势、政治的人和事是没有的（当然是就大的方面而言）。历史就是《资治通鉴》，一代一代的“资治”。人生也是如此，任何人都脱离不了时势和政治，只有自觉和不自觉、主动和被动的不同。写回忆录，我翻阅了一些旧日记、信件等材料。最近找到了两本高中一年级时的作文本（残缺不全），感慨甚多，老师逐字逐句地批改，文后还有批评或鼓励，篇头还盖有教务处的图章（教学管理如此之细），是 1948 年下半年和 1949 年上半年的（长沙解放前夕）。我当时就读于兑泽中学，学校在长沙东郊丝茅冲。我是一个很普通的学生，虽跟着参加过一些迎接解放的集会和游行，但并不认识任何地下党团或者是进步的学生。从题目看，作文与时事政治是有密切关系的。《币制改革后长沙面面观》《戡乱与救国》《徐州战争》《我所理想的学校》《暑假生活杂传》（老师改“传”为“缀”）……第二学期的题目有《寒假生活回忆》《国共和谈之我见》《更夫》《凄风苦雨话四七》（记当时南京的学生运动，老师评语：语多慷慨激昂）……好像都不是命题作文。结合回忆录的内容，可见形势、政治对一个普通学生的影响。我常说，回忆、口述是有很多不可靠的东西，包括记忆之不完整，个人的心态和主观思想等，读回忆和口述，要做一定的分析。

我写回忆录，开始于2018年暑期，当时全家人聚集在女儿嘉慧家里一个多月，我带了一本1948年下半年至1949年上半年的日记本（包括50年代前后也有一些不完整的记录）。开始写作，我发现，有许多我记得很清楚的人和事，日记上没有，日记上有些人和事我忘记了，甚至印象都没有。2019年以后，就以问题为中心陆陆续续写了。也是有日记的，不过只是一本本简单的流水账，能反映思想和具体生活的内容太少了。写出来我自己都不满意。

序、跋不多，有些事能反映我的工作态度，如1993年组织青年教师编写一本《传统文化与中国社会》，在前言中写道："总的设想是我提出的，经过大家讨论、充实，然后才分头去做。前后三四个年头了，每一篇从草拟提纲到写作完成，我都是提出了意见的（或多或少），每一篇从初稿到定稿，最少的看了两遍，有的看了三四遍，甚至更多。提出这一点是说明我对这本书的责任，如果有问题的话（缺点、错误、不足之处），我是不能辞其咎的，我等待着大家的批评。"主编《帝王宰相辞典》，协助张舜徽先生主编《中国史学名著题解》和《中国古代学者百人传》，我都是这样做的，如张先生所说，"在编写过程中，在奔走联系、组织人力方面，熊君之力尤多"，花了大量的时间和精力。

人们如何从过往的经历中认识和总结，这恐怕是值得探讨的一个问题，不是名人、大家的普通人，其人生足迹也有自己的特点，有的内容多少或可给他人一点启示。

人的一生，时间长了，有各种各样的经历，某些时候，认识错误、行为错误会有不少，但是，我没有故意为恶、害人过，善良、正直是主导面。好学勤奋是一生的努力，真正是死而后已。我经常想到：吾日三省吾身，为人谋而不忠乎？与朋友交而不信乎？传不习乎？时至今日，我还没有停息，恐怕既不是为名也不是为利了，名和利已经基本定型了。刚好翻到一篇1948年的作文《我们要过有意义的生活》，老师批语："现在社会上的人个个都是争名夺利，所以作者也只看到名利二字才是有意义的生活，可是我们想想、看看，争名夺利的结果怎样，归宿怎样，那就知道名利的害人，知道为名利是无意义的生活。（十二月四日）"感谢老师的早期教育！几十年来，名利思想恐怕是反复斗争、变化过的。写回忆录，恐怕反映不了这么多、这么复杂的发展变化。

因为我活得比较长，而写作生涯中有一个突出的现象，大多数研究成果是 60 岁前后特别是 60 岁以后出来的。我想人生不必要像坊间所说的那样：60 岁告老还乡，70 岁打打麻将，80 岁晒晒太阳，90 岁躺在床上。我的经历是 60 岁以后可以干事，可以干较多的事。但这又似乎没有普遍意义，60 岁以前成果不多，一方面有时代的客观原因，读书、做学问受到不少干扰；另一方面也是自己不行。过去和现在都有 50 岁前很有成就的人，我的经历唯一可以说的就是告诉人们，60 岁以后可以做一些事，可以做较多的事。愿与老朋友们共勉。现在我的很多学生都已经步入了老年。

我讲话、作报告有时候会有些幽默，能获得一点笑声和掌声，写文章却太缺乏文采，只能实话实说，这既是优点也是缺点。

绪　　论

在马克思列宁主义的政治理论中，国家问题是最主要的问题之一。官吏，在一定意义上说，就是国家的代表。这一点列宁讲得最清楚，他在著名的理论著作《国家与革命》中，根据马克思和恩格斯的国家学说，阐述过“作为国家权力机关的官吏的特权地位问题”①，在《论国家》的讲演中更明确指出：“国家一直是从社会中分化出来的一种机构，一直是由一批专门从事管理、几乎专门从事管理或主要从事管理的人组成的。人分为被管理者和专门的管理者，后者居于社会之上，称为统治者，称为国家代表。”② 这种被称为“国家代表”的“居于社会之上”的“专门管理者”显然就是官吏。由此不难看出，弄清官制问题，无疑是研究马列主义国家理论所需要的。另外，在过去出版的一些所谓政治制度史，主要也就是一个官制史（其实官制只不过是政治制度的一个组成部分），如各种版本的《中国政治制度史》乃至《秦汉政治制度》等都是如此，这从一个侧面也证明，政治制度中主要是官吏制度。

我国五十年代曾流行一种说法，认为职官是学习和研究历史的钥匙之一。不论“钥匙”这个比喻是否恰当，从中国古代史书的实际情况看，弄清官制对学习和研究历史的确是很重要的。不仅打开古代史书，随处都可见到一连串的官名，而且这些官名以及和这些官名有关的官吏制度对许多历史问题都有直接或间接的影响。

班固在作《汉书·百官公卿表》时说：“表举大分，以通古今，备温故知新之义云。”温故而知新可以说是我们学习和研究历史的主要目的，官制的研究当然也不能例外。问题是知什么新？如何知新？简单说来，我们应该用马列主义的立场、观点和方法来研究翔实的具体材料，从中找出

---

① 《列宁选集》第三卷，人民出版社 1972 年版，第 180 页。
② 《列宁选集》第四卷，人民出版社 1972 年版，第 47 页。

规律，总结历史经验，作为今天的借鉴。

以上是一般说说研究官制的目的、意义和方法。

在整个古代官制史中，秦汉的官制有其特殊重要的意义。

秦汉以前的官制，班固说是“夏、殷亡闻焉”。师古曰：“言夏、殷置官事不见于书传也。《礼记·明堂位》曰：‘夏后氏官百，殷二百’，盖言其大数而无职号统属也。”[①] 当然，事实上并不是毫无所闻，只不过是无系统的记载罢了。而班固所说的“周官则备矣”[②]，也不尽然，《周书》《周礼》的记载也不是完全可靠的。总之，秦汉以前的官制有待进一步研究。但是，秦汉以后在官制上有一个大的变化，《汉书·百官公卿表》说：“自周衰，官失而百职乱，战国并争，各变异。秦兼天下，建皇帝之号，立百官之职。汉因循而不革，明简易，随时宜也。其后颇有所改。”一方面是“因循而不革”，即所谓汉承秦制；另一方面同时又是“颇有所改”。改变的地方实际上很多，本书中随处可见。“因循”当是就主要方面或者说主要精神而言，从这方面说，不但是汉承秦制，在某种意义上秦汉官制又影响着中国封建社会的各个朝代。这就是秦汉官制在历史上的特殊地位和意义。

秦汉官制的特殊地位又是和秦汉王朝在中国历史上的特殊地位一致的。毛泽东同志在论述中国封建社会的主要特点时指出：“如果说，秦以前的一个时代是诸侯割据称雄的封建国家，那末，自秦始皇统一中国以后，就建立了专制主义的中央集权的封建国家；同时，在某种程度上仍旧保留着封建割据的状态。”[③] 作为一种国家政权形式，或者说是一种政治制度，放在世界史中去考察，这种专制主义的中央集权制，确是中国封建社会的主要特点之一。这一特点是由秦朝开始，汉朝逐渐完善的。

按照国内一般学者的看法，我国从战国时代开始进入封建社会。中国封建社会的一个最主要、最基本的特点，就是封建地主土地所有制。尽管在中国封建社会中，国有土地、地主土地和自耕农土地三种所有制形式同时并存，但地主土地所有制一直是占着支配的地位。这种土地制度的形式不同于欧洲的封建领地制，欧洲的封建领主不但能够世袭地稳定地占有领

① 班固：《汉书》卷十九上，《百官公卿表上》，中华书局 1962 年版，第 722、724 页。

② 班固：《汉书》卷十九上，《百官公卿表上》，中华书局 1962 年版，第 722 页。

③ 《毛泽东选集》第二卷，人民出版社 1966 年版，第 587 页。

地，而且能够世代占有领地上的劳动者——农奴；他们不但具有固定的等级身份，而且在领地上直接握有行政权、司法权和军权，领主不需要另设一套官僚机构，便可以对农奴进行统治，因此专制主义中央集权制度也无从产生。中国的情况则不同。在地主土地所有制下，土地可以自由买卖或者兼并，这样就造成了土地所有权的流动性较大，个别地主对土地的占有和经营也比较分散，不能同政治上的统治权力和统治范围紧密地结合在一起。因此，在经济上既不能形成较完整的封建庄园制经济体系，在政治上地主和佃农也不能形成像欧洲那样封建领主和农奴之间的牢固的封建隶属关系。我国的封建地主一般是采取租佃制的形式剥削佃农的，由于地主对土地占有不稳定，故其对佃农的占有也不稳定，而且地主在他们的土地上也没有行政和司法等权力，特别是游离于地主经济范围以外的大量自耕农，更非个别地主的力量所能控制。在这种情况下，地主阶级为了有效地控制农民，镇压农民的反抗和起义，以保证他们对土地的占有和保护封建剥削，就需要一个凌驾于社会之上，集中代表全国地主阶级利益的政治权力，这种权力就表现为专制主义的中央集权制度。可见，从战国的诸侯封建割据到秦汉专制主义中央集权制封建国家的形成，并不是偶然的，而是由封建地主土地所有制这一经济基础所决定的。

其次，秦汉时期所以形成专制主义中央集权制的封建国家，也是历史发展的必然趋势。

战国以来，在地主经济发展的基础上，工商业也有了很大的发展，人们通过商品交换，接触愈来愈频繁，各地区之间的经济和文化联系也加强了。《荀子·王制篇》记载说："北海则有走马吠犬焉，然而中国（中原地区，下同）得而畜使之。南海则有羽翮、齿革、曾青、丹干焉，然而中国得而财之。东海则有紫、紶、鱼、盐焉，然而中国得而衣食之。西海则有皮革、文旄焉，然而中国得而用之。故泽人足乎木，山人足乎鱼，农夫不斫削、不陶冶而足械用，工贾不耕田而足菽粟。"照荀子的说法，当时不仅中原地区的泽人与山人、农夫与工贾有着密切的经济联系，而且和边远地区所谓北海、南海、东海、西海也有着经济上的联系，所以他认为"四海之内若一家"。全国经济联系的加强，与各地彼此孤立的割据状态是不相容的。

我国自古以来就是一个多民族的国家，在夏、商、周三代，各族人民之间的联系已不断加强，中原地区的各族除了个别以外，已逐渐融合成为华夏族，以后的汉族即在此基础上进一步融合的结果。春秋以来，特别是战国后期，华夏族又和周围的一些少数民族进行了更大规模的融合。这样，就在中国辽阔的疆域内，各民族不仅具有共同的经济、文化生活，而且在很大程度上具备了共同的文化和心理状态。在这种情况下，也只有消灭封建割据，实现全国统一，才能促使历史进一步发展。

广大劳动人民是统一的最有力的支持者，因为封建割据以及由此引起的几百年的纷争，给人民带来难以忍受的痛苦和负担。工商业者也渴望统一，因为封建割据，关卡林立，限制了工商业的进一步发展。地主阶级也热衷于统一，因为只有统一，才能建立一个集中代表地主阶级利益的专制主义中央集权制封建国家。

总之，国家的统一，是大势所趋，人心所向。那时，除了一小部分顽固保守的旧贵族势力以外，各阶级、各阶层人民都在不同立场、不同程度上要求统一。战国时代的百家争鸣，学派虽然不同，但大多数人都主张统一。统一的思潮反映了社会发展趋势，为统一的事业做了舆论准备。但是如何完成统一？如何保障统一？在当时的历史条件下，只能通过统一战争，建立一个中央集权的封建国家，才能担负起这样一个历史任务。秦始皇顺应了这个历史发展趋势，完成了这个历史任务。汉朝建立以后，仍承袭秦制，但也颇有所改，使这样一个国家政权形式得到了进一步巩固和发展。秦汉以后，将近二千年的封建社会中的各个封建王朝，不论其政权的组织形式如何发展变化，基本上都是秦汉专制主义中央集权制度的演变和发展。

为了说明秦汉官制在中国古代官制史上的特殊地位，以上我们谈了秦汉专制主义中央集权制形成的问题，谈得极其粗略，甚至有些可能是不确切的。但有一点可以肯定，那就是：和世界其他各国历史比较，我国较早地形成了专制主义中央集权制，这在欧洲历史上是封建社会晚期的事。马克思曾说："现代历史编纂学表明，**君主专制**发生在过渡时期，那时旧封建等级趋于衰亡，中世纪市民等级正在形成现代资产阶级，斗争的任何一方尚未压倒另一方。"① 这是就欧洲历史而说的。在中国，君主专制则发生在封建社会的早期。因此，专制主义中央集权制是我国封建社会政治制度

① 《马克思恩格斯选集》第一卷，人民出版社1972年版，第179页。

的主要特点之一。

什么是专制主义中央集权制度呢？简要地说，就是“皇帝有至高无上的权力，在各地方分设官职以掌兵、刑、钱、谷等事，并依靠地主绅士作为全部封建统治的基础”①。这段话实际包括两个内容：一个是皇帝独裁，亦即君主专制，如列宁所说“国家实行君主制时，政权归一人掌握”②；一个是以皇权为中心，以地主阶级为基础的封建官僚制度，重要的是，官吏的任免予夺一切权力都集中在皇帝手上。

中国的君主专制制度，创始于秦始皇，而健全于汉代。这种制度的内容很复杂，但主要是名位和职权。据《史记·秦始皇本纪》记载，始皇二十六年（前221年）：“秦初并天下，令丞相、御史曰：‘……寡人以眇眇之身，兴兵诛暴乱，赖宗庙之灵，六王咸伏其辜，天下大定。今名号不更，无以称成功，传后世。其议帝号。’丞相绾、御史大夫劫、廷尉斯等皆曰：‘……今陛下兴义兵，诛残贼，平定天下，海内为郡县，法令由一统，自上古以来未尝有，五帝所不及。臣等谨与博士议曰：“古有天皇，有地皇，有泰皇。泰皇最贵。”臣等昧死上尊号，王为“泰皇”。命为“制”，令为“诏”，天子自称曰“朕”。’王曰：‘去“泰”，著“皇”，采上古“帝”位号，号曰“皇帝”，他如议。’制曰：‘可。’”

汉因秦之名号，而又有所修订和补充。据蔡邕《独断》云：“秦承周末，为汉驱除，自以德兼三皇，功包五帝，故并以为号。汉高祖受命，功德宜之，因而不改也。”其又云：“汉天子正号曰皇帝，自称曰朕。臣民称之曰陛下。其言曰制诏，史官记事曰上。车马衣服器械百物曰乘舆。所在曰行在所，所居曰禁中，后曰省中。印曰玺。所至曰幸，所进曰御。其命令一曰策书，二曰制书，三曰诏书，四曰戒书。”由于皇帝名号的确定，故其亲属亦均有尊号，如皇帝父曰太上皇，母曰皇太后，妻曰皇后，子曰皇太子、皇子，女曰公主，孙曰皇孙，等等。此类名号，或汉因秦制，或为汉所制③。终二千年封建专制时代，可以说没有变更。

独一无二的名号本身，就意味着皇帝有至高无上的权力。秦汉时代皇

---

① 《毛泽东选集》第二卷，人民出版社1966年版，第587页。

② 《列宁选集》第四卷，人民出版社1972年版，第51页。

③ 班固：《汉书》卷一下，《高帝纪下》，中华书局1962年版，第62页；《汉书》卷九十七上，《外戚传上》，第3935页。

帝的权力是无限的，除了有时因皇帝年幼、庸弱而受制于母后、外戚、宦官、权臣或地方诸侯之外，在通常情况下，一切行政、立法、司法、财政、军事大权，无不由皇帝毕综；一切任免、赏罚、生杀予夺的大权也无不属于皇帝。如《史记·秦始皇本纪》云："天下之事无大小皆决于上，上至以衡石量书，日夜有呈，不中呈不得休息。"汉武帝时，董仲舒又发展了儒家的君权神授说，给君权披上了一层神秘的外衣。君权与神权的结合，更加强了君权不可侵犯的神圣性。当时一般的社会意识，莫不认为皇帝就是天子，是秉承天命统治人民的。如《白虎通义》卷一《爵》称："王者，父天母地，为天之子也。"《汉书·鲍宣传》也说："天下乃皇天之天下也。陛下上为皇天子，下为黎庶父母，为天牧养元元。"总之，皇帝的权力是独尊无二的，所以皇帝又称为"至尊"。除了一个虚无而人格化了的天之外，再也没有超越皇帝权力之上的任何东西了。

皇帝虽然拥有至高无上的权力，但是单凭"孤家"、"寡人"的力量，是无法统治中国这样一个封建大国的。况且他的这种权力，如果没有一大批人的支持和辅助，也是无从发挥出来的，于是有以皇帝为中心、以地主阶级为基础的封建官僚制度的建立。在这里我们看到，作为国家一般的共同的现象，秦汉时期是没有例外的，那就是如列宁所说："只要国家存在，每个社会就总有一个集团进行管理，发号施令，实行统治，并且为了维持政权而把实力强制机构、暴力机构、适合于每个时代的技术水平的武器把持在自己手中。"① 一个集团，或者说"一批专门从事管理"的人所组成的集团，实行统治，这一点是和世界历史一致的；只是以皇帝为中心，或者说一切统治线索都集中在皇帝身上，这一方面是与世界各国有所不同的。

秦汉时代，为适应大一统封建统治的需要，已经建立起一个庞大的封建官僚机构，这个机构包括中央和地方上下两级。在中央政府内，主要的官吏有所谓三公、九卿（本书认为这种说法不确切），大体类似现代政府总理和部长两级（当然有本质的不同）。旧说三公是：

---

① 《列宁选集》第四卷，人民出版社 1972 年版，第 48 页。

丞相，辅助皇帝处理全国政务，所谓“掌丞天子，助理万机”①；
太尉，协助皇帝总领全国军事，所谓“掌武事”②；
御史大夫，掌监察并帮助丞相处理政务，所谓“掌副丞相”③。

在这三公之下有所谓九卿，九卿是：

奉常（后改为太常），掌管宗庙礼仪；
郎中令（后改为光禄勋），掌管宫廷警卫；
卫尉，掌管宫门屯卫；
太仆，掌管宫廷车马；
廷尉，掌管司法；
典客（后改为大行令，又更名大鸿胪），掌管诸侯、各少数民族事务及外交；
宗正，掌管皇族事务；
治粟内史（后改为大农令，又更名大司农），掌管封建国家财政；
少府，掌管皇帝私人财政，包括山海池泽之税。

此外，还有与以上地位完全相当或稍次的列卿，如：

中尉（后改为执金吾），掌管京师治安；
将作少府（后改为将作大匠），掌管宫廷修建。

所有这些官吏，都由皇帝任免和调动，概不世袭。并且，在这些大官僚的下面，还有一大批属官掾史为助理，以奉承皇帝命令分别执行各项政务。这就是秦汉中央政府的主要机构。

以上所说中央机构并不是一成不变的，随着历史的演变，其组织和职权都不断随之扩大。例如以丞相为首的三公权力的发展和变化就很大。丞相等官本是助理皇帝行政的，但在发展中反而变成了君权的障碍。西汉前期，选

① 班固：《汉书》卷十九上，《百官公卿表上》，中华书局1962年版，第724页。
② 班固：《汉书》卷十九上，《百官公卿表上》，中华书局1962年版，第725页。
③ 班固：《汉书》卷十九上，《百官公卿表上》，中华书局1962年版，第725页。

举、任免、考课、赏罚、监察种种职权，无不总归丞相、御史二府，丞相、御史大夫成为中央政府的最高长官，有时候甚至以其权势凌驾于皇帝之上。太尉的权位，自诛诸吕之后，也有很大的提高，以致皇帝也时常感到威胁。至汉武帝时，为了加强君权，于是重用侍从近臣，把丞相、御史大夫的职权逐渐收归尚书或中书；又罢太尉，改置大司马，大司马为无印绶的加官，太尉的职权实际上转归大将军。这样，在朝官中便有了中朝（或称内朝）和外朝之分。由大将军、尚书等官组成的中朝，成为实际的决策机关；而以丞相为首的外朝，则逐渐变成了执行一般政务的机关了。成、哀间，丞相转官司徒，御史大夫转官司空，太尉转官司马，于是秦和汉初的丞相、御史大夫、太尉的实职一变而成为司徒、司空、司马的三公虚位。三公协理阴阳，坐而论道，职位虽高，并无实权。实权则归于中朝的尚书。

尚书，在西汉时，或用士人，或用中人，于是有尚书令、中书令之别；或专用，或并置，因职事相连而官名互见。参议尚书事者，或曰平，或曰视，或曰领，或曰录，中朝自大将军以下至前后左右将军、车骑将军、奉车都尉、光禄大夫、太中大夫等官，皆可以充任。至于尚书的组织，在秦与西汉初，已有左右曹，自武帝以后至成帝之世，始发展为侍曹、二千石曹、户曹、主客曹、三公曹等五曹。总之，在西汉时，尚书的名称、组织乃至职权也处在不断的发展变化之中。至东汉光武之后，鉴于王莽篡政，为进一步强化君主集权，尚书台正式成了总理国家政务的中枢。尚书令专用士人，参议尚书者由太傅专录，或间与太尉同录，尚书台的组织则扩大为六曹（分客曹为南主客曹和北主客曹），加上主官尚书令、尚书仆射，称为尚书八座。尚书诸曹在九卿官职没落之后，又代之而为分管行政事务的机关。后代的吏、户、礼、兵、刑、工六部尚书，即由汉代的尚书诸曹发展而来。

此外，还有侍中、中常侍、给事中等亦为中朝官。其中中常侍，西汉初多引用士人，元帝时渐用宦官，东汉光武以后悉用阉人，不复杂调他士。这些人均得出入禁中，侍从皇帝左右，参与朝政，而为皇帝心腹之臣。

中朝的形成，显示了统治权力的高度集中。但是皇帝把权力集中后，即使本人再有能力，也无法大权独揽，最后还是不得不委任其近侍诸臣；如果皇帝年幼或低能，那就势必大权旁落。东汉的皇帝从和帝以后，几乎都是幼年即位，因皇帝年幼，总是由皇太后临朝称制，而年轻的皇太后要掌握统治权力，只能依靠她的娘家父兄，即外戚。范晔在《后汉书·皇后纪上》中写道："东京皇统屡绝，权归女主，外立者四帝，临朝者六后，莫不定策帷帟，委事父兄，贪孩童以久其政，抑明贤以专其威。"最著者如和帝时的窦宪、顺帝时的梁冀，均以中朝大将军录尚书事，权倾内外。皇帝长大以后，为了夺回权力，就依靠身边的奴才——宦官，消灭专权的外戚。外戚消灭之后，宦官又由此得势，而出现宦官专权的局面。"案汉故事，中常侍参选士人。建武以后，乃悉用宦者。自（殇帝）延平以来，浸益贵盛，假貂珰之饰，处常伯之任，天朝政事，一更其手，权倾海内，宠贵无极。"① 汉末的十常侍擅权，达到了宦官专政的顶峰。外戚、宦官反复斗争，交替执政，成了东汉政治的一个特点，也是东汉乱亡的一个重要原因。究其根源，则在于君主专制制度，因为不论是什么人，只要控制了皇帝，就等于掌握了全国的最高统治权力。

由此可见，我们从官制的变化，可以看到当时政局的变化，看到历史发展的变化。至于中央机构各级各类的具体变化，各级各类官吏的兴废，以及叠床架屋、互相牵扯等变化那就更多了，这里不能一一列举，有待于在本书各章各节中分别论述。

所谓专制主义中央集权制，不仅表现为中央政权集中于皇帝，而且还表现为地方权力集中于中央，这种中央和地方关系的组织形式，就是郡县制度。

春秋战国时期，郡县制即逐步取代封国制而有了普遍的发展，至秦始皇统一中国而最后完成。秦分天下为三十六郡，后又增至四十余郡，每郡置郡守，掌管全郡事务，是一郡的最高行政长官，直接受中央政府节制。郡守之外，置郡尉以辅佐郡守，分管全郡军事。又置监御史，掌管监察，为中央在地方上的耳目。一郡之内分若干县（少数民族聚居区则称为道），万户以上的县设县令，不满万户的县设县长，掌管全县事务，受郡守节制。县令、长之下设县尉（有的县设两个尉），辅佐令、长掌管全县军事。设县丞，作为县令、长的助理并兼管司法。一县之内分若干乡，乡设三老掌教化，啬夫掌司法和税收，游徼掌管治安。乡以下还有里，里有里正。

① 范晔：《后汉书》卷四十三，《朱乐何列传》，中华书局1965年版，第1472页。

里以下便是什伍组织。另外，县以下还有亭一级组织，亭有亭长，协助地方治安，同时也兼管民事。这样，从上到下建立了一套由中央层层控制的严密的地方统治机构。

汉兴，一方面承袭秦以来的郡县制度，另一方面又惩戒秦孤立而亡，于是列爵封土，大封同姓，以镇抚天下。这样，在实行郡县制的同时，又建立了许多诸侯王国。因而汉初的地方行政制度是郡国并行制。汉初建立诸侯王国，本来的目的是拱卫中央，加强中央集权；但是后来的发展却适得其反。诸侯王依恃其政治、经济、军事势力和中央对抗，并进而觊觎皇帝的宝座，以致造成对中央的严重威胁。文帝在位的十余年间反者九起，景帝时有七国之乱，武帝时有淮南、衡山之谋。汉中央为了削弱诸侯王国，采取了一系列政策。七国之乱后，景帝令诸侯王不得复治国，中央为之置相治民，职如太守。武帝时又施行“推恩令”，设左官之律，立阿党附益之法。至此，诸侯王唯得衣食租税，虽有王国之名，而实则与汉之郡县无异。

东汉初，光武在位时期的所谓建武制度，基本上仍继承武帝时抑制诸侯王国的精神，王国封土狭小，限制又多，其势已远不足为中央之患。不过，随着王国问题的解决，州郡牧守的权力又起。秦时有郡监之制，汉兴，每郡不再置监，只派侍御史出察，谓之监御史。后以监御史多不奉法，又以丞相史出刺，谓之刺史。至武帝元封元年（前110年），御史止不复监。元封五年（前114年），初分十三部州，每州置刺史一人，假印绶，以六条巡察郡国。其所察范围，自黑绶（秩比六百石以上，即县令以上）至二千石守相。最初刺史所察不过诏条，但后来便逐渐以其权势侵渔守相职权；而中央有时也因地方的实际需要，赋予刺史六条以外的任务。这样，因故事累积与习惯相沿既久，刺史遂握有民政、军政、财政、司法以及人事等实权。在东汉时期，无论由刺史更为州牧，或由州牧复为刺史，实际上都凌驾于郡国之上。刺史最初犹传车周流，无一定治所，无掾史属吏；自西汉末至东汉，刺史也有了固定的治所和庞大的下属组织。于是刺史正式成了地方政府中的最高行政长官，地方行政组织也由郡、县二级制变成了州、郡、县三级制了。与此同时，守相的职权也有所发展。在秦代，郡置守、尉、监，郡守虽名义上总揽一郡之大权，但军事则由郡尉分管，郡监则司监察，郡守实际上主要负责民政。汉兴，每郡虽不复置监，但民政与军政，仍系郡、尉分治。又其时，郡守、尉夹杂于诸侯王国之间，权势亦小。自武帝时王国势力削弱之后，为进一步加强中央集权，于是逐渐加重地方守相二千石之任。宣帝时，此种趋势已很明显。西汉末期，且有守、尉互兼之事例。至东汉，边郡虽犹见有都尉的设置，然而大部分郡国则已废都尉而并其职于守相。这种军政、民政合并于守相的趋势，与刺史职权发展的趋势，同时并行。东汉中叶以后，由于社会矛盾的激化，朝廷大都委派刺史、太守领兵，以镇压农民和少数民族的起义。这样，刺史、太守便握有了一方军、民、财、政诸权。又中央由于这时宦官、外戚的斗争，削弱了本身的力量，对地方已无力控制。于是由刺史、州牧、守、相专兵擅政而逐渐演变成汉末军阀封建割据的局面。

从地方行政制度本身来看，其是有利于中央集权的。和中央政权机构一样，地方政权机构中行政、军政和监察诸权是分立的，尤其是独立而直受中央的监察权，便于中央牢牢地控制地方行政机构和军队，从而对一个幅员辽阔的统一大国实行全面的统治。但是，随着历史的发展，随着政治上各种矛盾的发展变化，地方官制也在发展变化，当比较完善的制度遭到破坏（如监御史之变为州牧、刺史，监察制度遭到破坏）或得不到正常的实施（如守、尉互兼等非正常的状况），中央集权就遭到削弱，统一的国家也受到影响，以致发生公开的分裂。

以上简略地谈了秦汉时代中央和地方行政制度的发展变化，主要是中央和地方官制的发展变化。但无论怎样发展变化，万变不离其宗，都是“依靠地主绅士作为全部封建统治的基础”。官吏作为“专门的管理者”，不仅是地主阶级的代表，其本身就是地主绅士。秦汉时代，任用官吏就有一条明确的规定，即“家贫不得仕”。如韩信“始为布衣时，贫无行，不得推择为吏”①；“王溥，安帝时家贫不得仕”②，可知秦汉时做官均有财产方面的限制。景帝时曾放宽限制，“訾算四得宦”③，即有家资四万钱就可以获得做官的资格。在汉代，拥有四万钱的家产，仍不失为一个小地主④。由此可见，汉代绝大部分官吏都是来自地主阶级。从汉武帝以后，随着封

① 司马迁：《史记》卷九十二，《淮阴侯列传》，中华书局1982年版，第2609页。
② 王嘉：《拾遗纪》卷六。
③ 班固：《汉书》卷五，《景帝纪》，中华书局1962年版，第152页。
④ 见本书第三编“任用制度”一章的附注。

建经济的发展，地主阶级队伍不断扩大，他们要求在政治上取得地位；以皇帝为首的最高统治集团，为了加强专制主义中央集权，也必须广泛地从地主阶级各个阶层中选拔人才。这样就逐渐形成了一套比较完整的选用官吏以及相应的各项制度。大致说来，凡是比较有作为的皇帝，都能够注意选拔和任用人才，因而政治就比较清明，国家就昌盛，封建的经济、文化就能够得到发展。汉武帝时代，文治武功，盛极一时，我国开始以一个高度文明和富强的国家闻名于世界，得人之众是其重要原因之一。但是这种选用官吏的制度，也不可避免地带有历史和阶级的局限，其根本的缺陷，就是选用人才的大权掌握在封建皇帝和少数高级官吏的手里，自然要产生许多弊病，尤其是昏君在位，邪臣当道的时候，不论是官吏的选用，还是考核、升降、赏罚，大都是依据个人的好恶，"任人唯亲"，考核不实，赏罚不当。在这种情况下，吏治必然要败坏，人民必然要遭殃，国家必然要衰亡，桓、灵之世就是一个典型实例。

总之，封建官僚制度是专制主义中央集权封建国家的支柱，如果这个制度比较健全，而又治理得当，专制主义中央集权的封建国家也能起到一定的积极作用；相反，如果制度遭到破坏，选官失人，吏治败坏，就必然要造成极端腐败黑暗的专制统治和对人民极端残酷的剥削和压迫。这样，专制主义中央集权的封建国家在历史上又起着极大的反动作用。

研究官制史意义是很大的，但这并不是一个新课题，古往今来不少人在这方面进行过整理和研究，甚至如班固所说的温故而知新也大有人在。我们这部秦汉官制史不过是在前人研究成果的基础上，试图进行一番系统而详细的整理和总结工作。我们希望达到的目标是：官制本身及其来龙去脉要努力搞清楚，主要问题的材料尽可能翔实，并结合内容进行必要的分析，一方面求温故而知新，另一方面也为国家问题的理论研究、为整个秦汉史的研究提供一些经过整理的比较可靠的资料。如果多少有一点接近了这样的目标，如果能在前人研究的基础上前进一步，哪怕是很小的一步，那我们就算完成了一个阶段性的任务。

作　者

一九八二年十月

目　　录

第一编　中央官制

第二编 地方官制

第三编 官吏的选用、考课及其他各项制度

第一编
中央官制

秦汉以前的官制，今古文说法不一，各有所据。西周以前的情况很难说，西周时的情况也只是一个大概，班固在《汉书·百官公卿表》中的概述还是比较客观的，他一方面说：

> 夏、殷亡闻焉，周官则备矣。天官冢宰，地官司徒，春官宗伯，夏官司马，秋官司寇，冬官司空，是为六卿，各有徒属职分，用于百事。太师、太傅、太保，是为三公，盖参天子，坐而议政，无不总统，故不以一职为官名。又立三少为之副，少师、少傅、少保，是为孤卿，与六卿为九焉。

同时他也提道：

> 记曰三公无官，言有其人然后充之，舜之于尧，伊尹于汤，周公、召公于周，是也。

还有：

> 或说司马主天，司徒主人，司空主土，是为三公。四岳谓四方诸侯。

春秋以后，特别是战国时各诸侯国的官制，史书记载比较详细一些。各国国君都有上述“无不总统”的辅佐，其下也同样有一套官吏机构“用于百事”。但各国的具体情况不同，名称也不同。所以班固又说：“自周衰，官失而百职乱，战国并争，各变异。”① 例如：鲁国有孟、叔、季三卿执政②，宋、晋等国是六卿世掌国政，楚国当权的又叫作令尹。辅佐国君执掌国政者的数量不一样，名称也不相同。其下设官吏的名称，更是多种多样。顾炎武曾经指出：

---

① 班固：《汉书》卷十九上，《百官公卿表上》，中华书局1962年版，第722页。

② 《左传·昭公四年》记载：季孙为司徒，叔孙为司马，孟孙为司空。

春秋时列国官名，若晋之中行，宋之门尹，郑之马师，秦之不更、庶长，皆他国所无。而楚尤多，有莫敖、令尹、司马、太宰、少宰、御士、左史、右领、左尹、右尹、连尹、针尹、寝尹、工尹、卜尹、芋尹、蓝尹、沈尹、清尹、莠尹、嚣尹、陵尹、郊尹、乐尹、宫厩尹、监马尹、扬豚尹、武城尹，其官名大抵异于他国。①

当然，春秋时的官名大多是有所本的，如楚国官名中有特色的“尹”，商代早就有，卜辞和铭文中有“尹”、“多尹”、“庶尹”等名称，不过春秋各国对夏、商、周各朝官职和官名的取舍、并省不同罢了。战国时各国的官制，大体上沿袭春秋各国的制度，但也有不少是不相同的②。这里我们不再进一步论列了，我们只想说明一点，即春秋战国时的官制是比较混乱的。

但是秦统一之后，官制便逐渐统一起来，如班固所说：“秦兼天下，建皇帝之号，立百官之职。”从秦开始，我国就是一个专制主义中央集权制的封建国家，皇帝拥有至高无上的权力，从中央到地方建立了一套比较完整的统治机构，以实行专制主义中央集权的统治。以后，不但是汉承秦制，几千年封建社会的官制都是在这个基础上发展起来的。当然实际情况的变化是很大的，西汉和秦就颇有不同，东汉和西汉也很不一样，甚至西汉和东汉的本身也各有多次大小不同的变化。因此我们讲秦汉官制，无论怎样详细，也只能像班固所说的那样“略表举大分”。

讲秦汉的中央官，历来爱讲三公、九卿，其实是很不确切的，这个我们将在下面分别说明。实际情况是，秦开始建立了以丞相为首的中央官制，汉初仍沿袭此制，所谓“汉因循而不革，明简易，随时宜也”③。但是，“其后颇有所改”，到了汉武帝时期，为了强化皇帝个人的权力，便裁抑以丞相为首的公卿们的权力，重用自大将军以下至于尚书、侍中、常侍、给事中等文武侍从之臣，这样便形成了中朝和外朝，并由中朝控制外朝的局面。此后，直至东汉，外朝的丞相、御史大夫、太尉由实职的宰辅

① 顾炎武著，黄汝成集释：《日知录集释（全校本）》卷四，《列国官名》，上海古籍出版社2006年版，第254页。

② 杨宽：《战国史》，上海人民出版社1955年版，第207～208页。

③ 班固：《汉书》卷十九上，《百官公卿表上》，中华书局1962年版，第722页。

逐渐演变成司徒、司空、司马的虚位三公，居于中朝的尚书台则成了决策和执行政务的实权机关。这是中央官制变化的一个大概，显示了封建统治权力的日益高度集中。

这里我们还要顺便指出，历史上许多尊贵的官名，它们本来并不是很尊贵的意思，例如周代被称为三公的太师、太保、太傅：太师，在《周礼》中为乐官，乐官能吹律以听军声，所以君王出征必以太师参帷幄，后来就发展成为王者之师，有太师、少师、师尚父等等。保，为阿保之保，伊尹曾为保衡（或者阿衡），但阿保本义为女师，其名亦由媵臣而起。傅，始于傅说，傅的意思近于辅，古代以傅母并言，傅母就是保姆，也有傅父之称，所以辅导之官叫太傅、少傅。又如太宰、冢宰之宰，本义是罪人，《说文》说是“在屋下执事者”，后来才发展成主宰之宰，变成尊贵的官名。由此可以看出，百官之中，处于“总统”地位的，原来多是君王的亲近私臣。这可以说是我国历史上官制发展的一条规律，后来宰辅职务名称的变化，如尚书、中书、仆射等等，以及其他位高权重的官职，大多如此。所以马端临写道：

> 至魏晋以来，中书、尚书之官始真为宰相，而三公遂为具员。其故何也？盖汉之典事尚书、中书者号为天子之私人。及叔季之世则奸雄之谋篡夺者，亦以其私人居是官。①

王应麟在《玉海》中也写道：

> 政归尚书，汉事也；归中书，魏事也；元魏时归门下，世谓侍中黄门为小宰相。

权力的不断转移，引起宰辅名称的变化，不了解这一点，就无法了解官制的演变。

---

① 马端临：《文献通考》卷四十九，《职官考三》，中华书局 1986 年版，第 450 页。

第一章　三公和丞相

第一节　秦汉时期的三公和上公

一、三公

三公为古官名，但其说不一，《尚书·周官》说：

> 立太师、太傅、太保。兹惟三公，论道经邦，燮理阴阳，官不必备，惟其人。

《春秋公羊传》又说：

> 天子三公者何？天子之相也。天子之相则何以三？自陕而东者，周公主之；自陕而西者，召公主之；一相处乎内。（隐公五年）

这里我们不考证孰是孰非，因为不论哪种说法都说明：三公是天子之下最高官吏的称呼，它是辅佐天子的。把三公当作“天子之相”的代名词，这是战国以后人们所公认的，所以至秦在习惯上仍称中央的最高官吏为三公。《史记·白起王翦列传》记载，苏代说秦相应侯曰：

> 今起亡，秦王王，则武安君必为三公。

又同书《李斯列传》：

> 使者复按三川相属，诮让斯居三公位，如何令盗如此。

皆其例证。

但是事实上秦代并没有实行三公制度，杜佑所谓：

> 秦兼天下，建皇帝之号，立百官之职，不师古。始罢侯置守，太尉主五兵，丞相总百揆。又置御史大夫，以贰于相。①

但这三个官并不能说就是并列的三公，御史大夫虽然是副丞相，但比丞相的地位相差甚远。《汉书·百官公卿表》记载，丞相是金印紫绶，御史大夫是银印青绶，并且其明确写道："御史大夫，秦官，位上卿。"这说明他不是公，而是卿。俸禄也不同，丞相是万石，御史大夫"秩中二千石"②。因此，秦时是没有三公的。

汉因秦制，中央的最高官职仍是丞相、太尉、御史大夫，可见汉初和秦一样，也没有并列的三公，不过一般人还是沿袭旧号，把最高官吏称为三公。特别值得注意的是，把御史大夫称为三公，如枚叔《上书重谏吴王》说："今汉亲诛其三公以谢前过。"李善注云："谓诛晁错也。错为御史大夫，故曰三公。"③ 又如：公孙弘为御史大夫时，汲黯也说他"位在三公"④；张汤为御史大夫，自称"陛下幸致三公"⑤；杜周为御史大夫，也被称为"列三公"⑥。御史大夫被称为三公，当是其"宰相之副，九卿之右"⑦ 的特殊地位决定的。

但是御史大夫真正位列三公，三公正式成为法定的官名，是成帝时候的事。《汉书·百官公卿表》写道：

> 成帝绥和元年，（御史大夫）更名大司空，金印紫绶，禄比丞相。

《汉书·朱博传》写得更详细：

---

① 杜佑：《通典》卷十九，《职官一》，中华书局 1988 年版，第 467 页。

② 《汉书》注引臣瓒曰："《茂陵书》：御史大夫，秩中二千石。"

③ 《文选》卷三十九。

④ 班固：《汉书》卷五十八，《公孙弘卜式兒宽传》，中华书局 1962 年版，第 2620 页。

⑤ 班固：《汉书》卷五十九，《张汤传》，中华书局 1962 年版，第 2645 页。

⑥ 班固：《汉书》卷六十，《杜周传》，中华书局 1962 年版，第 2661 页。

⑦ 班固：《汉书》卷六十七，《杨胡朱梅云传》，中华书局 1962 年版，第 2913 页。

> 古者民朴事约，国之辅佐，必得贤圣，然犹则天三光，备三公官，各有分职。今末俗久弊，政事繁多，宰相之才，不能及古，而丞相独兼三公之事，所以久废而不治也。宜建三公官，定九卿大夫之任，分职授政，以考功效……于是上（成帝）赐曲阳侯（王）根大司马印绶，置官属，罢骠骑将军，以御史大夫何武为大司空，封列侯，皆增秩奉如丞相，以备三公官也。

朱博任大司空后又建议复为御史大夫，这是哀帝建平二年（前5年）的事。至哀帝元寿二年（前1年），再改丞相为大司徒，御史大夫为大司空，并大司马为三公官。《汉书·哀帝纪》：

> （元寿二年）五月，正三公官分职。大司马卫将军董贤为大司马，丞相孔光为大司徒，御史大夫彭宣为大司空。

三公制与丞相制，不仅官称不同，更重要的是实际职权有很大的差异。汉成帝以前基本上是丞相制，丞相掌佐天子，助理万机，御史大夫为丞相副贰。武帝时，对丞相职权虽有所裁抑，但在法定制度上，丞相仍为中央政府的最高级官吏，有主管一切行政的责任。及至成帝改为三公制以后，情况便发生了变化。《通典》卷十九《职官一》说：

> 成帝改御史大夫为司空，与大司马、丞相是为三公，皆宰相也。

于是丞相的职权一分为三，一人单独的责任制，改为三人共同负责制。这是汉武帝裁抑丞相职权的进一步发展，一人之下万人之上的独尊地位，被三人的平起平坐代替了。

东汉实行的就是这种三公制。但是有两点需要指出：一是官名有多次变化，二是三公并没有实权。

首先说官名的变化。东汉初年，仍沿用西汉末的名称，刘昭补注《后汉书·百官志》时引《汉官仪》说：

> 王莽时议以汉无司徒官，故定三公之号，曰大司马、大司徒、大

司空。世祖即位，因而不改。

直到建武二十七年（51年）五月诏曰："昔契作司徒，禹作司空，皆无大名，其令二府去大。"注云："朱祐奏：宜令三公并去大名，以法经典。帝从其议。""又改大司马为太尉。"① 这就是说当时的三公为太尉、司徒、司空。《后汉书·百官志》即以此为准叙述三公："太尉公一人"，"司徒公一人"，"司空公一人"。灵帝时，大司马与太尉并置，这是比较特殊的情况。献帝建安十三年（208年），罢三公官，置丞相、御史大夫，又恢复了丞相制。如果说三公制的出现是削弱丞相权力的一个重要措施，那么东汉末年罢三公官则是丞相专权的需要。刘昭写道：

献帝初，董卓自太尉进为相国，而司徒不省。及建安末，曹公为丞相，郗虑为御史大夫，则罢三公官。②

由此可以看出，官名尤其是高级官吏名称的变化在某种程度上反映着政治形势的变化。

其次说三公的职权。东汉三公，爵高禄厚，爵皆列侯，其奉月钱六万，其秩皆万石，名义上还分部九卿，每公辖隶三卿：

太尉公主天（部太常、卫尉、光禄勋），司徒公主人（部太仆、鸿胪、廷尉），司空公主地（部宗正、少府、司农）。③

然而在实际上不过行文上下，受成而已，国家大事则多由皇帝的近臣尚书办理。《后汉书·仲长统传》云：

光武皇帝愠数世之失权，忿强臣之窃命，矫枉过直，政不任下，虽置三公，事归台阁。自此以来，三公之职，备员而已。

---

① 范晔：《后汉书》卷一下，《光武帝纪下》，中华书局1965年版，第79页。
② 范晔：《后汉书》志第二十四，《百官一》注引，中华书局1965年版，第3561页。
③ 杜佑：《通典》卷二十，《职官二》，中华书局1988年版，第506页。

《后汉书·陈忠传》亦云：

> 汉典旧事，丞相所请，靡有不听。今之三公，虽当其名而无其实，选举诛赏，一由尚书。尚书见任，重于三公，陵迟以来，其渐久矣。

东汉三公不仅不得与闻选举诛赏，甚至弹劾近臣都遭到尚书的质问："公府外职，而奏劾近官，经典汉事，有故事乎！"①

可见三公的实权在东汉时已转归尚书。不过，三公虽无实权，但其地位仍极尊贵，上自天子，下至朝臣，会见三公，均加礼敬。有时还可参议朝政，监察百官。《后汉书·陈忠传》：

> 三公称曰冢宰，王者待以殊敬，在舆为下，御坐而起，入则参对而议政事，出则监察而董是非。

《通典》卷二十《职官二》也说：

> 汉制，三公不与盗贼，若领兵入见，皆交戟叉颈而前。朝臣见三公皆拜，天子御座即起，在舆为下。凡拜公，天子临轩，六百石以上悉会，直事卿赞拜，御史授印绶，公三让，然后受。……凡国有大造大疑，（太尉）则与司徒、司空通而论之。国有过事，与二公通谏诤之。

关于东汉三公的地位和权力，马端临概括得比较全面，他说：

> 自后汉时，虽置三公，而事归台阁，尚书始为机衡之任。然当时尚书不过预闻国政，未尝尽夺三公之权也。②

---

① 范晔：《后汉书》卷五十四，《杨震列传》，中华书局1965年版，第1774页。
② 马端临：《文献通考》卷四十九，《职官考三》，中华书局1986年版，第450页。

实际情况是，东汉三公的地位是崇高的，权力的大小则因人因时而异，是否兼录尚书事也有不同，而责罚又是相当重的，往往因为灾变而同时策免三公，《后汉书·徐防传》：

> （永元）十六年，拜（徐防）为司徒。延平元年迁太尉，与太傅张禹参录尚书事……安帝即位以定策封龙乡侯……其年以灾异寇贼，策免就国。凡三公以灾异策免，始自防也。

这后一句不确，早在明帝时因为"日有食之，三公免冠自劾"① 已开其端。所以有人说东汉时的三公，是"任之轻而责之重"②。

二、上公

所谓上公，即是指位在三公之上的太师、太傅、太保等官。《汉书·百官公卿表》写道：

> 太傅，古官，高后元年初置，金印紫绶，后省。八年复置，后省。哀帝元寿二年复置，位在三公上。
>
> 太师、太保，皆古官，平帝元始元年皆初置，金印紫绶。太师位在太傅上，太保次太傅。

这样尊崇的官职，在汉代政治生活中并没有发生过什么实际作用。据记载，太傅一官，在吕后时曾有王陵和审食其二人担任过，他二人为太傅不过是权宜之计，《汉书·王陵传》说：

> 吕太后欲废陵，乃阳迁陵为帝太傅，实夺之相权。

这里的"阳"同"佯"，伪也，阳是对实而言的，实际是夺王陵的丞相之权。这里的迁不能说是迁升，因为太傅和丞相一样，都是金印紫绶。所谓

① 范晔：《后汉书》卷二，《明帝纪》，中华书局 1965 年版，第 117 页。
② 赵翼著，王树民校证：《廿二史札记校证》卷二，中华书局 1984 年版，第 48 页。

“位在三公上”，那是汉哀帝时的事。西汉末年，王莽专权，托古改制，三公之上，又搞所谓四辅，实际是王莽要一步一步把权力集中在他一人手上，这一点在《汉书·孔光传》中写得很清楚：

> （平）帝年幼，太后称制，委政于莽。初，哀帝罢黜王氏，故太后与莽怨丁、傅、董贤之党。莽以光为旧相名儒，天下所信，太后敬之，备礼事光。所欲搏击，辄为草，以太后指风光令上之，睚眦莫不诛伤。莽权日盛，光忧惧不知所出，上书乞骸骨。莽白太后：“帝幼少，宜置师傅。”徙光为帝太傅，位四辅，给事中，领宿卫供养，行内署门户，省服御食物。明年，徙为太师，而莽为太傅。光常称疾，不敢与莽并……莽又……称宰衡，位在诸侯王上，百官统焉。光愈恐，固称疾辞位。太后诏曰……国之将兴，尊师而重傅。其令太师毋朝，十日一赐餐。赐太师灵寿杖，黄门令为太师省中坐置几，太师入省中用杖，赐餐十七物。

孔光享受如此优厚的待遇，好像是位在三公之上了，但是他忧惧、惶恐不可终日，实际上只不过是王莽手中的一个傀儡。

还有所谓太保、少傅，《汉书·平帝纪》元始二年（2 年）注引张晏曰：

> 王莽为太傅，孔光为太师，王舜为太保，甄丰为少傅，是为四辅。

如果说太师、太傅的设立，是因为“国之将兴，尊师而重傅”的话，那么，太保和少傅则完全是王莽模仿古制而配上去的。所以《汉书·百官公卿表》上连少傅提也不提。到了东汉，就只保留“太傅上公一人”，《后汉书·百官志》的本注曰：

> 掌以善导，无常职，世祖以卓茂为太傅，薨，因省。其后每帝初即位，辄置太傅，录尚书事，薨辄省。

王先谦在《后汉书集解》中解释说：

> 明帝初，邓禹；章帝初，赵熹；和帝初，邓彪；殇帝初，张禹，安帝永初元年九月迁；北乡侯初冯石免（当作北乡侯初冯石为太傅，顺帝永建元年免）；顺帝初，桓焉免；冲帝初，赵峻薨。后未置。

“后未置”一句不确，因为灵帝初又有陈蕃为太傅，并且陈蕃被诛以后，接着又以胡广为太傅①。

东汉的太傅看来比西汉时的地位高，东汉为太傅的人不是“元功之首”（如邓禹），就是“元功之族”（如邓彪），或者像赵熹“为国元老”，或者像张禹身为太尉，为国家重臣，因此他们往往享有高于三公的优厚待遇，有着崇高的地位，都是所谓“海内归仁，为群贤首”② 的人物。他们在政治上也有所影响，那是因为他们多半“录尚书事”，所以“百官总己以听”。至于太傅本身，还是“掌以善导，无常职”的。

东汉没有什么四辅，却有如上所述位处上公的太傅。东汉末年，董卓在长安自尊为太师，那是一个特殊例子，不必多加论列。

第二节 丞相制的确立和发展

一、秦丞相制的确立

秦朝在建立封建专制主义中央集权的官僚组织中，一个重大的措施就是在中央政府内确立了丞相制度。虽然秦以前就有辅佐君王的官，但是丞相这个名称，及其“掌丞天子，助理万机”③ 的特殊地位（可以说是一人之下，众人之上）却是秦朝确立的。

先从名称说起。《汉书·百官公卿表》说：“相国、丞相，皆秦官。”这就引起了古往今来许多不同的看法：有的认为“相国、丞相皆六国时官”（《汉官仪》）；有的又说“始皇始置相国”（《通典》）；有的还断定丞相

---

① 范晔：《后汉书》卷八，《灵帝纪》，中华书局 1965 年版，第 329 页。

② 范晔：《后汉书》卷四，《和帝纪》，中华书局 1965 年版，第 166 页。

③ 班固：《汉书》卷十九上，《百官公卿表上》，中华书局 1962 年版，第 724 页。

和相国为两个官名，并且“相国在丞相之上”（《历代职官表》）。究竟应该怎样看待这个问题？

我们认为：丞相，是正式的官名，而且是从秦国开始，在秦朝确立的；相国，是人们对丞相、也是对其他名称的宰辅（如楚之令尹）的尊称（有如后世之称国老、阁老）；相，既是丞相、相国的简称，也是宰辅之职的泛称，有时它还作动词用，如相秦、相齐等等。

刘师培在《论历代中央官制之变迁》一文中曾经指出：“相之义仪征阮氏释为辅相之义，与赞襄之襄相同。相之本义：《说文》训为省视，而古代复有相术。丞相之相盖兼此二义。”[①] 这是就来源讲的。因为相有赞助之意，所以西周、春秋时在诸侯国之间交往中有所谓傧相，“出接宾曰摈（同傧），入赞礼曰相”[②]。如《左传·定公十年》，公会齐侯于夹谷，“孔丘相”，杜预的解释是：“相会仪也。”历代的考证大都认为“孔丘相”是傧相之相[③]。到战国初年，相逐渐成了名誉职务，如苏秦配六国相印。这样的相，任务着重是办外交，以国君的亲信出使他国，订立盟约等等，所以常常出现甲国派代表到乙国为相的事，如张仪相秦时又代表秦国到魏国为相。

把内政总理职务的官吏称为相，当是战国后期的事。战国后期开始，人们心目中都认为“相也者，百官之长也”[④]。所以在汉以及汉以后的人，往往都把首辅大臣泛称为相。这一点顾炎武曾指出过：

> 《管子》曰：“黄帝得六相。”《宋书·百官志》曰：“殷汤以伊尹为右相，仲虺为左相。”然其名不见于经，惟《书·说命》有“爰立作相”之文，而《左传》定公元年，薛宰言：“仲虺居薛，以为汤左相。”《礼记·月令》“命相布德和令”，注：“相谓三公相王之事也。”《正义》曰：“案公羊隐五年《传》曰：‘三公者何？天子之相也。’……至六国时，一人知事者特谓之相……”杜氏《通典》曰：“黄帝六相，

① 《国粹学报》，第三年第二册。

② 参阅《周礼》之《春官·大宗伯》《春官·小宗伯》《秋官·司仪》。

③ 顾炎武著，黄汝成集释：《日知录集释（全校本）》卷二十四，《相》，上海古籍出版社2006年版，第1365页。

④ 《吕氏春秋·举难篇》，诸子集成本，中华书局1954年版。

尧十六相，为之辅相，不必名官。”是则三代之时言相者，皆非官名。（原注：相者，在王左右之人。《书》曰：“相被冕服，凭玉几。”高宗立，傅说为相，而曰“王置诸其左右”，亦此意也。）如《孟子》言“舜相尧”，“禹相舜”，“益相禹”，“伊尹相汤”，“周公相武王”，《礼记·明堂位》“周公相武王”之类耳。①

他列举了许多事实，并且从事实中作了分析，说明相是泛指那种辅佐君王的主要人物。同时，他又举出了《左传》上许多“相”字作动词用的例子，如相某公、相某国之类，甚至还有“哀公十七年：‘右领差车与左史老，皆相令尹、司马以伐陈’”的例子，“是相二官，而非相楚王”。又原注：“《论语》：‘今由与求也相夫子。’是相季氏而非相鲁君。”②

比较“相”字而言，“相国”二字的意义没有那么广泛，起源也要晚一些，但也是战国时（特别是后期）人们比较通行的一种称谓，即把那种处于百官之长地位的人尊称为相国。最能说明这一问题的例子是《荀子·尧问篇》的一段记载：

缯丘之封人，见楚相孙叔敖曰：……今相国有此三者而不得罪楚之士民，何也？孙叔敖曰：吾三相楚而心愈卑……

众所周知，楚国宰辅官的名称是“令尹”，至少孙叔敖为令尹这是完全肯定的，可是《荀子》既把“令尹”写成“相”，又在记述对话时写作“相国”，这绝不是什么疏忽或差误，而是说明称令尹为相和相国，是当时尽人皆知的习惯称谓。《战国策·楚策四》的记载也是如此：

朱英谓春申君曰：“君相楚二十余年矣，虽名为相国，实楚王也。”

① 顾炎武著，黄汝成集释：《日知录集释（全校本）》卷二十四，《相》，上海古籍出版社2006年版，第1364～1365页。

② 顾炎武著，黄汝成集释：《日知录集释（全校本）》卷二十四，《相》，上海古籍出版社2006年版，第1365、1366页。

前面的“相”字是动词，后面的“相国”是尊称，并没有什么记载证明当时楚国已改令尹为相或相国，而《史记·楚世家》却明明写道：

> 考烈王以左徒为令尹，封以吴，号春申君。

但是在《春申君列传》中，又左一个“以黄歇为相”，右一个“春申君相楚”。这都说明，即使正式的官名是“令尹”，也可泛称为“相”或者“相国”。

其他所有记载中的“相国”二字，都可以作这样的理解：相国是人们对百官之长的尊称（或习惯称谓），既可在用第二人称时使用，当面尊称之为相国；也可在叙述第三人称时使用，说相国如何如何。

再者，“相国”一词在战国时也叫“相邦”。王国维在《匈奴相邦印跋》中说：

> 六国执政者均称相邦。秦有相邦吕不韦（见戈文），魏有相邦建信侯（见剑文），今观此印，知匈奴亦然矣。史家作相国者，盖避汉高帝讳改。①

这个论断是可以同意的：第一，“邦”和“国”虽然意义相同，但汉以前“邦”字用得更多②；第二，现在见到的文字材料多是汉人的记载，或者是经过汉人传抄和整理过的。

只有“丞相”才是一个正式官名，而且是秦独创的一个官名。当然秦的创造也不是凭空而生，一方面它利用了已经为大家公认的“相也者百官之长也”这种看法，另一方面又新加上一个“丞”字，这个“丞”本身有辅佐之意，同时与“承”字相通，有承受之意。《史记·秦本纪》集解引应劭曰：“丞者承也，相，助也。”这个官虽然是“百官之长”，但更重要

---

① 王国维：《观堂集林》卷十八，《史林十》，中华书局1959年版，第914页。

② 《诗经·大雅·皇矣》：“王此大邦。”此当“国”字讲。《尚书·蔡仲之命》：“乃命诸王，邦之蔡。”此当封国讲。《周礼·秋官·大行人》：“凡诸侯之邦交，岁相问也，殷相聘也，世相朝也。”邦交乃国与国之交。《说文》以“邦”“国”互训，段玉裁引《周礼注》曰：“大曰邦，小曰国，邦之所居亦曰国。”实际上先秦用“邦”多，用“国”少。

的是上承天子的命令“助理万机”。这就和那些有三卿或者六卿执政的诸侯国显然不同。所以《史记·秦本纪》中关于武王“二年，初置丞相，樗里疾、甘茂为左右丞相”的记载，基本上是可信的。不过，其在秦国本身也有一个形成过程①，《宋书·百官志》云：

> 秦悼武王二年始置丞相官。丞，奉；相，助也。悼武王子昭襄王始以樗里疾为丞相，后又置左右丞相。

这条记载当有所据，因为《史记·秦本纪》还在另一处写道：“昭襄王元年，严君疾为相。”《史记会注考证》认为严君疾即樗里疾，《樗里子列传》上说秦惠王时“封樗里子，号为严君”。

又，秦自武王以后，一般都设二丞相，如《全秦文》卷一所载秦刻石，多列有“丞相隗林、丞相王绾”或“丞相臣斯、臣去疾”的署名，上列二丞相，实即左右丞相。《史记·秦始皇本纪》载始皇三十七年（前210年）“始皇出游，左丞相斯从，右丞相去疾守”，即其明证。按秦以左为上，左右丞相当是正副丞相。有时以中官宦者为丞相，则又有中丞相之称，如秦二世时即以赵高为中丞相。“中”为宫中宦者之称，宦官也叫中人，因赵高是宦官，故在丞相之上冠以“中”字。中丞相与丞相实为一官而异名。

总之，丞相这个官是秦国开始设置的。战国时其他诸侯国称相和相国的不少，如上所述，那都是泛称；称丞相的则很少见，常见到的两三处都是很可疑的，一处是《战国策·魏策二》上面苏代当说客的一段话：

> 莫如太子之自相。是三人皆以太子为非固相也，皆将务以其国事魏，而欲丞相之玺。（《史记·魏世家》同）

这“丞相”二字是否有误不能断定，即便不误，也不在秦设置丞相之前。另一处见于《战国策·赵策三》：

① 《七国考》引《物原》说：“诸臣称丞，自秦献公置丞相始。”没有其他材料证明，录此以备一说。

> 建信君曰：文信侯之于仆也，甚无礼。秦使人来仕，仆官之丞相，爵五大夫，文信侯之于仆也，甚矣，其无礼也。

如果这建信君即相邦建信侯的话，“仆官之丞相，爵五大夫”当作何解？文义不通，“丞相”二字肯定有误。同样退一步说，即使赵国此时官名是“丞相”，也是在秦设丞相之后。或者，赵、魏二国后期，在秦的影响下，也把“百官之长”叫作丞相了。不过我们认为，在战国后期，人们习惯了，“丞相”和“相邦”已经通用了，没有人注意它们之间的区别，容易混淆。而各国宰辅的名称，随着各国的灭亡，自然被淘汰了，以后更没有人注意它。这应该是战国后期、秦以及汉的各种书籍中记载不一的主要原因。

附表一：秦丞相简表

时间		设置概况	备注
武王元年（前310年）至四年（前307年）	二年	初置丞相。樗里疾、甘茂为左右丞相。	《秦本纪》《六国年表》略同。《甘茂列传》：以甘茂为左丞相，以樗里疾为右丞相。
	三年	（樗里疾相韩。）	《秦本纪》。
昭襄王元年（前306年）至五十六年（前251年）	元年	严君疾为相。（甘茂出之魏。）	《秦本纪》。《樗里子列传》：惠王二十六年，秦封樗里子，号为严君，昭王立，樗里子又益尊重。
		秦相向寿卒。	《甘茂列传》。始任时间、在任年代均不可考。《穰侯列传》有昭王十四年，魏冉举白起，使代向寿将而攻韩魏的记载。
	七年	樗里疾卒。 魏冉为相。	《六国年表》。《穰侯列传》有任魏冉为政的记载，在樗里子死之前。又据此传，楼缓亦当此时相秦，且在魏冉之前。
	九年	孟尝君薛文来相秦。	《秦本纪》。《六国年表》及《田完世家》在八年。
	十年	薛文以金受免，楼缓为丞相。	《秦本纪》。《史记正义》云：金受，秦丞相名。后诸家考证均否此说，参见《史记会注考证》。

续表

时　间		设置概况	备　注
	十二年	楼缓免，穰侯魏冉为丞相。	《六国年表》《秦本纪》同。是免相（何时?）后复相，还是初为丞相，抑或由右丞相升任左丞相，不能断定。梁玉绳认为，初相在昭王十二年。
	十五年	魏冉谢病免相，以客卿寿烛为相。	《穰侯列传》。《秦本纪》《六国年表》仅有魏冉免相，且《秦本纪》在十六年。
	十六年	烛免，复相冉。	《穰侯列传》。其同时又说：乃封魏冉于穰，号曰穰侯。
	十九年	魏冉复相秦。	《穰侯列传》。十六年复相后，未见免相记载。
	二十四年	魏冉免相。	《秦本纪》。梁玉绳认为，再相十六年，至二十一年免，二十四年书魏冉免相者误也。
	二十六年	魏冉复为丞相。	《六国年表》《秦本纪》同。
	四十一年	拜范雎为相。收穰侯之印，使归陶。	《范雎列传》。
	五十二年	范雎免相。拜蔡泽为相，数月乃谢病归相印，号纲成君，居秦十余年，事昭王、孝文王、庄襄王。卒事始皇帝。	《范雎列传》。徐广云，事在昭王五十二年。 蔡泽归相印后，继任者不可考。
庄襄王元年（前 249 年）至三年（前 247 年）	元年	以吕不韦为丞相，封为文信侯。	《吕不韦传》。《秦本纪》：东周君与诸侯谋，秦使相国吕不韦诛之。
		徐诜为秦庄襄王相。	《新唐书》卷七十五下《宰相世系表五下》。

续表

时间		设置概况	备注
秦始皇元年（前246年）至三十七年（前210年）	元年	吕不韦为相，封十万户，号曰文信侯。	《秦始皇本纪》。《吕不韦列传》：尊吕不韦为相国，号称仲父。
	九年	令相国昌平君、昌文君发卒攻毐。	《秦始皇本纪》。《史记索隐》曰：昌平君，楚之公子，立以为相，后徙于郢，项燕立为荆王，史失其名。昌文君亦不知也。任相、免相时间不可考。
	二十六年	丞相（王）绾。	《秦始皇本纪》。
	二十八年	丞相隗林、丞相王绾。	《秦始皇本纪》。任、免时间皆不可考。
	三十四年	丞相李斯。	《秦始皇本纪》。
	三十七年	左丞相斯，右丞相去疾。	《秦始皇本纪》。何时为相未详。
秦二世元年（前209年）至三年（前207年）	二年	右丞相去疾、左丞相斯。	《秦始皇本纪》。又，元年刻石有丞相臣斯、臣去疾，御史大夫臣德等语，此时李斯在去疾之前。
	三年	李斯已死，拜赵高为中丞相。	《李斯列传》。《秦始皇本纪》只言为丞相。

说明：①备注中未具书名的纪、传、表皆载《史记》。

②设置概况基本上系引用原文，有括号者为补充说明。

下面再说秦丞相的职权和属官。

秦丞相的职权，《汉书·百官公卿表》说是："掌丞天子，助理万机。"就是说，他承受天子的命令，辅助天子管理整个国家的事情。但是，秦代（包括统一前的秦国）丞相的地位和权力，在不同时期不同人的身上，表现有较大的差别。一般说来，以列侯任丞相之职的，地位很高①，权力也大，如昭王时的丞相穰侯魏冉、应侯范雎，庄襄王和秦始皇时的丞相文信侯吕不韦等人就很明显，真是"贵极富溢"，权倾一时；反之，没有被封

① 《汉官旧仪》："列侯为丞相、相国，号君侯。"汉初与秦基本相同，并且更固定化，公孙弘为丞相后才加封，这是汉武帝时的新制。

侯的，地位就较低，如琅邪刻石上的署名次第：

> 至于琅邪。列侯武城侯王离、列侯通武侯王贲、伦侯建成侯赵亥、伦侯昌武侯成、伦侯武信侯冯毋择、丞相隗林、丞相王绾、卿李斯、卿王戊、五大夫……从，与议于海上。[1]

很明显，没有加封侯爵的丞相，位次就排得相当后。因此在秦国历史上，有些无所作为、地位不高的丞相，史书上仅一笔带过，如昭王时的向寿、楼缓、寿烛等，甚或也有连姓名都没留下的。

丞相虽然“总统”一切，但各方面的具体工作，似乎由丞相以下的诸卿分管，如汉初左丞相陈平答文帝问，所谓“问决狱，责廷尉；问钱谷，责治粟内史”[2]，各有主其事者。所以史书上没有明确记载秦丞相的属官，这一点和后来汉代的情况颇不相同。这说明秦虽然确立了丞相制，但在组织上还不是那么完备。孙楷的《秦会要》列丞相的属官有侍中、尚书、舍人。舍人不能当作属官，它只是丞相府里侍从、宾客之类的一种称呼，《史记·秦始皇本纪》说：“吕不韦为相……招致宾客游士，欲以并天下。李斯为舍人。”《史记集解》引文颖曰：“主厩内小吏，官名。或曰侍从宾客谓之舍人也。”李斯所为之舍人，显然是后者。因此，舍人泛指一般侍从宾客，不是一个正式官名。《史记·李斯列传》又写道：

> 李斯求为秦相文信侯吕不韦舍人，不韦贤之，任以为郎，因以得说（秦王）。

由此也可见，一般舍人不是国家正式官吏，因为李斯“贤”，才给以一个“郎”的官职，因为他有了正式官吏身份，才得以进入朝廷，有“说”秦王的机会。尚书，看来也不是丞相的属官，孙楷的根据是《战国策·秦策五》上有“文信侯相秦，臣事之为尚书”一句话，认为“言事之，则是相之属官也”。这个推论是靠不住的。注解已指出，尚书，“秦官，属少府”，

---

① 司马迁：《史记》卷六，《秦始皇本纪》，中华书局 1982 年版，第 246 页。
② 司马迁：《史记》卷五十六，《陈丞相世家》，中华书局 1982 年版，第 2061 页。

《汉官仪》也说：

> 初，秦代，少府遣吏四，一在殿中，主发书，故号尚书。尚，犹主也。

《战国策》所言“事之”是好理解的，因为文信侯大权独揽，一切事务皆决于他，朝廷的任何官吏都可称之为“事之”，绝不能因此二字即将其看作丞相的属官。唯有侍中也许是丞相的秘书之类的角色，可以算作属官，《汉官仪》说：

> （侍中）本秦丞相史，往来殿中，故谓之侍中，分掌乘舆服物，下至亵器虎子之属。

《宋书·百官志》也说：

> 侍中本秦丞相史也，使五人往来殿内，东厢奏事，故谓之侍中。

从后一条看，还有点像行政事务秘书；从前一条看，又像是生活秘书，地位低下得很，不仅招呼车辆、拿衣服，还要提便壶。

总之，在秦代，丞相之下是可以说没有什么属官的，办事靠各级各类官吏，例如在统一之前，战争频繁，军事上用人多，所以《史记·秦始皇本纪》记载“吕不韦为相”下，除了“李斯为舍人”之外，就是“蒙骜、王齮、麃公等为将军”，这些将军可以说是吕不韦任命的，但绝不是他的属官。另外，吕不韦家里养着许多宾客也是事实，除了像李斯那样有贤才的人授以官职之外，大部分是养在家里，其中有一些在吕不韦领导下著书立说，编成了《吕氏春秋》，还有一些是吃闲饭的，各种各样的人都有。这些养在家里（或者丞相府里）的人不能算作正式的属官，是可以断言的。

最后，说一说确立丞相制度的意义：

秦开创和确立丞相制度，完成了战国以来政治制度方面的一个重要转变：第一，彻底废除了世卿世禄制，再不是鲁国三桓、晋国六卿那样的世袭制了，丞相不但不是世袭的，而且不是终身的。在秦的历史上，魏冉、范雎、蔡泽以及吕不韦、李斯等著名丞相，虽然都曾权倾一时，实际上功劳也很大，但是没有一个是老死于相位的，这绝不是偶合现象，这是丞相制度本身决定的必然结果。还有一点秦与其他各国的不同之处值得注意，宋人洪迈曾经指出：

> 六国所用相，皆其宗族及国人，如齐之田忌、田婴、田文，韩之公仲、公叔，赵之奉阳、平原君，魏王至以太子为相。独秦不然，其始与之谋国以开霸业者，魏人公孙鞅也，其他，若楼缓赵人，张仪、魏冉、范雎皆魏人，蔡泽燕人，吕不韦韩人，李斯楚人，皆委国而听之不疑，卒之所以兼天下者，诸人之力也。①

虽然其他国也还有少数类似情况，但秦国与六国的区别是显然的。据此，我们也可以认为，这是与传统的世卿世禄制以及与此有关的宗法制决裂的一种反映。

第二，权力进一步集中。和春秋时那种三卿或六卿共掌国政相比，掌权的人数少了，开始虽有左右两个丞相，实际是一正一副，有时甚至只有一个，权力更加集中。在秦国历史上，吕不韦的权力算是登峰造极。丞相的权力很大，所谓“百官之长”、“无不总统”、“助理万机”，但是更重要的是，他必须是上“承天子”。这正是“丞相”二字的含义所要求的，或者说是因为有君权集中的要求，才选定了这么一个名称。丞相的任免之权完全操于王手，秦始皇之前的好几个秦王，想任命谁就任命谁，想废除谁就废除谁，毫无顾忌和阻碍，秦始皇更是如此，吕不韦那么大的势力，处于秦王仲父的特殊地位，秦始皇一声令下就免去了他的丞相职务，再给他一封书，就令他不得不饮酖而死。这就从根本上杜绝了西周、春秋以来那种政出私门的现象，“三分公室”、“四分公室”的历史不能重演了。丞相制度的建立，反映了君权的加强，秦始皇时表现得最为明显，正如当时侯生、卢生所说那样：

---

① 洪迈：《容斋随笔》卷二，《秦用他国人》，上海古籍出版社 1996 年版，第 23 页。

丞相诸大臣皆受成事，倚辨于上……天下之事，无大小皆决于上。①

因此，丞相制度的确立，是专制主义中央集权制度中的重要一环。其利弊，无论是在当时或是对后世的影响，都是很显然的，用不着再多说了。

二、汉丞相制的演变

汉承秦制，也实行丞相制度，但有发展和变化。

首先说人数和名称的变化。秦代基本上设左右丞相，西汉前期基本上是设丞相一人，西汉后期和东汉的三公皆为宰相，东汉末有一段时间又是设一丞相。

关于西汉前期的情况，《汉书·百官公卿表》说：

高帝即位，置一丞相②，十一年更名相国，绿绶。孝惠、高后置左右丞相，文帝二年复置一丞相。

这里没有说武帝及其以后的情况。武帝一度欲置左右二丞相，然右丞相始终没有任命，故丞相虽有左右，而实则仅左丞相一人。《汉书·刘屈氂传》载武帝征和二年（前91年）诏云：“其以涿郡太守屈氂为左丞相，分丞相长史为两府，以待天下远方之选。”师古曰：“待得贤人当拜为右丞相。”

刘屈氂为左丞相不到一年就被下狱腰斩了。所以我们说西汉前期基本上是置一丞相，并且左右丞相也与秦有所不同，“秦以左为上，汉以右为尊”③。《史记·陈丞相世家》也明言右为第一：

于是孝文帝乃以绛侯勃为右丞相，位次第一。平徙为左丞相，位

① 司马迁：《史记》卷六，《秦始皇本纪》，中华书局1982年版，第258页。

② 《史记·曹相国世家》有“高祖三年，拜为假左丞相”的记载，看来是在局势尚未稳定时，因秦丞相制而采取的一项临时措施，上面还加了一个“假”字。此表说“置一丞相”，那就是萧何。

③ 王应麟：《玉海》卷一百二十，《官制·汉丞相》注。

次第二。

成帝时设置三公官：大司空、大司马、丞相，而丞相官名仍旧。哀帝元寿二年（前1年）改丞相为大司徒。东汉光武帝建武二十七年（51年）诏令去“大”，只称司徒，又改大司马为太尉。献帝即位，董卓由太尉进位相国，而司徒一官并存不废。献帝建安十三年（208年），复置丞相，以曹操为丞相。《通典》卷十九叙述两汉丞相名称的变迁说：

汉置丞相，尝置相国，或左右丞相，寻复旧。成帝改御史大夫为大司空，与大司马、丞相是为三公，皆宰相也。哀帝改丞相为大司徒，亦为宰相。后汉以太尉、司徒、司空为宰相。献帝复置丞相。

从表面上看，这种变化只不过是名称的改变，或由一分为二、三，或由二、三合为一；然而事实上，丞相的实权也随着职称的变化，前后有很大的不同。

附表二：西汉丞相简表

丞相姓名	任　期	任职前官爵	去职事由	备　注
萧　何	高帝元年至惠帝二年（前206—前193）	列　侯	薨	《史记·功臣侯表》高帝九年迁为相国，《史记·萧相国世家》《汉书·百官公卿表》均谓十一年更名相国，当以后者为是。
曹　参	惠帝二年至五年（前193—前190）	齐　相（原为列侯）	薨	丞相改称相国。
王　陵	惠帝六年至高后元年（前189—前187）	列　侯	为太傅	惠帝、高后时置左右丞相，陵为右丞相。
陈　平	惠帝六年至文帝二年（前189—前178）	郎中令（原为列侯）	薨	平先为左丞相，高后元年为右丞相，文帝元年复为左丞相，二年置一丞相，平为丞相。

续表

丞相姓名	任　期	任职前官爵	去职事由	备　注
审食其	高后元年至七年（前187—前181）	典　客（原为列侯）	为太傅	高后八年复为丞相，同年免。
周　勃	文帝元年（前179年）	太　尉（原为列侯）	免	文帝二年复为丞相，三年免。
灌　婴	文帝三年至四年（前177—前176）	太　尉（原为列侯）	薨	
张　苍	文帝四年至后元二年（前176—前162）	御史大夫（原为列侯）	免	
申屠嘉	文帝后元二年至景帝二年（前162—前155）	御史大夫（原为列侯）	薨	
陶　青	景帝二年至七年（前155—前150）	御史大夫（原为列侯）	免	
周亚夫	景帝七年至中元三年（前150—前147）	太　尉（原为列侯）	免	
刘　舍	景帝中元三年至后元元年（前147—前143）	御史大夫（原为列侯）	免	
卫　绾	景帝后元元年至武帝建元元年（前143—前140）	御史大夫（原为列侯）	免	
窦　婴	武帝建元元年至二年（前140—前139）	列　侯	免	
许　昌	武帝建元二年至六年（前139—前135）	太　常（原为列侯）	免	
田　蚡	武帝建元六年至元光四年（前135—前131）	太　尉（原为列侯）	薨	
薛　泽	武帝元光四年至元朔五年（前131—前124）	列　侯	免	
公孙弘	武帝元朔五年至元狩二年（前124—前121）	御史大夫	薨	

续表

丞相姓名	任　期	任职前官爵	去职事由	备　注
李　蔡	武帝元狩二年至五年（前121—前118）	御史大夫（原为列侯）	有罪自杀	
严青翟	武帝元狩五年至元鼎二年（前118—前115）	太子少傅	有罪自杀	严青翟原为庄青翟，避明帝刘庄讳改。
赵　周	武帝元鼎二年至五年（前115—前112）	太子太傅（原为列侯）	下狱死	
石　庆	武帝元鼎五年至太初二年（前112—前103）	御史大夫	薨	
公孙贺	武帝太初二年至征和二年（前103—前91）	太　仆	下狱死	
刘屈氂	武帝征和二年至三年（前91—前90）	涿郡太守	下狱腰斩	为左丞相。
田千秋	武帝征和四年至昭帝元凤四年（前89—前77）	大鸿胪	薨	
王　䜣	昭帝元凤四年至五年（前77—前76）	御史大夫	薨	
杨　敞	昭帝元凤六年至元平元年（前75—前74）	御史大夫	薨	
蔡　义	昭帝元平元年至宣帝本始三年（前74—前71）	御史大夫	薨	
韦　贤	宣帝本始三年至地节三年（前71—前67）	长信少府	赐金免	
魏　相	宣帝地节三年至神爵三年（前67—前59）	御史大夫	薨	
丙　吉	宣帝神爵三年至五凤三年（前59—前55）	御史大夫	薨	
黄　霸	宣帝五凤三年至甘露三年（前55—前51）	御史大夫	薨	
于定国	宣帝甘露三年至元帝永光元年（前51—前43）	御史大夫	赐金、安车驷马免	

续表

丞相姓名	任　期	任职前官爵	去职事由	备　注
韦玄成	元帝永光二年至建昭三年（前42—前36）	御史大夫	薨	
匡　衡	元帝建昭三年至成帝建始三年（前36—前30）	御史大夫	免	
王　商	成帝建始四年至河平四年（前29—前25）	右将军	免	
张　禹	成帝河平四年至鸿嘉元年（前25—前20）	诸吏散骑光禄大夫	赐金、安车驷马免	
薛　宣	成帝鸿嘉元年至永始二年（前20—前15）	御史大夫	免	
翟方进	成帝永始二年至绥和二年（前15—前7）	执金吾	薨	《汉书》本传诏令自杀。
孔　光	成帝绥和二年至哀帝建平二年（前7—前5）	左将军	免	哀帝元寿元年复为丞相，二年转为大司徒，再转为太傅。
朱　博	哀帝建平二年（前5年）	御史大夫	有罪自杀	
平　当	哀帝建平二年至三年（前5—前4）	御史大夫	薨	
王　嘉	哀帝建平三年至元寿元年（前4—前2）	御史大夫	下狱死	
马　宫	哀帝元寿二年至平帝元始五年（前1—5）	右将军	转为大司马	改丞相为大司徒。
平　宴	平帝元始五年（5年）	长乐少府		同上。

说明：本表系依据《汉书·百官公卿表》改制而成。

丞相就是宰相，但宰相不一定是丞相，所以严格说来，真正的丞相制，是实行于秦和西汉前期。这一点还可以从下面叙述丞相的职权与属官及其变化中看出来。

西汉前期，尤其是武帝以前，丞相多为功臣出身，位极尊隆，为人臣中的最高级官吏，总领百官，协理万机，一切国事皆归其管辖。《史记·

陈丞相世家》记陈平的话说：

宰相者，上佐天子理阴阳，顺四时，下育万物之宜，外镇抚四夷诸侯，内亲附百姓，使卿大夫各得任其职焉。

《汉书·黄霸传》载宣帝的话说：

夫宣明教化，通达幽隐，使狱无冤刑，邑无盗贼，君（丞相）之职也。

《汉书·王商传》成帝诏：

盖丞相以德辅翼国家，典领百僚，协和万国，为职任莫重焉。

在立三公之后、丞相尚未改名之前，《汉书·孔光传》载哀帝诏仍然这样说：

丞相者，朕之股肱，所与共承宗庙，统理海内，辅朕之不逮，以治天下也。

据上所引文看来，丞相的职权真是无所不统，无所不包，上自天时，下至人事，都是丞相的职责范围。不过这还都是一些虚文，其具体职权，根据有关史料所载，大体有以下几个方面：

（一）丞相有选用官吏之权

秦时丞相任用官吏之权是很大的，如范雎说秦昭王曰：

今自有秩以上至诸大吏，下及王左右，无非相国之人者。[1]

汉朝的丞相也是如此。《汉书·田蚡传》：

---

① 司马迁：《史记》卷七十九，《范雎列传》，中华书局1982年版，第2412页。

> 当是时丞相入奏事，语移日，所言皆听，荐人或起家至二千石，权移主上。上（武帝）乃曰：君除吏尽未？吾亦欲除吏。

这说明丞相几乎掌握了全部用人之权。正因为其权过于膨胀，所以才引起皇帝的不满。

由于丞相有任用官吏之权，故董仲舒劝丞相公孙弘说：

> 仲舒窃见宰职任天下之重，群心所归。惟须贤佐以成圣化，愿君侯大开萧相国求贤之路，广选举之门。既得其人，接以周公下士之意。即奇伟隐世异伦之人，各思竭愚，归往圣德，英俊满朝，百能备具。①

其后，公孙弘遂开东阁客馆，以招天下之士。

（二）丞相有劾案百官与执行诛罚之权

武帝时田蚡为丞相，劾灌夫骂坐不敬；后又以灌夫家在颍川横行不法，民苦之，请案验，武帝曰："此丞相事，何请？"② 这说明丞相有劾案百官之权。文帝时申屠嘉为丞相，文帝宠臣邓通对其怠慢无礼，申屠嘉即以不敬丞相之罪，正式行文召邓通至丞相府欲杀之，文帝派使者营救，才将其释放③。又，内史晁错有罪，申屠嘉奏请诛错，未准。罢朝后，因谓长史曰："吾当先斩以闻，乃先请，固误。"④ 此二事均证明丞相有自行诛罚之权。

（三）丞相有主管郡国上计与考课之权

丞相主管郡国上计与考课，并根据官吏治绩的好坏奏行赏罚。《汉书·匡衡传》云：

> （丞相）衡位三公，辅国政，领计簿，知郡实，正国界。

---

① 严可均：《全上古三代秦汉三国六朝文·全汉文》卷二十四，中华书局 1958 年版，第 258 页。

② 班固：《汉书》卷五十二，《田蚡传》，中华书局 1962 年版，第 2386 页。

③ 班固：《汉书》卷四十二，《申屠嘉传》，中华书局 1962 年版，第 2100～2101 页。

④ 班固：《汉书》卷四十九，《晁错传》，中华书局 1962 年版，第 2300 页。

又《汉书·丙吉传》:

岁竟,丞相课其殿最,奏行赏罚。

这种职权是从萧何开始的。刘邦入关时:

何独先入收秦丞相、御史律令图籍藏之……汉王所以具知天下厄塞、户口多少、强弱之处、民所疾苦者,以何具得秦图书也。[①]

由于这项工作十分重要,丞相府并设有专人来掌管郡国上计事。《汉书·张苍传》:

萧何为相国,而苍乃自秦时为柱下御史,明习天下图书计籍,又善用算律历,故令苍以列侯居相府,领主郡国上计者。

因张苍以列侯居相府总领计簿,故时人号为计相。在这里我们还可以看到汉与秦不同之处;《张苍传》开头明明说"秦时为御史,主柱下方书",方书即四方文书,秦时是御史管,汉从萧何起就归丞相府管,丞相的具体职权显然比秦时扩大了。

有时丞相也委托其他官员代受计簿,询问地方情形。《汉书·黄霸传》:

窃见丞相请中二千石、博士杂问郡国上计长史、守丞,为民兴利除害,成大化,条其对。

丞相还常使掾史考察地方情形。《汉书·魏相传》:

相敕掾史案事郡国,及休告从家还至相府,辄白四方异闻。或有逆贼、风雨、灾变,郡不上,相辄奏言之。

---

① 司马迁:《史记》卷五十三,《萧相国世家》,中华书局1982年版,第2014页。

丞相府又是京畿各郡的上诉机关。《汉书·薛宣传》：

> （宣）为左冯翊……奸轨绝息，辞讼者历年不至丞相府。

此因薛宣治理左冯翊有成绩，故辞讼者历年不至丞相府，恰好反证，在过去诉讼者是常到丞相府的。

（四）丞相有总领百官朝议与奏事之权

秦汉时，凡遇重大的事情，皇帝常召集百官朝仪，或者群臣上议，谓之集议，由丞相主持。集议的内容很广泛，如立君、立储、封赠、赏功、罚罪、食货、选举、民政、法制、礼制、边事等等，皆可议论。集议结果由丞相领衔奏事，天子与丞相决之。如秦始皇二十六年（前 221 年）初并天下，令丞相议帝号，由丞相王绾等与博士集议后，领衔上奏①。西汉初迎立代王刘恒，“群臣上议”，则由丞相陈平领衔上奏②。汉景帝即位，诏丞相、列侯、中二千石、礼官议孝文庙乐舞，亦由丞相主持并领衔上奏③。即使后来丞相总领百官朝议与奏事之权被剥夺，但仍保留虚衔。如昌邑王被废时，掌握实权的霍光与群臣连名奏王，尚书令读奏曰“丞相臣敞、大司马大将军臣光……”④，犹以丞相领衔。可见自秦至西汉，总领百官奏事与参决之权，莫不归于丞相。

（五）丞相有封驳与谏诤之权

皇帝的诏令有不符合法律、制度者，丞相有封驳谏诤之权。如景帝欲封皇后兄王信为列侯，与丞相周亚夫商议。亚夫曰：

> “高帝约：非刘氏不得王，非有功不得侯，不如约，天下共击之。今信虽皇后兄，无功侯之，非约也。”上默然而沮。⑤

周亚夫反对景帝封侯，因为刘邦有约在先，而且是事前谏阻。哀帝时丞相

① 司马迁：《史记》卷六，《秦始皇本纪》，中华书局 1982 年版，第 236 页。
② 班固：《汉书》卷四，《文帝纪》，中华书局 1962 年版，第 108 页。
③ 班固：《汉书》卷五，《景帝纪》，中华书局 1962 年版，第 138 页。
④ 班固：《汉书》卷六十八，《霍光传》，中华书局 1962 年版，第 2939 页。
⑤ 班固：《汉书》卷四十，《周勃传》，中华书局 1962 年版，第 2060～2061 页。

王嘉竟将皇帝已下的命令封还不行。《汉书·王嘉传》：

（哀帝）下丞相、御史益封（董）贤二千户，及赐孔乡侯、汝昌侯、阳信侯国。嘉封还诏书。

哀帝为此大怒，曾召丞相王嘉诣尚书切责。但是责问的却不是封还诏书的罪，只能责以他事，借以发泄其忿而已。有时皇帝不听谏阻或所议不行，便是丞相的失职，这时丞相只好向皇帝申请辞职。如景帝欲封匈奴降者为侯，丞相周亚夫又加以谏阻。“上曰：丞相议不可用，乃悉封徐卢等为列侯。亚夫因谢病免相。”①

从以上简略的叙述中可以看到，丞相的职权主要在两个方面：一是用人，二是出谋定策。郡国上计和考课虽然比较具体，但此事亦与用人有关。这两个方面无疑是为政的要害，千头万绪的政事都和这两个方面有关，其职事繁重，自不待言，所以卫宏《汉旧仪》卷上说：

丞相典天下诛讨赐夺，吏劳职烦，故吏众。

西汉前期，丞相府的组织日益庞大，发展到武帝时，《汉旧仪》记载已有“吏员三百六十二人”。

丞相的属官，重要的是司直、长史，此外即是诸曹掾属。兹分述如下：

1. 长史

汉朝初年，虽承秦制，但一切属于草创，丞相府的建制也不完善。《汉旧仪》写道：

汉初置相国史，秩五百石。后罢，并为丞相史。

看来开始丞相或相国只有史，而没有设立长史。所以《汉书·百官公卿表》写道：

① 班固：《汉书》卷四十，《周勃传》，中华书局1962年版，第2061页。

文帝二年，复置一丞相，有两长史，秩千石。

这“秩千石”的长史是文帝以后的事。《汉书·张汤传》又有三长史的记载，师古曰：

《百官表》丞相有两长史。今此云三者，盖以守者，非正员也。

东汉“长史一人，千石”①，王先谦《后汉书集解》引：

李祖楙曰：《前书》丞相有两长史。孝武改置司直，秩比二千石。哀帝改丞相为司徒，司直仍旧。中兴因之。建武省司直置长史。

以上这些说明，长史的设置是随着丞相制的变化而变化的。长史类似相府的总管，故《通典》卷二十一说，长史“盖众史之长也，职无不监”。丞相有事，常交付长史办理。《汉书·爰盎传》：

丞相曰：“使君所言公事，之曹与长史掾议之，吾且奏之。”

《汉书·田蚡传》：

（丞相田蚡）召长史曰：“今日召宗室有诏，劾灌夫骂坐不敬。”

观此可知长史为佐助丞相，署理诸曹之职。

事实上，长史的活动不限于丞相府内，《汉书·黄霸传》：

（黄霸）守丞相长史，坐公卿大议廷中，知长信少府夏侯胜非议诏书大不敬，霸阿从不举劾，皆下廷尉。（师古曰：“大议，总会议也。此廷中谓朝廷之中。”）

① 范晔：《后汉书》志第二十四，《百官一》，中华书局1965年版，第3561页。

则是长史可以出席朝廷会议。又《汉书·王嘉传》载：

> 初，廷尉梁相，与丞相长史、御史中丞及五二千石，杂治东平王云狱。

这或者是代表丞相参与其事，也是丞相府以外之事。又据《汉书·成帝纪》，阳朔三年（前22年）六月颍川铁官徒申屠圣等起义，永始三年（前14年）十二月山阳铁官徒苏令等起义，在这两次铁官徒起义中，朝廷都曾派遣丞相长史会同御史中丞前往镇压。这说明丞相长史有时还要奉诏干预地方上的事务。

2. 司直

司直是丞相府中的最高属官，但它是从汉武帝的时候才开始有的。《汉书·百官公卿表》说得很清楚：

> 武帝元狩五年，初置司直，秩比二千石，掌佐丞相，举不法。

司直的职责主要是主管监察检举，特别是“助督录诸州事”[①]。《后汉书·马严传》说：

> 故事，州郡所举，上奏，司直察能否，以惩虚实。

司直在这方面的权力很大，位在司隶校尉之上，有所会，居中二千石前。《汉书·鲍宣传》载宣上书有云：

> 龚胜为司直，郡国皆慎选举，三辅委输官不敢为奸，可大委任也。

《汉书·翟方进传》亦云：

---

① 范晔：《后汉书》志第二十四，《百官一》，中华书局1965年版，第3561页。

故事，司隶校尉，位在司直下，初除，谒两府，其有所会，居中二千石前，与司直并迎丞相、御史。

司直在丞相属官中地位最高，当然可以指挥丞相府的其他属官，《汉书·孙宝传》载，孙宝为丞相司直时，南阳太守李尚“怀奸罔上，狡猾不道”，孙宝“遣丞相史按验发其奸”。

东汉光武即位，依武帝故事，置司直居丞相府，“助督录诸州事”。建武十八年（42年）省①。以后献帝建安八年（203年）复置司直，则不属司徒，掌督中都官，不领诸州。九年诏司直比司隶校尉，坐同席，在上，假传，置从事三人，书佐四人②。王先谦《后汉书集解》考证说：

建安二十三年，丞相司直韦晃谋诛操，不克，死。《魏志》同。是司直仍属丞相，此献帝复置之证，惟不属司徒句误。

总之，司直主要是汉武帝至东汉初设置的，不如长史存在的时间长，从其职权看，也没有代替过长史。

3. 诸曹掾属

丞相府的属官，汉初和以后不相同，西汉与东汉也不同。汉初和以后的不同，据《汉旧仪》的记载：

丞相初置吏员十五人，皆六百石，分为东西曹（案《北堂书钞·设官部》引，东西曹掾秩四百石）。东曹九人，出督州为刺史。西曹六人，其五人往来白事东厢，为侍中；一人留府，曰西曹，领百官奏事。

武帝元狩六年，丞相吏员三百八十二人（实为三百六十二人）。史二十人，秩四百石；少史八十人，秩三百石；属百人，秩二百石；属史百六十二人，秩百石。

① 范晔：《后汉书》志第二十四，《百官一》，中华书局1965年版，第3561页。
② 范晔：《后汉书》志第二十四，《百官一》，中华书局1965年版，第3561页。

这是人数上的很大不同。又：

> 或曰：汉初掾史辟，皆上言，故有秩皆比命士，其所不言，则为百石属。其后，皆自辟，故通为百石云。

这里说得不很肯定，其后也不知从何时开始，大体上应该是丞相府吏员增多以后的事。

以上诸曹掾属，均系相府幕僚，他们由丞相自行辟除，其与丞相的关系也很特殊：

> 掾史见礼如师弟子，白录不拜朝，示不臣也。听事阁曰黄阁，无钟铃。掾有事当见者，主簿至曹请，不传名，掾见脱履，公立席后答拜。百石属不得白事，当谢者西曹掾为〔通〕谢部。①

《汉书·丙吉传》说，丙吉为丞相时：

> 于官属掾史，务掩过扬善。吉驭吏耆酒，数逋荡，尝从吉出，醉欧丞相车上。西曹主吏白欲斥之，吉曰："以醉饱之失去士，使此人将复何所容？西曹地忍之，此不过污丞相车茵耳。"遂不去也。

对于驭吏这种醉酒失态，丙吉都能容忍，除了说明他宽宏大量之外，也说明掾史和丞相关系之密切。

丞相府吏员众多，名目也不少，见于《汉书》者有丞相征事（见《昭帝纪》②），丞相史（见《沟洫志》），丞相少史（见《昭帝纪》），东曹、西曹（见《丙吉传》），奏曹、集曹（见《匡衡传》），议曹（见《翟方进传》），侍曹（见《陈遵传》），主簿、从史（见《匡衡传》），丞相属（见《地理志》），大车属（见《郑崇传》），等等。又，《宋书·百官志》："汉仪有丞相令史，令史盖前汉官也。"

---

① 孙星衍等：《汉官六种》，中华书局1990年版，第67页。

② 注引张晏曰："《汉仪注》征事比六百石，皆故吏二千石不以臧罪免者为征事，绛衣奉朝贺正月。"

诸曹掾史，各有分工。例如，上述驭吏醉殴丞相车一事，就有“西曹主吏白欲斥之”；边郡有警，则“召东曹案边长吏，科条其人”。由此可见东西曹之分工。又，既有西曹主吏，则西曹当还有其他掾属，《汉仪注》云：“东西曹掾比四百石，余掾比三百石，属比二百石。正曰掾，副曰属。”驭吏当也是属于西曹的。又如郡国上计一事，就有不少曹掾管理，《汉书·匡衡传》记载郡国上计之事，即牵涉到主簿、奏曹、集曹掾、从史等各种属官：“主簿陆赐，故居奏曹习事，晓知国界，署集曹掾”，又“遣从史之僮，收取所还田租谷千余石，入衡”。因为管上计的掾史多，所以还有“计室”，《汉旧仪》写道：

> 郡国守丞（《续汉志补注》引无“丞”字）长史（“史”或作“吏”）上计事竟，遣。君侯出坐庭上，亲问百姓所疾苦。计室掾史一人大音者读敕毕，遣。

诸曹掾史因为分工不同，职权大小、地位高下也有很大的区别。

至东汉时，由于丞相转官司徒，丞相的职权被分割而缩小，其属官大多划归太尉府，故其掾属减员至三十余人①。东汉末曹操为丞相，府掾又复增多，然其性质与前比已大不相同，所谓丞相府，实则是一个小朝廷。

附表三：西汉丞相属官表

属官名称	职掌	秩次	备考
司直	“掌佐丞相，举不法。”（《汉书·百官公卿表》）“职无不监。”（《汉旧仪》）	比二千石（一说二千石）	《后汉书·马严传》：“故事，州郡所举，上奏，司直察能否，以惩虚实。”
长史	众史之长，职无不监（《通典》卷二十一）。	千石	“汉初置相国史，秩五百石。后罢，并为丞相史。”（《汉旧仪》）“文帝二年，复置一丞相，有两长史。”（《汉书·百官公卿表》）

① 范晔：《后汉书》志第二十四，《百官一》，中华书局1965年版，第3561页。

续表

属官名称	职 掌	秩 次	备 考
丞相征事		比六百石	“皆故吏二千石不以臧罪免者为征事。”（《汉书·昭帝纪》张晏注引《汉仪注》）“任宫以故丞相征事手捕反者。”（《汉书·景武昭宣元成功臣表》）
丞相史（二十人）		四百石	《汉书·沟洫志》有丞相史杨焉、孙禁。
东曹掾（九人）	“初，出督州为刺史。”（《汉旧仪》）武帝置部刺史后，东曹掾职掌有所变更，《汉书·丙吉传》补注：“东曹主二千石长吏迁除及军吏。”	六百石（一说四百石）	严延年父为东曹掾（《汉书·严延年传》）。“吉善其（驭吏）言，召东曹案边长吏，琐科条其人。”（《汉书·丙吉传》）
西曹掾（六人）	初“领百官奏事”（《汉旧仪》）。后有变更，《汉书·丙吉传》补注：“西曹主府吏署用。”	六百石（一说四百石）	《汉书·萧望之传》：“萧由为丞相西曹掾。”《汉书·丙吉传》有西曹主吏。
丞相少史（八十人）		三百石（一说四百石）	《汉书·昭帝纪》有丞相少史王寿。
集曹掾		比三百石	“匡衡补陆赐集曹掾。”（《汉书》）
奏 曹			《汉书·匡衡传》：“主簿陆赐故居奏曹。”
议 曹			《汉书·翟方进传》有议曹李寻。
侍 曹			《汉书·陈遵传》。
主 簿			《汉书·匡衡传》有主簿陆赐。
丞相属		比二百石	《汉书·地理志》朱赣。

续表

属官名称	职　掌	秩　次	备　考
大车属		比二百石	郑崇为丞相大车属（《汉书》本传）。
从　史			匡衡遣从史之僮取田租（《汉书》本传）。
令　史			《宋书・百官志》。
计　相	领郡国上计。		“张苍为计相一月，更以列侯为主计四岁。萧何为相国，令苍以列侯居相府领郡国上计者。”（《汉书・张苍传》）
计室掾史	主郡国上计事。		《汉旧仪》：“郡国守丞长史上计事竟，遣。君侯出坐庭上，亲问百姓所疾苦。计室掾史一人大音者读敕毕，遣。”

说明：此表所列丞相属官，仅限于史籍可考者。除几个主要属官外，其余属官种类尚多，而且有些还是属官的属官，因限于史料，无法详细列举。《汉书・百官公卿表》《后汉书・百官志》所列，亦多为举例性质，并非全部。以下各表同此，不再注明。

最后，我们再从总的方面谈谈丞相地位的变化。

秦至西汉，丞相权位既重，礼遇亦隆。凡居相位者多为列侯。武帝时，公孙弘起自布衣，为丞相后始封侯，其后遂为定制。《汉书・公孙弘传》云：

> 元朔中，公孙弘代薛泽为丞相。先是汉常以列侯为丞相，唯弘无爵，上于是下诏曰：……其以高成之平津乡户六百五十，封丞相弘为平津侯。其后以为故事。至丞相封侯，自弘始也。

又《汉书・外戚恩泽侯表》亦云：

> 至乎孝武，元功宿将略尽。会上亦兴文学，进拔幽隐，公孙弘自海濒而登宰相，于是宠以列侯之爵……自是之后，宰相毕侯矣。

东汉初年，丞相封侯之制尚存，但不久即废。《东汉会要》卷十七说：

汉初，丞相选用列侯。至武帝用公孙弘，起自疏远，未有爵邑，于是封平津侯。丞相封侯自此始。光武中兴，尚仍前制。伏湛代邓禹为大司徒，封阳都侯。湛免，以侯霸代之，止封关内侯，凡历九年而薨。帝使下诏曰："汉家旧制，丞相拜日，封为列侯……"因追封霸为则乡侯，其比西京之制。虽未镌削，亦淹缓矣。自是之后，位三公者，皆不复有茅土之封。唯灵帝初，陈蕃为太傅录尚书事，窦太后复优诏封为高乡侯，蕃固辞不受。由是宰相封侯之制遂废。

汉时，丞相封侯，不仅表示尊荣，而且表示丞相与皇帝的密切关系。如非列侯的公孙弘为丞相，史称其"起自疏远"；但加封为侯之后，公孙弘和皇帝的关系便亲近了。

汉时，对丞相的礼遇十分优厚，如丞相萧何，特赐剑履上殿，入朝不趋，奏事不名。此种殊礼，其后往往成为权臣僭越的一种礼制。又，皇帝为了表示对丞相的礼敬，丞相觐见皇帝，"御坐为起，在舆为下"。"丞相有疾，皇帝法驾亲至问疾，从西门入。即薨，移居第中，车驾往吊，赠棺、棺敛具，赐钱、葬地。葬日，公卿已下会葬焉。"①

由于丞相过于尊贵，在汉代便形成"将相不辱"和"将相不对理陈冤"的习惯。凡是诏召丞相诣廷尉狱，不论有罪与否，受诏后即须自杀，不得出庭接受审问。哀帝时，丞相王嘉自认无罪，不遵惯例，受诏即往廷尉狱，"上闻嘉生自诣吏，大怒，使将军以下至五二千石杂治"②。王嘉气愤不过，呕血而死。

有时丞相有罪，皇帝为了顾全大臣体面，不明令斩杀，只遣使赐酒十石，牛一头，受赐的丞相便须自杀，所赐之物便是令丞相死的仪式。如成帝赐丞相翟方进册曰："使尚书令赐君上尊酒十石，养牛一，君审处焉。"方进即日自杀③。

丞相地位既尊，权力又大，必然要和君权发生冲突，秦时如此，汉朝

① 班固：《汉书》卷八十四，《翟方进传》及注，中华书局 1962 年版，第 3414、3424 页。
② 班固：《汉书》卷八十六，《王嘉传》，中华书局 1962 年版，第 3502 页。
③ 班固：《汉书》卷八十四，《翟方进传》，中华书局 1962 年版，第 3423～3424 页。

亦然。萧何是西汉第一任丞相，功劳最大，然仍不免遭到刘邦的疑忌。我们读《史记·萧相国世家》，就有三处记载他们君臣之间的矛盾关系，几乎占了大部分篇幅。第一次是：

汉三年，汉王与项羽相距京索之间，上数使使劳苦丞相。鲍生谓丞相曰："王暴衣露盖，数使使劳苦君者，有疑君心也。为君计，莫若遣君子孙昆弟能胜兵者悉诣军所，上必益信君。"于是何从其计，汉王大说。

这一次是萧何把自己的亲属送往军中做人质，这才使刘邦对镇抚关中的萧何放了心。

第二次是：

汉十一年，陈豨反，高祖自将，至邯郸。未罢，淮阴侯谋反关中，吕后用萧何计，诛淮阴侯……上已闻淮阴侯诛，使使拜丞相何为相国，益封五千户，令卒五百人一都尉为相国卫。诸君皆贺，召平独吊。……召平谓相国曰："祸自此始矣。上暴露于外而君守于中，非被矢石之事而益君封置卫者，以今者淮阴侯新反于中，疑君心矣。夫置卫卫君，非以宠君也。愿君让封勿受，悉以家私财佐军，则上心说。"相国从其计，高帝乃大喜。

这一次是刘邦尊萧何为相国，相国佩金印绿绶，太傅、太师、太保、丞相、太尉等官都不过是金印紫绶，这已显示出相国地位最高；而且又益封置卫，可谓尊崇已极。但实际上是刘邦对萧何更加不放心，直至萧何让封不受，并倾家助军，才使刘邦"心说"。

第三次是：

汉十二年秋，黥布反，上自将击之，数使使问相国何为。相国为上在军，乃拊循勉力百姓，悉以所有佐军，如陈豨时。客有说相国曰："君灭族不久矣。夫君位为相国，功第一，可复加哉？然君初入关中，得百姓心，十余年矣，皆附君，常复孳孳得民和。上所为数问

> 君者，畏君倾动关中。今君胡不多买田地，贱贳贷以自污，上心乃安。”于是相国从其计，上乃大说。

尽管萧何和刘邦是老朋友，功最大，而且对刘邦如此忠心，但刘邦对他仍然怀疑，时刻加以提防，以至逼得萧何不得不自坏名誉以取悦刘邦之心。这不单纯是刘邦秉性多疑，而是决定于皇权和相权之间无法消除的矛盾。萧何以后，曹参继任为相国，“举事无所变更，一遵萧何约束”，而他自己则是“日夜饮醇酒”，“不事事”①。这固然是一种无为而治，但未始不是有意消除幼主惠帝对他的疑忌。吕后时，王陵为右丞相，陈平为左丞相，王陵因反对吕后封王诸吕，迁为太傅，实不用陵。陈平表面上顺从了吕后的意旨，被徙为右丞相。“陈平为相，非治事，日饮醇酒，戏妇女。”“吕后闻之，私独喜。”这样就使吕后对他放了心，并且当着她妹妹吕媭的面，叫陈平“无畏吕媭之谗”。及诛诸吕，立孝文帝，陈平又表示“欲让（周）勃尊位”，装病在家，终于把位次第一的右丞相让给了周勃。周勃为右丞相，一问三不知②，实际只是挂名。周勃自知能力不如陈平，主动请求免相，陈平专为一丞相。陈平由于处处行韬晦之计，表示与世无争，才得以善始善终老死于相位。

秦汉的统治者设立丞相制度，本来的目的是加强中央集权，提高皇权；但是由于丞相地位的崇高和权力的增大，必然要和君权发生冲突，而专制皇帝为要加强自己的权力，也必然想方设法削减丞相的权力。汉初的几任丞相都是功高望重，而且多能深自贬抑，故君臣之间的矛盾还比较缓和，然而这并不是从根本上解决矛盾的办法。真正从制度上削弱相权，则始于武帝，中经成帝的改制，最后完成于东汉光武帝。

从武帝开始，丞相的权力便逐渐转归中朝尚书，而丞相的地位也随之降落。《汉书·公孙弘传》说：

> （公孙弘以后）李蔡、严青翟、赵周、石庆、公孙贺、刘屈氂继踵为丞相。自蔡至庆，丞相府客馆丘虚而已，至贺、屈氂时，坏以为

---

① 司马迁：《史记》卷五十四，《曹相国世家》，中华书局1982年版，第2029页。

② 司马迁：《史记》卷五十六，《陈丞相世家》，中华书局1982年版，第2060～2061页。

马厩、车库、奴婢室矣。唯庆以惇谨，复终相位，其余尽伏诛云。

《盐铁论·救匮篇》也有类似的记载。这些记载可能有夸大之处，但也不是毫无根据。从相府客馆衰败的景象中，也可看出这个时期丞相权力的缩小和地位下降。同时，从汉武帝对丞相的态度也能看出这个问题，汉武帝改变了过去皇帝见丞相礼貌甚恭的态度，如“丞相（公孙）弘宴见，上或时不冠”①。丞相稍不如意，就要受到当面斥责，甚至动辄被治罪处死。自公孙弘后，任丞相的六人中，获罪自杀的二人（李蔡、严青翟），被下狱处死的三人（赵周、公孙贺、刘屈氂）。而丞相在相位中被处死的现象，在公孙弘任职以前的十七人中从未出现过。由于上述情况，所以有人视任相职为畏途，诚惶诚恐，不敢接任。如公孙贺被任为丞相时，“不受印绶，顿首涕泣”②。有的人担任丞相后，虽然终老相位，也只是空有其名，如石庆为丞相时，“九卿更进用事，事不关决于庆，庆醇谨而已，在位九岁，无能有所匡言”③。即使如此，石庆也险些被逼自杀。所有这些和汉朝前期相比，丞相地位变化之大，是很明显的。

昭帝时，霍光以大司马大将军录尚书事，掌握了朝中的全部政务，“政事壹决于光”④。前后两任丞相，一个车千秋“终不肯有所言”⑤，一个杨敞“徒唯唯而已”⑥。有一次丞相车千秋召中二千石、博士于公车门会议，这本是丞相职权范围以内的事，而霍光竟以千秋擅召中二千石以下，欲致其罪。丞相权力的下降，于此可见一斑。

成帝时，置三公官，丞相之权一分为三。至哀帝时，连丞相之名也被废掉，改为大司徒。东汉光武时，尚书台正式成为中央的最高权力机关，这时的丞相（司徒）更是有名无实，有职无权，所谓论道之官，备员而已。至于东汉末曹操为丞相，其本身便是政权的主体，非复人臣之职，这种情况当另作别论。

---

① 班固：《汉书》卷五十，《汲黯传》，中华书局1962年版，第2318页。
② 班固：《汉书》卷六十六，《公孙贺传》，中华书局1962年版，第2877页。
③ 班固：《汉书》卷四十六，《石奋传》，中华书局1962年版，第2197页。
④ 班固：《汉书》卷六十八，《霍光传》，中华书局1962年版，第2932页。
⑤ 班固：《汉书》卷六十六，《车千秋传》，中华书局1962年版，第2886页。
⑥ 班固：《汉书》卷六十六，《杨敞传》，中华书局1962年版，第2889页。

第三节 御史大夫

一、御史大夫的设立和发展

从秦开始，行政上仅次于丞相的官吏叫御史大夫，《汉书·百官公卿表》："御史大夫，秦官，位上卿，银印青绶，掌副丞相。"或者如《通典》《文献通考》所说"以贰于相"。这种地位在秦代实际政治生活中是非常清楚的，《史记·秦始皇本纪》记载二十六年（前221年）群臣议帝号的时候写道："丞相绾、御史大夫劫、廷尉斯等皆曰……"这个顺序的排列反映了御史大夫仅次于丞相的地位。有关二世元年（前209年）的记载也是如此："丞相臣斯、臣去疾，御史大夫臣德昧死言……"还有其他碑刻铭文上的顺序都是这样。

据现有材料看，御史大夫应当是秦始皇的时候建立的。班固说是"秦官"，以后的《太平御览》《山堂考索》等类书根据各种记载，也都说是"秦置御史大夫，以贰于相"。齐召南在《汉书考证》中曾明确指出："御史始于周"，"御史大夫官始于秦"。刘师培在《论历代中央官制之变迁》中写道："御史之职在周代之时亦属微官，惟邦国之治，万民之令，均为御史所掌，复兼摄赞书之职，以书从政之人，与后世起居注略同。战国时秦、赵皆有御史，亦属末僚。盖御史训为侍御史，犹言侍史，惟居斯职者得以日亲君侧，故至秦代，即为尊官，与丞相并，复改称御史大夫。"① 从古到今的这许多说法基本上都是一致的。

关于周代的情况，《周礼·春官》中的记载是："御史，中士八人，下士十有六人……掌邦国都鄙及万民之治令，以赞冢宰，凡治者受法令焉。掌赞书，凡数从政者。"对此我们不多论述，但有两条可以肯定：第一是有御史这样一种官；第二是其地位虽不高，但他是"赞冢宰"的。战国时的御史属于末僚这话也是不错的，他们不过是国君身边记事和掌文书的人，甚至是受大臣召唤的人。《史记·蔺相如列传》记载秦昭王与赵惠文王会于渑池时，赵王鼓瑟，"秦御史前书曰：某年月日，秦王与赵王会饮，

① 《国粹学报》，第三年第二册。

令赵王鼓瑟”。于是蔺相如也迫使秦王击瓯，“顾召赵御史书曰：某年月日，秦王为赵王击瓯”。由此可见，秦、赵等国的御史，都是跟随国王左右的记事官。又，张仪为秦连横，在游说韩、赵等国时，都说到“秦王使臣献书大王御史”①，可见在王左右的御史还掌管接受文书，地位不会很高。

秦始皇时设立了御史大夫②，加了“大夫”的头衔，地位显然提高了。《汉书·百官公卿表》注引“应劭曰：‘侍御史之率，故称大夫云。’臣瓒曰：‘《茂陵书》：御史大夫，秩中二千石。’”《茂陵书》所说御史大夫的地位比较具体，应劭的解释则不很明确。大约“侍”有近、从的意思，所谓侍中、中常侍都是此意。《汉书》注解释侍中时引应劭曰：“入侍天子，故曰侍中。”其又在解释“给事中”时引《汉官解诂》云：“掌侍从左右，无员，常侍中。”因此，应劭说“侍御史之率”，就是天子左右亲信中的一个头目，所以地位就高一些，“故称大夫云”。

御史大夫既然是天子左右亲信发展起来的，那么他虽然是“贰于丞相”，是副职，但是他和皇帝的关系更密切些。另一方面，丞相位高权重，皇帝不便随时差使，有时候有些事甚或是不愿差使。而宁愿差使御史，此例甚多，如秦始皇三十五年（前212年），在侯生、卢生逃跑之后，“使御史悉案问诸生”，胡三省注《通鉴》时说：“秦置御史，掌讨奸猾，治大狱，御史大夫统之。”③ 三十六年，为东郡陨石事，“遣御史逐问”④。秦二世时，要杀害蒙毅，也是“遣御史曲宫乘传之代”⑤。这种情况，到西汉时更加明显，《历代职官表》卷十八曾经概括地指出：

> 御史出使，至西汉而渐多，如绣衣直指监郡、督运、监军之类，皆以事专行，正如今巡漕、巡察诸差之比。其他随时奉遣者，尚屡见于史，如：《食货志》载，分遣御史，即治郡国缗钱；《宣帝纪》载，黄龙元年，诏御史察计簿；《霍光传》载，侍御史五人，持节护丧事，

① 《战国策》之《韩策一》《赵策二》。

② 周寿昌《汉书注校补》说“盖其官实设于秦二世时也”，是不对的，《史记·秦始皇本纪》已有明确记载。

③ 司马光：《资治通鉴》卷七，《秦纪二》注，中华书局1956年版，第246页。

④ 司马迁：《史记》卷六，《秦始皇本纪》，中华书局1982年版，第259页。

⑤ 司马迁：《史记》卷八十八，《蒙恬列传》，中华书局1982年版，第2568页。

皆非常例。而收缚罪人，亦多以侍御史为之（原注：《刘辅传》，上使侍御史收系辅；《谷永传》，上使御史收永；《朱云传》，御史将云下殿）。盖因其给事殿中，职居亲近，故事之重且急者，往往使之衔命耳。

另外，因为御史本是皇帝左右掌管文书记事之臣，所以皇帝的制书和诏书在下达各官时，也多由御史大夫承转，然后才下达丞相。如高帝十一年（前196年）诏："御史大夫（周）昌下相国，相国酂侯（萧何）下诸侯王。"① 武帝元狩六年（前117年）诏："御史大夫（张）汤下丞相，丞相下中二千石，中二千石下郡太守，诸侯相，丞（承）书从事下当用者，如律令。"② 从这种制诏的转承关系，也可想见御史大夫地位的重要。

御史大夫有时还可以奉命督兵出征，如：武帝征和三年（前90年），御史大夫商丘成将二万人出西河伐匈奴；宣帝本始二年（前72年），以御史大夫田广明为祁连将军讨匈奴。上述二例，说明御史大夫又有奉命领兵之权。当然，这也可能是临时性的差遣。

从制度上说，御史大夫官位比丞相低，丞相是金印紫绶，御史大夫是银印青绶；但是御史大夫的地位却十分重要，除了上述之外，在法定制度上，其也是有特殊地位的。《汉书·朱云传》说："御史（御史大夫）之官，宰相之副，九卿之右，不可不选。"师古注云："右，言在上也。"它的地位仅次于丞相，而高于九卿。其职责是辅佐丞相，总理国政。李华《御史中丞厅壁记》云："汉仪（御史）大夫副丞相，以备其阙，参维国纲。"汉人对御史大夫的职务讲得很详细，如《汉书·薛宣传》载谷永的话说：

御史大夫内承本朝之风化，外佐丞相统理天下，任重职大，非庸材所能堪。今当选于群卿，以充其缺。得其人则万姓欣喜，百僚说服；不得其人则大职堕斁，王功不兴。

---

① 班固：《汉书》卷一下，《高帝纪下》，中华书局1962年版，第71页。
② 司马迁：《史记》卷六十，《三王世家》，中华书局1982年版，第2111页。

《汉书·朱博传》也说：

> 高皇帝以圣德受命，建立鸿业，置御史大夫，位次丞相，典正法度，以职相参，总领百官，上下相监临，历载二百年，天下安宁。

由此可见，御史大夫的职权和地位都很隆重，仅次于丞相。并且御史大夫由于主管图籍秘书、四方文书，熟知法度律令，因此握有考课、监察和弹劾百官之权，这种权力有时甚至超越丞相。下列记载可以说明这一事实：

> 汤（时张汤为御史大夫）每朝奏事，语国家用，日旰，天子忘食。丞相取充位，天下事皆决汤。①

> 上使御史案其事。（张）汤欲致其文丞相见知，丞相患之。②

> 事下丞相，御史（大夫）案验甚急。③

> （萧望之为御史大夫，）侍谒者福为望之道延寿在东郡时放散官钱千余万。望之与丞相丙吉议，吉以为更大赦，不须考。会御史当问事东郡，望之因令并问之。④

> （黄龙元年）诏曰："……上计簿，具文而已，务为欺谩，以避其课。三公不以为意，朕将何任！诸请诏省卒徒自给者皆止。御史察计簿，疑非实者，按之，使真伪毋相乱。"⑤

由上述可见，御史大夫和丞相，其职权既相辅助，又相制约，所以当时不仅称御史大夫为"副丞相"，而且称丞相府与御史府为"两府"或"二

---

① 班固：《汉书》卷五十九，《张汤传》，中华书局 1962 年版，第 2641 页。
② 班固：《汉书》卷五十九，《张汤传》，中华书局 1962 年版，第 2644 页。
③ 班固：《汉书》卷七十六，《赵广汉传》，中华书局 1962 年版，第 3204 页。
④ 班固：《汉书》卷七十六，《韩延寿传》，中华书局 1962 年版，第 3214 页。
⑤ 班固：《汉书》卷八，《宣帝纪》，中华书局 1962 年版，第 273 页。

府”，《汉书·杜延年传》有“常与两府及廷尉分章”句，注引如淳曰：“两府，丞相、御史府也。”又，《汉书·刘向传》有“今二府奏佞谄”句，注引如淳曰：“二府，丞相、御史也。”显然“两府”、“二府”通用，不过人们习惯多称“两府”，如谷永荐薛宣疏曰：“宣考绩功课，简在两府，不敢过称。”师古曰：“两府，丞相、御史府也。”① 又《汉书·公孙刘田王杨蔡陈郑传》赞曰：“若夫丞相、御史两府之士，不能正议以辅宰相……”有时候，御史大夫与丞相连称，则简称“丞相、御史”，如宣帝地节四年（前66年）“诏令郡国上系囚以掠笞若瘐死者，所坐名县爵里，丞相、御史课殿最以闻”②。这里所提到的御史，即御史大夫之简称。由此我们还可以看出，国家一切政务多归于两府，两府并称是就职权而言的，御史大夫的官位虽然次于丞相，但职权却有点相当。

到西汉末年，御史大夫的地位和职权也发生了变化，《汉书·百官公卿表》记载说：

> 成帝绥和元年，更名大司空，金印紫绶，禄比丞相……哀帝建平二年，复为御史大夫。元寿二年，复为大司空。

这里除了名称改来改去之外，重要的是“金印紫绶，禄比丞相”，和原来“银印青绶”，“秩中二千石”相比，身份和地位显然是大大提高了，在身份上和丞相完全一样，成了名副其实的三公。

但是职权上的变化，却是向着相反的方向发展的。汉武帝以后，由于中朝尚书的权力逐渐发展，御史大夫的职权和丞相一样，也转移于尚书。所以，御史大夫改为大司空之后，虽号为三公，但已成虚位。哀帝时朱博就说：“今更为大司空，与丞相同位，未获嘉祐。”③ 这正反映了其大权旁落，希望遵奉旧制，改变那种徒有虚位而政治上无足轻重的局面。不过，其实权已经转移了，必将和它本身的出现一样，为其他名目所代替。

东汉建立之后，建武二十七年（51年），光武改大司空为司空，司空的职务与西汉成帝以前御史大夫的性质大不相同，据《后汉书·百官

---

① 班固：《汉书》卷八十三，《薛宣传》，中华书局1962年版，第3392页、3393页。

② 班固：《汉书》卷八，《宣帝纪》，中华书局1962年版，第253页。

③ 班固：《汉书》卷八十三，《朱博传》，中华书局1962年版，第3405页。

志》说：

> 司空，公一人。本注曰：掌水土事。凡营城起邑、浚沟洫、修坟坊之事，则议其利，建其功。凡四方水土功课，岁尽则奏其殿最而行赏罚。

这时的司空成了专管水土之官了。

以后，献帝建安十三年（208 年）一度罢司空，置御史大夫，完全是一个特殊情况，刘昭补注《后汉书・百官志》说：

> 献帝建安十三年，又罢司空，置御史大夫。御史大夫郗虑，虑免，不得补。荀绰《晋百官表注》曰："献帝置御史大夫，职如司空，不领侍御史。"

这里说明：第一，改司空为御史大夫，只是郗虑一度做过御史大夫，郗虑被免之后就不再补了，缺着，让它名存实亡。第二，虽然再度用御史大夫这个名，其职权和原来根本不一样，一是"职如司空"，二是特别说明了，"不领侍御史"，过去御史大夫之所以权大，就因为领侍御史而能够管理众事。那么，为什么一度恢复御史大夫这个名称呢？这与曹操专权有关，《后汉书・献帝纪》记载道：

> （建安）十三年春正月，司徒赵温免。夏六月，罢三公官，置丞相、御史大夫。癸巳，曹操自为丞相……八月丁未，光禄勋郗虑为御史大夫。

这些记载表明，曹操当时为所欲为，废立随己，他自为丞相，不愿意别人和他平起平坐，所以先是免司徒，继而干脆把三公这个名称废掉，恢复那个一人之下、万人之上的独尊称号——丞相，配上一个无足轻重的御史大夫，及至郗虑被免之后，也就不再管它了。

综上所述，御史大夫这个官实际只存在于秦和西汉，真正起作用又是在秦始皇的时期和西汉前期。

二、御史大夫的属官

关于御史大夫的属官，《汉书·百官公卿表》写道：

> 有两丞，秩千石。一曰中丞，在殿中兰台，掌图籍秘书，外督部刺史，内领侍御史员十五人，受公卿奏事，举劾按章。

后来还有些变化，即成帝时御史大夫更名为大司空之后，“置长史如中丞，官职如故”。又“元寿二年，复为大司空”之后，“御史中丞更名御史长史”。还有，“侍御史，有绣衣直指，出讨奸猾，治大狱，武帝所制，不常置”。

特别重要的是御史中丞。因为表中虽说有两丞，实际上只讲了一个中丞，这就遇到一个问题，即另一属丞究竟叫什么？是干什么的？应劭《汉官仪》认为两丞都叫御史中丞：

> 御史中丞二人，本御史大夫之丞，其一别在殿中，兼典兰台秘书，外督部刺史，内领侍御史，受公卿章奏，纠察百僚。

其意十分明确，不可能“二”字有误。但是以后梁沈约、唐杜佑都认为，一个叫御史丞，一个叫中丞：

> 时御史大夫有二丞，其一曰御史丞，其二曰御史中丞。①

> 初，汉御史大夫有两丞，一曰御史丞，一曰中丞，亦谓中丞为御史中执法。……（中丞）居殿中，察举非法也。及御史大夫转为大司空，而中丞出外为御史台率。②

宋吴仁杰还提出另一种说法：

---

① 沈约：《宋书》卷四十，《百官志》，中华书局1974年版，第1250页。
② 杜佑：《通典》卷二十四，《职官六》，中华书局1988年版，第662～663页。

案晁错为御史大夫，谓丞史云云。如淳曰："丞史，丞及史也。（百官）表载丞不载史，汉纪始有之。一曰中丞，外督部刺史；一曰内史，掌秘书，受公卿奏事，举劾案章。"然则表有缺文者矣，"督部刺史"下当云："一曰内史，内领侍御史。"今缺四字。①

清永瑢等编《历代职官表》时，似乎同意此说。然而这一说毛病很大，说中丞只外督部刺史，那就与许多记载矛盾，中丞之所以叫中丞，就是因为它别居殿中，这一点是不容否认的，韦昭的《辨释名》也说：

（御史大夫）丞有二，其一别居殿中，举不法，故曰中丞。②

而御史中丞只有一个，这一点也可以肯定，因为两个属丞，也不是平分秋色，所以这中丞才被特别突出起来。《汉书·咸宣传》说咸宣"为御史及中丞者几二十岁"，《汉书·杜周传》又说杜周"与减宣（咸宣）更为中丞者十余岁"，两相参照，中丞当是一人。另一人或者即御史丞，他虽然也是"秩千石"，但其作用远不如中丞。

下面就着重谈谈御史中丞和它的职责。

秦和西汉时，御史中丞是御史大夫的主要属丞，其禄秩虽不高（仅千石），地位却很特殊，被称为"贰大夫"，所谓"御史中丞，秦官也，掌式大夫，汉因之"③。李华的《御史中丞厅壁记》讲得更清楚：

御史亚长曰中丞，式大夫，以领其属。汉仪大夫副丞相，以备其阙，参维国纲，鲜临府事，故中丞专焉。④

除了说明其"亚长"、"式大夫"的地位之外，"以领其属"，其他属官皆归中丞统领，因大夫"鲜临府事，故中丞专焉"，中丞专了御史府的一切大

① 《历代职官表》卷十八引吴仁杰《两汉刊误补遗》。

② 李昉等：《太平御览》卷二百二十五，《职官二十三》引，中华书局1960年版，第1069页。

③ 徐坚：《初学记》卷十二，《职官部下》，中华书局1962年版，第290页。

④ 《历代职官表》卷十八引。

权。御史大夫的权力和职责，实际在中丞一人身上，所以他“掌兰台秘书，外督部刺史，内领侍御史，受公卿章奏，纠察百僚，休有光烈”①。并且中丞更接近皇帝，更为亲信，这一点宋代章如愚早已指出。他说：

（汉初）尚书、诸吏等官未置，所谓亲近天子而疏决内外以助人主听断者，惟此（中丞）一人而已。②

并且“中丞佐天子，专掌纠劾”③。御史大夫和皇帝还隔了中丞这一层，章氏又说：

（汉初）事下中丞，则中丞白之大夫，大夫白之丞相……而奏事复上于中丞。④

御史中丞的具体职责和权力：

一是掌图籍秘书。按《汉官仪》的说法是御史中丞“兼典兰台秘书”，兰台乃“藏书之室，著述之所”，自有其属员如令史之类⑤，而说中丞“掌”或“兼典”，当是主管之意。萧何“收秦丞相、御史律令图书藏之”⑥，其所指御史，当包括中丞所掌兰台秘书这一部分，说明此种职掌也是汉承秦制，据马端临考证：

汉氏图籍所在，石渠、石室、延阁、广内贮之于外府，又有御史中丞居殿中掌兰台秘书，及麒麟、天禄二阁藏之于内禁。⑦

中丞所掌是内禁的一部分。

---

① 徐坚：《初学记》卷十二，《职官部下》，中华书局1962年版，第290页。

② 章如愚：《山堂考索·续集》卷三十六，《台谏》。

③ 章如愚：《山堂考索·续集》卷三十六，《台谏》。

④ 章如愚：《山堂考索·续集》卷三十七，《汉初内外朝相通其后始不相关》。

⑤ 参阅《汉官仪》《文献通考》等记载。

⑥ 司马迁：《史记》卷五十三，《萧相国世家》，中华书局1982年版，第2014页。

⑦ 马端临：《文献通考》卷五十三，《职官考七》，中华书局1986年版，第484页。

二是外督部刺史。其或者叫“督诸州刺史”①。督，乃是视察；部有分区之意，故又曰诸州；刺，谓刺举不法；史，即使。故其是充当在各地视察、检举不法的使者。《史记·萧相国世家》有“秦御史监郡者与从事，常辨之”的记载，《史记集解》引苏林曰：“秦时无刺史，以御史监郡。”监和督一样，也就是视察。正文下面接着写道：

> 何乃给泗水卒史事，第一，秦御史欲入言征何，何固请，得毋行。

“欲入言”说明其系使者的身份，回京后将视察的情况向上反映。又，《史记·曹相国世家》有“攻秦监公军”一语，《史记集解》引《汉书音义》曰：

> 监，御史监郡者；公，名。秦一郡置守、尉、监三人。

《汉书·严助传》有秦时“使监禄凿渠通道”的记载，注引张晏曰：“监郡御史也，名禄。”以御史监郡是秦的首创，三国时夏侯玄曾经说：

> 始自秦世，不师圣道，私以御职，奸以待下；惧宰臣之不修，立监牧以董之，畏监督之容曲，设司察以纠之。宰牧相累，监察相司，人怀异心，上下殊务。汉承其绪，莫能匡改。②

监牧、宰臣乃郡县守令，司察即监郡御史。他认为秦所创的这种制度，汉“莫能匡改”。当然他这是笼统说的，汉的情况还有所不同，其显然不同者，即不是每郡都有，而是分部诸州，并且一度由丞相派出，所以《汉书·百官公卿表》在监御史之下写道：“汉省。丞相遣史分刺州，不常置。”汉武帝时才正式设立州刺史，《后汉书·百官志》说得比较清楚：

> 本注曰：秦有监御史监诸郡，汉兴省之，但遣丞相史分刺诸州，

① 蔡质：《汉官典职仪式选用》（以下简称《汉仪》）。
② 陈寿：《三国志》卷九，《魏书九·夏侯玄传》，中华书局1959年版，第296页。

无常官。孝武帝初置刺史十三人。

秦的监御史隶属于谁，史虽无明文，然既名为御史则隶属于御史中丞无疑。至于汉的州刺史隶属于谁，史书记载几乎一致认为是隶属于御史中丞，因为讲到御史中丞的职掌时，都有“外督部刺史”这一条，许多具体做过御史中丞的人也履行过这一职责，如御史中丞陈咸就“总领州郡奏事，课第诸刺史”①。所以王鸣盛根据当时事实，概括指出“刺史隶御史中丞”，并且还说：

刺史权重矣，而又内隶于御史中丞，使内外相维。②

御史中丞以纠察百僚为务，监督其秩卑而权重的刺史，也是很自然的事。

三是内领侍御史。根据各种记载看，御史大夫之下比较高级的属员有四十五个，其中以中丞为首的十五个是在殿中的。《汉旧仪》说：

御史员四十五人，皆六百石。其十五人衣绛，给事殿中为侍御史，宿庐在石渠门外，二人尚玺持书给事，二人侍前，中丞一人领。余三十人留寺，理百官事也。皆冠法冠。

又如淳说：

汉仪注：“御史大夫史员四十五人，皆六百石，其十五人给事殿中。其余三十人留寺守，治百事，皆冠法冠。”③

所以《汉书·百官公卿表》明确说是“内领侍御史员十五人”。

内领侍御史当是中丞经常的大量的工作，因此采取分曹办事的办法，《晋书·职官志》就说：

① 班固：《汉书》卷六十六，《陈咸传》，中华书局1962年版，第2900页。
② 王鸣盛：《十七史商榷》卷十四，《刺史隶御史中丞》，上海书店2005年版，第100页。
③ 班固：《汉书》卷七十八，《萧望之传》注，中华书局1962年版，第3281页。

侍御史，案二汉所掌，凡有五曹：一曰令曹，掌律令；二曰印曹，掌刻印；三曰供曹，掌斋祠；四曰尉马曹，掌厩马；五曰乘曹，掌护驾。

实际上侍御史在殿中职掌的事务不止五曹所掌这些，如《汉书·叔孙通传》说：

（长乐宫）置法酒……御史执法，举不如仪者辄引去……无敢谨哗失礼者。

又，《后汉书·百官志》说：

凡郊庙之祠及大朝会、大封拜，则二人监威仪，有违失，则劾奏。

其他临时性的派遣当然更多。宫中之事，无论巨细，似乎都归中丞所管，因而它单有一印，通行于宫中，何焯说：

盖汉宫中事，皆御史中丞所掌，故用其印封。①

大而至于“露布州郡诏记”，小而至于宫中琐事，“绿绨方底”，皆用御史中丞印②，如《汉书·外戚传》载：

（成）帝使（于）客子、（王）偏、（臧）兼皆出，自闭户，独与（赵）昭仪在。须臾开户，呼客子、偏、兼，使缄封箧及绿绨方底，推置屏风东。恭受诏，持箧方底予（籍）武，皆封以御史中丞印，曰：“告武：箧中有死儿，埋屏处，勿令人知。”

---

① 王先谦：《汉书补注》卷九十七下，《外戚传下》，中华书局1983年版，第1662页。

② 王应麟：《玉海》卷六十四，《汉诏令总序》。按诏记与诏书不同，诏记乃皇帝之手记。

由此可见，御史中丞好像是宫内总管。因为这种地位，所以又说他“受公卿奏事”，起一个上传下达的作用，如上引《山堂考索》所说，内外朝相通，是经过他传送的。

四是举劾案章。这是御史中丞的主要职掌，以上几项也都归结为这一点：兰台秘书自然包括律令图书，按章办事，有章可循；而外督部刺史，监察郡国长吏，考察四方文书计簿，以及劾按公卿奏章等等，一言以蔽之曰监察；宫内执法、监威仪也是如此。唯其在宫内、殿中执法，所以又叫中执法，《汉书·高帝纪》注引晋灼说：“中执法，中丞也。”下面不妨列举几个为御史中丞的实例来说明：

> 元帝擢（陈）咸为御史中丞，总领州郡奏事，课第诸刺史，内执法殿中，公卿以下皆敬惮之。是时中书令石显用事颛权，咸颇言显短，显等恨之。①

> （薛宣）以明习文法，诏补御史中丞。是时，成帝初即位，宣为中丞，执法殿中，外总部刺史……宣数言政事便宜，举奏部刺史郡国二千石，所贬退称进，白黑分明，繇是知名。②

> 陈谦拜御史中丞，执宪奉法，多所纠正，为百僚所敬。③

> 马严拜御史中丞，举劾按章，申明旧典，奉法按举，无所回避，百僚惮之。④

由上述可见，御史中丞的主要职务是纠察百僚。其对御史府内人员，乃至御史大夫，也同样实行监察，如：

---

① 班固：《汉书》卷六十六，《陈咸传》，中华书局1962年版，第2900页。

② 班固：《汉书》卷八十三，《薛宣传》，中华书局1962年版，第3385～3387页。

③ 李昉等：《太平御览》卷二百二十五，《职官部二十三》引谢承《后汉书》；司马彪：《续汉书》，中华书局1960年版，第1070页。

④ 李昉等：《太平御览》卷二百二十五，《职官部二十三》引谢承《后汉书》；司马彪：《续汉书》，中华书局1960年版，第1070页。

事下御史中丞，谴责（侍御史严）延年何以不移书宫殿门禁止大司农，而令得出入宫。于是覆劾延年阑内罪人，法至死。[①]（《汉书补注》引周寿昌曰：时大司农已被劾奏，故称罪人。）

（孙）宏前为中丞时，（翟）方进为御史大夫，举掾隆可侍御史（师古曰：御史大夫之掾也，名隆）。宏奏隆前奉使欺谩，不宜执法近侍，方进以此怨宏。[②]

故御史中丞虽然是御史大夫的属官，但在行使监察权时，依法弹劾，不受御史大夫或者其他任何限制。当然，御史中丞本人如果徇私枉法也是不行的，《汉书·朱云传》就有一例：

（丞相）奏（陈）咸宿执法之臣，幸得进见，漏泄所闻，以私语（朱）云，为定奏草，欲令自下治（师古曰：咸为御史中丞，而奏请下中丞，故云自下治）。后知云亡命罪人，而与交通，云以故不得（师古曰：吏捕之不得）。上于是下咸、云狱，减死为城旦。咸、云遂废锢，终元帝世。

与执法有关，御史中丞还有权承诏治狱，不过多与其他官一起杂治狱事，如：

廷尉梁相与丞相长史、御史中丞及五二千石杂治东平王云狱。[③]

（夏）贺良等反道惑众，奸态当穷竟，皆下狱。光禄勋平当、光禄大夫毛莫如与御史中丞、廷尉杂治，当贺良等执左道，乱朝政，倾覆国家，诬罔主上，不道。贺良等皆伏诛……[④]

---

① 班固：《汉书》卷九十，《严延年传》，中华书局 1962 年版，第 3667 页。
② 班固：《汉书》卷六十，《杜业传》，中华书局 1962 年版，第 2679 页。
③ 班固：《汉书》卷八十六，《王嘉传》，中华书局 1962 年版，第 3499 页。
④ 班固：《汉书》卷七十五，《李寻传》，中华书局 1962 年版，第 3193 页。

因为御史中丞居殿中，又主要是督察不法，所以往往临时承诏办理一些有关法度的事宜，如：

(司隶校尉鲍宣) 摧辱宰相。事下御史中丞，侍御史至司隶官，欲捕从事，闭门不肯内。宣坐距闭使者，亡人臣礼，大不敬，不道，下廷尉狱。①

(龚胜) 自劾奏与 (夏侯) 常争言，污辱朝廷。事下御史中丞，召诘问，劾奏“(龚) 胜吏二千石、常位大夫，皆幸得给事中与论议，不崇礼义，而居公门下相非恨，疾言辩讼，媠谩亡状，皆不敬”。制曰：“贬秩各一等。”②

除以上所述这些，御史中丞在西汉时还参与讨捕盗贼，到东汉时进而出督军旅，受命将兵。据《汉书·成帝纪》记载，对颍川铁官徒申屠圣、山阳铁官徒苏令等起义，御史中丞都参与了逐捕。《历代职官表》曾概括说：

中丞督兵讨捕盗贼，已见于前汉成帝时。迨东京而其事尤多。范史所载，如冯绲以御史中丞将兵督扬州、九江诸郡军事；盛修以御史中丞募兵讨长沙、零陵贼，不一而足。今督抚之兼都御史、副都御史衔，其制盖权舆于此矣。③

参与逐捕当然与执行军法有关，但东汉的情况已经是很特殊的了。

总之，御史中丞作为御史大夫的主要属官，从其职权看，它主要是一个监察官。西汉初，京师的监察官仅有这御史中丞，武帝以后增设了丞相司直与司隶校尉，也管监察，关系就比较复杂了。不过其中以御史中丞为最尊。《汉旧仪》说：

---

① 班固：《汉书》卷七十二，《鲍宣传》，中华书局 1962 年版，第 3093 页。
② 班固：《汉书》卷七十二，《龚胜传》，中华书局 1962 年版，第 3082 页。
③ 《历代职官表》卷十八。

> 武帝时御史中丞督司隶，司隶督司直，司直督刺史二千石以下至黑绶。

杜佑的说法与此有些不同：

> 武帝时以中丞督司隶，司隶督丞相，丞相督司直，司直督刺史，刺史督二千石下至黑绶。①

这里多出了一个丞相，西汉司隶督丞相之例很多（说见后）。两说虽不尽相同，但皆以中丞居首，这一点是完全肯定的。

自西汉末以后，御史大夫改为司空，职务性质已有所改变，因而其属官御史中丞自然也随之发生变化。东汉光武以御史中丞为御史台主，后又属少府。于是中丞遂代替西汉的御史大夫而成了一个独立的监察官，后代的御史台即由此发展而来。

东汉初，御史中丞为京师显官，光武特诏御史中丞与司隶校尉、尚书令在朝会时并专席独坐，故京师号曰“三独坐”②。其时御史又称宪台，与尚书、谒者并称“三台”。谢灵运《晋书》云：

> 汉官，尚书为中台，御史为宪台，谒者为外台，是为三台。自汉罢御史（大夫）而宪台犹置，以丞为台主，中丞是也。③

不过，御史中丞虽与尚书令并列，但其职权则次于尚书。

以上是御史中丞的大致情况，整个秦汉时期，它还有各种各样的变化，如上所述，其职掌、地位以及隶属于谁都有变化。名称也有变化，据《汉书·百官公卿表》记载，成帝绥和元年（前8年）改御史大夫名为大司空时，“置长史如中丞，官职如故”，哀帝元寿二年（前1年）再次改名时，“御史中丞更名为御史长史”，名不同而实相同。不过，东汉司空的属官长史，与御史中丞又不相同了，东汉时御史中丞已经独立。

---

① 杜佑：《通典》卷二十四，《职官六》，中华书局1992年版，第663页。
② 范晔：《后汉书》卷二十七，《宣秉传》，中华书局1965年版，第927页。
③ 徐坚：《初学记》卷十二，《职官部下》引，中华书局1962年版，第289页。

御史大夫的属官，除御史中丞外，共有御史四十五人，这四十五人虽分别为两丞领录，但因其职掌不同，所以有各种不同的名称。

其给事殿中者，曰侍御史，员十五人，由中丞领录，这我们已在上面中丞内领侍御史中说明。中丞管理殿中之事，主要是通过这些侍御史具体进行的，分曹办事，临时差遣等等，任务是掌“察举非法，受公卿群吏奏事，有违失举劾之”①。如严延年为侍御史，劾奏大将军霍光“擅废立，亡人臣礼，不道，朝廷肃然敬惮”②。《汉书》中遣侍御史捕捉大臣之例也有不少。这里我们还应该指出，侍御史既是一种专称，又是一种泛称，如果侍御史专做某事，也可称为××侍御史。

其治书（或作“持书”）给事者，曰治书侍御史或持书侍御史。《后汉书·来历传》即有“持书侍御史龚调”。又《后汉书·蔡邕传》记载说，董卓为司空时，慕蔡邕之名，把他找去，先“补侍御史，又转侍书御史”，可见是因分工不一样而名称不同。《后汉书·百官志》作“治书侍御史”，其注引胡广云：“（宣）帝幸宣室，斋居而决事，令侍御史二人治书，（治书）侍御史起此。”《册府元龟》所引即为“令侍御史二人治书，治书侍御史起于此也”③。《通典》中因避唐高宗李治讳，“治”皆作“持”，持书侍御史即治书侍御史④。治书侍御史多半选择明法律令者为之。“凡天下诸谳疑事者，掌以法律，当其是非。”⑤ 这治书侍御史虽然和其他侍御史一样，都是六百石，但是其地位似乎又略高一些，《通典》记载中说“御史中丞，旧持书侍御史也”⑥，似乎御史中丞是由持书侍御史发展而来的，应劭《风俗通》中也有此说法。从以后的情况看，其地位也在一般侍御史之上。

其管符玺者，则曰符玺御史。《汉书·周昌传》载，赵尧曾为符玺御史，是御史大夫周昌的属下，被人称为“君之史”，但是又能单独“侍高祖”左右，能够直接向皇帝进言，后来甚至取代了周昌的御史大夫位置。

---

① 杜佑：《通典》卷二十四，《职官六》，中华书局 1988 年版，第 668 页；又见《后汉书·百官志》。

② 班固：《汉书》卷九十，《严延年传》，中华书局 1962 年版，第 3667 页。

③ 王钦若等：《册府元龟》卷五百一十二，《宪官部·总序》，中华书局 1960 年版，第 6129 页。

④ 杜佑：《通典》卷二十四，《职官六》，中华书局 1988 年版，第 666 页。

⑤ 范晔：《后汉书》志第二十六，《百官志三》，中华书局 1965 年版，第 3599 页。

⑥ 杜佑：《通典》卷二十四，《职官六》，中华书局 1988 年版，第 666 页。

其派出监察郡国或军事者，则称监御史、郡监或监军御史。秦有监御史，或称郡监，已见前述。汉初没有监察御史，惠帝三年（前192年），始遣御史监察三辅（京兆、冯翊、扶风），其后乃正式设立监御史。武帝时，边郡尚有郡监，在各州有时也派遣监御史，至元封元年（前110年），始废止不复监，但于元封五年，另置部刺史，以代替监郡御史。

此外，又有绣衣御史，亦称直指绣衣使者，始置于武帝时，但不常置。《汉书·百官公卿表》注引“服虔曰：‘指事而行，无阿私也。’师古曰：‘衣以绣者，尊宠之也。’”其职为逐捕“盗贼”，治理大狱。暴胜之曾居此官。《汉书·王䜣传》：“武帝末，军旅数发，郡国盗贼群起，绣衣御史暴胜之使持斧逐捕盗贼，以军兴从事，诛二千石以下。”又《汉书·江充传》称充“为直指绣衣使者，督三辅盗贼，禁察逾侈”。《汉书·元后传》称王翁孺“为武帝绣衣御史，逐捕魏郡群盗坚卢等党与，及吏畏懦逗留当坐者，翁孺皆纵不诛”。王莽时，改称绣衣执法，《后汉书·伏湛传》载湛“至王莽时为绣衣执法”。李贤注云：“武帝置绣衣御史，王莽改御史曰执法，故曰绣衣执法也。”又《十六金符斋印存》《吉金斋古铜印谱》皆有绣衣执法印，或绣衣执法大夫印，盖为王莽时遗物①。

以上均为御史大夫的主要属官。其他掾、属见于《汉书》者，还有御史掾（见《严延年传》）、主簿（见《孙宝传》）、少史（见《萧望之传》）、御史属（见《谷永传》）、柱下令（见《高帝纪》）、御史中丞从事（见《于定国传》）等。根据各种记载的情况看，这些大多是侍御史以下的属吏，具体名称是少史、主簿之类，掾或者属则是总名称。如《严延年传》写道，延年“以选除补御史掾，举侍御史”，这“掾”显然是在“侍御史”之下。又《谷永传》说谷永被御史大夫繁延寿“除补属”，这个“属”是笼统讲的，即其下属。《史记·匡衡传》则说，匡衡被“御史征之，以补百石属”，这个“属”也是笼统讲的，不过标明了一个“百石”，这又说明“属”是指侍御史之下的下属，因为侍御史一般是六百石。从一些具体名称的掾、属来看也是如此，例如少史，《萧望之传》说萧望之使“少史冠法冠，为妻先引”，注引“苏林曰：‘少史，曹史之下者也。’”又如主簿，《孙宝传》载，先是“御史大夫张忠辟宝为属”，“后署宝主簿”，有人就说：“今两府高士，俗不为主

① 陈直：《汉书新证》，天津人民出版社1979年版，第482页。

簿。”孙宝回答说：“高士不为主簿，而大夫君以宝为可，一府莫言非，士安得独自高？……”这说明：属是笼统指下属，主簿则是下属中的一个具体名称；主簿的地位不高，“高士”不愿意做。由此也可看出御史府内除员四十五人的高级属吏外，其他掾、属数量还不少。

东汉时，由于尚书诸曹的发展，以及御史大夫改为司空，御史中丞分出改属少府之后，御史员数亦相应减少。《太平御览》卷二百二十五《职官部》引胡广《汉官解诂》云：

> 建武以来，省御史大夫官属入侍兰台，兰台有十五人，特置中丞一人以总之，此官得举非法，其权次尚书。

这入侍兰台的十五人，当即西汉时给事殿中的侍御史。东汉侍御史职同西汉，得举非法，如桓典为侍御史，“是时，宦官秉权，典执政无所回避。常乘骢马，京师畏惮，为之语曰：‘行行且止，避骢马御史。’”[①] 又如大将军梁冀，倚恃外戚，威势显赫，举措多不法，侍御史张纲弹劾之，京师震竦[②]。

东汉的侍御史也常常奉命出使州郡。如杜诗“为侍御史，安集洛阳”[③]，李恂“拜侍御史，持节使幽州，宣布恩泽，慰抚北狄”[④]。上面提到的侍御史张纲也曾受命到各地“巡行风俗”。这些被派出外的侍御史都是皇帝的代表，后代巡按之制即由此发展而来。

东汉的侍御史还可“出治剧为刺史、二千石；平迁补令”[⑤]。所以《后汉书·韦彪传》说：“御史外迁，动据州郡。”

东汉光武建武中，省御史大夫官属入侍兰台，于是御史府已无属官可言。事实上，自从御史大夫的实权转归尚书诸曹，御史中丞领侍御史独立发展之后，已无御史大夫之职，司空虽由御史大夫官名改称，但性质完全不同，备位论道，徒具虚名而已。

---

① 范晔：《后汉书》卷三十七，《桓典传》，中华书局 1965 年版，第 1258 页。

② 范晔：《后汉书》卷五十六，《张纲传》，中华书局 1965 年版，第 1817 页。

③ 范晔：《后汉书》卷三十一，《杜诗传》，中华书局 1965 年版，第 1094 页。

④ 范晔：《后汉书》卷五十一，《李恂传》，中华书局 1965 年版，第 1683 页。

⑤ 范晔：《后汉书》志第二十六，《百官志三》注引蔡质《汉仪》，中华书局 1965 年版，第 3600 页。

附表四：西汉御史大夫属官表

<table>
<tr><th colspan="2">属官名称</th><th>职　掌</th><th>秩　次</th><th>备　考</th></tr>
<tr><td colspan="2">御史丞</td><td>领御史三十人留寺，理百官事。</td><td>千石</td><td>《汉旧仪》。</td></tr>
<tr><td colspan="2">御史中丞</td><td>在殿中兰台掌图籍秘书，外督部刺史，内领侍御史十五人，受公卿奏事，举劾按章。</td><td>千石</td><td>《汉书·百官公卿表》。</td></tr>
<tr><td rowspan="4">侍御史（十五人）</td><td>符玺御史</td><td>掌符玺。</td><td rowspan="4">六百石</td><td>《汉书·周昌传》：赵尧为符玺御史。</td></tr>
<tr><td>治书（或作“持书”）御史</td><td>掌以法律当其是非。</td><td>《后汉书·百官志》注引胡广曰：“（宣）帝幸宣室，斋居而决事，令侍御史二人治书，（治书）侍御史起此。”</td></tr>
<tr><td>绣衣御史</td><td>逐捕“盗贼”，治理大狱。</td><td>始置于武帝时，不常置，或称直指绣衣使者。王莽时改称绣衣执法。见《汉书》之《王䜣传》《江充传》《元后传》及《后汉书·伏湛传》。</td></tr>
<tr><td>五曹御史</td><td>令曹，掌律令。
印曹，掌刻印。
供曹，掌斋祠。
尉马曹，掌厩马。
乘曹，掌护驾。</td><td>《晋书·职官志》。</td></tr>
<tr><td rowspan="6">其他属官</td><td>御史掾</td><td></td><td></td><td>严延年为御史掾（《汉书》本传）。</td></tr>
<tr><td>御史属</td><td></td><td></td><td>谷永、匡衡均曾为御史属（《汉书》本传）。</td></tr>
<tr><td>主　簿</td><td></td><td></td><td>孙宝为御史大夫主簿（《汉书》本传）。</td></tr>
<tr><td>少　史</td><td></td><td></td><td>《汉书·萧望之传》。</td></tr>
<tr><td>柱下令</td><td></td><td></td><td>高帝五年王恬为柱下令（《汉书·高帝纪》）。应劭《汉官仪》曰侍御史即柱下史。</td></tr>
<tr><td>御史中丞从事</td><td></td><td></td><td>于定国与御史中丞从事治反者狱（《汉书》本传）。</td></tr>
</table>

第四节　太尉

“尉”字从寸，《说文》云：“有法度者也，从寸。”讲法度的字多半从寸。《左传·襄公二十一年》载栾盈曰：“将归死于尉氏。”杜预注解说：“尉氏，讨奸之官。”秦汉掌刑辟的廷尉，是符合“尉”字本来意思的，是司法官，《汉书·百官公卿表》注引“应劭曰：听讼必质诸朝廷，与众共之，兵狱同制，故称廷尉”。

“兵狱同制”，这里又说出了尉和兵的关系，大约开始在军中的执法官也叫尉，后来以尉名官，就与军队密切联系在一起了。所以《汉书·百官公卿表》的“太尉”之下又引应劭曰：“自上安下曰尉，武官悉以为称。”因此，带“尉”字的官都是与武事有点关系的，例如水衡都尉，《汉书·百官公卿表》注引张晏曰：“主都水及上林苑，故曰水衡，主诸官故曰都，有卒徒武事故曰尉。”这个例子非常清楚，因为“有卒徒武事”，所以才以“尉”名之。从各种记载中见到的，以“尉”命名的官吏，除廷尉之外（其实廷尉也多少有点“卒徒武事”），可以说都是武官，如国尉、太尉、卫尉、中尉、将尉、军尉、都尉、校尉、郡尉、县尉等等，像水衡都尉一样的还有关都尉、断狱都尉、护军都尉等等，都有“卒徒武事”，都是武官。

一、秦的国尉

郑玄注《礼记·月令》时说：“太尉，秦官。”班固的《汉书·百官公卿表》也说：“太尉，秦官。”或者如《汉官序》所说：“汉承秦曰太尉。”①究竟太尉是不是秦官，这在历史上就曾有过争论，郑玄认为三王之官，有司马无太尉，所以说是秦官。《尚书·中候》又说舜为太尉，束晳据以难郑。刘昭又讥其非实，认为“纬候众书”未足为据②。即便太尉这个官是从秦开始的也还有问题，根据《礼记·月令》的记载，“命太尉赞杰俊，遂贤良，举长大，行爵出禄，必当其位”（《吕氏春秋·孟夏纪》相同）。

① 李昉等：《太平御览》卷二百零九，《职官部七》引，中华书局1960年版，第1002页。
② 参阅王先谦《汉书补注》《后汉书集解》。

假如说战国时的秦国就已有了这个太尉，那么他的职责却是选用有才、德、力的人，使之“爵必当有德之位，禄必当有功之位”①，并不是掌武事。郑玄、班固说太尉是秦官时，也并没有肯定他是干什么的。

事实上，在秦代太尉并不如丞相、御史大夫一样成为一个常设的官职，更不如汉代以后把太尉与丞相、御史大夫并列为三公。例如始皇二十六年（前221年）议帝号、二十八年琅邪刻石，只有丞相、御史大夫，都不见有太尉衔名。再参阅《史记》之《秦本纪》《秦始皇本纪》以及有关秦人列传，自孝公至秦统一，历年对外战争中大都是以丞相、将军、庶长、大良造、左更、五大夫或客卿来统军，并无太尉。而且这些人员都是临时派遣，事毕即解除兵权，仍居原官。这是因为在君主集权制下，不可能由臣下长期掌握兵权，当然也就没有必要常设掌武事的太尉了。

从现有的材料看，从秦国到秦朝，相当于汉代掌武事的太尉的官吏，只有国尉。《资治通鉴》周赧王二十年（前295年）有“秦尉错伐魏襄城”的记载，注云：“尉，盖国尉也。”《史记·白起列传》载，昭王十四年（前293年）“起迁为国尉”，《史记正义》曰：“言太尉。”《史记·秦始皇本纪》七年（前240年），以缭“为秦国尉”，《史记正义》又说：“若汉太尉，大将军之比也。”据《史记正义》的前一解释，可以认为国尉就是太尉，但后一解释又没有那么肯定，只是说像汉代的太尉以及大将军之类的官职。因此很难肯定地说国尉就是太尉。在秦代，或者根本没有掌武事的太尉这个官，更没有金印紫绶地位的太尉。这只要看看国尉的情况也就清楚了。

《商君书·境内》有关于国尉的记载，看起来是掌武事的，但他的地位并不是很高。

> 其攻城围邑也，国司空訾（莫）〔其〕城之广厚之数。国尉分地，以徒校分积尺而攻之……

下面接着又说：

① 见《礼记·月令》注。

陷队之士，面十八人……国尉分地，以中卒随之。将军为木(壹)〔台〕，与国正监，与（正）〔王〕御史参望之。①

在攻城围邑的时候，国尉划分各队攻打的地点，以及划分“陷队之士”——敢死队的攻打地点，可以说是具体部署战斗行动。其地位显然在将军之下。同篇另一处又写道：

五百主，短兵五十人。二五百主，将之主，短兵百。千石之令，短兵百人。……国封②尉，短兵千人。将（按：“将”上当有“大”字）短兵四千人。

大将有卫队四千人，国尉只有一千人，官位显然比大将低，上面引《史记正义》认为国尉属于大将军之类，应是汉以后情况的比附，不是秦代的情况。

再从白起升官的具体事实看，国尉的地位也不是很高的。白起先是由左更升为国尉，在“迁为国尉”之后的第二年又“为大良造”，再经过几年南征北战，立了许多战功，才“迁为武安君”。左更是军功爵的十二级，大良造即大上造，是第十六级。在白起已经被封为武安君之后，苏代说秦相应侯曰：

今赵亡，秦王王，则武安君必为三公，君能为之下乎！③

这就说明，国尉在当时并不是最高的官职，更不在什么三公之列。事实上秦也没有三公，苏代所谓“武安君必为三公”的说法，只能当作“三公那样崇高地位”来理解，所以他举出“虽周、召、吕望之功，不益于此矣”④。

从《商君书·境内》看，秦国尉的地位可以说是中级军官，是大将之

① 以上两段引文据高亨《商君书注译》。原文中的〔〕、() 符号分别代表正误。

② 俞樾《诸子平议》说：“封字衍文，盖即尉字之误而衍者，下文（按：即指前面两处引文）两言国尉分地，可证。”

③ 司马迁：《史记》卷七十三，《白起列传》，中华书局1982年版，第2335页。

④ 司马迁：《史记》卷七十三，《白起列传》，中华书局1982年版，第2335页。

下、千石之上的人物，地位不是很高，但是不可缺少的人物，在战争中负责具体战斗部署。从白起，特别是从后来尉缭的情况看，其地位似乎更高一些，但又不一定常置（这中间可能有所变化），白起后来骤然免“为士伍”，以后又没见到任国尉这一职务的人，一直到秦始皇时才又以缭为国尉的记载，而缭为国尉以后，在政治和军事的重大活动中也很少提到他。

因此，在秦国和秦朝，似乎没有一个太尉那样的固定的最高武官职位。至于带兵打仗，多系临时差遣，除了白起、王翦等武将之外，有时可以是丞相出征，有时也可以是一般官吏，内史、少府等官都可以统兵打仗。命将调兵的大权都在秦王手中，《新郪虎符》上所刻文字说：“凡兴士被甲，用兵五十人以上，必会王符，乃敢行之。”① 缭为国尉时，也许仅仅是起高级参谋的作用。

二、汉太尉的设置及其演变

掌武事，而且有金印紫绶这样崇高地位的太尉，究竟何时开始设置，有待进一步的研讨。两汉有这样一种官职是毫无问题的。从汉初开始，它就已经是武将最高称呼之一，司马迁在《史记·汉兴以来将相名臣年表》中已经反映出来了。不过，这里我们应该指出，司马迁列表有“相位”、“将位”、“御史大夫位”三栏，虽没有明说三公，却表明了是三种最高官吏，相位即指丞相，御史大夫位即指御史大夫，惟独将位中既包括有太尉，也还包括各种名称的将军。因此，在汉初太尉只是最高武将称呼之一，而不是唯一。

其次，虽然从汉初开始就有太尉，但是时置时废，不如丞相那样固定。高帝二年（前205年），卢绾曾为太尉，五年罢太尉官。十一年（前196年），“周勃为太尉，攻代后官省”②。“孝惠帝六年，置太尉官，以（周）勃为太尉。”③ 文帝三年（前177年），罢太尉官，并于丞相。景帝三年（前154年），以周亚夫为太尉；七年（前150年），罢周亚夫太尉官，改任丞相。武帝建元元年（前140年），复置太尉官，以武安侯田蚡为太

---

① 容庚：《秦金文录》，国立中央研究院历史语言研究所1931年版，第41页。

② 司马迁：《史记》卷二十二，《汉兴以来将相名臣年表》，中华书局1982年版，第1122页。

③ 《史记·绛侯世家》《汉书·周勃传》皆云在汉惠帝六年（前189年）；《史记·汉兴以来将相名臣年表》《史记·高祖功臣侯者年表》则云在高后四年（前184年）。

尉；建元二年（前139年），又罢太尉官，太尉田蚡免①。

自武帝建元二年罢太尉官以后，太尉官名屡变。《汉书·百官公卿表》云：

> 太尉，秦官。金印紫绶，掌武事。武帝建元二年省。元狩四年，初置大司马，以冠将军之号。宣帝地节三年，置大司马，不冠将军，亦无印绶官属。成帝绥和元年，初赐大司马金印紫绶，置官属，禄比丞相，去将军。哀帝建平二年，复去大司马印绶、官属，冠将军如故。元寿二年，复赐大司马印绶，置官属，去将军，位在司徒上。

东汉又有变化：

> 建武二十七年，复旧名为太尉公。……灵帝末，以刘虞为大司马，而太尉如故，自此则大司马与太尉始并置矣。②

以上是太尉的设置及其职称的演变。从中我们可以看出，太尉是汉代武将的最高荣誉职务，但是不常设置，西汉为太尉的只是有数的几个，东汉虽列为三公之首，实际上也是可设可不设的。西汉和秦一样，实行丞相制，太尉自然可有可无；东汉名义上实行三公制，但事归台阁。对于有大功的武将，皇帝可以给予崇高的荣誉和优厚的待遇，但不会给予什么实权，这我们从太尉的职权上可以看得很清楚。

关于太尉的职权，《汉书·百官公卿表》云："掌武事。"《汉官仪》则谓"司马主兵"。所谓"掌武事"、"主兵"，实际上在西汉时只不过是皇帝的军事顾问，太尉本身并无发兵、领兵之权，军令行使之权完全操于皇帝，如无皇帝的符节，虽官为太尉，亦不得领兵、发兵。这种情况从太尉周勃平定诸吕时所表示的权限即可概见。《史记·吕太后本纪》说：

---

① 司马迁：《史记》卷二十二，《汉兴以来将相名臣年表》，中华书局1982年版，第1133页；又蔡质《汉仪》云"太尉，孝文三年置，七年省。武帝建元二年置，五年复省，更名大司马"，与本表所记不同。

② 杜佑：《通典》卷二十，《职官二》，中华书局1988年版，第513～514页。

> 高后病甚，乃令赵王吕禄为上将军，军北军；吕产居南军。……太尉绛侯（周）勃不得入军中主兵。……太尉欲入北军，不得入。襄平侯通尚符节，乃令持节矫内太尉北军。太尉复令郦寄与典客刘揭先说吕禄曰：“帝使太尉守北军，欲足下之国，急归相印辞去，不然，祸且起。”吕禄以为郦兄（音“况”）不欺己，遂解印属典客，而以兵授太尉。

北军是负责守卫京师的部队，而南军负责守卫皇宫。周勃因为先骗取了北军兵权，然后始能控制南军，杀吕产、吕禄，平定诸吕。所以汉人评论此事说：“是时绛侯本（一作‘主’）兵柄，弗能正。吕后崩，大臣相与共诛诸吕，太尉主兵，适会其成功。”① 这正说明太尉虽本兵柄、主兵，但并无行使军令的实权，职权所限，而不得不然。

自周勃除诸吕之后，太尉的权势一度有所发展。如文帝“欲入未央宫，有谒者十人持戟卫端门，曰：‘天子在也，足下何为者？’不得入。太尉往谕，乃引兵去，皇帝遂入”②。这当然是特殊情况，其时文帝尚未即位，刚刚从代地迎来，“绛侯绾皇帝玺，将兵于北军”③，所以才有那么大的权力。这种现象是君权所不能容忍的。所以文帝即位，虽然对周勃赏赐甚厚，但当时就有“人或说勃曰：君既诛诸吕，立代王，威震天下，而君受厚赏，处尊位以厌之，则祸及身矣”④。文帝三年（前 177 年），罢太尉官，由丞相兼任，正好说明为了防止太尉职权太重，太尉一官不轻易予人。景帝时因吴楚之乱，一度以周勃的儿子周亚夫为太尉，不久又罢了。武帝初年武安侯田蚡为太尉，也是权宜之计，很快就罢了。所以到汉宣帝时，如《汉书·黄霸传》所说：“太尉官罢久矣，丞相兼之，所以偃武修文也。”这是冠冕堂皇的说法，实际是害怕武将职权太重，妨碍君权的行使。周亚夫在细柳营处处限制皇帝，使得“群臣皆惊”⑤，皇帝虽表面赞叹，内心却是不安的，所以文帝只拜他为中尉，以后景帝在紧急时才一度

---

① 班固：《汉书》卷四十九，《爰盎传》，中华书局 1962 年版，第 2267 页。
② 班固：《汉书》卷四十，《周勃传》，中华书局 1962 年版，第 2055 页。
③ 班固：《汉书》卷四十，《周勃传》，中华书局 1962 年版，第 2056 页。
④ 班固：《汉书》卷四十，《周勃传》，中华书局 1962 年版，第 2055 页。
⑤ 班固：《汉书》卷四十，《周勃传》，中华书局 1962 年版，第 2058 页。

拜其为太尉。

总的来说，西汉时代，太尉一官基本上是属于皇帝军事顾问性质，很少实际的军政职务，所以太尉的官属也较少。有时并入丞相府。就是其本职也是或置或省，大抵有军事则置，事毕即省。其目的都是利用或限制太尉的职权，以维护君权。武帝以后，虽改太尉为大司马，其性质亦不过是加官，空有名号，并无军政实权。其有实权者，则为中朝大将军领尚书事，如昭帝时霍光为大司马大将军，领尚书事，“政事壹决于光”。成帝时，王凤以大司马大将军，领尚书事，“主决政事”。这是另外一个问题，详见以下大将军、尚书台两节。

东汉光武复改大司马为太尉之后，太尉的职权逐渐加重，于军事顾问之外，并综理军政。《后汉书·百官志》云：“太尉，公一人。”本注曰：“掌四方兵事功课，岁尽即奏其殿最而行赏罚。……凡国有大造大疑，则与司徒、司空通而论之。国有过事，则与二公通谏诤之。”东汉时，太尉职权所以加重，其主要原因在于录尚书事。《通典》卷二十说：

后汉建武二十七年，复旧名为太尉公，每帝初即位，多与太傅同录尚书事。

如司徒徐防，“延平元年，迁太尉，与太傅张禹参录尚书事，数受赏赐，甚见优宠。”①

在东汉三公中，太尉地位最尊，次司徒，次司空。如太尉出缺，则司徒、司空依次晋升。章帝时，曾因太尉与司空在班次排列上不好安排，特在两者中间隔以屏风，以后便习为故事。《后汉书·郑弘传》载其事云：

（弘）为太尉，时举将第五伦为司空，班次在下。每正朔朝见，弘曲躬而自卑。帝问知其故，遂听置云母屏风，分隔其间，由此以为故事。

由于东汉三公制下的太尉，尊于西汉丞相制下的太尉，故在西汉往往

① 范晔：《后汉书》卷四十四，《徐防传》，中华书局1965年版，第1502页。

罢太尉属官归于丞相；而在东汉则丞相府之属官又大都转归于太尉府。因此，西汉太尉属官较少，东汉太尉属官则较前增多。《后汉书·百官志》载太尉属官有：

长史一人，千石，署诸曹事。

掾史属[①]二十四人，分东西各曹理事：西曹，主府吏署用；东曹，主二千石长吏迁除及军吏；户曹，主民户、祠祀、农桑；奏曹，主奏议事；辞曹，主辞讼事；法曹，主邮驿科程事；尉曹，主卒徒转运事；贼曹，主盗贼事；决曹，主罪法事；兵曹，主兵事；金曹，主货币、盐、铁事；仓曹，主仓谷事；黄阁主簿，录省众事。

此外，还有令史及御属二十三人：阁下令史，主阁下威仪事；记室令史，主上章表报书记；门令史，主府门；其余令史，各典文书。御属，主为太尉公御，相当于西汉丞相大车属。

又据应劭《汉官仪》，太尉府还有官骑三十人。

由此可见，东汉的太尉府实相当于西汉的丞相府。到了东汉末年，曹操为丞相，丞相府在事实上已变成中央政权，故太尉府的属官又转归丞相，而太尉的职权也就随之旁落了。

附表五：东汉太尉属官表

属官名称	职　掌	秩　次	备　考
长　史（一人）	署诸曹事。	千石	《后汉书·百官志》。
西曹掾	主府吏署用。	比四百石	《汉书音义》曰："正曰掾，副曰属。"属比二百石。下同此。
东曹掾	主二千石长吏迁除及军吏。	比四百石	
户曹掾	主民户、祠祀、农桑。	比三百石	
奏曹掾	主奏议事。	比三百石	
辞曹掾	主辞讼事。	比三百石	
法曹掾	主邮驿科程事。	比三百石	
尉曹掾	主卒徒转运事。	比三百石	

① 《汉书音义》："正曰掾，副曰属。"掾属为一般属吏的泛称。

续表

<table>
<tr><th colspan="2">属官名称</th><th>职 掌</th><th>秩 次</th><th>备 考</th></tr>
<tr><td colspan="2">贼曹掾</td><td>主盗贼事。</td><td>比三百石</td><td></td></tr>
<tr><td colspan="2">决曹掾</td><td>主罪法事。</td><td>比三百石</td><td></td></tr>
<tr><td colspan="2">兵曹掾</td><td>主兵事。</td><td>比三百石</td><td></td></tr>
<tr><td colspan="2">金曹掾</td><td>主货币、盐、铁事。</td><td>比三百石</td><td></td></tr>
<tr><td colspan="2">仓曹掾</td><td>主仓谷事。</td><td>比三百石</td><td></td></tr>
<tr><td colspan="2">黄阁主簿</td><td>录省众事。</td><td>?</td><td></td></tr>
<tr><td rowspan="4">令史</td><td>阁下令史</td><td>主阁下威仪事。</td><td>百石</td><td></td></tr>
<tr><td>记室令史</td><td>主上章表报书记。</td><td>百石</td><td></td></tr>
<tr><td>门令史</td><td>主府门。</td><td>百石</td><td></td></tr>
<tr><td>其余令史</td><td>各典文书。</td><td>百石</td><td></td></tr>
<tr><td colspan="2">御 属</td><td>主为太尉公御。</td><td>比二百石</td><td>以上均见《后汉书·百官志》。荀绰《晋百官表注》曰:“御属如录事也。”</td></tr>
<tr><td colspan="2">官 骑
(三十人)</td><td></td><td></td><td>应劭《汉官仪》。</td></tr>
</table>

第二章　诸卿

秦以前的官制，大体上有公、卿、大夫、士这么几个大的等级，关于西周之制，有三公、九卿、二十七大夫、八十一元士的说法。三公、九卿，异说纷歧。然而，公卿乃高级官员之称，这一点是完全可以肯定的。《论语·子罕》所谓“出则事公卿”，即泛指高级官员。战国时，卿就是作为高级官员的通称而出现在史籍上的，其地位略低于丞相、相国，并且往往加“上”字以示尊崇。如赵国廉颇、蔺相如都曾“拜为上卿”，他们两人在“同列”，但是相如“位在廉颇之右”，而相如又称廉颇为“廉将军”①。由此可见，“拜为上卿”的“上卿”不是官名，而是代表着一定的政治地位，或者就是爵制中的一个大等级，和大夫这一级相对而言。魏国，魏文侯“召翟黄入，拜为上卿”②。燕国，太子丹“尊荆轲为上卿，舍上舍”③。楚国，楚王“以上卿礼葬劓子头”④。齐国，“立淳于髡为上卿”⑤。所有这些提到的“上卿”，都可以作为高级官吏的通称来解释。《太平御览》卷二百二十八引《益部耆旧传》曰：“赵典……为太常，虽身处上卿，而布被瓦器。”太常是其官职，“上卿”是通称、尊称，一般说来都是如此，有时候也用“亚卿”这个名称，以略示区别。《史记·乐毅列传》：乐毅“为魏昭王使于燕，燕王以客礼待之，乐毅辞让，遂委质为臣，燕昭王以为亚卿”。亚卿不过表示比上卿略低一点罢了，但仍然是相当尊贵的，《左传·文公六年》晋公子雍“仕诸秦为亚卿焉”。杜注云：“亚，次也。言其贤，故位尊。”同样，“客卿”则是给他国人以较高待遇的通称，《战国策》

---

① 司马迁：《史记》卷八十一，《廉颇蔺相如列传》，中华书局1982年版，第2443页。看来将军也是一种通称，或者将军是高级武官的通称，卿是高级文官的通称。

② 刘向：《新序》卷一。

③ 司马迁：《史记》卷八十六，《荆轲列传》，中华书局1982年版，第2531页。

④ 李昉等：《太平御览》卷五百五十六，《礼仪部三十五》，中华书局1960年版，第2515页。

⑤ 刘向撰，向宗鲁校证：《说苑校证》卷八，《尊贤》，中华书局1987年版，第202页。

注说："韩重客卿，位在相国之下一等。"① 恐怕不仅韩国如此，各国的客卿地位都相当高，《史记·苏秦列传》载："苏秦佯为得罪于燕而亡走齐，齐宣王以为客卿。……其后齐大夫多与苏秦争宠者。"秦国的客卿更多。

在秦国历史上，上卿累见于记载：甘茂逃到齐国时，秦王"赐之上卿，以相印迎之于齐"，但甘茂不回，齐王"即位之上卿而处之"②。《战国策·秦策五》："秦王大悦，（姚）贾封（一作'封贾'）千户，以为上卿。"《史记·蒙恬列传》：蒙骜"官至上卿"。又，"是时蒙恬威振匈奴，始皇甚尊宠蒙氏，信任贤之。而亲近蒙毅，位至上卿"。《史记·秦始皇本纪》集解引《说苑》曰："始皇帝立茅焦为傅，又爵之上卿。"③ 以上，或称"官至"，或称"位至"，都不如这个"爵之"的意思明确，可见"上卿"或"卿"乃是爵位方面的统称，不是一种什么官职。

《史记·秦始皇本纪》载二十八年（前 219 年）在琅邪台刻石上写道：

> 列侯武城侯王离、列侯通武侯王贲、伦侯建成侯赵亥、伦侯昌武侯成、伦侯武信侯冯毋择、丞相隗林、丞相王绾、卿李斯、卿王戊、五大夫赵婴、五大夫杨樛从，与议于海上……

在这个序列中，除丞相是官名之外，列侯、伦侯、卿、五大夫都是爵位，并且有的是具体爵位，如五大夫；有的则只是爵位中的一个大类，如卿。王戊这时是什么官不得而知，李斯此时的官职是廷尉则是无疑问的。

那么，多高的爵位才可称卿呢？看来至少是五大夫。颜师古注《汉书·百官公卿表》时说："五大夫，大夫之尊也。"《后汉书·百官志》注说得比较明确：

> 秦依古制，其在军赐爵为等级，其帅人皆更卒也，有功赐爵，则在军吏之例。自一爵以上至不更四等，皆士也。大夫以上至五大夫五等，比大夫也。九等，依九命之义也。自左庶长以上至大庶长，九卿之义也。关内侯者，依古圻内子男之义也……然则卿、大夫、士下之

① 《七国考》引。
② 司马迁：《史记》卷七十一，《甘茂列传》，中华书局 1982 年版，第 2317 页。
③ 今《说苑·正谏》："立焦为仲父。"

品，皆放古，比朝之制而异其名，亦所以殊军国也……九爵为五大夫，皆军吏也……十爵为左庶长……自左庶长已上至大庶长，皆卿大夫，皆军将也。所将皆庶人、更卒也，故以庶、更为名。大庶长即大将军也，左右庶长即左右偏裨将军也。

从以上可以看出，卿和大夫是两个显然不同的大等级，大夫有五等，卿有九等，卿和将军的地位大体相当，其上则有关内侯和列侯，这样看来，琅邪刻石那个序列是很有道理的。不过，这是就爵位而言的，卿作为高级官吏的通称之后，就没有这样的九等了。

秦汉时期，究竟哪些高级官吏可以称卿呢？《汉书·百官公卿表》说：

自太常至执金吾，秩皆中二千石。

其中包括奉常（太常）、郎中令（光禄勋）、卫尉、太仆、廷尉、典客（大鸿胪）、宗正、治粟内史（大司农）、少府、中尉（执金吾）。这些官吏，在《后汉书·百官志》中就直接称为某某卿，如太常卿、光禄勋卿、卫尉卿、太仆卿、廷尉卿、大鸿胪卿、宗正卿、大司农卿、少府卿。执金吾虽和以上诸卿一样为中二千石，但没有标明一个“卿”字。标明“卿”字的共九个，似乎是套九卿的说法，不过，太常卿下本注曰：

其署曹掾史，随事为员，诸卿皆然。

这个“诸卿”是比较准确。班固作《汉书·百官公卿表》时，不认为秦和西汉有固定的九卿之制。东汉人刘熙以为：

汉置十二卿：一曰太常，二曰太仆，三曰太卫尉，四曰光禄，五曰宗正，六曰执金吾，七曰大司农，八曰少府，九曰大鸿胪，十曰廷尉，十一曰大长秋，十二曰将作大匠。①

① 李昉等：《太平御览》卷二百二十八，《职官部二十六》引，中华书局1960年版，第1082页。

三国人韦昭针对刘熙的说法，在《辨释名》中写道：

汉正卿九：一曰太常，二曰光禄，三曰卫尉，四曰太仆，五曰廷尉，六曰鸿胪，七曰宗正，八曰司农，九曰少府，是为九卿。执金吾本故中尉，掌徼巡宫外，司执奸邪，至武帝更执金吾为外卿，不在九列。大匠次金吾，长秋自皇后官，非天子卿员。①

后人多从韦昭说法，《后汉书·百官志》也有这个意思，但这个说法未必可靠。不仅班固、刘熙都未提到正卿、外卿之分，执金吾与太常等官完全是并列的。并且，《汉书·毋将隆传》还说，隆为执金吾，哀帝诏书明言“隆位九卿”。此外，《史记》《汉书》有关列传记载，号称九卿者，亦不限于上述诸卿，如汲黯为“主爵都尉（后改为右扶风），列于九卿”，郑庄“至九卿为右内史（后改为京兆尹）”②，张敞、王尊为京兆尹，皆“备位九卿”③，是三辅长官在当时也都称为九卿。

总之，西汉时九卿也和三公一样，为习惯上的称呼，并非固定官制，这从《汉书·朱博传》有关记载可以看出，如：

成帝时，何武为九卿（时何武为廷尉）。④

今部刺史……选第大吏，所荐位高至九卿。

前丞相翟方进奏罢刺史，更置州牧，秩真二千石，位次九卿，九卿缺，以高第补。

这说明九卿是中央的一般高级官吏。那么，成、哀之间，三公一度成为法定的官名，是否九卿也随之而定呢？看来也没有，《汉书·朱博传》记述

① 徐天麟：《西汉会要》卷三十一，《职官一》注引，上海人民出版社 1977 年版，第 335 页。

② 司马迁：《史记》卷一百二十，《汲郑列传》，中华书局 1982 年版，第 3105、3112 页。

③ 班固：《汉书》卷七十六，《张敞王尊传》，中华书局 1962 年版，第 3224、3233 页。

④ 亦见《汉书·何武传》。何武曾为京兆尹、廷尉等官。

成帝时建三公官之后写道：

> 议者多以为古今异制，汉自天子之号，下至佐史，皆不同于古，而独改三公，职事难分明，无益于治乱。

朱博为大司空之后又奏言：

> 帝王之道不必相袭，各繇时务。高皇帝以圣德受命，建立鸿业，置御史大夫，位次丞相，典正法度，以职相参，总领百官，上下相监临，历载二百年，天下安宁。今更为大司空，与丞相同位，未获嘉祐。故事，选郡国守相高第为中二千石，选中二千石为御史大夫，任职者为丞相，位次有序，所以尊圣德，重国相也。

由此可以看出：第一，西汉一代，九卿和三公一样，没有成为定制，成帝时一度建三公官，也没有建九卿官，而一般人口头上有时用“三公”、“九卿”这些词，只是习惯的仿古的说法。第二，在西汉丞相、御史大夫之下就是中二千石，中二千石就是前所述诸卿，不止九个，也没有等级之分(尽管各个卿的地位略有不同)。

东汉三公成为定制（但也和古三公官意义不同），是否九卿也成为定制呢？从上述刘熙十二卿的说法看，也没有成为定制。因此，我们不用那个不能反映实际的“九卿”，而以“诸卿”名篇。

第一节　太常和宗正

太常，秦曰奉常，他和宗正所分管的事务，在秦以前是一个官主管的，从秦开始分为两官。《宋书·百官志》记述太常的来源说：

> 舜摄帝位，命伯夷作秩宗，掌三礼，即其任也。周时曰宗伯，是为春官，掌邦礼。秦改曰奉常，汉因之，景帝六年，更名曰太常。应劭曰：欲令国家盛大常存，故称太常。前汉常以列侯忠孝、敬慎者居之，后汉不必列侯也。

太常原来的职责是掌“三礼”，这“三礼”即《尚书·舜典》上的“有能典朕三礼”。马融解释说：“三礼，天神、地祇、人鬼之礼。”郑玄解释说：“天事、地事、人事之礼也。”《隋书·礼仪志》说得更明确：“唐虞之时，祭天之属为天礼，祭地之属为地礼，祭宗庙之属为人礼。”总之，其是祭祀之礼，这在古代是头等大事，所谓“祀，国之大事也”①。因此，《汉官解诂》就说：“大常掌社稷郊畤，事重职尊，故在九卿之首。”

关于宗正，《汉书·百官公卿表》说是“秦官，掌亲属”。但应劭却说：“周成王之时，彤伯入为宗正也。”师古作注时纠正说：“彤伯为宗伯，不谓之宗正。”从各种有关记载看，宗正是从秦开始的，它是从周官小宗伯发展而来的，《周礼·春官·小宗伯》：小宗伯“掌三族之别，以辨亲疏”。《周礼正义》解释说：“掌三族之别，以辨亲疏者，掌辨章族姓之事，兼以治宗法也。”小宗伯在周官中从属于大宗伯，秦代才把这种“掌三族之别”的人独立出来，名为宗正，所以《通典》《文献通考》都说是“秦置宗正”，《玉海》说得更清楚：

> 秦始以宗正列九卿，掌亲属；而宗庙之事属之奉常。

宗庙祭祀之礼归口到奉常那里，宗正独立出来专管亲属，所以《后汉书·百官志》“宗正卿”的本注曰：

> 掌序录王国嫡庶之次，及诸宗室亲疏远近。郡国岁因计上宗室名籍。若有犯法当髡以上，先上诸宗正，宗正以闻，乃报决。

秦国历史上，虽然宗亲受到重用的不多，但绝不会没有宗室亲属，昭王时的所谓“四贵”：穰侯是宣太后异父长弟，华阳君是太后同父弟，高陵君和泾阳君都是昭王同母弟。秦的宗亲后来记载不多，那是因为秦亡之后，虽未被完全消灭，也作鸟兽散了。再说，政治上做高官受重用的不多，并不等于宗亲不享有一定的特权。宗正列为九卿本身也就是保护其特权的措施，宗室犯法由宗正处理（或者说要经过宗正），而置身于法律之外，这

---

① 《左传·文公二年》。

个特权就是很大的。秦始皇子孙虽不多，但他是打算二世、三世传至无穷的，子孙繁衍下去，就非“治宗法”不可。也许正是因为如此，他才特地独立设置宗正的。

从来源讲，太常和宗正有关系，但两官分立之后，各自的职掌和发展是不同的，兹分述如下。

一、太常

太常，秦曰奉常，西汉始改称太常。《汉书·百官公卿表》云：“奉常，秦官，掌宗庙礼仪，有丞。景帝中六年，更名太常。”这似乎说汉初也叫奉常，但《通典》卷二十五却说：“汉初曰太常，欲令国家盛大常存，故称太常。”《汉书补注》引齐召南曰：

> 《唐六典》：“汉高名曰太常，惠帝复曰奉常，景帝又曰太常，与此表异。”据《史记·叔孙通传》，高帝拜通为太常。《汉官典职》亦云：“惠帝改太常为奉常。”则《六典》所云自确，《班表》盖只标其大略耳。

这具体说明了西汉时太常名称的多次变化。以后还有改变，王莽时曾改曰秩宗。东汉时恢复太常之称，至建安中又改称奉常。

颜师古注《汉书·百官公卿表》时说太常本是掌王旌旗之官：

> 太常，王者旌旗也，画日月焉。王有大事，则建以行，礼官主奉持之，故曰奉常也。后改曰太常，尊大之仪[①]也。

宋代的汉史专家刘攽不同意这个说法，他认为：

> 颜说太常都非，晋语作执秩之官，亦是主礼者。秩亦犹常也。然则古通谓常耳，王建太常，自是周礼，秦何庸知之。且礼官主于一

① 《汉书补注》：“先谦曰：官本注，仪作义，是。”

旗，亦非义矣。[①]

照汉代实际情况看，“太常”的主要职责是宗庙礼仪，《后汉书·百官志》“太常”条下的本注讲得比较确切：

掌礼仪祭祀。每祭祀，先奏其礼仪；及行事，常赞天子。每选试博士，奏其能否。大射、养老、大丧，皆奏其礼仪。每月前晦，察行陵庙。

在古代宗法制下，社会组织以血缘关系为纽带，因而一切祭祀和军国大事等社会政治活动均集中于宗庙。所以古代的朝廷即是庙堂。古文“朝”、“庙（廟）”二字可以通假，也证明本为一字之分化。以后随着社会的发展，国家机构的扩大，朝廷始与宗庙逐渐分离，但一般人在习惯上仍称呼朝廷为庙堂或廊庙。另一方面，即使朝、庙分开之后，宗庙也始终是重要的，汉代的太常就是“欲令国家盛大、社稷长存，故称太常，以列侯为之，重宗庙也”[②]。所以宗庙之祀祭是非常认真、非常隆重的，《汉旧仪补遗》写道：

宗庙一岁十二祠，五月尝麦；六月、七月、三伏、立秋貙娄，又尝粢；八月，先餐馈飨，皆一太牢，酎祭用九太牢；十月尝稻，又饮蒸，二太牢；十一月尝（?）；十二月腊。又每月一太牢，如闰加一祠，与上十二，为二十五祠。

又三年一次大袷祭更为隆重：

宗庙三年大袷祭，子孙诸帝以昭穆坐于高庙，诸隳庙神皆合食，设左右坐……太常导皇帝入北门，群臣陪者，皆举手班辟抑首伏……其夜半入行礼，平明上九卮。毕，群臣皆拜，因赐胙……

---

① 王先谦：《汉书补注》卷六，《武帝纪》，上海古籍出版社2008年版，第297页。

② 《汉官仪》。《后汉书·光武帝纪》注及《北堂书钞·设官部》引。

从半夜搞到天明，在这样隆重的礼仪中，“太常主导赞助祭”。

古时，陵寝与宗庙有关，所以陵庙或者寝庙联称，凡是天子陵庙所在的地方，均归太常管辖，扬雄的《太常箴》说得很明白：

翼翼太常，实为宗伯。穆穆灵祇，寝庙奕奕。①

《汉旧仪》也写道：

汉陵属三辅，太常一月行。

太常不仅要守宗庙，每月还定时巡狩陵寝。太常巡行时也非常隆重，惠栋引《齐职仪》曰：“王朗云：西京太常行陵，赤车十乘。”宗庙、陵寝的一切事务都由太常负责，我们在《汉书·百官公卿表》中看到，许多寝庙中发生事故时，太常要论罪甚至免官的，如：

蓼侯孔臧为太常，三年，坐南陵桥坏，衣冠道绝免。

绳侯周平为太常，四年，坐不缮园陵免。

俞侯栾贲为太常，坐牺牲不如令免。

广安（阿）侯任越人为太常，坐庙酒酸论。②

睢陵侯张昌为太常，二年，坐乏祠论。

牧丘侯石德为太常，三年，坐庙牲瘦入谷赎论。

当涂侯魏不害为太常，六年，坐孝文庙风发瓦免。

---

① 严可均：《全上古三代秦汉三国六朝文·全汉文》卷五十四，中华书局1958年版，第420页。

② 《汉书补注》：“先谦曰：论免国除。”

> 辕阳侯江德为太常，四年，坐庙夜郎（郎夜?）饮失火免。

> 弋阳侯任宫为太常，四年，坐人盗茂陵园中物免。

大部分明确记载的坐免，都是因为寝庙事故，并且大多不是太常本身而只是其下属的失职，有些事看起来也不是大事。这些可以证明，陵庙之事大，太常之职重。

因太常负责祭祀礼仪，故居此官者常常要进行斋戒，以免亵渎祖宗神祇。如东汉周泽为太常，常卧病斋宫，其妻怜其年老多病，至斋宫探视，泽大怒，以妻干犯斋禁，掾史叩头争之不听，押送诏狱，并自劾谢罪，议者非其偏激不实，为之语曰：

> 居世不谐，为太常妻，一岁三百六十日，三百五十九日斋，一日不斋醉似泥，既作事，复低迷。①

看起来做太常也是一件苦差事。

太常除主要负责宗庙礼仪之外，还兼管文化教育。这从如下一些记载中可以看出。《汉书·儒林传》记载公孙弘与太常孔臧等商议之后奏请之辞曰：

> 古者政教未洽，不备其礼，请因旧官而兴焉。为博士官置弟子五十人，复其身。太常择民年十八以上仪状端正者，补博士弟子。郡国县官有好文学，敬长上，肃政教，顺乡里，出入不悖，所闻，令相长丞上属所二千石。二千石谨察可者，常与计谐②，诣太常，得受业如弟子。一岁皆辄课，能通一艺以上，补文学掌故缺；其高第可以为郎中，太常籍奏（师古曰：为名籍而奏）。即有秀才异等，辄以名闻。

置博士弟子员之事，从选拔、教育到补吏都是由太常负责的。公孙弘的被

---

① 《汉官仪》。《通典》注最后二句作："既得作事，复昏迷。"

② 汉代计偕有两种：一为上计簿时所偕之物，如地方产品、地图之类；二为上计簿时所偕之人。此处属于后者，故师古曰："随上计吏俱至京师。"

选拔要经过太常就是一个具体例子。武帝元光五年（前130年），公孙弘被征为贤良文学，弘至太常，武帝策问诸儒：

> 时对者百余人，太常奏弘第居下。策奏，天子擢弘对为第一，召入见，容貌甚丽，拜为博士，待诏金马门。①

又《后汉书·百官志》注引《汉官》说，太常卿的“员吏八十五人，其十二人四科，十五人佐，五人假佐，十三人百石，十五人骑吏，九人学事，十六人守学事”。这“学事”和“守学事”之类的员吏，肯定与太常兼管文化教育有关，因为“其署曹掾史”，是“随事为员”② 的。

总之，太常官居清要，不但如前所述，“常以列侯、忠孝敬慎者居之”，而且也是颇有学问的人，《通典》卷二十五注云：

> 桓荣及子郁皆为太常。初，荣受学章句，减其烦辞，后郁又删定，由是有《桓君大小太常章句》。
>
> 又刘恺为太常卿，论议常引大义，诸儒为之语曰：“难经慷慷刘太常。”

作为九卿之首的太常，其职权在两汉亦渐有分化降落之势。如汉初三辅有陵庙之县，均属太常掌管，故当时公牍中每以太常与三辅并称。元帝永光元年（前43年）分诸陵邑属三辅，此后言三辅陵庙事，即不再涉及太常，而考试之权，武帝以后则渐转归尚书，明显是职权的削弱。

下面再说太常的属官。

随着时间的推移，列祖列宗越来越多，又根据“随事为员”的原则，太常的下属必然越来越多，《汉书·韦玄成传》有一段记载可说明这一点：

> 初，高祖时，令诸侯王都皆立太上皇庙。至惠帝，尊高帝庙为太祖庙。景帝尊孝文庙为太宗庙，行所尝幸郡国各立太祖、太宗庙。至

① 班固：《汉书》卷五十八，《公孙弘传》，中华书局1962年版，第2617页。

② 《后汉书·百官志》“太常卿”条下本注。

宣帝本始二年，复尊孝武庙为世宗庙，行所巡狩亦立焉。凡祖宗庙在郡国六十八，合百六十七所。而京师自高祖下至宣帝，与太上皇、悼皇考各自居陵旁立庙，并为百七十六。又园中各有寝、便殿。日祭于寝，月祭于庙，时祭于便殿。寝，日四上食；庙，岁二十五祠；便殿，岁四祠。又月一游衣冠。而昭灵后、武哀王、昭哀后、孝文太后、孝昭太后、卫思后、戾太子、戾后各有寝园，与诸帝合，凡三十所。一岁祠，上食二万四千四百五十五。用卫士四万五千一百二十九人，祝宰乐人万二千一百四十七人，养牺牲卒不在数中。

从这个粗略的统计中，足见其规模之宏大。

太常的主要属官有丞，《汉书·百官公卿表》说丞秩千石。《后汉书·百官志》说："丞一人，比千石。"这个地位类似秩千石的丞相长史和御史中丞，因而太常丞实际上是太常的副职，所以有时候能作为太常的代表，《汉书·谷永传》记载说，谷永为太常丞时：

建始三年冬，日食地震同日俱发，诏举方正直言极谏之士。太常阳城侯刘庆忌举永待诏公车。

太常丞实际上还是太常寺的总管，所以《后汉书·百官志》本注曰：

掌凡行礼及祭祀小事，总署曹事。

所谓小事，当是有关陵庙礼仪的一切具体事务，太常只负责导赞大事。"总署曹事"，就是说总管寺内诸曹一切事务。《后汉书·百官志》注又引《汉旧仪》曰：

丞，举庙中非法者。

这一条也补充说明其总管地位。

太常的属官很多，《汉书·百官公卿表》概述说：

> 属官有太乐、太祝[1]、太宰、太史、太卜[2]、太医六令丞，又均官、都水两长丞，又诸庙寝园食官令长丞，有廱太宰、太祝令丞（如淳曰：五畤在廱，故特置太宰以下诸官），五畤各一尉。又博士及诸陵县皆属焉。

以上属官中值得注意的是博士，应该作一些具体说明。《汉书·百官公卿表》写道：

> 博士，秦官，掌通古今，秩比六百石，员多至数十人。

齐召南根据沈约《宋书·百官志》“六国时往往有博士”的记载，认为“《宋志》此文，所以纠正班表之失也”，并举出鲁博士的例子。但王先谦辩驳说：“博士始见于战国，不能称古官，汉又承秦，故云秦官未为失也。”[3] 王先谦的说法是对的，《汉书·百官公卿表》中所有标明“秦官”的大都是如此，有的官职可以说是从秦开始设立的（如奉常），有的则不过说明秦也有这个官，并不就是说从秦才开始有。

《汉官仪》也说：“博士，秦官也。博者，通博古今；士者，辨于然否。”“通古今”、“辨然否”是什么意思呢？当即《后汉书·百官志》本注所说：“国有疑事，掌承问对。”如《史记·秦始皇本纪》：

> 上问博士曰：“湘君何神？”博士对曰：“闻之尧女、舜之妻而葬此。”

《史记·叔孙通列传》：

> 二世召博士、诸儒生问曰：“楚戍卒攻蕲入陈，于公何如？”博士、诸生三十余人前曰：“人臣无将，将即反，罪死无赦，愿陛下急发兵击之。”

---

① 景帝中六年（前144年）更名祠祀，武帝太初元年（前104年）更名庙祀。

② 武帝初置。

③ 见《汉书补注》。

诸如此类古今问题都要问博士，而博士有责任回答，此即“承问对”。在秦时，看来仅仅是备顾问，正如当时卢生所说：“博士虽七十人，特备员弗用。”①

汉承秦制，也设置了博士官。不过高帝、惠帝、高后时多武力功臣，尚无暇顾及文职，所以这一时期博士寥寥无几。文帝即位以后，始增置博士官，数目又达到七十余人②，“然孝文本好刑名之言。及至孝景，不任儒，窦太后又好黄老术，故诸博士具官待问，未有进者”③。至汉武帝时，独尊儒术，立五经博士，专门教授经学，于是博士制度为之一变。对此，《汉书·百官公卿表》特地写道：

武帝建元五年，初置五经博士。宣帝黄龙元年，稍增员十二人。

因此《后汉书·百官志》的本注中，博士职掌就多了一条“掌教弟子”，这是武帝以后的事，汉初是没有的，惠栋《后汉书补注》卷二十四引《决疑要注》曰：

汉初治博士而无弟子，后治弟子五十人，又增满五百，汉末至千人。

博士连同弟子是一个庞大的知识分子队伍。

什么人可以做博士呢？《汉官仪》写道：

博士，限年五十以上。

太常差次有聪明威重者一人为祭酒，总领纲纪。其举状曰：生事爱敬，丧殁如礼，通《易》《尚书》《孝经》《论语》，兼综载籍，穷微阐奥，隐居乐道，不求闻达，身无金痍痼疾，世六属不与妖恶交通，王侯赏赐，行应四科，经任博士，下言某官某甲保举。

---

① 司马迁：《史记》卷六，《秦始皇本纪》，中华书局1982年版，第258页。

② 《汉旧仪补遗》：“孝文皇帝时，博士七十余人，朝服玄端，章甫冠。”

③ 班固：《汉书》卷八十八，《儒林传》，中华书局1962年版，第3592页。

对于博士的年龄、德、才、身体、身世、经历各个方面都有较高的要求，而且还要有人保举。《汉旧仪补遗》记载武帝时置博士也说：

> 取学通行修，博学多艺，晓古文尔雅，能属文章者为高第。朝贺位次中郎官。史称先生，不得言君。

这些，秦汉的情况基本上是相同的，叔孙通为博士后，被诸生尊称为先生①，够不上博士的也许就被称为以上所说的诸生或诸儒生，这从叔孙通当博士的例子可以看出来。二世召问博士、诸生，诸生的回答使二世发怒，有的被下吏，有的被罢免了，只有叔孙通的回答使二世满意了，“乃赐叔孙通帛二十匹，衣一袭，拜为博士”②。上面《汉官仪》所说的博士条件，当是从秦代开始的，如“限年五十以上”也是如此，据《史记·儒林列传》的记载，“故为秦博士”的伏生，汉文帝时已经“年九十余”了，那么在秦为博士时显然已有五十岁以上。

秦汉时期的博士官虽无实权，但却是一个相当荣誉的职位，其对当时的政治影响也很大。所谓“博士秩卑而职尊”，秩卑是说博士本身的政治地位较低，不过秩比六百石，相当于令长一级；职尊是说博士能参与议论国家大事，而且通过博士还可以获取高官厚爵。例如汉武帝时，公孙弘以贤良征为博士，援引经义议论政治，终由一介儒生而拜相封侯。其后，丞相平当、韦贤、匡衡、张禹、孔光等，都是博士出身。至于以博士迁任郡国守相者，更是不可计数。再以博士议政而言，如贾谊、晁错、董仲舒、贡禹等或上疏，或对策，对当时的政治均有很大的影响。又，博士专掌经学传授，为汉代官学的老师，其对汉代太学及郡国学校教育和文化事业的发展，也起着重要作用。

最后我们还要指出，严格地说，博士并不能算是太常的属官，太常不过是负责选拔、推举，即《后汉书·百官志》所说：“每选试博士，奏其能否。”以及上引《汉官仪》中的“太常差次”云云，要向皇帝上奏，选任、罢免之权都在皇帝手中。再从博士的职掌看，所谓“承问对”，他们

---

① 司马迁：《史记》卷九十九，《叔孙通列传》，中华书局1982年版，第2721页。

② 司马迁：《史记》卷九十九，《叔孙通列传》，中华书局1982年版，第2721页。

是直接和皇帝对答的，与太常根本不发生关系，并且《汉旧仪》中还说“朝贺位次中郎官”，那就是在朝廷上还有他们一席之地，也没有附属在太常之下的意思。再者，博士们还有他们自己的领头人，叫博士仆射，在东汉叫作博士祭酒，《后汉书·百官志》：“博士祭酒一人，六百石，本仆射，中兴转为祭酒。”秦始皇时，周青臣就是博士仆射。博士自成系统，主要是当顾问以及武帝以后掌经学，和太常所管的陵庙礼仪等事，没有什么直接的关系。

而真正作为太常属官的，除《汉书·百官公卿表》所载以外，见于《汉书》其他篇的还有：太常掾（见《朱博传》），太常掌故（见《晁错传》），礼官大夫、曲台署长、太史掌故（均见《儒林传》），史书令史、写书官（见《艺文志》），待诏、大典星、治历、治历使者（均见《律历志》），望气（见《李广传》），望气佐（见《郊祀志》），以上自太史掌故以下，当直属太史，今亦附列于此。诸陵庙官可考者，有高庙仆射（见《王莽传上》）、高庙寝郎（见《车千秋传》）、庙郎（见《百官公卿表》）、寝中郎（见《冯参传》）、园郎（见《金日磾传》）、夕园令（见《司马相如传》）、园长丞（见《戾太子传》）等官。见于汉官印的有孝文庙令、孝景园令、孝惠寝丞、顷园长四印①、孝昭园令印②、灞陵园丞印③、卫邑园印（戾太子邑园印）④ 以及汉氏成园丞印⑤（此印当为王莽时为汉代新置守陵之官）。这一类汉官印，对研究西汉陵寝制度有一定的参考价值。

东汉时，太常属官略有变化，据《后汉书·百官志》所载：

太常，卿一人，中二千石。有丞一人，比千石，掌行礼及祭祀，总署曹事。

太史令一人，六百石，掌记天事、星历、良日、禁忌、瑞应、灾异诸事（《汉官》曰太史待诏三十七人）。丞一人。明堂及灵台丞各一人，二百石，掌守明堂、灵台（《汉官》曰灵台待诏四十一人）。

博士祭酒一人，六百石，本仆射，东汉初转为祭酒。博士十四人，比

---

① 吴式芬、陈介祺：《封泥考略》卷一，中国书店1990年版，第14～19页。
② 罗振玉：《齐鲁封泥集存》，上虞罗氏永慕园1913年版，第1页。
③ 陈介祺：《十钟山房印举》举之二，北京市中国书店1985年版，第6页。
④ 陈介祺：《十钟山房印举》举之二，北京市中国书店1985年版，第54页。
⑤ 罗福颐：《汉印文字征》第六，文物出版社1978年版，第15页。

六百石，掌教弟子。国有疑事，掌承问对。

太祝令一人，秩六百石，祭祀时掌读祝及迎送神。丞一人。（《汉官》曰员吏四十一人，百五十人祝人，宰二百四十二人，屠者六十人。）

太宰令一人，六百石，祭祀时掌陈馔具。丞一人。（《汉官》曰员吏四十二人，宰二百四十二人，屠者七十三人，卫士一十五人。）

大予乐令一人，六百石，祭祀时掌奏乐。丞一人。（《汉官》曰员吏二十五人，乐人八佾舞三百八十人。）

高庙令一人，六百石，掌守庙。（《汉官》曰员吏四人，卫士一十五人。）

世祖庙令一人，六百石，掌守庙。（《汉官》曰员吏六人，卫士二十人。）

其他各先帝陵园，每陵园各有令一人，六百石，掌守园陵。丞及校长各一人，校长主兵戎"盗贼"事。食官令一人，六百石，掌望晦时节祭祀。（《汉官》曰每陵食监一人，秩六百石。监丞一人，三百石。中黄门八人，从官二人。）

以上所列，仅限于太常所属各部门主要官员。至于其员吏，据刘昭注引王隆《汉官》约略统计，当不下一千五百人。这个数目是很可观的，而且东汉较之西汉又省去太宰、均官、都水、雍太祝、五畤等十官。由此亦可想见汉代九卿机关的庞大了。

附表六：太常属官表

<table>
<tr><th>属官名称</th><th>职 掌</th><th>秩 次</th><th>备 考</th></tr>
<tr><td>太常丞</td><td>掌凡行礼及祭祀小事，总署曹事。又举庙中非法者。</td><td>西汉千石，东汉比千石</td><td>其署曹掾史，随事为员，诸卿皆然。</td></tr>
<tr><td>太乐令
（西汉）</td><td rowspan="2">掌使乐。凡国祭祀，掌请奏乐，及大飨用乐，掌其阵序。</td><td rowspan="2">东汉六百石</td><td rowspan="2"></td></tr>
<tr><td>大予乐令
（东汉）</td></tr>
<tr><td>太祝令</td><td>凡国祭祀，掌读祝，及迎送神。庙祭，太祝令主席酒。</td><td>东汉六百石</td><td>景帝中六年更名太祝为祠祀，武帝太初元年更名庙祀。东汉有祠祀令一人，后转属少府。</td></tr>
</table>

续表

属官名称	职　掌	秩　次	备　考
太宰令	掌宰工鼎俎馔食之物。凡国祭祀，掌陈馔具。	东汉六百石	
太史令	掌天时、星历。凡岁将终，奏新年历。凡国祭祀、丧、娶之事，掌奏良日及时节禁忌。凡国有瑞应、灾异，掌记之。	东汉六百石	《汉旧仪》曰："武帝置，太史公司马迁父谈世为太史，迁年十三，使乘传天下，求古诸侯之史记。"（《太平御览》卷二百三十五《职官部三十三》）
太卜令		东汉六百石	武帝初置太卜。东汉太卜令后省并太史。
太医令（西汉）			前后汉少府均有太医令，后汉少府太医令掌诸医，秩六百石。
均官长（西汉）	服虔曰："均官，主山陵上稿输入之官也。"		东汉省。
都水长（西汉）	如淳曰："律，都水治渠堤水门。"		东汉省。
庙　令（西汉）			
高庙令（东汉）	守庙，掌案行扫除。	六百石	
世祖庙令（东汉）		六百石	
寝　令（西汉）			
园　令	掌守陵园，案行扫除。	东汉六百石	
食官令	掌望晦时节祭祀。	东汉六百石	
廱太宰令（西汉）	职掌与前列太宰令同。		文颖曰："廱主熟食官。"如淳曰："五畤在廱，故特设太宰以下诸官。"师古曰："如说是也。雍，右扶风之县也，太宰即是具食之官，不当复置饔人也。"东汉省。

续表

属官名称		职　掌	秩　次	备　考
廱太祝令（西汉）		职掌与前列太祝令同。		东汉省。
五畤尉（西汉）				五畤各一尉，东汉省。
博士祭酒（东汉）		本仆射，中兴转为祭酒。胡广曰："官名祭酒，皆一位之元长也。"	六百石	
博　士		掌通古今，教弟子；国有疑事，掌承问对。	比六百石	武帝建元五年初置五经博士，宣帝黄龙元年稍增员十二人。东汉博士十四人。
其他属官	赞　飨	掌赞太子。	六百石	《前书》无考，或系东汉时制。
	礼官大夫（西汉）			《汉书·儒林传》徐生以颂为礼官大夫。
	太常掾（西汉）			《汉书·朱博传》博为太常掾。
	太常掌故（西汉）			《汉书·晁错传》错为太常掌故。
	曲台署长（西汉）			《汉书·儒林传》有曲台署长孟喜。

说明：①凡表中未注明出处者，均见《汉书·百官公卿表》《后汉书·百官志》及注。以下诸表同此。

②凡表中属官未注明时间者，均属前后汉官。以下诸表同此。

二、宗正

宗正，如前所述，它是为管理皇室亲族而设的一个官。所以自秦开始设立以后，两汉基本上没有什么变化，仅仅是西汉末年，王莽曾一度改名并且一度废止。《汉书·百官公卿表》说："平帝元始四年，更名宗伯。"这是王莽的主意。以后王莽代汉，又"并其官于秩宗（太常）"。后来，东汉复名宗正。

宗正是管理皇族和外戚事务的官，《汉书·百官公卿表》说“掌亲属”。《后汉书·百官志》的本注说：“掌序录王国嫡庶之次，及诸宗室亲属远近。”据《汉书·高帝纪》记载：“（高祖七年）置宗正官，以序九族。”当时刚刚“自栎阳徙都长安”，鞍马初定，就设置了宗正官，足见此事的重要。

皇族外戚均有名籍，藏于宗正府，如：

> （文帝四年）复诸刘有属籍，家无所与。①

> （元帝初元元年）赐宗室有属籍者，马一匹至二驷。②

> （平帝元始四年）赐……宗室有属籍者爵。③

> （顺帝永建元年）宗室以罪绝，皆复属籍。（四年又重申）从甲寅赦令已来，复秩属籍。④

由此可见，从西汉开始到东汉，宗室属籍一直存在。外戚也归宗正管，如《后汉书·邓禹传》所载：

> （顺帝）乃诏宗正，复大将军邓骘宗亲内外朝见皆如故事。

两汉朝廷对于皇族外戚有属籍者，时常加以恩赐，除以上所举外，又如：

> （平帝元始）五年春正月，祫祭明堂。诸侯王二十八人，列侯百二十人，宗室子九百余人征助祭，礼毕，皆益户，赐爵及金帛，增秩

① 班固：《汉书》卷四，《文帝纪》，中华书局1962年版，第120页。
② 班固：《汉书》卷九，《元帝纪》，中华书局1962年版，第279页。
③ 班固：《汉书》卷十二，《平帝纪》，中华书局1962年版，第357页。
④ 范晔：《后汉书》卷六，《顺帝纪》，中华书局1965年版，第252页。

补吏各有差。①

此类记载甚多，可见宗室待遇之特殊。不过，宗室外戚如果犯罪，则除其属籍，降为平民。如景帝三年（前154年）“楚元王子艺等与濞等为逆……除其籍，毋令污宗室”②。这类除属籍的事也由宗正掌管。又，宗亲犯罪当髡以上，也要先报宗正，宗正再上报皇帝，始能处置，一般司法机关不能过问。《后汉书・百官志》的本注曰：

郡国岁因计上宗室名籍。若有犯法当髡以上，先上诸宗正，宗正以闻，乃报决。（胡广曰：又岁一治诸王世谱差序秩第。）

宗正既为掌皇帝宗亲事务之官，故任此者皆为皇族。《通典》卷二十五云：

（宗正）两汉皆以皇族为之，不以他族。

如西汉刘德为宗正，以行谨重为宗室表率；东汉刘珍为宗正卒官，遂世掌其职。

《通典》卷二十五还记载说：

又于郡国置宗师，以纠皇室亲族世氏致教训焉，选有德义者为之。有冤失职者，宗师得因邮亭上书宗伯，请以闻。

这郡国置宗师之事，看来是始于西汉平帝时，《汉书・平帝纪》元始五年（5年）诏曰：

……惟宗室子皆太祖高皇帝子孙及兄弟吴顷、楚元之后，汉元至今，十有余万人，虽有王侯之属，莫能相纠，或陷入刑罪，教训不至

① 班固：《汉书》卷十二，《平帝纪》，中华书局1962年版，第358页。
② 班固：《汉书》卷五，《景帝纪》，中华书局1962年版，第143页。

之咎也……其为宗室自太上皇以来族亲，各以世氏，郡国置宗师以纠之，致教训焉。二千石选有德义者以为宗师。考察不从教令有冤失职者，宗师得因邮亭书言宗伯（晋灼曰：宗伯，宗正也），请以闻。

设立的原因是宗室亲族太多，当时有十余万人，而且分散在全国各地；设立的目的是王莽便于统治刘姓宗室；设立的地点在各郡国。周寿昌《汉书注校补》以为宗师“殆宗伯之副，而非属焉”。宗师为“宗伯之副”的说法是不恰当的，是否属官则看如何解释，也许宗师受宗伯和二千石地方官双重的领导。看来东汉也是有宗师的，上引“郡国岁因计上宗室名籍”的记载可以证明。

宗正的属官有哪些呢?

《汉书·百官公卿表》说宗正的属官有丞，这个体例和太常一样，西汉丞秩千石，东汉比千石，说明丞的地位是比较突出的。宗正丞也是治宗室事，当是宗室为之，如西汉刘德“昭帝初，为宗正丞，杂治刘泽诏狱。父为宗正”①，则是父为宗正，子为宗正丞，此时其父辟强年已八十，他实际是代表乃父行使宗正权力。东汉时可考的宗正丞刘茂，虽没有明确记载为宗室，但也姓刘。《汉书·百官公卿表》所记的属官还有：

都司空令、丞　师古注引如淳曰：“律，司空主水及罪人。”此为一般司空之解释。西汉都司空令主要是督造砖瓦。从出土汉瓦当来看，属于宗正所造者，有“宗正官当”瓦当（《金石萃编》汉十八），“宗正官瓦，元延元年”瓦片（《关中秦汉陶录》卷二下）；属于都司空造者，有“都司空瓦”瓦当（《金石萃编》汉十八），“元延元年，都司空瓦”瓦片，“都建平三年”瓦片，“都元寿二年”瓦片，“都元始五年”瓦片等（以上均见《关中秦汉陶录》卷二下），瓦片上冠以“都”字者，皆为都司空署简称。《后汉书·百官志》本注说：“中兴省都司空令丞。”

内官长丞　《汉书·百官公卿表》说：“初，内官属少府，中属主爵，后属宗正。”但这个变化究竟是怎样的并不十分清楚。《汉书·百官公卿表》“内官长丞”条下师古曰：“《律历志》主分寸尺丈也。”可是他在《律历志》中解释“内官”时又说：“内官署名也。”他解释《汉书·东方朔

① 班固：《汉书》卷三十六，《楚元王传》，中华书局1962年版，第1927页。

传》的内官和《汉书·眭弘传》的内官长都持此说。然而《汉书·律历志》却是说："度者，分寸尺丈引也……引者，信天下也，职在内官，廷尉掌之。"《后汉书·百官志》也没有此官的记载。

诸公主家令门尉 西汉、东汉均有此官，《后汉书·百官志》的记载比较具体："诸公主，每主家令一人，六百石。丞一人，三百石。本注曰：其余属吏增减无常。"究竟有哪些属吏？刘昭作注时引：

> 《汉官》曰：主簿一人，秩六百石。仆一人，秩六百石。私府长一人，秩六百石。家丞一人，三百石。直吏三人，从官二人。《东观书》曰：其主薨无子，置傅一人守其家。

王先谦《后汉书集解》又引：

> 李祖楙曰：汉时长公主官属，异于诸公主。《汉官仪》曰：长公主官属，傅一人，员吏五人，驺仆射五人，私府长、食官长、永巷令、家令各一人，所注不同。

以上记载，互有详略异同，也可证明公主属吏增减无常之说。

《汉书·东方朔传》中还有主傅和中府。"昭平君醉杀主傅"，注引"服虔曰：主傅，主之官也。如淳曰：礼有傅姆说者。又曰：傅者老大夫也……师古曰：傅姆是也，服说失之"。中府则很清楚，馆陶公主近幸董偃，主因推令散财交士，令中府曰："董君所发，一日金满百斤，钱满百万，帛满千匹，乃白之。"所以师古曰："中府掌金帛之藏。"又《汉书·艺文志》有"平阳公主舍人周长孺"。师古曰："舍人，家人也，主家事者也。"①

附表七：宗正属官表

属官名称	职 掌	秩 次	备 考
宗正丞	总署曹事。	西汉千石， 东汉比千石	

① 徐天麟：《西汉会要》卷三十一，《职官一》引，上海人民出版社 1979 年版，第 344～345 页。

续表

属官名称		职　掌	秩　次	备　考
都司空令（西汉）		如淳曰："律，司空主水及罪人。"按罪人当指宗室之犯法者。		东汉省。
内官长（西汉）		师古曰："《律历志》主分寸尺丈也。"		初属少府，中属主爵，后属宗正。
公主属官	家　令		东汉六百石	
	家　丞（东汉）		三百石	
	门　尉（西汉）			
	主　簿（东汉）		六百石	
	仆（东汉）		六百石	
	私府长（东汉）		六百石	
	食官长（东汉）		六百石	
	永巷长（东汉）		六百石	
	傅（东汉）		六百石	
	驺仆射			
	舍人			

第二节　光禄勋和卫尉

光禄勋，秦名郎中令，郎与廊同，秦时殿上不得持兵戟，卫士皆立在廊下，廊下也就是廊内，或者说廊中，臣瓒曰："主郎内诸官，故曰郎中令。"①

① 班固：《汉书》卷十九上，《百官公卿表上》注引，中华书局1962年版，第728页。

汉初沿用此名，武帝太初元年（前104年）改名光禄勋，如淳曰：

胡公（胡广）曰勋之言阍也。阍者，古主门官也。光禄主宫门。①

从这种解释的人较多，近代章太炎也作这种解释，他说：

下寻汉世，光禄勋掌宫殿门户。勋者，阍也。……及汉为天子，守门者仍称光禄。②

守卫宫殿门户是其主要职责，特别是开始设立这种官吏的时候，所以《汉书·百官公卿表》只说“掌宫殿掖门户”。在这一点上，它与“掌宫门卫屯兵”③ 的卫尉很相近，所以《汉官旧仪》说：“殿外门署属卫尉，殿内郎署属光禄勋。”但是从后来的发展看，两者有很大不同，卫尉始终只有一个守卫任务，而光禄勋就大不一样了，几乎可以说是总管宫殿内一切，从其各种各样的属官看就是如此。《后汉书·百官志》卫尉卿的本注说“掌宫门卫士，宫中徼循事”，光禄勋卿的本注则是：

掌宿卫宫殿门户，典谒署（当作“者”）郎更直执戟宿卫门户，考其德行而进退之，郊祀之事掌三献。

光禄勋和卫尉的具体情况分述如下：

一、光禄勋

如前所述，光禄勋在秦和汉初都叫郎中令，《通典》《文献通考》都采臣瓒的解释：“主郎内诸官。”《初学记》卷十二又引《齐职仪》曰：“主诸郎之在殿中侍卫，故曰郎中令。”除开“卫”之外，还有“侍”，就是说，一方面是宿卫门户，另一方面又在宫殿之内，侍从左右，所以掌管的事情比卫尉要多一些，实为皇帝的顾问参议、宿卫侍从以及传达招待等官员的

① 班固：《汉书》卷十九上，《百官公卿表上》注引，中华书局1962年版，第728页。
② 《章氏丛书》七《检论》。
③ 班固：《汉书》卷十九上，《百官公卿表上》，中华书局1962年版，第728页。

总首领，或者说是宫内总管。因其居于禁中，接近皇帝，故其地位十分重要。秦二世时赵高为郎中令，就是利用这种特殊地位左右了二世。赵高“任用事”，阴谋杀戮了诸公子，在赵高的策划下，“二世常居禁中，与高决诸事。其后公卿希得朝见”①。汉朝初年，陈平因畏吕媭之谗，固请为郎中令，“日傅教（惠）帝。是后吕媭谗乃不得行”②。汉文帝以代王立为皇帝，夕入未央宫，当夜即拜其亲信“张武为郎中令，行殿中”③，以防有变。可见此官之重要。不过，其后来的地位不如秦及汉初，中朝之官越来越多，光禄勋和其他诸卿一样，实权为不断新设的官职所代替。

光禄勋总领宫内一切，所以属官多，机构庞大，其属官秩位也很高。据《汉书·百官公卿表》，光禄勋除和诸卿一样设有丞之外，其属官有大夫、郎、谒者，皆秦官。又期门、羽林也归其管辖。此外，还有光禄掾、光禄主事④和主簿⑤等官。兹择其主要者分述如下：

（一）大夫

《汉书·百官公卿表》曰：

> 大夫，掌论议。有太中大夫、中大夫、谏大夫，皆无员，多至数十人。武帝元狩五年初置谏大夫，秩比八百石。太初元年更名中大夫为光禄大夫，秩比二千石。太中大夫秩比千石如故。⑥

又《后汉书·百官志》本注曰：

> 凡大夫、议郎，皆掌顾问应对，无常事，唯诏命所使。

从掌顾问应对这方面看，大夫和议郎、博士都有相近似之处，但不同

---

① 司马迁：《史记》卷六，《秦始皇本纪》，中华书局1982年版，第271页。

② 班固：《汉书》卷四十，《陈平传》，中华书局1962年版，第2046页。

③ 班固：《汉书》卷四，《文帝纪》，中华书局1962年版，第108页。

④ 《汉书·王嘉传》：“光禄勋于永举王嘉为掾。”《张安世传》：“（安世）为光禄勋，郎有醉小便殿上，主事白行法。”

⑤ 《汉官仪》：“光禄有主簿。”

⑥ 《汉书补注》引刘攽曰：“此言太中大夫秩比千石如故，则中大夫旧小于太中，秩无二千石，故言更名中大夫为光禄大夫，秩比二千石，太中大夫秩比千石也。”

的是：

第一，大夫和议郎都在宫内，从中大夫、太中大夫等名称看就是如此，中者，宫中也，韦昭《辨释名》曰："太中大夫在中最高大也。"

第二，大夫的地位比议郎、博士都要高，起码的是秩比八百石，甚至比千石、比二千石。

第三，大夫虽无常事，但随时准备"唯诏命所使"，事实上如谏大夫、中大夫（后更名为光禄大夫）都逐渐有了较固定的职掌。为大夫的人，名望比博士要高，最低的谏大夫也是"名儒宿德为之"，《后汉书集解》引惠栋曰：

> 《齐职仪》曰："秦置谏大夫，属郎中令，无常员，多至数十人，掌论议。汉初不置，至武帝，始因秦置之，无常员，皆名儒宿德为之。"①

如果说博士不能算作太常的属官，大夫则更不能算作光禄勋的属官，就是名为光禄大夫的也不是，《汉旧仪》云：

> 光禄大夫，秩比二千石，不言属光禄勋。

又，荀绰《晋百官表注》曰：

> 光禄大夫古官也，职掌言议，毗亮论道，献可替否，赞相德化。②

各种大夫的地位都比较高，周寿昌《汉书注校补》卷十一说，光禄大夫、太中大夫、中散大夫、谏议大夫，"此四等于古皆为天子之下大夫，视列国之上卿"。除光禄大夫秩比二千石之外，孙星衍所集《汉官》说，太中大夫、中散大夫都是秩比二千石。又《汉官仪》还说：

---

① 由此可见，《汉书·百官公卿表》云武帝初置谏大夫仅仅是就汉朝而言的。

② 《后汉书·百官志》集解引。

天子二十七大夫，职在言议，毗亮九卿。无员，多至数十人。

毗者，辅也，助也。“毗亮九卿”可见其地位之高了。举例来说，光禄大夫就比御史中丞的地位高，于定国在昭帝时为御史中丞，宣帝立后被超迁为光禄大夫①。

各种大夫不仅是和博士一样承问答，当顾问，而且职掌言议，实际是高级参谋②，许多重要制度法令的谋议与制定多与他们有关，如著名的政论家贾谊为太中大夫，晁错、董仲舒为中大夫等等。此外，光禄大夫以下往往可以加官为给事中或侍中，成为皇帝近侍之臣，则其职权更大。如《汉书·孔光传》载：

拜（光）为光禄大夫，秩中二千石，给事中，位次丞相。

又《汉书·师丹传》：

（丹）复以光禄大夫给事中，由是为少府、光禄勋侍中，甚见尊重。

由以上可以看出，大夫们的主要职掌言议和光禄勋的主要职掌掌宫殿掖门户并没有多大关系，大约因为他们的主要活动是在宫内，以类相从，所以班固把大夫列在郎中令之后，其实并非属官。

（二）以郎命名的各种属官

光禄勋原名郎中令，其属官中以郎命名的很多，《汉书·百官公卿表》说：

郎，掌守门户，出充车骑，有议郎、中郎、侍郎、郎中，皆无员，多至千人。议郎、中郎秩比六百石，侍郎比四百石，郎中比三百石。

---

① 班固：《汉书》卷七十一，《于定国传》，中华书局1962年版，第3042页。

② 《后汉书·和帝纪》注引《十三州志》曰：“大夫皆掌顾问、应对、言议，夫之言扶也，能扶持君父也。”

这是一种笼而统之的说法。

首先，“掌守门户，出充车骑”这一条就是笼统说的，议郎就不在其内，《后汉书·百官志》本注曰：“凡郎，皆主更直，执戟宿卫诸殿门，出充车骑。唯议郎不在直中。”《汉官仪》也说：“议郎十二人，秩比六百石，不属署，不直事。”由此看来，议郎和大夫的性质有点相近，不过地位低得多就是了。

其次，中郎、侍郎、郎中并不是直接属于郎中令的。《汉书·百官公卿表》又说：

> 中郎，有五官、左、右三将，秩皆比二千石；郎中，有车、户、骑三将，秩皆比千石。

这样的说法是不确切的：一则含混不清，中郎有什么，郎中有什么，与前面的中郎、郎中含混不清；二则没有讲清楚隶属关系。

参考各种记载，可以看出汉代已形成一个比较完整的郎官系统。

五官、左、右中郎将　《汉旧仪》说：“五官中郎将，秩比二千石，主五官郎中。”其又说：“左、右中郎将，秩比二千石，主谒者、常侍侍郎。”注云：“左主谒者，右主常侍侍郎。”各种类书所引《汉官仪》的记载皆与此略有不同。《太平御览》的引文说：

> 五官中郎将，秦官也，秩比二千石，三署郎属焉。

《北堂书钞》的引文说：

> 五官、左、右中郎将，秦官也，秩比二千石。凡郎官，皆主更直，执戟宿卫。

《初学记》的引文比较全面：

> 郎中令属官，有五官中郎将，左、右中郎将，曰三署。署中各有中郎、议郎、侍郎、郎中，皆无员，多至千人，主执戟卫宫陛，及诸

虎贲、羽林郎，皆属焉。谓之郎中令者，言领诸郎而为之长。

又《后汉书·和帝纪》注引：

三署，谓五官署，左、右署也，各置中郎将以司之。郡国举孝廉以补三署郎，年五十以上属五官，其次分在左、右署[①]，凡有中郎、议郎、侍郎、郎中四等，无员。

综合起来，那就是：郎中令之所以叫郎中令，就是因为“领诸郎而为之长”。这和《汉书》注引臣瓒曰“主郎内诸官，故曰郎中令”是一个意思。因为其“掌宫殿掖门户”，所以主要是“执戟卫宫陛”的郎。但是他下面还有很多不同的分工：首先是分成五官中郎将、左中郎将、右中郎将所谓三署，然后每一署又有若干中郎、侍郎、郎中（议郎“不属署，不直事”）。

车、户、骑三将 《汉书·百官公卿表》又说“郎中有车、户、骑三将”，注：“如淳曰：主车曰车郎，主户卫曰户郎。《汉仪注》：郎中令主郎中，左、右车将主左、右车郎，左、右户将主左、右户郎也。”

《汉旧仪》云：

左车将主左车郎，右车将主右车郎，左户将主左户郎，右户将主右户郎。

则是郎中令之下又有车将、户将、骑将，分别管车郎、户郎、骑郎。车郎见于《汉书》记载的不多，《艺文志》有车郎张丰，或者车郎又叫辇郎，刘向曾“以父德任为辇郎”[②]，注引服虔曰：“辇郎如今引御辇郎也。”车将更无具体的记载，《汉书·辛庆忌传》有“迁郎中车骑将军”一语，注解对此作了一番不确定的解释：

---

① 西安汉城遗址出土有“左将”、“右将”两瓦当，当为左中郎将及右中郎将二官署中所用之物。其也可简称为将，《后汉书·和帝纪》赐“将、大夫、郎、吏、从官帛”，注云“将，谓五官及左、右郎将也”。

② 班固：《汉书》卷三十六，《刘向传》，中华书局1962年版，第1928页。

刘敞曰："郎中车骑将军不成文，明衍军字。是历郎中，兼车骑将，史省文，总言之耳。"又曰："郎中车骑将军衍车、军字，当云郎中骑将，不然，著车去骑，为车将也。"

注文的意思是说，车骑将军或车骑将的说法是不可靠的，骑将和车将则是肯定有的。不过，车将、骑将可以肯定，车骑将军也不应否定，《汉书·高惠高后文功臣表》就有肥如敬侯蔡宣为"车骑将军"，又，《汉书·景武昭宣元成功臣表》还有平陵侯苏建、岸头侯张次公均曾"以都尉从车骑将军击匈奴"。霍光为大司马大将军时，金日磾即为车骑将军，后又有车骑将军张安世（见《汉书·霍光传》）。车骑将军和车将、骑将的关系如何还有待进一步研讨。这里主要说明车将、骑将的问题。关于骑将的材料，比车将①要多一些。骑将，在《汉书·高惠高后文功臣表》中，有傅宽、召欧等许多人曾为骑将。骑将或又称骑郎将，李广在景帝即位时曾为骑郎将，师古注曰："为骑郎之将，主骑郎。"② 又，樊哙曾为郎中骑将，骑郎将当即郎中骑将之简称，也许还是郎骑将的别称（见《汉书·高惠高后文功臣表》中水严侯吕马童、宣曲齐侯丁义③）。还有郎骑将军（《汉书·高惠高后文功臣表》曾为郎骑将军的有昌武靖信侯单究）和骑将军（《汉书·公孙敖传》）的记载。骑将之下的骑郎，见于记载的有张释之（《汉书·张释之传》）、公孙敖（《汉书·卫青传》）。但是否如王先谦《汉书补注》所说，骑郎亦郎中骑呢？《汉书·高惠高后文功臣表》中曾为郎中骑的有阳河齐侯其石、赤泉严侯杨喜等人，但是，其石先"以中谒者从入汉"，再"以郎中骑从定诸侯"，由此来看郎中骑比中谒者要高一些，恐怕不是一般骑郎，这些郎中骑，或者是郎中骑将的简称，甚或是脱一"将"字。《汉书·高惠高后文功臣表》还有杜衍严侯王翳"以中郎骑汉王二年从起下邳"，张节侯毛释之"以中涓从起丰，以郎骑入汉"的记载，这些都可能有脱误。关于王翳，王先谦《汉书补注》曰：

中郎骑史表作郎中骑，与杨喜同。汉初但有郎中，无中郎。

---

① 《双剑誃古器物图录》卷下第42页又有"车郎中令"封泥，不知是否郎中车将之别称。
② 班固：《汉书》卷五十四，《李广传》，中华书局1962年版，第2439页。
③ 丁义先"以骑将入汉"，后又"为郎骑将破钟离昧军固陵"，当是其职务未变。

关于毛释之，王先谦曰：

> 史表骑字在涓下，郎下有将字。

以上是关于骑将的一些主要记载。至于户将，也有比较具体的记载：《汉书·杨恽传》有户将尊。注引苏林曰："直主门户者也。"师古曰："户将，官名，主户卫，属光禄勋。"

《汉书·盖宽饶传》，盖宽饶为谏大夫时，曾"行郎中户将事"。师古曰：

> 《百官公卿表》郎中令属官有郎中车、户、骑三将，盖各以所主为名也。户将者，主户卫也。

又歙县鲍氏藏有"郎中户将"封泥。则关于户将的记载没有歧异，不过是否有左、右户将，未见具体材料。

关于车、户、骑三将，《汉书·百官公卿表》说"秩皆比千石"，看来其地位比上述三署的中郎将地位要低一些。三署中郎将是郎中令（光禄勋）的主要属官，三个办事机构，故其下还有议郎、中郎、侍郎、郎中等具体分工。车、户、骑三将有一定的过渡性质，车、骑等将当是战争中发展起来的将领名称，所以《汉书·高惠高后文功臣表》中的骑将或骑郎将从征的不少，或者为了表示亲近，在皇帝周围，故称郎中骑将，如樊哙任此职时地位是相当高的，樊哙是爵为列侯而且累立战功之后，才"迁为郎中骑将"① 的。后来国家制度健全之后，实行了丞相和诸卿的一整套制度，这样才把车、骑等将放在郎中令之下。但在战争中，车、骑将本来可以很多，属于郎中令之后，主车、主骑，一则性质变了，主要是宿卫的任务，二则也用不了那么多，自然其地位就低一些。后来到了东汉就取消了。《后汉书·百官志》本注曰，中兴后"又省车、户、骑凡三将"。

期门、羽林　《汉书·百官公卿表》还说："又期门、羽林皆属焉。"期门、羽林皆属郎官。

---

① 班固：《汉书》卷四十一，《樊哙传》，中华书局1962年版，第2070页。

期门掌执兵送从。武帝建元三年初置，比郎，无员，多至千人。有仆射，秩比千石。平帝元始元年更名虎贲郎（师古曰：贲读与奔同，言如猛兽之奔），置中郎将，秩比二千石。

关于期门之名，《汉书·东方朔传》写道：

建元三年，微行始出……八九月中，与侍中、常侍、武骑及待诏陇西、北地良家子能骑射者期诸殿门，故有“期门”之号自此始。

期门除了简称期门（如期门董忠，见《汉书·景武昭宣元成功臣表》）之外，又称期门武士（《汉书·霍光传》），或期门郎（期门郎遂成，见《汉书·傅介子传》）。期门的经常任务是“执兵送从”，《汉书·霍光传》记载道：

太后被珠襦，盛服坐武帐中，侍御数百人，皆持兵。期门武士陛戟陈列殿下（师古曰：陛戟，谓执戟以卫陛下也），群臣以次上殿。

期门武士有时也要出征或出使，《汉书·赵充国传》记载道：

充国子右曹中郎将①印，将期门、佽飞、羽林孤儿、胡越骑为支兵，至令居，虏并出绝转道。

又《汉书·李广利传》有期门车令，注引文颖曰：

汉使期门郎也，车令姓名也。

羽林，师古曰：“言其如羽之疾，如林之多也。”《汉旧仪》曰：“孝武太初初置羽林，象天有羽林星，为国之羽翼，如林之盛也。”据《汉书·

① 当即右中郎将。

百官公卿表》记载：

> 羽林掌送从，次期门，武帝太初元年初置，名曰建章营骑，后更名羽林骑。又取从军死事之子孙养羽林，官教以五兵（师古曰：五兵谓弓矢、殳、矛、戈、戟也），号曰羽林孤儿。羽林要有令、丞。宣帝令中郎将、骑都尉监羽林，秩比二千石。

据此，羽林和期门一样，也是“掌送从”。王莽为宰衡之后，“出从期门二十人，羽林三十人，前后大车十乘”①，亦可见期门、羽林之任务。《后汉书·百官志》羽林郎的本注曰：

> 无员，掌宿卫侍从，常选汉阳、陇西、安定、北地、上郡、西河凡六郡良家补。本武帝以便马从猎，还宿殿陛岩下室中，故号岩郎。

又，《汉旧仪补遗》曰：“羽林郎选良家子弟弓马者为之。一名岩郎，言其御侮岩除之下，或谓严厉素悫。”羽林“以便马从猎”，当然也和期门一样，要“能骑射者”，故往往从六郡中选人，如赵充国就是陇西人，后徙金城，“始为骑士，以六郡良家子，善骑射，补羽林”②；甘延寿是北地人，“少以良家子善骑射，为羽林”③。羽林次于期门，“宿殿陛岩下室中”；期门武士则是“陛戟陈列殿下”，或者说“执戟以卫陛下也”。蔡邕《独断》曰：

> 陛，阶也。天子必有近臣，执兵陈于陛侧，以戒不虞。

而岩者，险要也，《汉书·董仲舒传》有“游于岩郎之上”的话，岩郎即岩廊，廊必是殿周围边沿险峻之处，则期门立于羽林之上阶，比羽林要亲近一些。

---

① 班固：《汉书》卷九十九上，《王莽传》，中华书局1962年版，第4067页。

② 《汉书·赵充国传》注引服虔曰：“金城、陇西、天水、安定、北地、上郡是也。”师古曰：“金城、陇西、天水、安定、北地、上郡、西河是也。昭帝分陇西、天水置金城……充国……初以六郡良家者，非金城也。此名数正与《地理志》同也。”

③ 班固：《汉书》卷七十，《甘延寿传》，中华书局1962年版，第2007页。

以上的都属于郎官，而且是主要的几个，其他还有一些，如《汉书·爰盎传》记载：

> 上幸上林，皇后慎夫人从……及坐，郎署长布席，盎引却慎夫人坐。

注引苏林曰："郎署，上林中直卫之署也。如淳曰：盎时为中郎将，天子幸署，豫设供帐待之，故得却慎夫人坐也。"郎署长，顾名思义就是郎署之长，《汉书·冯唐传》说"唐以孝著为郎中署长"，师古注云：

> 以孝得为郎中，而为郎署之长也。

《汉书·儒林传》：孟喜"举孝廉，为郎曲台署长"。师古曰："曲台殿名，署者，主供其事也。"则每署皆有长。又，《汉书·惠帝纪》：

> 中郎、郎中满六岁（赐爵）三级，四岁二级（苏林曰：中郎，省中郎也）；外郎满六岁二级（苏林曰：外郎，散郎也）；中郎不满一岁一级，外郎不满二岁赐钱万；宦官、尚食比郎中；谒者、执楯、执戟、武士、驺比外郎……

这说明，还有比中郎身分更低的外郎，或者叫散郎，此类散郎数目也不少。

以上各种郎官都是从哪里选来的呢？《后汉书·和帝纪》注所引《汉官仪》说：

> 郡国举孝廉，以补三署郎，年五十以上属五官，其次分左、右署。

《北堂书钞》所引《汉官仪》还有两条：

> 郎，以孝廉，年未五十，先试笺奏，初上称郎中，满岁为侍郎。

> 议郎、郎中，秦官也。议郎，秩比六百石，特征贤良方正，敦朴有道。第公府掾，试博士者，拜郎中。

从这些不十分完整的记载可以看出：

第一，选郎是有一定要求的："孝廉"即其一，包括"贤良方正，敦朴有道"等等，这是品德方面的要求。"试笺奏"即其二，这是才能方面的要求，所谓"笺奏"，就是办理奏章之类的公文，公府掾当然能办理奏章。《后汉书·顺帝纪》也说：

> 令郡国举孝廉，限年四十以上，诸生通章句，文吏能笺奏，乃得应选。

其在年龄上也有一定要求，一般说来应该是年未五十，这可能是因为"执戟宿卫"、"出充车骑"等等，多少还是要有点体力的。但有的郎又要求至少年四十以上，"年五十以上属五官"，五官署的郎则要老成持重。

第二，议郎地位最高，其次是侍郎，再其次是郎中。以上几条没有提到中郎，从前引《汉书·百官公卿表》所记秩禄来看，中郎和议郎一样，是秩比六百石，侍郎比四百石，郎中比三百石。东汉情况略有变化，议郎为六百石，中郎为比六百石，侍郎、郎中与西汉同。在三署之中，五官中郎将和左、右中郎将的秩禄虽然相同，均为比二千石，但五官署似乎比左、右二署重要，郡国举孝廉补三署郎"年五十以上属五官，其次分在左右署"可以为证。

汉代的郎官，不仅是皇帝的亲近侍从，而且是备用官员，地方长吏令长多以郎出补，故董仲舒说："长吏多出于郎中、中郎……"① 东汉明帝也说过："郎官上应列宿，出宰百里。"② 杨秉在上桓帝疏中也说："太微积星，名为郎位，入奉宿卫，出牧百姓。"③ 许多事实都能证明这一点。汉代许多著名的执政大臣如张释之、桑弘羊、霍光、张安世、王吉、何武、马宫等，都是郎官出身。由于郎官是重要的仕途，所以汉人多求为郎，以为

---

① 班固：《汉书》卷五十六，《董仲舒传》，中华书局 1962 年版，第 2512 页。
② 范晔：《后汉书》卷二，《明帝纪》，中华书局 1965 年版，第 124 页。
③ 范晔：《后汉书》卷五十四，《杨秉传》，中华书局 1965 年版，第 1173 页。

入仕的阶梯。如以富赀、父兄任、孝廉、明经，或上书自荐，或以特殊技艺，均可为郎。周寿昌《汉书注校补》写道：

《玉海》云：郎选其途非一。有以父兄任子弟为郎者……有以富訾为郎者，《汉仪注》谓訾五百万得为常侍郎……有以献策上书为郎者……有以孝著为郎者……董仲舒云：吏二千石子弟，选郎吏又以富訾者。盖多出此二途。案《食货志》云：入财者得补郎，郎选衰矣。

汉武帝时，郎选已渐近于滥，如入财纳赀得为郎，成了著于律令的合法途径，《汉旧仪》有一条说：

左、右中郎将……主谒者，常侍侍郎，以赀进。

因为“以赀进”，或“以父兄任”，就不论贤与不肖，甚至斗鸡走狗之徒皆得为郎。

郎经过挑选入宫之后，身价就高多了，不仅如上所述有了担任各种官职的可能，而且在宫内也是很神气的，《汉旧仪》有一条写道：

三署郎见光禄勋执板拜，若见五官、左、右将，执板不拜，于三公九卿无敬。

除了尊敬他们的总管光禄勋执板拜之外，见到分别管理他们的长官五官、左、右将都只执板而不拜了，至于对三公九卿等不论多大的官，他们都不需要行礼，由此可见其身份的特殊。

由于郎官来源多而杂，弊病也就随之而产生，《汉书·杨恽传》有一段记载可见其一斑：

郎官故事，令郎出钱市财用，给文书，乃得出，名曰山郎。移病尽一日，辄偿一沐（晋灼曰：五日一洗沐也。师古曰：言出财用者，虽非休沐，常得在外也。贫者实病，皆以休假偿之也），或至岁余不得沐。其豪富郎，日出游戏，或行钱得善部（师古曰：郎官之职，各有主部，故行钱财而择其善，以招权也）。货赂流行，传相放效。

用现在的话说，“后门”特别严重，豪富郎不仅可以“日出游戏”不上班；而且可以通过行贿，谋取善部——既有权又轻松的美差！对此，杨恽曾进行过一次整顿：

恽为中郎将，罢山郎，移长度大司农，以给财用。其疾病休谒洗沐，皆以法令从事。郎、谒者有罪过，辄奏免，荐举其高第有行能者至郡守、九卿。郎官化之，莫不自厉，绝请谒货赂之端，令行禁止，宫殿之内，翕然同声。

杨恽所为，的确值得大书一笔，不过事实上不可能长久。以后，哀帝时也曾一度废任子之令，但因大官僚的反对，不久又恢复。东汉以后，郎选更趋于滥，给东汉政治带来极坏的影响。

（三）谒者

郎中令（光禄勋）的属官中，除了大夫和各种以郎命名的郎官之外，还有谒者。《汉书·百官公卿表》说：

谒者，掌宾赞受事，员七十人，秩比六百石。有仆射，秩比千石。

《宋书·百官志》说是：

秦世谒者七十人，汉因之。

《汉官仪》也说：

谒者仆射，秦官也。仆，主也。古者重武事，每官必有主射，以督课之。

《后汉书·百官志》本注解释“谒者仆射”说：

为谒者台率，主谒者，天子出，奉引。古重习武，有主射以督录之，故曰仆射。

由此可见，谒者仆射之下，率领着若干谒者，即《宋书·百官志》所说；

谒者仆射一人，掌大拜受及百官班次，领谒者十人。谒者掌小拜受及报章，盖秦官也。

从秦开始、两汉沿袭的谒者情况，还有以下几条有关记载，阚骃《十三州志》写道：

谒者，秦官，皆孝廉，年未五十，晓解宾赞者。岁尽，拜县令、长史及都官府长史。

又，《后汉书·百官志》注引荀绰《晋百官表注》曰：

汉皆用孝廉，年五十（按：当如上作年未五十），威容严恪，能宾者为之。

《汉旧仪》还有一条说：

谒者缺，选郎中，令美须大音者以补之。功次当迁，欲留增秩者，许之。

由以上几条可以看出：

第一，谒者品德上的要求是孝廉①，年龄不到五十，还要仪表堂堂，即所谓“威容严恪”。或者从郎中当中选拔，郎中的品德在选郎时已经考察过了，所以只要求“美须大音”，“美须”就是仪表的要求之一。“大音”即嗓门大，这与其职掌宾赞有关。

① 《汉书·武帝纪》注云：“孝，谓善事父母者；廉，谓清洁有廉隅者。”

第二，谒者的职掌是宾赞，那就是说他是行宾礼时的司仪，《史记·秦始皇本纪》有“阙廷之礼，吾未尝敢不从宾赞也”的说法。《汉旧仪》写道：

皇帝在道，丞相迎谒，谒者赞称曰：皇帝为丞相下舆立。乃升车。皇帝见丞相起，谒者赞称曰：皇帝为丞相起立。乃坐。

这显然是在那里大声司仪，所以谒者必须“大音”①。

第三，似乎是当了一年谒者以后，即可拜任其他官职，如县令、长史、都官府长史之类。当迁而愿意留任的也可以，增加其禄秩。

以上也只是大致情况，名称乃至活动还有许多具体的不同。西汉时，就有中谒者和大谒者等名称：《汉书·高惠高后文功臣表》阳河齐侯其石“以中谒者从入汉”。《汉书·高后纪》“封中谒者张释卿为列侯”，注：

孟康曰：宦官也。如淳曰：《百官表》谒者掌宾赞受事，灌婴为中谒者，后常以阉人为之。诸官加中者，多阉人也。

此处有一个问题不很明确，即中谒者之中，到底是宫中、禁中之中，还是大、中、小之中，或者宫中、禁中不一定是阉人，而是表示皇帝亲信如中郎、郎中之中，恐怕以后者为最合适（但不排斥用阉人，也不排斥与大谒者区别）。例如《汉书·灌婴传》说：

沛公为汉王，拜婴为郎中，从入汉中，十月，拜为中谒者。

这符合以上选郎中为谒者的汉仪，但灌婴不是阉人，是汉王左右亲近，不过，既不是大谒者，也不是一般谒者，这个中谒者，表明一定身份。《汉书·魏相传》的记载能说明大谒者和中谒者的区别：

大谒者臣章受诏长乐宫，曰：“令群臣议天子所服，以安治天

① 《宋书·百官志》：“和帝世，陈郡向熙为谒者仆射，赞拜殿中，音动左右。”

> 下。”相国臣何……议：“春夏秋冬天子所服，当法天地之数……臣请法之。中谒者赵尧举春，李舜举夏，儿汤举秋，贡禹举冬，四人各职一时。”大谒者襄章奏。制曰：“可。”

这里大谒者、中谒者都出场了，显然大谒者地位比较高，大谒者也是汉初就有了的，桃安侯刘襄以客从汉王后，即“以大谒者击布”①。

此外，还有中谒者令，《汉书·毋将隆传》有“中谒者令史立”。有河堤谒者，西安汉城出土有“河堤谒者”印。《汉书·沟洫志》有河堤使者王延世，使者或即谒者出使者。

东汉时又有常侍谒者、给事谒者、灌谒者等名称。《后汉书·百官志》云：

> 常侍谒者五人，比六百石。本注曰：“主殿上时节威仪。”

> 其给事谒者，四百石。其灌谒者郎中，比三百石。本注曰：“掌宾赞受事及上章报问。将、大夫以下之丧，掌使吊。本员七十人，中兴但三十人。初为灌谒者，满岁为给事谒者。”

关于灌谒者，《后汉书·雷义传》“义遂为守灌谒者”之下注云：

> 《汉官仪》曰：“谒者三十五人，以郎中秩满岁称给事，未满岁称灌谒者。”胡广云：“明章二帝服勤园陵，谒者灌桓，后遂称云。”马融以为“灌者，习所职也”。应奉云：“如胡公之言，则吉凶异制。马云‘灌，习也’，字又非也。高祖承秦，灌婴服事七年，号大谒者，后人掌之，以姓灌章，岂其然乎?”

这些说法，各有一定道理，录此以备参考。

又，东汉谒者为外台，与尚书中台、御史宪台，并称三台。三台到东汉末年掌握着实际朝政，《后汉书·袁绍传》说：“坐召三台，专制朝政”，

① 班固：《汉书》卷十六，《高惠高后文功臣表》，中华书局1962年版，第614页。

注引《晋书》曰：

汉官，尚书为中台，御史为宪台，谒者为外台，是谓三台。

从整个光禄勋的员吏来看，东汉和西汉是有所不同的，而且《后汉书·百官志》的记载，有些也比《汉书·百官公卿表》更为具体，如虎贲中郎将、羽林中郎将都是如此。据《后汉书·百官志》的记载说：

虎贲中郎将，比二千石，主虎贲宿卫。其属官有左右仆射，左右陛长各一人，比六百石。仆射，主虎贲郎习射。陛长，主虎贲朝会在殿中。虎贲中郎，比六百石；虎贲侍郎，比四百石；虎贲郎中，比三百石；节从虎贲，比二百石，皆无员。虎贲诸郎，皆为世袭，父死子代。（注引荀绰《晋百官表注》曰："虎贲诸郎，皆父死子代，汉制也。"）

羽林中郎将，比二千石，主羽林郎。羽林郎，比三百石，无员，掌宿卫侍从，其来源为陇西、天水、安定、北地、上郡、西河六郡良家子，这和西汉情况相同。又有羽林左监一人，六百石，主羽林左骑，丞一人；羽林右监一人，六百石，主羽林右骑，丞一人。

另一些官吏，如奉车都尉、驸马都尉、骑都尉等，《汉书·百官公卿表》未明言属光禄勋，《后汉书·百官志》则明确写道："以文属焉。"还有光禄大夫、太中大夫、中散大夫、谏议大夫、谒者等均是"以文属焉"。这个"文属"，有人说似属非属，有人说名义上属，或者行文时属，实际上不属。总之，反映了某些官职的特殊关系，如侍中、尚书令等之于少府也是"以文属焉"一样。

附表八：光禄勋属官表

属官名称	职　掌	秩　次	备　考
光禄丞	总署曹事。	西汉千石，东汉比千石	
光禄掾（西汉）			《汉书·王嘉传》：光禄勋于永举以为掾。
光禄主事（西汉）			《汉书·张安世传》：张安世为光禄勋，郎醉，主事白行法。

续表

<table>
<tr><th colspan="2">属官名称</th><th>职　掌</th><th>秩　次</th><th>备　考</th></tr>
<tr><td colspan="2">光禄主簿</td><td></td><td></td><td>《汉官仪》光禄有主簿。</td></tr>
<tr><td rowspan="5">大夫</td><td>光禄大夫（原名中大夫，西汉无员，东汉三人）</td><td rowspan="5">西汉大夫掌议论。东汉凡大夫、议郎皆掌顾问应对，无常事，唯诏令所使。凡诸国嗣之丧，则光禄大夫掌吊。</td><td>比二千石</td><td rowspan="5">以文属光禄勋。</td></tr>
<tr><td>太中大夫（西汉无员，东汉二十人）</td><td>西汉比千石，东汉比二千石</td></tr>
<tr><td>谏大夫（西汉）</td><td>比八百石</td></tr>
<tr><td>谏议大夫（东汉）</td><td>六百石</td></tr>
<tr><td>中散大夫（东汉三十人）</td><td>比二千石</td></tr>
<tr><td colspan="2">议　郎</td><td>掌顾问应对，无常事，唯诏令所使。</td><td>西汉比六百石，东汉六百石</td><td>议郎不属署，不直事（《汉官仪》）。</td></tr>
<tr><td colspan="2">五官中郎将</td><td>主五官郎</td><td>比二千石</td><td>职属光禄勋。</td></tr>
<tr><td rowspan="3">五官郎</td><td>中　郎</td><td rowspan="3">西汉，凡郎掌守门户，出充车骑。东汉，凡郎官皆主更直执戟，宿卫诸殿门，出充车骑。唯议郎不在直中。天子法驾出，侍郎参乘（《汉旧仪》）。</td><td>比六百石</td><td rowspan="3">郎年五十以上属五官。中郎、侍郎有异议，下同。</td></tr>
<tr><td>侍　郎</td><td>比四百石</td></tr>
<tr><td>郎　中</td><td>比三百石</td></tr>
<tr><td colspan="2">左中郎将</td><td>主左署郎。</td><td>比二千石</td><td>职属光禄勋。</td></tr>
</table>

续表

<table>
<tr><th colspan="2">属官名称</th><th>职　掌</th><th>秩　次</th><th>备　考</th></tr>
<tr><td rowspan="3">左署郎</td><td>中　郎</td><td rowspan="3">职掌见前列五官郎。</td><td>比六百石</td><td rowspan="3"></td></tr>
<tr><td>侍　郎</td><td>比四百石</td></tr>
<tr><td>郎　中</td><td>比三百石</td></tr>
<tr><td colspan="2">右中郎将</td><td>主右署郎。</td><td>比二千石</td><td>职属光禄勋。</td></tr>
<tr><td rowspan="3">右署郎</td><td>中　郎</td><td rowspan="3">职掌见五官郎。</td><td>比六百石</td><td rowspan="3"></td></tr>
<tr><td>侍　郎</td><td>比四百石</td></tr>
<tr><td>郎　中</td><td>比三百石</td></tr>
<tr><td rowspan="3">郎中三将</td><td>车郎将（西汉）</td><td>主车，曰车郎。</td><td>比千石</td><td rowspan="3">《汉仪注》：左、右车将主左、右车郎，左、右户将主左、右户郎。
东汉省车、户、骑三将。</td></tr>
<tr><td>户郎将（西汉）</td><td>主户卫，曰户郎。</td><td>比千石</td></tr>
<tr><td>骑郎将（西汉）</td><td>为骑郎之将，主骑郎（《汉书·李广传》注）。</td><td>比千石</td></tr>
<tr><td colspan="2">郎署长</td><td></td><td></td><td>《汉书·冯唐传》：唐为郎署长。</td></tr>
<tr><td colspan="2">期　门（西汉，仆射）</td><td>掌执兵送从。</td><td>比千石</td><td>武帝建元三年初置，比郎，无员，多至千人。平帝元始元年更名虎贲郎。</td></tr>
<tr><td colspan="2">虎贲中郎将（东汉）</td><td>主虎贲宿卫。</td><td>比二千石</td><td>职属光禄勋。</td></tr>
<tr><td rowspan="6">属官</td><td>左、右仆射</td><td>主虎贲郎习射。</td><td>比六百石</td><td></td></tr>
<tr><td>左、右陛长</td><td>主直虎贲，朝会在殿中。</td><td>比六百石</td><td></td></tr>
<tr><td>虎贲中郎</td><td rowspan="4">掌宿卫侍从。</td><td>比六百石</td><td rowspan="4">荀绰《晋百官表注》曰：“虎贲诸郎，皆父死子代，汉制也。”</td></tr>
<tr><td>虎贲侍郎</td><td>比四百石</td></tr>
<tr><td>虎贲郎中</td><td>比三百石</td></tr>
<tr><td>节从虎贲</td><td>比二百石</td></tr>
<tr><td colspan="2">羽林中郎将</td><td>宣帝令中郎将、骑都尉监羽林。主羽林郎。</td><td>比二千石</td><td>职属光禄勋。</td></tr>
</table>

续表

属官名称		职　掌	秩　次	备　考
属官	羽林郎	西汉掌送从，次期门。东汉掌宿卫侍从。	东汉比三百石	师古曰：“羽林，亦宿卫之官，言其如羽之疾，如林之多也。一说羽，所以为王者羽翼也。”西汉有令，东汉省。
羽林左监（东汉）		主羽林左骑。	六百石	职属光禄勋。
羽林右监（东汉）		主羽林右骑。	六百石	职属光禄勋。
骑都尉（东汉一十人）		本监羽林骑。	比二千石	按《汉书·百官公卿表》未明言骑都尉、奉车都尉、驸马都尉皆以文属光禄勋，是前后汉制度或有不同。
奉车都尉（东汉三人）		掌御乘舆车。	比二千石	
驸马都尉（东汉五人）		掌驸马。	比二千石	
谒者仆射		东汉为谒者台率，主谒者，天子出，奉引。	比千石	以文属光禄勋。
属官	谒　者（西汉）	掌宾赞受事。	比六百石	
	常侍谒者（东汉）	主殿上时节威仪。	比六百石	
	给事谒者（东汉）	掌宾赞受事，及上章报问，将、大夫以下之丧，掌使吊。	四百石	
	灌谒者（东汉）		比三百石	

二、卫尉

卫尉，秦官，两汉期间有两次很短时间的改名，一次是“景帝初，更名中大夫令，后元年复为卫尉”[①]。更名究竟在何时，什么原因，不可详

① 班固：《汉书》卷十九上，《百官公卿表上》，中华书局1962年版，第728页。

考。根据《汉书·景帝纪》和《史记·孝景本纪》的记载，中六年（前144年）有一次更改官名，前者说“改诸官名”，后者则具体说了更命廷尉、奉常等官名，没有提到卫尉；但后元年（前143年）有“更命中大夫为卫尉”一句。另一次是王莽时，改卫尉曰太卫。

卫尉的职务是统辖卫士，卫护宫门内。《汉书》注引《汉旧仪》云：“卫尉寺在宫内。”又引胡广云：“主宫阙之门内，卫士于周垣下为区庐。区庐者，若今之仗宿屋矣。”卫尉的这种警卫工作，《汉官解诂》讲得很具体：

> 卫尉主宫阙之内，卫士于垣下为庐，各有员部。居宫中者，皆施籍于门，案其姓名。若有医巫、僦人当入者，本官长吏为封启传，审其印信，然后内之。人未定，又有籍，皆复有符①。符用木，长二寸，以当所属两字，为铁印，亦太卿炙符②。当出入者，案籍毕，复齿符，乃引内之也。其有官位得出入者，令执御诸官，传呼前后以相通，从昏至晨，分部行夜，夜有行者，辄前曰：谁？谁？若此不解③，终岁更始，所以重慎宿卫也。

从卫尉的属官也可看出其主要任务是宿卫。现根据《汉书·百官公卿表》和《后汉书·百官志》记载的属官分述如下：

卫尉和其他诸卿一样，也有丞。西汉秩千石，东汉比千石。不过因为主要是宿卫之事，故丞的单独活动记载不多。《后汉书·来历传》有卫尉守丞乐闱，注云：“守丞，兼守之丞也。”但没有涉及本职之活动。《通典》卷二十五还说：“秦汉多以博士、议郎为之，后汉一人。”

公车司马令、丞 颜师古注引《汉官仪》曰：

> 公车司马，掌殿司马门，夜徼宫中，天下上事及阙下，凡所征召皆总领之，令秩六百石。

---

① 《太平御览》引作：“人有籍者皆复有符。”

② 此处各书所引不同。《后汉书·百官志》注引胡广曰：“符用木，长尺二寸，铁印以符之。”

③ 《太平御览》引“解”作“懈”。

根据《汉书》其他记载，公车司马令又简称公车令，《张释之传》云：

上拜释之为公车令。顷之，太子与梁王共车入朝，不下司马门。于是释之追止太子、梁王毋入殿门。遂劾不下公门，不敬，奏之。

注引如淳曰：

《宫卫令》："诸出入殿门公车司马门者皆下，不如令，罚金四两。"

又《东方朔传》师古注"令待诏公车"时说：

公车令属卫尉，上书者所诣也。

《后汉书·和帝纪》注引《汉书音义》曰：

公车，署名也，公车所在，故以名焉。

注又引《汉官仪》曰：

公车令一人，秩六百石，掌殿门。诸上书诣阙下者，皆集奏之。凡所征召，亦总领之。

这些都是关于西汉公车司马令或公车令的记载。任宣之子任章曾为公车丞（见《汉书·儒林传》）。

东汉的公车司马令，《后汉书·百官志》及其本注记载得比较具体：

公车司马令一人，六百石。本注曰："掌宫南阙门①，凡吏民上

① 《后汉书集解》引李祖楙曰："公车门名，公车所在，因以名焉。见《光武纪》注，所说不同。公车门或即南阙门也。"

章，四方贡献，及征诣公车者。”丞、尉各一人。本注曰：“丞选晓讳，掌知非法。尉主阙门兵禁，戒非常。”

尉的设置是东汉开始的，还是西汉原有的，不可考。但公车令之下必还有其他属官是可以肯定的。《汉书·五行志下之上》就记载有公车大谁卒或者大谁长，注曰：

应劭曰：“在司马殿门掌谨呵者也。”服虔曰：“卫士之师（帅?）也，著樊哙冠。”师古曰：“大谁者，主问非常之人，云姓名是谁也。而应氏乃以谨哗为义，云大谨呵，不当厥理。后之学者辄改此书谁字为谨，违本文矣。大谁本以谁何称，因用名官，有大谁长。今此卒者，长所领士卒也。”

卫士令、丞 王先谦《汉书补注》云：

卫士令见《艺文志》，亦秦官，省文称之曰卫令。《李斯传》赵高将弑二世，诈诏卫士，而《始皇纪》云：“遣阎乐至殿门缚卫令，可参证也……”“卫士令一人，六百石，掌南北宫卫士，丞各一人。”

《汉书·百官公卿表》在“属官有公车司马、卫士、旅贲三令丞”之下还有“卫士三丞”数字。这该作何解释？王先谦曰：

公车司马、旅贲止一丞，不与卫士同，别言之。后汉省一存二，故上引《续志》云云也。①

不过，王先谦的注似乎并不完全根据《续志》，因为《后汉书·百官志》的记载很明确：南宫卫士令一人，六百石，丞一人；北宫卫士令一人，六百石，丞一人。这显然是分开的，而西汉只有一个卫士令和三个卫士丞。

卫士令、丞之下也有属官，《后汉书·百官志》注引《汉官》曰：

① 王先谦：《汉书补注》，中华书局1983年版，第299页。

(南宫卫士)员吏九十五人,卫士五百三十七人。(北宫卫士)员吏七十二人,卫士四百七十一人。

旅贲令、丞 师古曰:“旅,众也,贲与奔同,言为奔走之任也。”此官东汉已省,《后汉书·百官志》本注曰:“中兴省旅奔令。”

诸屯卫候司马二十二官 这是《汉书·百官公卿表》一个总括的说法,实际包括卫司马、卫候等许多具体属官在内。王先谦《汉书补注》说:

屯司马,若后汉南宫、南屯司马之比也。屯卫司马一官,省文则称屯司马,或卫司马,屯而为卫,上文卫尉云掌宫门卫屯兵,即其证也。卫司马见《元纪》,陈汤、段会宗、谷永、郑吉、傅介子、盖宽饶、西域传,卫候见冯奉世、西域传,候及司马共二十二官也。

卫司马等官即卫尉之属官,唐、宋人都作如此解释,师古在《汉书·元帝纪》初元五年(前44年)“卫司马谷吉使匈奴”之下注云:“即卫尉八屯之卫司马。”在《汉书·盖宽饶传》注卫司马中又引“苏林曰:如今卫士令。臣瓒曰:汉注有卫屯司马”,则魏晋人就已如此说。宋徐天麟解释“长乐司马”说:

长乐宫四面皆有公车司马门,每门各二司马,此即八屯司马之一也。①

《汉书·盖宽饶传》还有“由是卫官不复私使候司马”的记载,则《百官公卿表》的“诸屯卫候司马二十二官”是指屯司马、卫司马、候司马或者屯卫司马等各种名称而言,卫候或许也包括在内。

西汉的二十二官到东汉有很多变化,《后汉书·百官志》明确记载的是左、右都候和诸宫掖门司马:

左、右都候各一人,六百石,主剑戟士,徼循宫中,及天子有所收考②。

① 徐天麟:《西汉会要》卷三十一,《职官一》,上海人民出版社1977年版,第341页。
② 蔡质《汉仪》曰:“宫中诸有劾奏罪,左都候执戟戏车缚送付诏狱。”

丞各一人。《汉官》曰：右都候员吏二十二人，卫士四百一十六人；左都候员吏二十八人，卫士三百八十三人。

司马，诸宫掖门各有司马一人，比千石。南宫南屯司马，主平城门（《汉官》曰：员吏九人，卫士百二人）；宫门苍龙司马，主东门（《汉官》曰：员吏六人，卫士四十人）；玄武司马，主玄武门（《汉官》曰：员吏二人，卫士三十八人）；北屯司马，主北门（《汉官》曰：员吏二人，卫士三十八人）；北宫朱爵司马，主南掖门（《汉官》曰：员吏四人，卫士百二十四人）；东明司马，主东门（《汉官》曰：员吏十三人，卫士百八十人）；朔平司马，主北门（《汉官》曰：员吏五人，卫士百一十七人）；凡七门七司马（《汉官》曰：凡员吏皆队长佐）。

西汉时，卫尉所统卫士人数众多，《汉书·武帝纪》云："（建元元年）诏曰：卫士转置送迎二万人，其省万人。"又《汉书·盖宽饶传》：为卫司马，"及岁尽交代，上临飨罢卫卒，卫卒数千人皆叩头自请，愿复留共更一年"。武帝以后，颇有减省，但数目也是以千计。

诸宫卫尉　《汉书·百官公卿表》还记载说："长乐、建章、甘泉卫尉，皆掌其宫，职略同，不常置。"诸宫均置卫尉，各随所掌之宫以名官，也许是从武帝时开始的。《汉书·李广传》说："武帝即位，左右言广名将也，由是入为未央卫尉，而程不识时亦为长乐卫尉。"接着程不识为长乐卫尉的是窦甫（《汉书·灌夫传》）。这不常置的诸宫卫尉，不一定是卫尉卿的属官，有一定的独立性，自成体系，《汉书》中所见某某司马、户将、监，如长乐司马（《律历志》）、长乐屯卫司马（《冯逡传》）、长乐户将（《儒林传》）以及建章监侍中（《卫青传》）或侍中建章监（《李陵传》）等，当为其属官。

附表九：卫尉属官表

属官名称	职　掌	秩　次	备　考
卫尉丞	总署曹事。	西汉千石，东汉比千石	
公车司马令	西汉公车司马掌殿司马门，夜徼宫中，天下上书及阙下凡所征召皆总领之。 东汉掌宫南阙门，凡吏民上章，四方贡献及征诣公车者。	六百石	

续表

属官名称		职　掌	秩　次	备　考
卫士令（西汉）		主卫士。		
南宫卫士令（东汉）		掌南宫卫士。	六百石	
北宫卫士令（东汉）		掌北宫卫士。	六百石	
旅贲令（西汉）		师古曰："旅，众也，贲与奔同，言为奔走之任也。"		东汉省。
左、右都候（东汉）		主剑戟士，徼循宫，及天子有所收考。	六百石	
宫掖门司马	南宫南屯司马	主平城门。	比千石	
	宫门苍龙司马	主东门。	比千石	
	玄武司马	主玄武门。	比千石	
	北屯司马	主北门。	比千石	
	北宫朱爵司马	主南掖门。	比千石	
	东明司马	主东门。	比千石	
	朔平司马	主北门。	比千石	

第三节　太仆

《汉书·百官公卿表》说："太仆，秦官，掌舆马。"扬雄《太仆箴》云："肃肃太仆，车马是供。"① 供给车马，或者说掌舆马的太仆，何以有很高的地位？为什么得居卿位呢？我们认为有两个主要原因：

第一，因为太仆常在君主的左右，即《后汉书·百官志》所说：

> 天子每出，奏驾上卤簿用；大驾，则执驭。

可见太仆不仅掌管车马，有时还亲自为皇帝驾车。如《汉书·夏侯婴传》：

① 严可均：《全上古三代秦汉三国六朝文·全汉文》卷五十四，中华书局1958年版，第419页。

“以婴为太仆，常奉车。”师古曰“为沛公御车”，并且是“自上初起沛，常为太仆从，竟高祖崩”。以后惠帝、高后、文帝时的太仆都是他，文帝之立，也是他亲自驾车迎接的。又如《汉书·石庆传》：“庆为太仆，御出，上问车中几马？庆以策数马毕，举手曰：六马。”这也是太仆亲自驾车的证明。关于这方面的情况，蔡邕有一段概述，他在《独断》中写道：

> 天子出，车驾次第，谓之卤簿。有大驾，有小驾，有法驾。大驾，则公卿奉引，大将参乘，太仆御……小驾，祠宗庙用之，每出，太仆奉驾上卤簿。

《汉官仪》的记载是：“天子车驾次第谓之卤簿，有大驾、法驾、小驾。大驾，公卿奉引，大将军参乘，太仆御，属车八十一乘，备千乘万骑，侍御史在左驾马，询问不法者。”《春明梦余录》说：

> 卤簿之制兆于秦，而其名则始于汉。

究竟什么是卤簿？其说不一①。车驾次第，是一个比较简明的解释，皇帝外出必有许多随从，谁先谁后，各人在什么位置，此事不能乱套②，全由太仆负责指挥，他是紧随皇帝左右的大臣。

太仆之名比较早，但在《周礼》当中，太仆的官职并不高，不过下大夫，只因为他居王之左右，上传下达，所以地位却相当重要，《周礼·夏官》说：

> 太仆，下大夫二人，掌正王之服位，出入王之大命。王出入，则自左驭而前驱。

---

① 《春明梦余录》记载道：“或曰：卤，大盾也，以大盾领一部之人，故亦曰卤簿。或曰：凡兵卫以甲盾居外，为导从捍御，其先后皆著之簿籍，故曰‘卤簿’。”

② 《汉官仪》记载了一些具体规定，如：“大驾卤簿，五营校尉在前，名曰填卫。”“乘舆大驾，则御凤皇车，以金根为副。”“汉乘舆大驾仪，公卿奉引，太仆御，大将军骖乘，属车八十一乘，备千乘万骑。法驾仪，公卿不在卤簿中，河南尹、执金吾、洛阳令、奉车都尉、侍中参乘，属车三十六乘。”“甘泉卤簿，有道车五乘、游车九乘在舆前。”

对此，永瑢等所编《历代职官表》卷三十一有一段具体说明：

> 盖仆本侍御于尊者之名，其下有祭仆、御仆、隶仆诸官，而以太仆为之长，故称太仆。所司在服正位，诏法仪，常居于大寝之门内，以左右王，当如今之领侍卫内大臣及御前大臣。其出入大命，掌诸侯之复逆，则又如今之奏事处及通政使司。其左驭前驱，则又如今之銮仪卫。

在秦代，太仆地位升高之后，这方面的具体事就由他的属官车府令担任了，因而车府令更为亲近，如赵高为车府令，《汉书·艺文志》："爰历六章者，车府令赵高所作也。"《史记·秦始皇本纪》作"中车府令赵高"，集解引"伏俨曰：中车府令，主乘舆路车"，显然是把太仆的一些具体事担当起来了，所以直到秦始皇巡游死在外面，赵高一直是他的左右亲信，因而得以弄权。

第二，太仆之所以重要，是因为他又主马政。从《汉书·百官公卿表》所列属官看，有：

> 大厩、未央、家马三令，各五丞一尉。又车府、路軨、骑马、骏马四令、丞；又龙马、闲驹、橐泉、騊駼、承华五监长丞；又边郡六牧师苑令，各三丞；又牧橐、昆蹄令丞，皆属焉。中太仆掌皇太后舆马，不常置也。

除车府令"主乘舆路车"之外，其他令丞、监长所管都是马政。

马政在《周礼》中由校人掌管，《周礼·夏官》：

> 校人，中大夫二人……掌王马之政。

太仆掌校人之职，当始于秦，这方面，永瑢等《历代职官表》的考证也是精当的：

> 考成六年《传》：韩献子将新中军，且为仆大夫，公揖而入，献

> 子从公立于寝庭。杜谓献子兼太仆。盖公自路门外揖而入于路寝庭，而献子从公。以其为太仆，掌正服位，故出入必从也。然则春秋时太仆本职，犹与《周礼》相合。襄九年《传》：使皇父命校正出马。《正义》：校正主马，于《周礼》为校人。成十八年《传》：弁纠御戎，校正属焉。注：校正，主马官。《正义》：校正当《周礼》校人。哀三年《传》：校人乘马。注云：校人掌马。然则春秋时主马政者，仍是《周礼》校人，未见其掌于太仆。《册府元龟》谓周穆王时，太仆掌舆马。以太仆本为王驭，故云掌舆马，未必若汉时之主五监、六厩也。其合太仆、校人为一职，则自《汉书·百官公卿表》始也。①

这实际是说从秦开始，因为该表明说是秦官。而《通典》等书认为是"周官，秦因之"反而不恰当，因为官名虽是因周制，但职掌和地位都不同了。太仆兼管了马政之后，其权位进一步提高了。

太仆的官名，从秦到东汉一直沿用，仅王莽时一度更名太御。但西汉似乎曾设有左、右太仆，《双剑誃古器物图录》卷下有"右太仆印"封泥可为佐证，这也符合《周礼》"太仆，下大夫二人"的精神，因文献不足，其详不可得考。

至于其职掌，奏驾上卤簿之事已略述于上，过于烦琐的细节意义不大，可以不去管它，唯主马政之事，还应该作些叙述。

文帝二年（前178年）诏"太仆见马遗财足，余皆以给传置"②。元帝初元元年（前48年）九月诏"太仆减谷食马"③。又，杜延年为太仆因为"苑马多死，官奴婢去衣食……坐免官"④。这些都是太仆主马政的证明。当时马政分为两部分：一部分是供天子私用，即所谓"家马"。师古注《汉书·百官公卿表》家马时说：

> 家马者，主供天子私用，非大祀戎事军国所须，故谓之家马也。

① 永瑢等：《历代职官表》卷三十一。

② 班固：《汉书》卷四，《文帝纪》，中华书局1962年版，第116页。

③ 班固：《汉书》卷九，《元帝纪》，中华书局1962年版，第280页。

④ 班固：《汉书》卷六十，《杜延年传》，中华书局1962年版，第2665页。

一部分是供军国之用，这是西汉马政中的主要部分。《汉书·食货志》云：

景帝始造苑马以广用。

天子（武帝）为伐胡故，盛养马，马之往来食长安者数万匹。

又师古注《汉书·百官公卿表》边郡六牧师苑令时引《汉官仪》云：

牧师诸苑三十六所，分置北边、西边，分养马三十万头。

显然，西汉初年由于马匹不足，才有上述文帝二年（前178年）之诏，至景、武以后才逐渐发展马政。《通典》卷二十五太仆卿注云：武帝时，"厩马有四十万匹。时，匈奴寇边，遣卫青、霍去病发十万骑，并负私从马凡十四万匹，穷追大破匈奴。汉马死者十余万匹，匈奴虽病远去，而汉亦马少，无以复往。于是汉久不北击匈奴。数岁灭两越，是时天子巡边，亲至朔方，勒兵十八万骑，以见武节"。武帝时，防御匈奴的边防力量逐步增强，正是和大量养马以及训练一支强大骑兵分不开的。

以下再说太仆的属官。和诸卿一样，太仆也有丞，不过《汉书·百官公卿表》特别说明有两丞，该表中有两丞的不多，只有具体事务很多的卿才有两丞，如治粟内史、将作少府有两丞，事务更多的少府有六丞，太仆之有两丞，不知是否与左、右太仆或太仆分左、右曹有关。其他属官，如前所述大多是管马政的，杜佑《通典》卷二十五说，太仆"汉初夏侯婴常为之，领五监、六厩，皆有令"。注云：

龙马、闲驹、橐泉、騊駼、承华五监，各有长、丞。

或曰："六厩，谓未央、承华、騊駼、龙马、辂軨、大厩也。马皆万匹。武帝承文、景蓄积，海内殷实，厩马有四十万匹。"

这显然是一个概述，并且主要是就武帝"奢广之事"而言的，具体的演变并不清楚，其所述五监、六厩，有些就是重复的，所以用了"或曰"二字。《汉书·百官公卿表》又是另一种概述，其原文已见上引，兹据以分述如下：

（一）大厩、未央、家马三令，各五丞一尉

首先，就名称说，未央、家马二令都是省掉了“厩”字，《汉书·外戚传》有未央厩令上官桀。《汉书·地理志》太原郡注云：“有家马官。臣瓒曰：汉有家马厩，一厩万匹。时以边表有事，故分来在此。”其显然应该是大厩、未央厩、家马厩。

其次，这三个厩是就主要者而言的，其设置先后和彼此关系当有许多变化，《汉书·百官公卿表》本身就说：“武帝太初元年，更名家马为挏马。”注引“应劭曰：主乳马，取其汁挏治之，味酢可饮，因以名官也。如淳曰：主乳马，以韦革为夹兜，受数斗，盛马乳，挏取其上肥，因名曰挏马”。总之，其是主乳马。看来是原供天子私用的家马厩变成了专养乳马的挏马厩。除此之外，《三辅黄图》卷六的记载又有不同，它写道：

未央、大厩在长安故城中。《汉官仪》曰：未央宫六厩、长乐、承华等厩令，皆秩六百石。

都厩，天子车马所在。中厩，皇后车马所在。

据上所述可以断言，厩的设置在不同时期有不同变化。《汉书·百官公卿表》之所以举出大厩、未央、家马是作为代表。大厩，当是比较早的一个名称，或者开始马不太多，只有一个大厩，前述文帝二年（前178年）诏可以作为旁证。以后设立了各种名称的厩，但大厩之名未废。大厩当有其特点，其特点就是大，在这个“大”中还包括除了马之外的其他兽类，《汉书·霍光传》注引臣瓒曰：

杜延年奏，载霍光柩。以辌车，驾大厩白虎驷，以辒车驾大厩白鹿驷为倅（师古曰：倅，副也）。

未央厩，大概因为未央宫是最大的宫，自然有自己的乘舆车马，所以《后汉书·百官志》说未央厩令“主乘舆及厩中诸马”。是否如《三辅黄图》

所说未央宫有六厩呢?《后汉书·百官志》本注是这样肯定的:“旧有六厩,皆六百石令。”但是,后来除未央宫外,其他宫也有厩,如长乐厩即是。所以《汉书·百官公卿表》举未央宫为例。

再次,各厩的主管官是令和丞,有的还有尉和监。除开各种厩令秩六百石已如上述之外,《汉书·百官公卿表》还明确写道,以上三厩“各五丞一尉”。厩丞见《汉书·咸宣传》,又《十钟山房印举》举之二有“未央厩丞印”。厩尉少见。厩监作为官名,与所谓龙马等五监作为署名(详下)不同,《十六金符斋印存》有“未央厩监”印,说明未央厩除令、丞、尉之外,还有监。作为官名的监,还见于《汉书·傅介子传》。傅介子先为骏马监,后又为平乐监。又《汉书·苏武传》则明确说有栘中厩监,师古曰:“栘中,厩名,为之监也。”又如淳曰:“栘园之中马厩。”此外,还可能有其他更小一些的官吏,如夏侯婴曾为沛厩司御。

(二)车府、路軨、骑马、骏马四令、丞

这几个官似乎是按分工不同[1]而举出的代表,车府、路軨主要是管车的,骑马、骏马当然是管马的。车府令,前面已经提到过赵高曾为车府令,《后汉书·百官志》本注明确说,车府令是“主乘舆诸事”。《后汉书·吴良传》载:

> 永平中,车驾近出,而信阳侯阴就干突禁卫,车府令徐匡钩(留也)就车,收御者送狱……

这车府令显然是随车驾而出的,钩留阴就之车即说明他是专管乘舆诸车的。路軨,《汉书》注引伏俨曰:

> 主乘舆路车,又主凡小车。軨,今之小马车,曲舆也。

此类小马车适合于宫内行驶,可能还有各种名称,如《汉书·霍光传》谓“太仆以軨猎车迎曾孙”就是。《三辅黄图》卷三:“路軨厩在未央宫中,掌宫中舆马,亦曰未央厩。”如果说路軨厩就是未央厩,那更证明我们所

① 胡广《汉官解诂》云:“太仆厩府,皮轩鸾旗。”“马有厩,车有府,皮轩,以虎皮为轩。”

说，大厩、未央厩等是就主要马厩而言，车府、路軨等是就分工而言。即便不是如此，路軨掌宫中御马这一点是可以肯定的。小马车或軨猎车，都以马作动力，故可名曰路軨厩。车府则似不应以厩名之，故直曰车府令。骑马、骏马当然是厩名，应是马多之后分出来的。《汉书·严安传》，严安曾为骑马令，师古曰："主天子之骑马也。"骏马，顾名思义，该厩当是专养高大的好马，傅介子就曾为骏马监。

（三）龙马、闲驹、橐泉、騊駼、承华五监长、丞

这些都是厩的名称，或者因地命名，或者因马的来源命名，所以《汉书》注引：

如淳曰：橐泉厩在橐泉宫下。騊駼，野马也。师古曰：闲，阑，养马之所也，故曰闲驹。騊駼出北海中，其状如马，非野马也。

这样命名之厩，实际不止五个，《三辅黄图》卷六说：

翠华厩、大辂厩、果马厩、軛梁厩、骑马厩、大宛厩、胡河厩、騊駼厩，皆在长安城外。……霸昌观马厩在长安城外。

又《汉书·谷永传》有交道厩，注引晋灼曰："交道厩去长安六十里，近延陵。"则其离城更远。由上述观之，监和厩是一回事，不过厩曰令，监曰长，以县之令、长类比，也许略有大小之分，有些是既可叫监也可叫厩，如騊駼、承华即是，甚至一处还有二名的。《汉书补注》引沈钦韩曰：

《金日磾传》，武帝拜为马监，盖失其名。《黄图》大宛厩在长安城外，疑此之龙马监也。又云：騊駼厩在长安城外。《汉官仪》：承华厩、騊駼厩，马皆万匹，令秩六百石。

又《后汉书·百官志》注引《古今注》曰：

汉安元年七月，置承华厩令，秩六百石。

则是承华厩东汉才有，《后汉书·顺帝纪》也说是汉安元年（142年）七月“始置承华厩”，注引《东观汉记》曰：

时以远近献马众多，园厩充满，始置承华厩，令秩六百石。

或者西汉时叫承华监，东汉时才叫承华厩，照沈钦韩的说法，西汉的龙马监即大宛厩，也当是不同时间的名称。

（四）边郡六牧师苑令，各三丞

养马之处除了称厩、监之外，又可以称苑，边境地区设苑养马，各种记载大同小异。《汉官仪》曰：

牧师诸苑三十六所，分置西、北边，分养马三十万斗。

《后汉书·百官志》本注曰：

又有牧师苑，皆令官，主养马，分在河西六郡界中。

《三辅黄图》卷四曰：

三十六苑。《汉仪注》：太仆牧师诸苑三十六所，分布北边、西边，以郎为苑监宦官（《通典》无“宦”字），奴婢三万人，养马三十万匹。养鸟兽者通名为苑，故谓之牧马处为苑。

以上各记载相同的是边境各地置苑养马，总数是三十万匹左右。不同的是究竟是六牧师苑，还是三十六苑。《汉印文字类纂》卷十二有“北地牧师骑丞”印，如果这就是指北地牧师苑令的三丞之一，那么，边境的苑比内地的厩和监要大得多，不过官阶相同，实际是一个郡设一个牧师苑。如果是三十六苑分属于六郡也说得通。这有待进一步考证。

不论是六牧师苑还是三十六苑，主管官都是令和丞，每苑有三丞。据《三辅黄图》和《通典》的记载，“以郎为苑监”，当还有临时性质的监护官，《汉书·谷永传》王音“荐永为护苑使者”，护苑使者实际就是皇帝直接派遣的苑监。这对于京师的人来说，也算是一个苦差事，王音之荐谷永，就因为“音犹不平”，对谷永不满意，才把他差遣到边远地方去。

（五）牧橐、昆蹄令、丞

这是班固补充列举的两个例子，以说明许多苑、厩、监皆属太仆。此两厩无非是养一些好马罢了，《汉书》注：

应劭曰：橐，橐佗。昆蹄，好马名也。蹄音啼。如淳曰：《尔雅》曰“昆蹄研，善升甗”者也，因以为厩名。师古曰：牧橐，言牧养橐佗也。

《汉书补注》引沈钦韩曰：

《释畜》郭注，昆蹄，蹄如趼而健上山。秦时有騉蹄苑。释文引舍人云，騉蹄者，溷蹄也。

以上是西汉苑厩的大致情况。回头再看看秦的情况，秦的养马业有悠久的历史，厩苑也不会很少。从夏侯婴为沛厩司御看，内地郡县也设有厩；从《尔雅》郭注说“秦时有騉蹄苑”看，当时也有专养各种良马的厩苑；从临潼发掘出来的兵马俑坑来看，秦的马政也是很发达的，至少比汉初要强得多。

此外，西汉太仆的属官尚有农官，《汉书·食货志》记武帝时，水衡、少府、太仆、大农各置农官，以管理郡县没收商人的田地。

东汉太仆的属官较之西汉多有减省。《后汉书·百官志》所记属官：丞只一人，比千石；考工令一人，六百石，主作兵器及织绶诸杂工（《汉官》曰：员吏百九人），有左、右丞各一人，此为西汉所无；车府令一人，六百石，主乘舆诸车（《汉官》曰：员吏二十四人），有丞一人；未央厩令一人，六百石，主乘舆及厩中诸马（《汉官》曰：员吏七十人，卒驺二十人）；长乐厩丞一人（《汉官》曰：员吏十五人，卒驺二十人。苜蓿苑官田所一人守之）。由此可见东汉太仆的属官规模比西汉小得多。不过，以上这些也并不是整个东汉的情况，如其本注所说：“旧有六厩，皆六百石令，中兴省约，但置一厩。”可是后来又置左骏令厩，别主乘舆御马，后或并省。又，西汉的边郡牧师苑虽省了，但汉阳还有流马苑，以羽林郎监领。还有前述顺帝时初置承华厩。总之，东汉的情况也是有许多具体变化的，这里就不再一一列举了。

附表十：太仆属官表

属官名称	职　掌	秩　次	备　考
太仆丞	总署曹事。	西汉千石，东汉比千石	西汉有两丞，东汉一丞。
大厩令（西汉）		六百石	东汉省。
未央（厩）令	主乘舆及厩中诸马。	六百石	《后汉书·百官志》本注曰："旧有六厩，皆六百石令，中兴省约，但置一厩。"
家马（厩）令（西汉）	师古曰："家马者，主供天子私用，非大祀戎事军国所需，故谓之家马也。"	六百石	东汉省。
车府令	主乘舆诸车。	东汉六百石	
路軨（厩）令（西汉）	伏俨曰："主乘舆路车，又主凡小车。"	六百石	东汉省。
骑马（厩）令（西汉）		六百石	东汉省。
骏马厩令（西汉）		六百石	东汉省。
龙马监长（西汉）			
闲驹监长（西汉）			
橐泉监长（西汉）			
騊駼监长（西汉）			
承华监长（西汉）			

续表

属官名称	职　掌	秩　次	备　考
边郡六牧师苑令（西汉）	师古曰："《汉官仪》云牧师诸苑三十六所，分置北边、西边，分养马三十万头。"		东汉省，唯汉阳有流马苑，但以羽林郎监领。
牧橐令（西汉）	师古曰："言牧养橐佗也。"		
昆蹄令（西汉）			
承华厩令（东汉）		六百石	《古今注》曰："汉安元年七月置。"
考工令	主作兵器弓弩刀铠之属，成则传执金吾入武库，及主织绶诸杂工。	六百石	西汉属少府，东汉转归太仆。

第四节　廷尉

廷尉，秦官，景帝中六年（前 144 年）更名大理，武帝建元四年（前 137 年）复名廷尉，哀帝元寿二年（前 1 年）复为大理，王莽曾改名作士，东汉光武以后复曰廷尉，建安中又改为大理。

廷尉的职掌是管刑狱，为最高司法官。"尉"字本义即与法度有关（见太尉一节）。《汉书·百官公卿表》说：

> 廷尉，秦官，掌刑辟。

颜师古注：

> 应劭曰：听狱必质诸朝廷，与众共之，兵狱同制，故称廷尉。师古曰：廷，平也。治狱贵平，故以为号。

又，《太平御览》卷二百三十一引韦昭《辨释名》曰：

> 廷尉、县尉皆古尉也，以尉尉人也。凡掌贼及司察之官皆曰尉。尉，罚也，言以罪罚奸非也。

《后汉书·百官志》：

> 廷尉，卿一人，中二千石。本注曰：掌平狱，奏当所应，凡郡国谳疑罪，皆处当以报。

各种记载比较一致，廷尉是主刑法的官吏。

刑法起源是很早的，掌刑法的官也很早就有了，《宋书·百官志》的记载说：

> 周时大司寇为秋官，掌邦刑，秦为廷尉。

春秋时许多诸侯国还沿用大司寇之名，如孔子即曾为鲁之司寇，战国就不同了。除开秦国用廷尉这个名称外，其他国家多以“理”字名官，因为理也是治狱之官，《管子·小匡》有“弦子章为理”，注云：“狱官也。”《礼记·月令》说：“孟秋之月，命理瞻伤、察创、视折。”注云：“理，治狱官也。”战国时的各国，治狱之官有的叫大理，有的叫廷理。周寿昌说：

> 《史记》秦廷尉斯，《韩诗外传》晋文公使李离为理，《吕氏春秋》齐宏章为大理，《说苑》楚廷理，《新序》石奢为大理，是各国皆名理，或名大理，独秦称廷尉也。①

众所周知，李斯做过秦的廷尉，对他有时称廷尉，有时称卿，因此从秦开始，廷尉为列卿之一是毫无问题的，《后汉书·百官志》更明确标出廷尉卿。

① 见《汉书注校补》卷十一。

廷尉掌刑狱，应该是依法判罪，所以《史记·杜周列传》记载说，杜周为廷尉时，“客有让周曰：君为天下决平，不循三尺法”。集解引“《汉书音义》曰：以三尺竹简书法律也”。《汉书·朱博传》也有“三尺律令，人事出其中”的说法（朱博亦为廷尉），都说明廷尉是根据法律“以罪罚奸非也”。当然，法律如何制定，如何执行，那又是另外的问题，如杜周就说：“三尺安出哉？前主所是著为律，后主所是疏为令，当时为是，何古之法乎！”① 这不能说没有一定道理，法律就是统治阶级的意志，不过不完全是个人的意志罢了。法律一经形成，就应该遵守，皇帝也不应例外，《汉书·张释之传》记载说：

> 文帝……拜释之为廷尉。顷之，上行出中渭桥，有一人从桥下走，乘舆马惊。于是使骑捕之，属廷尉。释之治问。曰：“县人来，闻跸，匿桥下。久，以为行过，既出，见车骑，即走耳。”释之奏当（师古曰：“当谓处其罪也”）：“此人犯跸（如淳曰：‘乙令“跸先至而犯者，罚金四两”’），当罚金。”上怒曰：“此人亲惊吾马，马赖和柔，令它马，固不败伤我乎？而廷尉乃当之罚金！”释之曰：“法者天子所与天下公共也。今法如是，更重之，是法不信于民也。且方其时，上使使诛之则已。今已下廷尉，廷尉，天下之平也，壹倾，天下用法皆为之轻重，民安所错其手足？唯陛下察之。”上良久曰：“廷尉当是也。”其后人有盗高庙座前玉环，得，文帝怒，下廷尉治。案盗宗庙服御物者为奏，当弃市。上大怒曰：“人亡道，乃盗先帝器！吾属廷尉者，欲致之族，而君以法奏之，非吾所以共承宗庙意也。”释之免冠顿首谢曰：“法如是足也。且罪等，然以逆顺为基。今盗宗庙器而族之，有如万分一，假令愚民取长陵一抔土，陛下且何以加其法乎？”文帝与太后言之，乃许廷尉当。

这一大段文字可以说明许多问题，除了说明张释之的持平、公正，以及文帝在盛怒之下能虚心纳谏之外，还具体说明如下几点：

第一，当时确实有许多具体法令，如上述就有所谓乙令；盗宗庙服御

① 司马迁：《史记》卷一百二十二，《杜周列传》，中华书局1982年版，第3153页。

物者当弃市，也说明是有令的。尽管这些法令用现在的眼光看重得不合情理，那是由时代条件决定的，有法可依，多少能约束统治者的一意孤行。至于是否依法，那又是另一回事。

第二，法虽是天子所制定，但既定之后就是“天下公共”了。师古注曰：“公谓不私也。”是否真正的公，那是另一回事，至少是有一个立信于民的问题。

第三，廷尉的职责就是依法行事，力求做到不轻不重（当然事实上是很难做到的），更不应该徇私枉法，如师古所说：“廷，平也，治狱贵平。”不过，在封建社会中，像张释之这样严于执法、公正不阿的官吏是很少的，更多的还是秉承皇帝或上级的旨意办事，上述杜周就是“善候伺”的人，他就“不循三尺法，专以人主意指为狱”，甚至“上所欲挤者，因而陷之；上所欲释，久系待问而微见其冤状”①。

廷尉又是地方上的上诉机关，判例可比作法律。《汉书·刑法志》高祖七年（前200年）制诏御史：

> 狱之疑者，吏或不敢决，有罪者久而不论，无罪者久系不决。自今以来，县、道官狱疑者，各谳所属二千石官，二千石官以其罪名当报之。所不能决者，皆移廷尉，廷尉亦当报之。廷尉所不能决，谨具为奏，傅（附）所当比律令以闻。

又《汉书·朱博传》：

> 博迁廷尉，典决疑当谳，平天下狱。

所以《后汉书·百官志》本注曰：

> 凡郡国谳疑罪，皆处当以报。

这些记载可以说明：当时不但有各种法律条文，还有一定的法律程序，如

① 司马迁：《史记》卷一百二十二，《杜周列传》，中华书局1982年版，第3153页。

地方官解决不了，就上报廷尉，廷尉再不能决，就要上报皇帝，但是要附上“当比律令”，此所谓“决疑当谳”。其所以要决，就因为有疑，这就是说，虽然有法律条文而且很具体，但千变万化的具体情况如何比得恰当，这是自有法律以来就存在的问题，即便不徇私舞弊，也还有一个见识和水平的问题，《通典》引了一条《汉官仪》说：

光武时，有疑狱见廷尉曹史张禹，所问辄对，处当详理，于是册免廷尉，以禹代之。虽越次而授，亦足以厉其臣节。①

这个张禹不但熟悉律令（所问辄对），而且有决狱的水平（处当详理）。

廷尉之决疑平狱，应当还有许多具体制度，从《通典》卷二十五注引的几条材料中可见一斑：

傅贤为廷尉，每冬至断狱迟回，流涕。又，盛吉为廷尉，每冬至节，罪囚当斩，夜坐省狱，其妻执烛，吉持丹笔，夫妻相向垂泪。

这说明每年冬至节廷尉要亲自处理一批积案。此外，如遇有重大案件，皇帝也有时派人与廷尉会审，即所谓杂治。如东平王云狱，由廷尉梁相与丞相长史、御史中丞及五二千石杂治；丞相王嘉狱，则由将军以下与五二千石杂治②等等。后代的三堂会审或五堂会审，即渊源于此。

自秦至西汉前期，廷尉纯为法律刑名之官。武帝时尊崇儒术，外儒内法，此后儒法逐渐合流，儒生及儒家思想也随之渗入司法机关。《汉书·兒宽传》云：

张汤为廷尉，廷尉府尽用文史法律之吏，而宽以儒生在其间，见谓不习事，不署曹，除为从史。……会廷尉时有疑奏，已再见却矣，掾史莫知所为。宽为言其意，掾史因使宽为奏。奏成，读之皆服，以白廷尉汤。汤大惊，召宽与语，乃奇其材，以为掾。上宽所作奏，即

---

① 杜佑：《通典》卷二十五，《职官七》注引，中华书局1988年版，第710页。
② 班固：《汉书》卷八十六，《王嘉传》，中华书局1962年版，第3502页。

时得可。异日，汤见上。问曰："前奏非俗吏所及，谁为之者？"汤言兒宽。上曰："吾固闻之久矣！"汤由是乡学，以宽为奏谳掾，以古法义决疑狱，甚重之。

同书《张汤传》也说：

是时，上方乡文学，汤决大狱，欲傅古义，乃请博士弟子治《尚书》《春秋》，补廷尉史。

董仲舒有所谓"春秋断狱"之说，已足说明当时的廷尉与儒家思想的密切关系了。

廷尉既掌管刑狱，故设有监狱，汉时有所谓"召致廷尉"，即为下监狱。廷尉既是官名，又是署名或狱名，《汉书·朱博传》载，陈咸下狱，博"间步至廷尉中，候伺咸事"可证。《汉书·文帝纪》则直称廷尉诏狱："绛侯周勃有罪，逮至廷尉诏狱。"据《后汉书·百官志》本注所说，西汉武帝以后，有廷尉狱及中都官狱二十六所，东汉仅有廷尉及洛阳诏狱。

西汉廷尉的属官，据《汉书·百官公卿表》有正、左右监，秩皆千石。宣帝地节三年（前67年）又置左右平，秩皆六百石。

首先是廷尉正①，《通典》卷二十五说：

秦置廷尉正，汉因之，后汉一人。

这个廷尉正，实相当于其他诸卿之丞。《汉书·广川王传》有记载说：

天子遣大鸿胪、丞相长史、御史丞、廷尉正杂治巨鹿诏狱。

又同书《黄霸传》说：

宣帝……闻霸持法平，召以为廷尉正，数决疑狱，庭中称平。

① 《后汉书·陈忠传》"三迁廷尉正"，注云"正，廷尉属官也"，是后汉与前汉同。

（师古曰：此廷中谓廷尉之中。宋祁曰：庭当作廷。）

廷尉正像丞相长史和御史丞（当为中丞）一样，可以代表廷尉参加杂治诏狱，又可以单独决疑狱，其地位仅次于廷尉。东汉郭躬由廷尉正而后迁任廷尉（见《后汉书·郭躬传》）也可佐证。廷尉名大理时，廷尉正就改名大理正，《汉书·何武传》："大理正槛车征武。"

其次是左右监，分开来讲，就是廷尉右监、廷尉左监，也可以笼统地说是廷尉监，如丙吉曾为廷尉右监，一度失官之后再起用时，《汉书》本传即云"以故廷尉监征"。监的禄秩虽与正同，但其地位似略低于正，《汉书·息夫躬传》记载：

上遣侍御史、廷尉监逮躬系洛阳诏狱。

又同书《淮南王安传》：

上遣廷尉监与淮南中尉逮捕（王）太子。

上述廷尉正是与丞相长史、御史丞杂治诏狱，还有中二千石大鸿胪参加，此处廷尉监是与淮南中尉、侍御史同时被派遣，侍御史是御史丞的下属，显然廷尉监的地位不如廷尉正。再从其具体职务来看也有区别，这里两条关于廷尉监的记载都是具体执行逮捕任务，而上述廷尉正则是"杂治诏狱"，或"决疑狱"，当是有所分工。

宣帝时又增置左右平。廷尉左右平，可以称为廷尉平①，也可以简称为廷平②。关于廷尉平的设置，宣帝地节三年（前6年）的诏书讲得很清楚：

"间者吏用法，巧文寖深，是朕之不德也。夫决狱不当，使有罪兴邪，不辜蒙戮，父子悲恨，朕甚伤之。今遣廷史与郡鞠狱，任轻禄

① 班固：《汉书》卷八，《宣帝纪》，中华书局1962年版，第250页；卷八十一，《马宫传》，第3365页。

② 《汉书·刑法志》郑昌上疏言："虽不置廷平，狱将自正。"

薄，其为置廷平①，秩六百石，员四人。其务平之，以称朕意。”于是选于定国为廷尉，求明察宽恕黄霸等以为廷平，季秋后请谳（前面引文中有冬至断狱）。②

鞠狱，注引如淳曰：“以囚辞决狱事为鞠，谓疑狱也。”又李奇曰：“鞠，穷也。狱事穷竟也。”这就是说，原来具体判案工作是由“任轻禄薄”的廷史担任，宣帝特设六百石的廷尉平来担任此工作，由此可见，廷尉平的职责就是判案，相当于后世的审判员，故《后汉书·百官志》本注曰：“掌平决诏狱。”

宣帝时初置廷尉平是很明确的。但《太平御览》卷二百三十一引《三辅决录》云：

茂陵何比干，武帝时公孙丞相举为廷尉右平，狱无冤民，号曰何公。

似乎是武帝时就有了左右平之官，《通典》注说这是谬误，查《后汉书·何敞传》说何比干是其六世祖：

武帝时为廷尉正，与张汤同时。汤持法深，而比干务仁恕，数与汤争，虽不能尽得，然所济活者以千数。

则何比干为廷尉正之说是可靠的。

西汉廷尉属吏，除了正、监、平之外，还有各种掾史。《汉书·张汤传》说张汤为廷尉，常在皇帝面前称“引正监掾史贤者”，或奏“乃监掾史某所为”。又朱博为廷尉，“召见正监典法掾史”，要“掾史试与正监共撰前世决事吏议难知者数十事，持以问廷尉，得为诸君覆意之。正监以为博苟强，意未必能然，即共条白焉。博皆召掾史，并坐而问，为平处其轻重，十中八九。官属咸服博之疏略，材过人也”③。这说明廷尉的属官包括

① 《汉书·宣帝纪》作：“初置廷尉平四人，秩六百石。”
② 班固：《汉书》卷二十三，《刑法志》，中华书局1962年版，第1102页。
③ 班固：《汉书》卷八十三，《朱博传》，中华书局1962年版，第3404页。

正监和掾史，掾史必然更多，其中有一些是典法掾史。有哪些典法的掾史呢？

有廷尉史，上引《汉书·刑法志》所说鞫狱的廷史，如淳曰：“廷尉史也。”廷尉史“任轻禄薄”，但是他可以决狱、治狱。《汉书·于定国传》记载于定国为廷尉史，“与御史中丞从事治反者狱，以材高举侍御史”。上面说到廷尉正与御史丞杂治诏狱，廷尉监与侍御史同被差遣，此处廷尉史与御史中丞从事一起治反者狱，反映了他们大体相应的地位，于定国以材高才被任为侍御史。

有奏谳掾，上述兒宽为奏谳掾，“以古法义决疑狱”，显然是典法之掾。

有奏曹掾，《汉书·路温舒传》：

> 廷尉光以（温舒）治诏狱，请温舒署奏曹掾，守廷尉史。

其地位大体相当于廷尉史，从其治诏狱来看，也是典法掾之一。

另外还有些属官地位更低，也谈不上典法，如廷尉文学卒史，《汉书·兒宽传》注引臣瓒曰：“《汉注》卒史，秩百石。”又如从史，同上书传师古曰：“从史者，但只随官僚，不主文书。”还有如薛宣“少为廷尉书佐”①，也当是不典法的属吏。而《汉书·张敞传》的行冤狱使者和《汉书·外戚传》的治狱使者，也可能属于廷尉，不过当为暂设之官。

东汉廷尉的属官和西汉略有不同，主要的是省掉了右监和右平，只有正、左监各一人，左平一人，《后汉书·百官志》注云：“前汉有左右监平，世祖省右，而犹曰左。”如前所述，西汉的中都官狱二十六所，“世祖中兴皆省，唯廷尉及洛阳有诏狱。”当然，随着东汉官制的发展变化，诏狱之类也会有一些变化，如《后汉书集解》引李祖楙曰：

> 和帝永元九年，复置若卢狱官，前书属少府，本志不载此官，或即诏狱。服虔曰：若卢，诏狱也。

---

① 班固：《汉书》卷八十三，《薛宣传》，中华书局1962年版，第3385页。

是否如此，尚可进一步考证。

附表十一：廷尉属官表

<table>
<tr><th colspan="2">属官名称</th><th>职　掌</th><th>秩　次</th><th>备　考</th></tr>
<tr><td colspan="2">廷尉正</td><td>主决疑狱。</td><td>千石</td><td>“（宣帝）闻霸执法平，召以为廷尉正，数决疑狱，庭中称平。”（《汉书·黄霸传》）《汉书·百官公卿表》：廷尉正秩千石。《后汉书·陈忠传》：“三迁廷尉正。”注云：“正，廷尉属官也，秩千石也。”这表明东汉与西汉同。</td></tr>
<tr><td colspan="2">廷尉左右监
（西汉）</td><td>主逮捕事。</td><td rowspan="2">千石</td><td rowspan="2">“上（武帝）遣廷尉监与淮南中尉逮捕（王）太子。”（《汉书·淮南王安传》）
“上（哀帝）遣侍御史、廷尉监逮（息夫）躬系洛阳诏狱。”（《汉书·息夫躬传》）西汉有左右监平，世祖省右而犹曰左。</td></tr>
<tr><td colspan="2">廷尉左监
（东汉）</td><td></td></tr>
<tr><td colspan="2">廷尉左右平
（西汉）</td><td></td><td>六百石</td><td rowspan="2">东汉省右平。</td></tr>
<tr><td colspan="2">廷尉左平
（东汉）</td><td>掌平决诏狱。</td><td>六百石</td></tr>
<tr><td rowspan="5">其他各种属官</td><td>廷尉史
（西汉）</td><td></td><td></td><td>于定国为廷尉史，“与御史中丞从事治反者狱，以材高举侍御史”（《汉书·于定国传》）。</td></tr>
<tr><td>奏谳掾
（西汉）</td><td></td><td></td><td>兒宽为奏谳掾“以古法义决疑狱”（《汉书·兒宽传》）。</td></tr>
<tr><td>奏曹掾
（西汉）</td><td></td><td></td><td>“廷尉光以（路温舒）治诏狱，请温舒署奏曹掾，守廷尉史。”（《汉书·路温舒传》）</td></tr>
<tr><td>文学卒史
（西汉）</td><td></td><td>百石</td><td>《汉书·兒宽传》及注。</td></tr>
<tr><td>从　史
（西汉）</td><td></td><td></td><td>《汉书·兒宽传》师古曰：“从史者，但只随官僚，不主文书。”</td></tr>
</table>

续表

属官名称		职　掌	秩　次	备　考
其他各种属官	书　佐（西汉）			薛宣“少为廷尉书佐”（《汉书·薛宣传》）。
其他各种属官	行冤狱使者（西汉）			《汉书·张敞传》。
其他各种属官	治狱使者（西汉）			《汉书·外戚传》。

第五节　大鸿胪（附典属国）

大鸿胪，秦名典客。西汉景帝中元六年（前 144 年）更名大行令。武帝太初元年（前 104 年）改名大鸿胪。王莽时称典乐，东汉复名大鸿胪。这是《汉书·百官公卿表》的一个大概记述。究竟何时有大鸿胪之名，《汉书》本身的记载就有矛盾，《景帝纪》载景帝中元二年（前 148 年）就有了大鸿胪，并且与大行令同时出现，师古曰：

> 大鸿胪者，本名典客，后改曰大鸿胪。大行令者，本名行人，即典客之属官也，后改曰大行令。故事之尊重者遣大鸿胪，而轻贱者遣大行也。据此纪文，则景帝已改典客为大鸿胪，改行人为大行矣。而《百官公卿表》乃云景帝中六年更名典客为大行令，武帝太初元年更名大行令为大鸿胪，更名行人为大行令。当是表误。

但后来刘攽、刘敞都不同意师古表误的说法。又，《史记·孝景本纪》中元六年（前 144 年）记载说，更名大行为行人，典客为大行。似乎也说是此时由典客改为大行（无“令”字）。然而，《史记索隐》所引韦昭的说法又有不同：

> 大行，官名，秦时云典客，景帝初改云大行，后更名大鸿胪，武帝因而不改，故《汉书·景纪》有大鸿胪。《百官表》又云……按：此大行令即鸿胪之属官也。

这一问题说得可能还不很准确①。不过，《汉书·百官公卿表》有疏漏这一点是肯定的，关于大鸿胪的职掌就有疏漏。《汉书·百官公卿表》说是“掌诸归义蛮夷”。但是，《北堂书钞》卷五十四引《后汉书·百官志》云：

典客，秦官，秩中二千石。掌诸侯及四方归义蛮夷。

今本《后汉书·百官志》大鸿胪卿下“本注曰”同。《册府元龟》《太平御览》所引材料都有“诸侯”这一内容，《汉书·百官公卿表》显然有所疏漏。

大鸿胪的职掌不仅不限于“掌诸归义蛮夷”，甚至主要不是掌诸归义蛮夷。鸿胪，无论从名称的意义以及有关其职掌的具体记载看，都是如此。《通典》卷二十六注引应劭曰：

郊庙行礼，赞导九宾。鸿，声也；胪，传也。所以传声赞导，故曰鸿胪。②

在解释“景帝（中）二年令诸侯王薨、列侯初封及之国，大鸿胪奏谥、诔、策”时又引应劭曰：

皇帝建诸侯王，宾诸侯王，皆属大鸿胪。故其薨，奏其行迹，赐与谥及哀策诔之。③

又，《太平御览》卷二百三十二引韦昭《辨释名》曰：

鸿胪本故典客，掌宾礼。鸿，大也，胪，陈序也。欲以大礼陈序宾客也。④

---

① 应劭《汉官仪》两说都有，既说“景帝更名大行令，武帝改曰大鸿胪”（《初学记·职官部》引），又说“鸿胪景帝置”（《北堂书钞·设官部》引）。

② 《汉书·百官公卿表》注所引无后一句。

③ 《汉书·景帝纪》注所引文字小异。

④ 这是韦昭辨正刘熙的说法，刘熙《释名》曰：“腹前肥曰胪，此主王侯及蕃国，言以京师为心体，王侯蕃国为腹胪，以养之也。”《史记·孝景本纪》索隐又引韦昭云：“胪，附皮，以言其掌四夷宾客，若皮胪之在于外，附于身也。”不知这是韦昭又同意刘熙的解释，还是司马贞自己的看法，如果是司马贞的解释，他又在索隐《史记·礼书》时说：“大行，秦官，主礼仪。汉景帝改曰大鸿胪，鸿胪者掌九宾之仪也。”这一方面肯定了掌九宾之仪，另一方面又肯定景帝改曰大鸿胪。

各种解释比较一致的是说鸿胪掌宾礼，应劭还涉及了一些具体内容，讲得更详细的那就是《后汉书·百官志》的本注：

掌诸侯及四方归义蛮夷。其郊庙行礼，赞导，请行事，既可，以命群司。诸王入朝，当郊迎，典其礼仪。及郡国上计，匡四方来，亦属焉。皇子拜王，赞授印绶。及拜诸侯、诸侯嗣子及四方夷狄封者，台下鸿胪召拜之。王薨，则使吊之，及拜王嗣。

《后汉书·邓骘传》记载，骘班师回朝：

军到河南，使大鸿胪亲迎，中常侍赍牛酒郊劳，王、主以下候望于道。

在这样隆重的迎接之中，也是由大鸿胪亲自出迎，此当即以上“诸王入朝当郊迎，典其礼仪”的职掌，邓骘当时虽不是诸侯王，却是被封为大将军。

总之，诸侯王（包括被封为大将军的邓骘这类重要人物）入朝，迎、送、接待、朝会、封授等礼仪都是由大鸿胪掌管和安排的。同时四方郡国的上计之吏等等，也是由大鸿胪，或者说是其属官管理的，因为各地来的上计之吏，还要“观国之光”，甚至遇上朝会大礼也要参加，《后汉书·百官志》刘昭补注云：

永元十年，大匠应顺上言：“百郡计吏，观国之光，而舍逆旅、崎岖私馆，直装衣物，敝朽暴露，朝会邈远，事不肃给。昔（晋），霸国盟主耳，舍诸侯于隶人，子产以为大讥。况今四海之大，而可无乎?”和帝嘉纳其言，即创业焉。

又，蔡质《汉仪》曰：

正月，旦，天子幸德阳殿，临轩，公、卿、将、大夫百官各陪朝贺，蛮、貊、胡、羌朝贡毕，见属郡计吏，皆陛觐，庭燎，宗室诸刘杂会万人以上，立西面。位定，公纳荐，太官赐食酒，西入东出，既定，上寿，计吏中庭北面立，太官上食，赐群臣酒食……（以下记各种各样的舞乐）。①

这当是百郡计吏“观国之光”的内容之一。这些各地来的上计之吏，在西汉由大鸿胪的属官郡邸长丞（详后）接待和安排，东汉省郡邸长丞，但令大行令所辖之郎治郡邸②。

既然“掌诸侯”，即指诸侯（包括郡国上计吏）入京的迎、送、接待、朝会等事，那么所谓“掌归义蛮夷”，也是管蛮夷朝见的礼仪，即上引《汉仪》所说的“蛮、貊、胡、羌朝贡”。而蛮夷之受降等事，在秦和西汉的早中期都是由典属国负责的。《汉书·百官公卿表》云：

典属国，秦官，掌蛮夷降者。武帝元狩三年，昆邪王降，复增属国，置都尉、丞、候、千人，属官，九译令，成帝河平元年省并大鸿胪。

汉承秦制，设有典属国管理归义蛮夷，景帝时就有典属国公孙昆邪③，师古曰：“昆邪，中国人也。”武帝时之“复增属国”，当是指地方而言，官名属国都尉，与典属国不同。周寿昌《汉书注校补》云：

《武纪》，元狩二年秋，匈奴昆邪王来降，置五属国处之，此作三年，误。五属国者，安定、天水、上郡、西河、五原也。《宣纪》，神爵二年，置金城属国，以处降羌。五凤三年，置西河、北地属国，以处匈奴降者。凡属国皆都尉治之。

属国都尉的地位，大体与郡守相当，从刘歆历三郡守之后复为安定属国都尉④可知，他和郡守与典属国的关系有待进一步查考。典属国的地位，也

① 范晔：《后汉书》志第五，《礼仪中》注引，中华书局 1965 年版，第 3131 页。
② 范晔：《后汉书》志第二十五，《百官二》本注，中华书局 1965 年版，第 3584 页。
③ 班固：《汉书》卷五十四，《李广传》，中华书局 1962 年版，第 2439 页。
④ 班固：《汉书》卷三十六，《刘歆传》，中华书局 1962 年版，第 1973 页。

应该属于列卿，因为其秩为中二千石，《汉书·苏武传》说，苏武昭帝时被“拜为典属国，秩中二千石”。《后汉书·百官志》本注曰：“承秦有典属国，别主四方夷狄朝贡侍子。”则大鸿胪仅仅管朝会时的礼仪。后来，成帝河平元年（前28年）六月，“罢典属国，并大鸿胪”①。大鸿胪的职掌扩大了。

大鸿胪的属官，和诸卿一样，有丞，其地位也和诸卿之丞相同，《汉书·文三王传》记载说，天子在遣廷尉和大鸿胪杂问梁王立之罪以前，曾有“丞相长史、大鸿胪丞即问，王阳病抵谰置辞”的经过，由此可见，大鸿胪的丞和丞相的长史地位相当。其余属官有：

（一）行人、译官、别火三令丞

行人　武帝以后改为大行令，据上述师古所说“事之尊重者遣大鸿胪，而轻贱者遣大行”，则大行所掌与大鸿胪基本相同，只是有轻重的不同。正因为如此，东汉时仅设秩六百石的大行令一人，本注曰：“主诸郎，丞一人，治礼郎四十七人。”又省郡邸长丞后，“但令郎治郡邸”，一切具体事几乎都归大行令掌管了。

译官　和典属国的属官九译令一样，顾名思义，就是适应所谓蛮夷与内地语言不通的需要而设立的翻译官。王先谦《汉书补注》说：“《尚书大传》：周成王时，越裳氏重九译而献白雉。故以名官。”《汉书·儒林传》记载，周堪曾在宣帝时为译官令。

别火　别火究竟是什么意思?《汉书》注引如淳曰：“《汉仪注》：别火，狱令官，主治改火之事。”改火之事又是什么事呢？沈钦韩等人就改火之制提出过解释②，有人还写过《改火解》③，但均不能说明此官所掌之事。我们认为，火，即火食之火，《礼记·王制》：“东方曰夷，被发文身，有不火食者矣”，以及古兵制十人为火等都是一个意思，讲的是吃饭问题。在当时的官制中，少府有太官令之类的属官，就是管饮食的。此处曰别火，是别开火食的意思，当是所谓蛮夷的饮食习惯不同，因而需要另外开火。而此事，又是在归义蛮夷日多的武帝时期发生的，所以《汉书·百官公卿表》特别交代是武帝时“初置别火”。此项工作，当是从少府中分出

① 班固：《汉书》卷十，《成帝纪》，中华书局1962年版，第309页。
② 参阅《汉书补注》引。
③ 参阅刘宝楠《论语正义·阳货》。

来的。

(二) 郡邸长、丞

郡邸长、丞，师古曰："主诸郡之邸在京师者也。"《汉书补注》引钱大昭曰："郡国朝宿之舍，在京师者名邸。《文纪》至邸而议之。"《汉书·朱买臣传》记述了会稽郡邸的一些情况，邸中除了住有郡国上计掾史、守丞[①]之外，只有守邸。又，《封泥考略》卷一第29页有"郡邸长印"。关于郡邸问题，《汉书·百官公卿表》也有一个交代："初置郡国邸属少府，中属中尉，后属大鸿胪。"此郡邸的转属，可以旁证以上别火初置分自少府的说法。东汉的变化，是取消了长、丞，但令郎治郡邸。

此外，大鸿胪的属官见于《汉书》者还有：

使主客 成帝时，"上诏(金)岑，拜为使主客"[②]，注引服虔曰："官名，属鸿胪，主胡客也。"不知这是否成帝并典属国于大鸿胪之后的事，如果是省并典属国之后设此使主客代替其职掌，那么地位不会很低。再说，金岑拜此官之前，已是诸曹中郎将，而且又是他兄长金敞(卫尉)的"特意"推荐，这也可想见使主客一官的地位。

大鸿胪文学 平当"少为大行治礼丞，功次补大鸿胪文学"[③]。据《汉官》记载，大鸿胪有"员吏五十五人，其六人四科，二人二百石，文学六人百石，一人斗食，十四人佐，六人骑吏，十五人学事，五人官医"。大鸿胪文学为百石吏。

大行治礼丞 除了平当为此官之外，萧望之也曾为此官(见《汉书·萧望之传》)，但《汉书·张敞传》又说"望之为大行丞"。不知是大行治礼丞即大行丞，还是记萧望之官有误。

大行卒史 据《汉书·儒林传》记载："秩比二百石以上及吏百石通一艺以上补左右内史、大行卒史，比百石以下补郡太守卒史。"可见，大行卒史在属吏中的地位还是比较高的。

---

① 守丞一官，记载比较含混，注引服虔曰："守邸丞也。"张宴曰："汉旧郡国丞、长吏与上计吏俱送计也。"师古曰："张说是也，谓之守丞者，系太守而言也。"是守邸之丞，还是郡太守之丞，两说不一。观《汉书》之《王成传》《黄霸传》都提到"郡国上计长史守丞"云云，当以后者为是。

② 班固：《汉书》卷六十八，《金日磾传》，中华书局1962年版，第2963页。

③ 班固：《汉书》卷七十一，《平当传》，中华书局1962年版，第3048页。

东汉时大鸿胪属官的变化上面已经分别讲到，总的是省并了许多属官，各项具体事务，分别由大行令所主诸郎掌管，单治礼郎就有四十七人。其中又当有许多分工和等级，如《后汉书·百官志》注引《汉官》曰：

> 大行令有“员吏四十人”，“其四人四科，五人二百石，文学五人百石，九人斗食，六人佐，六人学事，十二人守学事”。

又引《东观书》曰：

> “主斋祠傧赞九宾。又有公室，主调中都官斗食以下，功次相补。”案卢植《礼注》曰：“大行郎亦如谒者，兼举形貌。”

除治礼郎外，还有上面提到的治郡邸的郎，译官、别火省后也当有郎分管其事。

附表十二：大鸿胪属官表

属官名称		职　掌	秩　次	备　考
大鸿胪丞		总署曹事。	西汉千石，东汉比千石	
行人令		主诸郎。	六百石	武帝太初元年（前104年）更名行人为大行令。
译官令（西汉）				东汉省。
别火令（西汉）		主治改火之事。		武帝太初元年（前104年）初置。东汉省。
郡邸长（西汉）		主诸郡之邸在京师者。		初属少府，中属中尉，后属大鸿胪。东汉省，但令郎治郡邸。
其他属官	使主客（西汉）	主胡客。		“上（成帝）诏（金）岑，拜为使主客。”（《汉书·金日磾传》）
	大鸿胪文学		百石	平当“少为大行治礼丞，功次补大鸿胪文学”（《汉书·平当传》）。

续表

属官名称		职　掌	秩　次	备　考
其他属官	大行卒史（西汉）			《汉书·儒林传》。
	大行治礼丞（西汉）			《汉书·平当传》。
典属国		别主四方夷狄朝贡侍子。	原秩中二千石，与大鸿胪同秩（《汉书·苏武传》）	成帝时并省大鸿胪。

第六节　大司农

大司农，秦名治粟内史，汉初因之①，景帝后元元年（前 143 年）更名大农令。武帝太初元年（前 104 年）更名大司农。王莽改名羲和，又改为纳言。东汉复名大司农。

秦汉时期，主管财政经济的官吏有两个，《急就篇》说："司农、少府国之渊。"颜师古注云：

> 司农领天下钱谷，以供国之常用；少府管池泽之税及关市之资，以供天子。……司此二者，百物在焉，故以深泉为喻也。

《汉官仪》也一再写道：

> 大用由司农，小用由少府。

> 田租刍稾以给经用、凶年，山泽鱼盐市税，少府以给私用。

从秦代开始设立的这两个官职，是我国古代官制发展史上的一个过

① 《汉书·百官公卿表》，高帝元年（前 206 年）"执盾襄为治粟内史"。

渡，也是中央财政经济机构变化过程中的一个过渡。首先，他们位列九卿①，地位比过去有所提高。据《宋书·百官志》记载："大司农……周则为太府，秦治粟内史。"《通典》卷二十六亦云："周则为太府下大夫。"这说明其在周只有下大夫的地位②。由地位较低的下大夫提到地位较高的卿，可以看出财政经济工作的重要，所谓"洪范八政，一曰食二曰货"，国家真正重视财经工作，当是从秦汉开始。所以此时是一个过渡，也是一个大转变。其次，同时设立两个官职，即所谓"国家财政"和"帝室财政"的区别③，这也是一个过渡。在专制主义中央集权的国家内，朕即国家，二者分开的情况是不能持久的，事实上东汉以后二者就逐渐混同起来了。再从后代有关官制的比较来看，其过渡性也是很清楚的，如果说少府的职掌"给供养"大体上相当于清代内务府的话（但内务府又不管"山海池泽之税"），作为管理全国财政经济的大司农，和后代户部等机构相比，其职掌是很有限的，好像仅仅管一管某些税收的保管和开支，而且其收入远远不及少府。虽然如此，大司农在秦汉史上仍起过其自己应有的作用。《汉书·百官公卿表》说大司农"掌谷货"，《后汉书·百官志》说得比较详细：

> 掌诸钱谷金帛诸货币。郡国四时上月旦见钱谷簿，其逋未毕，各具别之。边郡诸官请调度者，皆为报给，损多益寡，取相给足。

可见凡属国家钱谷租税等财政收入和支出，均归大司农掌管。尤其是西汉武帝时，大司农在国家财政经济方面起着非常重要的作用。《汉书·食货志》记其事云：

> 初置张掖、酒泉郡，而上郡、朔方、西河、河西开田官，斥塞卒六十万人戍田之。中国（中原地区）缮道馈粮，远者三千里，近者千余里，皆仰给大农。

---

① 《汉书·朱邑传》，邑为大司农，"身为列卿"。《后汉书·百官志》称为大司农卿。

② 《周礼·天官》："太府，下大夫二人，上士四人，下士八人，掌九贡、九赋、九功之贰。"郑玄注曰："太府为王治藏之长，若今司农矣。"

③ ［日］加藤繁：《汉代国家财政和帝室财政的区别以及帝室财政的一斑》，《中国经济史考证》第一卷，吴杰译，商务印书馆1959年版，第25～124页。

汉连出兵三岁……费皆仰大农。大农以均输调盐铁助赋，故能澹之。

置平准于京师，都受天下委输，召工官治车诸器，皆仰给大农。

于是，天子北至朔方，东封泰山，巡海上，旁北边以归，所过赏赐，用帛百余万匹，钱金以巨万计，皆取足大农。

诸农各致粟，山东漕益岁六百万石（汉初不过数十万石），一岁之中，太仓、甘泉仓满，边余谷。诸均输帛五百万匹，民不益赋而天下用饶。

《盐铁论·轻重》也说：

上大夫君（桑弘羊）与（以）治粟都尉管领大农事，灸刺稽滞，开利百脉，是以万物流通，而县官富实。

后来张敞追述当时的情况时也说：

昔先帝（武帝）征四夷，兵行三十余年，百姓犹不加赋而军用给。①

以上记载，都说明大司农对汉武帝的文治武功起了很大的作用。

秦和西汉时，大司农（治粟内史）之下都有两丞，这一点，《通典》写得比较清楚，卷二十六记载说：

丞，秦曰理（本作“治”，避唐高宗李治讳改）粟内史丞，有二人，汉为大司农丞，亦二人，或谓之中丞。

① 班固：《汉书》卷七十八，《萧望之传》，中华书局1962年版，第3277页。

大司农中丞，桑弘羊、耿寿昌都曾任过此官，成帝时还有常侍（王）闳曾为大司农中丞[①]。大司农丞和大司农中丞两个官名基本上是同时出现的，或者说一官两名，如桑弘羊，《汉书·食货志》说他是大司农中丞，《史记·平准书》则说他是大农丞。朱邑在为大司农之前，也曾为大司农丞[②]。武帝初年，大司农还叫大农令的时候，“以东郭咸阳、孔仅为大农丞”，或者称“盐铁丞孔仅、咸阳”[③]。加“盐铁”二字，当主要指“领盐铁事”而言。加藤繁说：

> 大农丞是辅佐长官的官职，从现在官职来说，就是副部长。我想，在登用孔仅、咸阳时，大约另外有正规的大农丞，因为两人的任务很重，就特别给与大农丞的待遇，专掌盐铁事务，名称就叫盐铁丞了。[④]

这当然也是一种解释。但是倒不如说，因为事关重大，由“副部长”级的官员亲自来抓。如“桑弘羊为大司农中丞，管诸会计事”[⑤] 即是如此。

大司农的各种属官，现根据《汉书·百官公卿表》的记载分述如下：

（一）太仓、均输、平准、都内、籍田五令、丞

太仓令、丞 顾名思义，太者大也，京师积谷之仓，不可或缺，所以高祖七年（前200年）二月，萧何一入长安，在治未央宫的同时就设立了太仓[⑥]。《通典》卷二十六说：

> 秦官有太仓令、丞，汉因之，属大司农，后汉令主受郡国传漕谷[⑦]。……历代并有之。

---

① 班固：《汉书》卷十，《成帝纪》，中华书局1962年版，第322页。

② 班固：《汉书》卷八十九，《朱邑传》，中华书局1962年版，第3635页。

③ 班固：《汉书》卷二十四下，《食货志下》，中华书局1962年版，第1164页。

④ ［日］加藤繁：《汉代国家财政和帝室财政的区别以及帝室财政的一斑》，《中国经济史考证》第一卷，吴杰译，商务印书馆1959年版，第40～41页。

⑤ 班固：《汉书》卷二十四下，《食货志下》，中华书局1962年版，第1168页。

⑥ 班固：《汉书》卷一下，《高帝纪》，中华书局1962年版，第64页。

⑦ 《后汉书·百官志》：“太仓令一人，六百石。本注曰：主受郡国传漕谷。丞一人。”

历代并有，如隋有令二人，唐有令三人。

均输令、丞和平准令、丞 这是两个相关联的机构，而且少府（或者水衡都尉）也有均输令，其分工如何很不容易弄清楚，据《汉书·食货志》说：

> 桑弘羊为治粟都尉，领大农，尽代（孔）仅斡天下盐铁。弘羊以诸官各自市相争，物以故腾跃，而天下赋输或不偿其僦费，乃请置大农部丞数十人，分部主郡国，各往往（《平准书》多“县”字）置均输盐铁官，令远方各以其物如异时商贾所转贩者为赋（《平准书》作“令远方各以其物贵时，商贾所转贩者为赋”），而相灌输。置平准于京师，都受天下委输。

再看注家关于平准、均输的解释，《史记索隐》解释平准说：

> 大司农属官有平准令丞者，以均天下郡国输敛，贵则粜之，贱则买之，平赋以相准输，归于京都，故命曰平准。

《史记集解》解释均输时引孟康曰：

> 谓诸当所输于官者，皆令输其土地所饶，平其所在时价，官更于它处卖之，输者既便而官有利。《汉书·百官表》大司农属官有均输令。

以上是分开解释的。《盐铁论·本议》的记载则是把二者连在一起说的：

> 大夫曰：往者郡国诸侯，各以其物贡输，往来烦杂，物多苦恶，或不偿其费，故郡置输官，以相给运，而便远方之贡，故曰均输。开委府于京，以笼货物，贱即买，贵即卖，是以县官不失实，商贾无所贸利，故曰平准。平准则民不失职，均输则民齐劳逸。故平准均输所以平万物而便百姓，非开利孔为民罪梯者也。

这是当时当事人的说明，应该是最确切的。

据上所述我们可以看出：第一，均输、平准官吏的设置，都是从武帝时开始的；第二，均输、平准所管之事，乃是各地各种贡物的管理、运输和平抑物价问题。

关于均输官的问题还应该多说几句。在桑弘羊的主持下，很多地方都设有盐铁官和均输官，如《汉书·地理志》千乘郡注云："有铁官、盐官、均输官。"这均输官之名当为均输长，《汉书·黄霸传》，霸曾"察补河东均输长"。又，《封泥考略》卷四第42页有"辽东均长"封泥，则是均输长亦可简称均长。《汉印文字征》第三卷第2页有"千乘均监"印。由此可见各郡均输官的名称为长、监。开始中央设有均输令、丞，委输京师之物由平准令掌管。均输令之设置，一是中央需要一个机构总管。大农部丞是分散的，不仅管各地均输，而且还要管盐铁，看来还是一个临时差遣性的（详后），所以需要一个总管机构。二是平准令原无管各地均输之任务，而且后来职掌又变化了，东汉省掉了均输，仅置平准令一人。《后汉书·百官志》本注曰："掌知物贾，主练染，作采色。"《后汉书集解》引惠栋曰：

> 刘熙《释名》云：平准令主染色，色有常平之法，故准而酌之。韦昭辨云：主平物价，使相依准。

王先谦在《汉书补注》中说："《续志》所言，已非前汉平准设官之义。"平准令职掌的变化，也是设均输令的原因之一。

都内令、丞　都内是京师藏钱之所，《汉书·张安世传》："诏都内别藏张氏无名钱以百万数。"注引文颖曰："都内，主藏官也。"在汉初都内原称为大内，《史记·景帝本纪》记载中元六年（前144年）改诸官名时说："更命……治粟内史为大农。以大内为二千石，置左右内官，属大内。"《史记集解》引韦昭曰："大内，京师府藏。"此时，当是治粟内史（大农）管农业，大内掌财货，两者是平行的机构。武帝以后，改大农为大司农，不仅管农业，也管财货，于是大内始改称都内，成为大司农属下掌管财货之官①。

---

① 于豪亮：《云梦秦简所见职官述略》，《文史》第八辑，中华书局1980年版。

籍田令、丞 据《汉书·文帝纪》记载，文帝二年（前178年）诏曰："夫农，天下之本也，其开藉田[①]，朕亲率耕，以给宗庙粢盛。"则籍田之事，在汉初是从文帝二年开始的。《汉旧仪补遗》记其事曰：

> 春始（日?），东耕于藉田……百官皆从，皇帝亲执耒耜而耕，天子三推，三公五，孤卿十，大夫十二，士、庶人终亩……为立藉田仓，置令、丞，谷皆给祭天地宗庙群神之祀，以为粢盛。

籍田令、丞之设大体如此。

（二）斡官、铁市两长、丞

关于斡官的职掌，注中说：

> 如淳曰："斡音筦，或作干（幹）。斡，主也，主均输之事，所谓斡盐铁而榷酒酤也。"晋灼曰："此竹箭干（幹）之官长也。均输自有令。"师古曰："如说近是也。纵作干（幹）读，当以干（幹）持财货之事耳，非谓箭干（幹）也。"

加藤繁从国家财政和帝室财政的区别着眼，认为斡官是专管盐铁之税的，后来连均输、酒专卖的事务也一并管理，斡官先属少府，中属主爵，后属大司农，这屡次变更，大约是随着盐铁制度的更改而产生的副产物[②]。这是比较合理的一个解释。不过，《汉印文字征》第六卷第7页有"干（幹）官泉丞"，以"泉丞"二字推断，或者斡官还掌铸钱之事。

关于铁市长、丞的职掌史无明文，但"铁市"二字字义很明，即关于铁器的买卖，铁市长、丞当是管理铁器买卖之官，不是一般管采铁、铸铁之官。汉武帝时，盐铁官营，民间之铁器也仰给于官府，故需设铁市长、丞管理，《盐铁论·水旱》的记载可以佐证：

---

① 王先谦《汉书补注》曰："官本藉作籍，注并同，藉、籍古书假借通用，故藉或为籍，据注，应本作籍，宋本作藉，当正作耤。《说文》耤下云：帝耤千亩也，古者使民如借，故谓之耤，从耒，昔声。藉下云，祭藉也，一曰艸不编狼藉。籍下云：簿书也。"

② ［日］加藤繁：《汉代国家财政和帝室财政的区别以及帝室财政的一斑》，《中国经济史考证》第一卷，吴杰译，商务印书馆1959年版，第41页。

县官鼓铸铁器大抵多为大器，务应员程，不给民用。

今县官作铁器多苦恶……民相与市买。

远市田器则后良时，盐铁价贵，百姓不便，贫民或木耕手耨，土耰啖食，铁官卖器不售，或颇赋与民。

由此可见，把官府制造的农具卖给农民，应该就是铁市长、丞的职掌。

（三）郡国诸仓、农监、都水，六十五官长丞

这些都是大司农所属各类有关农业（包括水利）的官吏。

诸仓 郡国诸仓即各地之仓，可考者有阳周仓①、定陶都仓②、海曲仓、略仓③等等。仓有仓长，如淳于意曾为齐太仓长④，张敞曾为甘泉仓长⑤。

农监 农监之名不可考，其本意当为监督农业之官，或者称为农官，《汉书·食货志》说："水衡、少府、太仆、大农、各置农官。"当时有许多不同名称的农官，如"代郡农长"、"梁菑农长"⑥、"稻农左长"⑦、"上久农丞"、"陇前农丞"⑧、"官田丞"⑨ 以及"稻田使者"⑩ 和"都田"⑪等等。

都水 少府也有都水，不知是否和"各置农官"一样"各置都水"，还是转属。东汉改隶郡国是没有问题的。其职掌，据《后汉书·百官志》说："有水池及鱼利多者置水官，主平水、收渔税。"都水官可考者有"蜀

---

① 容庚：《汉金文录》卷一，国立中央研究院历史语言研究所1931年版，第28页。

② 薛尚功：《历代钟鼎彝器款识》卷十八，辽沈书社1985年版，第402页。

③ 陈介祺：《十钟山房印举》举之二，商务印书馆1922年版，第56页。

④ 司马迁：《史记》卷一百五，《仓公列传》，中华书局1982年版，第2794页。

⑤ 班固：《汉书》卷七十六，《张敞传》，中华书局1962年版，第3216页。

⑥ 陈介祺：《十钟山房印举》举之二，商务印书馆1922年版，第45页。

⑦ 王常编，顾从德校：《顾氏集古印谱》卷二，明万历三年（1575年）顾氏芸阁刻本，第38页。

⑧ 刘体智：《善斋吉金录》卷中，第15页。

⑨ 陈介祺：《十钟山房印举》举之二，商务印书馆1922年版，第54页。

⑩ 《汉书·昭帝纪》："故稻田使者燕仓先发觉，以告大司农敞。"如淳曰："特为诸稻田置使者，假与民，收其税入也。"据原文亦可见稻田使者为大司农之属官。

⑪ 周明泰：《再续封泥考略》卷一，第60页。

都水”[1]、“安定右水长”[2]、“张掖水长”[3]、“张掖属国左卢水长”[4] 等。

还有“騪粟都尉，武帝军官，不常置”。《汉书·食货志》载武帝下诏曰“方今之务，在于力农”，并“以赵过为搜粟都尉。过能为代田……令命家田三辅公田，又教边郡及居延城”。注引李奇曰：“令离宫卒教其家田公田也。”又引韦昭曰：“居延，张掖县也。时有甲卒也。”搜粟都尉的任务之一就是在军士屯田中推行代田法，故曰武帝军官。官名都尉，也是一个军官称号。《汉书·食货志》还说：“故平都令光教过以人挽犁。过奏光以为丞，教民相与庸挽犁。”由此可知搜粟都尉也有丞为其副。又，“桑弘羊为治粟都尉，领大农”，疑搜粟都尉即治粟都尉。

大司农属官除《汉书·百官公卿表》所说之外，还有一些其他名称的属官，如：

大司农部丞，除前引桑弘羊“请置大农部丞数十人，分部主郡国，各往往置均输、盐铁官”的记载外，另一条是《汉书·平帝纪》元始元年（1年）的记载：置“大司农部丞十三人，人部一州，劝课农桑”。由这两条来看，其都是临时差遣性质的官吏，不是常置的，因为盐铁、农桑从中央到地方各有主管官吏。

大司农史[5]、大司农斗食属[6]等官，当是较低级的属官，师古曰：“斗食者禄少，一岁不满百石，计日以斗为数也。”故其甚或是属官的属官。

另外，虽未标明大司农属官，但也应当属于大司农，如榷酤之官，据《盐铁论·取下》记载：“贤良文学不明县官事，猥以盐铁为不便，请且罢郡国榷酤、关内铁官。奏可。”既然地方的盐铁官属大司农，榷酤官亦应属大司农无疑。

为了保卫边疆和屯田屯垦，西汉在边郡还设置农都尉和属国农都尉[7]、护田校尉[8]、屯田校尉、渠犁田官[9]、北假田官[10]、骍马田官[11]、候

① 西安汉城出土有“蜀都水印”封泥。

② 吴大澂：《十六金符斋印存》。

③ 西安汉城出土有“张掖水长章”。

④ 冯云鹏、冯云鹓：《金石索》金索五，《玺印之属》，清道光十六年（1836年）邃古斋刻本，第39页。

⑤ 《汉书·萧望之传》有大司农史李宫。

⑥ 《汉书·薛宣传》：“（宣）少为廷尉书佐、都船狱吏，后以大司农斗食属察廉，补不其丞。”

⑦ 详后第二编第二章“郡佐官”一节。

⑧ 劳干：《居延汉简考释·释文之部》卷一，《文书》，商务印书馆1949年版，第84页。

⑨ 班固：《汉书》卷九十六上，《西域传》，中华书局1962年版，第3874页。

⑩ 班固：《汉书》卷二十四上，《食货志》，中华书局1962年版，第1142页。

⑪ 劳干：《居延汉简考释·释文之部》卷一，《文书》，商务印书馆1949年版，第3页。

农令①、守农令②、劝农掾③等官。

东汉的大司农，卿一人，中二千石（《汉官》曰：员吏百六十四人）。据《后汉书·百官志》的记载，属官有很大的变化，主要有：丞一人，比千石；部丞一人，六百石，主帑藏④；太仓令一人，六百石，主受郡国传漕谷（《汉官》曰：员吏九十九人），丞一人；平准令一人，六百石，掌管物价（《汉官》曰：员吏百九十人），丞一人；导官令一人，六百石，主舂御米及作干糒（《汉官》曰：员吏百一十二人），丞一人；其余皆省。郡国盐铁官本属大司农，中兴皆改属郡县，和西汉（特别是汉武帝奢广之事）相比，一是简化了，二是地方权力增大了。

附表十三：大司农属官表

属官名称	职　掌	秩　次	备　考
大司农丞	总署曹事。	西汉千石，东汉比千石	西汉两丞，东汉一丞。
大司农部丞	武帝时桑弘羊请置大农部丞数十人，分部主郡国（《汉书·食货志》）。平帝元始元年置大司农部丞十三人，人部一州，劝农桑（《汉书·平帝纪》）。东汉大司农部丞一人，主帑藏。	东汉六百石	《古今注》曰：“建初七年七月，为大司农置丞一人，秩千石，别主帑藏。”如此则部丞应是而秩不同。
太仓令	主受郡国传漕谷。	东汉六百石	
均输令（西汉）	孟康曰：“均输，谓诸当所有输于官者，皆令输其地土所饶，平其所在时贾，官更于佗处卖之，输者既便，而官有利也。”		东汉省。

① 劳干：《居延汉简考释·释文之部》卷二，《簿录》，商务印书馆1949年版，第182页。

② 劳干：《居延汉简考释·释文之部》卷二，《簿录》，商务印书馆1949年版，第224页。

③ 劳干：《居延汉简考释·释文之部》卷一，《文书》，商务印书馆1949年版，第68页。

④ 刘昭注引《古今注》曰“建初七年七月，为大司农置丞一人，秩千石，别主帑藏”，则部丞应是而秩不同。应劭《汉官秩》亦云二千石。

续表

属官名称	职　掌	秩　次	备　考
平准令	掌知物贾，主练染，作采色。	东汉六百石	
都内令（西汉）	《汉书·张安世传》注引文颖曰："都内，主藏官也。"		
籍田令（西汉）	主籍田事。		
斡官长（西汉）	如淳曰："斡，主也，主均输之事，所谓斡盐铁而榷酒酤也。"		斡官初属少府，中属主爵，后属大司农。
铁市长（西汉）	主铁器买卖事。		
郡国诸仓长（西汉）	管理仓库之官。		《史记·仓公列传》淳于意为齐太仓长。《汉书·张敞传》张敞为甘泉仓长。
郡国农监（西汉）	管理农事之官。		《汉书·食货志》："水衡、少府、太仆、大农各置农官。"
郡国都水（西汉）	有水池及鱼利多者置水官，主平水，收渔税。		
盐　官（西汉）			东汉属郡县。
铁　官（西汉）			东汉属郡县。
导官令（东汉）	主舂御米，及作干糒。	六百石	
大司农史（西汉）			《汉书·萧望之传》有大司农史李宫。
大司农斗食属（西汉）			《汉书·薛宣传》薛宣以大司农斗食属察廉，补不其丞。

第七节 少府（附水衡都尉）

少府，秦官，两汉皆仍旧名，仅王莽时曾一度改为共工。《宋书·百官志》说：

> 少府……秦官也，汉因之，掌禁钱以给私养，故曰少府。

《册府元龟》也说：

> 秦少府掌山海地泽之税。少府之立，自此始也。

和《汉书·百官公卿表》说“少府，秦官”一样，各种记载一致认为，少府和大司农都是从秦开始设置的官职，其源出于周官太府。其职为“掌山海池泽之税，以给供养”，和大司农分工，专管所谓帝室财政。少府在居延汉简中皆写作小府，古义兼通，《汉书》中一般作少府。《汉官仪》说：“少府掌山泽陂池之税，名曰禁钱，以给私养，自别为藏。少者，小也，故称少府……小用由少府，故曰小藏。”“山泽陂池之税以供王之私用，古皆作小府。”我们在上一节已经提到，其实小府并不小，它的库藏比大司农多，它的机构也比大司农庞大。

关于少府的库藏，《汉书·王嘉传》说：

> 孝元皇帝，奉承大业，温恭少欲，都内钱四十万万，水衡钱二十五万万，少府钱十八万万……（元帝）赏赐节约……故少府、水衡见钱多也。

少府和水衡所管都属于帝室财政，二者加起来，多于大司农的都内藏钱。另外，桓谭《新论》说：

> 汉定以来，百姓赋敛，一岁为四十余万万，吏俸用其半，余二十万万，藏于都内，为禁钱，少府所领园地作务之八十三万万，以给宫

室供养诸赏赐。①

据此，则少府藏钱大大超过都内。

正因为库藏的这种差异，所以往往大司农穷乏，军国用度不足，需要动用少府禁钱来补充国用，甚至引起财政制度的某些变化。如《汉书·食货志》云：

> 大农上盐铁丞孔仅、咸阳言：山海，天地之藏，宜属少府，陛下弗私，以属大农佐赋。

这就引起了职掌上的变化，同时也必然要引起机构的调整，如《汉书·百官公卿表》说："初，斡官属少府……后属大司农。"而临时动用少府钱补充国用的事例更为常见，同上书《食货志》云：

> 于是公卿言：郡国颇被灾害，贫民无产业者，募徙广饶之地。陛下损膳省用，出禁钱以振元元，宽贷②，而民不齐出于南亩。

水旱饥馑赈恤费用，应该是大司农负担的，大司农都内钱也可称"禁钱"，此处联系"损膳省用"来看，当是少府禁钱。又《汉书·贾捐之传》记载他对元帝的奏文说：

> 臣窃以往者羌军言之，暴师曾未一年，兵出不逾千里，费四十余万万，大司农钱尽，乃以少府禁钱续之。

这是补充军国费用的明确记载，胡三省注《资治通鉴》，认为羌军乃指宣帝神爵元年（前61年）羌人反叛之事。宣帝时还有出内帑营造昭帝平陵的例子，《汉书·宣帝纪》：

---

① 引文据《太平御览》卷六百二十七，《治道部八》。

② 《史记·平准书》"贷"下有"赋"字。

(本始二年) 春，以水衡钱为平陵，徙民起第宅。

注引应劭曰：

水衡与少府皆天子私藏耳。县官公作，当仰给司农。今出水衡钱，言宣帝即位为异政也。

这不是什么异政，是出内帑以补国用，因为园陵工费，本来是由大司农负担的①。

再说少府的机构，其机构之大、属官之多，不仅超过大司农，在诸卿之中也居第一位，据《汉书·百官公卿表》记载，西汉少府有六丞，而别的机构直属长官的丞，则只有一个或者两个。丞一般协助长官处理本机构各项事务，设六个丞，说明事务繁多，需要分工管理，只是少府直属丞暂无可考，陈直《汉书新证》认为《封泥考略》中的"少府铜丞"② 和《居延汉简》中的"狱丞"③，是少府六丞中之两丞，可备一说。

今据《汉书·百官公卿表》的记载，依次分述少府属官于下：

(一) 尚书、符节、太医、太官、汤官、导官、乐府、若卢、考工室、左弋、居室、甘泉居室、左右司空、东织、西织、东园匠十二④官令、丞

这里，班固像叙述太仆的属官一样，用的是以类相从的办法。这一类基本上是管理宫廷内各种事务的属官。

尚书令、丞 此官地位前后变化很大，《汉书·百官公卿表》列此，主要是就秦和汉初的情况而言。《通典》曾大体上弄清了它的发展状况，其《职官四》说：

秦少府遣吏四人在殿中主发书，谓之尚书。尚，主也。汉承秦制。武帝游宴后庭，始用宦者主中书，以司马迁为之，中间罢其官以为中书

---

① [日] 加藤繁：《汉代国家财政和帝室财政的区别以及帝室财政的一斑》，《中国经济史考证》第一卷，吴杰译，商务印书馆 1959 年版，第 101 页。

② 吴式芬、陈介祺：《封泥考略》卷一，中国书店 1990 年版，第 40 页。

③ 劳干：《居延汉简考释·释文之部》卷一，《文书》，商务印书馆 1949 年版，第 107 页。

④ 十二乃传写之误，《汉书补注》引钱大昭曰："十二疑是十六，以左右司空分两官，亦是十七。"

之职。成帝建始四年，罢中书宦者，置尚书五人，一人为仆射，四人分为四曹，通掌图书、秘记、章奏及封奏，宣示内外而已，其任犹轻。后汉则为优重，出纳王命，敷奏万机，盖政令之所由宣，选举之所由定，罪赏之所由正……总领纲纪，无所不统……二汉皆属少府。

其原始职掌不过是“在殿中主发书”。《职官八》注说：

或云：秦置六尚，谓尚冠、尚衣、尚食、尚沐、尚席、尚书，若今殿中之任。

《职官八》本文又说：

始秦置六尚，有尚食焉（如淳曰：谓掌天子之物曰尚），后汉以后并其职于太官、汤官。

《通典》关于尚书最初情况的叙述，可能是根据沈约《宋书·百官志》的记载：

秦世少府遣吏四人在殿中主发书，故谓之尚书。尚，犹主也。汉初有尚冠、尚衣、尚食、尚浴、尚席、尚书，谓之六尚。战国时已有尚冠、尚衣之属矣。秦时有尚书令、尚书仆射、尚书丞，至汉初并隶少府。汉东京犹文属焉。

秦和汉初的尚书仅仅是“主发书”，与尚衣、尚食等共称六尚①，《通典》明确说后汉并尚食于太官、汤官，恐有误，至少西汉中期以后已经并了，其他几尚当也是如此，唯独尚书一名保留下来。但是西汉中期以后，其权力是逐渐加大了，《通典·职官四》说：

① 《汉书·周亚夫传》有尚席，应劭曰：主席者也。《汉书·惠帝纪》有尚食，注引“应劭曰：尚，主也，旧有五尚，尚冠、尚帐、尚衣、尚席亦如是。如淳曰：主天子物曰尚，主文书曰尚书，又有尚符玺郎也。《汉仪注》省中有五尚，而内官妇人有诸尚也”。

汉武帝时，左右曹诸吏分平尚书奏事，知枢要者始领尚书事。

其实据前所述，中间还曾一度“罢其官”，具体变化当还有一些，成帝时是又一次大的变化。像《汉官仪》记载那样：“尚书盖古之纳言”，“秦改称尚书，汉亦尊此官典机密也”，说得太笼统了，开始并不怎么尊重。地位尊重之后，禄秩当然也要提高，所以东汉的尚书令就是千石。虽然此官“二汉皆属少府”，但地位尊重之后，和少府并没有实际的隶属关系，只不过是如《后汉书·百官志》所说“以文属焉”。关于尚书的变化详见下第三章。

符节令、丞 《通典·职官三》记载说：

秦汉有符节令、丞，领符玺郎，文帝二年，初与郡守为铜虎符、竹使符之制，又皆属焉。后汉有符节令，两梁冠，位次御史中丞，别为一台，而符节令一人为台率，掌符节之事，属少府。

这反映了一个大概的发展过程。符节令，在秦时叫符玺令，《史记·李斯列传》记赵高行符玺令事就是证明，其所以改称为符节令，大约与文帝二年（前178年）之事有关，其职掌范围扩大了（不仅有玺、有符，还多了竹使符，节即竹节也）。因而其下必然领有符玺郎之类的属官，《汉书·霍光传》就有“尚符玺郎”，也就是具体掌管皇帝玺的郎：

光召尚符玺郎（师古曰：恐有变难，故欲收取玺），郎不肯授光。光欲夺之，郎按剑曰：“臣头可得，玺不可得也！”光甚谊之。明日，诏增此郎秩二等。

这种郎不止一个，《后汉书·百官志》有：

尚符玺郎中四人。（本注曰：旧二人在中，主玺及虎符、竹符之半者。）

这旧二人或者指西汉时事，还有其他员吏自不待言。东汉别为一台之后，掾史自然更多。东汉的符节令，也是文属少府。

太医令、丞 此官职掌十分清楚，那就是主医药。不过前述太常亦有太医，太常之太医主治百官之病，少府之太医则主治宫廷之病①。但有经验良方，亦可传布于各郡国，居延汉简有太医令遂、丞褒，下少府中常方简②。太医令、丞当然不会只有一两个医生，据《汉官》记载，有“员医二百九十三人，员吏十九人”。见于《汉书》的员医有太医监（《外戚传》）、侍医（《贡禹传》《张禹传》及《艺文志》）、女侍医（《宣帝纪》）、医工长（《燕刺王传》）、医待诏（《董贤传》）、乳医（《霍光传》）、本草待诏（《郊祀志》）等。从这些名称可以看出有等级的不同，也有分工的不同，如侍医、女侍医都是正式的员医，师古曰：“侍医，天子之医也。”而待诏，则恐怕只是候补性质，如《董贤传》所记之医待诏伍宏，似乎还未正式成为天子之医。至于医工长，师古曰：“医工长，王官之主医者也。”太医监的地位好像并不太高，《汉书·外戚传》说他“阑入殿中，下狱，当死”，是不能随便出入殿中的。至于乳医、本草待诏之类，显然是分工的不同，师古曰：“乳医，视产乳之疾者。”以上这些多是看病的医生，必然还有如《后汉书·百官志》所说的“药丞主药，方丞主药方”，本草待诏当属此类。另外，见于汉简、汉印者，有药长（《居延汉简释文》卷一，第 50 页）、药府（1952 年西安白家口早期汉墓出土）、药府藏和药藏府（《汉印分韵》续集）。药府当为药藏府之省文，药府藏与药藏府名称有颠倒，或时代略有先后。

太官令、丞 太官令又可简称太官，这从《汉书·霍光传》和《汉书·东方朔传》都可以看出。太官或写作大官，亦作泰官③。但《封泥考略》卷一第 36 页有“大官长丞”封泥，不称为大官令、丞，而称为大官长、丞，与《汉书·百官公卿表》不同。又同书同卷第 34 页有“大官丞印”封泥，丞是令或长的副职自无疑问，他协助令或长处理一些具体事务，如《汉书·东方朔传》记载说：

> 伏日，诏赐从官肉，大官丞日晏不来，朔独拔剑割肉……即怀肉

---

① 学界对这一问题有不同看法，沈钦韩《汉书疏证》认为：“太医令丞，太常已有之，疑此官先属太常，后属少府，班失刊正。”

② 劳干：《居延汉简考释·释文之部》卷一，《文书》，商务印书馆 1949 年版，第 107 页。

③ 刘体智《小校经阁金文拓本》卷十一第 42 页有“汉泰官鼎”。

去。大官奏之……

由此可见大官（令或长）是主持者，丞则具体负责分肉（当然不会亲自执刀，那是屠者之事）。《汉书·百官公卿表》又说“太官七丞”，这七丞是武帝时增设无疑，武帝前是一丞或者几丞不得而知。丞既可称太官丞，也可冠以其他具体职务名称，如《汉书·张安世传》有“太官献丞陈汤”（《汉书·陈汤传》作“太官献食丞”），苏林曰：“献丞，主贡献物也。”又有“大官中丞”之名，见《薛氏钟鼎款识》卷十八第11～12页“好畤鼎”。不知中丞何意？或者是第一副职的意思。太官的职务是“掌御饮食”，饮食牵涉的面很广，其下必还有一些属官，如《汉书·霍光传》就有食监：

诏太官上乘舆食如故，食监奏：未释服，未可御故食。复诏太官趣具，无关食监。太官不敢具，即使从官出买鸡豚。

太官虽是主管，但具体吃饭之事则由食监监督。类似食监之官必然还有，如《汉书·召信臣传》说：

太官园种冬生葱韭菜茹，覆以屋庑，昼夜爇蕴火，待温气乃生。

这种有温室设备的太官园，必有园监之类的官吏管理。太官还有“凌室”①，师古曰：“藏冰之室。”那也需要有人管理。又，监下还有丞，《汉印文字征》第八卷第12页有“大官监丞”封泥，此即监下之丞。《汉书·平帝纪》说元始元年（1年），“置少府海丞、果丞一人”。师古曰：“海丞，主海税也；果丞，掌诸果实也。”这是西汉末的变化。此前，果丞之职是隶属于汤官的。

汤官令、丞 关于汤官的记载不多，据《汉旧仪》记载：“太官供食，汤官供饼饵果实。”师古亦曰：“太官主膳食，汤官主饼饵。”似乎有所分工，汤官仅仅管正餐以外的饮食。《汉旧仪》又说：“太官主饮酒，皆令丞治。太官、汤官奴婢各三千人（疑为三十人），置酒，皆缇褠、蔽

① 《汉书·成帝纪》：“永始元年，春正月癸丑，太官凌室火。”

膝、绿帻。”这是说，正餐之饮酒由太官主持、供给，正餐外之饮酒，则有汤官主持、供给，因而各自都有奴婢“置酒”。汤官之属官可考者有“汤官饮监”①。西汉末年又专设了果丞，或者是果实职掌分出去了，或者是汤官取消了，《后汉书·百官志》明确说，东汉时省汤官令，但置汤官丞主酒。这样就职掌分明，不重复了。另外，见于金文的汤官，现存有汤官鼎，文云：“汤官，元康元年河东所造铜三斗鼎，重二十六斤六两，第二十五。”② 又有“绥和元年，供王昌为汤官造世炼铜黄涂壶”③。

导官令、丞 导官，当作簟官，“簟”为本字，从师古注“导官主择米”来看，当为从“禾”之字，《说文》：“簟，禾也，从禾道声。”《封泥考略》卷一第13页有“簟官丞印”，第36页有“簟官簟丞”封泥，可证“导”字原作“簟”。又《北堂书钞》卷五十五引《环济帝王要略》云“簟官令掌诸御米飞面也”，与封泥汉印合，职掌同师古注。《汉书》之《谷永传》《张汤传》均作导官，师古又注云：“导，择也，以主择米故曰导官。”此官职掌到东汉没有变化，《后汉书·百官志》导官令的本注曰：“主舂御米，及作干糒，导，择也。”不过，其东汉改属大司农。

乐府令、丞 《通典·职官七》说：“秦汉奉常属官有大乐令及丞，又少府属官并有乐府令、丞。”少府单独立署，显然是供皇帝私人和宫廷享用的，怀宁柯氏藏有“乐府”封泥，当为乐府令署公用之章。据《汉书·礼乐志》记载：“叔孙通因秦乐人，制宗庙乐。”这当是太常大乐令所管。“又有房中祠乐……孝惠二年，使乐府令夏侯宽备其箫管，更名曰安世乐。”则其为乐府所管④。这种区别，从哀帝时罢乐府官也可看出，诏曰：“郊祭乐及古兵法武乐，在经，非郑卫之乐者，条奏，别属他官。”于是丞相孔光、大司空何武，详细条奏了各种乐人“大凡八百二十九人，其三百八十八人不可罢，可领属大乐，其四百四十一人，不应经法，或郑卫之声，皆可罢。奏可”⑤。武帝时，一切奢广，故有三丞，其下必有许多员吏，据《汉书·张延寿传》记载：

---

① 吴式芬、陈介祺：《封泥考略》卷一，中国书店1990年版，第36页。

② 刘体智：《小校经阁金文拓本》卷十一，第56页。

③ 薛尚功：《历代钟鼎彝器款识》卷十九，辽沈书社1985年版，第415页。

④ 《汉书·礼乐志》又说武帝时“乃立乐府”，师古曰：“始置也，乐府之名盖起于此，哀帝时罢之。”或者名起于武帝，而实早已有之。

⑤ 班固：《汉书》卷二十二，《礼乐志》，中华书局1962年版，第1043页。

（张放）知男子李游君欲献女，使乐府音监景武强求不得，使奴康等之其家，贼伤三人。又以县官事，怨乐府游徼莽，而使大奴骏等四十余人，群党盛兵弩，白昼入乐府攻射官寺，缚束长吏子弟，斫破器物，宫中皆奔走伏匿，莽自髡钳，衣赭衣，及守令史调等，皆徒跣叩头谢放，放乃止。

由此可见，乐府又是官署之名，有官寺，其属官有音监，孟康曰：“音监，监主乐人也。”有游徼，师古曰：“乐府之游徼。”还有守令史以及各种长吏子弟。又《再续封泥考略》卷一第 11 页有“乐府钟官”封泥。事实上，从《汉书·礼乐志》看，既然有众多的各种各样的乐人，就必然分别有人主管，或者是分监管理。除了上述音监之外，《汉书·东方朔传》又有倡监，“幸倡郭舍人”就受倡监管理，师古曰：“幸倡，倡优之见幸遇者也。”[①] 在《汉书·霍光传》注中，师古又说：“倡，乐人也。”（《汉书·李延年传》注同）。同卷还有“发乐府乐器”的记载，乐器也是要人管理的。

若卢令、丞　“若卢”二字，以往注家未有解释[②]。1944 年，西安汉城遗址曾出“若卢令印”铜印，证明二字传写不误。其职掌为主治库兵及诏狱，师古注《汉书·百官公卿表》时写道：

服虔曰：若卢，诏狱也。邓展曰：旧洛阳两狱，一名若卢，主受亲戚妇女。如淳曰：若卢，官名也，藏兵器。《品令》曰：若卢郎中二十人，主弩射。《汉仪注》有若卢令，主治库兵将相大臣。

师古征引了各种说法，最后认为“如说是也”。但事实上还是《汉仪注》的说法比较全面，不过其最后“将相大臣”意义不明，据《后汉书·和帝纪》注所引《汉旧仪》作“主鞫将相大臣也”，意思就明白些。不论“受亲戚妇女”，或“鞫将相大臣”，都是诏狱。《汉书·王商传》就直称“若卢狱”，孟康曰：“若卢狱名属少府，黄门北寺是也。”东汉和帝永元九年

---

① 其幸运者如李延年“贵为协律都尉，佩二千石印绶，而与上卧起”（《汉书·李延年传》）。这当然是特殊例子。协律都尉这个官也是特殊的官，他不属任何官署，恐怕也是空前绝后的。

② 陈直《汉书新证》说：“疑所铸之兵器快利，若楚国之湛卢剑，因以名官。”

(97年)“复置若卢狱官”[1]，都是明证。说主治库兵或藏兵器也不错，《汉旧仪》有“若卢右丞，主治库兵”[2]之说，而《汉书·王吉传》谓吉“补若卢右丞”，二者正合。这就是说，若卢当有两丞，右丞主库兵，左丞或者就主诏狱。

考工室令、丞 考工室，武帝太初元年（前104年）更名考工。其职掌，臣瓒说是“主作器械”，所管细目不得其详。尽管同时还有其他一些主作器物的工官，但考工室所作器物必然不少。因为它要制造各种器物，当然要有制作场地，所以考工室不同于其他官吏，占地较多。田蚡就曾经“请考工地益宅。上怒曰：遂取武库。是后乃退”。师古曰：“考工，少府之属官也，主作器械。上责其此请，故谓之曰何不遂取武库，蚡乃退也。”[3]如考工之地不多，田蚡就不会有此请。因为制作器物多，所以其下属官也不少，《再续封泥考略》卷一第12页有“左工室印”封泥，第13页有“右工室丞”封泥，可知汉初考工室分为左、右。又，考工令所作的铜器，留存现在者最多，其属吏可考者有右丞、掾、佐、啬夫（见建昭雁足镫）、护工卒史（见竟宁雁足镫）、般长（见元康镫）、仓丞（见使者镫）等，其中以护工卒史地位最高。东汉，考工令一人，左、右丞各一人，转属太仆，其职掌也似乎略有变化，《后汉书·百官志》本注曰：“主作兵器弓弩刀铠之属，成则传执金吾入武库，及主织绶诸杂工。”

左弋令、丞 左弋当即佐弋，《史记·秦始皇本纪》有佐弋竭，又《秦汉瓦当文字》第12页有佐弋瓦，知左弋之左为省文。“左”、“佐”字同，左弋谓佐助弋射之事。颜注训为地名是错误的。《居延汉简考释·释文之部》第373页有“左弋弩力六百廿”的记载，可知左弋除掌助射弋外，还兼造一部分弓弩，且远输至边郡。武帝太初元年（前104年）改左弋为佽飞，有九丞两尉，是少府属官中丞最多的一个。关于其职掌，《汉书·宣帝纪》神爵元年（前61年）注中说得很清楚：

> 臣瓒曰：本秦左弋官也，武帝改曰佽飞官，有一令九丞，在上林

---

[1] 范晔：《后汉书》卷四，《和帝纪》，中华书局1965年版，第184页。

[2] 《后汉书·庞参传》：左校令庞参“坐法输作若卢”。后面又说：“前坐微法，输作经时。”这说明若卢既是诏狱，又制作器物。

[3] 班固：《汉书》卷五十二，《田蚡传》，中华书局1962年版，第2380～2381页。

苑中结矰缴以弋凫雁，岁万头，以供祀宗庙。许慎曰：佽，便利也。便利矰缴以弋凫雁，故曰佽飞。诗曰：抉拾既佽者也。师古曰：取古勇力人以名官，熊渠之类是也。亦因取其便利轻疾若飞，故号佽飞。弋凫雁事，自使佽飞为之，非取飞鸟为名，瓒说失之。

不论佽飞作何解释，其掌弋凫雁事自无问题，《汉书·元帝纪》初元二年（前47年）注所引如淳的说法与此相同，如淳曰：

《汉仪注》：佽飞具矰缴以射凫雁，给祭祀，是故有池也。

这是为“少府佽飞外池”所作的注。由此可见，佽飞还有外池，上林苑中之池当为内池，内池也恐怕不只限于上林苑，其他禁苑也有，怀宁柯氏藏有“宜秋左弋”封泥，这宜秋亦当是苑名，参以“宜春禁圃”印文以及“宜春下苑”[①] 等可证。佐弋（佽飞）之官署设在各种苑囿之内。西安汉城遗址出土有“佽飞官当”及“次蜚官当”两种（“次蜚”当即“佽飞”之假借字），亦可证官署之存在。或者左弋（佽飞）之九丞，分设在各苑囿之中。东汉减省了全部令、丞。

居室令、丞　居室在武帝太初元年（前104年）改为保宫。关于其职掌，历来注家很少解释，《史记·灌夫列传》集解曾引如淳曰：“《百官表》云：居室为保宫，今守宫也。”这是以东汉的守宫比居室（保宫），恐怕是不恰当的，因为《后汉书·百官志》守宫令的职掌“本注曰：主御纸笔墨，及尚书财用诸物及封泥”。这同《汉书》中所记的几条有关居室的材料看，不完全适合。《汉书·灌夫传》说：

（田）蚡乃戏（亦曰麾）骑缚夫……系居室。

《汉书·苏武传》：

加以老母系保宫。

---

① 班固：《汉书》卷九，《元帝纪》，中华书局1962年版，第197页。

《汉书·儒林传》：

> 乃诏周庆、丁姓，待诏保宫。

如果说这最后一条的保宫是和东汉守宫令一样的官署，那么“待诏保宫”还说得过去，但前两条之“系居室”、“系保宫”，和守宫令就不相干了。居室、保宫，顾名思义，当是管理宫内房屋的机构，或者宫内建筑，亦由此官负责。今居室令官署出土遗物很多，特别是有不少“居室”或者“居甲”、“居丙”的瓦片，和印有“居”字的“无极”瓦当。另外还有“居室丞印”封泥[①]。

甘泉居室令、丞 武帝太初元年（前104年）改曰昆台，有五丞，历来无注。甘泉居室则见于《史记》和《汉书》的《卫青传》，有注，但非常含糊不清。从官名推测，甘泉本秦之离宫，汉武帝时又加以增修，作为夏天避暑场所，因为宫室不少，也和长安城内宫殿一样，设有管理房屋的居室，名曰甘泉居室。

左、右司空令、丞 左、右司空，注家无注。《金石萃编》汉十八载有“右空”瓦当，《关中秦汉陶录》卷二下录有“右空”瓦片。右空或即右司空之简称，其职掌为造陶瓦。又，1958年在茂陵霍去病墓，清理出一批石刻像，有一石边刻“左司空”三大字篆书，则左司空兼造石刻工艺。秦始皇陵也曾发现左司空瓦片[②]，左右司空主造陶瓦，秦代已然。这样的职掌与司空之最早意义[③]是符合的。

东织和西织令、丞 东织、西织当是东织室令和西织室令的简称，《汉书·贡禹传》就称“东、西织室”。成帝河平元年（前28年），省东织室，只存西织室，单称为织室。东汉时又省织室令，但置丞。关于织室令的职掌，《汉书·宣帝纪》地节四年（前66年）的诏中提到东织室令史张赦，注引应劭曰：

---

① 吴式芬、陈介祺：《封泥考略》卷一，中国书店1990年版，第39页。

② 陈直：《汉书新证》，天津人民出版社1979年版，第99页。

③ 《汉书·百官公卿表》：“禹作司空，平水土。”师古曰：“空，穴也。主穿土为穴，以居人也。”

旧有东西织室，织作文绣郊庙之服。

《汉旧仪》云：

凡蚕丝絮，织室以作祭服。祭服者，冕服也。天地宗庙群神五时之服，皇帝得以作缕缝衣，皇后得以作巾絮而已。……故旧有东西织室作治。

《三辅黄图》曰：

织室在未央宫，又有东西织室，作文绣郊庙之服。有令史。

东园匠令、丞 东园匠，师古曰："主作陵内器物者也。"作为官署不当称东园匠，故《汉书·董贤传》注师古又曰："东园，署名也。"东园制作之器物，称为东园秘器，是丧葬时用的，师古引《汉旧仪》云：

东园秘器作棺梓，素木长二丈，崇广四尺。珠襦，以珠为襦，如铠状，连缝之，以黄金为镂；要以下，玉为柙，至足，亦缝以黄金为缕。

汉代的金缕玉衣，今已在汉墓中发现。

（二）胞人、都水、均官三长、丞

胞人掌宰割，虽是供应宫内肉食，但屠宰之事甚为污秽，故而不在宫内。《礼记·祭统》曰："胞者，肉吏之贱者也。"又脏又累的活，被视为下贱，故而长官为长、丞，以示比令、丞略低一等。少府的都水、均官，师古未曾解释，看来它们与少府"掌山海池泽之税"有关。太常亦有此二官，太常之均官，注引服虔曰："主山陵上稿输之入官也。"都水在东汉属郡国以后，"主平水收渔税"，这两个属官，具体职掌可能有些不同，但其中有山水之税（均官还可能包括市税）应是无可疑义的。山海池泽之税本是一件大事，主持者不是令，而是地位略低的长，这一方面是内外有别，宫外之官不如宫内官地位高，另一方面还因为少府的收入不完全靠此二官，如武帝之前，山泽中的大宗收入盐铁，就有斡官掌管，后改属大司农了。

（三）上林中十池监

这是众多的少府属官中具体而微的例子。上林苑本来是秦代的苑，秦亡后废弃，武帝时把它改造扩充，成为一个周围绵亘三百余里的大苑，苑中的宫殿有七十余所，有山，有川，也有池沼森林，据《三辅黄图》记载，上林苑中有初池、麋池、牛首池、蒯池、积草池、东陂池、西陂池、当路池、犬台池、郎池等十池，实际可能还不止此数（因为陆续增筑）。如《汉旧仪》云："上林苑中，有昆明池、镐池、牛首渚池。"又《汉书·孝宣许皇后传》云：

许皇后当娠，病。女医淳于衍者，霍氏所爱，尝入宫侍皇后疾。衍夫赏为掖庭户卫，谓衍"可过辞霍夫人行，为我求安池监"。

这是池监的具体记载①。我们知道，监的地位又略低于令、丞、尉。东汉设一上林苑令统管，是制度上的进一步完善。

（四）中书谒者、黄门、钩盾、尚方、御府、永巷、内者、宦者七（当作"八"）官令、丞

班固所举这一类属官，有一定特殊性，有一些职掌与他官重复，多半是左右亲近或者宦者为之，此类属官到东汉都只是"文属少府"，有它的独立性，其中有一些变化还很大。

中书谒者 此官从汉武帝时开始设置，《后汉书·百官志》的尚书令条下本注曰：

承秦所置，武帝用宦者，更为中书谒者令。成帝用士人，复故。掌凡选署及奏下尚书曹文书众事。

《通典》卷二十一《职官三》云：

中书之名，因汉武帝游宴后庭，始以宦者典事尚书，谓之中书谒

① 刘体智《善斋吉金录·玺印》卷中第1页有"上林郎池"印，则是郎池有署之证明。

者，置令、仆射。元帝时令弘恭、仆射石显秉势用事，权倾内外。萧望之以为中书政本，宜以贤明之选，更置士人，自武帝故用宦者，掌出入奏事，非旧制也。成帝建始四年，改中书谒者令曰中谒者令，更以士人为之，皆属少府。

《汉书·成帝纪》建始四年（前29年）“罢中书宦者”注引臣瓒曰：

汉初，中人有中谒者令，孝武加中谒者令为中书谒者令，置仆射。宣帝时，任中书官弘恭为令，石显为仆射。元帝即位数年，恭死，显代为中书令，专权用事，至成帝乃罢其官。

以上几条各有详略，综合起来可以看出：第一，中书之名起于武帝，以原有的中谒者为中书谒者，代替尚书掌出入奏事，即所谓典机要，但尚书之官并未废掉。第二，中书谒者令又简称中书令①。第三，成帝时“复故”，一是复尚书出入奏事之故，二是复用士人之故，并且明确说是罢中书令这个官，或者复故改中书谒者令为中谒者令。剩下的只有一个问题，设中书令时，尚书令罢过没有？看来，权力虽有转移，尚书之名并未废除。

黄门 黄门是宫廷中之禁门，《通典》卷二十一《职官三》的记载说：

凡禁门黄闼，故号黄门；其官给事于黄闼之内，故曰黄门侍郎。初，秦汉别有给事黄门之职，后汉并为一官，故有给事黄门侍郎，掌侍从左右，给事中使，关通中外。及诸王朝见于殿上，引王就座②。无员，属少府。

《汉书·霍光传》“黄门画者”下注中说：

师古曰：“黄门之署，职任亲近，以供天子，百物在焉，故亦有

① 《汉书·盖宽饶传》说“信任中尚书宦官”，王先谦据此认为武帝时是以中书兼尚书之任，故曰中书令，否定《后汉书》更尚书为中书之说。其实《后汉书》只不过是没写清楚，中尚书之名还是有的。

② 《汉书·孔光传》“黄门令为太师省中坐置几”，可见黄门令管“就座”之事。

画工。”

因为黄门“职任亲近，以供天子，百物在焉”，一切都要经过黄门，所以黄门掌管着种种复杂繁多的事情。不只有画工，凡有一艺一能之士，都在这里等待诏令。如养马，有黄门马监（《汉书·金日磾传》）；倡优，有黄门倡监（《汉书·东方朔传》）。此外还有黄门书者及黄门书者假使（《汉书·艺文志》）等等。又据《汉书·地理志》，粤地有译长亦属黄门。黄门因为有署，凡在黄门停留的，都称为待诏黄门，在黄门办公的，都可以加上黄门称号，如《汉书·苏武传》中的黄门驸马，师古曰：“天子驸马之在黄门者也。”

钩盾 关于钩盾的职掌，师古曰：“钩盾，主近苑囿。”西汉有五丞两尉，大概不是掌管甘泉、上林那样的大苑囿，而是总管京城附近的小苑囿。这从《后汉书·百官志》所记的情况可以看得很清楚：

钩盾令一人，六百石。本注曰：宦者，典诸近池苑囿游观之处。丞、永安丞各一人，三百石。本注曰：宦者，永安，北宫东北别小宫名，有园、观。苑中丞、果丞、鸿池丞、南园丞各一人，三百石。本注曰：苑中丞主苑中离宫，果丞主果园。鸿池，池名，在洛阳东二十里。南园在洛水南。濯龙监、直里监各一人，四百石。本注曰：濯龙亦园名，近北宫。直里亦园名也，在洛阳城西南角。

由此可见，东汉钩盾令的属官比西汉更多。等而下之的属官当然还有，如钩盾冗从即是，见《汉书·艺文志》。

尚方 师古说：“尚方主作禁器物。”作什么样的禁器物呢？和考工、东园等制作器物有何不同呢？《汉书·董贤传》说：“武库禁兵，上方珍宝，其选物上第，尽在董氏。”这里的上方即尚方。其所制作，当系镂镶金银珠玉等贵重物品。所以《后汉书·百官志》尚方令本注曰：“掌上手工作御刀剑诸好器物。”皇帝用的诸好器物，可以出土之物为证。《汉金文录》卷一第1页有元狩元年（前122年）中尚方造建昭宫鼎；同书卷二第25页有太初二年（前103年）中尚方造骀荡宫壶。《簠斋吉金录》卷五“钟三”有始建国四年（12年）中尚方造铜钟。《陶斋吉金录》卷六第61

页有汉建始二年（前 31 年），中尚方造鐎斗。阮氏《积古斋钟鼎彝器款识》卷九第 26 页有永光二年（前 42 年）中尚方造雁足镫。《小校经阁金文拓本》卷十三第 75 页有光和四年（181 年）左尚方造银锭。《金石索》金索二第 27 页有元康元年（前 65 年）右尚方弩机（左尚方、中尚方亦有弩机，不一一列举）。此外，如《汉书·朱云传》云："臣愿赐尚方斩马剑，断佞臣一人以厉其余。"除银锭之外，鼎、壶、钟、镫、鐎斗，大概都是镂镶金银的上好器物，尚方所造的弩机、宝剑①也必是上好的精品。

从出土物看，有左、中、右三尚方，《通典》卷二十七《职官九》云："秦置尚方令，汉因之……汉末分中、左、右三尚方。"此说不确，尚方分中、左、右当始于武帝之时。

御府　师古曰："御府，主天子衣服也。"在《汉书·王莽传》中他又作注说："御府有令丞，少府之属官也，掌珍物。"是其既主衣服，又掌珍物。实际上这些还不是御府的全部职掌，甚至不是其主要职掌。《史记·孝文本纪》后元六年（前 158 年）：

> 群臣如张武等，受赂遗金钱，觉。上乃发御府金钱赐之，以愧其心。

《史记·平准书》：

> 县官不给，天子乃……出御府禁藏以赡之。

《史记·三王世家》：

> 虚御府之藏，以赏元戎。

又《汉书·贾山传》：

> 发御府金，赐大臣宗族。

---

① 《汉书·韩延寿传》："延寿又取官铜物，候月蚀铸作刀剑钩镡，放效尚方事。"

《汉书·霍光传》：

发御府金钱、刀剑、玉器、采缯，赏赐所与游戏者。与从官、官奴夜饮，湛沔于酒。

《汉书·王莽传》：

禁列侯以下，不得挟黄金，输御府受直。

据此可知，御府的职掌，是由金钱的管理及于刀剑、玉器、采缯的管理，其中以金钱为主，可以说御府是少府的金钱库，掌管金钱出纳，同时也管衣服和其他珍物的出纳。《汉书·霍光传》又说：

使中御府令高昌，奉黄金千斤，赐君卿。

同书《谷永传》也有“中御府”，则御府亦称中御府，中是宫中的意思。

永巷 武帝太初元年（前104年）改命掖庭。《汉书·高后纪》注：

如淳曰：“《列女传》：周宣姜后脱簪珥，待罪永巷。后改为掖庭。”师古曰：“永，长也，本谓宫中之长巷也。”

应劭《汉官仪》曰：

婕妤以下皆居掖庭。

掖庭后宫所处。

宫中长巷深处即所谓后宫，婕妤以下皆居之，这里有很多宫女，掖庭令即管有关宫女的事务，所以《后汉书·百官志》本注特别说明是宦者为之，西汉理当如此，自不待言。因为宫女人多，事务繁剧（当然多是杂务，如饮食、被服、器物都有专职管理），所以掖庭有八丞，东汉更是一分为二，既有掖庭令“掌后宫贵人采女事”，又有永巷令“典宫婢侍使”。据《汉书》记载，其属官有掖庭户卫（《孝宣许皇后传》）、掖庭狱丞和掖庭牛官令（《孝成赵皇后传》）、少内啬夫（《丙吉传》）、暴室丞和暴室啬夫（《宣帝纪》）等。关于少内啬夫之少内，师古注云：“少内，掖庭主府藏之官也”，或者可以说是后宫的小仓库。关于暴室啬夫，《宣帝纪》的注说：

> 应劭曰：“暴室，宫人狱也，今曰薄室。许广汉坐法腐为宦者，作啬夫也。”师古曰：“暴室者，掖庭主织作染练之署，故谓之暴室，取暴晒为名耳。或云薄室者，薄亦暴也。今俗语亦云薄晒。盖暴室职务既多，因为置狱主治其罪人，故往往云暴室狱耳。然本非狱名，应说失之矣。”

师古关于暴室主织作染练的解释可备一说，但《后汉书·百官志》的本注又说：

> 暴室丞，主中妇人疾病者，就此室治，其皇后贵人有罪，亦就此室。

所谓“幽之永巷”，永巷是后宫的总名，具体地点也许就在暴室，因而不论暴室的原始意义是什么，其为罪人狱所这一点是可以肯定的。

内者 内者的职掌，《汉书·百官公卿表》及其注均未说明。《后汉书·百官志》本注曰：“掌宫中布张诸衣物。”① 应劭《汉官仪》曰：“内者主帷帐。”这“布张”二字如果不误，那么内者的职掌应该是管理宫中的各种布置，帷帐也可以讲通，从《汉书·王莽传》的记载也可看出这一点：

> 未央宫置酒，内者令为傅太后张幄，坐于太皇太后坐旁。莽案行，责内者令曰：“定陶太后藩妾，何以得与至尊并！”撤去更设坐。

---

① 《三辅黄图》引《后汉书》曰：“掌宫中步帐亵物。”

布置需要帷帐，也需要其他器物，从出土物看：《金石索》金索三第52页有“甘泉内者镫”。《汉金文录》卷三第25页有“内者乐卧行镫”（疑为长乐宫内者卧室所用）。又同书同卷第27页有“温卧内者未央尚浴府乘舆金行烛盘”（疑为未央宫内者温室所用）。由此可见，内者掌有各种器物，同时，各宫皆有内者管“布张”，统属于少府内者令丞。此外，蓝田出土有“将行内者”陶器，或者内者令在西汉初期曾一度属于大长秋？

宦者 宦者就是阉人，宫内特别是后宫之内，由宦者服各种杂役，人数当然很多，故有丞七人。《续封泥考略》卷一第14页有“北宫宦者”封泥，盖各宫皆有宦者，因宫名不同而有不同名称，统属于少府令丞。宦者令自然也有其办公地点，即宦者署，《汉书·苏武传》待诏宦者署注云：“师古曰：《百官公卿表》少府属官有宦者令丞，以其署亲近，故令于此待诏也。”

（五）诸仆射、署长、中黄门

班固在《汉书·百官公卿表》中所谓“诸仆射、署长、中黄门皆属焉”，应读作“诸仆射、诸署长、诸中黄门皆属焉”。仆射实际是和令、长一样，是某一部门官吏的头目，如《后汉书·百官志》的中黄门冗从仆射即是。究竟有哪些仆射属于少府，史无明文，至于虎贲中郎将的左右仆射、谒者仆射等是否属少府，也难以断定，多半不包括。

署长也是如此，有各种各样的署长，如《后汉书·百官志》所记：“黄门署长、画室署长、玉堂署长各一人。丙署长七人……本注曰：宦者，各主中宫别处。”这就是诸署长，东汉是沿袭西汉之制。见于《汉书》的还有孟喜为曲台署长①，当也和以上诸署长一样。至于郎署长②和郎中署长③之类是否属少府也是问题。

中黄门，师古曰：“奄人居禁中，在黄门之内给事者也。”《后汉书·百官志》本注说，这种“掌给事禁中”的中黄门都是宦者为之，而且“无员”，数量上是没有限制的，这是给某些宦者加的头衔之一，以区别于一般宦者，有一定身份（东汉由比百石增至比三百石），也更为亲信。

以上就是西汉少府属官的主要情况，其中也有些顺便谈到了东汉。不

---

① 班固：《汉书》卷八十八，《儒林传》，中华书局1962年版，第3599页。
② 班固：《汉书》卷四十九，《爰盎传》，中华书局1962年版，第2271页。
③ 班固：《汉书》卷五十，《冯唐传》，中华书局1962年版，第2312页。

难看出，少府事务繁杂，其组织机构在诸卿中最为庞大，属官最多，这是因为它管理皇帝的私产和私自供养，居于禁中，最接近皇帝，是皇帝的总管。到东汉，根据皇帝的需要，少府又有特殊的发展，表面看，省减了一些属官，也分了某些属官出去，实际上又增加和扩大了一些属官，机构更加庞大了。东汉少府属官的变化，主要有以下几点：

第一，掌管天子供养以及有关宫廷杂务的属官，一方面基本照旧，另一方面有所调整。这类官如太官、太医、掖庭、御府、钩盾、内者、尚方以及符节等，虽是原有的，也有不少变化，如：西汉汤官之合并于太官（导官当也合并于此）；永巷又从掖庭中分离出来；上林苑令之设，是把上林十池监总管起来；御府令的职掌变化了，变成"典官婢作中衣服及补浣之属"，西汉织室令的职掌也合并于此，设织室丞专管，而西汉时御府令的职掌，则另设中藏府令掌管；尚方令似乎把考工、东园匠的职掌包括进来了（当然考工已转属太仆，但宫内的恐怕还属于尚方）；新增设了守宫令和祠祀令，守宫令"主御纸笔墨及尚书财用诸物及封泥"，祠祀令"典中诸小祠祀"。

第二，宦者令虽然取消了，但宦者的官更多，如《后汉书·百官志》所说：

中常侍，千石。本注曰：宦者，无员。后增秩比二千石。掌侍左右，从入内宫，赞导内众事，顾问应对。

小黄门，六百石。〔本注曰：〕宦者，无员。掌侍左右，受尚书事。上在内宫，关通中外，及中宫已下众事。诸公主及王太妃等有疾苦，则使问之。

黄门令一人，六百石。本注曰：宦者。主省中诸宦者。丞、从丞各一人。本注曰：宦者。从丞主出入从。

黄门署长、画室署长、玉堂署长各一人。丙署长七人。皆四百石，黄绶。本注曰：宦者。各主中宫别处。

中黄门冗从仆射一人，六百石。本注曰：宦者。主中黄门冗从。居则宿卫，直守门户；出则骑从，夹乘舆车。

中黄门，比百石。本注曰：宦者，无员。后增比三百石。掌给事禁中。

这些可以说是由西汉黄门、宦者二署发展出来的官，数量往往“无员”，那就是比较多。其他还有一些官署，也明确由宦者担任长官了，如：

掖庭令一人，六百石。本注曰：宦者。掌后宫贵人采女事。左右丞、暴室丞各一人。本注曰：宦者。暴室丞主中妇人疾病者，就此室治；其皇后、贵人有罪，亦就此室。

永巷令一人，六百石。本注曰：宦者。典官婢侍使。丞一人。本注曰：宦者。

御府令一人，六百石。本注曰：宦者。典官婢作中衣服及补浣之属。丞、织室丞各一人。本注曰：宦者。

钩盾令一人，六百石。本注曰：宦者。典诸近池苑囿游观之处。丞、永安丞各一人，三百石。本注曰：宦者。

由此可见，东汉时少府的许多属官都是由宦者担任的，东汉宦官的势力日益增大，因而往往酿成祸乱，从这里也可看出端倪。

第三，东汉少府属官中，一些助理有关国政事务的官吏，数量增多了，地位大大提高了，这些是：

侍中，比二千石。本注曰：无员。掌侍左右，赞导从事，顾问应对。法驾出，则多识者一人参乘，余皆骑在乘舆车后。本有仆射一人，中兴转为祭酒，或置或否。

给事黄门侍郎①，六百石。本注曰：无员。掌侍从左右，给事中，关通中外。及诸王朝见于殿中，引王就坐。

符节令一人，六百石。本注曰：为符节台率，主符节事。凡遣使掌授节。尚符玺郎中四人。本注曰：旧二人在中，主玺及虎符、竹符之半者。符节令史，二百石。本注曰：掌书。

兰台令史，六百石。本注曰：掌奏及印工文书。

此外，更重要的还有千石的尚书令、六百石的尚书以及尚书左右丞、侍郎、令史（详见本编第三章尚书台一节），还有千石的御史中丞（详见本编第一章御史大夫一节）。这些地位相当高的官吏，有的虽然只是顾问、参谋性质，但有的则是掌握了政治实权的，严格说来，他们并不是少府属官，所以《后汉书·百官志》说他们是“文属少府”。但是他们大多是从少府属官中发展出来的，只是因为他们是皇帝左右亲近，所以地位日益提高，权力日益增大，以后自然脱离少府，单独发展了。如尚书最初不过是掌管皇帝章奏的小吏，终两汉之世，虽均属少府，但至东汉，其职权和组织实际上已代替了丞相、御史二府。后代总管国家行政事务的尚书令、仆射与分管政务的吏、户、礼、兵、刑、工六部尚书，均由此发展而来。又如御史中丞，西汉本属御史大夫，御史大夫转官司空实权旁落之后，御史中丞领侍御史入侍兰台，文属少府。后来遂发展为御史台以至都察院。侍中，西汉时不过是加官，东汉则发展为侍中寺，亦文属少府。魏晋以后的门下省即由此发展而来。

《后汉书·百官志》本注曰：“职属少府者，自太医、上林凡四官。自侍中至御史皆以文属焉。”如果把这些文属少府的特殊属官除开，少府的主要职掌，仍然主要是在宫中供养等事务。

第四，东汉少府的财政事务大大减少了，或者说财政收入这方面的事务基本上没有了，只有支出一个方面了。《后汉书·百官志》本注曰：

---

① 黄门侍郎上有“给事”二字，各本都断到上文中常侍条下，写作“顾问应对给事”，从制度上乃至上下文义来看，似应断在下句，写作“给事黄门侍郎”。

承秦，凡山泽陂池之税，名曰禁钱，属少府。世祖改属司农。考工转属太仆。都水属郡国。

实际上山泽陂池之税如盐、铁，从汉武帝时起已属大司农。原来西汉时少府还有农官，后来大概也一并转属大农或者郡国了。均官也没有了。御府名虽存在，实际职掌也有变化，虽有中藏府令“掌中币帛金银诸货物”，一个“中”字多少可以看出一点消息，也许只是一个宫内保管之类的机构，数量相对减少了，财政来源或者是从大内之类的机构调拨而来。可以说其基本上不再管收入这一方面。国家财政和帝室财政分开这一点，在东汉看来是不存在了。所以东汉少府卿的职掌也就发生了变化，《后汉书·百官志》本注曰：“掌中服御诸物、衣服、宝货、珍膳之属。”也就是说其只管杂务，不再专管帝室财政了。

附表十四：少府属官表

属官名称		职　掌	秩　次	备　考
少府丞		总署曹事。	西汉千石，东汉比千石	西汉六丞，东汉省五。
尚书令		承秦所置，掌凡选署及奏下尚书曹文书众事。	西汉六百石，东汉千石	东汉时，公为之者，增秩二千石。
佐属	尚书仆射	署尚书事，令不在则奏下众事。	东汉六百石	
	尚　书	西汉四至五人，东汉六人，分曹理事。	东汉六百石	
	左右丞	左丞主吏民章报及驺伯史。“总典台中纲纪，无所不统。”右丞假署印绶，及纸笔墨诸财用库藏。又“右丞与仆射对掌授廪假钱谷，与左丞无所不统”。	四百石	西汉有四丞。
	尚书郎（西汉）	“尚书郎，西汉旧置四人，以分掌尚书。”（《晋书·职官志》）		

续表

属官名称		职　掌	秩　次	备　考
佐属	尚书侍郎（东汉）	东汉尚书侍郎三十六人，一曹有六人，主作文书起草。	四百石	
佐属	尚书令史	东汉尚书令史十八人，曹有三，主书。	东汉二百石	《宋书·百官志》："令史盖前汉官也。"
符节令		为符节台率，主符节事，凡遣使，掌授节。	东汉六百石	
佐属	尚符玺郎中（东汉）	旧二人在中，主玺及虎符、竹符之半者。		
佐属	符节令史（东汉）	掌书。	二百石	
太医令		掌诸医。	东汉六百石	
佐属	药　丞（东汉）	主药。		
佐属	方　丞（东汉）	主药方。		
太官令		主膳食。	东汉六百石	荀绰《百官表注》曰："汉制，太官令秩千石，丞四人，秩四百石"，不与志同。
佐属	左　丞（东汉）	主饮食。	四百石	西汉太官有七丞。
佐属	甘　丞（东汉）	主膳具。	四百石	
佐属	汤官丞（东汉）	主酒。	四百石	
佐属	果　丞（东汉）	主果。	四百石	
汤官令（西汉）		主饼饵。		东汉省汤官令，置丞，属太官令。

续表

<table>
<tr><th>属官名称</th><th>职　掌</th><th>秩　次</th><th>备　考</th></tr>
<tr><td>导官令
（西汉）</td><td>主择米。</td><td></td><td>东汉导官令隶属大司农。</td></tr>
<tr><td>乐府令
（西汉）</td><td>主乐。</td><td></td><td>乐府有三丞。绥和二年，哀帝省乐府。</td></tr>
<tr><td>若卢令
（西汉）</td><td>如淳曰：“若卢，官名也，藏兵器。”《汉仪注》有若卢狱令，主治库兵将相大臣。</td><td></td><td></td></tr>
<tr><td>考工室令</td><td>主作兵器弓弩刀铠之属。</td><td></td><td>武帝太初元年更名考工室为考工。东汉隶属太仆。</td></tr>
<tr><td>左弋令
（西汉）</td><td>掌弋射。</td><td></td><td>武帝太初元年改称佽飞，有九丞两尉。东汉省。</td></tr>
<tr><td>居室令
（西汉）</td><td>当是管理宫内房屋之官。</td><td></td><td>武帝太初元年改称保宫。</td></tr>
<tr><td>甘泉居室令
（西汉）</td><td></td><td></td><td>武帝太初元年改称昆台，有五丞。东汉省。</td></tr>
<tr><td>左右司空令
（西汉）</td><td>当为制作陶瓦之官。</td><td></td><td></td></tr>
<tr><td>东织令
（西汉）</td><td>织作文绣郊庙之服（《三辅黄图》）。</td><td></td><td rowspan="2">成帝河平元年省东织，更名西织为织室。东汉省织室令，置丞。</td></tr>
<tr><td>西织令
（西汉）</td><td>同上。</td><td></td></tr>
<tr><td>东园匠令
（西汉）</td><td>主作陵内器物。</td><td></td><td></td></tr>
<tr><td>胞人长
（西汉）</td><td>主掌宰割。</td><td></td><td>东汉省。</td></tr>
<tr><td>都水长
（西汉）</td><td rowspan="2">太常亦有都水、均官，职掌当大体相同。</td><td></td><td>东汉都水属郡国。</td></tr>
<tr><td>均官长
（西汉）</td><td></td><td></td></tr>
</table>

续表

属官名称	职　掌	秩　次	备　考
上林十池监（西汉）			东汉省。
中书谒者令（西汉）	即尚书令所掌。“武帝用宦者，更为中书谒者令。”		成帝建始四年改称中谒者令。
黄门令	宦者，主省中诸宦者。	东汉六百石	
钩盾令	宦者，典诸近池苑囿游观之处。	东汉六百石	西汉钩盾有五丞两尉，东汉有六丞、二监。
尚方令	掌上手工作御刀剑诸好器物。	东汉六百石	
永巷令	宦者，典官婢侍使。	东汉六百石	武帝太初元年改称掖庭，有八丞。
御府令	主天子衣服。宦者，典奴婢，作中衣服及补浣之属。	东汉六百石	
内者令	掌宫中布张诸亵物。	东汉六百石	
宦者令（西汉）	主宫中宦者。		西汉宦者有七丞。东汉省。
中黄门	师古曰：“奄人居禁中，在黄门之内给事者也。”宦者，掌给事禁中。	东汉比百石，后增秩比三百石	
守宫令（东汉）	主御纸、笔、墨及尚书财用诸物。	六百石	
上林苑令（东汉）	主苑中禽兽，颇有民居，皆主之。	东汉六百石	西汉有上林令，初属少府，后属水衡都尉。
侍　中（东汉）	掌侍左右，赞导众事，顾问应对。法驾出，则多识者一人参乘，余皆骑在乘舆车后。	比二千石（一说千石）	西汉亦有侍中，为加官。
中常侍（东汉）	宦者，掌侍左右，从入内宫，赞导内导事，顾问应对。	千石，后增秩比二千石	西汉亦有中常侍，为加官。

续表

<table>
<tr><th colspan="2">属官名称</th><th>职　掌</th><th>秩　次</th><th>备　考</th></tr>
<tr><td colspan="2">给事黄门侍郎
（东汉）</td><td>掌侍从左右，给事中，关通中外。及诸王朝见于殿上，引王就坐。</td><td>六百石</td><td></td></tr>
<tr><td colspan="2">小黄门
（东汉）</td><td>宦者，掌侍左右，受尚书事。上在内宫，关通中外，及中宫以下众事。诸公主及王太妃等有疾苦，则使问之。</td><td>六百石</td><td></td></tr>
<tr><td colspan="2">黄门署长
（东汉）</td><td rowspan="4">宦者，各主中宫别处。</td><td rowspan="4">四百石</td><td rowspan="4"></td></tr>
<tr><td colspan="2">画室署长
（东汉）</td></tr>
<tr><td colspan="2">玉堂署长
（东汉）</td></tr>
<tr><td colspan="2">丙署长
（东汉）</td></tr>
<tr><td colspan="2">中黄门冗从仆射
（东汉）</td><td>宦者，主中黄门冗从。居则宿卫，直守门户；出则骑从，夹乘舆车。</td><td>六百石</td><td></td></tr>
<tr><td colspan="2">掖庭令
（东汉）</td><td>宦者，掌后宫贵人采女事。</td><td>六百石</td><td></td></tr>
<tr><td rowspan="2">佐属</td><td>左右丞
（各一人）</td><td></td><td></td><td></td></tr>
<tr><td>暴室丞</td><td>暴室丞主中妇人疾病者，就此室治；其皇后、贵人有罪，亦就此室。</td><td></td><td></td></tr>
<tr><td colspan="2">祠祀令
（东汉）</td><td>典中诸小祠祀。</td><td>六百石</td><td>西汉亦有祠祀令，属太常。</td></tr>
<tr><td colspan="2">中藏府令
（东汉）</td><td>掌中币帛金银诸货物。</td><td>六百石</td><td></td></tr>
</table>

续表

<table>
<tr><th colspan="2">属官名称</th><th>职　掌</th><th>秩　次</th><th>备　考</th></tr>
<tr><td colspan="2">御史中丞
（东汉）</td><td>御史大夫之丞也。旧别监御史在殿中，密举非法。及御史大夫转为司空，因别留中，为御史台率，后又属少府。</td><td>千石</td><td></td></tr>
<tr><td rowspan="3">佐属</td><td>治书侍御史
（东汉）</td><td>选明法律者为之，凡天下诸谳疑事，掌以法律，当其是非。</td><td>六百石</td><td></td></tr>
<tr><td>侍御史
（东汉）</td><td>掌察举非法，受公卿群吏奏事，有违失举劾之。凡郊庙之祠及大朝会、大封拜，则二人监威仪，有违失则劾奏。</td><td>六百石</td><td></td></tr>
<tr><td>兰台令史</td><td>掌奏及印工文书。</td><td>六百石</td><td></td></tr>
</table>

注：东汉太医令、太官令、守宫令、上林苑令凡四官均职属少府。侍中、中常侍、给事黄门侍郎、小黄门、黄门令、黄门署长、画室署长、玉堂署长、丙署长、中黄门冗从仆射、中黄门、掖庭令、永巷令、御府令、祠祀令、钩盾令、中藏府令、内者令、尚方令、尚书令、尚书仆射、尚书、符节令、御史中丞、治书侍御史、侍御史、兰台令史皆以文属少府。（《后汉书·百官志》）

附　水衡都尉

《汉书·百官公卿表》写道：

水衡都尉，武帝元鼎二年初置，掌上林苑，有五丞。属官有上林、均输、御羞、禁圃、辑濯、钟官、技巧、六厩、辩铜九官令丞，又衡官、水司空、都水、农仓，又甘泉、上林、都水七官长丞，皆属焉。

武帝元鼎二年（前115年）才设置的这个官。设立的原因是什么？其职掌又是什么？其与少府的关系如何？对这些问题，下面将依次加以说明：

关于水衡的设立，《史记·平准书》写道：

> 初，大农筦①盐铁，官布多（《史记索隐》曰：布，谓泉布也），置水衡，欲以主盐铁；及杨可告缗钱，上林财物众，乃令水衡主上林，上林既充满，益广。

这段记载似乎是说，从盐铁划归大农掌管之后，原来是想让水衡主盐铁，因为杨可告缗，国家的财政收入大大增加了；或者因为盐铁收入归了大农，算缗、告缗的收入则集中在上林苑，所以令水衡主上林。

关于水衡都尉的注解，大体也是这个意思。注云：

> 应劭曰：古山林之官曰衡，掌诸池苑，故称水衡。张晏曰：主都水及上林苑，故曰水衡。主诸官，故曰都；有卒徒武事，故曰尉。师古曰：衡，平也，主平其税入。

铁出于山，盐出于池海，开始想要（注意记载中的一个“欲”字）水衡主盐铁，这是说得通的。告缗之后主上林，那就着重在师古所说的税入了。

水衡都尉既主上林，那就不只限于税收，上林的其他事也要管，因为上林苑很大，《汉旧仪》说：“上林苑广长三百里”，也许设在上林苑中的一些机关和仓库，都统一由水衡都尉管理，这从其属官可以看出来。

《汉书·百官公卿表》记述水衡都尉属官时，特别说明：

> 初，御羞、上林、衡官及铸钱，皆属少府。

这就是说，以上这些官吏原属少府，在水衡都尉设立后，就转属水衡了。御羞，如淳、师古都解为产供御物之地名，恐未确，御羞即御馐之省文②，所管为帝王膳馐之原料，与太官、汤官所管帝王之烹调不同。上林，有八

---

① 《汉书·食货志》同，仅改“筦”字为“斡”。

② 《善斋吉金录》卷中第2页有秦“中行馐府”印，所掌亦为御馐事宜。《汉书·地理志》注交趾郡有羞官，南海郡有圃羞官，皆“馐”字省作“羞”之明证。

丞十二尉，它可能是掌管苑中禽兽的饲养、宫馆的管理以及全苑的巡逻警卫等事务的机构，其属吏可考者有虎圈啬夫（见《汉书·张释之传》）；杨得意为狗监（见《汉书·司马相如传》）和李延年为给事狗监（见《汉书·李延年传》），疑亦属于上林。上林还有农官，出土有“上林农官”瓦当（见《金石萃编》汉十八），有供府（《汉金文录》卷一第 6 页有元延乘舆鼎），又有寺工（《十钟山房印举》举之二第 55 页有“寺工印”），供府、寺工或相当于郡国之工官。衡官之职不可考，或认为是掌上林苑内外的山林矿物等税①，或认为兼管一部分铸钱事②。铸钱，《汉书·百官公卿表》的前文中无有，当包括前文所说钟官、辩铜、均输三官，《史记·平准书》有“于是禁郡国无铸钱，专令上林三官铸”的记载，《史记集解》认为指“上林均输钟官辩铜令”，齐召南考证《汉书·食货志》时说：

> 据《百官表》，水衡都尉掌上林苑，其属有均输、钟官、辩铜三令丞。《盐铁论》曰：废天下诸钱，而专命水衡三官作，即言此事耳。裴骃解《史记》甚确，但混上林、均官为一官，则微讹耳。

总之，以上这些官原属少府，在设立水衡都尉之后，便转属水衡了。御羞、衡官和铸钱中的钟官、辩铜，在前述少府的属官中没有提到，为的是避免重复。上林令、丞，少府属官中虽未列举，但有上林中十池监，想必这十池监也是归口管理的。少府的均官和水衡的均输不知是否是一回事，如果是，那么武帝以后也转属水衡了。关于均输令的职掌，《九章算术》卷六《均输篇》的一道算题给我们提供了一点线索，算题云：

> 今有程传委输空车，日行七十里，重车日行五十里，今载太仓粟输上林，五日三返，问太仓去上林几何？

由此可见，上林苑中有上林苑的均输之事，当即归水衡都尉之均输令管理，其与大司农之均输令是各执其事的。

---

① ［日］加藤繁：《汉代国家财政和帝室财政的区别以及帝室财政的一斑》，《中国经济史考证》第一卷，吴杰译，商务印书馆 1959 年版，第 113 页。

② 陈直：《汉书新证》，天津人民出版社 1979 年版，第 117 页。

所谓九官令、丞，上面已谈到了五个，还有：

辑濯 如淳说是“船官也”，师古进一步解释说：

> 辑读与楫同，音集；濯，音直孝反，皆所以行船也。

这大约是掌管苑里池沼中船舶的机构。《陕西通志》卷九十八《拾遗一》，宋政和中同官蒲氏藏有“辑濯丞印”，属吏可考者有辑濯士（见《汉书·刘屈氂传》）。

禁圃 无注，顾名思义，大约是上林苑中栽培蔬菜之类的场所。《封泥考略》卷一第53页有“禁圃左丞”封泥，则禁圃当有两丞，然《汉书·百官公卿表》中仅说“禁圃两尉”，未知是字误还是失载。又，《汉印文字征》第一卷第4页有“宜春禁印”①，当为宜春苑禁圃令官署中所用之公章。

技巧 此官在成帝建始二年（前31年）就罢省了，所以东汉以后，人们已不了解其职守，《汉书·成帝纪》注云：

> 服虔曰：倡技巧者也。师古曰：谓巧艺之技耳，非倡乐之技也。

师古在《汉书·百官公卿表》的注中又说：

> 水衡又云六厩技巧官，是则技巧之徒供六厩者。

把六厩和技巧看成一官，这已为宋代刘攽所否定②。但有人据此认为，技巧是制造使用于六厩马匹的器具③。这些恐怕都靠不住。《再续封泥考略》卷一第20页有“技巧钱丞”封泥（《齐鲁封泥集存》亦同），西安汉城向家巷又出土有“巧二”五铢范题字（见《关中秦汉陶录》卷四），据此可知技巧为主刻范之官。陈直《汉书新证》据出土的封泥、汉印及钱范，认为铸钱的“上林三官”当为钟官、技巧、辩铜三令丞，盖钟官主鼓铸，技巧主刻范，辩铜主原料，在职守上很为分明。这种解释较为近似。

---

① 《善斋吉金录·玺印》卷中第1页还有“宜春禁丞”。

② 见殿本《汉书》注所引。

③ 加藤繁持此说，见前注所引书。

六厩　这六厩注家认为是上林六厩，究竟是哪六厩说法不一，《后汉书·百官志》本注曰："旧有六厩，皆六百石令，中兴省约，但置一厩。"王先谦在补注《汉书·百官公卿表上》"太仆"条时说："大厩、未央、家马及下路軨、骑马、骏马共为六厩也。"但是，《汉旧仪》却说："天子六厩：未央、承华、騊駼、骑马、辂軨、大厩也，马皆万匹。"解释各有不同，不过，成帝建始二年（前31年）减乘舆厩马时罢省了六厩这一点是可以肯定的。

以上是说九官令、丞。至于"又衡官、水司空、都水、农仓、又甘泉上林都水七官长丞皆属焉"。这一句该如何读法？注家各有不同，有的认为应读作甘泉上林和甘泉都水①，有的又认为应读作甘泉都水、上林都水②，都认为"七"是"六"的误字，陈直《汉书新证》则认为应读作衡官、水司空、都水农仓、甘泉上林、都水，"七"是"五"之误。我们认为，"七"、"六"、"五"之辨倒可不必，班固无非是概述了九个以丞为首和七个以长为首的官署，七个官署不必全举也是可能的，如大司农之说六十五官长、丞就是如此。重要的究竟是什么官署和职掌。甘泉上林这个读法是可以确定的，其本表下文有"甘泉上林四丞"的说明。从出土物也可证明，薛氏《历代钟鼎彝器款识》卷二十第1页有甘泉上林宫行镫，五凤二年（前56年）造。又，《八琼室金石补正》卷七第24页有"甘泉上林"瓦当及"甘林"瓦当（甘林为甘泉上林之简称）。又，《汉书·高惠高后文功臣表》，山都侯王恬啓，曾孙当以元封元年（前110年）坐阑入甘泉上林免。以上皆可证甘泉上林为一宫之名。或者，甘泉上林都水是一官之名。因为前面已叙述了都水，后面再举甘泉上林都水一例，《汉书补注》引刘攽曰："都水官处处有之，案表：少府、三辅皆有焉。水衡属官，先叙九官令丞矣，后列长丞。"刘攽是主张读为甘泉都水和上林都水的。都水、甘泉上林都水，都与水税或者渔税有关。水司空，未见任何解释，当和其他司空一样，是掌治水和罪人的机构。农仓，无疑是贮藏谷物的，因为水衡和少府都曾设农官，所收租谷需要贮藏，农仓设仓长，见于记载的有"甘泉仓长"③。

---

① 殿本《汉书》注引刘攽说："水衡属官先叙九官令丞矣，后列长丞，又云上林，计令长不当并置，然则甘泉上林长是一官，甘泉都水是一官，自衡官以下，凡六官，言七者误也。"

② 加藤繁主此说，见前注所引书。

③ 班固：《汉书》卷七十六，《张敞传》，中华书局1962年版，第3216页。

从上述水衡属官总的情况看来，除了少数是专管上林苑的事务，大多数属官可以概括为掌管收入和保管财物，其职务和“掌山海池泽之税”的少府极为相似。实际情况应该是，随着武帝时财政经济政策的变化，设立水衡都尉分管了少府掌收入方面的大部分职权，如原属少府的御羞、上林、衡官及铸钱等属官，都转归水衡了。《汉书·王嘉传》说，元帝时“都内钱四十万万，水衡钱二十五万万，少府钱十八万万”。水衡钱和少府钱都是皇帝私产（所谓帝室财政收入），加起来比国库的钱还要多，其中水衡又比少府多将近三分之一，说明帝室收入的大部分归水衡管了。所以水衡的地位相当高，《后汉书·百官志》说：“孝武帝初置水衡都尉，秩比二千石，别主上林苑有离宫燕休之处。世祖省之，并其职于少府。每立秋貙刘之日，辄暂置水衡都尉，事讫乃罢之。”就是说，水衡都尉这个官主要是存在于西汉中后期（王莽改水衡都尉曰予虞），职权很重。不过，其过

附表十五：水衡都尉属官表

属官名称	职　掌	秩　次	备　考
水衡丞	佐助水衡都尉掌上林苑。	六百石	有五丞。
上林令	主苑中禽兽。	六百石	原属少府，有八丞十二尉。
均输令	主上林苑均输事。		有四丞。
御羞令	主膳羞原料。		原属少府，有两丞。
禁圃令	主园艺。		有两尉。
辑濯令	主船舶。		
钟官令	主铸钱。		原属少府。
技巧令	主刻钱范。		原属少府。
六厩令	主养马。		
辩铜令	主铸钱原料。		原属少府。
衡　官	主平其税入。		原属少府。
水司空	主治水和罪人。		
都　水	主平水及收渔税。		有三丞。
农仓长	主藏谷。		
甘泉上林都水	职掌同都水。		有四丞。

说明：《后汉书·百官志》：“孝武帝初置水衡都尉，秩比二千石（《汉书·百官公卿表》作‘秩二千石’），别主上林苑有离宫燕休之处。世祖省之，并其职于少府。每立秋貙刘之日，辄暂置水衡都尉，事讫乃罢之。”

渡性却十分明显，它是在财经政策变化过程中设立的，随着财经制度的进一步改变，所谓国家财政与帝室财政不再分开了，如上所述少府也基本上不再管收入，水衡也就因而被取消了，所以说“世祖省之”。至于“并其职于少府”，不过是把上林苑的职掌并入少府而已。

第八节　执金吾

执金吾，秦名中尉，武帝太初元年（前104年）更名执金吾，王莽时名奋武，东汉复名执金吾。从秦到东汉，此官不仅名称上有变化，职掌上也有变化。

关于名称，秦名中尉当无问题，除《汉书·百官公卿表》说得很明确之外，《华阳国志》有秦中尉田真黄也是一证。不过王先谦《汉书补注》指出：“又赵烈侯官荀欣为中尉，则是官不独秦有也。”这一点对于了解官制渊源还是必要的，和其他职官一样，至少战国时已有这样的官名，并非秦的独创。执金吾，《汉书·高惠高后文功臣表》的记载有：曲成圉侯虫达“从起砀，至霸上为执金吾”的记载，周寿昌据此说：“是汉初本有此官，武帝时复故。”① 这说法是不可靠的，因为《史记·高祖功臣侯表》中，虫达为执金吾作“为执珪”，此其一；而汉初周昌②、曹参③等人都曾为中尉，此其二。退一步说，即使《汉书·高惠高后文功臣表》的记载不误，那个“执金吾”的地位也是不高的，因为同表中还说“五年为二队将”，以后又为都尉（低于中尉）。如果说复故，只不过是沿袭旧有的名称而已。又，关于执金吾的解释，师古注云：

> 应劭曰：吾者，御也，掌执金革，以御非常。师古曰：金吾，鸟名也，主辟不祥。天子出行，职主先导，以御非常，故执此鸟之象，因以名官。

俞樾对师古的解释提出了异议，他认为：

---

① 见《汉书补注》引。
② 班固：《汉书》卷十九下，《百官公卿表下》，中华书局1962年版，第746页。
③ 班固：《汉书》卷三十九，《曹参传》，中华书局1962年版，第2015页。

崔豹《古今注》：金吾，棒也，以铜为之，黄金涂两末。御史大夫、司隶校尉亦得执焉。御史、校尉、郡守、都尉、县长之类，皆以木为吾。据此，汉制有金吾，有木吾，岂得以金吾为鸟名乎！吾，实大棒之名，以大棒可御非常，故以吾名之。执金吾者，执此棒也。应说参以崔注，其义方尽。①

此番考证，对我们了解这个官名及其职掌多少有些意义。

其次，关于执金吾的职掌，《汉书·百官公卿表》写道：

中尉，秦官，掌徼循京师。

注引如淳曰："所谓游徼、徼循禁备盗贼也。"《史记·淮南王传》就直称"备盗贼中尉臣福"。《后汉书·百官志》本注曰："掌宫外戒司非常水火之事，月三绕行宫外，及主兵器。吾，犹御也。"刘昭补注又引胡广曰："卫尉巡行宫中，则金吾徼于外，相为表里，以擒奸讨猾。"《通典》卷二十八《职官十》对此作了一个概述：

（执金吾）旧掌京师盗贼，考按疑事，郅都、宁成、王温舒、减宣等②，皆截理横噬虎而冠者也，一切理辨亦旋诛黜。后汉掌宫外，戒司非常水火之事，月三绕行宫外，及主兵器。自中兴，但专徼循，不与他政③。

无论哪方面的记载都说明，执金吾的主要执掌是担任宫殿之外、京城之内的警卫工作。不过，警卫中还有很重要的一项，就是皇帝出行时，执金吾则充任护卫及仪仗队，师古说"天子出行，职主先导"这一点是对的，《后汉书·百官志》引《汉官》曰：

① 王先谦：《汉书补注》引，中华书局1983年版，第302页。

② 据《史记·酷吏列传》，郅都、宁成为中尉，皆在景帝时；王温舒，武帝时两任中尉；减宣，武帝时为左内史，均在武帝改官名之前。

③ 《北堂书钞》引《汉官仪》作"不预国政"。

执金吾缇骑二百人，（持戟）五百二十人，舆服导从，光满道路，群僚之中，斯最壮矣。

《北堂书钞》五十四《设官部》引《汉官仪》曰：

执金吾，车驾出，从六百骑，走六千二百人也。

皇帝出巡，是一支浩浩荡荡的庞大队伍，东汉光武未称帝时，曾目睹执金吾出巡的情形，并叹其为人臣荣职。《后汉书·皇后纪》记载说：

（光武）后至长安，见执金吾车骑甚盛。因叹曰：仕宦当作执金吾。

此外，与警卫工作有关，执金吾有权直接逮捕罪犯。《汉书·晁错传》说：

乃使中尉召错，绐载行市，错衣朝衣，斩东市。

东汉时，执金吾还可循行郡县。《后汉书·寇恂传》说：

执金吾贾复在汝南部将杀人于颍川……执金吾入（颍川）界，一人皆兼二人之馔。

这些都是特例。日常工作则是所谓徼循京师，防备盗贼。还有其他非常水火之事，京师的消防工作也归执金吾管理。再就是为出巡先导，所谓“月三绕行宫外”，大约是指执金吾每月要亲自绕行宫外三次。而其他各种警卫工作，则由各种属官分管。

中尉的属官大约秦和汉初比较少，武帝时最多，东汉又有减少。秦和西汉初的情况，《汉书·百官公卿表》在武帝更名执金吾之前写道：

有两丞、候、司马、千人。

师古注云：

> 候及司马及千人皆官名也。属国都尉云有丞、候、千人。西域都护云司马、候、千人各二人。凡此千人，皆官名也。

师古着重解释了千人是官名，但千人不见具体记载。不过，除丞之外，候、司马、千人当都是带兵官，而且这些官之前必冠以中尉或执金吾之名，如《汉书·季布传》有“中司马”，如淳曰：“中尉之司马。”《汉书·平帝纪》有“执金吾候”，班固记其事说：

> 遣执金吾候陈茂假以钲鼓，募汝南、南阳勇敢吏士三百人，谕说江湖贼成重等二百余人……

注引应劭曰：

> 将帅乃有钲鼓，今茂官轻兵少，又但往谕晓之耳，所以假钲鼓者，欲重其威也。

由此可见候是带兵之官。司马历来是军官，有大大小小的各种司马。千人顾名思义，自不待言。

武帝以后属官增多，据《汉书·百官公卿表》说：

> 属官有中垒、寺互、武库、都船四令丞。都船、武库有三丞，中垒两尉。又式道左右中候、候丞及左右京辅都尉、尉丞兵卒皆属焉。初，寺互属少府，中属主爵，后属中尉。

大致情况就是如此，从寺互的转属，可见武帝时属官的增多。和执金吾的职掌完全一致，这些属官都是带兵和担任警卫的。

中垒 《汉书补注》引沈钦韩曰：“《通典》引司马穰苴：五人为伍，十伍为队，一军凡二百五十队，余奇为握奇，故一军以三千七百五十人为奇兵，队七十有二以为中垒，守地六千尺，积尺得四十里，以中垒四面乘人，一面得地三百步，此中垒所本。”中垒乃是军中之官这一点是可以肯定的，垒，本就是军中壁垒，当时还有中垒校尉掌北军之垒门。但不知执金吾之中垒具体掌管什么。

寺互　如淳曰：“《汉仪注》有寺互。”“互”字本作“枑”，“枑”作行马解。《演繁露》云：“行马者，一木横中，两木互穿以成四角，施之于门，以为约禁也。”《通雅·宫室》：“行马，宫府门设之，古赐第亦门施行马。”行马俗称拒马叉子，遮阻人马之通行。寺本来有官舍之义。可以推想，寺互掌官府门禁。此官初属少府，中属主爵，后属中尉。

武库　如《后汉书·百官志》本注所说，武库令“主兵器”，这一点在西汉不会不同，《汉书·魏相传》说：“武库精兵所聚。”西汉武库有三丞，《金石索》金索六第3页有“武库中丞印”，中丞当为三丞之一。并且《汉书·魏相传》还记有“洛阳武库令”，不知是否也属中尉。

都船　《汉书》注引如淳曰：“都船狱令，治水官也。”如淳直称“都船狱令”，或许是一种主管水牢的官。《汉书·薛宣传》说宣少时曾为“都船狱吏”（宋祁曰：“吏”疑是“史”）。《汉书·王嘉传》又说“缚嘉载致都船诏狱”。这几处可查的都船皆和“狱”字联在一起，当不是偶然的。从其主管官中尉备盗贼的主要职掌来看，加以这个“狱”字，说是主管水牢的官，不是没有道理的。都船有三丞，或者水牢不止一处。

式道候　应劭曰：“式道凡三候，车驾出迎，式道候持麾至宫门，门乃开。”《后汉书·百官志》本注曰：“本有式道左右中候三人，六百石。车驾出，掌在前清道，还，持麾至宫门，宫门乃开。中兴但一人，又不常置。每出，以郎兼式道候，事已，罢，不复属执金吾。”两条注解，把式道候的职掌和演变基本上说清楚了。

左、右京辅都尉　当读为左京辅都尉、右京辅都尉。据《汉书·百官公卿表》记载，元鼎四年（前113年）“更置二辅都尉”，注家考证认为“二”当作“三”，其实不必。因为在武帝太初元年（前104年）改置三辅之前，不可能有三辅；而且《史记·平准书》就有“益广关置左右辅”的明确记载。关于“益广关置左右辅”，《史记集解》引徐广曰：“元鼎三年丁卯岁，徙函谷关于新安东界。”元鼎三年（前114年）扩大了京畿范围，增置了左、右辅，因而元鼎四年增设二辅都尉是可能的。都尉是武官，从“广关”来看，当与警卫有关，因而这左、右京辅都尉都隶属于“掌徼循京师”的执金吾。《汉书·东方朔传》有“右辅都尉徼循长”，师古曰：“徼，遮绕也；循，行视也，戒备非常也。”据此可知，二辅都尉之下还有一些属官，所以《汉书·百官公卿表》用“尉丞兵卒皆属焉”一句概言之。又，《封泥考略》卷一第44页有“广左都尉”封泥，有人据“益广关置左右辅”的记载认为，广左都尉即左辅都尉[①]。

东汉时执金吾的属官有很大变化，丞只有一人，除保留武库令之外，以上属官均罢省，《后汉书·百官志》写得很明确：“又省中垒、寺互、都船令、丞、尉及左右京辅都尉”，如前所述，式道左、右中候实际上也省罢了。不过是这些属官的职掌由他官代替，“不复属执金吾”罢了。但有“缇骑[②]二百人”成为一支出入导从的固定队伍，《后汉书·百官志》本注曰：“无秩，比吏食奉。”没有官秩，但享受官吏的俸禄，所以东汉卖官，也包括缇骑，《后汉书·安帝纪》永初三年（109年）说：“奏令吏人入钱谷，得为关内侯、虎贲羽林郎、五大夫、官府吏、缇骑、营士各有差。”

附表十六：执金吾属官表

<table>
<tr><th colspan="2">属官名称</th><th>职　掌</th><th>秩　次</th><th>备　考</th></tr>
<tr><td colspan="2">执金吾丞</td><td>总署曹事。</td><td>西汉千石，东汉比千石</td><td>西汉两丞，东汉一丞。</td></tr>
<tr><td rowspan="3">佐属</td><td>候</td><td>军官。</td><td></td><td></td></tr>
<tr><td>司　马</td><td>军官。</td><td></td><td></td></tr>
<tr><td>千　人</td><td>军官。</td><td></td><td></td></tr>
<tr><td colspan="2">中垒令（西汉）</td><td>掌宫中垒门。</td><td></td><td>东汉省。</td></tr>
<tr><td colspan="2">寺互令（西汉）</td><td>掌门禁。</td><td></td><td>初属少府，中属主爵，后属中尉。东汉省。</td></tr>
<tr><td colspan="2">都船令（西汉）</td><td>如淳曰：“都船狱令，治水官也。”</td><td></td><td>有三丞，东汉省。</td></tr>
<tr><td colspan="2">武库令</td><td>主兵器。</td><td>东汉六百石</td><td>西汉三丞，东汉一丞。</td></tr>
<tr><td colspan="2">左辅都尉（西汉）</td><td>掌分区徼循京师。</td><td></td><td>东汉省。</td></tr>
</table>

① 陈直《汉书新证》引吴式芬的考证。

② 《后汉书集解》引李祖楙曰：“《说文》：缇，帛，丹黄色。盖执金吾骑以此帛为服，故名。”

续表

属官名称	职 掌	秩 次	备 考
右辅都尉（西汉）			
缇骑二百人（东汉）	掌导从。	无秩，比吏食奉	

第九节 将作大匠

以上诸官，《汉书·百官公卿表》说“自太常至执金吾，秩皆中二千石，丞皆千石”，都是中央各部的高级官吏。但是也还有一些官吏地位和他们差不多，或略低一点（二千石和中二千石的区别[①]），有些将在后面中朝官、宫官和地方官中去讲，本节只谈一谈曾被刘熙列为十二卿之一的将作大匠。

将作大匠，秦名将作少府，景帝中元六年（前144年）改名将作大匠。1957年西安汉城出土有“将作少府”封泥，盖景帝中元六年以前之物。又枣园村阿房宫遗址曾出土有“大匠”瓦片，系西汉中期之物[②]，是将作大匠亦可简称为大匠。又，秦汉时往往把将作少府、少府、长信少府笼统称为少府，据此可以认为秦将章邯之官当为将作少府[③]，因为他管的是骊山徒隶之事，非山海池泽之税。

关于将作大匠的职掌，各种记载大体一致。《汉书·百官公卿表》说是“掌治宫室”。《全汉文》引扬雄《将作大匠箴》说：

侃侃将作，经构宫室。墙以御风，宇以蔽日。

《后汉书·百官志》说得更具体：

---

① 《后汉书·百官志》说将作大匠，二千石，西汉当也如此。将作大匠乘马延年“以劳苦”才得“秩中二千石”（见《汉书·陈汤传》）。

② 见《关中秦汉陶录第二集》。

③ 少府章邯就如同《汉官仪》所说“大匠应慎”一样（此大匠又可与出土“大匠”瓦相证），皆省去“将作”二字。

掌修作宗庙、路寝、宫室、陵园木土之功，并树桐梓之类列于道侧。

《宋书·百官志》也说：

掌土木之役。

由此可见，将作大匠管的是基建，包括营建宗庙、宫室、陵园。值得指出的是，从《后汉书·百官志》的记载看，他所管的基建，还包括宫室和陵园的绿化在内，所以刘昭在这里特别写道：

《汉官篇》曰：树栗椅桐梓。胡广曰：古者列树以表道，并以为林囿，四者皆木名，治宫室并主之。

《汉旧仪补遗》记载了一条营建陵地的具体材料：

天子即位，明年，将作大匠营陵地，用地七顷，方中用地一顷，深十三丈，堂坛高三丈，坟高十二丈。武帝坟高二十丈，明中高一丈七尺，四周二丈，内梓棺柏黄肠题凑①，以次百官藏毕。其设四通羡门，容大车六马，皆藏之内方，外陟车石，外方立，先闭剑户，户设夜龙、莫邪剑、伏弩，设伏火。已。营陵余地为西园，后陵余地为婕妤以下，次赐亲属功臣。

又，《汉书·陈汤传》记载说：

初，汤与将作大匠解万年相善。自元帝时，渭陵不复徙民起邑。成帝起初陵，数年后，乐霸陵曲亭南，更营之。万年与汤议，以为：武帝时，工杨光以所作数可意，自致将作大匠，及大司农中丞耿寿昌

---

① 《汉书·霍光传》注引《汉仪注》："天子陵中，明中高丈二尺四寸，周二丈。内梓宫次楩椁栢黄肠题凑。"苏林曰："以栢木黄心致累棺外，故曰黄肠；木头皆内向，故曰题凑。"

造杜陵赐爵关内侯，将作大匠乘马延年以劳苦秩中二千石；今作初陵而营起邑居，成大功，万年亦当蒙重赏。……天子从其计，果起昌陵邑，后徙内郡国民。万年自诡三年可成，后卒不就，群臣多言其不便者。下有司议，皆曰：昌陵因卑为高，积土为山，度便房犹在平地上……浅外不固，卒徒工庸以巨万数，至爇脂火夜作，取土东山，且与谷同贾。作治数年，天下遍被其劳，国家罢敝，府藏空虚，下至众庶，熬熬苦之……宜还复故陵，勿徙民。上乃下诏，罢昌陵。

由此可以看出，将作大匠的一项主要任务是起陵邑①，此事经年累月，有时也以他官负责，如大司农中丞耿寿昌。以上记载还粗略地记述了施工情况。又，施工者称为卒徒，很可能这种大规模的工程是以军事为编制，所以将作大匠之属官多为武官名（详下）。又，正因为是军事编制，所以将作少府章邯能在短时间内集结骊山徒去镇压农民起义。

此外，将作大匠有时也受诏治大臣宅第。如《汉书·董贤传》载哀帝“诏将作大匠为贤起大第北阙下”，“又令将作为贤起冢茔义陵旁”，也许这是特殊例子。

关于将作大匠设置的演变，《宋书·百官志》说：

将作大匠一人，丞一人，掌土木之役。秦世置将作少府，汉因之。景帝中六年更名将作大匠。光武二年省，以谒者领之。章帝建初元年复置。晋氏以来，有事则置，无则省。

这地位很高的将作大匠，是从秦开始的，秦以前据《周礼·考工记》记载，攻木之工凡七，其一曰匠人，主营造宫室、城郭及沟洫。秦的将作少府主营造宫室、城郭，没有沟洫，但增加了陵邑，造骊山陵成为其主要任务。西汉初年，沿用将作少府之名，《汉书补注》说：“《功臣表》梧齐侯阳城延，以军匠从起，后为少府，此将作少府，即沿秦官。”这个解释是对的。景帝中元六年（前144年）更名将作大匠。王莽时曾改名都匠，《汉

① 《后汉书·光武帝纪》“初作寿陵”，注云：“初作陵未有名，故号寿陵，盖取久长之义也。汉自文帝以后，皆预作陵，今循旧制也。”

书·王莽传》有都匠仇延，颜注："都匠，大匠也。"东汉初恢复将作大匠之名，并且设立了此官。上面说光武二年省，应为光武中元二年（57 年）省，因建武二十六年（50 年）初作寿陵时，就由将作大匠窦融负责①。因此，《后汉书·百官志》注将作大匠时引蔡质《汉仪》曰："位次河南尹，光武中元二年省，谒者领之，章帝建初元年复置。"复置的年代是准确的，《汉官仪》也说："将作大匠，世祖中兴（不确切）以谒者领其官，章帝建初元年乃置真，位次河南尹。"《后汉书·任隗传》云："肃宗即位……以（隗）为将作大匠，将作大匠自建武（误）以来，常谒者兼之，至隗乃至真焉。"

将作大匠的属官，西汉有两丞，《封泥考略》卷一第 46 页有"大匠丞印"，似乎只有一丞，两丞或分左右，但无记载证明。又有左、右中候，这个官或者是承秦而来的，章邯军中就有候，《史记·项羽本纪》说："章邯阴使候始成使项羽。"《史记集解》引张晏曰："候，军候。"这个解释不完全确切，一般来说军中之候未尝不可，此候则不必是军候，"候"的原意伺候，伺有望的意思，也有视察的意思，作为将作少府的属官，应是视察卒徒、工匠做工的，或者是具体管施工的官吏。左、右、中候很少见于记载，《汉书·张苍传》有："苍任人为中候，大为奸利，上以为让。"② 从"大为奸利"看，也可能是负责施工的。成帝阳朔三年（前 22 年）罢省了中候，也许因为宫室、陵邑的修建减少，同时还裁减了左、右、前、后、中校五丞。

《汉书·百官公卿表》还说："属官有石库、东园主章、左右前后中校七令丞，又主章长丞。"

石库 当主管建筑用的石料保管和加工，有令、丞。

东园主章 注引如淳曰："章谓大材也，旧将作大匠主材吏，名章曹掾。"师古曰："今所谓木钟者，盖章声之转耳。东园主章，掌大材，以供东园大匠也。"师古注含混不清，东园大匠未知何所指。是在东园之将作大匠呢，还是别有东园大匠？前述少府属官中有东园匠，是主作陵内器物的。也许此官专管陵内用的木材及木器制作，故名东园主章，武帝太初元

① 范晔：《后汉书》卷一下，《光武帝纪下》，中华书局 1965 年版，第 77 页。

② 此文附于《汉书·任敖传》后。

年（前 104 年）更名为木工。其有令、丞。

左、右、前、后、中校 工徒甚多，故分校管辖，有令、丞。成帝阳朔三年（前 22 年），省左、右、前、后、中校五丞，但置令。“校”字本义，既是一种军事编制，也有木囚之义，故《后汉书集解》引李祖楙曰：“左右校，署名，凡臣工坐法，常输作于此校也。”

主章长、丞 师古曰：“常凡大木也。”也许其单纯负责木材的保管，所以只设长、丞，比以上令、丞地位略低一点；或者保管东园陵邑以外宫室、宗庙等处之木材。

东汉将作大匠的属官，有丞一人，六百石；左、右校令各一人，掌左、右工徒，秩皆六百石，有丞各一人。东汉的变化是属官大大减少，职掌相对集中，所以令下又有丞辅助之（成帝时五丞皆省）。

附表十七：将作大匠属官表

<table>
<tr><th colspan="2">属官名称</th><th>职　掌</th><th>秩　次</th><th>备　考</th></tr>
<tr><td colspan="2">将作大匠丞</td><td>佐助将作大匠掌治宫室。</td><td>六百石</td><td>西汉两丞，东汉一丞。</td></tr>
<tr><td rowspan="2">佐属</td><td>左中候</td><td rowspan="2">掌施工。</td><td rowspan="2"></td><td rowspan="2">成帝阳朔三年省。</td></tr>
<tr><td>右中候</td></tr>
<tr><td colspan="2">石库令（西汉）</td><td>主石料保管、加工。</td><td></td><td></td></tr>
<tr><td colspan="2">东园主章令（西汉）</td><td>主木材及木器制作。</td><td></td><td>武帝太初元年更名木工。</td></tr>
<tr><td colspan="2">左校令</td><td>掌左工徒。</td><td>东汉六百石</td><td></td></tr>
<tr><td colspan="2">右校令</td><td>掌右工徒。</td><td>东汉六百石</td><td></td></tr>
<tr><td colspan="2">前校令（西汉）</td><td></td><td></td><td></td></tr>
<tr><td colspan="2">后校令（西汉）</td><td></td><td></td><td></td></tr>
<tr><td colspan="2">中校令（西汉）</td><td></td><td></td><td></td></tr>
<tr><td colspan="2">主章长（西汉）</td><td>师古曰：“掌凡大木也。”</td><td></td><td></td></tr>
</table>

第三章　中朝官

汉代中央官制，从汉武帝开始有一个重要的变化，这就是中外朝的形成。此事《汉书·百官公卿表》中没有明确的叙述，不过，在叙述了大大小小的中央官职之后，有一个关于“加官”的交代：

> 侍中、左右曹、诸吏、散骑、中常侍皆加官，所加或列侯、将军、卿、大夫、将①、都尉、尚书、太医、太官令至郎中，亡员，多至数十人。侍中、中常侍得入禁中，诸曹受尚书事，诸吏得举法，散骑骑并乘舆车。给事中亦加官，所加或大夫、博士、议郎，掌顾问应对，位次中常侍……皆秦制。

《汉书补注》引钱大昕曰：

> 自侍中而下，《汉书》所称中朝官也，亦谓之内朝臣。

《汉书》的许多地方提到“中朝”，在《刘辅传》的注中引了孟康一段比较明确的说明：

> 中朝，内朝也。大司马、左右前后将军、侍中、常侍、散骑、诸吏为中朝；丞相以下至六百石为外朝也。

针对这条注，刘奉世的《汉书刊误》说：

---

① 《后汉书·和帝纪》注：“将谓五官及左右郎将也。大夫谓光禄、太中、中散、谏议大夫也。”

案（原）文则（师）丹、（谷）永皆中朝臣也。盖时为给事中、侍中、诸吏之类。

给事中也属于中朝官无疑。

中朝又称内朝，外朝又称外廷，《汉书·司马迁传》载《报任安书》曰："乡者，仆亦尝侧下大夫之列，陪外廷末议。"这外廷就是外朝。不过，正如钱大昕所指出的：

然中外朝之分，汉初盖未之有，武帝始以严助、主父偃辈入直承明，与参谋议，而其秩尚卑。卫青、霍去病虽贵幸，亦未干丞相、御史职事。至昭宣之世，大将军权兼中外，又置前后左右将军，在内朝预政事。而由庶僚加侍中、给事中者，皆自托为腹心之臣矣。此西京朝局之变，史家未明言之，读者可推验而得也。①

钱大昕所说的这个"朝局之变"是符合当时历史事实的，推验所得，可以知道以下几点：

第一，汉武帝以前，中央政权中，除了皇帝之外，掌握实权的就是丞相。丞相辅佐皇帝，总管政务，在文武百官中权力最大，地位最尊，不仅百官恭谨从命，就是皇帝也要对其优礼相待。这个时期相权之重，即使到后代也是很少见的。秦和西汉都是如此，这已在第一章中详述。因此，西汉初年没有什么中外朝之分。但是，后来中朝官的许多称号，汉初是有的，如侍中、尚书之类，而且像侍中这样的称号，一开始就表示左右亲近的意思，如《汉书·卢绾传》说："绾以客从（高祖），入汉为将军，常侍中，从东击项籍，以太尉常从，出入卧内，衣被食饮赏赐，群臣莫敢望，虽萧、曹等，特以事见礼，至其亲幸，莫及绾者。"

第二，在汉武帝时期，开始出现了中外朝，《汉书·严助传》说：

擢助为中大夫。后得朱买臣、吾丘寿王、司马相如、主父偃、徐乐、严安、东方朔、枚皋、胶仓、终军、严葱奇等，并在左右。是时征

① 钱大昕：《三史拾遗》，上海古籍出版社 2004 年版，第 1434 页。

> 伐四夷，开置边郡，军旅数发。内改制度，朝廷多事。屡举贤良文学，公孙弘起徒步至丞相。开东阁，延贤人，与谋议。朝觐奏事，因言国家便宜。上令助等与大臣辩论，中外相应以义理之文，大臣数诎。

师古注曰：

> 中，谓天子之宾客，若严助之辈也；外，谓公卿大夫也。

这里明显地说出了有中外两班子人。形成这两班子人的原因，从以上记载看，似乎是：因为当时国家多事，天子除任用大臣之外，又添了不少宾客，参与谋议。但这是表面现象，实际上主要的原因是皇权与相权矛盾发展的结果。皇权与相权的矛盾在第一章中我们已说过。如田蚡为丞相，任用官吏，权移主上，汉武帝对此即表示不满。为了削夺丞相权力，加强君权，武帝开始重用文武侍从之臣，这样就逐渐形成了中朝和外朝。

第三，中朝官系统的形成及其权力的发展是有一个过程的。中朝官大体上有两类：一类是所谓天子的宾客，这类人在政府组织中本来是没有地位的，往往是挂着侍中的头衔参与谋议；另一类是文武官中的心腹之臣，如武官大司马、前后左右将军，文官太中大夫、光禄大夫以及后来日益重要的尚书等，他们也是加上侍中或给事中的头衔，成为中朝之官。但武帝时的将军都只领兵出征，并不参与朝廷政治，如卫青、霍去病并为将军，加大司马，亲信无人可以比拟，他们也都从来不过问国家大计。到昭宣之世，从霍光开始，才以大司马大将军的名义权兼内外，实际权力在宰相之上，又置前后左右将军在内朝与闻政事，从此将军也就属于内朝了。

中朝官的系统有一个形成过程，在形成过程中又不断变化，除了大司马大将军曾一度权兼内外之外，再就是典掌枢密的尚书台最后接管了丞相府的事权，尚书和侍中等官位日益隆重，于是又有新的内朝发展起来，兹分节叙述如下。

第一节 大将军（附各种武官）

将军一官，由来已久。开始时，和高级文官通称为卿一样，将军是高级武官的通称，如《后汉书・百官志》本注所说，将军“始自秦晋，以为卿号”。顾炎武在《日知录》中写道：

《春秋传》：“晋献公作二军，公将上军，太子申生将下军。”是已有“将军”之文，而未以为名也。至昭公二十八年，阎没、女宽对魏献子曰“岂将军食之而有不足”，《正义》曰：“此以魏子将中军，故谓之将军。及六国以来，遂以将军为官名，盖其元起于此。”《公羊传》“将军子重谏曰”，《穀梁传》“使狐夜姑为将军”，《孟子》“鲁欲使慎子为将军”，《墨子》“昔者晋有六将军，而智伯莫为强焉”，《庄子》“今将军兼此三者”（原注：《盗跖篇》），《淮南子》“赵文子问于叔向曰：晋六将军，其孰先亡”，“张武为智伯谋曰：晋六将军”，又曰“鲁君召子贡，授之将军之印”，而《国语》亦曰“郑人以詹伯为将军”，又曰“吴王夫差黄池之会，十行一嬖大夫，十旌一将军”，《礼记・檀弓》“（卫）将军文子之丧”，《史记・司马穰苴传》“景公以为将军”，《封禅书》“杜主者，故周之右将军”，《越世家》“范蠡称上将军”，《魏世家》“令太子申为上将军”，《战国策》“梁王虚上位，以故相为上将军”，《汉书・百官表》曰“前后左右将军，皆周末官”，《通典》曰“自战国置大将军，楚怀王与秦战，秦败楚，虏其大将军屈丐”。至汉则定以为官名矣。①

关于战国时的将军称号，顾炎武收集了许多。关于秦的将军，见于《史记》的还可以补充一些，如《秦本纪》上有将军魏冉、将军芈戎、将军张唐、将军摎等；《秦始皇本纪》上有将军王贲、将军蒙骜、将军王龁、将军麃公、将军冯劫等。

总括以上这些将军称号，我们认为有两种意义：

第一，统兵作战时，主帅被称为将或者将军，为了区别地位的高低、责任的主次和轻重，还有正副之分，这就是所谓上将军、大将军与裨将军的区别，《资治通鉴》赧王五十五年（前260年）“一裨将四尉”注云：“裨

① 顾炎武著，黄汝成集释：《日知录集释（全校本）》卷二十四，《将军》，上海古籍出版社2006年版，第1366～1367页。

将，军之副将也。”如长平之战时，“武安君白起为上将军，而王龁为尉裨将”①，就是正副的具体例子。

第二，在一般情况下，将军是对武将的一种尊称，如李将军（李信）、王将军（王翦）之类，这样的将军就不像统兵作战时那样只可以有一个，所以有一次秦始皇与李信和王翦在一起谈话时，既称李将军，又称王将军，这时的将军显然不是一种什么固定官职，也不固定属于哪一种爵位和等级。王翦说：“为大王将，有功终不得封侯。”② 这说明统兵之将本身并不是一个什么爵位和等级。又如《史记·白起列传》说：“秦王欲使武安君代（王）陵将。”王陵的爵位不过五大夫，也可以为将。

由此看来，顾炎武所说的将军“至汉则定以为官名”的说法有一定道理。但《汉书·百官公卿表》上有一段含混不清的记载比较令人费解，即所谓：

> 前后左右将军，皆周末官，秦因之，位上卿，金印紫绶，汉不常置，或有前后，或有左右，皆掌兵及四夷。有长史，秩千石。

《北堂书钞》卷六十四引《汉官解诂》和《宋书·百官志》等均同此说。汉既不常置，秦属草创阶段更不会设置完备。大约班固在这里只是作了一个粗略地概述，实指整个将军称号而言。各种各样的将军还有很多，不能一一列举，将军的置与废也有许多变化，无法尽言。总的可以说是汉定以为官名，特别是大将军这样的官名，就是在武帝时固定下来的，而且又与中朝官的形成有密切关系。下面我们也只能分几个问题作一概述。

一、大将军和列将军

秦汉时将军名目繁多，最尊者为大将军。如“汉高帝以韩信为大将军”③，“择良日，斋戒，设坛场，具礼”④，说明很隆重，萧何也正是要刘

---

① 司马迁：《史记》卷七十三，《白起列传》，中华书局1982年版，第2334页。

② 司马迁：《史记》卷七十三，《王翦列传》，中华书局1982年版，第2340页。

③ 杜佑：《通典》卷二十九，《职官十一》，中华书局1988年版，第797～798页。《史记》《汉书》本传均作“大将”。

④ 司马迁：《史记》卷九十二，《淮阴侯列传》，中华书局1982年版，第2611页。

邦以此最高最尊的头衔挽留韩信。以后，景帝时曾拜窦婴为大将军。武帝再置大将军时就更为隆重，在元朔五年（前124年），卫青取得了对匈奴战争的胜利之后，“天子使使者持大将军印，即军中拜青为大将军。诸将皆以兵属，立号而归”①。这个大将军以后一再将六将军或者四将军出击，说明不仅是名号尊大，实际上有很大的权力。名号的尊宠，则是在大将军之上再加以大司马的头衔，《汉书·百官公卿表》说：

> 元狩四年，初置大司马，以冠将军之号。

师古曰：

> 冠者，加于其上，共为一官也。

《通典》卷二十九云：

> 初武帝以卫青数征伐有功，以为大将军，欲尊宠之，故置大司马官号以冠之。

《汉书·霍去病传》又说：

> 乃置大司马位，大将军、票骑将军皆为大司马。定令，令票骑将军秩禄与大将军等。

据此，加大司马称号的不只大将军卫青，同时还有骠骑将军霍去病，难怪《汉书·百官公卿表》只说“以冠将军之号”，而不说“冠大将军”。卫青、霍去病在当时是并驾齐驱的②，《汉书》注引晋灼曰：“悉加大司马者，欲令票骑将军去病与大将军青等耳。”

大将军的地位究竟有多高？《后汉书·百官志》刘昭补注引蔡质《汉

---

① 班固：《汉书》卷五十五，《卫青传》，中华书局1962年版，第2475页。
② 以后更是“青日衰而去病日益贵”（《汉书·霍去病传》）。

仪》曰：

> 汉兴，置大将军、骠骑，位次丞相，车骑、卫将军、左右前后，皆金紫，位次上卿，典京师兵卫，四夷屯警。

《通典》卷二十八的记载相同，只是文字更完整一些，骠骑、车骑、左右前后之下均有“将军”二字，并且金紫作金印紫绶。这里的“位次”二字，似乎不宜作一般的理解，说在丞相和上卿之下，应该理解为相当于丞相和上卿的地位。

首先，《汉书·百官公卿表》上面明确写道，金印紫绶的只有丞相、太尉和太傅、太师、太保所谓三公，掌副丞相、位上卿的御史大夫只有银印青绶，说金印紫绶的各将军位在上卿之下是说不通的，上卿之下就是卿，而《汉官仪》特别说明了印绶和地位的关系，如：

> 章帝以元舅马防为车骑将军，服银印青绶，位在卿上，绝席。

这“位在卿上”换一句话说就是“位次上卿”。又：

> 和帝以窦宪为车骑将军，赐金印紫绶，位次司空。

司空是三公的第三，如果是次于司空，那就是诸卿的地位，毫无优宠之意了，还有一条写道：

> 和帝以窦宪为大将军，乃冠三公。

为车骑将军时相当于司空的地位，为大将军时就“冠三公”了，这是顺理成章的。《后汉书·窦宪传》讲得很清楚：

> 拜宪车骑将军，金印紫绶，官属依司空，以执金吾耿秉为副发北军五校……出塞。

注云："依，准也。"其岂不是相当于司空吗？关于拜大将军事，本传上也讲得很详细：

> 诏使中郎将持节，即五原拜宪大将军，封武阳侯，食邑二万户。……旧大将军位在三公下，置官属依太尉。宪威权震朝廷，公卿希旨，奏宪位次太傅下，三公上。

东汉的太傅是上公，这里"位次太傅下，三公上"如何理解呢？不能说有一个什么"中公"，无非是说其地位在三公之上，相当于上公太傅，但其位次紧紧排在太傅之后罢了。

其次，从西汉的实际情况看，大将军的地位也不比丞相低，无论是卫青、霍去病，或者是以后的霍光、王凤，不但不低，甚至实际上还要高，如武帝死，"霍光为大司马大将军，受遗诏辅少主"①，"昭帝年八岁，政事一决于光"②。所以，《汉官仪》甚至写道：

> 汉兴，置大将军，位丞相上。

另一条又写道：

> 汉兴，置骠骑将军，位次丞相。是以《汉百官志》③ 云：骠骑将军秩与大将军同。

看起来是矛盾的，实际并不矛盾，只要不把位次丞相解释成位在丞相之下就行了。大将军、骠骑将军和丞相的地位是相当的④，实际上比丞相还要高（霍光的时候），只不过如上述"位次太傅下"一样，在名义上排顺序，是紧接着丞相的，如请废昌邑王奏疏云：

---

① 班固：《汉书》卷七，《昭帝纪》，中华书局1962年版，第217页。

② 班固：《汉书》卷六十八，《霍光传》，中华书局1962年版，第2932页。

③ 两《汉书》表志均无此段文字，见《汉书·霍去病传》，内容相同而文字稍异。

④ "次"字本有近的意思，《广雅·释诂》云："亲傶旁附切摩邻比厉局阿侍夹次遒迫促，近也。"据此，除了明确说"位次太傅下"之外，"位次丞相"就可解释为"位比丞相"，"次"和"比"都是近的意思，用"相当"的说法是比较恰当的。

丞相臣（杨）敞、大司马大将军臣（霍）光。①

这恐怕是唯一的形式上的“位次丞相”了。

再次，从大将军设置的情况看，其地位是崇高的。因为他是最高最大的武官，有了他之后，太尉就没什么意义了，因而武帝建元二年（前139年）就省了太尉，元狩四年（前119年）给大将军头衔上再加上一个大司马，以后大司马或冠将军或去将军，不是“禄比丞相”，就是“位在司徒上”②。事实上大司马即为大将军，不复有重叠加官之号。

以上是西汉的情况。总的说，西汉大将军的地位是相当于丞相的（骠骑将军也是如此），实际的优宠和权力都在丞相之上，因为丞相在名义上是“掌丞天子，助理万机”的，故有时署名于丞相之后。东汉复置大将军，其地位也常有变化，《后汉书·百官志》云：

将军不常置。本注曰：掌征伐背叛。比公者四：第一大将军，次骠骑将军，次车骑将军，次卫将军。

世祖中兴，吴汉以大将军为大司马，景丹为骠骑大将军，位在公下……明帝初即位，以弟东平王苍有贤才，以为骠骑将军；以王故，位在公上……和帝即位，以舅窦宪为车骑将军，征匈奴，位在公下；还复有功，迁大将军，位在公上……安帝即位，西羌寇乱，复以舅邓骘为车骑将军征之，还迁大将军，位如宪，数年复罢。自安帝政治衰缺，始以嫡舅耿宝为大将军，常在京都。顺帝即位，又以皇后父、兄、弟相继为大将军，如三公焉。

直到东汉末年，大将军犹在公上，《通典》卷二十九注云：

魏武为大将军，袁绍为太尉，绍耻班在下，魏武乃固以大将军让绍。

① 班固：《汉书》卷六十八，《霍光传》，中华书局1962年版，第2939页。
② 班固：《汉书》卷十九上，《百官公卿表上》，中华书局1962年版，第725页。

总之，大将军时置时罢，地位也常有变化，其位或比公，或在公下，或在公上，全因人而异，但总的看地位是崇高的，到东汉末年，大将军为上公，成为定制。

将军的职掌，顾名思义，原属军职，如前引《汉书·百官公卿表》说将军“掌兵及四夷”，《后汉书·百官志》说将军“掌征伐背叛”，蔡质《汉仪》说将军是“典京师兵卫、四夷屯警”。凡此皆指有军事而言，其在平时，则为皇帝的近卫武官，而大将军则系近卫武官之长。因其近卫皇帝左右，故能得委任领录尚书事，居宫中参决政事。《文献通考》卷五十九说：

> 西汉以来，大将军之官，内秉国政，外则仗钺专征，其权任出宰相之右。

实际上大将军的权柄起自西汉武帝，如《晋书·李雄载记》所说：

> 秦置丞相，总理万机，汉武之末，越以大将军统政令。

然在西汉时，大将军权势所以超过丞相，主要还在于领尚书事。既然领尚书事，就是中朝官而非外朝官，也就是内职而非外职。故霍光对丞相车千秋说：

> 始与君侯俱受先帝遗诏。今光治内，君侯治外，宜有以教督，使光无负天下。①

所谓治内，就是在宫中决事，而在外朝办事的首脑仍是丞相。至东汉，如窦宪、梁冀等以大将军决尚书事，其威权更是远在外朝三公之上。《后汉书·韩棱传》云：

> 及（窦）宪有功，还为大将军，威震天下……会帝西祠园陵，诏

① 班固：《汉书》卷六十六，《田千秋传》，中华书局1962年版，第2886页。

宪与车驾会长安，及宪至，尚书以下议欲拜之，伏称万岁。

又《后汉书·梁冀传》：

于是有司奏冀入朝不趋，剑履上殿，谒赞不名，礼仪比萧何……以殊元勋。每朝会与三公绝席。十日一入平尚书事，宣布天下，为万世法。

观此可知当时大将军权势的显赫了。

如前所述，与大将军平起平坐的就是骠骑将军，西汉霍去病为骠骑将军，后来实际上比大将军卫青还要尊宠。东汉将军比公者四，第一是大将军，其次就是骠骑将军。如《后汉书·刘隆传》说：

及大司马吴汉薨，（刘）隆为骠骑将军，行大司马事。

吴汉是以大将军为大司马，可见骠骑将军仅次于大将军。

其次是车骑将军。如张安世以车骑将军领尚书事，亦冠以大司马之号。《汉书·张安世传》云：

（宣帝地节三年）拜（张安世）为大司马车骑将军领尚书事。数月，罢车骑将军屯兵，更为卫将军，两宫卫尉、城门北军兵属焉。

又《汉书·元后传》：

车骑将军王音，以外亲宜典兵马，入为将军。

这些都说明车骑将军之职，掌宫卫，领禁兵。东汉时，车骑将军也是比公之一，其地位是很高的，前已引《汉官仪》所说马防为车骑将军“位在卿上，绝席”，此事《后汉书·马防传》也写道：

防贵宠最盛，与九卿绝席。

他的地位比九卿要特殊一些，相当于公[1]。东汉末年，还有左、右车骑将军的称号。王先谦在《后汉书集解》中说：

案：灵帝时，左车骑将军皇甫嵩，右车骑将军朱俊，旋去左右之号。盖兵事日棘，设二员掌征伐，故以左右别之。

这是特例，不为常制。

再其次就是卫将军，其职务与车骑将军同。《汉书·文帝纪》云：

皇帝即日夕入未央宫，夜拜宋昌为卫将军，领南北军。张武为郎中令，行殿中。

由这一紧急措施可见其重要，南北军是京师的禁卫军，守卫皇宫者为南军，卫尉主之；守卫京城者为北军，中尉主之，今南北军皆为卫将军所统领。上述张安世为卫将军也是如此，“两宫卫尉、城门北军兵属焉”。《通典》卷二十九写道：

汉文帝始用宋昌为卫将军，位亚三司，其官属附见大将军后（按：即与大将军同），凡骠骑、车骑、卫三将军，皆金印紫绶。

三司即三公，位亚三公即仅次于三公，所以《后汉书·百官志》说是“比公者四”。

此外，前、后、左、右将军的地位也是很高的。如前引《汉书·百官公卿表》所说“位上卿，金印紫绶”，其职掌是“皆掌兵及四夷”，即指有兵事或边事而言。所以说“汉不常置，或有前后，或有左右”。如《汉书·武帝纪》载元狩四年（前119年），“大将军卫青，将四将军出定襄”。王先谦曰：“四将军，前将军李广，左将军公孙贺，右将军赵食其，后将军曹襄。”[2] 这

---

① 《汉官仪》：“和帝以窦宪为车骑将军，赐金印紫绶，位次司空。”这个“位次”如前注所述，是“位比”、“位近”的意思，司空是三公中排在最后的一个公，车骑相当于司空，所以下面的卫将军就“位亚三公”了。

② 王先谦：《汉书补注》，中华书局1983年版，第91页。

是因为有边事，前、后、左、右将军备齐了。平时，这前、后、左、右将军并没有具体职务，如《汉书·赵充国传》：

> 擢为后将军，兼水衡如故。

《汉书·冯奉世传》：

> 右将军典属国常惠薨，奉世代为右将军典属国，加诸吏之号。

这里“加诸吏之号”是值得注意的，加诸吏、给事中等称号之后，便得宿卫皇帝左右，参与中朝朝议，决定国家大事。《汉书·辛庆忌传》载何武上封事说：

> 光禄勋庆忌行义修正，柔毅敦厚，谋虑深远……庆忌宜在爪牙官以备不虞。

爪牙官便是可以依恃的左右亲近[①]。本传又说：

> 其后拜为右将军诸吏散骑给事中，岁余，徙为左将军。庆忌居处恭俭，食饮被服尤节约，然性好舆马，号为鲜明，唯是为奢。为国虎臣，遭世承平，匈奴、西域亲附，敬其威信。年老卒官。

承平之世，没有边事，他这个虎臣也只有宿卫左、右给事于中朝，参与中朝朝议[②]。如果这些将军再领尚书事，就负责实际政务了，如萧望之以前将军领尚书事，师丹以左将军领尚书事即是。由此可见，前、后、左、右将军除了出征之外，平时一般还兼有一种具体官职，再加以诸吏、散骑、给事中等号就成为中朝官，再领尚书事就负责实际政务。

---

① 《后汉书集解》引韦昭云：“武帝征四夷，有前后左右将军，为国爪牙，所以扬示威灵，折冲万里。”

② 《汉官解诂》云：“前后左右将军宣化（当作元）以后，虽不出征，犹有其官，位在诸卿上。”

以上所说，自大将军至前、后、左、右将军，均为重号将军，为皇帝的最高级武官。

此外还有众多的“杂号将军”，或者说列将军，兹录《西汉会要》卷三十二所列之列将军名称如下：

上将军（吕禄）、游击将军（陈豨）、复土将军（张武）①、将屯将军（属国悍）、骁骑将军（李广）、护军将军（韩安国）、轻车将军（公孙贺）、材官将军（李息）、骑将军（公孙敖）、伏波将军（路博德）、楼船将军（杨仆）、戈船②将军（归义越侯严）、下濑③将军（甲）、横海将军（韩说）、浮沮将军④（公孙贺）、匈河⑤将军（赵破奴）、十二部将军⑥、拔胡将军（郭昌）、中军将军（公孙敖）、因杅将军⑦（公孙敖）、贰师将军⑧（李广利）、浚稽⑨将军（赵破奴）、强弩将军（李沮）、度辽将军⑩（范明友）、虎牙将军（田顺）、蒲类将军⑪（赵充国）、祁连将军⑫（田广明）、破羌将军（辛武贤）、护羌将军（王尊）、奋威将军⑬（任千秋）、建威将军（韩次君）、步兵将军（王骏）、文成将军（少翁）以及所谓五利、天士、地士、大通、天道将军（栾大）⑭。

以上所列将军，大多是临时设置，而且武帝时又设得最多，或以征伐的地名、对象，或以其所领的兵种，或以其所负的特别职务，而定其名号，出

---

① 如淳曰：“主穿圹填瘗事也。”师古曰：“穿圹出土下棺也。已而窴之，又即以为坟。”

② 注家解释不一，或以为置戈于船下以防蛟龙之害，或以为载干戈之船也，或以为设干戈于船上御敌。

③ 臣瓒曰：“濑，湍也，吴越谓之濑，中国谓之碛。伍子胥书有下濑船。”

④ 臣瓒曰：“浮沮，井名，在匈奴中，去九原二千里。”

⑤ 臣瓒曰：“匈河，水名，在匈奴中，去令居千里。”

⑥ 《汉书·武帝纪》元封元年（前110年）诏曰：“朕将巡边垂……置十二部将军，亲帅师焉。”

⑦ 服虔曰：“匈奴地名，因所征以名将军也。”

⑧ 张晏曰：“贰师，大宛城名。”《汉书·李广利传》：“期至贰师城取善马，故号贰师将军。”

⑨ 应劭曰：“浚稽山在武威塞北，匈奴常所以为障蔽。”

⑩ 应劭曰：“当度辽水，往击乌桓，故以为号。”

⑪ 晋灼曰：“《匈奴传》有蒲类泽。”

⑫ 应劭曰：“祁连，匈奴中山名也。”

⑬ 《汉书·冯奉世传》作“奋武将军”，未详孰误。

⑭ 《史记·封禅书》：“齐人少翁以鬼神方见上……乃拜少翁为文成将军，赏赐甚多，以客礼礼之。”“栾大，胶东宫人，故尝与文成将军同师……乃拜（栾）大为五利将军。居月余，得四印，佩天士将军、地士将军、大通将军印。……又刻玉印曰‘天道将军’，使使衣羽衣，夜立白茅上，五利将军亦衣羽衣，夜立白茅上受印，以示不臣也。而佩‘天道’者，且为天子道天神也。”

则领兵，入则另有任用。只有文成以下的几个所谓将军与武事毫无关系。

东汉时“前、后、左、右杂号将军众多，皆主征伐，事讫皆罢”①。这些杂号将军与西汉大体相同，据《东汉会要》卷十九的记载，其名号有：

骁骑将军（刘振、樊崇、刘歆、刘喜）、建威将军（邓寻）、振威将军（宋登、马武）、强弩将军（陈俊）、积弩将军（马音、傅俊）、积射将军（焦进）、征西将军（耿秉、马贤、司马钧）、征虏将军（祭遵）、诛虏将军（刘隆、王霸）、捕虏将军（马武）、威虏将军（冯骏）、越骑将军（刘宏）、复汉将军（邓晔）、辅汉将军（于康）、辅威将军（臧宫）、武威将军（刘尚）、武锋将军（竺曾）、平狄（一作平敌）将军（庞萌、朱鲔、孙咸）、赤眉将军（耿䜣）、中坚将军（杜茂）、宣德将军（梁统）、伏波将军（马援）、汉忠（或作汉中，误）将军（王常）、度辽将军（明帝以后常置）、荡寇将军（周盛）、讨虏将军（王霸）、破虏将军（邓奉、贾复、董卓）、破奸将军（侯进）、刺奸将军（祭遵）、游击将军（邓隆）、楼船将军（段志）、孟津将军（冯异）、都护将军（贾复）、扬化将军（坚镡）、忠义将军（陆康）、扬武将军（马成）、威寇将军（杨茂）、偏将军（王霸）、兴义将军（杨奉）、安集将军（董承）等。

其实以上这些还很不完全，据《通典》卷二十九所记，还有征东将军（汉献帝初平三年以马腾为之，或云以张辽为之）、征南将军（汉光武建武二年置，以冯异为之）、镇东将军（后汉末魏武帝为之）、镇南将军（后汉刘表为之）、镇西将军（后汉刘表为之）、安东将军（后汉陶谦、曹休并为之）、安南将军（汉光武建武元年以岑彭为之）、安西将军（后汉末段煨为之）、平北将军（汉献帝以张燕为之）、鹰扬将军（后汉建安中魏武以曹洪为之）、讨逆将军（后汉末以孙策为之）、凌江将军（后汉置，以罗献为之）等等。

在东汉建立和巩固的过程中，还有许多杂号大将军，显然是一种临时措施，如建威大将军（耿弇）、建义大将军（朱祐）、强弩大将军（陈俊）、虎牙大将军（盖延）、征南大将军（岑彭）、征西大将军（冯异）、河西大将军（窦融）、西州大将军（隗嚣）②、横野大将军（王常）等③。将军上边加了“大”字，地位自然与一般将军有所区别，这一方面是以示优宠，

① 范晔：《后汉书》志第二十四，《百官一》，中华书局1965年版，第3563页。

② 《后汉书·隗嚣传》作“自称西州上将军”。

③ 《东汉会要》卷十九。

另一方面因为群雄逐鹿，将军甚多，甚至自称将军的也不少，有时要同时派若干将军出征，必须以大将军为统率，这些有以下记载可以证明，《后汉书·光武帝纪》建武元年（25年）：

建元为建武，大赦天下……秋七月辛未，拜前将军邓禹为大司徒。丁丑，以野王令王梁为大司空。壬午，以大将军吴汉为大司马，偏将军景丹为骠骑大将军，大将军耿弇为建威大将军，偏将军盖延为虎牙大将军，偏将军朱祐为建义大将军，中坚将军杜茂为大将军。时宗室刘茂自号厌新将军，率众降，封为中山王。

当时除了大司马大将军吴汉常率十二将军或九将军打仗之外，其他人将军也率若干将军作战，如《汉书·光武帝纪》建武二年（26年）就有好几次记载：

遣骠骑大将军景丹，率征虏将军祭遵等二将军，击弘农贼，破之。

遣虎牙大将军盖延，率四将军伐刘永。

以廷尉岑彭为征南大将军，率八将军，讨邓奉于堵乡。

因为战争的需要还不断增加大将军，如建武三年（27年）就因为“与赤眉战”的需要，“以偏将军冯异为征西大将军”。来不及加封的时候，即以将军率将军，如建武四年（28年）：

遣征虏将军祭遵，率四将军讨张丰于涿郡。

遣扬武将军马成，率三将军伐李宪。①

① 以上未注出处者均见《后汉书·光武帝纪》。

来得及就进行加封，除冯异为征西大将军是如此之外，到了建武七年（31年），因为派王常“西屯长安，拒隗嚣”，于是“使使者持玺书，即拜常为横野大将军，位次与诸将绝席”。由此可见，加了“大”字的杂号将军，比一般将军地位确实要高一些。

比将军地位略低一点，则单称为将，或称别将①。《西汉会要》所列汉初别将有重将（南安侯宣虎。师古曰：主将领辎重）、厩将（留侯张良）、城将（东武侯郭蒙。师古曰：将筑城之兵）、右林将（汉宋子惠侯许瘛用赵右林将初击定诸侯。师古曰：犹言羽林之将）、弩将（清简侯室中同）等②。

高级将领之下的中级武官就是校尉和都尉。《汉书·百官公卿表》解释“尉”字时，注引应劭曰：“自上安下曰尉，武官悉以为称。”其又引张晏曰：“有卒徒武事故曰尉。”自秦以来，一般地说校尉比都尉要大一些。师古注《汉书·卫青传》说：“校者，营垒之称，故谓军之一部为一校。”《汉书·陈汤传》：“（汤）益置扬威、白虎、合骑之校。”师古曰：“一校则别为一部军，故称校耳。汤特新置此等诸校名，以为威声也。”他在下面接着又说：“即日引军分行，别为六校，其三校从南道，逾葱岭经大宛，其三校都护自将……从北道……”校尉当是根据这一部一校的编制而来的，《史记·陈涉世家》有“秦左右校复攻陈”的记载，《史记索隐》曰：“即左右校尉军也。”一部一个营垒，营垒或称壁垒，《资治通鉴》秦始皇二十二年（前225年）又有“入两壁，杀七都尉”的记载，注云：“此即都尉将兵从伐楚者也，秦列郡有守，有尉，有监。然秦汉之制，行军亦自有都尉。”③ 由此可见，被杀的七个都尉，分属于两个营垒（壁），亦即分属于两个校尉（或即左、右校尉）无疑。在秦代“行军”之中就是如此，汉代的“行军”中大体也是如此，故《汉书·卫青传》说“傅校获王”，师古曰：“傅读曰附……每附部校，以致克捷而获王也。校者，营垒之称……”但是，汉代特设的校尉和都尉，级别都相当高，都是秩二千石或比二千石的官吏，地位相当于列卿，比将、大夫还要高，《汉书·百官公卿表》所

---

① 《史记·陈涉世家》有章邯别将。

② 徐天麟：《西汉会要》卷三十二，《职官二》，上海人民出版社1977年版，第363页。

③ 其实这两种解释是一回事，军中之都尉和郡都尉很可能就是同一人，不是同一人也和郡有密切关系，因为军队是按地区编制的。

列诸校尉和诸都尉官，就属于此类，兹分述如下：

诸都尉官：有护军都尉，“护军都尉，秦官。武帝元狩四年属大司马。成帝绥和元年居大司马府比司直，哀帝元寿元年更名司寇，平帝元始元年更名护军”①。属大司马就是属大将军，赵充国、公孙敖都曾任大将军护军都尉②。有“奉车都尉，掌御乘舆车；驸马都尉，掌驸马。皆武帝初置，秩比二千石”③。见于《汉书》其他表、传者，还有长鋋（一作铍）都尉、骁骑都尉（《高惠高后文功臣表》）、骑都尉（《李陵传》《陈汤传》）、车骑都尉（《冯唐传》）、军门都尉（《周亚夫传》）、强弩都尉（《路博德传》）、复土都尉（《萧由传》《原涉传》）等等。东汉时似乎取消了此类都尉，而只保留有地方官性质的都尉。

诸校尉官：《百官公卿表》列有司隶校尉（详见后）、城门校尉（掌京师城门屯兵，有司马、十二城门候④），以及中垒（掌北军垒门）、屯骑（掌骑士）、步兵（掌上林苑门屯兵）、越骑（掌越骑）、长水⑤（掌长水宣曲胡骑）、胡骑（掌池阳胡骑）、射声（掌待诏射声士）、虎贲（掌轻车）等八校尉，皆武帝初置，有丞、司马。自司隶至虎贲，秩皆二千石。东汉则改并为屯骑、越骑、步兵、射声、长水五校尉，皆比二千石，掌宿卫兵；废中垒校尉，置北军中候以监五营（五校）⑥。此外，见于《汉书》者，还有横海校尉（《东越传》）、执马校尉（《李广利传》）、驱马校尉（《李广利传》）、轻骑校尉（《卫青传》）等官。见于《后汉书》者，还有护乌桓校尉（《百官志》）、护羌校尉（《百官志》）、戊己校尉（《明帝纪》）以及上军、中军、下军、典军、助军左、助军右、左、右等所谓八校尉（《袁绍传》）。

---

① 班固：《汉书》卷十九上，《百官公卿表上》，中华书局1962年版，第737页。

② 班固：《汉书》卷六十九，《赵充国传》，中华书局1962年版，第2972页；卷五十五，《卫青传》，第2475页。

③ 班固：《汉书》卷十九上，《百官公卿表上》，中华书局1962年版，第739页。又《十钟山房印举》举之二第34～37页有“奉车都尉”、“驸马都尉”印章多方。

④ 《汉印文字征》第八卷第16页有“昭城门候”印，西安汉城曾出土有“建春门候”印，当是属十二城门候者。

⑤ 《秦汉瓦当文字》卷一第209页有“长水屯瓦”瓦当，应为长水校尉屯兵处所用之瓦。

⑥ 见《后汉书·百官志》。又《后汉书·窦武传》：“召会北军五校士数千人屯都亭下”。五校统称北军，是沿袭旧名。六百石的北军中候何以能监察比二千石的五校呢？这大概同西汉刺史监察太守一样，仅监察而已。

最后还要说明，诸校尉和都尉官，除行军作战时是一级带兵官之外，平时，以上所说这些都尉和校尉，也随着大将军等属于内朝官，而且他们往往有侍中之类的加官号，如护军都尉之属于大将军不消说，《汉书·贾捐之传》有“侍中驸马都尉乐昌侯王商”，《汉书·孙宝传》有“侍中奉车都尉甄邯”。《汉书·陈汤传》记载陈汤为骑都尉时事，也可看出陈汤在内朝：“皇太后同母弟苟参为水衡都尉，死，子伋为侍中，参妻欲为伋求封，汤受其金五十斤，许为求比（援例）上奏。”校尉也是如此，武帝时增设八校尉，因胡骑不常置，故又称七校，《汉书·刑法志》说“（武帝）内增七校①”，这个“内”实即指朝内，是天子的禁军，号称北军。如刘向、刘歆之为中垒校尉，都显然是在内朝。

二、将军幕府

汉代，大将军和列将军与其他高级官吏一样，有荐举官吏的权力，有时校尉也可举吏，见下列记载：

> （建始三年十二月诏）丞相、御史与将军、列侯、中二千石及内郡国举贤良方正能直言极谏之士，诣公车，朕将览焉。②

> （建平元年二月诏）其与大司马、列侯、将军、中二千石、州牧、守、相举孝悌惇厚能直言通政事，延于侧陋可亲民者，各一人。③

> （建平四年冬）诏将军、中二千石举明兵法有大虑者。④

> （元寿元年正月诏）公卿大夫……其与将军、列侯、中二千石举贤良方正能直言者各一人。⑤

---

① 晋灼曰：“《百官表》：中垒、屯骑、步兵、越骑、长水、胡骑、射声、虎贲凡八校尉，胡骑不常置，故此言七也。”

② 班固：《汉书》卷十，《成帝纪》，中华书局 1962 年版，第 307 页。

③ 班固：《汉书》卷十一，《哀帝纪》，中华书局 1962 年版，第 338 页。

④ 班固：《汉书》卷十一，《哀帝纪》，中华书局 1962 年版，第 342 页。

⑤ 班固：《汉书》卷十一，《哀帝纪》，中华书局 1962 年版，第 343 页。

（建光元年十一月）诏三公、特进、侯、卿、校尉，举武猛堪将帅者各五人。①

（永和三年九月）令大将军、三公各举故刺史、二千石及见令、长、郎、谒者、四府掾属刚毅武猛有谋谟任将帅者各二人，特进、卿、校尉各一人。②

（建和元年四月）诏大将军、公、卿、校尉举贤良方正、能直言极谏者各一人……又诏大将军、公、卿、郡、国举至孝笃行之士各一人。③

（建安五年九月）诏三公举至孝二人，九卿、校尉、郡国守相各一人。④

所举之人有不少就是大将军和列将军之幕僚，如以上所说之“四府掾属”。四府即包括大将军府，《后汉书·赵典传》有“四府表荐”，注云：“四府：太尉、司徒、司空、大将军府也。”

将军之府称为幕（或写作莫）府，其由来已久，《史记·李牧列传》：“市租皆输入莫府。”《史记集解》引如淳曰：“将军征行无常处，所在为治，故言莫府。”《史记索隐》引崔浩云：“古者出征为将帅，军还则罢，理无常处，以幕帟为府署，故曰幕府，则莫当作幕字之误也。”这种“以幕帟为府署”的幕府，在将军称号成为定制之后，也就变化成了将军府的代称。新任命一个将军，就要新设立一个幕府，招揽人才以为僚属，《后汉书·班固传》说：“窃见幕府新开，广延新俊。”将军开府置吏之制始于西汉，将军幕府主要是参赞军务，员额以大将军为最多，次则骠骑将军、车骑将军与卫将军。东汉时幕府员额逐渐增加，有时甚至倍于公府。如：

---

① 范晔：《后汉书》卷五，《安帝纪》，中华书局1965年版，第234页。
② 范晔：《后汉书》卷六，《顺帝纪》，中华书局1965年版，第268页。
③ 范晔：《后汉书》卷七，《桓帝纪》，中华书局1965年版，第289页。
④ 范晔：《后汉书》卷九，《献帝纪》，中华书局1965年版，第381页。

（魏尚为云中守）终日力战，斩首捕虏，上功莫府，一言不相应，文吏以法绳之。其赏不行，吏奉法必用……云中守尚坐上功首虏差六级，陛下下之吏，削其爵，罚作之。①

战功之上报要经过幕府，可见其职掌是助理军务。又：

（上官桀、安等诈令人为燕王上书告霍光）擅调益莫府校尉，光专权自恣，疑有非常。师古曰：调，选也。莫府，大将军府也。②

后将军赵充国也有莫府：

（中郎将卬）入至充国莫府司马中乱屯兵，下吏自杀。③

虽不为将军，也置幕府：

成都侯（王）商以特进领城门兵，置幕府，得举吏如将军。④

下面再看将军幕府的人员及其政治地位：

（东平宪王苍）为骠骑将军，置长史掾史员四十人，位在三公上。（注云：四府掾史皆无四十人，今特置以优之也。）⑤

（窦宪为大将军）位次太傅下，三公上；长史、司马秩中二千石，从事中郎二人，六百石，自下各有增。⑥

① 班固：《汉书》卷五十，《冯唐传》，中华书局 1962 年版，第 2314 页。
② 班固：《汉书》卷六十八，《霍光传》，中华书局 1962 年版，第 2935 页。
③ 班固：《汉书》卷六十九，《赵充国传》，中华书局 1962 年版，第 2994 页。
④ 班固：《汉书》卷九十八，《元后传》，中华书局 1962 年版，第 4027 页。
⑤ 范晔：《后汉书》卷四十二，《光武十王列传》，中华书局 1965 年版，第 1433 页。
⑥ 范晔：《后汉书》卷二十三，《窦宪传》，中华书局 1965 年版，第 818 页。

属官地位如此之高是特殊例子，因为其上文明确写道：

旧大将军位在三公下，置官属依太尉。（注云：《续汉志》太尉长史千石。）

又：

建和元年，益封（梁）冀万三千户，增大将军府举高第茂才，官属倍于三公。[①]

注引《汉官仪》云："三公府有长史一人，司徒府掾属三十一人，令史及御属三十六人也。"倍于三公，那就有很多僚属了。

一般情况下，将军幕府的僚属究竟有哪些呢？

先说西汉的情况。《汉书·百官公卿表》仅云"有长史，秩千石"。杜佑《通典》甚至说"汉不见官属"。但据《汉书》志、传所载，我们可以大致记述大将军、骠骑将军、车骑将军以及卫将军幕府官属情况于下：

大将军幕府：

大将军长史（见《汉书·丙吉传》）
大将军校尉（见《霍光传》）
大将军军司马[②]（见《杨敞传》）
大将军军司空（见《杜延年传》）
大将军从事中郎（见《陈汤传》）
大将军军监（见《匈奴传》）
大将军史（见《律历志》）
大将军军武库令（见《杜钦传》）

这些都是幕府的高级幕僚，并非一般掾属。长史、校尉、军司马自不待

① 范晔：《后汉书》卷三十四，《梁冀传》，中华书局 1965 年版，第 1179 页。
② 《王尊传》作"军中司马"。

说，据《陈汤传》记载："大将军凤奏以为从事中郎，莫府事壹决于汤。"这从事中郎可以决定幕府中的一切事务，其地位可想而知。又如《律历志》的记载："诏（大司农中丞麻光等）与丞相、御史、大将军、右将军史各一人，杂候上林清台，课诸历疏密。"可见大将军史的地位也不会很低，《汉旧仪》说："丞相、太尉、大将军史，秩四百石。"类似这样的掾属或者吏员在二十人左右，这从《汉旧仪》所记丞相员吏可以佐证："武帝元狩六年，丞相吏员三百八（六）十二人，史二十人，秩四百石，少史八十人，秩三百石，属百人，二百石，属史百六十二人，秩百石。"由此我们不难设想大将军幕府员吏之概况。

骠骑将军幕府：

骠骑将军校尉
骠骑将军司马
鹰击司马
票姚校尉①
骠骑将军史②

车骑将军幕府：

车骑将军长史（见《赵充国传》）
从事中郎（见《毋将隆传》）
车骑将军军市令（见《丙吉传》）
车骑将军掾（见《云敞传》）
车骑将军千人（见《王莽传》）
营军司马（见《谷永传》）

卫将军幕府：

---

① 以上俱见《汉书·霍去病传》。霍去病本人曾为票姚校尉，原属大将军。

② 《汉书·艺文志》注引刘向《别录》云："骠骑将军史朱宇，志以宇在骠骑府，故总言骠骑将军。"

卫将军掾（见《萧由传》）

以上记载所反映的各个幕府情况是很不全面的，例如大将军和车骑将军的幕府都有长史、从事中郎，骠骑将军的幕府绝不会没有。《毋将隆传》说：车骑将军王音，"踵故选置从事中郎（师古曰：踵犹蹑也，言承蹑故事也）与参谋议，奏请隆为从事中郎"。车骑将军是承蹑故事，而选置从事中郎，骠骑将军不会不承蹑故事，或者和大将军府一样，选置从事中郎，只不过史书缺载罢了。当然，骠骑将军也有他特殊的地方，似乎他未治府第，真正居于幕府①，但属官还应该是齐全的。另外，既然是将军，必有校尉、司马之类的属官。实际上各将军幕府的属官可以分两大类：一类是属于军队系统的，如校尉、司马以及军监、千人等，武库令、军市令当也属此类；此外，还有一些属于这一类的属官，如军正②、军正丞③、校司马（《赵充国传》）、军司马（《杨敞传》）、左司马、右司马、骑司马、车司马（以上俱见功臣表）、军司空（《杜延年传》）、军司空令（《冯奉世传》）、军候假丞（《陈汤传》）等等。所列这些，并非每一将军皆有，而是视具体情况旋置旋废。另一类是长史、从事中郎以及各种掾、史，这些是管府内事务的，或者"壹决府事"，或者"与参谋议"，其中不少是文人，如前述能够"课诸历疏密"的大将军、右将军史，擅长作赋的车骑将军史朱宇就是文人。此外，还有大批舍人，也属这一类，《史记·田叔列传》记载其子田仁事说：

仁以壮健为卫将军（张晏曰：卫青也）舍人，数从击匈奴。卫将军进言，仁为郎中。④

这里所谓"进言"，即前边所说的举吏，各将军确实常有将其幕府掾属举为官吏之事，如《汉书·云敞传》说车骑将军王舜先以云敞为掾，继而又

① 《汉书·霍去病传》："上为治第，令视之。对曰：匈奴不灭，无以家为也。"但是他在塞外仍"穿域蹋鞠也"。注引服虔曰："穿地作鞠室也。"师古曰："鞠，以皮为之，实以毛，蹴蹋而戏也。"可见他是名副其实地居于幕府。

② 《汉书·艺文志》作"军政"。

③ 师古曰：南北军各有军正，正又置丞。

④ 《西汉会要》将此条附于卫将军之后，恐误。又说"卫将军舍人百余人"，不知何据。

“荐为中郎、谏大夫”。

其他列将军也有幕府，《汉书·李广传》说大将军“令长史封书与广之莫府”。注引刘攽曰：“莫府乃广之前将军莫府也，凡将兵皆有莫府，张敖监平乐兵置莫府是也。”刘奉世曰：“此莫府广军之莫府，曹吏文书所在也。”而上面提到的右将军史以及军司空令①等亦当是幕府属吏。

东汉将军的属官，《后汉书·百官志》已有概述，兹照录于下：

> 长史、司马皆一人，千石。本注曰：司马主兵，如太尉。从事中郎二人，六百石。本注曰：职参谋议。（按：此与西汉记载同。又注引《东观书》曰：“大将军出征，置中护军一人。”按：班固曾为中护军。）掾属二十九人。令史及御属三十一人。本注曰：此皆府员职也。又赐官骑三十人，及鼓吹。（应劭《汉官仪》曰：鼓吹二十人，非常员，舍人十人。）

这当然只是个一般的概述，具体情况一定还有许多不同，如东汉明帝即位，拜东平宪王苍为骠骑将军，“置长史掾史员四十人，位在三公上”。注云：“四府掾史皆无四十人，今特置以优之也。”② 这个数字与《后汉书·百官志》记述不合，注的解释如何理解？因为《后汉书·百官志》的掾史属加起来有六十，何以说“优之”？或者是就东汉初年的情况而言；或者是这六十人除正职掾之外，还包括副职——属，而骠骑将军幕府中的掾史四十人则皆为正职。

将军出征时“其领军皆有部曲”，《后汉书·百官志》概述当时军队编制的情况说：

> 大将军营五部，部校尉一人，比二千石；军司马一人，比千石。部下有曲，曲有军候一人，比六百石。曲下有屯，屯长一人，比二百石。其不置校尉部，但军司马一人。又有军假司马、假候，皆为副贰。其别营领属为别部司马，其兵多少各随时宜。门有门候。

---

① 《汉书·冯奉世传》：“前将军韩增奏（奉世）以为军司空令。”军司空令即为前将军幕府之属吏。

② 范晔：《后汉书》卷四十二，《光武十王列传》，中华书局1965年版，第1433页。

其余将军，置以征伐，无员职，亦有部曲、司马、军候以领兵。

其职吏部集各一人，总知营事。兵曹掾史，主兵事器械。禀假掾史，主禀假禁司。又置外刺、刺奸，主罪法。

一校一部这个基本单位，在西汉也是如此，“大将军营五部”就是将五校，卫青被封为大将军之后，为部下请功说：“军大捷，皆诸校力战之功也。”皇帝也说：“我非忘诸校功也。”① 只不过后来战争规模大，大将军地位崇高，故大将军常常将六将军或者四将军出征。虽说这些将军“咸属大将军”，但有一定独立性，与直属大将军之五校不同。骠骑将军下属主要就是校尉，所以《汉书》总结大将军卫青一生战功时说，“其裨将及校尉侯者九人，为特将者十五人”；而骠骑将军霍去病则是“其校尉、吏有功侯者六人，为将军者二人”。后者没有裨将，所以说：“去病骑兵车重与大将军军等，而亡裨将。悉以李敢等为大校，当裨将。”② 这里所说裨将，并非另外一级，实即所谓六将军或四将军，如苏建为大将军之右将军，“尽亡其军”，青问其罪，议郎周霸曰：“自大将军出，未尝斩裨将，今建弃军可斩，以明将军之威。”③ 显然裨将即指苏建等人。而大校之设，倒是有点特殊，说明其直接统率之兵很多，按照正常的一部一校或者五校无法编制。至于一般将领，同样也有部曲，《汉书·李广传》说“广行无部曲行陈”。师古曰：“今广尚于简易，故行道之中而不立部曲也。”这是特例。同书传又说：“程不识正部曲行伍营陈。”这些带兵将领的下一级就是校尉，李广随大将军出战失利，大将军要追查“失军曲折”，广曰：“诸校尉亡罪，乃我自失道。”④ 可见李广军中也是一部一校的。

总之，两汉时期，将军名目繁多⑤，大多随事随时增置，事毕即罢。其属官名目、员额也多有变化，无法详考。以上所述，只不过是两汉将军及其幕府组织的概况而已。

---

① 班固：《汉书》卷五十五，《卫青传》，中华书局 1962 年版，第 2475 页。

② 班固：《汉书》卷五十五，《卫青传》，中华书局 1962 年版，第 2477 页。

③ 班固：《汉书》卷五十五，《霍去病传》，中华书局 1962 年版，第 2486 页。

④ 班固：《汉书》卷五十四，《李广传》，中华书局 1962 年版，第 2448 页。

⑤ 汉代将军有时还是带兵武将的一种泛称，如李广为太守、为未央宫卫尉时，皆被称为李将军。

西汉时期，将军幕府主要是协助将军参赞军务，如元狩四年（前119年），大将军、骠骑将军大击匈奴，李广时年老，自己再三要求参加，为前将军，大将军阴受上指，处处照顾他，他不服老，不听调遣，大将军只得通过他的幕府进行指挥，“令长史封书与广之莫府，曰：急诣部，如书”。后来“欲上书报天子失军曲折，广未对。大将军长史急责广之莫府上簿”①。由此可见，大将军幕府的长史以及前将军幕府在军务方面所起的作用是很大的。在中央集权制强化的时期，幕府参赞军务起着很大的作用，对于巩固边防和维护国家统一方面是有利的（当然也镇压农民反抗）。但是，到了东汉末年，中央集权衰落，地方割据形成，领兵诸将往往专制州郡，割据一方，政治上、军事上的斗争多由幕府操纵，从而助长了分崩离析的局面，这时幕府就起着消极作用了。

第二节　尚书台

一、尚书台的沿革

尚书的官名，始见于秦。其实，战国时代已有此官。如魏有主书，主与尚同义，《汉书·惠帝纪》注：“主天子物曰尚。”是主书即尚书。齐有掌书，《广雅·释诂》王念孙疏证：“尚之言掌也。”《新语》中“掌”即写作“尚”，是掌书亦即尚书。其职务并不重要，只不过是替封建诸侯主管文书而已。秦的尚书即由战国时的主书或掌书发展而来。

如本书第二章第七节所述，秦制，尚书属少府，并且有尚书令、尚书仆射、尚书丞以及左、右曹诸吏②，已初步形成自己的办事机构。但其地位仍不重要。《唐六典》云：“秦置尚书禁中，有令丞，掌通章奏而已，事皆决于丞相。”由此可见，秦时的尚书不过是皇帝与丞相之间一个传达吏而已。

汉承秦制，西汉初年尚书之所属以及职掌，基本上和秦相同。到武帝时，为了削弱丞相权力，强化君权，更多地利用尚书这个办事机构，并且用宦官为尚书，这就是中书。尚书（或中书）既是近侍，办事又日益增多，自

---

① 班固：《汉书》卷五十四，《李广传》，中华书局1962年版，第2448页。
② 沈约：《宋书》卷三十九，《百官志》，中华书局1974年版，第1235页。

然是日益重要。汉武帝是一个雄才大略的皇帝，他虽然把丞相的权力收归宫廷，但并不把权力交给近侍，所以武帝时中书的地位仍不尊崇。司马迁即曾任中书令，在他写给友人任安的信中说："今已亏形为扫除之隶。"[①] 所谓"扫除之隶"，即指任中书令而言，其所处地位之低下，可以想见。

武帝以后，随着君权的发展与皇帝个人能力的减低，尚书（中书）的职权因而逐渐扩大。如元帝时石显为中书令，元帝"以显久典事，中人无外党，精专可信任，遂委以政。事无大小，因显白决。贵幸倾朝，百僚皆敬事显"[②]。

成帝时建三公官，这是君权与相权矛盾进一步发展的结果。以前由丞相总理政务的中央政府，一变而为司徒、司马、司空三公分权的中央政府。统一的丞相职权一分为三，三公互不统辖，于是中央政府的实际权力自然总归于皇帝。但皇帝不论怎样专制独裁，总不能一手尽揽天下之事；而天下大事又非通过他的裁决不能实施，再加上皇帝个人的能力有限，因此就不得不委政于近侍——尚书。

随着尚书职权的扩大，尚书的名额也必然增多。成帝时置尚书五人，一人为仆射，四人分四曹，正式组成宫廷内的政治机构。《汉书·成帝纪》说：建始四年（前29年）"初置尚书员五人"。师古注引《汉旧仪》云：

> 尚书四人为四曹：常侍尚书主丞相御史事，二千石尚书主刺史二千石事，户曹尚书主庶人上书事，主客尚书主外国事。成帝置五人，有三公曹，主断狱事。

这里对"尚书员五人"的解释，与《通典》经过整理的记载有所不同，《通典》卷二十二写道：

> 秦尚书四人（不分曹名）[③]。汉成帝初置尚书五人，其一人为仆射，四人分为四曹（尚书曹名自此而有[④]）：常侍曹（主公卿），二千石

① 班固：《汉书》卷六十二，《司马迁传》，中华书局1962年版，第2728页。
② 班固：《汉书》卷九十三，《石显传》，中华书局1962年版，第3726页。
③ 《汉官仪》说："尚书四员，武帝置。"
④ 《通典》本卷又说："汉初尚书虽有曹名，不以为号。"

曹（主郡国二千石），民曹（主凡吏民上书，以人字改焉，自后历代曹部皆同），客曹（主外国夷狄）。后又置三公曹（主断狱），是为五曹。

这里暂且不说分曹的更具体情况，只从各曹所主之事来看，从中央到地方，从官府到民间，从国内到国外（从内地到边境）所有的事都管到了，可见其职权范围是很广的。不过，成帝时这尚书五人还仅限于“通掌图书、秘记、章奏之事及封奏，宣示内外而已，其任犹轻”[①]。虽然掌章奏及封奏以上传下达已经干预了某些政务，但实权仍不算太大。

尚书台正式成为总理国家政务的中枢，是在东汉时代。光武帝刘秀鉴于王莽篡汉，不信任大臣，独揽大权。他虽然也组织了一个以三公为首、九卿分职的中央政府，但实际上国家的大权完全集中于宫廷，即集中于尚书台。《后汉书·仲长统传》说：

光武皇帝愠数世之失权，忿强臣之窃命，矫枉过直，政不任下，虽置三公，事归台阁（台阁谓尚书也）。自此以来，三公之职，备员而已。

《唐六典》亦云：

光武亲总吏职，天下事皆上尚书，（尚书）与人主参决，乃下三府。

自此以后，迄于东汉之末，尚书的威权与日俱增。《通典》卷二十二说：

后汉（尚书）则为优重，出纳王命，敷奏万机，盖政令之所由宣，选举之所由定，罪赏之所由正。斯乃文昌天府，众务渊薮，内外所折衷，远近所禀仰。

又说：

---

① 杜佑：《通典》卷二十二，《职官四》，中华书局1988年版，第587～588页。

后汉，众务悉归尚书，三公但受成事而已。

由此看来，东汉时尚书虽仍然“文属少府”，但实际上已从中央政府的组织中分离出来，一变而为直接隶属皇帝的尚书台。《通典》卷二十二说，尚书“总谓尚书台，亦谓中台”。故凡尚书统称为台官，以其在禁中，所以又称中台。与被称为外台的谒者、宪台的御史，总称为“三台”。《后汉书·袁绍传》：“坐召三台，专制朝政。”注云：“《晋书》曰：‘汉官，尚书为中台，御史为宪台，谒者为外台，是谓三台。’”或者把侍御史、尚书郎称为“二台”，《后汉书·陈忠传》：“言事者见杜根、成翊世等新蒙表录，显列二台。”注云：“谓杜根为侍御史，成翊世为尚书郎也。”由于尚书台是皇帝实行独裁政治、高踞于中央政府的御用机关，所以在“三台”之中，尚书台的地位最为重要，造成了“三府任轻，机事专委尚书”，“选举诛赏，一由尚书，尚书见任，重于三公”① 的局面。尚书台实际上是当时国家的最高权力机关。

二、尚书台的职权

尚书的职权在最初不过“在殿中主发书”，或“掌通章奏”而已，即主管收发文书，或传达记录章奏，本身并没有什么政治权力。如《汉书·灌夫传》记载说：“孝景时，（窦）婴受遗诏，曰：‘事有不便，以便宜论上’……书奏，案尚书，大行无遗诏。诏书独藏婴家，婴家丞封。”师古曰：“尚书之中无此大行遗诏也。”由此可见，尚书对诏书的颁发均有记录在案，其时尚书之职，亦不过如此。又《汉书·王嘉传》云：“故事，尚书希下章，为烦扰百姓。”说明最初的尚书，除传达章奏于有关部门以外，并无下章的固定职权，皇帝下章通常要经过丞相、御史。但自武帝以后，尚书的职权逐渐提高，于是由“通章奏”而“拆阅章奏”，而“裁决章奏”，并进而直接“下章”了。如《汉书·霍光传》：“光与群臣连名奏（昌邑）王，尚书令读奏。”这是尚书有读奏之权。同书《魏相传》：“故事，诸上书者，皆为二封，署其一曰副，领尚书者先发副封，所言不善，屏去不奏。”又《后汉书·明帝纪》云：“间者章奏颇多浮词，自今若有过

① 范晔：《后汉书》卷四十六，《陈忠传》，中华书局1965年版，第1565页。

称虚誉，尚书皆宜抑而不省。”这就是说尚书有拆阅章奏、裁决章奏之权。又《无极山碑》光和四年（181年）八月丁丑诏书有云：“尚书令下太常、太常耽丞敏下常山相。”这就是尚书有下章之权了。即因尚书不仅有权出纳章奏，而且有权拆阅章奏、裁决章奏、下达章奏，所以汉明帝诏曰：

> 尚书，盖古之纳言，出纳朕命，机事不密则害成，可不慎欤！①

《后汉书·李固传》说：

> 今陛下之有尚书，犹天之有北斗也。斗为天喉舌，尚书亦为陛下喉舌……尚书出纳王命，赋政四海，权尊势重，责之所归。

尚书不仅参与国家机密，出纳王命；而且也渐渐侵夺中央政府的职权。例如选举、任用、考课官吏之权，武帝以前，本在丞相、御史二府；但自武帝以后，人事权就转归尚书了。卫宏《汉旧仪》云：“旧制：令六百石以上，尚书调拜迁；四百石长相至二百石，丞相调除。”这选举地方官吏之权竟在丞相之上，当是尚书代替皇帝行使此种权力而形成的。西汉时的具体事例，如宣帝时张敞为胶东相，“吏追捕（群盗）有功，上名尚书，调补县令者数十人”②。又如“（元帝）使尚书选第中二千石，而（大鸿胪冯）野王行能第一”③。然而，在西汉犹不过由皇帝特授此权，未必成为定制。至东汉，尚书令的职权则明定为“掌凡选署及奏下尚书曹文书众事”④。于是选举、任用、诛赏又都成了尚书法定的职权了。

尚书不仅掌握官吏的任用之权，而且还掌握刑狱诛赏的大权。尚书可以质问大臣，并可因大臣所言不善，加以弹劾。如丞相王嘉荐故廷尉梁相等，“召嘉诣尚书责问”，尚书劾奏嘉言事恣意，罔上不道，下将军中朝者议，遂致于理⑤。又，“（哀帝）知傅太后素常怨喜，疑（丞相朱）博、（御

---

① 李昉等：《太平御览》卷二百一十二，《职官部十》引《汉官仪》，中华书局1960年版，第1015页。

② 班固：《汉书》卷七十六，《张敞传》，中华书局1962年版，第3220页。

③ 班固：《汉书》卷七十九，《冯野王传》，中华书局1962年版，第3302页。

④ 范晔：《后汉书》志第二十六，《百官三》，中华书局1965年版，第3596页。

⑤ 班固：《汉书》卷八十六，《王嘉传》，中华书局1962年版，第3500页。

史大夫赵）玄承旨，即召玄诣尚书问状”①。尚书奉诏可以责问丞相，责问御史大夫，原来有劾案、纠察之权的丞相、御史等大臣，至此反而受制于尚书了。有时，尚书不直接责问大臣，而责问其僚属。如东汉末年太尉杨秉参奏宦官，“书奏，尚书召对秉掾属曰：公府外职，而奏劾近官，经典汉制，有故事乎？秉使对曰：春秋赵鞅以晋阳之甲，逐君侧之恶……邓通懈慢，申屠嘉召通诘责，文帝从而请之。汉世故事，三公之职，无所不统。尚书不能诘”②。根据汉代长期以来实行的制度，朝分内外，外朝不得干预内朝，秉使所对仅为西汉初年故事，只是由于杨秉权大势大，尚书才不敢直接责问杨秉，也不敢不上奏皇帝，但尚书质问大臣的权力却由来已久了。

总之，两汉的尚书，特别是东汉的尚书，可以说是包揽一切，无所不总，不仅原来丞相、御史的职权转归尚书，即九卿之职，亦逐渐归尚书诸曹所管。尚书有以上职权，故容易作威作福，在西汉，有时就可以压服丞相了。《汉书·王尊传》：

> 初，中书谒者令石显贵幸，专权为奸邪。丞相匡衡、御史大夫张谭皆阿附畏事显，不敢言。

至于东汉，其权势更是凌驾于三公之上，《后汉书·陈忠传》：

> 今之三公，虽当其名而无其实。选举诛赏，一由尚书，尚书见任，重于三公。

陈树镛《汉官问答》据《汉书》有关传记，对尚书职权作了一个概述：

> 大臣有罪，则尚书劾之（见《王嘉传》）。天子责问大臣，则尚书受辞（见《朱博传》）。选第中二千石，则使尚书定其高低（见《冯野王传》）。吏追捕有功，则上名尚书，因录用之（见《张敞传》）。刺史奏事京师，则见尚书（见《陈遵传》）。

---

① 班固：《汉书》卷八十三，《朱博传》，中华书局 1962 年版，第 3407 页。

② 范晔：《后汉书》卷四十四，《杨秉传》，中华书局 1965 年版，第 1774 页。

由于尚书的职权畸形发展，在两汉时代，尚书台的台官遂成为一种凌驾于百官的特权集团。应劭《汉官仪》云：

> 凡三公、列卿、将（五官及左右中郎将）、大夫、五营校尉行复道中，遇尚书令、仆射、左右丞，皆回车豫避，卫士传不得迕台官，台官过，乃得去。①

三、尚书台的组织机构

尚书台的组织开始规模较小，其后随着尚书权力的日益提高，尚书台的机构也日益扩大。至东汉渐具规模，俨然成了一个小型的中央政府。

尚书令 尚书台的长官是尚书令，秦官，属少府。其初大抵与符节、太医、太官等十六官令同秩，不过六百石之官。武帝时用宦者，谓之中书谒者令，简称中书令，司马迁曾任此官。武帝以后，或用宦者，即名中书令；或用士人，即名尚书令。但有时也有宦者与士人并用，中书与尚书并置的情况。如《汉书·霍光传》云：

> 后上书者益黠，尽奏封事，辄使中书令出取之，不关尚书。

《汉书·京房传》云：

> 是时（元帝时）中书令石显专权，显友人五鹿充宗为尚书令，与房同经，论议相非，二人用事……房曰：中书令石显、尚书令五鹿君相与合同，巧佞之人也。

至成帝时，专用士人，尚书令之名始定。自此迄于东汉之末，皆用士人，故均称尚书令。

因为武帝以后成帝以前，或用宦者，或用士人，而异其官称；又因中

---

① 严可均：《全上古三代秦汉三国六朝文·全后汉文》卷三十四引，中华书局 1958 年版，第 666 页。

书令、尚书令同时并置，故后人遂有疑中书与尚书为二官者。如《文献通考》卷四十九云：

> 汉武帝游宴后庭，始令宦者典事尚书为（谓）之中书谒者，则中书、尚书只是一所，然考《霍光传》（前已引，从略）……则其时（宣帝时）中书、尚书似已分为二。

赵翼《陔余丛考》尚书条也认为中书、尚书各为一官：

> 尚书本秦少府之属，在内掌文书者。汉因之。武帝增用宦者为中书谒者令，于是尚书与中书职事多相连。

按秦汉称宦官皆曰中官，故凡宦者兼任之官，皆冠以中字，如赵高为丞相，则曰中丞相。因此宦官任尚书，则曰中书。中书即中尚书，《汉书·盖宽饶传》云："是时上方用刑法，信任中尚书宦官，宽饶奏封事曰：……以刑余为周召。"师古曰："言使奄人当权轴也。"应劭《汉官仪》谓"汉旧置中书官领尚书事"，即以中书为尚书。《后汉书·百官志》所说："尚书令一人，千石。本注曰：承秦所置，武帝用宦者，更为中书谒者令。"也是说中书即尚书的别称。所以，中书令和尚书令虽有同时并置的情况，但未成定制，而成帝罢中书宦者复用士人为尚书之后，直至东汉，皆无中书之官。可见两汉的尚书、中书实系一官，由于任此官身份不同而异名，故史书称此官职时，两名往往可以同时互用，如：

> 中书令弘恭、石显久典枢机，明习文法……望之以为中书政本，宜以贤明之选。自武帝游宴后庭，故用宦者，非国旧制。又违古不近刑人之义，白欲更置士人。①

> 望之领尚书事，知显专权邪辟。建白以为"尚书百官之本，国家枢机，宜以通明公正处之。武帝游宴后庭，故用宦者，非古制也。宜

① 班固：《汉书》卷七十八，《萧望之传》，中华书局1962年版，第3284页。

罢中书宦者，应古不近刑人”。①

以上两段文字在同书中叙述同时的一件事，而中书与尚书官称互用，更足以证明二者乃为一官而异名。

尚书令或中书令，自武帝以后，虽秩仅千石，但职权极重，除前所述尚书诸职权均由尚书令总领之外，如得到皇帝宠幸，其权力则更大。上引元帝时宦官石显专权即其一例。

东汉光武以后，尚书台成为法定的机关，尚书令的职权亦随之制度化。如应劭《汉官仪》云：

尚书令，主赞奏，总典纲纪，无所不统。秩千石。故公为之，朝会不（下）陛奏事，增秩二千石。天子所服五时衣赐尚书令。

又《后汉书·黄香传》云：

帝（和帝）亦惜香干用，久习旧事，复留为尚书令，增秩二千石。

可见尚书令本秩虽不过千石，但如以公任此职，不仅可以增秩，而且礼仪亦加。东汉光武特诏，朝会时，尚书令与御史中丞、司隶校尉皆专席坐，京师号曰“三独坐”，言其尊重如此②。

尚书仆射 尚书令之下，有尚书仆射（副尚书令），亦秦官，汉因之。宣帝时，阉宦用事，弘恭为中书令，石显为仆射。成帝时，置尚书五人，一人为仆射。仆射主文书启封，“令不在则奏下众事”③。《艺文类聚》第四十八卷《职官部四》“尚书令”条引《齐职仪》云：

秦汉之世，委政公卿，尚书之职，掌于封奏。令赞文书，仆射主开闭。令不在，则仆射奏下其事。

① 班固：《汉书》卷九十三，《石显传》，中华书局1962年版，第3727页。
② 应劭：《汉官仪》，中华书局1990年版，第140页。
③ 范晔：《后汉书》志第二十六，《百官三》本注，中华书局1965年版，第3596页。

尚书仆射秩六百石，若公为之，则加至二千石①。权力大小以及是否管事，完全因人而异。光武时，冯勤“给事尚书”，因为他“在事精勤”，“帝益以为能，尚书众事，皆令总录之”，遂“拜勤尚书仆射，职事十五年，以勤劳赐爵关内侯，迁尚书令”。冯勤在未拜仆射之前，就“典诸侯封事”，以至于“封爵之制，非勤不定”，并且奉策审理司徒奏章②；为仆射之后的“职事十五年”，管的事情自然更多。又如《后汉书·郅寿传》载侍御史何敞上疏曰：

> 臣伏见尚书仆射郅寿坐于台上，与诸尚书论击匈奴，言议过差……臣愚以为寿机密近臣，匡救为职。若怀默不言，其罪当诛。今寿违众正议，以安宗庙，岂其私邪？又台阁平事，分争可否，虽唐虞之隆，三代之盛，犹谓谔谔以昌，不以诽谤为罪……臣敞谬豫机密，言所不宜，罪名明白……

由此可见：第一，台是尚书的办公之处；第二，尚书台地处机密；第三，尚书台的台官们对机密大事可以发表各种不同意见、讨论；第四，尚书仆射之职不限于启封文书，也不仅是尚书令不在时“奏下众事”，平时就还有言、议、平事之责。

关于尚书仆射在尚书台的地位，从以下记载也可见其一斑。

明帝时钟离意为尚书仆射，有尚书郎案事过误，帝将笞郎，“意因入叩头曰：‘过误之失，常人所容。若以懈慢为愆，则臣位大，罪重，郎位小，罪轻，咎皆在臣，臣当先坐。’”③ 这是替下属承担责任。又，《后汉书·虞诩传》记载：

> 先是宁阳主簿诣阙，诉其县令之枉，积六七岁不省。主簿乃上书曰：“臣为陛下子，陛下为臣父，臣章百上，终不见省，臣岂可北诣单于以告怨乎！”帝大怒，持章示尚书，尚书遂劾以大逆。诩驳之曰：“主簿所讼，乃君父之怨；百上不达，是有司之过。愚蠢之人，不足

---

① 应劭：《汉官仪》，中华书局1990年版，第140页。

② 范晔：《后汉书》卷二十六，《冯勤传》，中华书局1965年版，第910页。

③ 范晔：《后汉书》卷四十一，《钟离意传》，中华书局1965年版，第1409页。

多诛。”帝纳诩言，笞之而已。诩因谓诸尚书曰：“小人有怨，不远千里，断发刻肌，诣阙告诉，而不为理，岂臣下之义？君与浊长吏何亲，而与怨人何仇乎？闻者皆惭。”

此时虞诩为尚书仆射，能够论列诸尚书劾奏之是非，执不同之意见，并且以之教训诸尚书，当然是因为其位高于诸尚书。不仅如此，就是尚书令的奏议，尚书仆射也能反驳，如《后汉书·胡广传》所载：

时尚书令左雄议改察举之制，限年四十以上……（尚书仆射胡）广复与（尚书史）敞、（郭）虔上书驳之曰……

从有关尚书仆射的记载看，尚书仆射履行着监察和谏诤的职责，甚至类似后来唐代的谏官，如顺帝欲立皇后，尚书仆射胡广上疏说：“臣职在拾遗，忧深责重，是以焦心，冒昧陈闻。”① 拾遗作为官名是唐代的事，但拾遗有谏诤之意，从汉代已经开始了。东汉末年，尚书仆射又分置左右，《晋书·职官志》云：

仆射服秩印绶与令同。案汉本置一人，至汉献帝建安四年，以执金吾荣部为尚书左仆射，仆射分置左右，盖自此始。

诸曹尚书 除了尚书令和尚书仆射是尚书台的正副主管之外，还有诸曹尚书，也是尚书台的重要成员，其秩与仆射同。尚书分曹有一个发展过程。秦时已有左右曹诸吏，但无一定职事。自武帝以后至成帝，诸曹成立，初为四曹，成帝加一曹为五曹。至东汉光武时则置六曹。其曹名职务前后亦有变化。《后汉书·百官志》云：

尚书六人，六百石。本注曰：成帝初置尚书四人，分为四曹：常侍曹尚书，主公卿事（世祖改曰吏曹）；二千石曹尚书，主郡国二千石事；民曹尚书，主凡吏（民）上书事；客曹尚书，主外国夷狄事。

① 范晔：《后汉书》卷四十四，《胡广传》，中华书局1965年版，第1505页。

> 世祖承遵，后分二千石曹，又分客曹为南主客曹、北主客曹，凡六曹。

应劭《汉官仪》则云：

> 尚书四员，武帝置。成帝加一为五，有侍曹尚书，主丞相御史事；二千石曹尚书，主刺史二千石事；户曹尚书，主人庶上书事；主客尚书，主外国四夷事。成帝加三公尚书，主断狱事。（与上引《汉旧仪》略同）

关于尚书分曹之事，《后汉书·百官志》与《汉官仪》的记载颇有出入。一谓成帝时为四曹，一谓五曹，后说似较合理。按秦时已有左右曹之分，以后自武帝历昭、宣之世，尚书台的职务日益繁多，可能已有四曹之设，至成帝加一为五，乃自然趋势。《通典》的记载（已见前引），曹名与《后汉书·百官志》同，加一为五又与《汉官仪》同，经过鉴别整理，应当比较可靠。关于东汉分曹情况，《通典》采用的是应劭的说法：

> 后汉尚书五曹六人，其三公曹尚书二人（掌天下岁尽集课州郡），吏曹（掌选举斋祠。后汉志谓之常侍曹，亦谓之选部），二千石曹（掌中都官水火、盗贼、辞讼、罪法，亦谓之贼曹），民曹（掌缮理功作，监池苑囿），客曹（掌羌胡朝贺，法驾出则护驾。后汉光武分二千石曹及客曹为南主客、北主客二曹）。两梁冠，纳言帻。或说有六曹（……今依劭说为五曹六人）。

由上述可见，尚书诸曹的职务亦有异说，除以上所引之外，还有蔡质《汉仪》之说，蔡谓三公曹“典天下岁尽集课事”，常侍曹“主常侍黄门御史事”，二千石曹“掌中都官水火、盗贼、辞讼、罪眚”，民曹“典缮治功作，监池、苑、囿、盗贼事”①。这些记载都与《后汉书·百官志》不同。大抵尚书的职务，自武帝以至东汉，不断有所发展，故其曹名和职务前后

① 范晔：《后汉书》志第二十六，《百官三》引，中华书局1965年版，第3597页。

常有变化。《宋书·百官志》说："汉末，曹名及职司又与光武时异也。"而史籍往往未能明著其时间与沿革，故有详略异同。

东汉的六曹尚书地位颇高，据《文献通考》卷五十二记载：

> 后汉以六曹尚书并令、仆二人，谓之八座。

又同书卷五十一说：

> 大事八座连名，不合得建异议。

这六曹尚书后世即发展为吏、户、礼、兵、刑、工六部尚书。

尚书丞 尚书以下有尚书丞。秦置尚书丞一人。至西汉成帝建始四年（前29年）置四人。东汉改为左右丞各一人，四百石。关于其职掌有以下几点记载，《后汉书·百官志》本注曰：

> 掌录文书期会。左丞主吏民章报及驺伯史，右丞假署印绶，及纸笔墨诸财用库藏。

蔡质《汉仪》曰：

> （左丞）总典台中纲纪，无所不统。

> 右丞与仆射对掌授廪假钱谷，与左丞无所不统。①

应劭《汉官仪》曰：

> 尚书令、左丞，总领纲纪，无所不统；仆射、右丞掌廪假钱谷。

这些记载多少有些出入，其不同并非职掌的变化，而是文字详略的不一。

---

① 范晔：《后汉书》志第二十六，《百官三》注引，中华书局1965年版，第3598页。

总的说来，尚书丞不论一个，四个或两个，如李祖楙所说：“皆佐领仆射之事。”[1] 确切地说应该是佐令和仆射之事。从《汉官仪》的记载看，左右丞是有所分工的，或者左丞主要佐助尚书令，右丞主要佐助仆射；但分工并不很严格，如《汉仪》所说，右丞“与左丞无所不统”。这里还要指出的是，“无所不统”，应该是“台中纲纪，无所不统”。尚书台内部的事，是由左丞和右丞具体掌管的。

尚书郎　《汉官仪》写道：

> 尚书郎四人，一人主匈奴单于营部，一人主羌夷吏民，一人主天下户口土田垦作，一人主钱帛贡献委输。

这当是尚书台尚未形成、组织还不完备时的情况，所以《晋书·职官志》说：“尚书郎，西汉旧置四人，以分掌尚书。”关于东汉的情况，该志接着又说：

> 及光武分尚书为六曹之后，合置三十四人，秩四百石，并左右丞为三十六人，郎，主作文书起草，更直五日于建礼门内。

《后汉书·百官志》的记载与此略有出入：

> 侍郎三十六人，四百石。本注曰：一曹有六人，主作文书起草。

究竟是三十四还是三十六无法弄清，还有作三十五的。沈约在写《宋书·百官志》时比较客观，他说：

> 《汉官》云置郎三十六人，不知是何帝增员，然则一尚书则领六郎也。主作文书，起立事草。初为郎中，满岁则为侍郎。

从这里又可看出，尚书郎是一个笼统的称号，作为秩四百石的尚书郎，应

---

① 据《后汉书集解》所引。

该是侍郎，或者说是尚书侍郎，《汉官仪》的几条记载说得比较具体：

> 尚书郎初上诣台，称守尚书郎；满岁，称尚书郎中；三年，称侍郎。①

> 尚书郎初从三署郎选，诣尚书台试，每一郎缺则试五人，先试笺奏，初入台称郎中，满岁称侍郎。②

> 郎以孝廉，年未五十先试笺奏，初上称郎中，满岁为侍郎。③

> （尚书郎）初入台为郎中，满岁称为侍郎，五岁迁太尉（?）也。④

各种类书引文相异，除开是从不同角度叙述之外，最大的不同是秩次递升，"满岁为侍郎"还是"三年称侍郎"，蔡质的《汉仪》也是说"三年称侍郎"，不过有一点可以肯定的是入尚书台之后的迁升较其他试守者为速。如做外官，则为宰百里之官，《后汉书·郑弘传》记载说：

> 建初（初），为尚书令。旧制，尚书郎限满补县长令史丞尉。弘奏以为台职虽尊，而酬赏甚薄，至于开选，多无乐者，请使郎补千石（令），令史为长（刘攽曰：案文少一令字，但云千石不知何官，但云令不合上文）。帝从其议。

可见章帝以后为外官的禄秩更高。《汉官仪》甚至有"若郎处曹二年，赐迁二千石刺史"的记载。所以虞诩上言：

---

① 李昉等：《太平御览》卷二百一十五，《职官部十三》引，中华书局 1960 年版，第 1026 页。

② 徐坚等：《初学记》卷十一，《职官部上》引，中华书局 1962 年版，第 269 页。

③ 虞世南辑，陈禹谟补注：《北堂书钞》卷六十，《设官部十二》引，明万历二十八年（1600 年）刊本，第 8 页。

④ 虞世南辑，陈禹谟补注：《北堂书钞》卷六十，《设官部十二》引，明万历二十八年（1600 年）刊本，第 8 页。

台郎显职，仕之通阶，今或一郡七八，或一州无人，宜令均平，以厌天下之望。①

附表十八：两汉尚书台组织系统表

- 尚书令
  - 西汉
    - 尚书丞（佐令与仆射事）
    - 常侍曹（主公卿事）
    - 二千石曹（主郡国二千石事）
    - 民曹（主凡吏民上书事）
    - 客曹（主外国夷狄事）
    - 三公曹（主断狱事）
    - 尚书郎（主匈奴单于营部）
    - 尚书郎（主羌夷吏民）
    - 尚书郎（主天下户口土田垦作）
    - 尚书郎（主钱帛贡献委输）
  - 尚书仆射（主文书启封，令不在，则奏下众事）
  - 东汉
    - 尚书左丞
      - 主吏民章报及驺伯史
      - 尚书侍郎（主作文书起草，更直。以下各曹同）
      - 令史（主书。以下各曹同）
    - 尚书右丞
      - 假署印绶及纸笔墨诸财用库藏
      - 尚书侍郎
      - 令史
    - 三公曹
      - 掌天下岁尽集课州郡
      - 尚书侍郎
      - 令史
    - 吏曹
      - 掌选举斋祀
      - 尚书侍郎
      - 令史
    - 二千石曹
      - 掌中都官水火、盗贼、辞讼、罪法（亦云主刺史）
      - 尚书侍郎
      - 令史
    - 民曹
      - 掌缮理功作，监池苑囿（亦云主盗贼事）
      - 尚书侍郎
      - 令史
    - 南北主客曹
      - 掌羌胡朝贺，法驾出则护驾
      - 尚书侍郎
      - 令史

① 范晔：《后汉书》卷五十八，《虞诩传》，中华书局 1965 年版，第 1872 页。

尚书令史 地位次于郎的叫令史，《汉官仪》写道：

> 能通仓颉史篇补兰台令史，满岁补尚书令史，满岁为尚书郎，出亦与郎同宰百里，郎与令史分职受书。令史见仆射、尚书执板拜，见丞、郎执板揖。

令史这样的官西汉就有了，《宋书·百官志》说："汉仪有丞相令史，令史盖前汉官也。"《汉书·张延寿传》有令史调。尚书令史也是前汉官，《决录注》曰："故事：尚书郎以令史久缺补之，世祖始改用孝廉为郎。"① 东汉尚书台的组织扩大之后，有令史十八人，秩皆二百石，分属六曹，每曹三人，主书。以后又增剧曹三人，合二十一人。《古今注》曰："永元三年七月，增尚书令史员。功满未尝犯禁者，以补小县，墨绶。"蔡质曰："皆选兰台。符节上称简精练有吏能为之。"②

令史也还是一个笼统的称号，据《宋书·百官志》记载："郎以下则有都令史、令史、书令史……"当是因具体职责、分工的不同，而名称也不一样。

四、领、平、视、录尚书事

尚书台的沿革、职权以及组织情况已于上述。这里还有一个问题需要说明的是：尚书的实际职权虽高于三公，但终两汉之世，尚书仍为少府的属吏（或者说是文属少府），其秩位亦不过千石；而少府为九卿之一，九卿又分属三公，因而尚书在名义上还是三公下属的下属。这样就发生了矛盾，即上司不仅不能指挥下属，下属反而变成了上司。为了解决这一矛盾，于是有所谓领、平、视、录尚书之制，即由中央高级官吏，外加"领尚书事"、"平尚书事"、"视尚书事"或"录尚书事"等官衔来兼管或主持尚书台的工作。领、平、视、录尚书事，并不就是尚书令，而是皇帝在尚书台的高级顾问或代理人。这样，中央高级官吏既能保持其本职的秩位，而同时又能参与枢密，如霍光为大司马大将军领尚书事，张安世为大司马

---

① 范晔：《后汉书》志第二十六，《百官三》注引，中华书局 1965 年版，第 3598 页。
② 范晔：《后汉书》志第二十六，《百官三》注引，中华书局 1965 年版，第 3598 页。

车骑将军领尚书事，后又以卫将军领尚书事，师丹以左将军领尚书事，萧望之以前将军领尚书事，孔光以光禄勋领尚书事、给事中，张禹为光禄大夫、给事中、领尚书事，霍光之子霍山以奉车都尉领尚书事①。任此职者，多为中朝官。从领尚书事的情况看，领有兼领的意思，虽然以上这些领尚书事的人大多是兼管或者主持尚书台的工作，拥有实权，但在法定方面，外朝丞相职权的虚名犹存。故霍光以大将军领尚书事，自称与丞相车千秋分治内外②，于废昌邑王时，仍以丞相领衔③。张安世以车骑将军领尚书事，每定大政之后，辄称病出，闻有诏令，佯作不知，并使吏至丞相府问讯④。孔光以光禄勋领尚书事、给事中，凡典枢机十余年，或问温室省中树皆为何木，光则答以他语⑤，一方面可见其慎密态度，另一方面也见其兼领性质。这些领尚书事，多少有点可管可不管的意思。因而有的时候虽有领尚书事的头衔，也处理不了尚书台的事务，如元帝时周堪为光禄大夫领尚书事，但当时“（石）显干尚书事，尚书五人，皆其党也。堪希得见，常因显白事，事决显口”⑥。这固然是因为石显弄权，但“干”与“领”的区别也是很明显的。师古在此特别注曰：“干与管同，言管主其事。”这就是说，石显可以直接主管其事，而周堪则不能，因为他只不过是兼领而已。

至于平、视尚书事，则又次于领尚书事了，平是平决的意思，视则不必亲临，都是参与之意，和主管、兼领就不一样，事实也是如此。如于定国为光禄大夫平尚书事，张敞为太中大夫，与于定国并平尚书事，其时就是霍光在领尚书事。又如薛宣加宠特进，位次师安昌侯（张禹），给事中、视尚书事⑦，领尚书事的正是张禹。

及至东汉，领、平、视尚书事等名称皆不复见，改称录尚书事；而中朝官多能领、平尚书事的制度也一变而为每帝即位，辄置太傅录尚书事，或以太尉与太傅同时参录的制度。《后汉书·百官志》本注曰：

---

① 以上俱见《汉书》本传。

② 班固：《汉书》卷六十六，《田千秋传》，中华书局 1962 年版，第 2886 页。

③ 班固：《汉书》卷六十八，《霍光传》，中华书局 1962 年版，第 2939 页。

④ 班固：《汉书》卷五十九，《张安世传》，中华书局 1962 年版，第 2649 页。

⑤ 班固：《汉书》卷八十一，《孔光传》，中华书局 1962 年版，第 3354 页。

⑥ 班固：《汉书》卷三十六，《刘向传》，中华书局 1962 年版，第 1948 页。

⑦ 俱见《汉书》本传。

世祖以卓茂为太傅，薨，因省。其后每帝即位，辄置太傅录尚书事，薨，辄省。

《晋书·职官志》关于录尚书事写道：

案汉武时左右曹、诸吏分平尚书奏事，知枢要者始领尚书事。张安世以车骑将军，霍光以大将军，王凤以大司马，师丹以左将军并领尚书事。后汉章帝以太傅赵熹、太尉牟融并录尚书事，尚书有录名，盖自熹、融始。亦西京领尚书之任……和帝时，太尉邓彪为太傅录尚书事，位上公，在三公上。汉制遂以为常，每少帝立，则置太傅录尚书事，犹古冢宰总己之义，薨，辄罢之。

东汉录尚书事、参录尚书事的具体事例，又见下列诸策书：

司空牟融典职六年，勤劳不怠。其以融为太尉，录尚书事。①

故太尉邓彪，元公之族，三让弥高，海内归仁，为群贤首。其以彪为太傅录尚书事，百官总己以听。②

司徒徐防，以台阁机密，施政牧守。其以防为太尉，录尚书事，百官总己以听。③

太尉赵峻，三世掌典机衡，有匪石不二之心；大司农李固，公族之苗，忠直不回，有史鱼之风。今以峻为太傅，固为太尉……参录尚书事。④

故太尉陈蕃，忠亮蹇谔，有不吐茹之节；司徒胡广，敦德允元，

① 《艺文类聚》卷四十八《职官部四》引《汉官仪》章帝诏。
② 《艺文类聚》卷四十八，《职官部四》引和帝策书。
③ 《艺文类聚》卷四十八，《职官部四》引殇帝策书。
④ 《艺文类聚》卷四十八，《职官部四》引冲帝策书。

五世从政。今以蕃为太傅，与广参录尚书事。①

由此看来，两汉的尚书台实为权力之所归，谁掌握了尚书台，谁就能成为当权者。即使上公、三公、大将军亦必领录尚书事之衔，而后始能掌握国家大权，成为名符其实的执政大臣。不然，秩位虽高，礼遇虽尊，亦不过论道之官，徒具虚名而已。

总之，两汉的尚书台，其职权十分重要，其组织规模也很庞大，它既是天子的喉舌，又是百官的冢宰。在名义上虽为宫廷近侍，实际上就是中央政府的总枢。两汉的皇帝就是利用这个御用组织，把政权从中央政府引渡到自己的卧室。他们以为这样就可以大权在握，并且子孙万代掌握这个大权。不错，君主专制或皇帝个人独裁，作为一种政治制度来说，自武帝以后确乎日臻完备；但是，皇帝一人总不能揽尽天下之事，即使是有能力的君主也不得不委政于其近侍。尤其是当皇帝幼小或腐败无能的时候，这种君主专制制度，必然要成为皇帝近侍之臣窃弄权柄的凭据。如西汉昭帝时外戚霍光专权，元帝时宦官弘恭、石显擅政，成帝以降，政权又落入外戚王氏之手，王莽乘之，终移汉祚。东汉和帝以后，更是形成外戚、宦官迭起专权的局面，皇帝一变而成为外戚、宦官争权夺利的傀儡，而东汉亦随之灭亡。由此观之，把政权转移到卧榻之侧，一人独裁，又何济于事哉②！

第三节　侍中、给事中等加官

《汉书·百官公卿表》在叙述完了中央诸官职之后写道：

侍中、左右曹、诸吏、散骑、中常侍，皆加官。所加或列侯、将军、卿、大夫、将、都尉、尚书、太医、太官令至郎中，亡员，多至数十人。侍中、中常侍得入禁中，诸曹受尚书事，诸吏得举法，散骑骑并乘舆车。给事中亦加官，所加或大夫、博士、议郎，掌顾问应

① 《艺文类聚》卷四十八《职官部四》引灵帝策书。

② 蕑伯赞：《两汉的尚书台与宫廷政治》，《中国史论集》第二辑，国际文化服务社 1947 年版，第 173～182 页。

> 对，位次中常侍。中黄门有给事黄门，位从将、大夫。皆秦制。

这段概述虽简明扼要，但失之笼统，没有交代各种加官的来龙去脉，也没有说明不同时期的各种不同情况。

首先，从侍中、中常侍、给事中这些名号来看，就可以知道此类加官都是接近皇帝的。《汉书·百官公卿表》中也已指出："侍中、中常侍得入禁中。"注引应劭曰："入侍天子，故曰侍中。"《汉官仪》中另有一段记载说："侍中，便蕃左右，与帝升降，卒思（或作'切问'）近对，拾遗补阙，百寮之中，莫密于兹。"关于给事中，《汉书·百官公卿表》注引《汉官解诂》云："掌侍从左右，无员，常侍中。"又《太平御览》卷二百二十一引《汉仪注》曰："诸给事中……以有事殿中，故曰给事中。"中常侍更是如此，卫宏《汉旧仪》云："中常侍……得出入卧内、禁中诸宫。"所谓"诸吏"、"散骑"也是如此，诸吏，《汉书·杨恽传》："诸吏，宿卫近臣，上所信任，与闻政事。"散骑，《汉书·百官公卿表》颜注云："骑而散从，无常职也。"《汉官仪》则云："散骑，骑马并乘舆车，献可替否。"都说明这些加官在政治上乃至生活上侍从或者常侍皇帝，或"有事殿中"，或出入禁中甚至卧内。加这些官号的官吏，当然就属于中朝之官了。所以孟康曰：

> 中朝，内朝也。大司马、左右前后将军、侍中、常侍、散骑、诸吏，为中朝，丞相以下至六百石为外朝也。①

这里漏举了诸曹、给事中，但说得很明确，除大司马大将军等将军（已如前述）之外，以上所谓加官，是中朝的主要内容。

其次，说一说侍中等加官的称号是怎样来的。《汉书·百官公卿表》说是"皆秦制"，但也有一个形成、发展的过程。如《太平御览》卷二百一十九引《环济要略》曰：

> 侍中，古官也……周时号常伯……秦始皇复故，冠貂蝉，汉因而

① 班固：《汉书》卷七十七，《刘辅传》注引，中华书局1962年版，第3253页。

不改，侍帷幄，受顾问，拾遗于左右，出则负玺以从。

《汉官仪》则曰：

侍中，左蝉右貂，本秦丞相史，往来殿中，故谓之侍中。分掌乘舆服物，下至亵器虎子之属。武帝时，孔安国为侍中，以其儒者，特听掌御坐唾壶，朝廷荣之。至东京时属少府，亦无员。驾出，则一人负传国玺，操斩蛇剑，(参) 乘，与中官俱止禁中。

又曰：

给事中，秦官也，汉因之，无常员，皆为加官。

秦置散骑，又置中常侍，汉因之，兼用士人，无员，多以为加官。

由这些不全面也不十分准确的记述看，侍中、给事中等称号，本来并不是一个正式的官名，大体上是从秦时开始，把它们变成了一种加官的称号，并且逐渐固定下来，由于亲近皇帝，地位也愈来愈提高。然而，《汉书·百官公卿表》之所以把它们叫作加官，是因为它们即使成为一种正式官名之后，也有以别的官职加上其中某一种称号的，此例甚多，详见后。

再次，加官的名称不少，大体上可以分成几类：一类是得出入禁中的，如侍中、中常侍；一类是天子的亲近执事之官，如诸吏、散骑；一类是掌顾问应对的，如给事中。但总的来说，都是侍从皇帝左右，在不同情况下，或赞导众事，或顾问应对。并且既然是所谓中朝官，活动在宫内殿内，又显然不属于主管宫内的光禄勋，而其职掌又有一些与各种郎官和谒者相同，这就不得不有所分工，在礼仪制度上必须有明确的规定，例如《汉旧仪》有一条关于行礼的记载就写道：

皇帝见诸侯王、列侯起，侍中称曰："皇帝为诸侯王、列侯起。"起立乃坐。太常赞曰："谨谢行礼。"皇帝在道，丞相迎谒，谒者赞称曰：

> “皇帝为丞相下舆立。”乃升车。皇帝见丞相起，谒者赞称曰：“皇帝为丞相起立。”乃坐。太常称赞：“敬谢行礼。”宴见，侍中常侍赞。

同一类的礼仪，分别由不同的官员司掌，这些规定够复杂的了，实际情况当然比这简单的叙述还要复杂得多。皇帝左右的侍从很多，何时重用何官又情况不一，所以应该比较具体地弄清楚这些加官的具体演变和职掌，过去的注解也应重新审查和研究，有的是不够全面，有的甚至是弄错了的，例如，《后汉书·百官志》注，在解释侍中时说：

> 《汉官秩》云：千石，周礼太仆。干宝注曰：若汉侍中。

哪一点相若呢？无非因为太仆是“掌御马”的，侍中也有“分掌乘舆服物”这一条。然而，侍中与太仆毫无相若之处，如果采用干宝的解释，问题就更复杂化了，考证它也没有意义，像这样的注解就应该舍弃。

下面再比较具体地分述各加官的情况。

一、侍中

如上所述，侍中之名虽古已有之，但作为加官之号的形成，却是在秦汉时期。汉官诸书关于它的记载虽然不少，但是很难理出一个头绪。沈约在《宋书·百官志》中曾作过一番概述，《通典》在他的基础上叙述得略为详细一些，其卷二十一云：

> 侍中者，周公戒成王《立政》之篇所云“常伯”、“常任”以为左右，即其任也。秦为侍中，本丞相史也，使五人往来殿内东厢奏事，故谓之侍中。汉侍中为加官。凡侍中、左右曹、诸吏、散骑、中常侍，皆为加官。所加或列侯、将军、卿大夫、将、都尉、尚书、太医、太官令至郎中，多至数十人。侍中、中常侍得入禁中，诸曹受尚书事，诸吏得举法。汉侍中冠武弁大冠，亦曰“惠文冠”，加金珰，附蝉为文，貂尾为饰。便繁左右，与帝升降。旧用儒者，然贵子弟荣其观好，至乃襁抱，坐受宠位，贝带脂粉，绮襦纨裤，鵕鸃冠（惠帝时，侍中鵕鸃冠，贝带傅脂粉。张辟强年十五，桑弘羊年十三，并为

侍中），直侍左右，分掌乘舆服物，下至亵器武子之属。武帝时，孔安国为侍中，以其儒者，特听掌御唾壶，朝廷荣之。本有仆射一人（秦汉以侍中功高者一人为仆射），后汉光武帝改仆射为祭酒，或置或否，而又属少府，掌赞导众事，顾问应对。法驾出，则多识者一人负国玺，操斩白蛇剑，参乘；余皆骑，在乘舆后。献帝即位，初置六人，赞法驾则正直一人负玺陪乘。殿内门下众事皆掌之。后选侍中，皆旧儒高德，学识渊懿，仰瞻俯视，切问近对，喻旨公卿，上殿称制，秉笏陪见。旧在尚书令、仆射下，尚书上。司隶校尉见侍中，执板揖。侍中旧与中官俱止禁中，因武帝时侍中马（亦作"莽"）何罗挟刃谋逆，由是出禁外，有事乃召之，毕即出。王莽秉政，侍中复入，与中官共止禁中。章帝元和中，郭举与后宫通，拔佩刀惊上，举伏诛，侍中由是复出外。秦汉无定员（蔡质《汉仪》曰："员本八人。"《汉官》曰"无员"。侍中舍有八区，论者因言员本八人），魏晋以来置四人，别加官者则非数。

杜佑在这一段文字中究竟说明什么问题？我们仔细玩味，他主要是说明侍中的来历和性质，特别是侍中的性质，加官是其性质，但未多加解释，得出入禁中也是其性质，如严助为侍中，"廷尉张汤争，以为助出入禁门，腹心之臣"①。但西汉武帝以后，因莽何罗挟刃谋逆，"由是出禁外"，变成了"有事乃召之，毕即出"。当然也有特例，如"史丹为侍中，元帝寝疾，丹以亲密近臣得侍疾，候上间独寝时，丹直入卧内，顿首伏青蒲上"②，直接跑到卧内去了，说明虽不再止禁中，还是可以入禁中的。东汉章帝以后，也许就再不能入禁中了。杜佑和沈约一样如此详细记述，正是为了说明其亲近性。再者，关于冠带的描写，也是为了说明其亲近荣宠。因为此种冠带有一定的意义和来历，《汉官仪》说：

侍中金蝉左貂，金取坚刚，百炼不耗；蝉居高食（《后汉书·舆服志》补注作"饮"）洁，目（补注作"口"）在腋下；貂内劲悍而外

① 班固：《汉书》卷六十四，《严助传》，中华书局1962年版，第2790页。
② 应劭：《汉官仪》，中华书局1990年版，第137页。

> 温润，貂蝉不见传记，者（者上当有“说”字）因物论（补注作“生”）义。予览《战国策》乃知赵武灵王胡服也，其后秦始皇破赵，得其冠以赐侍中。高祖灭秦，亦复如之。

坚刚、高洁以及内劲悍而外温润，这是对侍中的品德要求，与所谓“后选侍中，皆旧儒高德，学识渊懿”是一致的，赐以象征这种品德的冠带，一方面是表示对亲信的希望，另一方面也是表示对亲信的荣宠。

侍中的本意如应劭所说是“入侍天子”，具体在何时成为官名，似不可考。只可以肯定，西汉是作为加官，东汉时则成为秩比二千石的实职。但史书上用“侍中”二字，有时候还是“入侍天子”之意，如《汉书·卢绾传》：“以客从，入汉为将军，常侍中”即是，很难说这个侍中是官职的名称。

正因为侍中的本意是如此，因而“无员”之说是恰当的，如《汉书·朱买臣传》说：“拜买臣为中大夫，与严助俱侍中。”而《汉书·严助传》又说：“擢助为中大夫，后得朱买臣、吾丘寿王、司马相如、主父偃、徐乐、严安、东方朔、枚皋、胶仓、终军、严葱奇等，并在左右。”这些在左右之人，至少严助、朱买臣、吾丘寿王等肯定是同时为侍中的。《通典》上有“多至数十人”的说法。按照“侍中舍有八区”，可以想见入侍天子之人是不会少的。至于八人或六人之数，或许是某一时期的事实。

侍中的职掌，《通典》说“汉代为亲近之职”，惟其亲近，所以“分掌乘舆服物，下至亵器虎子之属”。事实上，皇帝在使用这些器物时，一般都有宦官来服侍，用不着侍中亲自动手，侍中只不过照管一下而已。皇帝登殿时，侍中在一旁搀扶一下①，乃至拿一拿备吐痰用的唾壶也是可能的，这都是表示亲近的意思，可以不用怀疑。“出则参乘、佩玺、抱剑”，能参乘的不过“多识者一人，余皆骑在车后”，这些也说明侍中为左右亲近。总之，在天子平时生活之中——主要还是政治生活中，游宴后宫当然除外——通常是侍中在左右，赞导众事。天子外出，也选侍中见闻较广者，准备天子随时询问，即“顾问应对”。正式朝会时，侍中可接受天子的委托，质问公卿，或对公卿传话。所以，侍中在政治上的地位非常重要。

---

① 《初学记》引《齐职仪》曰：“从御登殿，（侍中）与散骑侍郎对挟帝，侍中居左，常侍居右，备切问近对，拾遗补阙。”

侍中虽不始于武帝，但充分发挥其在政治上的作用，则应自武帝始。如武帝建元三年（前138年），闽越举兵围东瓯，东瓯告急于汉，时武帝年未二十，以此事问太尉田蚡，田蚡以为越人互相攻击，本为常事，又数反复，主张不去救援。中大夫侍中严助诘蚡，认为“今小国以穷困来告急，天子不振，尚安所诉，又何以子万国乎？”武帝曰：“太尉不足与计。”他于是遣严助以节发兵会稽，浮海救东瓯[①]。又如武帝元朔三年（前126年），在河套地区筑朔方城以御匈奴，当时任御史大夫的公孙弘多次上书“以为罢弊中国以奉无用之地，愿罢之”。武帝派中大夫、侍中朱买臣等和公孙弘辩论，“发十策，弘不得一。弘乃谢曰：‘山东鄙人，不知其便若是，愿罢西南夷、苍海，专奉朔方。’”[②] 后公孙弘为丞相，又奏民不得挟弓矢，光禄大夫、侍中吾丘寿王对以为“大不便。书奏，上以难丞相弘。弘诎服焉”[③]。那时，汉武帝经常让他的侍从们与“大臣辩论，中外相应以义理之文，大臣数诎”[④]。可见，武帝时是侍中的最盛时期，以后因莽何罗事件，故虽日趋尊显，但不够亲近了。

东汉时侍中地位日尊，并且“赞导众事，顾问应对”等等，因而逐渐形成侍中寺，成为以后三省之一门下省的前身，《通典》卷二十一云：

> 门下省，后汉谓之侍中寺（嘉〔熹〕平六年改侍中寺）。《晋志》曰：给事黄门侍郎与侍中俱管门下众事，或谓之门下省。

侍中寺，《后汉书·灵帝纪》光和元年（178年）四月有“侍中寺雌鸡化为雄”的记载，但侍中寺的建立未查见很明确的材料，或与“始置鸿都门学生”（同上书）有关。《资治通鉴》卷五十七，熹平六年（177年）七月记其事曰：

> 初，帝好文学，自造《皇羲篇》五十章，因引诸生能为文赋者并待制鸿都门下；后诸为尺牍及工书鸟篆者，皆加引召，遂至数十人。

---

① 班固：《汉书》卷六十四，《严助传》，中华书局1962年版，第2776页。
② 班固：《汉书》卷五十八，《公孙弘传》，中华书局1962年版，第2619页。
③ 班固：《汉书》卷六十四，《吾丘寿王传》，中华书局1962年版，第2797页。
④ 班固：《汉书》卷六十四，《严助传》，中华书局1962年版，第2775页。

> 侍中祭酒乐松、贾护多引无行趣势之徒置其间，憙陈闾里小事；帝甚悦之，待以不次之位。

又同书同卷光和元年（178年）二月：

> 置鸿都门学，其诸生皆敕州郡、三公举用辟召，或出为刺史、太守，入为尚书、侍中，有封侯、赐爵者；士君子皆耻与为列焉。①

七月记光禄大夫杨赐曰：

> 又，鸿都门下招会群小，造作赋说，见宠于时，更相荐说，旬月之间，并各拔擢。乐松处常伯（侍中），任芝居纳言（尚书），郤俭、梁鹄各受丰爵不次之宠，而令搢绅之徒委伏畎畮……

由于设置鸿都门学，乐松等人趁机招引群小，为侍中者甚多，因而设立侍中寺。此虽系记述汉末变态之事件，但是却把侍中寺的建立以及后来门下省的渊源大体上讲清楚了。由此还可看出一个发展趋势，继尚书、中书之后，侍中的地位日益重要了，因此《后汉书·百官志》在“文属少府”的官吏中，侍中摆在最前，其秩也最高（比二千石）。

入侍天子的侍中，多半是和天子有特殊关系的亲信，考整个西汉一代，能够侍中或为侍中者，大体上可以分为以下几类：

一是皇帝的外戚，如卫青、霍去病、霍光等等，而史高、史丹祖孙三代并以外属旧恩为侍中②。

二是皇帝的佞幸，如淳于长、董贤。

三是文学侍从之臣，如严助、朱买臣、吾丘寿王等。

四是材武之士，如荀彘、上官桀。

五是功臣子弟，如张安世、金日磾诸家子弟。

六是重臣及儒臣，如师丹、刘歆、蔡茂。

---

① 以上又见《后汉书·蔡邕传》。

② 班固：《汉书》卷八十二，《史丹传》，中华书局1962年版，第3376页。

这最后一类，是西汉后期才有的，反映侍中由亲而尊的变化。到东汉时，这个变化就更为明显了，主要是外戚、功臣子弟和师儒重臣，佞幸、材武之类以及一般文学侍从都不再为侍中了。上述灵帝时鸿都门学之人为侍中算是特殊例子，因而"士君子皆耻与为列焉"。粗略地从《后汉书》的记载中统计一下，东汉之为侍中者，主要是两大类：

一类，既是功臣之后也是外戚①，如来历、邓藩、邓康、邓弘、邓闾、寇荣、耿承、耿箕、窦宪、窦景、窦瑰、马康、阴识、阴兴、冯柱、冯石、梁安国、梁商、梁冀等等。有少数没有亲属关系的元从功臣和功臣之后，如臧宫、邳彤、马武、傅俊等皆元从功臣，丁鸿是功臣之后，同时又是"经学至行"，以儒学著称而拜侍中。

一类，即所谓师儒重臣，其中有的是家学渊源，如伏无忌为汉初伏生之后（同时又是外戚），贾逵不但有家学渊源，还是当时一代通儒，杨秉、杨赐、杨彪都是"少传家学"；有的是"当世名儒"，如鲁恭、鲁丕，或者先师之子如桓郁、桓焉；也有的是各门学问专家，如张酺以《尚书》教授，延笃以《左传》专长（同时博通经传和百家言），张霸以研究《公羊春秋》称张氏学，苏竟是《易经》专家，曹充、曹褒父子创《庆氏礼》。他们或通经教授，如爰延、承宫等，有的门徒至数百人；或侍讲入禁内，当皇帝的教师，如刘宽"侍讲光华殿"，赵典"侍讲禁内"，桓焉"入授安帝"等等。东汉末年为侍中者颇多，其中有不少"博通群书"的才名之士，如李法、黄琬、荀悦、荀爽以及卢植等等。

另一些儒学之士，还以天文历算等方面的专长为侍中，如著名的张衡，以及杨统、杨厚、翟酺等人。

所谓"选侍中，皆旧儒高德，学识渊懿"，主要是东汉时的情况。侍中是士人出身的官吏中能够出入宫禁的官吏，既尊贵又亲近。但是，东汉后期，外戚、宦官交替专权，外戚得势时，不少外戚本身就是侍中，侍中得到亲近。宦官得势时，侍中就起不到什么作用了。

二、左右曹、诸吏

左右曹又称诸曹，这是《汉书·百官公卿表》本身已经表明了的，诸

① 包括尚公主等亲属关系。

曹和诸吏都是西汉时的加官，《汉书》各传主任此种官的不少，任何一个官吏，有此种加官以后，地位就有变化，如《汉旧仪》说："五官属光禄勋，不得上朝谒，兼左右曹、诸吏，得上朝谒。"

诸曹、诸吏何时设置？一般来说是从武帝时开始的。《汉书·成帝纪》建始元年（前32年）注引应劭曰：

> 《百官表》，诸吏得举法案劾。职如御史中丞，武帝初置，皆兼官所加，或列侯、将军、卿、大夫为之，无员也。

又，《晋书·职官志》云：

> 武帝时，左右曹、诸吏分平尚书奏事，知枢要者始领尚书事。

有人根据文帝时贾山《至言》的记载，认为文帝之时已经有诸吏一官。但仔细分析起来，也不见得，贾山之言曰：

> 今方正之士，皆在朝廷矣，又选其贤者，使为常侍诸吏，与之驰驱射猎，一日再三出。臣恐朝廷之解弛，百官之堕于事也。

这"常侍诸吏"和前述卢绾之"常侍中"一样，不过是常常侍从在左右的诸吏而已，是泛指，尚未形成加官之号，仅仅是侍从驰驱射猎。当然，其所以成为加官，也是由这种亲近侍从关系发展而来的。

武帝以后，诸曹、诸吏成为枢机重臣，一个是受尚书事，一个则如御史中丞一样得举法案劾。《晋书·职官志》又说是二者"分平尚书事"。这也许是不同时间的分工不同。加诸曹、诸吏之号，既亲近，又尊贵，是人臣荣宠的一种称号，而且在实际上也是有一定意义的。如《汉旧仪》中写道：

> 左曹，日上朝谒，秩二千石。
> 右曹，日上朝谒，秩二千石。

一般认为，加官无禄秩，从这里的情况看也不尽然，不够二千石的官吏，加左右曹之号，当给以二千石的待遇。诸吏也是如此，如张禹“拜为诸吏、光禄大夫，秩中二千石”①，孔光“迁诸吏、光禄大夫，秩中二千石”②，光禄大夫的秩只有比二千石，加诸吏之后就是中二千石。当然，更重要的是加此号之后，就能“与闻政事”，成为“典枢机”的权贵重臣。《汉书补注》引沈钦韩曰：

《御览》二百二十九引《汉官解诂》曰：士之权贵，不过尚书，其次诸吏。

诸吏似乎比诸曹要尊贵（亲近相同），这从《汉书》各传的一些记载中也可以看出，如：

韩增，少为郎，诸曹，侍中，光禄大夫。

刘德子刘安民，为郎中，右曹，宗家以德得官宿卫者二十余人。

刘歆，哀帝崩，王莽持政，莽少与歆俱为黄门郎，重之。白太后，太后留歆为右曹太中大夫，迁中垒校尉。

苏武，曾为典属国。昭帝崩，武以故二千石与计谋立宣帝，赐爵关内侯，食邑三百户。久之，卫将军张安世荐武明习故事，奉使不辱命，先帝以为遗言，宣帝即时召武待诏宦者署。数进见，复为右曹典属国。以武著节老臣，令朝朔望。号为祭酒，甚优宠之。……又以武弟子为右曹。

史丹，九男皆为侍中诸曹，亲近常在左右。

薛宣子况，为右曹侍郎。

张禹，四子，长子宏嗣侯……三弟皆为校尉、散骑、诸曹。

董贤，董氏亲属皆侍中、诸曹奉朝请。

霍光，以郎稍迁诸曹，侍中。……昆弟、诸婿、外孙皆奉朝请，为诸曹、大夫、骑都尉、给事中。

---

① 班固：《汉书》卷八十一，《张禹传》，中华书局1962年版，第3348页。
② 班固：《汉书》卷八十一，《孔光传》，中华书局1962年版，第3353页。

以上这些，都是主要表明亲近尊崇之意，其他一些有关记载大体上也是如此。以诸曹受尚书事、典枢机的具体记载，还没有查到。但是，诸吏则不然，加诸吏之号者，往往就在实际上与闻大政了。如《汉书·刘向传》记载说：

> 元帝初即位，太傅萧望之为前将军，少傅周堪为诸吏、光禄大夫，皆领尚书事。

太傅、少傅皆为荣誉职务，实不与闻政事，加前将军、诸吏的称号之后，就成了中朝官，能够领尚书事了。又如《汉书·张禹传》载：

> 元帝崩，成帝即位，征禹、（郑）宽中，皆以师赐爵关内侯，宽中食邑八百户，禹六百户，拜为诸吏、光禄大夫，秩中二千石，给事中，领尚书事。

同书《孔光传》：

> 上甚信任之，转为仆射，尚书令。有诏光周密谨慎，未尝有过，加诸吏官。……数年，迁诸吏、光禄大夫，秩中二千石，给事中，赐黄金百斤，领尚书事。后为光禄勋，复领尚书，诸吏、给事中如故。凡典枢机十余年。

又同书《杨恽传》：

> 迁中郎将……擢为诸吏、光禄勋，亲近用事。

加诸吏的条件是“周密谨慎”，因为要在内朝活动，“典枢机”。加诸吏之号是因为得到信任，其目的是使之能够“领尚书事”、“与闻政事”等等，不仅仅是一个“亲近常在左右”的问题。

最后，关于诸曹、诸吏的演变问题。它们和侍中、给事中等不一样，侍中、给事中这类西汉时的加官，到东汉及其以后就演变成一种正式官职了，而诸曹、诸吏到东汉时基本上就没有了。其原因是什么？看来是因为它们过分一般化，诸者众也，众多的官吏可以称为诸吏，各种各样的曹可以称为诸曹，与侍中、给事中可以变成一种专称不同，与散骑（详下）也不同，有许多一般用法成为官名的例子，如《汉书·刘向传》所说“与侍中金敞拾遗于左右”，拾遗后世就成为官号，唯独这诸曹、诸吏不太合适，因为一般的用法要经常用到它。左右曹的称号稍具体一点，但也易于混淆，职官中分左右曹者甚多。因为如此，所以解释这个左右曹也有一些不同的说法，如《后汉书·邳彤传》说“复为左曹侍中”——这是东汉的极个别例子之一，而且要把“左曹”和“侍中”点开读，但是李贤注云：

《前书》曰：侍中有左右曹，入侍天子，故曰侍中。

又，《汉官仪》云：

左右曹受尚书事，前世文士以中书在右，因谓中书为右曹，又称西掖。

又，《汉书·百官公卿表》注引晋灼曰：

《汉仪注》，诸吏、给事中日上朝谒，平尚书奏事，分为左右曹。

这几处记载究竟是讲尚书台分科办事的左右曹呢？还是讲作为加官的左右曹呢？叙事和作注的人是为了解释加官左右曹，而所作的解释又是讲尚书台的左右曹。左右曹之易于混淆显而易见。因此，诸吏、诸曹（左右曹）不宜长期作为官名使用，事实上东汉以后便无所闻了。

三、散骑、中常侍

如果说诸曹、诸吏这种加官，到东汉就消失了；那么，散骑、中常侍则几经演变之后合并了，合并成散骑常侍。《宋书·百官志》记其发展概况说：

> 散骑常侍四人，掌侍左右。秦置散骑，又置中常侍。散骑并乘舆车后，中常侍得入禁中，皆无员，并为加官。汉东京初省散骑，而中常侍因用宦者。魏文帝黄初初置散骑，合于中常侍，谓之散骑常侍……秩比二千石。

散骑的本意，颜师古和杜佑的解释一样："骑而散从，无常职也。"《汉官仪》说："散骑，骑马并乘舆车，献可替否。"意思也是差不多的，"献可替否"本无常职，不过是骑着马随从在乘舆车之后，相当于侍卫官。骑，就是骑马，汉代有骑吏，有骑郎等等。骑吏地位要低一些，《汉官仪》有"司空骑吏以下皂袴"的记载可证。骑郎地位要高一些，如张释之"以赀为骑郎，事孝文帝，十岁不得调，无所知名"①。注引如淳曰："《汉仪注》，赀五百万得为常侍郎。"则是骑郎又名常侍郎。常侍郎也叫常侍骑，如《史记·袁盎传》说："盎兄子种为常侍骑，持节夹乘。"《史记索隐》案："《汉书旧仪》（'书'字衍）云：'持节夹乘舆骑从者，则云常侍骑也。'"此外还有称"武骑常骑"② 的，《史记·李将军列传》："用善骑射，杀首虏多，为汉中郎。广从弟李蔡亦为郎，皆为武骑常侍，秩八百石。"《史记索隐》："谓为郎而补武骑常侍也。"但是，此"武骑常侍"《汉书·李广传》作"郎骑常侍"，并且师古还解释说："官为郎而常骑以侍天子，故曰骑常侍。"若此，则"骑常侍"、"常侍骑"实为一官。或者因为官名尚未固定，故有此类不同说法，总之是骑从的郎官就是了。开始，随从在皇帝左右，甚至"亡所知名"。而且因为经常侍从在左右，总是有机会得到赏识和重用的，张释之、李广都是如此。此种骑郎发展成受尊重的加官——散骑，是顺理成章的事。

常侍，当即常常侍从或者经常侍从的意思。后来逐渐发展成官名，如常侍骑、常侍郎之类。然而即使成为官名之后，有时也有常侍这样的泛用。这从《汉书·东方朔传》的有关记载中可以证明：

> 时有幸倡郭舍人，滑稽无穷，常侍左右。

---

① 司马迁：《史记》卷一百零二，《张释之列传》，中华书局 1982 年版，第 2751 页。

② 《宋书·百官志》说："武骑常侍，无员，汉西京官，车驾游猎，常从、射猛兽。后汉、魏、晋不置。"

上以朔为常侍郎，遂得爱幸。

八九月中，与侍中、常侍武骑及待诏陇西、北地良家子能骑射者，期诸殿门……微行以夜漏下十刻乃出。

这中间，幸倡郭舍人之“常侍左右”，断不是官名。常侍武骑或者是武骑常侍的别名，更说明此类官名尚未固定。常侍郎看样子是一个固定官名，但也不尽然，《史记·滑稽列传》的记载就有不同，原文是“诏拜以为郎，常在侧侍中”，下面东方朔自己又说是“常侍侍郎”①。这些不同，一则说明官名不固定，二则说明常侍乃常在侍从之中的一般用法。

中常侍似乎又有所不同，许多记载都说秦置中常侍，《后汉书·宦者列传》序云：

汉兴，仍袭秦制，置中常侍官。然亦引用士人，以参其选，皆银铛左貂，给事殿省。

秦的中常侍无所查考，从《后汉书·宦者列传》的叙述来看，是把它作为宦官叙述的。这个“汉兴”说得很笼统，西汉的情况如何，似未交代。《后汉书·百官志》中常侍条下，王先谦集解引李祖楙曰：

西京初惟有常侍，元、成后始有中常侍之名，然皆士人。中兴用宦者，又稍异焉。朱穆疏：“旧制侍中、中常侍各一人，省尚书事，黄门侍郎一人，传发书奏，皆用姓族。自和熹太后以女主称制，不接公卿，乃用阉人（原文作乃以阉人为常侍）……是中兴之初尚用士人，后改制则不复旧矣。”

西汉初年确实未见中常侍之名，作为加官称号的中常侍也许是元、成以后的事（或者与秦作为内官的中常侍有不同），如《汉书·张安世传》说：

① 这又和《通典》卷二十一所说“散骑有常侍侍郎”相合，足见名称之不固定。

> 自宣、元以来，为侍中、中常侍、诸曹、散骑、列校尉者，八十余人。

又同书《王商传》：

> 商子弟亲属，为侍中、中常侍、诸曹、大夫、郎吏者，皆出补吏。

中常侍在西汉时是作为加官之号，加此号之后，和侍中一样“得入禁中”。作为本职官名的中常侍，当是东汉以后的事。所以《后汉书·百官志》有：

> 中常侍，千石。本注曰：宦者，无员，后增秩比二千石。

《汉旧仪》所说：

> 中常侍，宦者，秩千石，得出入卧内、禁中诸宫。

这也当是东汉的中常侍。中常侍在特定的条件下，也可叫常侍，如十常侍的常侍即中常侍。

如上所述，后代史家认为三国以后之散骑常侍是由散骑和中常侍合并而成的；不过，东汉以后，有时又有中常侍出现，或者改称内侍，那都是宦者所为之内官，与西汉时加于一般士人的加官不是一回事。

四、给事中

《汉书·百官公卿表》在叙述侍中等各种加官之后，又单独把给事中提出来说：

> 给事中亦加官，所加或大夫、博士、议郎，掌顾问应对，位次中常侍。

为什么单独提出，当是给事中与其他加官有所不同。不同之处何在呢？或者《汉旧仪》的记载可以回答这个问题：

诸给事中，日上朝谒，平尚书奏事，分为左右曹，以有事殿中，故曰给事中。多名儒国亲为之，掌左右顾问。

“平尚书奏事”、“有事殿中”、“左右顾问”这些说明给事中是顾问应对之臣，是负有实际任务的，这就和其他一般的随从车骑之类的加官有所不同，所以“多名儒国亲为之”，一般的文学、武士很少有人加此官号，惟有佞幸董贤是一个特例。

关于负责实际政务，可从任给事中的孔光的上书中看出，孔光被策免丞相以后，重新被“拜为光禄大夫，秩中二千石，给事中，位次丞相”，孔光谢曰：“今复拔擢，备内朝臣，与闻政事。”① 由此可见，给事中是内朝臣，并且还是“与闻政事”的内朝臣。

给事中因为“有事殿中”，所以和其他加官一样，也是经常侍从在皇帝左右的，所以《汉书·百官公卿表》颜师古注引《汉官解诂》云：

掌侍从左右，无员，常侍中。

给事中是经常侍从在殿中的。但重要的是“给事”，这“给事”二字的意义，在《汉书》上也有明确记载，如《张安世传》说：

少以父任为郎，用善书，给事尚书。（师古曰：于尚书中给事也。给，供也。）

又《王商传》：

商子弟亲属为驸马都尉、侍中、中常侍、诸曹、大夫、郎吏者，皆出补吏，莫得留给事、宿卫者。

① 班固：《汉书》卷八十一，《孔光传》，中华书局1962年版，第3361页。

这都说明“给事”有负责实际任务的意思，给事和一般的宿卫还有所区别，《王商传》是说既不得给事于中，也不得宿卫于左右。

再者，既然是顾问应对之臣，而且“多名儒国亲为之”，当然不可能只限于“所加或大夫、博士、议郎”。《汉书补注》引钱大昕曰：

> 武帝时终军以谒者给事中，宣帝时田延年以大司农给事中，杜延年以太仆给事中，魏相以御史大夫给事中，元帝时萧望之以关内侯给事中，刘更生以宗正给事中，成帝时辛庆忌以右将军给事中，哀帝时董贤为大司马给事中，是三公、列将军、九卿皆得加之，不止大夫、博士、议郎也。

不过，在《汉书》记载中以各种大夫加给事中的为多，如：

刘向，迁散骑谏大夫，给事中①。

张猛，光禄大夫，给事中。复为太中大夫，给事中②。

孔霸，迁诸吏、光禄大夫，秩中二千石，给事中③。

谷永，迁光禄大夫，给事中。

师丹，复以光禄大夫，给事中。（此处给事中负责实际任务最为明显）

丙吉，入为光禄大夫，给事中。

夏侯胜，为谏大夫，给事中。

息夫躬，与宋弘皆光禄大夫，左曹，给事中。

蔡义，擢光禄大夫，给事中。

陈咸，为光禄大夫，给事中。

金钦，为太中大夫，给事中④。

平当，为太中大夫，给事中。

孔光，拜为光禄大夫，秩中二千石，给事中。

王仲翁，至光禄大夫，给事中⑤。

---

① 班固：《汉书》卷三十六，《刘向传》，中华书局 1962 年版，第 1929 页。
② 班固：《汉书》卷三十六，《刘向传》，中华书局 1962 年版，第 1948 页。
③ 班固：《汉书》卷八十一，《孔光传》，中华书局 1962 年版，第 3353 页。
④ 班固：《汉书》卷六十八，《金日磾传》，中华书局 1962 年版，第 2964 页。
⑤ 班固：《汉书》卷七十八，《萧望之传》，中华书局 1962 年版，第 3272 页。

这些大夫之所以加给事中，一则可入内朝，二则可由一般“掌议论”之官变成“给事”之官。

因为给事中在负实际任务这一点上与其他加官有所不同，所以散骑、诸吏、诸曹等加官之上又有再加给事中的，如息夫躬加左曹又加给事中，杜延年加右曹又加给事中，张禹、孔光都是加诸吏又加给事中，辛庆忌、平当加诸吏、散骑又加给事中。这一点，给事中和侍中相同，用一个“中”字表示更加亲近，但是没有见到既加侍中又加给事中的，这也许是因为都有一个“中”字，不必再重复了。他们是共同侍从左右，共同常侍于中，所以《汉书·刘向传》说：“迁散骑谏大夫，给事中，与侍中金敞拾遗于左右。四人同心辅政。”四人还包括太傅萧望之为前将军，少傅周堪为诸吏、光禄大夫，这二人既以师傅之尊，又以将军、诸吏入内朝，并且还“领尚书事”。可见，给事中和侍中不仅是一般的“拾遗于左右”，更重要的是“辅政”，与闻政事，掌握枢机。

关于给事中的设置，《宋书·百官志》记载说：

> 给事中，无员，汉西京置，掌顾问应对，位次中常侍。汉东京省，魏世复置。

《晋书·职官志》说：

> 给事中，秦官也。所加或大夫、博士、议郎，掌顾问应对，位次中常侍。汉因之，及汉东京省，魏世复置，至晋不改。在散骑常侍下，给事黄门侍郎上，无员。

是否秦已有给事中，很难断定，《晋书》《通典》等都说是秦官或秦制，其根据也许就是《汉书·百官公卿表》叙述加官之后的那一句“皆秦制”。具体事例似无可考查。沈约说“汉西京置”，或者他认为不是秦制。但是东汉没有给事中一官是可以肯定的。东汉以后又有，但和西汉的加官不一样，如《通典》卷二十一所说，以后的情况是“或为加官，或为正员”，特别是隋唐以后，“前代虽有给事中之名，非今任也，今之给事中，盖因古之名用隋之职”。

总之，给事中和侍中等一样，作为加官和内朝官，主要是西汉时的事，东汉就有所变化了，以后变化更大，新的内朝中常侍、小黄门逐渐发展起来，这些原来最亲近的官又变得疏远了。

五、给事黄门

《汉书·百官公卿表》在叙述加官时最后写道：

> 中黄门有给事黄门，位从将大夫。

这说明给事黄门也是一种加官，同时这里也是使用了“给事”的广泛意义，如《通典》卷二十一所说：

> 凡禁门黄闼，故号黄门，其官给事于黄闼之内，故曰黄门侍郎。初，秦汉别有给事黄门之职（扬雄为给事黄门），后汉并为一官，故有给事黄门侍郎，掌侍从左右，给事中（按：当读为给事于中），使关通中外，及诸王朝见，于殿上引王就座，无员，属少府（又《汉旧仪》云属黄门令）。日暮入对青琐门拜，故谓之夕郎。献帝初即位，置侍中、给事黄门侍郎，员各六人，出入禁中，近侍帷幄尚书事。后更给事黄门侍郎为侍中侍郎，去给事黄门之号。旋复故。

“给事于黄闼之内”这个解释是比较符合西汉实际的。“给事黄门”见于《汉书》的有《刘向传》《孔光传》《扬雄传》，“黄门侍郎”在西汉仅见《李寻传》，又《艺文志》有“给事黄门侍郎李息”。王先谦《汉书补注》曰：

> 以志文例之，皆以侍郎而给事黄门，故蒙此称也。吾丘寿王愿养马黄门，盖亦给事之义矣。

这个解释是可取的。刘、孔、扬三传的“给事黄门”均可作这样的解释，如《刘向传》说：

征更生（按：刘向）受《穀梁》，讲论五经于石渠。复拜为郎中给事黄门。

《孔光传》：

以子男放为侍郎，给事黄门。

《扬雄传》：

（大司马王音）荐雄待诏，岁余，奏《羽猎赋》，除为郎，给事黄门。

这里的给事黄门是否如《通典》所说别为一职，尚难断定。这是一个很早就不易弄清了的问题，我们可以从《宋书·百官志》看到这一点，沈约的记述是比较客观的：

给事黄门侍郎四人，与侍中俱掌众事，郊庙临则一人执麾。《汉·百官表》：秦曰给事黄门，无员，掌侍从左右，汉因之。汉东京曰给事黄门侍郎，亦无员，掌侍从左右，关通内外，诸王朝见，则引王朝坐。应劭曰：每日暮，向青琐门拜，谓之夕郎。史臣按：刘向与子歆书曰：黄门郎显处也。然则汉世已为黄门侍郎矣。董巴《汉书》曰：禁门曰黄闼，中人主之，故号曰黄门令。然则黄门郎给事黄闼之内，故曰黄门郎也。魏晋以来，员四人，秩六百石。

魏晋一直到宋称“给事黄门侍郎”，这是无问题的，两汉是否有此名，西汉唯有《艺文志》一条孤证，《后汉书·百官志》黄门侍郎上本有“给事”二字，但各本都断到上句去了，似应加以改正。“给事黄门侍郎”的正式名称当起于东汉末年，《献帝起居注》曰：

帝初即位，初置侍中、给事黄门侍郎，员各六人，出入禁中，近侍帷幄，省尚书事。改给事黄门侍郎为侍中侍郎，去给事黄门之号，

> 旋复故。旧，侍中、黄门侍郎，以在中宫者，不与近密交政，诛黄门后，侍中、侍郎出入禁闼，机事颇露，由是王允乃奏，比尚书不得出入，不通宾客，自此始也。

魏晋以后，给事黄门侍郎与侍中俱管门下众事，这样便由加官一变而为重要的实职主管，外朝的九卿，内朝的给事中、散骑常侍亦渐隶属门下，于是门下省遂成为庞大的中枢组织。隋以后侍中与中书令、尚书令分别成为门下、中书、尚书三省的长官。

第四章　宫官

秦汉时期，皇帝的宫廷与管理国家的政府，在组织上有许多混同之处，有时很不易区别。如光禄勋、卫尉本属于中央政府的九卿，但同时又是守卫皇宫的近卫侍臣①。少府也是九卿之一，但其职务主要是管理皇帝的私产。其他如太仆、宗正、执金吾、将作大匠等官，或掌皇帝车马，或掌宗室属籍，或负责执兵护从，或负责营建宫室，都是宫中与府中混合的官职。反过来看，也是一样，如尚书一职，本是宫中代管皇帝文书的小吏，属于少府，但是后来竟取代丞相而成为实际上的中央政府首脑。直至三国时代，诸葛亮还说“宫中府中，俱为一体”②，说明当时所谓宫中府中即宫廷与政府的职事，还是混而为一，没有完全分离。这也是君主专制政治下所必然出现的现象。朕即国家，国家的官吏往往也就是皇帝的仆从。不了解这一点，就不足以谈秦汉的官制及其演变问题。本章所记述的宫官，乃指严格意义上的宫官，即太子官与皇后官，虽然也属于中央官吏，但基本上与政府官属于两个系统，故特列本章论述于后。

第一节　太子官

在封建专制时代，皇太子是国家的储君，即皇帝的继承人。在继承问题上，中国古代原有所谓兄终弟及和父死子继的制度；在父死子继的继承制中，又有长子继承制与少子继承制。这些继承制固然都有它产生和形成的历史依据，但因为涉及一个“权”字，极容易造成在皇位继承问题上统治阶级内部的纷争。为了避免这种纷争，稳定皇权，至秦汉时代，逐渐确定嫡长子继承制度，如无嫡长子，其他诸子始能继承。总之，是父子相传。

---

① 诸宫似还有卫尉。

② 陈寿：《三国志》卷三十五，《蜀书五·诸葛亮传》，中华书局1959年版，第919页。

但是，这个制度的形成和固定下来，也有一个过程。秦始皇虽然建立了专制主义皇权，并且明确宣布："朕为始皇帝，后世以计数，二世、三世至于万世，传之无穷。"① 不过他没有采取预立太子的具体措施，不早定扶苏，以至于"胡亥诈立，自使灭祀"②。也许正是以此为前车之鉴，汉高祖二年（前205年），还在戎马倥偬之际，就预立了太子；同时还"令太子守栎阳，诸侯子在关中者，皆集栎阳为卫"③。这正是预防争夺皇位的一种措施。后来，刘邦宠爱戚夫人，欲以赵王如意易太子，太子太傅叔孙通谏曰：

> 昔者晋献公以骊姬故，废太子，立奚齐，晋国乱者数十年，为天下笑。秦以不早定扶苏，胡亥诈立，自使灭祀，此陛下之所亲见。今太子仁孝，天下皆闻之；吕后与陛下攻苦食啖，其可背哉！陛下必欲废適而立少，臣愿先伏诛，以颈血污地。高帝曰："公罢矣，吾特戏耳！"通曰："太子天下本，本壹摇天下震动，奈何以天下戏！"高帝曰："吾听公。"及上置酒，见留侯所招客从太子入见，上遂无易太子志矣。④

《汉书·张良传》亦记其事曰：

> 叔孙太傅称说引古，以死争太子，上阳许之，犹欲易之。及宴，置酒，太子侍，四人者从太子，年皆八十有余，须眉皓白，衣冠甚伟。上怪问曰："何为者？"……四人曰："陛下轻士善骂，臣等义不辱，故恐而亡匿。今闻太子仁孝，恭敬爱士，天下莫不延颈愿为太子死者，故臣等来。"上曰："烦公幸卒调护太子。"四人为寿已毕，趋去，上目送之。召戚夫人指视曰："我欲易之，彼四人为之辅，羽翼已成，难动矣！"

这四个年皆八十、须眉皓白的老头有多大能耐，可以成为太子的"羽翼"？所谓"商山四皓"只不过代表着一种社会势力而已。它说明当时的社会舆

① 司马迁：《史记》卷六，《秦始皇本纪》，中华书局1982年版，第236页。
② 班固：《汉书》卷四十三，《叔孙通传》，中华书局1962年版，第2129页。
③ 司马迁：《史记》卷八，《高祖本纪》，中华书局1982年版，第372页。
④ 班固：《汉书》卷四十三，《叔孙通传》，中华书局1962年版，第2129页。

论已经认为，早建太子以固国家之本，并且立嫡立长是理所当然之事。同时也说明，从汉高祖开始，就把这个制度建立起来了。

不过惠帝早死，吕后专权，“诸吕谋为乱，欲危刘氏”①，在特殊情况下，陈平、周勃等立了文帝，他是高祖中子，这就打破了立嫡长子的制度。文帝自己心虚，因而在立太子问题上不得不先谦虚一番，经过有司固请，才决定立子启为太子。《汉书·文帝纪》记其事云：

（元年）正月，有司请蚤建太子，所以尊宗庙也。诏曰：“朕既不德，上帝神明未歆飨也，天下人民未有惬志。今纵不能博求天下贤圣有德之人而嬗天下焉，而曰豫建太子，是重吾不德也，谓天下何？其安之。”有司曰：“豫建太子，所以重宗庙社稷，不忘天下也。”上曰：“楚王，季父也，春秋高，阅天下之义理多矣，明于国家之体。吴王于朕，兄也；淮南王，弟也，皆秉德以陪朕，岂为不豫哉！诸侯王、宗室昆弟、有功臣，多贤及有德义者，若举有德以陪朕之不能终，是社稷之灵，天下之福也。今不选举焉，而曰必子，人其以朕为忘贤有德者而专于子，非所以忧天下也，朕甚不取。”有司固请曰：“古者殷周有国，治安皆且千岁，有天下者莫长焉，用此道也（师古曰：所以能尔者，以承嗣相传故也）。立嗣必子，所从来远矣。高帝始平天下，建诸侯，为帝者太祖。诸侯王列侯始受国者亦皆为其国祖。子孙继嗣，世世不绝，天下之大义也。故高帝设之以抚海内。今释宜建而更选于诸侯、宗室，非高帝之志也，更议不宜。子启最长，敦厚慈仁，请建以为太子。”上乃许之。

这段记事进一步说明，虽因无子而有迎立兄弟（或者还有兄弟子）的个别事例，但父子相传，立嫡立长的大体趋势已不可动摇。从制度上说，兄终弟及之制已成为禁律。以后景帝欲传位于其弟梁孝王，窦婴的说法就不一样了：

婴引卮酒进上曰：“天下者，高祖天下，父子相传，汉之约也，上何以得传梁王！”

---

① 班固：《汉书》卷四，《文帝纪》，中华书局1962年版，第105页。

再无须说什么“立嗣必子，所从来远矣”之类的理由了，因为这是“汉之约也”。可以断言，从汉代开始，皇位父子相传，立嫡立长的继承制度，就成为我国古代封建社会建立皇太子的基本制度，以后沿用了两千年。

在建立皇太子继承制度的同时，也相应地建立了一套为太子服务的东宫官的系统。《通典》卷三十写道：

> 凡三王教世子必以礼乐……立太傅、少傅以养之，欲其知父子、君臣之道也。……师也者，教之以事而论诸道德者也；保也者，慎其身以辅翼之而归诸道者也。秦汉以下，始加置詹事、中庶子及诸府、寺等官，亦有以他官而监护者。

这里说得很清楚，从秦汉开始，既有太子师傅之官，同时又增设了属于太子系统的其他许多官吏。今分述如下：

一、太子太傅、少傅

皇太子既然是国之储君，为保证其能继承大统，故特设师傅之官。太子有师傅，其制甚早。《通典》卷三十云：

> 太子师保二傅，殷周已有（二傅为太傅、少傅）。逮于列国，秦亦有之（孝公时商鞅设法，黥太子师傅是也）。汉高帝以叔孙通为太子太傅，位次太常，后亦有少傅。

秦虽早已有太子师傅的设置，但秦始皇时未预立太子，故此古已有之的制度，到汉代才恢复起来。

汉代太子太傅的地位如何？《通典》有“位次太常”一句交代。《汉旧仪》则说：

> （皇太子）太傅一人，真二千石（《百官公卿表》作“二千石”），礼如师，亡新更为太子师。

对于太子来说，太傅还是很受尊重的，所以《通典》卷三十又说：

汉魏故事，太子于二傅执弟子礼，皆为书，不曰令，少傅称臣，而太傅不臣。

这都是西汉的情况，而古制如何，这里不能详考。西汉恢复此种制度，实际是重建。今将《汉书》中有关情况，略举如下：

《张良传》："上谓：'子房虽疾，强卧傅太子。'是时叔孙通已为太傅，良行少傅事。"

《周勃传》："勃它子坚为平曲侯，续绛侯后，传子建德，为太子太傅，坐酎金免官。"

《石奋传》："孝文时官至太中大夫。无文学，恭谨，举无与比。东阳侯张相如为太子太傅，免。选可为傅者，皆推奋为太子太傅。"

《卫绾传》："上立胶东王为太子，召绾拜为太子太傅，迁为御史大夫。五岁，代桃侯舍为丞相。"

《卜式传》："元鼎中，征式代石庆为御史大夫……明年当封禅，式又不习文章，贬秩为太子太傅。"

《疏广传》："少好学，明《春秋》……征为博士、太中大夫。地节三年，立皇太子，选丙吉为太傅，广为少傅。数月，吉迁御史大夫，广徙为太傅。广兄子受……亦以贤良举为太子家令……顷之，拜受为少傅……太子每朝，因进见，太傅在前，少傅在后，父子并为师傅，朝廷以为荣。在位五岁，皇太子年十二，通《论语》《孝经》。广谓受曰：'吾闻知足不辱……今仕官至二千石，宦成名立，如此不去，惧有后悔。……即日父子俱移病……上疏乞骸骨。上以其年笃老，皆许之，加赐黄金二十斤，皇太子赠以五十斤，公卿大夫故人邑子设祖道，供张东都门外，送者车数百两，辞决而去。"

《韦玄成传》:“少好学……以明经擢为谏大夫……玄成受诏，与太子太傅萧望之及五经诸儒杂论同异于石渠阁，条奏其对。及元帝即位，以玄成为少府，迁太子太傅，至御史大夫，永光中，代于定国为丞相。”

《丙吉传》:“治律令……为人深厚，不伐善。……地节三年，立皇太子，吉为太子太傅，数月，迁御史大夫。”

《夏侯胜传》:“为学精孰，所问非一师也。善说礼服，征为博士、光禄大夫……胜复为长信少府，迁太子太傅。受诏撰《尚书》《论语》说，赐黄金百斤，年九十卒官。……从父子建……自颛门名经，为议郎博士，至太子少傅……建子千秋亦为少府、太子少傅。”

《萧望之传》:“好学，治《齐诗》……京师诸儒称述焉……宣帝察望之经明持重，论议有余，材任宰相，欲详试其政事，复以为左冯翊。……为太傅，以《论语》《礼服》授皇太子……及宣帝寝疾，选大臣可属者，引……太子太傅望之，少傅周堪至禁中，拜……望之为前将军……（孝元帝即位）望之、堪本以师傅见尊重。”

《匡衡传》:“父世农夫，至衡好学……学者多上书荐衡明经，当世少双……（元帝时）迁衡为光禄大夫、太子少傅……衡为少傅数年，数上疏陈便宜……言多法义。上以为任公卿，由是为光禄勋、御史大夫，建昭三年，代韦玄成为丞相。”

《师丹传》:“治《诗》，事匡衡，举孝廉为郎，元帝末，为博士……成帝末年，立定陶王为皇太子，以丹为太子太傅。哀帝即位，为左将军，赐爵关内侯，食邑，领尚书事……丹自以师傅居三公位，得信于上。”

《林尊传》:“事欧阳高，为博士，论石渠。后至少府、太子太傅。”

《申公传》："兰陵王臧既从（申公）受《诗》，已通，事景帝为太子少傅。"

《黄霸传》："天子以霸治行终长者，下诏称扬曰：'颍川太守霸，宣布诏令……吏民乡于教化，兴于行谊，可谓贤人君子也。《书》不云乎：股肱良哉！其赐爵关内侯，黄金百斤，秩中二千石。'……后数月，征霸为太子太傅，迁御史大夫，五凤三年，代丙吉为丞相。"

据以上所述可以得到以下几点认识：

第一，西汉的太子太傅制度建立以后是不断完善的。武帝以前，为太子太傅者，除叔孙通为文学博士之外，或者如石奋"无文学"、卜式"不习文章"，或者如卫绾"以戏车为郎"；昭、宣以后，为太子太傅者，多系名儒硕士，或者是通才，或者是某一种专门学问（如《诗》《书》《春秋》《论语》以及律令等等）的专家。武帝以前的只能起保养、辅翼的作用，如叔孙通、张良之为太子之羽翼；昭、宣以后的则能起到教师的作用，如疏广能使十二岁的皇太子通《论语》《孝经》。

第二，武帝以前，太子太傅固然重要，但并不十分尊崇，"位次太常"。叔孙通先为奉常，后为太子太傅，如果当时没有其他适当的人选，因而降一级使用，算作特殊情况的话；那么，卜式之由御史大夫"贬秩为太子太傅"，就表明选任之不够慎重，至少可以说武帝以前选任太子太傅是没有经验的、制度不健全的。昭、宣以后的选任就迥然不同，并且显然是尊师重傅的，为太子太傅、少傅者，大多是得到了迁升，以至位居三公。

第三，《通典》说太子太傅"位次太常"。从迁升的情况看，这个说法是确切的，太常（中二千石）是九卿之首，而太子太傅（二千石）和它的地位大体相当，或者仅次于它。以上所说，有些是以议郎、博士、大夫（谏大夫、光禄大夫、太中大夫都有）而为太子太傅，有些则是以少府、光禄勋、郡守等中二千石、二千石官为太子太傅，而其迁升，又多半是为御史大夫以至丞相。这些都可证明其"位次太常"。

此外还有两点要在这里指出：

首先，除正式任用的太子太傅和少傅之外，还有广义的师傅，如《汉书·张禹传》记载说：

初元中，立皇太子，而博士郑宽中以《尚书》授太子，荐言禹善《论语》。诏令禹（按：亦为博士）授太子《论语》，由是迁光禄大夫。……成帝即位，征禹、宽中，皆以师赐爵关内侯，宽中食邑八百户，禹六百户，拜为诸吏、光禄大夫，秩中二千石，给事中，领尚书事。是时，帝舅阳平侯王凤为大将军……而上富于春秋，谦让，方乡经学，敬重师傅，而禹与凤并领尚书……

又同书《孔光传》：

（孔霸）宣帝时为太中大夫，以选授皇太子经，迁詹事、高密相，是时诸侯王相在郡守上。元帝即位，征霸，以师赐爵关内侯……

博士、太中大夫都可以为师，显然这些是广义的师傅。甚至太子太傅的直接下属也可以为师，如《欧阳生传》说：

（欧阳）地余长宾以太子中庶子授太子，后为博士，论石渠。元帝即位，地余侍中，贵幸，至少府。

其次，如前引《通典》所说，对于太子“亦有以他官而监护者”。《汉书·疏广传》说：

太子外祖父特进平恩侯许伯以为太子少，白使其弟中郎将舜监护太子家。上以问广，广对曰：“太子国储副君，师友必于天下英俊，不宜独亲外家许氏。且太子自有太傅、少傅，官属已备，今复使舜护太子家，视陋，非所以广太子德于天下也。”上善其言。

这是未成事实①。东汉时就有监护的事实，《通典》卷三十注记其事曰：

① 或者《汉书·史丹传》的“诏丹护太子家”之护，也是监护。

后汉顺帝立太子，居承光宫，以侍御史种暠监护，有中常侍卒乘衣车来载太子，太子太傅杜乔忧惧不能止，开门将出而暠至，手剑当车曰："太子国之储副，人命所系，常侍来无尺一，何以得将太子去？何知不与内宠奸臣共挟邪谋！今日之事，有死而已。"乃遣乔诣台启白，得中奉敕，乃听之。①

西汉确立的太子太傅、少傅制度，东汉基本上沿袭自然没有问题，这从光武帝时立太子、选太子太傅的情况可以看出，《后汉书·桓荣传》说：

建武十九年……显宗始立为皇太子，选求明经，乃擢荣弟子豫章何汤为虎贲中郎将，以《尚书》授太子。世祖从容问汤："本师为谁？"汤对曰："事沛国桓荣。"帝即召荣，令说《尚书》，甚善之，拜为议郎，赐钱十万，入使授太子。

这和西汉一样，在未正式任命太子太傅之前，以虎贲中郎将、议郎入授太子。其于下面接着又说：

二十八年，大会百官，诏问谁可傅太子者，群臣承望上意，皆言太子舅执金吾原鹿侯阴识可！博士张佚正色曰："今陛下立太子，为阴氏乎？为天下乎？即为阴氏，则阴侯可；为天下，则固宜用天下之贤才。"帝称善，曰："欲置傅者，以辅太子也。今博士不难正朕，况太子乎！"即拜佚为太子太傅，而以荣为少傅。

问题比较容易地解决了，因为西汉早有定制，成为故事，大家认识也很好统一。以后之为太子太傅者，多是"名经笃行有名称"② 者。

东汉太子太傅、少傅的秩禄、职掌，《后汉书·百官志》记载得很明确：

---

① 《后汉书·种暠传》略同。

② 范晔：《后汉书》卷三十七，《桓焉传》，中华书局1965年版，第1257页。

太子太傅一人，中二千石。本注曰：职掌辅导太子，礼如师，不领官属。

太子少傅，二千石。本注曰：亦以辅导为职，悉主太子官属。(《汉官》曰：员吏十二人。)

二、太子官属

《宋书·百官志》说：

汉西京则太子门大夫、庶子、洗马、舍人属二傅，率更令、家令、仆、卫率属詹事，皆秦官也。后汉省詹事，太子官属悉属少傅，而太傅不复领官属。晋初，太子官属通属二傅，咸宁元年复置詹事，二傅不复领官属。詹事一千石。

《通典》大体同此论述，这就给人一个较为完整的印象，比《汉书·百官公卿表》的分别叙述要清楚。以下再说一说各属官的具体情况。

（一）二傅所辖官属

太子门大夫 西汉有晁错、金钦等曾为此官，但其职不详，只能参考《后汉书·百官志》的记载：

太子门大夫，六百石（《汉官》曰：门大夫二人①，选四府掾属）。本注曰：《旧注》云：职比郎将。旧有左右户将，别主左右户直郎，建武以来省之。

又《宋书·百官志》说：

门大夫二人，汉东京置，职如中郎将，分掌远近表牒，秩六百石。

---

① 《汉书·百官公卿表》注引“应劭曰：员五人，秩六百石”，与此不同。

《汉旧仪》只有“门大夫比郎将”的一个简单记载，更不能说明问题。大约此官东汉以后就没有了，因为其职是“分掌远近表牒”，而“晋永康中，詹事特置丞一人，掌文书，关通六传”①，这就难免重复。

庶子 《汉书·百官公卿表》仅简单列有庶子官名。钱大昭、王先谦对此进行过考证，《汉书补注》曰：

> 钱大昭曰：《冯野王传》云为太子中庶子，《王商传》同。又考《汉旧仪》云：中庶子五人，职如侍中，秩六百石，庶子秩比四百石，如中郎，无员，亡新改为中翼子。据此，则中庶子、庶子有别矣……表于“庶子”上脱“中”字，“庶子”下脱“庶子”二字。先谦曰：《〈史丹〉〈儒林〉〈王莽〉传》亦有中庶子，钱说是也，太子庶子见《〈盖宽饶〉〈萧育〉〈傅喜〉传》，《续志》有庶子、中庶子二官。

中庶子职如侍中，也就是左右亲近，所以欧阳地余在元帝为太子时为太子中庶子，“元帝即位，地余侍中，贵幸”②，前后皆为左右亲近。太子的亲信，除师傅之外，一般应该是年纪相当的，所以冯野王是“少以父任为太子中庶子，年十八”③，王商、史丹也都是“少为太子中庶子”④。在这一点上，庶子与中庶子同，如萧育“少以父任为太子庶子，元帝即位，为郎”⑤；傅喜“少好学问，有志行，哀帝立为太子，成帝选喜为太子庶子”⑥，均是年少为之。因而《后汉书集解》太子中庶子条下引李祖楙曰：

> 沈《志》，中庶子汉置。古者世禄、卿大夫之子，既为副倅，谓之国子。天子、诸侯子，必有庶子官以掌教之。

同上书太子庶子条下又引李祖楙曰：

---

① 杜佑：《通典》卷三十，《职官十二》，中华书局1988年版，第824页。
② 班固：《汉书》卷八十八，《儒林传》，中华书局1962年版，第3603页。
③ 班固：《汉书》卷七十九，《冯野王传》，中华书局1962年版，第3302页。
④ 班固：《汉书》卷八十二，《王商史丹传》，中华书局1962年版，第3369页，第3376页。
⑤ 班固：《汉书》卷七十八，《萧育传》，中华书局1962年版，第3289页。
⑥ 班固：《汉书》卷八十二，《傅喜传》，中华书局1962年版，第3380页。

《前书》庶子统中庶子言。《艺文类聚·职官部》引《环济要略》云：庶子，谓宫中诸吏之适子及支庶俱在版籍中者，行其秩叙，作其徒役，授八次八舍之职，以徼候。案，此如《周礼》天官宫伯之职。

先马 《汉书·百官公卿表》注云：

张晏曰：先马，员十六人，秩比谒者。如淳曰：前驱也。《国语》曰句践亲为夫差先马。先或作洗也。

《后汉书·百官志》本注引《旧注》云：

职如谒者，太子出，则当直者在前导威仪。

《汉书·汲黯传》有太子洗马的具体例子：

（汲黯）以父任，孝景时为太子洗马，以严见惮。武帝即位，黯为谒者。

黯姊子司马安亦少与黯为太子洗马。

由此可以看出：第一，就像上述职如侍中的中庶子后来为侍中、如中郎的庶子后来为郎一样，秩比谒者而且实际上也是职如谒者的先（洗）马，在太子即帝位以后也为谒者，这不是偶然的巧合，正反映其“如”和“比”的关系①。本书第二章中已说过，谒者的条件之一是威严，汲黯这里就是“以严见惮”。

第二，汲黯与司马安都是年少为太子洗马，并且汲黯“以父任”，作为“世世为卿大夫”家的汲黯的姐夫，无论大小，肯定也是个官吏。看来，太子官吏多半是各级官吏的子弟为之，上述李祖楙的见解是有根据的。

舍人 《通典》卷三十说：

① 《汉书·董贤传》说得更为明确：“父恭为御史，任贤为太子舍人，哀帝立，贤随太子官为郎。”师古曰：“东宫官属随例迁也。”

舍人，秦官也，汉因之，比郎中，选良家子孙（晁错、郑当时并为太子舍人），后汉无员，更直宿卫如三署郎中。凡帝初即位，未有太子，太子官属皆罢，唯舍人不省，属少府。

关于舍人的职掌，《后汉书·百官志》的本注及《宋书·百官志》的记载均与《通典》同。关于舍人的选任则有不同记载，《通典》说选良家子孙，注中并举出晁错、郑当时的例子，事实也是如此。还有周仁以及戾太子舍人无且都是良家子；公孙贺为舍人，虽其祖父已为郡守，但因是“北地义渠人”①，也可以说是良家子孙。不过，李祖楙根据《后汉书·徐防传》注的记载说：

太子舍人，西京时常以岁课列乙科者二十人为之，中兴后殆无此制。②

关于舍人的数目也有不同记载，这里说西汉二十人，《后汉书·百官志》注引《汉官》曰：“十三人，选良家子孙。”《通典》说“后汉无员”。《宋书·百官志》则说“二汉无员”。无员者，无固定员额也，似可解释得通。

（二）詹事所辖官属

太子詹事，《汉书·百官公卿表》说：“詹事，秦官，掌皇后太子家。”师古曰：“皇后、太子各置詹事，随其所在以名官。”据此，《通典》直书曰：太子詹事。《汉书·百官公卿表》注：“应劭曰：‘詹，省也，给也。’臣瓒曰：‘《茂陵中书》：詹事，秩真二千石。’”《汉官仪》曰：“詹事，秦官也。詹，省也，给也，秩二千石。”詹事的地位究竟如何？詹事在皇后、太后那里被称为卿，但这个卿比朝中九卿的地位要低一点，所以郑当时官“至九卿为右内史，以武安、魏其时议，贬秩为詹事。”③

率更令、丞　《通典》卷三十说：

率更令，秦官（颜师古曰：掌知漏刻，故曰率更），汉因之，有

① 班固：《汉书》卷六十六，《公孙贺传》，中华书局1962年版，第2877页。
② 王先谦：《后汉书集解》志第二十七，《百官四》引，中华书局1984年版，第1329页。
③ 班固：《汉书》卷五十，《郑当时传》，中华书局1962年版，第2324页。

> 丞、主簿，庶子、舍人更直，职似光禄勋，而属詹事。后汉因之，后属少傅。

《汉旧仪》说：

> 率更令秩千石，主庶子、舍人更直，亡新改为中更。丞一人，秩四百石。

二者所记略同，但庶子、舍人不属詹事，何以其更直属詹事的属官主管，是一疑问。《宋书·百官志》的记载则不同：

> 率更令一人，主宫殿门户及赏罚事，职如光禄勋、卫尉。汉东京掌庶子、舍人。

《晋书·职官志》与此前一段文字相同，无汉东京之交代。据此，前后汉在职掌上可能有所变化，但“职如光禄勋”这一点是肯定的。

家令、丞 《通典》卷三十说：

> 家令，秦官，属詹事（服虔曰：太子称家，故曰家令），汉因之。有丞，主仓谷饮食，职似司农、少府。汉代太子食汤沐邑十县，家令主之。后汉则属少傅，主仓谷饮食。

其职掌，《宋书·百官志》又有不同记载：

> 汉世，太子食汤沐邑十县，家令主之。又主刑狱、饮食，职比廷尉、司农、少府，汉东京主食官令。
>
> 自汉至晋，家令在率更下，宋则居上。

《汉旧仪》也有“家令秩千石[①]，主仓狱，亡新更为中更”的记载。似以

① 《汉书》注引臣瓒曰“《茂陵中书》：太子家令秩八百石”，与此不同。

《宋书·百官志》的记载最为清楚。家令兼主刑狱，是西汉的事。

太子仆 《通典》卷三十说：

> 仆，秦官，汉因之。又有长、丞主车马（又有太子厩长一人，亦主车马）。后汉因之而属少傅，职如太仆。太子五日一朝，其非太子朝日，即与中允入问起居。

《宋书·百官志》说：

> 仆一人，汉世，太子五日一朝，非入朝日，遣仆及中允旦入，请问起居。主车马、亲族，职如太仆、宗正。自家令至仆[①]，为太子三卿。三卿秩千石。

《汉旧仪》说：

> 仆，秩千石，主马。

比较起来，仍以《宋书·百官志》之说较为全面，并且明确指出，除师傅、詹事之外，最高的三个属官——率更令、家令、仆称为太子三卿。

中盾 《汉书·百官公卿表》注引应劭曰：

> 中盾，主周卫徼道，秩四百石。

“道”乃“循”之误，《汉旧仪》作“徼循”。中盾又作中允，其职虽为“周卫徼循”，但也可差遣干其他的事情，如《汉书·叙传》说：

> 成帝季年，立定陶王为太子，数遣中盾请问近臣。

而以上所述，在太子非入朝日，与太子仆一起“入问起居”，更是经常，故不独“周卫徼循”也。又《汉书·叙传》注云：

---

① 指家令、率更令、仆，因为刘宋时家令在率更令之上。

肖该《音义》曰：中盾，韦昭曰：太子宫中盾长也。该案：盾音允。

从《汉书·百官公卿表》文义看，中盾也应有长、丞。

卫率长、丞 和仆、中盾一样有长、丞。《汉书·百官公卿表》注引如淳曰：

《汉仪注》：卫率主门卫，秩千石。

但是，《汉旧仪》却说：

卫率，秩比千石，丞一人，主门卫。

当以《汉旧仪》之说为较全面、准确。一则秩千石之说，与以上太子三卿的说法有矛盾，二则东汉主门卫的卫率仅四百石，也说明其秩别不可能有千石之高。

厨、厩长、丞 当为厨长、丞和厩长、丞，所以《汉书·王莽传》有"庙厩、厨长、丞"的说法。后汉有主车马的太子厩长（秩四百石），前引《通典》注也说有太子厩长。厨长、丞可能是为东汉的食官令代替了，所以《宋书·百官志》说：

食官令一人，职如太官令，汉东京官也。

显然是说西汉没有。西汉就是厨长、丞主饮食了。

以上是据《汉书·百官公卿表》所述西汉太子的主要官属，此外，还有如前述汉高帝时的所谓四皓，算是太子宾客，"武帝又为太子立博望苑，使通宾客"①。又有"太子御参乘"②、左右户将③等官。

东汉省詹事，太子官悉属少傅，在西汉属官比较完备的基础上又有进

① 杜佑：《通典》卷三十，《职官十二》，中华书局 1988 年版，第 822 页。

② 班固：《汉书》卷二，《惠帝纪》，中华书局 1962 年版，第 85 页。

③ 《后汉书·百官志》本注曰："旧有左右户将，别主左右户直郎，建武以来省之。"

一步发展，分工更为明确、合理，现根据《后汉书·百官志》的记载罗列如下：

太子率更令一人，千石。主庶子、舍人更直，职似光禄勋。

太子庶子，四百石。无员，如三署中郎。

太子舍人，二百石。无员。(《汉官》曰：十三人，选良家子孙。)更直宿卫，如三署郎中。

太子家令一人，千石。主仓谷饮食，职似司农、少府。

太子仓令一人，六百石。主仓谷。

太子食官令一人，六百石。主饮食。

太子仆一人，千石。主车马，职如太仆。

太子厩长一人，四百石。主车马。

太子门大夫，六百石(《汉官》曰：门大夫二人，选四府掾属)。职比郎将。

太子中庶子，六百石。员五人，职如侍中。

太子洗马，比六百石。员十六人，职如谒者。太子出，则当直者在前导威仪。(《汉官》曰：选郎中补也。)

太子中盾一人，四百石。主周卫徼循。

太子卫率一人，四百石。主门卫士。

从以上排列可以看出各属官之间的关系和分工，即率更令主管庶子和舍人，家令主管仓令和食官令，仆主管厩长，其他或者直属少傅主管。这方面，《宋书·百官志》的记载可以佐证：

(家令)汉东京主食官令，晋世自为官，不复属家令。

(率更令)汉东京掌庶子、舍人，晋世则不也。

《后汉书·百官志》在罗列太子属官之后写道：

凡初即位，未有太子，官属皆罢，唯舍人不省，领属少府。

附表十九：太子宫属官表

属官名称		职 掌	秩 次	备 考
太子太傅		职掌辅导太子。	西汉二千石，东汉中二千石	
太子少傅		以辅导太子为职，悉主太子官属。	二千石	
少傅属官	太子率更令	主庶子、舍人更直，职似光禄。	东汉千石	西汉成帝鸿嘉三年前属詹事。
	太子庶子	职如三署中郎。	西汉六百石，东汉四百石	
	太子舍人	更直宿卫，如三署郎中。	东汉二百石	凡初即位，未有太子，官属皆罢，唯舍人不省，领属少府。
	太子家令	主仓谷饮食，职似司农、少府。	东汉千石	西汉属詹事。
	太子仓令	主仓谷。	东汉六百石	西汉属詹事。
	太子食官令	主饮食。	东汉六百石	西汉属詹事。
	太子仆	主车马，职似太仆。	东汉千石	西汉属詹事。
	太子厩长	主车马。	东汉四百石	西汉属詹事。
	太子门大夫	职比郎将。	六百石	
	太子中庶子（东汉）	职如侍中。	六百石	
	太子洗马	职如谒者，太子出，则当直者在前导威仪。	比六百石	
	太子中盾	主周卫徼循。	东汉四百石	西汉属詹事。
	太子卫率	主门卫士。	东汉四百石	西汉属詹事。

第二节 皇后官

在封建社会中，封建贵族大多是一夫多妻制。皇帝更是如此，《后汉书·皇后纪》写道：

> 秦并天下，多自骄大，宫备七国，爵列八品（《前书》曰：汉兴，因秦之称号，正嫡称皇后，妾皆称夫人，又有美人、良人、八子、七子、长使、少使之号）。汉兴，因循其号，而妇制莫厘（理）。高祖帷薄不修（周昌入奏事，高帝拥姬，是不修也），孝文衽席无辩（孝文幸慎夫人，每与皇后同坐，是无辩也）。然而选纳尚简，饰玩少华。自武、元之后，世增淫费，至乃掖庭三千，增级十四（婕妤一，娙娥二，容华三，充衣四，以上武帝置；昭仪五，元帝置；美人六，良人七，七子八，八子九，长使十，少使十一，五官十二，顺常十三，无涓、共和、娱灵、保林、良使、夜者十四，此六官品秩同为一等也）……及光武中兴，斫雕为朴，六宫称号，唯皇后、贵人……又置美人、宫人、采女三等……

如此众多的妻妾，如果宫教不修，后妃之制不定，就无法确定皇位的继承权，因此，

> 汉兴，因秦之称号，帝母称皇太后，祖母称太皇太后，適称皇后（师古曰：適读曰嫡。后亦君也。天曰皇天，地曰后土，故天子之妃，以后为称，取象二仪），妾皆称夫人，又有美人、良人、八子、七子、长使、少使之号焉。①

确定后妃为正嫡，就可以解决皇位继承权的问题。但这尊贵的皇后、皇太后、太皇太后的地位，又往往造成女主专权的政治局面，《后汉书·皇后纪》又说：

> 自古虽主幼时艰，王家多衅，必委成冢宰，简求忠贤，未有专任妇人，断割重器。唯秦芈太后始摄政事，故穰侯权重于昭王，家富于嬴国。汉仍其谬，知患莫改。

---

① 班固：《汉书》卷九十七上，《外戚传上》，中华书局1962年版，第326页。

西汉时，吕太后、窦太后、傅太后、王太后都是很有权力的母后。

母后专政，大多是由于新立的皇帝年幼、懦弱、昏庸、或皇嗣中断，需要选立和监护后嗣，如惠帝仁弱，“不听政，政事壹决于吕太后”。及惠帝死，吕太后立少帝，临朝称制。少帝出言不逊，吕太后乃出少帝于永巷，立常山王宏为皇帝①。霍光废昌邑王立宣帝，也需太后诏可②。至于封爵策免大臣之事，太后也有权干预。如吕太后之王诸吕，傅太后之侯傅商③；丞相窦婴、太尉田蚡与御史大夫赵绾等因得罪窦太后而被免官放逐④；丞相孔光、大司空师丹等因违傅太后旨而被免官⑤；王太后重用王莽，最后导致王莽篡汉。由此可见太后的权势以及对政治的影响。东汉章帝以后，皇帝即位时大多年幼，故太后临朝摄政者更多。《后汉书·皇后纪》说：

> 东京皇统屡绝，权归女主，外立者四帝（谓安、质、桓、灵），临朝者六后（章帝窦太后、和熹邓太后、安思阎太后、顺烈梁太后、桓思窦太后、灵思何太后）。莫不定策帷帟，委事父兄，贪孩童以久其政，抑明贤以专其威。

这些年轻的皇太后，要掌握封建国家的专制权力，只能依靠两种人，一种是她娘家的父兄，即外戚；另一种是她身边的奴才，即宦官。这样就造成了外戚、宦官迭起专政的局面，以下两段记事可以说明这个问题：

> 及和帝即位，窦太后临朝，（窦）宪始内干机密，出宣诏命，父子兄弟，充满朝廷，遂生不轨之谋……其后阎显专废立之权，梁冀行弑逆之事，专擅国柄，威震中外，天子拱手，不得有所亲与。虽其终不免于赤族之诛，而汉之元气亦索矣。故尝谓东京外戚擅权，往往多见于母后临朝之日，贪立幼主，自为固位之计；及其败也，又必借宦官以行诛讨，以暴易暴，国家何利焉！⑥

① 班固：《汉书》卷三，《高后纪》，中华书局1962年版，第98页。
② 班固：《汉书》卷六十八，《霍光传》，中华书局1962年版，第2946页。
③ 班固：《汉书》卷七十七，《郑崇传》，中华书局1962年版，第3256页。
④ 班固：《汉书》卷五十二，《田蚡传》，中华书局1962年版，第2379页。
⑤ 班固：《汉书》卷七十二，《鲍宣传》，中华书局1962年版，第3087页。
⑥ 徐天麟：《东汉会要》卷二十三，《职官五》按语，上海古籍出版社1978年版，第349～350页。

和帝即祚幼弱，而窦宪兄弟专总权威，内外臣僚，莫由亲接，所与居者，唯阉宦而已。故郑众得专谋禁中，终除大憝，遂享分土之封，超登宫卿之位。于是中官始盛焉。……邓后以女主临政，而万机殷远，朝臣国议，无由参断帷幄，称制下令，不出房闱之间，不得不委用刑人，寄之国命。手握王爵，口含天宪，非复掖庭永巷之职，闺牖房闼之任也。其后，孙程定立顺之功，曹腾参建桓之策，续以五侯合谋，梁冀受钺，迹因公正，恩固主心，故中外服从，上下屏气。或称伊、霍之勋，无谢于往载；或谓良、平之画，复兴于当今。虽时有忠公，而竟见排斥。举动回山海，呼吸变霜露。阿旨曲求，则光宠三族；直情忤意，则参夷五宗。汉之纲纪大乱矣。①

前者说的是外戚擅权，后者说的是宦官专政，这两大祸害，既是东汉王朝灭亡的重要原因，又是封建专制主义的必然恶果。

汉代皇太后临朝，有一定仪式。蔡邕《独断》云：

秦汉以来，少帝即位，后代而摄政，称皇太后，诏不言制。

又云：

后摄政，则后临前殿朝群臣，太后东面，少帝西面。群臣奏事上书皆为两通，一诣太后，一诣少帝。

但是，太后有时甚至超越这些规定，如汉初吕太后即临朝称制，几与皇帝无异。

平时，皇后、皇太后、太皇太后分居各宫，各宫均有宫官，兹分述如下：

一、皇太后宫官

《汉书·百官公卿表》写道：

---

① 范晔：《后汉书》卷七十八，《宦者列传》，中华书局1965年版，第3509～3510页。

长信詹事掌皇太后宫，景帝中六年更名长信少府（张晏曰：以太后所居宫为名也。居长信宫则曰长信少府，居长乐宫则曰长乐少府也）。平帝元始四年，更名长乐少府。

这个记载过于简略，张晏的解释也失之笼统，《汉官仪》的记载比较具体一些：

帝祖母为太皇太后，其所居者长信宫。

帝祖母称长信宫，帝母称长乐宫，故有长乐少府、长信少府及职吏，皆宦者为之。

《后汉书·百官志》也有“帝祖母称长信宫”，故有长信少府的记载。

但是，以上的一些记载都没有把演变讲清楚，实际上元、成以前，长信宫也是太后所居，如薛广德、平当、贡禹、韦贤、夏侯胜等之为长信少府，均系太后之长信少府，《汉书·夏侯胜传》：“令胜用《尚书》授太后，迁长信少府。”太后称长乐宫也很早，钱大昕《汉书拾遗》云：“长乐宫高帝所筑，惠帝时吕后居之，自后遂为太后所居之宫。”平帝之更名不过恢复旧制。《汉书·外戚传》载哀帝时有四太后：

其尊恭皇太后为帝太太后，丁后为帝太后。后又更号帝太太后为皇太太后，称永信宫，帝太后称中安宫，而成帝母太皇太后本称长信宫，成帝赵后为皇太后，并四太后，各置少府、太仆，秩皆中二千石。

由此看来，《汉书·百官公卿表》所说平帝时的更名，乃是更太后宫名。因为前此太后居长信宫，后来太皇太后居长信宫了，故又恢复长乐之名。又，张晏所说以太后所居宫为名也是对的；不过，没有把其中的变化讲清楚就是了。再者，四太后各置少府，所以不仅有长信少府、长乐少府，还有永信少府（《汉书·王嘉传》有永信少府猛），也当有中安少府。

哀帝时四太后并称的情况，应该说是特殊情况，主要的还是长信少府和长乐少府。

东汉末年又有永乐宫，《后汉书·百官志》集解引李祖楙曰：

> 桓帝和平元年，立孝崇皇后宫曰永乐，置少府、太仆以下，皆如长乐故事①。后有司奏，太后所居之宫，皆以永乐为称。

还有永安宫，《后汉书·灵帝纪》有永安太仆，注云："永安宫之太仆也。"

皇太后宫的官称为皇太后卿，如上所述，至少有少府、太仆二官，《通典》卷二十七说：

> 成帝加置太仆一人，掌太后舆马，通谓之皇太后卿。皆随太后宫为官号，在正卿上，无太后则阙（卫尉在卫尉上，少府在少府上之类是也）。又有长信詹事，掌皇太后宫，景帝六年更名长信少府。平帝元年更名长乐少府，帝祖母称长信宫，帝母称长乐宫。故有长信少府、长乐少府，职如长秋，位在长秋上，及职吏皆宦者也。后汉常用宦者。职掌奉宣中宫命，凡给赐族亲当谒者关通之，中宫出则从。

中宫是皇后宫的总称，这里有些混淆，实际上也因为皇太后宫的这些官——主要是少府——与皇后宫的少府职掌相同。但是，由上所述我们不难看出，皇太后卿不设则已，一旦设置，其位不但在皇后宫卿之上，而且在正卿之上。皇太后卿除少府、太仆外，还有卫尉，见《后汉书·百官志》："长乐（宫）又有卫尉。"《汉书·龚遂传》有"安乐迁长乐卫尉"的记载。故《通典》卷二十七有"汉制，太后三卿"之说。

太后宫的少府原名詹事②，是景帝以前的事，但《汉书·哀帝纪》又云：

> 尊定陶太后曰恭皇太后，丁姬曰恭皇后，各置左右詹事。

宋徐天麟按："詹事置左右始于此。"③ 这左右詹事是少府的属官，还是重

---

① 范晔：《后汉书》卷十，《皇后纪》，中华书局1965年版，第442页。

② 西安汉城遗址出土有"长信詹事"封泥。

③ 徐天麟：《西汉会要》卷三十二，《职官二》，上海人民出版社1977年版，第354页。

新设詹事而置左右，不可详考。

太后卿以下的属官，《汉书·百官公卿表》失载。《汉书·儒林传》有尹更始为“长乐户将”，当是长乐卫尉的属官。《汉书·王莽传》有“长乐长御”，当是长乐太仆的属官。《汉书·叙传》还有“长信庭林表”（孟康曰：妇人之官也）。另外，从出土文物中也可见到一些属官：

《居延汉简释文》卷三第63页有“长信少府丞王涉”之记载。《汉吴郡丞武开明碑》有“长乐太仆丞”①。又《封泥考略》卷一第47页有“长信私丞”（私丞即私府丞或私官丞之省文），第48页有“长信宦丞”（宦丞即宦者丞之省文），第49页有“长信仓印”。《续封泥考略》卷一第12页有“信宫车府”（信宫即长信宫之省文）。西安汉城遗址还出土有“长信永巷”封泥。

综合这些来推测，长信宫除少府丞和太仆丞之外，还当有私府、宦官、车府、永巷、仓等令、长、丞，这就与皇后之官（详下）大体差不多了。

二、皇后宫官

皇后之宫虽也有具体宫名，如《汉书·外戚传》之长定宫即是。但一般称为中宫，《汉书·外戚传》师古注曰：“中宫皇后所居。”他这样说是有根据的，《汉旧仪》曰：“皇后称中宫。”东汉人郑玄注《周礼·内宰》时也说：“若今称皇后为中宫矣。”

如果说太后宫官是“无太后则阙”②，或者“其崩则省，不常置”③ 的话，皇后之中宫一般来说是不可或缺的。这一点和太子宫也不一样，因为“凡初即位，未有太子，官属皆罢，唯舍人不省，领属少府”④。因此，两《汉书》特别是《后汉书》对中宫官叙述得比较详细。

首先，要从秦和西汉说起，《汉书·百官公卿表》所列皇后宫的高级官吏只有两个：一个是“詹事，秦官，掌皇后太子家，有丞”。另一个则是“将行，秦官（应劭曰：皇后卿也），景帝中六年，更名大长秋。或用

① 王先谦：《后汉书集解》志第二十五，《百官二》引，中华书局1984年版，第1317页。
② 杜佑：《通典》卷二十七，《职官九》，中华书局1988年版，第755页。
③ 范晔：《后汉书》志第二十七，《百官四》，中华书局1965年版，第3608页。
④ 范晔：《后汉书》志第二十七，《百官四》，中华书局1965年版，第3608页。

中人，或用士人”，未注明职掌。但是，《通典》卷二十七所说皇后卿是：“又有将行、卫尉、少府各一人（并皇后卿）。汉景帝中元六年，改将行为大长秋，或用中人，或用士人。成帝加置太仆一人，掌太后舆马，通谓之皇太后卿。”这里太仆说得很含糊，未明说中宫有太仆，实际是有的。《后汉书・百官志》本注曰：“太仆，秩二千石，中兴省太。”中宫之太仆，称中太仆，《汉书・外戚传》有“史立迁中太仆”的记载。

问题是，除将行的记载相同之外，《汉书・百官公卿表》无卫尉、少府、太仆，《通典》则无詹事。这中间主要的一个问题是詹事问题。从詹事的名称、职掌和属官看，它和正卿少府极为相似，那么皇后的少府管什么？从詹事的地位和职掌看，他又和后来的大长秋相同，那么，在“成帝鸿嘉三年，省詹事官”① 之前，将行或大长秋的职掌是什么？综合各种记载，我们可以作如下一种理解。

詹事即少府，因为中宫之少府，故称中少府②。名称的改变，大约也是在景帝中元六年（前 144 年）那一次大改官名的同时，《汉书・百官公卿表》仅举了长信詹事更名长信少府为例。《汉书》中所见为詹事者，大多在汉武帝以前，武帝以后也有，可能是习惯用法。但哀帝时太后宫置左右詹事又当别论③。那么，成帝以前，詹事或者少府，主要管宫内之事，而将行或者大长秋似乎是对宫外，即“职堂奉宣中宫命，凡给赐族亲当谒者关通之，中宫出则从”④。《汉书・外戚传》说：“今皇后有所疑便不便，其条刺使大长秋来白之。”皇后接受皇帝的诏书也是通过“大长秋受诏”，这也是关通中外的意思。

总之，西汉时期，皇后卿有詹事（又名中少府）、将行（更名大长秋）、中太仆和中宫卫尉。除卫尉之外，均有具体记载可证。皇后的这些高级官吏，开始时，都是以士人为之，郑玄在注《周礼・春官・世妇》时写道：

---

① 班固：《汉书》卷十九上，《百官公卿表上》，中华书局 1962 年版，第 734 页。

② 《汉书・百官公卿表下》：元帝竟宁元年（前 33 年），召信臣徙中少府。成帝鸿嘉四年（前 17 年）中少府韩勋（师古曰：中少府，皇后官）。成帝绥和元年（前 8 年）赵玄由卫尉而中少府。

③ 《汉书・百官公卿表》：成帝绥和元年（前 8 年）有“詹事平陵贾延初卿为少府”，还有马宫之为詹事（见本传），都是在省詹事之后，或者这些詹事乃太子詹事、非皇后詹事。

④ 杜佑：《通典》卷二十七，《职官九》，中华书局 1988 年版，第 755 页。

> 汉始，大长秋、詹事、中少府、太仆亦用士人。

太仆也可与中少府连读，即中少府、中太仆，但这里没有卫尉，而且詹事、中少府并列，可以作种种不同的解释。我们认为，将行即大长秋自不必说，詹事、中少府虽为一官二名，但见于记载较多，故均列之。这里主要是说明，皇后之高级官吏在汉初多用士人，事实也是如此，《汉书》所记郑当时、窦婴、孔霸①以及陈掌②等为詹事的皆非中人。大约因为高级官吏只是主管，不需深入宫寝，故可以士人为之。所以说“或用中人，或用士人”。

皇后卿之属官，据《汉书·百官公卿表》说：

> 又中长秋、私府、永巷、仓、厩、祠祀、食官令长丞。诸宦官皆属焉（师古曰：自此以上，皆皇后之官）。成帝鸿嘉三年省詹事官，并属大长秋（师古曰：省皇后詹事，总属长秋也）。

这里仅仅列举了詹事的属官，虽然是主要的，但不够全面。兹略述如下：

中长秋 其详不可考，仅知大长秋条下有师古曰：“秋者收成之时，长者恒久之义，故以为皇后官名。”后汉灵帝时皇后之宫就叫长秋宫③。以上只是就其官名来历说的，至于中长秋之职掌，亦当同于大长秋主“关通内外”。

私府令、丞 丁孚《汉仪》曰：“中宫藏府令，秩千石，仪比御府令。”其当是指西汉而言，私府或名中宫藏府，而且秩千石，比东汉之中宫私府令地位要高。丁孚以之与御府相比，师古注少府之御府曰：“御府主天子衣服也。”据此，其职掌当与东汉私府令同：“主中藏币帛诸物，裁衣被、补浣者皆主之。”④《汉书·外戚传》记载成帝“省减椒房、掖庭用度（师古曰：椒房殿皇后所居）”。皇后上疏中说道：

---

① 参见《汉书》之《孔光传》《窦婴传》《郑当时传》。

② 《汉书·霍光传》：“少儿更为詹事陈掌妻。”

③ 蔡质《汉仪》：“群臣大小咸以长秋宫未定……以宋贵人为皇后。”

④ 范晔：《后汉书》志第二十七，《百官四》，中华书局1965年版，第3607页。

今言无得发取诸官，殆谓未央宫不属妾，不宜独取也。言妾家府亦不当得，妾窃惑焉。幸得赐汤沐邑以自奉养，亦小发取其中，何害于谊而不可哉？……设妾欲作某屏风张于某所，曰故事无有，或不能得，则必绳妾以诏书矣。……陛下见妾在椒房，终不肯给妾纤微内邪？若不私府小取，将安所仰乎？旧故，中宫乃私夺左右之贱缯，及发乘舆服缯，言为待诏补，已而贸易其中（师古曰：托言此缯拟待别诏有所补浣，而私换易取其好者以自用），左右多窃怨者，甚耻为之。……非可复若私府有所取也，其萌牙所以约制妾者，恐失人理。

这一段陈述，实际上把私府的职掌和作用都讲出来了，并且由此可知，私府亦称“家府”①。

永巷令、丞 《三辅黄图》曰：“永巷，永，长也，宫中之长巷，幽闭宫女之有罪者。武帝时，改为掖庭，置狱焉（《列女传》：周宣王姜后脱簪珥，待罪永巷）。”永巷既为宫中之长巷，则各宫均可以有长巷，故《汉书·百官公卿表》少府、詹事下均有永巷令、丞。中宫之永巷是否改名掖庭，史无明文②。《汉官仪》曰：“永巷令一人，宦者为之，秩六百，掌宫婢侍使。”或者置狱也未可知。

仓令、丞 其职不可考。私府既主币、帛，谷物等当由仓令主管。

厩令、丞 厩令当为中厩之令，《汉书·戾太子传》：“发中厩车。”师古曰：“中厩，皇后车马所在也。”又，《汉书·高惠高后文功臣表》秘彭祖“以中厩令击陈豨功侯”。但不知此中厩令与中太仆如何分工。

祠祀令、丞 顾名思义，当是主管中宫之祠祀。中宫内有各种祠祀，如《汉书·外戚传》说，成帝许皇后上疏云：“又故事：以牲牛祠大父母，戴侯、敬侯皆得蒙恩以太牢祠。今当率如故事，唯陛下哀之。”又如《汉旧仪》记载说：

春桑生而皇后亲桑于苑中，蚕室养蚕千薄以上，祠以中牢羊豕祭

① 私府或私官，《封泥考略》卷一第47页有“私官丞印”，又或称中私官，见《齐鲁封泥集存》。

② 东汉时掖庭、永巷之名并存，西汉或者与之相同。

蚕神，曰苑窳妇人、寓氏公主凡二神。群臣妾从桑，还献于茧观（或作馆），皆赐从采桑者乐，皇后自行。凡蚕丝絮织室以作祭服，祭服者冕服也，天地、宗庙、群神、五时之服，皇帝得以作缕缝衣，皇后得以作巾絮而已。

由此可见，皇后和皇帝一样，有天地、宗庙、群神（如蚕神）、五时等祭祀，在宫内举行者，自然由这祠祀令、丞主管。

食官令、丞 《汉旧仪》曰："食官令，秩六百石，丞一人。"中宫之食官令当然主管中宫之饮食，同时也还要主管向皇帝上食事宜，《汉旧仪》说："皇后五日一上食，食赐上左右酒肉。"这上食以及赐上左右的酒肉，自然是中宫的食官令、丞准备的。

《汉书·百官公卿表》在列举了以上这些令、丞等官之后，又写了一句"诸宦官皆属焉"，显然是没有全说。所谓诸宦官有哪些宦官呢?《汉书·外戚传》有宦者吏、家吏等名称，如：

请其主遣宦者吏（师古曰：主遣宦者吏，谓宦为吏，而主发遣宫人者也）。

家吏不晓（师古曰：家吏皇后之官属）。

或许这些都是泛称，但也可以算在诸宦官之内。至于上述之蚕室、茧馆必然也有主管官吏，《汉旧仪》说"置蚕官令、丞"，即便少府若卢有蚕室，其在中宫苑中之蚕室，如置令、丞，当为中宫官属。还有掖庭之暴室啬夫、掖庭狱丞、掖庭牛官令（均见《汉书·外戚传》）以及少内啬夫（《汉书·丙吉传》）等等，也都是中宫之官属。

此外还有女官，如女御长、宫长。《汉旧仪》："女御长如侍中。"《汉书·外戚传》："宫长李南以诏书取儿去。"注引晋灼曰："《汉仪注》有女御长比侍中，宫长岂此邪?"又有学事史，《汉书·外戚传》："许美人及故中宫史曹宫皆御幸孝成皇帝……宫即（官婢曹）晓子女，前属中宫，为学事史，通《诗》，授皇后。"

东汉皇后宫官大大并省，高级官吏仅大长秋一人，其他均为其属官。属官皆冠以"中宫"二字，均以宦官充任。今据《后汉书·百官志》所载，抄录如下：

大长秋一人，二千石。中兴常用宦者。职掌奉宣中宫命。凡给赐宗亲，及宗亲当谒见者关通之。中宫出则从。丞一人，六百石，宦者。

中宫仆一人，千石。宦者，主驭。本注曰：太仆，秩二千石，中兴省“太”，减秩千石，以属长秋。

中宫谒者令一人，六百石。宦者。中宫谒者三人，四百石。宦者，主报中章。

中宫尚书五人，六百石。宦者。主中文书。

中宫私府令一人，六百石。宦者。主中藏币、帛等物，裁衣被补浣者皆主之。丞一人。宦者。

中宫永巷令一人，六百石。宦者，主宫人。丞一人。宦者。

中宫黄门冗从仆射一人，六百石。宦者。主黄门冗从。（丁孚《汉仪》曰：给事中宫侍郎六人，比尚书郎，宦者为之。给事黄门四人，比黄门侍郎。给事羽林郎一人，比羽林将、虎贲官骑下。）

中宫署令一人，六百石。宦者。主中宫请署天子数。女骑六人，丞、复道丞各一人。宦者。复道丞主中阁道。

中宫药长一人，四百石。宦者。

附表二十：皇后官属表

<table>
<tr><th colspan="2">属官名称</th><th>职　掌</th><th>秩　次</th><th>备　考</th></tr>
<tr><td colspan="2">詹　事
（西汉，中少府）</td><td>掌皇后、太子家。</td><td>西汉二千石</td><td>成帝鸿嘉三年省詹事，并属大长秋。</td></tr>
<tr><td rowspan="5">佐属（西汉）</td><td>詹事丞</td><td>佐助詹事掌皇后、太子家。</td><td></td><td></td></tr>
<tr><td>中长秋</td><td>职同大长秋。</td><td></td><td></td></tr>
<tr><td>私府令</td><td>主中藏币帛诸物。</td><td></td><td></td></tr>
<tr><td>永巷令</td><td>主宫人。</td><td></td><td></td></tr>
<tr><td>仓　令</td><td>主仓谷。</td><td></td><td></td></tr>
</table>

续表

属官名称		职　掌	秩　次	备　考
佐属（西汉）	厩　令	主车马。		
	祠祀令	主祠祀。		
	食官令	主饮食。		
中太仆（西汉）		掌舆马。	西汉二千石	西汉太仆秩二千石，中兴省“太”，减秩千石，以属长秋。
中宫卫尉		掌宫门卫屯兵。		
大长秋（将行）		掌奉宣中宫命。凡给赐宗亲当谒见者关通之，中宫出则从。	二千石	承秦将行。宦者。景帝（中六年）更为大长秋，或用中人，或用士人。中兴常用宦者。
佐属（东汉）	大长秋丞	宦者。佐助大长秋给事中宫。	六百石	
	中宫仆	宦者。主驭。	千　石	
	中宫谒者令	宦者。主报中章。	六百石	
	中宫尚书	宦者。主中文书。	六百石	
	中宫私府令	宦者。主中藏币帛诸物，裁衣被补浣者皆主之。	六百石	
	中宫永巷令	宦者。主宫人。	六百石	
	中宫黄门冗从仆射	宦者。主黄门冗从。	六百石	
	中宫署令	宦者。主中宫请署天子数。	六百石	
	中宫药长	宦者。主药。	四百石	

东汉皇后宫的属官也许不止这些，但总的倾向是比西汉数量要少，而且品秩较低。其原因有二：

第一，东汉一开始，注意节约，因而减省官职，如建武六年（30 年）下诏说：

夫张官置吏，所以为人也。今百姓遭难，户口耗少，而县官吏职，所置尚繁，其令司隶、州牧各实所部，省减吏员。县国不足置长吏可合并者，上大司徒、大司空二府。于是条奏并省四百余县，吏职减损，十置其一。①

这是一个总的指导思想，所以《后汉书·百官志》叙中说：

世祖节约之制，宜为常宪，故依其官簿，粗注职分，以为《百官志》。

整个东汉的官职都有减省，皇后宫官自不例外，如《后汉书·皇后纪》序中说：

及光武中兴，斫雕为朴，六宫称号，唯皇后、贵人。贵人金印紫绶，奉不过粟数十斛。又置美人、宫人、采女三等，并无爵秩，岁时赏赐充给而已。

由此可见，皇后宫确实是减员减秩了的。

第二，鉴于王莽篡汉，东汉初年很想防止女主、外戚专权，光武帝把皇太后赶出高庙②，其用意很明显，自然不会把皇后宫官设置太多。但是，不幸的是东汉母后临朝的现象比西汉更多，所谓“东京皇统屡绝，权归女主，外立者四帝，临朝者六后”。皇帝在位长的不过二十多年，短的不到一年甚至百天，很多皇后都是在年轻时就成了太后，因而东汉时太后宫官比皇后宫官更尊重，西汉虽也如此，但东汉在官吏的设置上和西汉有所不同，皇后宫有些西汉原有的，东汉没有了，太后宫则继续保留下来，《后汉书·百官志》说：

其中长信、长乐宫者，置少府一人，职如长秋，及余吏皆以宫名

① 范晔：《后汉书》卷一，《光武帝纪》，中华书局1965年版，第49页。
② 范晔：《后汉书》卷一，《光武帝纪》，中华书局1965年版，第83页。

为号，员数秩次如中宫（长乐五官史，朱瑀之类是也）。本注曰：帝祖母称长信宫，故有长信少府、长乐少府，位在长秋上，及职吏皆宦者，秩次如中宫。长乐又有卫尉，仆为太仆，皆二千石，在少府上。其崩则省，不常置。

因为东汉的太后多，事实上太后官属是常置的。

附带说明一点，东汉初年的几个皇后，如光烈阴皇后、明德马皇后、章德窦皇后、和熹邓皇后都是知书识礼、德才兼备的女后，“在位恭俭”、“干理家事”，如马皇后之“身服太练，食不求甘”，邓皇后之禁绝珍丽之物，“岁时但供纸墨而已”，“减太官、导官、尚方、内者服御珍膳靡丽难成之物”，“离宫别馆储峙米糒薪炭悉令省之”，“事事减弱，十分居一”①。这些皇后的所作所为和“世祖节约”的精神是一致的，自然不会崇大自己的中宫，这一点，和后来的皇后有不同。

① 以上所引俱见《后汉书·皇后纪》。

第二编
地方官制

“国家和旧的氏族组织不同的地方，第一点就是它**按地区**来划分它的国民。……这种按照居住地组织国民的办法，是一切国家共同的。”① 中国古代就是如此。中国古代最早的地方行政区域称为州，一般传说都说是禹或者舜的时候分九州或者十二州，这也刚好是我国古代国家开始形成的时候。在这种按地区划分居民的同时，就有公共权力及其代表——地方官的设立，在中国古代的记载中也有这样的说明，如《墨子·尚同》说：

> 夫明乎天下之所以乱者，生于无政长，是故选（择）天下之贤可者，立以为天子。天子立，以其力为未足，又选择天下之贤可者，置立之以为三公。天子、三公既以（同“已”）立，以天下为博大，远国异土之民，是非利害之辩，不可一二而明知，故画分万国，立诸侯国君。诸侯国君既已立，以其力为未足，又选择其国之贤可者，置立之以为正长。正长既已具，天子发政于天下之百姓。

下面还有“里长者，里之仁人也”、“乡长者，乡之仁人也”等记载，这些诸侯国君、政长以及里长、乡长等等，就是大大小小的地方官吏。由此可见，国家之所以要按照居住地组织居民，所谓“画分万国”，设置乡、里，就是为了更好地进行统治，也就是《墨子》中所说的“乡治”、“国治”、“天下治”，如《尚同》篇所说：

> 里长发政里之百姓，言曰：闻善而不善，必以告其乡长。乡长之所是，必皆是之；乡长之所非，必皆非之。去若不善言，学乡长之善言；去若不善行，学乡长之善行，则乡何说以乱哉！察乡之所治者何也？乡长唯能壹同乡之义，是以乡治也。

乡长、国君之“发政”也是如此。总之，地方官吏对于国家的长治久安至关重要，这一点，统治者是有明确认识的，《汉书·循吏传》记载：

> （汉宣帝）常称曰：“庶民所以安其田里而亡叹息愁恨之心者，政

---

① 《马克思恩格斯选集》第四卷，人民出版社 1972 年版，第 166～167 页。

平讼理也。与我共此者，其唯良二千石乎！”（师古曰：“谓郡守、诸侯相。”）以为太守，吏民之本也，数变易则下不安，民知其将久，不可欺罔，乃服从其教化。

以上是从统治者方面来看的。从被统治者方面看，地方官比中央官有更直接的关系。我国古代常把州县官吏称为父母官，就是在这个意义上讲的。如汉代召信臣、杜诗先后为南阳太守，“南阳为之语曰：前有召父，后有杜母”①。又如王尊“为安定太守，到官，出教告属县曰：令、长、丞、尉，奉法守城，为民父母……”② 越是地方基层官吏，与人民关系越是直接，所以东汉左雄说是“乡部亲民之吏”③，甚至于还有“人但闻啬夫，不知郡县”④ 的说法。

地方官吏如此重要，可是历代讲官制，地方官都讲得很少，如果说郡县官还多少有些记载的话，郡县以下几乎是一笔带过的，《汉书·百官公卿表》就仅有一段概述：

大率十里一亭，亭有长。十亭一乡，乡有三老、有秩啬夫、游徼。三老掌教化；啬夫职听讼，收赋税；游徼徼循，禁盗贼。

以后许多记载，往往就只照抄这一段文字了事。实际上这个概述是很粗略的，许多问题还有待我们进一步考释和整理。

秦汉地方行政制度，笼统地说叫郡县制，它奠定了我国古代地方行政制度的基础。但具体地说，既有其形成过程，也有许多具体的变化。永瑢等《历代职官表》卷五十三写道：

秦罢诸侯，分置郡县，为后世府州县之所自始。然郡之为名，实不始于秦时。考《释名》云：郡，聚也，人所群聚也。《说文》云：周制，天子地方千里，分为四县，县有四郡（《周书·作雒篇》：千里

① 范晔：《后汉书》卷三十一，《杜诗传》，中华书局 1965 年版，第 1094 页。
② 班固：《汉书》卷七十六，《王尊传》，中华书局 1962 年版，第 3228 页。
③ 范晔：《后汉书》卷六十一，《左雄传》，中华书局 1965 年版，第 2018 页。
④ 范晔：《后汉书》卷四十八，《爰延传》，中华书局 1965 年版，第 1618 页。

百县，县有四郡）。郡小县大，故《春秋传》曰：上大夫受县，下大夫受郡。秦并天下，置三十六郡，以监天下之县，则郡大县小，《秦纪》魏纳上郡十五县是也。是则自古即有列郡之名，特秦改置之在诸县之上。而魏纳上郡，又在秦未置郡之前。盖秦亦第因列国迁移之旧而为之制耳。《史记·秦本纪》：惠王十三年，置汉中郡。此为秦置郡之始。其后分为三十六郡，而《史记》《汉书》所纪又有楚郡、郯郡、东阳、河间等郡。盖天下既定，制为三十六郡，而其初暂置及后所增设，当亦不为定制也。守、丞以下诸官，则自汉以来多相承不改云。

以上这一概述简明扼要，基本上是符合历史实际的。设立郡县以及以郡统县这种制度，不是从秦开始的，当然更不是秦统一以后才开始的。这一点早已有人多次指出。王国维的《秦郡考》更做了比较详细的考证。他指出：

二十六年前之郡，明见于《史记》者共二十有七……《汉志》之秦郡中除与《史记》复出外，求其真为二十六年前所有之郡，又得九郡以益《史记》之二十七郡，共为三十六郡。《史记》于始皇二十六年大书分天下为三十六郡，即谓是也。

并且认为秦一代之郡数当为四十八：

秦以水德王，故数以六为纪。二十六年始分天下为三十六郡。三十六者，六之自乘数也。次当增置燕齐六郡为四十二郡。四十二者，六之七倍也。至三十三年南置南海、桂林、象郡，北置九原。其于六数不足者二，则又于内地分置陈、东海二郡，共为四十八郡。四十八者，六之八倍也。秦制然也。①

王国维辨正了《汉书·地理志》的疏误。在四十八郡中，有一些是原六国置的，如赵国的代郡、雁门郡、云中郡，魏国的上郡、河东郡，韩国的上

① 王国维：《观堂集林》卷十二，《史林四》，中华书局1959年版，第541页。

党郡、三川郡，燕国的渔阳、上谷、辽东、辽西等郡，楚国的黔中郡等等。有一些则利用了原六国的基础，或在范围上加以调整，或者命以新的郡名，四十八郡大多数如此，特别是原楚境内许多郡县的设立便是如此，完全由秦新设立的郡县，如灭巴国、蜀国设立巴郡、蜀郡，这样的新郡并不多。所以，关于秦郡的名称，《汉官仪》写道：

> 秦用李斯议，分天下为三十六郡。凡郡：或以列国，陈、鲁、齐、吴是也。或以旧邑，长沙、丹阳是也。或以山林，太山、山阳是也。或以川源，西河、河东是也。或以所出，金城，城下有金；酒泉，泉味如酒（或作：酒泉城下有金泉，泉味如酒，故曰酒泉）；豫章，章树生庭中；雁门，雁之所育是也。或以号令，禹令诸侯，大计东冶之山，会稽是也。

关于郡的名和实的这些记载，都能够说明，郡县制的形成，是和秦统一有着密切联系的。

两汉地方官制和秦又有不同。秦实行郡县制，两汉则郡国并行，不过仍以郡县制为主。西汉初期，王国和侯国曾一度成为郡县以外的独立势力，甚至和中央分庭抗礼。其后经文、景、武三世中央集权与地方割据的斗争，王国和侯国的势力逐渐削弱。下迄东汉，虽然在形式上还保留王国，但实际已与郡同，至于侯国，也不过寄食于所在县而已。

秦汉时期地方上还有中央派出的监察官，由监御史而刺史而州牧，不仅名称上有所改变，而其实质也由监察官而渐变为地方行政长官。州也随之由监察区域变为行政区域，这样，地方政府又由郡、县两级制变成州、郡、县三级制了。此外，司隶校尉虽为京师监察官，但同时又领一州，监察七郡，性质与刺史相似，故一并叙于本编之内。

第一章　州

如上所述，秦汉的地方行政制度，基本上是郡、县两级制，但是汉武帝以后，在秦设监御史的基础上，又形成了统辖郡国的州部，设立司隶校尉和十三州刺史。不过，州这一级的官吏，无论从职权或地位等方面看，在最初都不是一个正式的地方官吏，永瑢等《历代职官表》概要地说出了这一情况：

> 汉代专重郡守，其临郡国之上者，惟十三部刺史。盖郡守地大而权重，有事得以专达，秩至二千石，如今之二、三品，治效著闻，则玺书勉励，增秩赐金，其高第即入为卿相。故朝廷不复多设官以临之。唯刺史以下大夫而临二千石，职专举刺，八月行部，录囚徒，考殿最，岁尽入奏，所荐得为九卿，所劾辄从黜罢。是刺史一官，固兼有今日司道之任也。

没有行政权力，并非“亲民”之官，仅仅负有监察责任，不应算作一级地方组织，但荐、劾之权颇大，又能控制郡国守相，有凌驾于郡国之上的倾向，这是后来州刺史发展成为地方最高长官的一个历史原因。下面，看看这一级官吏的具体情况就清楚了。

第一节　司隶校尉

一、司隶校尉的设立及其演变

司隶校尉，秩比二千石，武帝始置，初为中央官，后兼察郡县。《汉书·百官公卿表》写道：

> 司隶校尉（师古曰：以掌徒隶而巡察，故云司隶），周官（刘昭以为周无司隶，应作司寇）。武帝征和四年初置，持节从中都官徒千二百人，捕巫蛊，督大奸猾。后罢其兵，察三辅、三河、弘农。元帝初元四年去节。成帝元延四年省。绥和二年哀帝复置，但为司隶，冠进贤冠，属大司空，比司直。

据此可知，司隶校尉是武帝因巫蛊一案临时设置的督捕之官。所谓巫蛊，是当时流行的一种迷信，以为用巫术诅咒及用木偶人埋地下，可以害人。武帝晚年多病，怀疑为其左右人巫蛊所致。武帝佞臣江充诬告太子宫中埋有木人，太子刘据一怒之下，杀江充及胡巫，武帝发兵追捕，太子也起兵抗拒，激战五日，死者数万人。后太子兵败自杀。这次事件史称“巫蛊之祸”。中都官徒，即在中央官府服役的徒隶。最初，司隶即率领这些徒隶从事掘蛊并督捕京师奸猾。其后虽罢其兵，但仍得督察三辅（京兆、右扶风、左冯翊）、三河（河南、河内、河东）、弘农七郡。故崔瑗《司隶校尉箴》云：

> 江充作乱，辱于戾园。率隶掘蛊，以诘其奸。既定既宁，爰遂其官。俾督京甸，时维鹰鹯。①

司隶校尉是武帝临时设置而后来逐渐成为定制，以至发展到“纠皇太子、三公以下及旁州郡国无不统，陛下见诸卿，皆独席”②。它有一个演变过程，各种记载基本一致，惟《汉旧仪》说“武帝初置”，被认为是不同记载③，其实不然，“武帝初置”不必是“武帝之初置”，也可以读作“武帝时开始置”。

持节即持符节，司隶持节即受有皇帝的特殊命令，可以代表皇帝行使权力。其去节始自元帝初元四年（前45年）诸葛丰劾奏侍中许章一事。《汉书·诸葛丰传》云：

① 严可均：《全上古三代秦汉三国六朝文·全后汉文》卷四十五，中华书局1958年版，第718页。

② 应劭：《汉官仪》，中华书局1990年版，第148页。

③ 陈直：《汉书新证》，天津人民出版社1979年版，第122页。

元帝擢为司隶校尉。……时侍中许章以外属贵幸，奢淫不奉法度，宾客犯事，与章相连。丰案劾章，欲奏其事。适逢许侍中私出，丰驻车举节诏章曰："下！"欲收之。章窘迫驰车去。丰追之，侍中因得入宫门，自归上。丰亦上奏。于是收丰节。司隶去节自丰始。

成帝元延四年（前9年）省司隶校尉，又见《汉书·成帝纪》。这一年的二月有"罢司隶校尉"的记载，其原因或与当时改革官制有关。

哀帝绥和二年（前7年）复置，但为司隶。此事，《汉书·鲍宣传》有所交代：

拜宣为司隶。时哀帝改司隶校尉但为司隶，官比司直。

不过要说明的是，虽然但名司隶，但其主要职掌仍然是监察。如孙宝为司隶时，傅太后使有司考冯太后令自杀，孙宝奏请覆治，傅太后大怒曰："帝置司隶，主使察我。冯氏反事明白，故欲擿觖以扬我恶。我当坐之。"①皇太后的事他也要奏请覆治，真算得上是"无所不统"了。并且，"官比司直"，其地位比以前更高了。这从《汉书·翟方进传》中可以看出来：

故事：司隶位在司直下，初除谒两府（丞相、御史大夫），其有所会，居中二千石前，与司直并迎丞相、御史。

司直属丞相，司隶当属御史大夫，故御史大夫转官为大司空后，仍以司隶属大司空。

东汉时，司隶校尉的地位较西汉为高，据《后汉书·宣秉传》记载：

建武元年，拜（宣秉）御史中丞。光武特诏：御史中丞与司隶校尉、尚书令会同并专席而坐，故京师号曰"三独坐"。明年迁司隶校尉，务举大纲，简略苛细，百僚敬之。

---

① 班固：《汉书》卷七十七，《孙宝传》，中华书局1962年版，第3261页。

“三独坐”显然是一种特殊地位，由御史中丞迁司隶校尉，又可见司隶校尉高于御史中丞。又，《后汉书·百官志》注引蔡质《汉仪》曰：

司隶诣台廷议，处九卿上。朝贺，处公卿下、陪卿上。初除，谒大将军、三公，通谒持板揖。公仪、朝贺无敬。台召入宫对。见尚书持板，朝贺揖。

处处都表现出司隶校尉的特殊地位。

二、司隶校尉的职权

司隶校尉的职权，《汉书·百官公卿表》记载说：

武帝征和四年初置，持节从中都官徒千二百人，捕巫蛊，督大奸猾。后罢其兵，察三辅、三河、弘农。

这个记载不够全面。《后汉书·百官志》作了补正：

本注曰：孝武帝初置，持节，掌察举百官以下及京师近郡犯法者。

又同书注引蔡质《汉仪》云：

（司隶校尉）职在典京师，外部诸郡，无所不纠。封侯、外戚、三公以下，无尊卑，入宫，开中道称使者。每会，后到先去。

应劭《汉官仪》云：

司隶校尉部河南、河内、右扶风、左冯翊、京兆、河东、弘农七郡于河南洛阳，故谓东京为司隶。①

① 以上七郡即为司隶州。

可见司隶校尉不仅内察京师百官，而且外部诸郡，并领一州。《通典》卷三十二谓“司隶校尉无所不纠，唯不察三公”①。实际上，即使三公，也在司隶纠察的范围以内，如：

(司隶校尉王尊)劾奏丞相衡、御史大夫谭，位三公，典五常九德，以总云略……而阿谀曲从，附下罔上，怀邪迷国，无大臣辅政之义……②

司隶校尉骏……劾奏(丞相匡)衡……衡位三公，辅国政，领计簿，知郡实，正国界，计簿已定，而背法制，专地盗土以自益……③

前面我们还举了司隶校尉孙宝察傅太后的例子，这些都是西汉时的事。所以，司隶校尉的职权是无所不察，不仅下察地方郡守，上察中央百官，包括三公乃至太后；而且涉及政治、经济、生活各个方面。王尊等劾奏匡衡，就包括“无大臣辅政之义”、“专地盗土”以及“设不正之席”等许多方面。甚至傅太后和冯太后之间的宫内纠纷，司隶也出面干涉。由此可见，在西汉司隶校尉是一个显要的官职。东汉也是如此，封侯、外戚、三公以下，不论尊卑，无所不纠：

顺帝时以(庞参)为太尉，录尚书事，是时三公之中，参名忠直，数为左右所陷毁，以所举用忤帝旨，司隶承风案之。④

(虞诩)代陈禅为司隶校尉，数月间奏太傅冯石、太尉刘熹、中常侍程璜、陈秉、孟生、李闰等，百官侧目，号为苛刻。⑤

(邓太后)诏告司隶校尉、河南尹、南阳太守曰：“每览前代，外

① 《汉旧仪》《汉官仪》均如此说。如《汉官仪》云：“司隶校尉纠皇太子、三公以下，及旁州郡国，无不统。”

② 班固：《汉书》卷七十六，《王尊传》，中华书局1962年版，第3231页。

③ 班固：《汉书》卷八十一，《匡衡传》，中华书局1962年版，第3346页。

④ 范晔：《后汉书》卷五十一，《庞参传》，中华书局1965年版，第1691页。

⑤ 范晔：《后汉书》卷五十八，《虞诩传》，中华书局1965年版，第1870页。

戚宾客，假借威权，轻薄謥詷，至有浊乱奉公，为人患苦，咎在执法怠懈，不辄行其罚故也。今车骑将军骘等虽怀敬顺之志，而宗门广大，姻戚不少，宾客奸猾，多干禁宪，其明加检敕，勿相容护。”自是亲属犯罪，无所假贷。①

皇亲国戚多在近郡，故邓太后此诏，首先告司隶校尉。不仅是检敕，对京师近郡的罪犯，依照诏令，司隶校尉还有捕杀之权，如：

（顺帝）诏司隶校尉：“惟（车骑将军）阎显、（大长秋）江京近亲当伏辜诛，其余务崇宽贷。”②

（桓）帝御前殿，诏司隶校尉张彪围（梁）冀第，收大将军印绶。③

东汉时，司隶校尉为京师督察之官，如选用得人，对外戚、宦官等权臣横行不法的黑暗政治确能起到一定的控制作用，如：

（鲍永）为司隶校尉，（光武）帝叔父赵王良尊戚贵重，永以事劾良大不敬。由是朝廷肃然，莫不戒慎。乃辟扶风鲍恢为都官从事，恢亦抗直，不避强御。帝曰：“贵戚且宜敛手，以避二鲍。”④

（李膺为司隶校尉，）时张让弟朔为野王令，贪残无道，至乃杀孕妇，闻膺厉威严，惧罪逃还京师，因匿兄让第舍，藏于合柱中。膺知其状，率将吏卒破柱取朔，付洛阳狱，受辞毕，即杀之。……自此诸黄门常侍皆鞠躬屏气，休沐不敢复出宫省。（桓）帝怪问其故，并叩头泣曰：“畏李校尉！”⑤

① 范晔：《后汉书》卷十，《皇后纪》，中华书局 1965 年版，第 423 页。
② 范晔：《后汉书》卷六，《顺帝纪》，中华书局 1965 年版，第 250 页。
③ 范晔：《后汉书》卷七，《桓帝纪》，中华书局 1965 年版，第 304～305 页。
④ 范晔：《后汉书》卷二十九，《鲍永传》，中华书局 1965 年版，第 1020 页。
⑤ 范晔：《后汉书》卷六十七，《李膺传》，中华书局 1965 年版，第 2194 页。

时中常侍王甫、曹节等奸虐弄权，扇动外内。球尝拊髀发愤曰："若阳球作司隶，此曹子安得容乎?"光和二年迁为司隶校尉，王甫休沐里舍，球诣阙谢恩，奏收甫及中常侍淳于登、袁赦、封昴、中黄门刘毅、小黄门庞训、朱禹、齐盛等，及子弟为守令者，奸猾纵恣，罪合灭族。太尉段颎谄附佞幸，宜并诛戮。于是悉收甫、颎等送洛阳狱。……球既诛甫，复欲以次表曹节等，乃敕中都官从事曰："且先去大猾，当次案豪右。"权门闻之，莫不屏气。诸奢饰之物，皆各缄縢，不敢陈设。京师畏震。①

（宋意）迁司隶校尉。永元初，大将军窦宪兄弟贵盛，步兵校尉邓叠、河南尹王调、故蜀郡太守廉范等群党，出入宪门，负埶放纵。意随违举奏，无所回避。②

此外，牟融③、冯绲④、应奉⑤、王畅⑥，以及许永、华松、公孙晔、王防、刘祐⑦等任司隶校尉时，也都能举法无所回避，使贵戚、宦官、豪右为之敛手。

由于司隶校尉负有纠察京师的重任，所以汉末权臣多自兼此职，如"镇东将军曹操自领司隶校尉"⑧。更有远在他郡而兼司隶者，如袁绍为司隶校尉，其后出任渤海太守，"犹称兼司隶"⑨。

三、司隶校尉的属官

司隶校尉的属官，主要是较高的从事和较低的假佐两类。西汉的情况，《汉书·百官公卿表》失载，散见于《汉书》有关各传。据《鲍宣传》记载：

---

① 范晔：《后汉书》卷七十七，《阳球传》，中华书局1965年版，第2499～2500页。
② 范晔：《后汉书》卷四十一，《宋意传》，中华书局1965年版，第1416页。
③ 《后汉书·牟融传》："永平五年，入代鲍昱为司隶校尉，多所举正，百僚敬惮之。"
④ 《后汉书·冯绲传》："征拜京兆尹，转司隶校尉，所在立威刑。"
⑤ 《后汉书·应奉传》："荐为司隶校尉，纠举奸违，不避豪戚，以严厉为名。"
⑥ 《后汉书·王畅传》："征拜司隶校尉，转渔阳太守，所在以严明为称。"
⑦ 《北堂书钞》卷六十一《设官部》引谢承《后汉书》。
⑧ 范晔：《后汉书》卷九，《献帝纪》，中华书局1965年版，第380页。
⑨ 范晔：《后汉书》卷七十四，《袁绍传》，中华书局1965年版，第2375页。

丞相孔光四时行园陵，官属以令行驰道中，宣出逢之，使吏钩止丞相掾史，没入其车马，摧辱丞相。事下御史中丞，侍御史至司隶官，欲捕从事，闭门不肯内。宣坐距闭使者，亡人臣礼，大不敬。

御史中丞不便直接逮捕司隶，乃捕其从事以考问，可见从事是司隶的主要属吏。又，《赵皇后传》记载：

司隶解光奏言：……臣遣从事掾业、史望、验问知状者（师古曰：业者掾之名，望者史之名也，皆不言其姓）。

则是从事有从事掾和从事史之分。又，《王尊传》记载：

司隶遣假佐放，奉诏书白尊发吏捕人。

师古注引苏林曰：

胡公《汉官》假佐，取内郡善史书佐给诸府也。（宋祁曰："浙本注文'给诸府'字下有'府有史故言佐也'七字。"）

从《后汉书·百官志》的记载看，大体上也是这从事和假佐两类。兹录其全文如下：

从事史十二人。本注曰：都官从事，主察举百官犯法者。功曹从事，主州选署及众事。别驾从事，校尉行部则奉引，录众事。簿曹从事，主财谷簿书。其有军事，则置兵曹从事，主兵事。其余部郡国从事，每郡国各一人，主督促文书，察举非法，皆州自辟除。故通为百石云。

假佐二十五人。本注曰：主簿录阁下事，省文书。门亭长主州正门。功曹书佐主选用。孝经师主监试经。月令师主时节祠祀。律令师主平法律。簿曹书佐主簿书。其余都官书佐及每郡国各有典郡书佐一人，各主一郡文书，以郡吏补，岁满一更。

这里从事史十二人，本注作了解释，包括都官从事、功曹从事、别驾从事、簿曹从事、兵曹从事，以及七个郡国从事，刚好十二个。这些从事，有时笼统称为司隶从事，如《后汉书·申屠蟠传》说：

> 蟠乃躬推辇车，送丧归乡里，遇司隶从事于河巩之间（《百官志》曰：司隶从事史十二人，秩百石也），从事义之，为封传护送……

又冯衍曾为司隶从事[①]，种拂也曾为司隶从事[②]。其有时又可简称从事，如段颎为司隶，“令长安男子告不韦多将宾客夺舅财物，遂使从事张贤等就家杀之”[③]。也还有别的名称，如“司隶功曹从事，即持中也”[④]。

从事的地位并不高，秩仅百石，然而其职权却不算小，凡属司隶的政治、经济或军事等具体工作，都由他们分管。仅从其能够“封传护送”等有关记载看，也还有一些实权，这种实权也许是因为他们监察或者控制地方官吏而得来的。

假佐一类当然地位更低，故“以郡吏补，岁满一更”，当是属于斗食之类。《后汉书·百官志》说假佐二十五人，本注只列举了一部分，没有全举。从所列举的名称看，如主簿、门亭长、功曹书佐等，大多与郡县属吏相同。显然是针对郡国各部门对口设立的，郡国有什么机构，司隶就设相应的属吏进行监察。

第二节　刺史、州牧

一、由监御史到刺史、州牧

秦统一六国之后，“分天下以为三十六郡，郡置守、尉、监”[⑤]。这里的监就是《汉书·百官公卿表》中“掌监郡”的监御史，《通典》作监察御史或监察史[⑥]。“监”是简称，《史记·高祖本纪》有“秦泗川监平”的

---

① 范晔：《后汉书》卷二十八，《冯衍传》，中华书局1965年版，第978页。
② 范晔：《后汉书》卷五十六，《种拂传》，中华书局1965年版，第1829页。
③ 范晔：《后汉书》卷三十一，《苏不韦传》，中华书局1965年版，第1109页。
④ 范晔：《后汉书》卷五十八，《傅燮传》注引《汉官仪》，中华书局1965年版，第1877页。
⑤ 司马迁：《史记》卷六，《秦始皇本纪》，中华书局1982年版，第239页。
⑥ 杜佑：《通典》卷二十四，《职官六》，中华书局1988年版，第674页。

记载，《史记集解》引文颖曰：

> 泗川，今沛郡也……秦时御史监郡，若今刺史。平，名也。

《史记索隐》引如淳云：

> 秦并天下为三十六郡，置守、尉、监，故此有监平。下有守壮，则平、壮皆名也。

又，《史记·曹相国世家》有“攻秦监公军”的记载，《史记集解》引《汉书音义》曰：

> 监，御史监军者。公，名。秦一郡置守、尉、监三人。

监御史，隶属于御史大夫，是秦代特有的一种官吏，有过渡性质，存在的时间不长，它的任务是“掌监郡”，但又不像是一个正式的地方官。它的地位也不高，“郡置守、尉、监”，排在守、尉的后面，但它的任务特殊，权力很大。《历代职官表》卷五十二写道：

> 秦罢侯置守，并方伯、连帅而悉去之，惟以御史监郡，而不言职掌。盖犹周代大夫监之遗意耳。秦制简略，无可附丽，今故录其郡御史之制，而不列于表。

《礼记·王制》说：

> 天子使其大夫为三监，监于方伯之国，国三人。

这就是所谓“犹周代大夫监之遗意”。后世没有什么官职和它是完全相同的，最接近的是汉代的刺史，但又不尽然。王鸣盛说：

> 监既在守之上，则似汉之部刺史，但每郡皆有一监，则又非部刺

史比矣。盖秦惩周封建流弊，变为郡县，惟恐其权太重，故每郡但置一监、一守、一尉，而此上别无统治之者。①（按：这里把监放在守、尉前面，并且说“监既在守之上”，是不够确切的。）

王氏又说：

《三国·魏志·夏侯玄传》玄议时事云：“秦不师圣道，（私以御职，）奸以待下；惧宰官之不修，立监牧以董之，畏督监之容曲，设司察以纠之。宰牧相累，监察相司，人怀异心，上下殊务。汉承其绪，莫能匡改。”观此知汉制因秦也。宰官即县令，监牧即郡守，司察即监郡御史……②

王鸣盛解释了夏侯玄的所谓“宰官”、“监牧”、“司察”，并引以证明“汉制因秦”，未加分析、评论。从夏侯玄的意思看，他是反对这种监察制度的；但由此也可以看出监御史就是代表皇帝监察地方官吏，是秦王朝加强中央集权的措施之一。

秦监御史的权力很大，例如《汉书·萧何传》载：

（萧何）为沛主吏掾……秦御史监郡者与从事，常辨之。何乃给泗水卒史事，第一。秦御史欲入言征何，何固请，得毋行。

这显然是和后来的刺史一样，“省察治状，黜陟能否”③。除此之外，秦的监御史还可监军，甚至可以将兵，如前引《史记·高祖本纪》的“秦泗川监平将兵围丰”和同书《曹相国世家》的“攻秦监公军”等记载都可以证明。又，《汉书·严助传》说：

秦之时，尝使尉屠睢击越，又使监禄凿渠通道。（张晏曰：监郡御史也，名禄。）

① 王鸣盛：《十七史商榷》卷十四，《汉制依秦而变》，上海书店2005年版，第101页。
② 王鸣盛：《十七史商榷》卷十四，《汉制依秦而变》，上海书店2005年版，第102页。
③ 蔡质：《汉仪》，中华书局1990年版，第208页。

这些，又是和后来汉制刺史以六条问事不同的地方。

秦在每郡设监御史的制度，到汉代又有发展变化。《汉书·百官公卿表》说：

> 监御史，秦官，掌监郡。汉省，丞相遣史分刺州，不常置。武帝元封五年初置，部刺史，掌奉诏条察州，秩六百石，员十三人。成帝绥和元年更名牧，秩二千石。哀帝建平二年复为刺史，元寿二年复为牧。

秦的监御史，“汉省”，就是说没有为汉所继承；但汉朝中央派人监察地方的制度，则又是“因秦”的。这一制度的演变，《汉书·百官公卿表》说得很简略，《通典》的记述比较详细：

> 秦置监察御史，汉兴省之。至惠帝三年又遣御史监三辅郡，察词讼，所察之事凡九条，监者二岁更之，常于十月奏事，十二月还监。其后诸州复置监察御史。文帝十三年以御史不奉法，下失其职，乃遣丞相史出刺，并督监察御史。武帝元封元年，御史止不复监，至五年乃置部刺史，掌奉诏六条察州，凡十二州焉。居部九岁，举为守相。成帝绥和元年以为刺史（秩六百石）位下大夫，而临二千石，轻重不相准，乃更为州牧，秩真二千石，位次九卿，九卿缺，以高第补。哀帝建平二年复为刺史。元寿二年复为牧。后汉光武建武十八年复为刺史（按：《后汉书·光武帝纪》注云：建武元年置牧，今改刺史），外十二州各有一人，其一州属司隶校尉。……灵帝中平五年改刺史，唯置牧。是时天下方乱，豪杰各欲据有州郡，而刘焉、刘虞并自九卿出领州牧，州牧之任，自此重矣。①

从以上的记述中我们可以看到，从监御史到刺史、州牧之设置是经历了一个曲折反复过程的。秦实行郡县制，但又恐郡守之权太重，故设监御史，代表皇帝监察地方官吏，一方面使地方官不敢欺骗和违抗中央，另一方面又可使皇帝随时了解地方的情况，以便加强对地方的控制。汉初，郡

① 杜佑：《通典》卷三十二，《职官十四》，中华书局1988年版，第884～885页。

国并行，郡的权力还不算太重，所以减省了这种御史监郡的制度。惠帝时，因三辅多不法事，于是复遣御史以九条监察三辅：

> 惠帝三年，相国奏遣御史监三辅不法事：词讼、盗贼、铸伪钱、狱不直、徭赋不平、吏不廉、吏苛刻、逾侈及弩力十石以上、作非所当服，凡九条。①

以后各郡国又普遍派遣监察御史。这样，御史、丞相史并出，显然是一种临时措施。因其职事重叠，各自为政，而又无固定的监察地区，不能适应中央集权政治需要，所以到武帝时便废除御史、丞相史监郡之制，在全国置十三部州（见附表），每州派刺史一人。十三州刺史上受中央御史中丞直接管辖②，下分别监察十三州。刺史秩六百石，位下大夫，但可以监临二千石，顾炎武对这种秩卑任重的刺史制度曾有两段很精辟的论述，他说：

> 夫秩卑而命之尊，官小而权之重，此小大相制，内外相维之意也。③

又说：

> 自刺史之职下侵，而守令殆不可为，天下之事犹治丝而棼之矣。④

前一段话是就有利于中央集权、巩固国家统一来说的，这也符合汉武帝初置刺史的本来意图。后一段话是说，一旦刺史的权力过分膨胀，那就不仅起不到加强中央集权的监察作用，反而给分裂割据者创造条件。历史的事实正是如此。

汉成帝绥和元年（前8年），曾改刺史为州牧，《汉书·朱博传》记其

---

① 《玉海》卷六十五《诏令·律令上·汉九条》引《唐六典》。

② 《汉书·薛宣传》："宣为中丞，执法殿中，外总部刺史。"

③ 顾炎武著，黄汝成集释：《日知录集释（全校本）》卷九，《部刺史》，上海古籍出版社2006年版，第528～529页。

④ 顾炎武著，黄汝成集释：《日知录集释（全校本）》卷九，《六条之外不察》，上海古籍出版社2006年版，第533～534页。

事云：

> 初，何武为大司空，又与丞相方进共奏言："古选诸侯贤者以为州伯，《书》曰咨十有二牧，所以广聪明，烛幽隐也。今部刺史居牧伯之位，秉一州之统，选第大吏，所荐位高至九卿，所恶立退，任重职大。《春秋》之义，用贵治贱，不以卑临尊。刺史位下大夫，而临二千石，轻重不相准，失位次之序。臣请罢刺史，更置州牧，以应古制。"奏可。

哀帝建平二年（前5年）复改州牧为刺史。时朱博为御史大夫，又奏言：

> "汉家至德溥大，宇内万里，立置郡县。部刺史奉使典州，督察郡国吏民安宁。故事居部九岁举为守相，其有异材功效著者辄登擢，秩卑而赏厚，咸劝功乐进。前丞相方进奏罢刺史，更置州牧，秩真二千石，位次九卿。九卿缺，以高第补，其中材则苟自守而已，恐功效陵夷，奸宄不禁。臣请罢州牧，置刺史如故。"奏可。①

再以后，哀帝元寿二年（前1年）复为牧。王莽时，一切复古，自然也要恢复州牧。东汉初，仍沿用州牧旧称，至建武十八年（42年），复为刺史。灵帝中平五年（188年），复改刺史为州牧。刺史、州牧改来改去，不仅是名称的改变，实质上反映了中央集权与地方割据势力的一个消长过程。

附表二十一：两汉十三州表

州　名	西汉领郡国数	东汉领郡国数
司隶（校尉）	郡七	同前
豫州（刺史）	郡国四	郡国六
冀州（刺史）	郡国十	郡国九
兖州（刺史）	郡国八	同前
徐州（刺史）	郡国七	郡国五

① 班固：《汉书》卷八十三，《朱博传》，中华书局1962年版，第3406页。

续表

州名	西汉领郡国数	东汉领郡国数
青州（刺史）	郡国九	郡国六
荆州（刺史）	郡国七	郡七
扬州（刺史）	郡国六	郡六
益州（刺史）	郡八	郡国十二
凉州（刺史）	郡十	郡十二
朔方州（刺史）	郡四	（西汉末并入并州）
并州（刺史）	郡六	郡九
幽州（刺史）	郡国十	郡国十一
交州（刺史）	郡七	同前

注：据顾颉刚考证，武帝时十三部州，其中的朔方西汉末并入并州。京畿七郡不在十三州之数（上引《通典》作十二州，误），司隶领州乃东汉初年事。说见《两汉州制考》，载《蔡元培六十五岁纪念论文集》。

二、刺史的职权

刺史的职务是监察地方郡国，开始时明确规定以六条问事，《汉书·百官公卿表》注引《汉官典职仪》云：

> 刺史班宣，周行郡国，省察治状，黜陟能否，断治冤狱（按：《后汉书·光武帝纪》注引此四句，“治状”作“政教”），以六条问事，非条所问，即不省。一条，强宗豪右田宅逾制，以强凌弱，以众暴寡。二条，二千石不奉诏书遵承典制，倍公向私，旁诏守利，侵渔百姓，聚敛为奸。三条，二千石不恤疑狱，风厉杀人，怒则任刑，喜则淫赏，烦扰苛暴，剥截黎元，为百姓所疾，山崩石裂，袄祥讹言。四条，二千石选署不平，苟阿所爱，蔽贤宠顽。五条，二千石子弟恃怙荣势，请托所监。六条，二千石违公下比，阿附豪强，通行货赂，割损正令也。

刺史所察的对象，主要是二千石长吏，其次是强宗豪右。又从其“周行郡国”看，诸侯王亦在刺史督察之列。王鸣盛《十七史商榷》十四“汉刺史察藩国”条考证其事云：

> 历考诸传中，凡居此官者，大率皆以督察藩国为事。如《高五王传》，青州刺史奏菑川王终古罪。《文三王传》，冀州刺史林奏代王年罪。《武五子传》，青州刺史隽不疑知齐孝王孙刘泽等反谋，收捕泽以闻。又昌邑哀王之子贺既废，为宣帝所忌，后复徙封豫章为海昏侯，扬州刺史柯奏其罪。《张敞传》，拜冀州刺史，既到部，而广川王群辈不道，贼发不得，敞围王宫搜得之。……因劾奏广川王，削其户。盖自贾谊在文帝时已虑诸侯难制，吴楚反后，防禁益严，部刺史总率一州，故以为要务。

由此可见，西汉刺史的职权范围，实系继承前此御史出察、丞相史出刺而形成的一种监察制度。刺史秩本六百石，而监临二千石官，并可升迁为守相，所谓秩卑权重而赏厚，故任此职者，多能自励，竭忠尽力，对于加强中央集权、整饬吏治，都起过一定作用。《汉书·何武传》说：

> 刺史，古之方伯，上所委任，一州表率也。

《汉书·朱博传》也说：

> 汉家至德溥大，宇内万里，立置郡县。部刺史奉使典州，督察郡国吏民安宁。故事居部九岁举为守相，其有异材功效著者辄登擢，秩卑而赏厚，咸劝功乐进。

西汉翟方进、何武，东汉徐璆、王龚、李膺、周乘、贾琮等为刺史时，均能奉诏察举，守正不阿，颇有益于吏治。例如：

> （翟方进）迁朔方刺史，居官不烦苛，所察应条辄举，甚有威名。①

① 班固：《汉书》卷八十四，《翟方进传》，中华书局1962年版，第3412页。

(何)武为刺史，二千石有罪，应条举奏，其余贤与不肖，敬之如一，是以郡国各重其守相，州中清平。①

(徐璆)迁荆州刺史……奏五郡太守及属县有臧污者，悉征案罪，威风大行。②

(李膺)迁青州刺史，守令畏威明，多望风弃官。③

(周乘)为交阯刺史，举奏二郡秽浊，太守属县解印绶弃官者四十余城。④

(贾琮为交阯刺史，)招抚荒散，蠲复徭役……简选良吏试守诸县，岁间荡定，百姓以安。巷路为之歌曰："贾父来晚，使我先反；今见清平，吏不敢饭。"在事三年，为十三州最。……(后)为冀州刺史。旧典，传车骖驾，垂赤帷裳，迎于州界。及琮之部，升车言曰："刺史当远视广听，纠察美恶，何有反垂帷裳以自掩塞乎?"乃命御者褰之。百城闻风，自然竦震。其诸臧过者，望风解印绶去。⑤

由于刺史职在监察，有时也难免苛刻之弊。《汉书·王嘉传》载嘉上疏曰：

司隶、部刺史，察过悉劾，发扬阴私，吏或居官数月而退，送故迎新，交错道路。中材苟容求全，下材怀危内顾，一切营私者多。

更有仗势欺人，鱼肉百姓者，如宦官侯览兄侯参为益州刺史，"民有丰富者，辄诬以大逆，皆诛灭之，没入财物，前后累亿计"⑥。

---

① 班固：《汉书》卷八十六，《何武传》，中华书局1962年版，第3483页。
② 范晔：《后汉书》卷四十八，《徐璆传》，中华书局1965年版，第1620～1621页。
③ 范晔：《后汉书》卷六十七，《李膺传》，中华书局1965年版，第2191页。
④ 谢承《后汉书》，引自汪文台辑《七家后汉书》。
⑤ 范晔：《后汉书》卷三十一，《贾琮传》，中华书局1965年版，第1112页。
⑥ 范晔：《后汉书》卷七十八，《侯览传》，中华书局1965年版，第2523页。

当刺史以六条省察郡国而仅以奉诏奏事的时候，他还是中央派出的监察官，而不是地方官。但刺史权任极重，可以控制地方上的二千石长吏，事实上极易越权。加之东汉后期阶级矛盾尖锐，为了加强对地方的控制和镇压农民起义，逐渐赋予刺史以六条外的职权，以增加刺史的权力，于是刺史便由单纯的监察官而发展为总揽地方大权的行政长官了。

刺史职权的发展，可以从以下几个主要方面看：

（一）监察范围的扩大

依照原定六条，刺史所察主要是二千石官吏。但以后所察范围渐广，西汉末已下及墨绶令长。《汉书·朱博传》记载博为冀州刺史时：

> 行部，吏民数百人遮道自言。……（博）使从事明敕告吏民："欲言县丞尉者，刺史不察黄绶，各自诣郡。欲言二千石墨绶长吏者，使者行部还，诣治所。"

可见西汉末年，刺史已察及墨绶令长，但仍不察黄绶县丞尉，故唐李景伯曰：

> 汉刺史掌察墨绶以上，其黄绶以下，则不察，所以行不扰之政。①

然至东汉，刺史督察之权又渐次下伸，如《后汉书·顺帝纪》永建元年（126年）诏：

> 幽、并、凉州刺史，使各实二千石以下至黄绶，年老劣弱不任军事者，上名。

这说明刺史监察的范围已扩展至黄绶，也就是说，凡是州内所有朝廷命官都在刺史督察之列。

（二）选举与劾奏权

依照原定六条，刺史无选举之权，其时虽有特诏州举茂才，但非常

---

① 《玉海》卷一百三十一《官制》"汉部刺史"条注。

制。其劾奏权也仅限于监察二千石选署不平、举奏二千石长吏不称职者，其所奏章，尚须经过公府覆案，如刺史不法，则由公府加以劾奏。至东汉初，州举茂才已成为定制，《汉官目录》云："建武十二年八月乙未诏书……司隶、州牧岁举茂才各一人。"① 刺史不仅有权岁举茂才，而覆案之权也不再委任三府。于是尚书专擅于内，而地方选举劾奏之权则转归刺史。《后汉书·朱浮传》说：

旧制州牧奏二千石长吏不任位者，事皆先下三公，三公遣掾史案验，然后黜退。（光武）帝时用明察，不复委任三府，而权归刺举之吏。

明帝时马严上封事说：

臣伏见方今刺史太守专州典郡，不务奉事，尽心为国，而司察偏阿，取与自己，同则举为尤异，异则中以刑法，不即垂头塞耳，采求财赂。今益州刺史朱酺、扬州刺史倪说、凉州刺史尹业等，每行考事，辄有物故。又选举不实，曾无贬坐，是使臣下得作威福也。故事州郡所举，上奏司直，察能否以惩虚实，今宜加防检，式遵前制。②

由此可见，刺史不仅有选举之权，而劾奏之权也转归刺史。至于选举、劾奏是否得当，如马严等所说，那是另外一个问题。

（三）对地方行政的干预

依照原定六条，刺史只能监察二千石长吏措施是否得当，但是不得干预地方行政。如西汉翟方进、何武为刺史，均应条举奏。何武省录囚徒，皆以属郡，郡不能决者方举奏，而不代行听讼③。但以后则往往超越诏条，而干预郡守的行政权力。《汉书·薛宣传》：

宣为中丞，执法殿中，外总部刺史，上疏曰："……臣窃伏思其

① 范晔：《后汉书》志第二十八，《百官五》注引，中华书局1965年版，第3618页。
② 范晔：《后汉书》卷二十四，《马严传》，中华书局1965年版，第860页。
③ 班固：《汉书》卷八十六，《何武传》，中华书局1962年版，第3482页。

一端，殆吏多苛政，政教烦碎，大率咎在部刺史，或不循守条职，举错各以其意，多与郡县事，至开私门，听谗佞，以求吏民过失。”

其具体事例如：

（鲍）宣为谏大夫，迁豫州牧。岁余，丞相司直郭钦奏“宣举错烦苛，代二千石署吏听讼，所察过诏条……”①

刺史超越诏条，干预地方行政，此时虽不为合法，但积久成习，以后的统治者也就不得不承认既成事实了。至东汉各朝，皇帝往往下诏书要求刺史亲预庶政，如《后汉书·和帝纪》：

先帝……遗戒郡国罢盐铁之禁，纵民煮铸，入税县官如故事。其申敕刺史、二千石，奉顺圣旨，勉弘德化。

堤防沟渠，所以顺助地理，通利壅塞。……刺史、二千石其随宜疏导。

同书《安帝纪》：

敕司隶校尉，冀、并二州刺史：民讹言相惊，弃捐旧居……其各敕所部长吏，躬亲晓谕。

又《顺帝纪》：

诏益州刺史罢子午道，通褒斜路。

《桓帝纪》：

① 班固：《汉书》卷七十二，《鲍宣传》，中华书局1962年版，第3086页。

诏司隶校尉、部刺史曰：蝗灾为害，水变仍至，五谷不登，人无宿储。其令所伤郡国种芜菁以助人食。

类似这样刺史干预地方行政的具体事例还有不少，有时不仅是干预，甚至是取而代之，如《后汉书·贾琮传》：

交址屯兵反。……有司举琮为交州刺史。琮到部，讯其反状，咸言赋敛过重……民不聊生。……琮即移书告示，各使安其资业……简选良吏试守诸县，岁间荡定，百姓以安。

这简直是把郡县长吏完全放在一边，直接处理郡县政务了。

（四）兵权

东汉中叶以后，为了镇压农民起义和少数民族的反抗，刺史又被赋予领兵的权力。如安帝永初四年（110 年），张伯路与刘文河、周文光等起兵攻厌次城，杀县令，遣御史中丞王宗督青州刺史法雄讨破之①。元初六年（119 年），永昌、益州及蜀郡夷叛，与越隽夷杀长吏，燔城邑，益州刺史张乔讨破降之②。建光元年（121 年），幽州刺史冯焕率二郡太守讨高句丽、秽貊不克③。顺帝永建元年（126 年），告幽州刺史，其令沿边郡增置步兵，列屯塞下，调五营弩师，郡举五人，令教习战射④。桓帝建和二年（148 年），白马羌寇广汉属国，杀长吏，益州刺史率板楯蛮讨破之⑤。灵帝光和二年（179 年），巴郡板楯蛮叛，遣御史中丞萧瑗督益州刺史讨之⑥。中平三年（186 年），荆州刺史王敏讨赵慈（江夏兵起义首领）斩之⑦。这些都是刺史主兵的实例。秦朝监御史监军、将兵的情况在东汉后期又重新出现了，这是刺史权力发展的结果，也是刺史权力扩大的一个重要方面。

① 范晔：《后汉书》卷五，《安帝纪》，中华书局 1965 年版，第 214 页。
② 范晔：《后汉书》卷五，《安帝纪》，中华书局 1965 年版，第 230 页。
③ 范晔：《后汉书》卷五，《安帝纪》，中华书局 1965 年版，第 232 页。
④ 范晔：《后汉书》卷六，《顺帝纪》，中华书局 1965 年版，第 253 页。
⑤ 范晔：《后汉书》卷七，《桓帝纪》，中华书局 1965 年版，第 292 页。
⑥ 范晔：《后汉书》卷八，《灵帝纪》，中华书局 1965 年版，第 343 页。
⑦ 范晔：《后汉书》卷八，《灵帝纪》，中华书局 1965 年版，第 353 页。

根据以上所述，刺史督察对象遍及境内一切朝廷命官，有选举、劾奏之权，有权干预地方行政，又拥有领兵之权，可见刺史在事实上已由监察官演变为地方的高级行政长官。灵帝中平五年（188 年），改刺史为州牧，刘焉等以朝廷重臣出任州牧，只不过是承袭历史发展的既成事实而已。《后汉书·刘焉传》云：

> 灵帝政化衰缺，四方兵寇。焉以为刺史威轻，既不能禁，且用非其人，辄增暴乱，乃建议改置牧伯，镇安方夏，请选重臣以居其任。焉阴求交址以避时难，议未即行，会益州刺史郗俭，在政烦扰，谣言远闻，而并州刺史张懿、凉州刺史耿鄙并为寇贼所害，故焉议得用，出焉（时焉为太常）为监军使者领益州牧，太仆黄琬为豫州牧，宗正刘虞为幽州牧，皆以本秩居职。州任之重，自此而始。

实际上，州任之重由来已久，并非自此而始。

刺史与州牧的区别，不仅仅是秩位的高低（刺史为六百石，州牧为二千石，刘焉等以九卿出任州牧，则为中二千石），更重要的是有无赋政治民的行政职权。刺史本是纯粹的监察官，其后在发展过程中逐渐有了行政职权，也就变成了地方的行政长官，这样，刺史和州牧在实质上并无不同。自汉武帝以后至东汉末，或置刺史，或置州牧，或刺史州牧同时并置，已反映了这种发展趋势。所以中平五年（188 年）改制之后，仍有刺史和州牧同时并存的事例。如《后汉书·袁绍传》记献帝时州牧、刺史与守相并起割据的形势说：

> 初平元年，绍遂以渤海起兵，以（当作“与”）从弟后将军术、冀州牧韩馥、豫州刺史孔伷、兖州刺史刘岱、陈留太守张邈、广陵太守张超、河南太守王匡、山阳太守袁遗、东郡太守桥瑁、济北相鲍信等同时俱起，众各数万。

这时州牧、刺史已不只是地方官的性质，在他们所管辖的领地内，他们是最高的统治者，甚至权位父子相袭，实际上已成了割据一方的诸侯。故刘昭注《后汉书·百官志》时写道：

焉牧益土，造帝服于岷、峨；袁绍取冀，下制书于燕、朔；刘表荆南，郊天祀地；魏祖据兖，遂构皇业：汉之殄灭，祸源乎此！

东汉王朝灭亡的根本原因，当然不是州任之重；但州牧、刺史权重，对东汉中央政权的崩溃确是起了加速的作用。

三、固定治所与幕僚组织的形成

西汉刺史有无固定制所，历来说法不一。《三国志·魏书·夏侯玄传》记载司马懿报书曰：

故刺史称传车，其吏言从事，居无常治。

《宋书·百官志》同此说：

前汉世，刺史乘传，周行郡国，无适所治。后汉世所治始有定处。

《后汉书·百官志》刘昭注亦云：

孝武之末始置刺史，监纠非法……传车周流，匪有定镇。

均谓西汉刺史无固定治所。但也有一些记载说西汉时刺史已有固定治所，如《汉书·武帝纪》元封五年（前106年）初置刺史部十三州条下，注引《汉旧仪》云：

初分十三州，假刺史印绶。有常治所。常以秋分行部，御史为驾四封乘传，到所部，郡国各遣一吏迎之界上。

前引《汉书·朱博传》更有“诣治所”的明文记载。又《居延汉简释文》卷一第104页也有“刺史治所，且断冬狱”的记载。但是，《汉旧仪》的记载各处所引不尽相同，时间概念也不明确。而朱博为冀州刺史，当在成帝时，离武帝元封五年（前 106 年）初置刺史已久。至于《居延汉简》的年代，也不能早于昭帝之世。因此，这些记载只能证明西汉时代刺史已有治所，但不能证明武帝始置刺史时即有治所。再者，刺史行部，乘传奏事，周行各地，居无定处，也是理所当然之事。或者其所居之处具有一定规模，被称为治所也未可知，如《汉书·朱博传》虽有“诣治所”的明文，但也有吏民“遮道自言，官寺尽满”和“博驻车决遣”的记载，其所驻之处或即为治所。所以，鲍宣为刺史行部，“乘传去法驾，驾一马，舍宿乡亭，为众所非”[①]，也说明刺史行部，往、行都有一定规格。

大抵刺史之制，时有变化，元封五年（前 106 年）始置刺史或无固定治所，以后因实际需要或习以为常（如每次行部，住在某处），而渐有定治。以上二说，前者为述其原，后者为记其变，从发展的观点来看，二者应是统一的，并不矛盾。

武帝初置刺史，巡行郡国，无固定治所，岁末亲诣京师奏事，此刺史为监察官的一个重要特征。唐戴叔伦《抚州刺史庭壁记》说：

> 汉置十三部刺史，以察举天下非法，通籍殿中，乘传奏事，居靡定处，权不牧人。

以后，虽有治所，但岁末奏事如故，如翟方进迁朔方刺史，“再三奏事”[②]；何武为扬州刺史，“每奏事至京师”[③]，即其例证。然至东汉初，刺史亲诣京师奏事之制被废除，而由计吏代替。《后汉书·光武帝纪》建武十一年（35 年），“初断州牧自还奏事”（显然，这是有了固定治所）。《后汉书·百官志》亦云：

> 诸州常以八月巡行所部郡国，录囚徒，考殿最。初岁尽诣京都奏事，中兴但因计吏。

随着历史的发展，刺史不仅有了固定的治所，而且也逐渐有了自己的

---

① 班固：《汉书》卷七十二，《鲍宣传》，中华书局 1962 年版，第 3086 页。
② 班固：《汉书》卷八十四，《翟方进传》，中华书局 1962 年版，第 3412 页。
③ 班固：《汉书》卷八十六，《何武传》，中华书局 1962 年版，第 3482～3483 页。

属官。

最初，刺史没有掾属，法令仅规定，“刺史得择所部二千石卒史与从事”① 而已。这就是说，临时以郡的属吏为刺史从事，如《汉书·王尊传》记载：

(尊) 为郡决曹史，数岁，以令举幽州刺史从事，而太守察尊廉，补辽西盐官长。

可见王尊主要是郡的属吏，为刺史从事只是临时奉令差遣。大约西汉后期开始，刺史才有自己正式的属员。应劭《汉官仪》说：

元帝时，丞相于定国条州大小为设吏员，有治中、别驾、诸部从事，秩皆百石，同诸郡从事。

以后整个东汉时期，刺史掾属皆自辟除，如：

周景为豫州刺史，辟陈蕃为别驾，不就。景题别驾舆曰：“陈仲举座也。”不复更辟。蕃惶惧，起视职。②

陈茂，豫州刺史周敞辟为别驾从事，与俱行部。③

刺史究竟有哪些员吏呢?《通典》卷三十二《总论州佐》中说：

州之佐吏，汉有别驾、治中、主簿、功曹书佐、簿曹（簿曹从事史主钱谷簿书)、兵曹（兵曹从事史有军事则置之，以主兵马)、部郡国从事史、典郡书佐等官（又有孝经师主监试经，月令师主时节祠

① 班固：《汉书》卷七十六，《王尊传》，中华书局 1962 年版，第 3227 页。
② 李昉等：《太平御览》二百六十三，《职官部六十一》引谢承《后汉书》，中华书局 1960 年版，第 1230 页。
③ 李昉等：《太平御览》二百六十三，《职官部六十一》引谢承《后汉书》，中华书局 1960 年版，第 1230 页。

祀，律令师主平法律)，皆州自辟除，通为百石（又《后汉书》或云秩六百石)。职与司隶官属同，唯无都官从事。

此记载与《宋书·百官志》大体相同，《宋书·百官志》说：

（刺史）官属有别驾从事史一人，从刺史行部；治中从事史一人，主财谷簿书；兵曹从事史一人，主兵事；部从事史每郡各一人，主察非法；主簿一人，录阁下众事，省署文书；门亭长一人，主州正门；功曹书佐一人，主选用；《孝经》师一人，主试经；月令师一人，主时节祠祀；律令师一人，平律；簿曹书佐一人，主簿书；典郡书佐每郡各一人，主一郡文书：汉制也。

据此可知，州刺史的属吏和司隶一样，皆有从事史、假佐。从事史也叫从事，具体的则有别驾从事、治中从事、簿曹从事、兵曹从事、部从事史等分别。其中，别驾从事和治中从事当是属吏之长，或者是总管刺史幕府的主要属官，如《后汉书·袁绍传》记载袁绍领冀州牧时，“以田丰为别驾，(审）配为治中，甚见器任”。别驾从事从刺史行部，别乘传车，故谓之别驾，显然是处于刺史左右手的地位。如庾亮《答郭逊书》曰：

别驾，旧典与刺史别乘，周流宣化于万里者。其任居刺史之半，安可任非其人。①

旧典，当即指汉制。可见别驾确实是从刺史行部，并“任居刺史之半”的重职。

至于治中从事，《后汉书·百官志》说就是司隶的功曹从事。功曹从事是主管选署和众事的，上引《宋书·百官志》说治中从事主财谷簿书恐不确②，事实上治中的地位是总管，如《后汉书·傅燮传》：

---

① 李昉等：《太平御览》卷二百六十三，《职官部六十一》引，中华书局1960年版，第1231页。

② 和《后汉书·百官志》及《通典》比较，其中脱漏治中职掌及簿曹。

刺史耿鄙，委任治中程球，球为通奸利，士人怨之。

同书《王充传》：

刺史董勤辟为从事，转治中。

又，上引《袁绍传》审配为治中，注引《先贤行状》曰“绍领冀州，委腹心之任”，亦可见治中是不同于一般的从事的。

那么别驾与治中的地位又是孰高孰低呢？从一些升转的情况看，似乎别驾高于治中（特别是汉末），如《管辂别传》云：

（冀州刺史裴徽）檄召辂为文学从事……再相见，便转为巨鹿从事；三见，转治中；四见，转为别驾……①

但是，《后汉书·百官志》说功曹从事（治中）“主州选署及众事”，和别驾“录众事”似乎一样。其区别应当是内、外不同，《通典》卷三十二曰：

治中从事史一人，居中治事，主众曹文书，汉制也。

明言在内。别驾乃是随刺史行部时“则奉引，录众事”，显然在外。

其他从事，《宋志》已交代清楚。唯有兵曹从事，有时或称兵曹掾（见《后汉书·杜茂传》）、兵马掾（见《后汉书·董卓传》）者。东汉末年，因战事频繁，临时设置有关军事的从事颇多，如武猛从事（见《三国志·魏书·张杨传》）、都督从事（见《三国志·魏书·梁习传》）、督军从事（见《三国志·蜀书·马超传》注引《典略》）等。

此外，还有师友从事（《三国志·蜀书·谯周传》）、从事祭酒（《三国志·蜀书·秦宓传》），以及议曹从事（《三国志·蜀书·杜琼传》）之类的荣誉散职，这也是汉末的事。

又，关于主簿。《后汉书·百官志》本注是列于假佐之下的，其职为

---

① 陈寿：《三国志》卷二十九，《魏书二十九·方技传》注，中华书局1959年版，第819页。

“录閤下事，省文书”，类似秘书，故其地位虽低，但却为亲近之吏。

假佐一类，亦与司隶略同，有《孝经》师、月令师，律令师、门亭长、簿曹书佐和典郡书佐等等。

综上所说，刺史的幕僚组织已经形成，显然已是固定的地方官组织，远远超出监察官的范围了。

东汉末年，刺史发展成为州牧，职重位尊，实际上割据一方，因而属吏增多了，属吏的地位也提高了，有些虽沿用从事之名，种类和地位都大不相同了，除了设议曹从事、师友从事等散职幕僚外，又增设文学从事（见上引《管辂别传》）、五业（五经）从事（见王粲《荆州文学官志》①）、劝学从事（《三国志·蜀书·谯周传》）等文教方面的从事。以后更发展为典学校尉（《三国志·蜀书·来敏传》）、儒林校尉（《三国志·蜀书·周群传》）。甚至仿效将军府置吏，如长史、司马、诸校尉、都尉均有设置。这是特殊的变化，已非刺史之常制，因其对以后魏晋南北朝时期的州府组织有直接的影响，故略述于此。

① 欧阳询：《艺文类聚》卷三十八，《礼部上》，上海古籍出版社 1982 年版，第 693 页。

第二章　郡

司马迁在《史记·秦始皇本纪》中说：

> 二十六年……秦初并天下……丞相绾等言："诸侯初破，燕、齐、荆地远，不为置王，毋以填之。请立诸子，唯上幸许。"始皇下其议于群臣，群臣皆以为便。廷尉李斯议曰："周文武所封子弟同姓甚众，然后属疏远，相攻击如仇雠，诸侯更相诛伐，周天子弗能禁止。今海内赖陛下神灵一统，皆为郡县，诸子功臣以公赋税重赏赐之，甚足易制。天下无异意，则安宁之术也。置诸侯不便。"始皇曰："天下共苦战斗不休，以有侯王。赖宗庙，天下初定，又复立国，是树兵也，而求其宁息，岂不难哉！廷尉议是。"分天下为三十六郡，置郡守、尉、监。

据此，历来都说是秦始皇罢侯置守，废封建而立郡县。但是有两点必须指出：第一，所谓废封建，指的是废除封国制；第二，所谓立郡县，也不是自秦始皇始。

关于郡县制的起源，至少要上推到春秋时期。开始，县早于郡，县多设在统治中心区①，而郡则多设在边地，并且县大而郡小。如《左传·哀公二年》记载，赵鞅誓词曰："克敌者，上大夫受县，下大夫受郡。"又，《逸周书·作雒》说："千里百县，县有四郡。"② 郡的起源与军事守土有关，故郡的长官叫郡守，守就包含守土之意，清人姚鼐曾经说："郡之称盖始于秦晋，以所得戎翟地远，使人守之，为戎翟民君长，故名曰郡，如

---

① 关于县的起源也有不同看法，这里是就县和郡都出现之后的情况说的。

② 姚鼐认为，这是"郡远而县近，县成聚富庶而郡荒陋，故以美恶异等，而非郡与县相统属也"，并且否定县有四郡之说，"此非真西周之书，周末诬僭之士为之也"（《左传补注·襄公四年》）。严耕望据此否定县大郡小之说（《中国地方行政制度史》上编《前论》第4页）。特录此以备考。

所云阴地之命大夫，盖即郡守之谓也。”① 这个看法基本上是符合事实的，战国时始设之郡多在边境，《史记·匈奴列传》记载说：

魏有河西、上郡，以与戎界边。

（秦昭王灭义渠戎之后）于是秦有陇西、北地、上郡。

（赵破林胡、楼烦之后）置云中、雁门、代郡。

燕置上谷、渔阳、右北平、辽西、辽东郡以拒胡。

所以《韩非子·亡征》上有“边地任守”这样的话，并且和“出军命将”相提并论，由此也可见守是军事长官。正因为如此，所以一直到汉代，有时还把郡守称为将。王鸣盛在讲到《太守别称》时指出：

《酷吏传》严延年为涿郡太守，掾蠡吾赵绣称延年为新将。注：新为郡将也。谓守为将，以其兼领武事……至后汉亦有此称。②

起初是各诸侯国在与戎、胡边界之处设郡，后来彼此兼并之地也设郡。郡逐渐多了，而且原来设在边境的郡范围又比较大，所以到战国后期就已形成了以郡统县的制度，如赵的代郡有三十六县，韩的上党郡有十七县，燕的上谷郡也有三十六县③等等。

秦始皇统一六国之后，分天下为三十六郡（后增至四十余郡），在全国普遍推行郡县制。两汉虽说是郡国并行，但仍以郡制为主，西汉平帝时，凡郡国一百三，其中除三辅外，有郡八十。东汉顺帝时，凡郡国一百五，其中有郡七十九。从此以后，郡县制便成了中国两千多年来封建社会地方行政制度的基础。历代虽有因革变化，但其规模则在秦汉时代就已经奠定了。

秦汉时的郡制，细分起来，也不完全一样，就户口多少而论，有大小

① 《左传补注·襄公四年》。

② 王鸣盛：《十七史商榷》卷十四，《太守别称》，上海书店2005年版，第103页。

③ 以上见《战国策·秦策》。

之异。《汉书·元帝纪》：

（建昭三年）益三河大郡太守秩。户十二万为大郡。

就政事难易而论，有剧、平之分。《后汉书·袁安传》：

三府举安能理剧，拜楚郡太守。

就地区而论，还有内外、远近之别。《汉书·宣帝纪》注引韦昭曰：

中国（按：中原）为内郡，缘边有夷狄障塞者为外郡。

又，《后汉书·黄香传》，香由尚书令迁东郡太守，疏曰：

卒被非望，显拜近郡。

《后汉书·第五伦传》：

擢自远郡（伦为蜀郡太守），代牟融为司空。

黄香以迁近郡为“显拜”，第五伦以擢自远郡为荣，可知郡分远近，位有高低。内郡、近郡之中，又以京辅诸郡地位最高。因其有特殊之处，故列专节先述于下。

第一节　内史、三辅、河南尹

一、内史、三辅及其官属

（一）内史和三辅

京师为帝王所居，宗庙所在，所以京师所在的郡县，其地位特别重要，与一般郡县不同。秦在全国建立统一的郡县制度之后，以内史掌治京师，据《周礼·春官宗伯·内史》说：

> 内史掌王之八枋之法，以诏王治。

郑玄注云：

> 大宰既以诏王，内史又居中贰之。

是内史职在宫中赞助大宰以诏王治，为帝王亲近的人物，故秦亦以内史掌治京师。《汉书·百官公卿表》说：

> 内史，周官，秦因之，掌治京师。

如《史记·秦始皇本纪》中提到的内史肆、内史腾，地位都很重要。

汉承秦制，也以内史掌治京师[①]，《封泥考略》卷一第4页有"内史之印"，当即汉初之物。大约在景帝前后开始有所变化，《汉书·百官公卿表》说：

> 景帝二年[②]，分置左〔右〕内史。右内史，武帝太初元年更名京兆尹（张晏曰："地绝高曰京，《左传》曰莫之与京。十亿曰兆。尹，正也。"师古曰："京，大也，兆者众数，言大众所在，故云京兆也"）……左内史更名左冯翊（张晏曰："冯，辅也；翊，佐也"）……

景帝时开始的另一变化，是将秦时掌列侯的主爵中尉更名都尉，武帝时又改名右扶风，连同京兆尹、左冯翊，即所谓三辅。《汉书·百官公卿表》说：

---

① 《三辅黄图》："秦并天下，置内史以领关中。项籍灭秦，分其地为三……汉高祖入关定三秦，元年更为渭南郡，九年罢郡，复为内史。"《汉书·地理志》注云："故秦内史，高帝元年属塞国，二年更为渭南郡，九年罢，复为内史。"

② 师古注："《地理志》云武帝建元六年置左右内史，而此表云景帝二年分置，表、志不同。又据《史记》，知志误矣。"《汉书补注》引钱大昭曰："案《公卿表》景帝元年中大夫朝错为左内史，二年左内史朝错为御史大夫，则分置左右又在景帝之前。《地理志》以为武帝建元六年分置者固非，而此表以景帝二年分置者亦未的也。"

> 主爵中尉，秦官，掌列侯。景帝中六年更名都尉[1]。武帝太初元年，更名右扶风（张晏曰："扶，助也。风，化也"），治内史右地……与左冯翊、京兆尹是为三辅（服虔曰："皆治在长安城中"）……列侯更属大鸿胪。

《三辅黄图》在三辅沿革和治所中都说：

> 武帝太初元年，改内史为京兆尹，与左冯翊、右扶风谓之三辅，其理俱在长安古城中。

> 三辅者，谓主爵中尉及左、右内史。武帝改曰京兆尹、左冯翊、右扶风，共治长安城中，是为三辅。

《汉书·东方朔传》有"三辅之地，尽可以为苑"一语，当时还没有右扶风出现，师古注曰：

> 中尉及左右内史则为三辅矣。非必谓京兆、冯翊、扶风也。学者疑此言为后人所增，斯未达也。

这是一种说法。不过，后人讲三辅一般都是根据《汉书·百官公卿表》的说法，其实二说也并不矛盾。

三辅治所虽均在长安城中[2]，其所辖区域则包括京师及其附近一些地区。三辅长官京兆尹、左冯翊、右扶风，皆秩中二千石[3]，与九卿同；并得"独奉朝请"[4]，即有资格参与朝议。而其他郡守则秩为二千石，且不能

---

① 当为主爵都尉，《汉书·地理志》注云："太初元年更名主爵都尉为右扶风。"主爵都尉又见《汉书·杨仆传》。

② 《汉书·百官公卿表》师古注曰："《三辅黄图》云：京兆在尚冠前街东入，故中尉府，冯翊在太上皇庙西入，右扶风在夕阴街北入，故主爵府。长安以东为京兆，长陵以北为左冯翊，渭城以西为右扶风也。"

③ 《汉书·百官公卿表》三辅皆秩二千石，如郡守。但《后汉书·百官志》则云："京兆尹、左冯翊、右扶风三人。汉初都长安，皆秩中二千石，谓之三辅。中兴都洛阳，更以河南郡为尹，以三辅陵庙所在，不改其号，但减其秩。"联系前述三辅长官"备位九卿"之说，后者记载似较准确。

④ 孙星衍：《汉官解诂》，中华书局1990年版，第17页。

参与朝议。故当时由三辅出居旁郡，事实上即为左迁（降职）。如黄霸原为颍川太守，后“征守京兆尹，秩二千石，坐发民治驰道，不先以闻，又发骑士诣北军，马不适士，劾乏军兴，连贬秩，有诏归颍川太守官，以八百石居治如其前”。反之，由其他郡守入为三辅，则为迁补（升级）。如《汉书·张敞传》写道：

京兆典京师，长安中浩穰，于三辅尤为剧，郡国二千石以高第入守。

又《汉书·陈万年传》：

(万年)为郡吏，察举，至县令，迁广陵太守，以高第入为右扶风。

《汉书·尹翁归传》：

拜东海太守……东海大治，以高第入守右扶风。

《汉书·韩延寿传》：

徙为东郡太守……在东郡三岁，令行禁止，断狱大减，为天下最，入守左冯翊。

《汉书·薛宣传》：

出为临淮太守，政教大行，会陈留郡有大贼废乱，上徙宣为陈留太守，盗贼禁止，吏民敬其威信，入守左冯翊。

所谓高第就是经过考核而成绩优异者。成绩优异的郡守才能入守为三辅长官。

内史，或称京兆尹，虽为地方官，但因其治长安，且又能参与朝政，故又有中央官的性质，如任用得人，对朝政也有很大影响，如：

(景帝)以(晁)错为内史。错数请间言事,辄听,幸倾九卿,法令多所更立。①

(张)敞为京兆,朝廷每有大议,引古今,处便宜,公卿皆服,天子数从之。②

京兆尹典治京师,因京师多勋臣贵戚,号为难治,历任京兆尹,“久者不过二三年,近者数月一岁,辄毁伤失名,以罪过罢”③。其治绩卓著者,如赵广汉、张敞、王尊、王章、王骏,“皆有能名,故京师称曰:前有赵张,后有三王”④。

三辅长官政绩卓著者,往往被选入为九卿,直至御史大夫、丞相。如《汉书·薛宣传》:

(宣为左冯翊)吏民称之,郡中清静。迁为少府,供张职办。月余,御史大夫于永卒……遂以宣为御史大夫。数月,代张禹为丞相,封高阳侯,食邑千户。

事实上当时由三辅升为公卿者不少。有时候则是皇帝有意任某人为三辅官,以便试其政事才能,准备大用,如《汉书·萧望之传》:

宣帝察望之经明持重,论议有余,材任宰相,欲详试其政事,复以为左冯翊。望之从少府出为左迁,恐有不合意,即移病。上闻之,使侍中成都侯金安上谕意曰:“所用皆更(师古曰:‘更犹经历也’),治民以考功。君前为平原太守日浅,故复试之于三辅,非有所闻也。”望之即视事。

同书《翟方进传》:

---

① 班固:《汉书》卷四十九,《晁错传》,中华书局1962年版,第2299页。
② 班固:《汉书》卷七十六,《张敞传》,中华书局1962年版,第3222页。
③ 班固:《汉书》卷七十六,《张敞传》,中华书局1962年版,第3222页。
④ 班固:《汉书》卷七十二,《王吉传》附子《王骏传》,中华书局1962年版,第3067页。

(方进为丞相司直,)上以为任公卿(师古曰:“任,堪也”),欲试以治民,徙方进为京兆尹。〔搏〕击豪强,京师畏之。……居官三岁,永始二年迁御史大夫。数月……丞相官缺,群臣多举方进,上亦器其能,遂擢方进为丞相,封高陵侯,食邑千户。

又同书《王吉传》附子《王骏传》:

迁少府。八岁,成帝欲大用之,出骏为京兆尹,试以政事。……而薛宣从左冯翊代骏为少府。会御史大夫缺。谷永奏言:“圣王不以名誉加于实效,考绩用人之法,薛宣政事已试(师古曰:‘言有效也’)。”上然其议。宣为少府月余,遂超御史大夫至丞相。骏乃代宣为御史大夫。

成帝想大用王骏,必需试政事于京兆,而薛宣已试于前,故谷永据“考绩用人之法”力主先起用薛宣,而王骏只得在薛宣任丞相后再继为御史大夫。可见当时对试以三辅政事之重视。而且要登相位,虽久居卿位,如王骏任少府八年,也得先试政于三辅。这种例子还有很多,在《汉书·百官公卿表》中即可查见。所谓“圣王不以名誉加以实效”,这种“用人之法”是可取的。

(二)三辅属官

三辅属官有相同的,也有不同的,而且设置的时间也先后不一,《汉书·百官公卿表》所述和其他官府属官一样,不过是一个概述。

首先是三辅都尉。《三辅黄图》的记载说:

三辅郡皆有都尉,如诸郡,京辅都尉治华阴,左辅都尉治高陵,右辅都尉治郿。

这是就武帝末年以后的情况而言的,即太初元年(前104年)形成三辅之后的情况。《汉书·百官公卿表》上有“元鼎四年,更置二辅都尉”一句,钱大昭、王先谦均对此进行过考证,认为“二”乃“三”字之误,并且说“官本二作三”(中华书局标点本从之)。这是越考越糊涂了。实际上,在武帝太初元年以前，左右辅是指左右内史，如《汉书·王温舒传》说他曾徙右内史，坐法失官后，又“复为右辅”，显然是说，右辅即右内史。《史记·平准书》中所说“益广关，置左右辅”，也是指元鼎三年（前114年）徙函谷关于新安东界一事。京畿范围扩大了，于是才有元鼎四年（前113年）更置二辅都尉之举，二辅都尉即指左右内史所辖左右辅之二都尉，因为此时还没有三辅。太初元年（前104年）形成三辅之后，才有新的左右辅都尉和京辅都尉。

严格说来，三辅都尉不是三辅的属官，所以《汉书·百官公卿表》虽在三辅之下提到元鼎四年（前113年）更置二辅都尉一事，但在“中尉”条下，却明确指出，左右京辅都尉、尉丞、兵卒皆属中尉，这当然与中尉“掌徼循京师”的职责是一致的。三辅都尉的治所也不在长安城内，还有自己单独的属官都尉丞。不过，三辅都尉常常兼任三辅长官，如王诉为右辅都尉，守右扶风，后来武帝“拜䜣为真”①；赵广汉“迁京辅都尉，守京兆尹”②；王尊“守京辅都尉，行京兆尹事……迁光禄大夫，守京兆尹，后为真”③。由此可见，三辅长官在行政地位上仍比三辅都尉高。

其次，据《汉书·百官公卿表》记载，三辅“皆有两丞”。丞秩六百石，与一般郡丞相同。可考者，有路温舒曾为右扶风丞④。

再其次就是三辅不同的属官。

1. 京兆尹的属官。

《汉书·百官公卿表》说：属官有长安市、厨两令、丞，又都水、铁官两长、丞。

长安市令、丞　长安有东西市令，此二令见《汉书·食货志》，其职掌当为主管长安城内商业贸易，这从王莽更名之后“置交易丞五人，钱府丞一人”可以看出。东西市令之下的丞也应属此类。

长安厨令、丞　见《汉书·郊祀志下》，所掌为帝王巡幸境内离宫别馆时之供帐。《汉书·霍光传》光与群臣连名奏昌邑王：“发长安厨三太牢具祀阁室中，祀已，与从官饮啖。”⑤ 由此可见其职掌为供帐。

---

① 班固：《汉书》卷六十六，《王䜣传》，中华书局1962年版，第2888页。
② 班固：《汉书》卷七十六，《赵广汉传》，中华书局1962年版，第3201页。
③ 班固：《汉书》卷七十六，《王尊传》，中华书局1962年版，第3233页。
④ 班固：《汉书》卷五十一，《路温舒传》，中华书局1962年版，第2371页。
⑤ 《汉书·霍光传》注引如淳曰：“《黄图》：北出中门有长安厨，故谓之厨城门。”

都水长、丞 刘向曾领护三辅都水，苏林曰：“三辅多溉灌渠，悉主之，故言都水。”① 息夫躬“持节领护三辅都水。躬立表，欲穿长安城，引漕注太仓下以省转输。议不可成，乃止”②。刘向、息夫躬所领护当包括以下要说的左右都水，因为水利相通，所以虽三辅各有都水官，有时必须协同管理，如息夫躬上言：“秦开郑国渠以富国强兵，今为京师，土地肥饶，可度地势水泉，广溉灌之利。”因此哀帝才“使躬持节领护三辅都水”③。都水有长有丞，史籍无考。1948 年，西安城遗址曾出土“都水丞印”，但同一泥块上还有“郃阳丞印”，郃阳属左冯翊，故疑此都水丞为左都水之丞。

铁官长、丞 《汉书·地理志》在京兆所辖之郑县下注有铁官。此类铁官职掌有待查考。

此外，见于《汉书》其他地方的京兆尹属官还有：

主簿：“（张敞）使主簿持教告（絮）舜……”④ 时张敞为京兆尹。

贼捕掾：“（张）敞使贼捕掾絮舜，有所案验（师古曰：‘贼捕掾主捕贼者也。絮，姓也’）……”⑤

督邮：“（孙宝）为京兆尹……署（侯）文东部督邮。”⑥ 可见，和其他郡一样，京兆尹也有分部督邮（详下）。

门下督：“萬章，字子夏，长安人也。长安炽盛，街闾各有豪侠，章在城西柳市，号曰‘城西萬子夏’。为京兆尹门下督，从至殿中，侍中诸侯贵人争欲揖章，莫与京兆尹言者。章逡循甚惧。其后京兆不复从也。”⑦ 此门下督像是门下宾客之类，不同于一般属吏。

2. 左冯翊的属官。

据《汉书·百官公卿表》记载：“属官有廪牺令丞尉，又左都水、铁官、云垒、长安四⑧市长丞皆属焉。”

---

① 班固：《汉书》卷三十六，《刘向传》及注，中华书局 1962 年版，第 1950 页。
② 班固：《汉书》卷四十五，《息夫躬传》，中华书局 1962 年版，第 2182 页。
③ 班固：《汉书》卷四十五，《息夫躬传》，中华书局 1962 年版，第 2182 页。
④ 班固：《汉书》卷七十六，《张敞传》，中华书局 1962 年版，第 3223 页。
⑤ 班固：《汉书》卷七十六，《张敞传》，中华书局 1962 年版，第 3223 页。
⑥ 班固：《汉书》卷七十七，《孙宝传》，中华书局 1962 年版，第 3259 页。
⑦ 班固：《汉书》卷九十二，《游侠传》，中华书局 1962 年版，第 3705 页。
⑧ 严耕望《中国地方行政制度史》上编疑“四”字衍，长安只有东西市，一属京兆，一属左冯翊（第 188 页）。京兆尹属官为长安市令，《汉书·食货志》作“长安东西市令”，不知此处何以称市长？

廪牺令、丞、尉　师古曰："廪主藏谷，牺主养牲，皆所以供祭祀也。"廪牺之属左冯翊，《汉书·韩延寿传》可证："望之在左冯翊时，廪牺官钱放散百余万，廪牺吏掠治急，自引与望之为奸。"

左都水长、丞　冯参为谏大夫时，曾"领护左冯翊都水"①。或者冯参是领护，并非左都水长。但由此可见，可以叫"左都水"，也可以叫"左冯翊都水"，在左冯翊境内或可直称"都水"，如上述"都水丞印"可证。

铁官长、丞　《汉书·地理志》左冯翊之属县夏阳县注有铁官。

云垒长、丞　无可考。

长安四市长、丞　西安城遗址中出土"市府"封泥很多，又有东西南北四市封泥，皆为半通式，当为左冯翊四市长所用者。

除此之外，当还有其他属官，如计掾即是其中之一，见于甘露元年（前53年）谷口铜甬②。

3. 右扶风的属官。

《汉书·百官公卿表》说："属官有掌畜令、丞。又〔右〕都水、铁官、厩、廱厨四长丞皆属焉。"

掌畜令、丞　《汉书·尹翁归传》记载："豪强有论罪，输掌畜官（师古曰：'论罪，决罪也。扶风，畜牧所在，有苑师之属，故曰掌畜官也'），使斫莝（师古曰：'莝，斩刍'）……"掌畜官之职掌由此可见其大概。《善斋吉金录》卷中第13页有畜官印，当为掌畜令之属吏。又，右扶风之掌畜，与左冯翊之廪牺，是左右辅中最重要的两个属官，因为其所掌之事关系到宗庙祭祀，乃至京师地区的畜产供应。故谷永在奏议中说道："臣愿陛下勿许加赋之奏，益减大官、导官、中御府、均官、掌畜、廪牺用度，止尚方、织室、京师郡国工服官发输造作，以助大司农。"可见掌畜、廪牺二官和少府的许多官一样，关系到财政的好坏。也因为如此，此二属官的地位较高，为令、丞，而左右辅其他属官则为长、丞。

右都水长、丞　王先谦《汉书补注》本，"右"作"有"。刘攽曰："有当作右，上云左都水，此为右都水。"③

铁官长、丞　《汉书·地理志》右扶风所属雍、漆二县均注有铁官。

---

① 班固：《汉书》卷七十九，《冯参传》，中华书局1962年版，第3306页。

② 薛尚功：《历代钟鼎彝器款识》卷十八，辽沈书社1985年版，第396～400页。

③ 《汉书补注》引。

厩长、丞 为主养马之官。

廱厨长、丞 厨长为供给厨食之官自无疑问。“廱”字何意？太宰属官中有廱太宰，文颖解释：“廱，主熟食官。”如淳说是“王畤在廱”，“廱”即是雍县之“雍”。师古同意此说①。从出土实物看，似乎在廱厨长之下，各县均设有共厨，有好畤共厨鼎②、美阳共厨鼎③、汧共厨鼎④、雍棫阳共厨鼎⑤、美阳高泉宫供厨鼎⑥、新城供厨鼎⑦等可证。右扶风境内各地的供厨，或者均由廱厨长、丞统一管理。

以上为三辅属官中较特殊者，其他属吏当与诸郡同（见后）。西汉的三辅长官高于他郡，其掾史亦比他郡为尤异。如他郡卒史皆百石，而三辅卒史为二百石；他郡属吏皆限于本郡人，而三辅可任用他郡人。《汉书·黄霸传》：“（霸）入谷沈黎郡，补左冯翊二百石卒史。”注引如淳曰：“三辅郡任用他郡人，而卒史独二百石，所谓尤异者也。”又同书《赵广汉传》，广汉为京兆尹，“奏请令长安游徼，狱史秩百石，其后百石吏皆差自重”，而他郡游徼、狱史秩皆不满百石，此亦秩禄尤异之一例。此外，三辅属吏有功，还可以不经孝廉察举而直接上名尚书迁补。《汉书·张敞传》载敞奏事说：“吏追捕有功效者，愿得一切比三辅尤异。”天子许之，后“上名尚书，调补县令者数十人”。

二、河南尹

东汉迁都洛阳，治京师者为河南尹，原有西汉的三辅，因陵庙所在，仍存旧名，但减其秩同于郡守，即改中二千石为二千石，其秩移归河南尹。河南尹亦得奉朝请。《后汉书·百官志》云：

> 河南尹一人，主京都，特奉朝请。其京兆尹、左冯翊、右扶风三人，汉初都长安，皆秩中二千石，谓之三辅。中兴都洛阳，更以河南

① 班固：《汉书》卷十九上，《百官公卿表上》注，中华书局1962年版，第727页。
② 阮元：《积古斋钟鼎彝器款识》卷九，“后知不足斋丛书”本，第8～9页。
③ 刘体智：《小校经阁金文拓本》卷十一，第47页。
④ 刘体智：《小校经阁金文拓本》卷十一，第48页。
⑤ 刘体智：《小校经阁金文拓本》卷十一，第50页。
⑥ 容庚：《汉金文录》卷一，国立中央研究院历史语言研究所1931年版，第30页。
⑦ 容庚：《汉金文录》卷一，国立中央研究院历史语言研究所1931年版，第30页。

郡为尹，以三辅陵庙所在，不改其号，但减其秩。

《汉官仪》记河南尹的沿革说：

河南尹所治周地也，洛阳本周城（案：当作成周），周之衰微分为（东）西周（案：东周洛阳、西周河南）。秦兼天下，置三川守河洛伊也。汉更名河南，孝武皇帝增曰太守。世祖中兴，徙都洛阳，改号为尹。尹，正也，《诗》曰：赫赫师尹。

《后汉书·郡国志》注更有改号为尹的具体时间：

秦三川郡，高帝更名。世祖都洛阳，建武十五年改曰河南尹。

据上所述，改河南太守为河南尹，显然是要提高其地位。为什么要改？当然是因为帝都所在，但改的时间在建武十五年（39 年），却是有具体原因的。这一年诏下州郡检核天下垦田、户口，除了“刺史太守多不平均，或优饶豪右”之外，河南、南阳尤不可问，因为“河南帝城多近臣，南阳帝乡多近亲，田宅逾制，不可为准”[①]。为了有效地实行统治，就不得不提高河南太守的地位，并且以为天下各州郡的表率。《后汉书·郡国志》河南尹条下注引应劭《汉官》曰：

尹，正也。郡府听事壁诸尹画赞[②]，肇自建武，讫于阳嘉，注其清浊进退，所谓不隐过，不虚誉，甚得述事之实。后人是瞻，足以劝惧，虽春秋采毫毛之善，罚纤厘之恶，不避王公，无以过此，尤著明也。

因为是都城所在，故不论是起初的太守或后来的尹，都是慎重选任的，不

① 范晔：《后汉书》卷二十二，《刘隆传》，中华书局 1965 年版，第 781 页。

② 《后汉书·郡国志》河南尹条下集解引惠栋曰：“《应劭传》曰：父奉为司隶时，并下诸官府郡国，各上前人像赞，劭乃连缀其名，录为《状人纪》。又谢承《书》载，朱穆为冀州刺史，临当就道，从事从为画像，罢听事上。刘昫《经籍志》曰：汉明帝画赞五十卷。案此，则诸郡皆有画赞，不独河南尹也。”

是以有"能名"的人物，就是以重要的将领、官吏充任。如王梁之为河南尹（时在建武十五年之前，当为太守），就因为"梁前将兵征伐，众人称贤，故擢典京师"[①]。又如郭贺征拜河南尹，是因为他任荆州刺史时：

> 有殊政。百姓便之，歌曰："厥德仁明郭乔卿，忠正朝廷上下平。"显宗巡狩到南阳，特见嗟叹，赐以三公之服，黼黻冕旒，敕行部去襜帷，使百姓见其容服，以章有德。每所经过，吏人指以相示，莫不荣之。永平四年，征拜河南尹，以清静称。[②]

选用得人，治绩显著，有名的河南尹还有不少，如郭唐"有能名"[③]，袁安"政号严明……在职十年，京师肃安，名重朝廷"[④] 等等。当然，选任不当者也大有人在，如梁冀等人之为河南尹，胡作非为，那就危害京师非浅了。

河南尹的属吏，《后汉书·百官志》大司农条下本注曰："又有廪牺令，六百石，掌祭祀牺牲雁鹜之属。及洛阳市长、荥阳敖仓官，中兴皆属河南尹。"又，州郡条下注引《汉官》云：

> 河南尹员吏九百二十七人，十二人百石（按："百"字上当脱一数目字）。诸县有秩三十五人，官属掾史五人，四部督邮［吏］部掾二十六人，案狱仁恕三人，监津渠漕水掾二十五人，百石卒吏（当作"史"）二百五十人，文学守助掾六十人，书佐五十人，循（中华书局本改作"修"，误，当作"巡"）行二百三十人，干、小史二百三十一人。

这两段记载大体上概述了河南尹的官属，至于具体人员和具体名称，有时或略有不同，如案狱仁恕又可称仁恕掾，《后汉书·鲁恭传》：

> 河南尹袁安闻之，疑其不实，使仁恕掾肥亲往廉之（注：仁恕掾

---

① 范晔：《后汉书》卷二十二，《王梁传》，中华书局1965年版，第775页。
② 范晔：《后汉书》卷二十六，《蔡茂传》，中华书局1965年版，第908～909页。
③ 范晔：《后汉书》卷二十一，《任光传》，中华书局1965年版，第753页。
④ 范晔：《后汉书》卷四十五，《袁安传》，中华书局1965年版，第1518页。

主狱，属河南尹，见《汉官仪》）……

数以百计的掾史，当还有许多具体的名称，应该与诸郡大致相同，故《后汉书·百官志》没有与其他郡严格区别。

总之，东汉的河南尹，地位虽与西汉三辅相同，但职事稍减，其属吏大体已无异于他郡了。

第二节 郡守

如前所述，郡县制不始于秦，郡守的设置亦非自秦始。战国时代郡守之制已渐行于东方各国，如魏国李悝为上地守，吴起为西河守，韩国靳黈、冯亭为上党守，赵国李伯为代郡守等皆是。秦的郡县制度渊源于三晋，而始于商鞅变法。《史记·秦本纪》记载，秦孝公“十二年作为咸阳，筑冀阙，秦徙都之，并诸小乡聚为大县。县一令，四十一县”。其时县之上尚无郡的设置。其后，随着领土的扩大，于是始渐有郡守之制，如王稽为河东守、任鄙为汉中守，张若、李冰为蜀守，内史腾为南郡守都是。秦始皇二十六年（前 221 年）统一中国，分天下为三十六郡，后增至四十余郡，各郡均以郡守掌治其民，从此开始了全国统一的郡守治郡的地方行政制度。《汉书·百官公卿表》曰：

郡守，秦官，掌治其郡，秩二千石。有丞，边郡又有长史，掌兵马，秩皆六百石。景帝中二年，更名太守。

《宋书·百官志》曰：

郡守，秦官。秦灭诸侯，随以其地为郡，置守、丞、尉各一人①。守治民，丞佐之，郡当边戍者，丞为长史……尉典兵备盗贼。汉景帝中二年更名守曰太守，尉为都尉。

---

① 《史记·秦始皇本纪》说：“分天下以为三十六郡，郡置守、尉、监。”《宋志》未提监，《史记》不言丞，因为监实际上不是郡官，丞不过是守的辅佐。

秦统一之后历史很短，因此关于郡守的记载很少。云梦出土的秦简中有《语书》一篇，提供了关于郡守职权的具体情况。《语书》是“南郡守腾”发布的，开头就说：“廿年四月丙戌朔丁亥，南郡守腾谓县、道①啬夫。”可见郡守是管境内各县的。其中提道：

故腾为是而修法律令、田令及为间私方而下之，令吏明布，令吏民皆明智（知）之，毋巨（歫）于罪。

有（又）且课县官，独多犯令，而令、丞弗得者，以令、丞闻。以次传，别书江陵布，以邮行。

可见，郡守有考课各县令、丞的权力，还可以因时因地制宜，补充颁布一些律令。《语书》中还提到“乡俗”、“佚民”，又可见作为一郡之守，举凡政治、经济乃至风俗、民情都是要管的。这种情况，在有关汉代的记载中讲得更清楚。《北堂书钞》七十四《设官部》引《汉官解诂》曰：

太守专郡，信理庶绩，劝农赈贫，决讼断辟，兴利除害，检举郡奸，举善黜恶，诛讨暴残。

又《后汉书·百官志》注引胡广曰：

秋冬岁尽，各计县户口垦田，钱谷出入，盗贼多少，上其集簿。丞尉以下，岁诣郡，课校其功。功多尤为最者，于廷尉（案：当作“慰”）劳勉之，以劝其后。负多尤为殿者，于后曹别责，以纠怠慢也。诸对辞穷尤困，收主者，掾史关白太守，使取法，丞尉缚责以明下，转相督敕，为民除害也。

秦简《语书》中“课吏”部分的内容，与此精神完全相同。《后汉书·百官志》云：

---

① 《汉旧仪》云：“内郡为县，三边为道。”《汉书·百官公卿表》又说：“有蛮夷曰道。”

凡郡国皆掌治民，进贤劝功，决讼检奸。常以春行所主县，劝民农桑，振救乏绝。秋冬遣无害吏（案：律有无害都吏，如今言公平吏。《汉书音义》曰："文无所枉害。"萧何以文无害为沛主吏掾），案讯诸囚，平其罪法，论课殿最。岁尽遣吏上计。并举孝廉，郡口二十万举一人。

总之，太守为一郡的最高官吏，系中央与县的中枢，上则执行中央命令，下则监督所属各县，举凡民政、财政、司法、教育、选举以及兵事等等，可以说职无不总。从秦到西汉似乎没有什么不同。西汉末年，王莽改制，以爵位等级分别改定太守官称，如以公典郡者则称牧，侯称卒正，伯称连率，其无爵者则称为尹①。东汉复名太守。东汉太守的职权较之秦和西汉则有显著增大，并形成地方割据势力。崔寔《政论》引谚云："州郡记，如霹雳；得诏书，但挂壁。"② 这很形象地说明了郡守的权力之大。兹将太守的主要职权及其变化情况分述如下：

一、辟除权

秦汉时期，郡守及其佐吏丞、尉等虽由朝廷任命，但郡守的幕僚属吏，则可由其自行署置。《汉旧仪》曰：

旧制：令六百石以上，尚书调拜迁，四百石长相至二百石，丞相调除……郡国百石，二千石调。

因为郡守、丞、尉都是地方长吏，故由中央派遣，郡吏则为幕僚或属吏，故由郡守自置。《汉书·朱博传》写道：

（博）迁琅邪太守，齐郡舒缓养名，博新视事，右曹（师古曰："右曹，上曹也"）掾史皆移病卧。博问其故，对言："惶恐！故事二

① 《后汉书·马援传》注："王莽改天水为镇戎，改太守为大尹。""莽改上郡为增山连率，亦太守也。莽法：典郡者，公为牧，侯称卒正，伯称连率，其无封爵者为尹也。"

② 严可均：《全上古三代秦汉三国六朝文·全后汉文》卷四十六，中华书局 1958 年版，第 727 页。

千石新到，辄遣吏存问致意，乃敢起就职。”博奋髯抵几曰：“观齐儿欲以此为俗邪！”乃召见诸曹史、书佐及县大吏，选视其可用者出教置之。皆斥罢诸病吏，白巾走出府门，郡中大惊。

这显然是太守有任免属吏的权力。又《汉书·文翁传》记载说；

（文翁为蜀郡守，）乃选郡县小吏开敏有材者张叔等十余人亲自饬厉，遣诣京师，受业博士，或学律令……数岁，蜀生皆成就还归，文翁以为右职（师古曰：“郡中高职也”），用次察举，官有至郡守刺史者。

又修起学官于成都市中，招下县子弟以为学官弟子，为除更繇，高者以补郡县吏……

东汉也是如此，如李忠为丹阳太守，“选用明经”①；岑熙为魏郡太守，“招聘隐逸，与参政事”②。《太平御览》卷二百六十四更集中了两汉书之外许多召、请、署为功曹的例子：

《东观汉记》曰：赵勤，南阳人，太守桓虞召为功曹，委以郡事。

又曰：汝南太守欧阳歙召郅恽为功曹。

《后汉书》曰：虞延去官还乡里，太守富宗闻延名，召署功曹。

《续汉书》曰：李恂，字叔英，安定临泾人，太守李鸿请署功曹。

谢承《后汉书》曰：范滂，字孟博，汝南人，太守宗资署功曹。

又曰：李寿聪明智达有俊才，太守黄说高其名德，召署功曹。

又曰：钟皓，字季明，颍川长社人。同郡陈寔年不及皓，引与为友。皓为郡功曹，会辟司徒府，临辞，太守问：“谁可代卿者？”皓曰：“明府必欲得其人，西门亭长陈寔可。”寔闻之，曰：“钟君似不

① 范晔：《后汉书》卷二十一，《李忠传》，中华书局1965年版，第756页。
② 范晔：《后汉书》卷十七，《岑彭传》，中华书局1965年版，第663页。

察人，不知何犹识我？”

袁崧《后汉书》曰：岑晊字公孝，高才绝人，五经六艺无不洞贯，太守成瑨请为功曹。

或召、或请、或署，皆是辟除之意。从以上记载还可看出，为功曹者均系本郡人，这正是汉朝制度，除三辅郡属吏可用他郡人之外，一般郡吏皆用本郡人。《汉书·京房传》，房为魏郡太守，自请“得除用他郡人”，乃是破例。故顾炎武《日知录》卷八《掾属》云：

《古文苑》注《王延寿桐柏庙碑》人名，谓掾属皆郡人，可考汉世用人之法。今考之汉碑皆然，不独此庙。盖其时惟守相命于朝廷，而自曹掾以下，无非本郡之人……其辟用之者即出于守相，而不似后代之官，一命以上皆由于吏部。……而鲍宣为豫州牧，郭钦奏其举错烦苛，代二千石署吏。是知署吏乃二千石（太守）之职，州牧代之尚为烦苛……

又章太炎《检论》七《通法》亦云：

汉氏因之，太守与天子剖符，而下得刑赏辟除。一郡之吏，无虑千人，皆承流修职，故举事易而循吏多。

辟除权是有利于太守行使其他职权的。

其次，县令、长虽是中央署置，郡守不得更调；但遇其不能时，则可置守令以摄理其事。如卓茂为密令，“初，茂到县有所废置，吏人笑之，邻城闻者，皆嗤其不能，河南郡为置守令”①。此为真令在，而更署守令以夺其权；至于真令有缺，选署守令之事更是多见。如朱博为左冯翊，“擢（尚方）禁连守县令”②，扶风府吏尹公守茂陵令③，王梁“为郡吏，太守

① 范晔：《后汉书》卷二十五，《卓茂传》，中华书局1965年版，第870页。
② 班固：《汉书》卷八十三，《朱博传》，中华书局1962年版，第3402页。
③ 班固：《汉书》卷九十二，《游侠传》，中华书局1962年版，第3717页。

彭宠以梁守狐奴令”①，张升“仕郡为纲纪，以能出守外黄令”② 等皆是。不仅如此，郡守还可以擅自黜罚甚至驱逐县长吏。按《汉书·宣帝纪》黄龙元年（前 49 年）诏：“吏六百石，位大夫，有罪先请。”《后汉书·光武帝纪》建武三年（27 年）又诏：“吏不满六百石，下至黑绶长相，有罪先请。”然而，据《后汉书·质帝纪》本初元年（146 年）诏：“顷者州郡……或以喜怒驱逐长吏，恩阿所私。”《后汉书·桓帝纪》建和元年（147 年）又诏：“州郡不得迫胁驱逐长吏。”故崔寔《政论》云：“今长吏下车百日，无他异观，则州郡睥睨，待以恶意，满岁寂寞，便见驱逐。”由此可见，按照当时法制，令长有罪，必须先请，郡守不得擅自治罪；而事实上，郡守不但擅治其罪，而且随意加以驱逐。这说明郡守的任免权已在逐步扩大，因而对所属县有绝对控制之权。

二、选举权

按照汉法规定，郡守任职满一年以后便有选举权。或为皇帝的特诏，指定其选举的科条；或为岁贡，依所定科目员额选举。诸如孝廉、贤良方正、茂才异等、文学明经以及有道之士等等，皆在郡守察举的范围。但如果不能选举人才，郡守要受到国家法律的制裁。如《汉书·高帝纪》十一年（前 196 年）诏：

> ……御史中执法下郡守，其有意称明德者，必身劝，为之驾。（文颖曰：“有贤者，郡守身自往劝勉，令至京师，驾车遣之。”）遣诣相国府，署行、义、年。有而弗言，觉，免。

又同书《武帝纪》元朔元年（前 128 年）诏：

> “（朕）深诏执事，兴廉举孝……今或至阖郡而不荐一人……二千石官长纪纲人伦，将何以佐朕烛幽隐，劝元元，厉蒸庶，崇乡党之训哉？且进贤受上赏，蔽贤蒙显戮，古之道也。其与中二千石、礼官、

① 范晔：《后汉书》卷二十二，《王梁传》，中华书局 1965 年版，第 774 页。
② 范晔：《后汉书》卷八十，《张升传》，中华书局 1965 年版，第 2627 页。

博士议不举者罪。”有司奏议曰：“……不举孝，不奉诏，当以不敬论。不察廉，不胜任也，当免。”奏可。

举贤而不当者也有罪，《汉书·何武传》说：

（武）徙京兆尹二岁，坐举方正所举者召见槃辟雅拜，有司以为诡众虚伪。武坐左迁楚内史。

这实际上是沿袭了秦时的办法：“任人而所任不善者，各以其罪罪之。”①

东汉初年，有关选人法的规定也还是比较严格的，据《汉官仪》记载：

有非其人，临计过署，不便习官事，书疏不端正，不如诏书，有司奏罪名，并正举者。

后来，郡国的选举权已不受年资的限制。如顺帝即位，“令郡国守相视事未满岁者，一切得举孝廉吏”②。而且“选举不实”的情况也日益严重，如章帝时就有“陈事者多言郡国贡举率非功次，故守职益懈而吏事寖疏，咎在州郡”③。章帝建初元年（76 年）也曾下诏说：“今刺史、守相不明真伪，茂材、孝廉岁以百数，既非能显，而当授之政事，甚无谓也。”④ 和帝永元五年（93 年）诏曰：

选举良才，为政之本。科别行能，必由乡曲。而郡国举吏，不加简择，故先帝明敕在所，令试之以职，乃得充选。又德行尤异，不须经职者，别署状上。而宣布以来，出入九年。二千石曾不承奉，恣心从好。司隶、刺史讫无纠察。今新蒙赦令，且复申敕，后有犯者，显

---

① 司马迁：《史记》卷七十九，《范雎列传》，中华书局 1982 年版，第 2417 页。

② 《后汉书·顺帝纪》注云：“汉法视事满岁乃得举。今新帝即位，施恩惠，虽未满岁，得令举人。”

③ 范晔：《后汉书》卷二十六，《韦彪传》，中华书局 1965 年版，第 917 页。

④ 范晔：《后汉书》卷三，《章帝纪》，中华书局 1965 年版，第 133 页。

明其罚……①

总之，郡守选举权的弊病越来越多。大致说来，西汉比较严谨，至东汉则渐趋于滥。刺史、郡守竟把国家赋予他们的职权用来结私恩，遂使所署之吏和选举之士与其故君或举主形成二重君臣的关系，兹举一例以见其一斑，《后汉书·周景传》写道：

(景）稍迁豫州刺史、河内太守。好贤爱士，其拔才荐善，常恐不及。每至岁时，延请举吏入上后堂，与共宴会，如此数四，乃遣之。赠送什物，无不充备。既而选其父兄子弟，事相优异。常称曰：臣子同贯，若之何不厚！

因此，被举之士对于举主无不感恩戴德，有如君臣父子。据《风俗通义》卷三记载，弘农太守吴匡，因黄琼“比比援举，起家，拜尚书，迁弘农”。当其“班诏劝耕，道于渑池，闻琼薨，即发丧制服，上病，载辇车还府”。应劭论之曰：

谨按《春秋》：大夫出使，闻父母之丧，徐行而不反，君追还之，礼也。匡虽为琼所援举，由郡县功曹、州治中、兵曹位朝廷尚书也，凡所按选，岂得复为君臣者耶？今匡与琼其是矣。剖符守境，劝民耕桑，肆省冤疑，和解仇怨，国之大事，所当勤恤。而顾私恩，傲狠自遂，若宫车晏驾，何以过兹？

实际上当时这种“顾私恩”的事例甚多，“世非一然”（详见本章第四节）。这就助长了地方与中央的离心力量，是造成东汉末地方割据的一个重要原因。

三、自设条教

和前述秦南郡守腾自出法令一样，汉代郡太守可以因地制宜，自设条

① 范晔：《后汉书》卷四，《和帝纪》，中华书局1965年版，第176页。

教，或劝民农桑，或整齐风俗，以及举办文化教育等各项地方事业。《汉书·循吏传》记载说：

> 景帝末，（文翁）为蜀郡守……见蜀地鄙陋有蛮夷风，文翁欲诱进之，乃选郡县小吏开敏有材者张叔等十余人亲自饬厉，遣诣京师，受业博士，或学律令。减省少府用度，买刀布蜀物，赍计吏以遗博士。数岁，蜀生皆成就还归，文翁以为右职……
>
> 又修起学官于成都市中，招下县子弟以为学官弟子，为除更繇，高者以补郡县吏，次为孝弟力田……繇是大化，蜀地学于京师者比齐鲁焉。至武帝时，乃令天下郡国皆立学校官，自文翁为之始云。

> （龚遂为渤海太守，上言）臣愿丞相、御史且无拘臣以文法，得一切便宜从事。上许焉。

> （黄霸为颍川太守，）使邮亭乡官皆畜鸡豚，以赡鳏寡贫穷者。然后为条教，置父老师帅伍长，班行之于民间，劝以为善防奸之意，及务耕桑，节用殖财，种树畜养，去食谷马。米盐靡密，初若烦碎，然霸精力能推行之。

又《汉书·薛宣传》：

> （左冯翊）宣为吏赏罚明，用法平而必行，所居皆有条教可纪，多仁恕爱利。

同书《冯立传》：

> 数年，迁五原太守，徙西河上郡。立居职公廉，治行略与野王相似，而多知有恩贷，好为条教。

《后汉书·秦彭传》：

> 建元初年，迁山阳太守。以礼训人，不任刑罚。崇好儒雅，敦明庠序。每春秋飨射，辄修升降揖让之仪。乃为人设四诫，以定六亲长幼之礼。有遵教化者，擢为乡三老，常以八月致酒肉以劝勉之。吏有过咎，罢遣而已，不加耻辱。百姓怀爱，莫有欺犯。兴起稻田数千顷，每于农月，亲度顷亩，分别肥塉，差为三品，各立文簿，藏之乡县。于是奸吏局蹐，无所容诈。彭乃上言，宜令天下齐同其制。诏书以其所立条式，班令三府，并下州郡。

据上所述，两汉的郡太守，在政治、经济、文化教育各方面，均可因地制宜（便宜从事），自设条教（或曰条式，或曰教令），并且有一些还涉及中央政府的法令，如除更徭之类。此外，郡守有一些好的条教，往往还被推行到全国，如文翁之立学校官，秦彭所立之农业条式即是。郡守之此种独立权力，有时甚至由其部下代理，如《后汉书·韩棱传》载：

> （棱）初为郡功曹[1]，太守葛兴中风，病不能听政，棱阴代兴视事，出入二年，令无违者（按：《风俗通义》作“署置教令，无愆失”）。兴子尝发教欲署吏，棱拒执不从，因令怨者章之。事下案验，吏以棱掩蔽兴病，专典郡职，遂致禁锢。显宗知其忠，后诏特原之。

也有不为条教的。如黄霸为丞相时，杂问郡国上计长史守丞，其郡“不为条教者在后叩头谢。丞相虽口不言，而心欲其为之也”[2]。然而，如果郡守过于滥施法令，也会受到中央的限制，如张敞为京兆尹时就奏请：“郡事皆以义法令检式，毋得擅为条教；敢挟诈伪以奸名誉者，必先受戮，以正明好恶。”“天子嘉纳敞言，召上计吏，使侍中临饬如敞指意。”[3] 不过这也没有硬性规定取消郡守自设条教的权力。

四、赏罚、司法和监察权

据《后汉书·百官志》所述郡太守的职掌，其中还包括赏罚、司法、

① 应劭《风俗通义·过誉》谓棱“少时为郡主簿”，与此不同。
② 班固：《汉书》卷八十九，《黄霸传》，中华书局 1962 年版，第 3632 页。
③ 班固：《汉书》卷八十九，《黄霸传》，中华书局 1962 年版，第 3633 页。

监察等权。即因郡守有赏罚之权，故置功曹，主选署功劳，议论赏罚；有司法权，故置决曹，主治狱及罪法事。太守这方面的职权，也有许多具体记载，如前述西汉薛宣为左冯翊时，“为吏赏罚明，用法平而必行”①。东汉马严“为陈留太守，下车明赏罚，发奸匿，郡县清静”②。又如陈宠为“广汉太守，西州豪右并兼，吏多奸贪，诉讼日百数。宠到，显用良吏王涣、镡显等，以为腹心，讼者日减，郡中清肃”③。可见太守在司法方面的事也不少，政平讼理是郡太守治绩的重要内容之一。

郡守的监察权，主要是监察其所属县之长吏，《汉书·薛宣传》所记的事实，既生动又能说明问题：

> 始高陵令杨湛、栎阳令谢游皆贪猾不逊，持郡短长，前二千石数案不能竟。及宣视事，诣府谒，宣设酒饭与相对，接待甚备。已而阴求其罪臧，具得所受取。宣察湛有改节敬宣之效，乃手自牒书，条其奸臧，封与湛曰：“吏民条言君如牒，或议以为疑于主守盗。冯翊敬重令，又念十金法重，不忍相暴章。故密以手书相晓，欲君自图进退，可复伸眉于后。即无其事，复封还记，得为君分明之。”湛自知罪臧皆应记……即时解印绶付吏，为记谢宣，终无怨言。而栎阳令游，自以大儒有名，轻宣。宣独移书显责之曰：“告栎阳令，吏民言令治行烦苛，适罚作使千人以上，贼取钱财数十万，给为非法；卖买听任富吏，贾数不可知。证验以明白，欲遣吏考案，恐负举者，耻辱儒士，故使掾平镌令……令详思之，方调守。”游得檄，亦解印绶去。
>
> …………
>
> 宣得郡中吏民罪名，辄召告其县长吏，使自行罚。晓曰：“府所以不自发举者，不欲代县治，夺贤令长名也。”长吏莫不喜惧，免冠谢，宣归恩受戒者。

显然，薛宣是很好地运用了监察权，以至于“属县各有贤君，冯翊垂拱蒙

① 班固：《汉书》卷八十三，《薛宣传》，中华书局1962年版，第3390页。

② 李昉等：《太平御览》卷二百六十，《职官部五十八》引《后汉书》，中华书局1960年版，第1221页。

③ 范晔：《后汉书》卷四十六，《陈宠传》，中华书局1965年版，第1553页。

成”。然而，我们也从中看到，郡守的监察权是与其任免、赏罚等权相辅相成的。

郡守行使监察权，必须以时巡行境内，所谓“常以春行所主县”，《汉书·韩延寿传》：

(延寿)入守左冯翊，满岁称职为真。岁余，不肯出行县。丞掾数白：“宜循行郡中，览观民俗，考长吏治迹。”延寿曰：“县皆有贤令长，督邮分明善恶于外，行县恐无所益，重为烦扰。”丞掾皆以为方春月，可壹出劝耕桑。延寿不得已，行县至高陵……

也有的郡守采取私访的方式，《后汉书·羊续传》：

拜续为南阳太守。当入郡界，乃羸服间行，侍童子一人，观历县邑，采问风谣，然后乃进。其令长贪洁，吏民良猾，悉逆知其状，郡内惊竦，莫不震慑。

郡守亲自巡行所属县，按规定一年一次，私访也非正式制度，其对属县行使监察权，主要由督邮分部行县，分部多少，太守可视具体情况而定。有两部、三部、四部或五部，如《汉书·尹翁归传》云：

(河东太守田延年)徙署督邮。河东二十八县，分为两部，闳孺部汾北、翁归部汾南。

又《后汉书·高获传》汝南郡有三部督邮。《后汉书·百官志》有五部督邮，注引《汉官》河南尹有四部督邮。有时不派督邮，而用儒术大吏案行属县。《后汉书·何敞传》载：

迁汝南太守。敞疾文俗吏以苛刻求当时名誉，故在职以宽和为政。立春日，常召督邮还府，分遣儒术大吏案行属县，显孝弟有义行者。及举冤狱，以《春秋》义断之。是以郡中无怨声，百姓化其恩礼。

五、生杀予夺权

从法律上来说，郡守并无专杀之权，虽罪至死，亦必先奏请，以待秋决。有时因特殊原因，令太守得便宜从事或以军法从事。如《汉书·薛宣传》载“广汉郡盗贼群起，成帝拜赵护为广汉太守，以军法从事”。以军法从事，即可专杀。汉制：军队中凡列斧钺或棨戟者即有专杀之权①。除特许的权力外，太守不得专杀，这是法律上的规定，东汉也是如此，如任延为武威太守，“坐擅诛羌不先上，左转召陵令”②。然而，奏请实际上往往徒具形式，类皆报可。有时甚至是先斩后奏，或“以论决为报”，如《汉书·酷吏传》载：

> 济南瞯氏宗人三百余家，豪猾，二千石莫能制，于是景帝拜（郅）都为济南守。至则诛瞯氏首恶，余皆股栗。

> （王温舒）迁为河内太守。素居广平时，皆知河内豪奸之家。及往，以九月至，令郡县私马五十匹，为驿自河内至长安……捕郡中豪猾，相连坐千余家。上书请，大者至族，小者乃死，家尽没入偿臧。奏行不过二日，得可，事论报，至流血十余里。河内皆怪其奏，以为神速。尽十二月，郡中无犬吠之盗。其颇不得，失之旁郡，追求，会春，温舒顿足叹曰：“嗟乎，令冬月益展一月，卒吾事矣!”其好杀行威不爱人如此。上闻之，以为能，迁为中尉。

以上都是按常规常法、经过特许或奏请的杀人权。秋后才开杀戒，立春之后就不再杀人了，这是自古以来的常法。郅都诛首恶，可以说是事先经过特许的。王温舒行刑是“上书请”可的，奏请不过二日即得报，一方面是他采取了特殊的申报传递方式（在驿道上增加了马匹），另一方面，奏请得到很快的报可。同书同传又记载说：

---

① 范晔：《后汉书》卷四十六，《郭躬传》，中华书局1965年版，第1543页。

② 范晔：《后汉书》卷七十六，《任延传》，中华书局1965年版，第2463页。

（义）纵为定襄太守。纵至，掩定襄狱中重罪二百余人，及宾客昆弟私入相视者亦二百余人。纵一切捕鞠，曰：“为死罪解脱。”是日皆报杀四百余人。郡中不寒而栗，猾民佐吏为治。

这似乎也是奏请得报而论杀的，但是王先谦《汉书补注》引刘敞曰：

纵掩定襄狱，一切捕鞠，而云是日皆报杀，则非奏请报可之报矣，然则以论决为报。

此类奏请当然只是一个形式。

正因为郡守实际上操生杀之权，所以地方长吏得以因缘比附，故《汉书·刑法志》云：

是以郡国承用者驳，或罪同而论异。奸吏因缘为市，所欲活，则傅生议，所欲陷，则予死比。

欲活欲陷奸吏可以任意为之，《汉书·酷吏传》有两条具体事例：

景帝时，（周阳）由为郡守。武帝即位，吏治尚修谨，然由居二千石中最为暴酷骄恣。所爱者，挠法活之；所憎者，曲法灭之。

（严延年为涿郡太守，）遣掾蠡吾赵绣按高氏得其死罪。绣见延年新将，心内惧，即为两劾，欲先白其轻者，观延年意怒，乃出其重劾。延年已知其如此矣。赵掾至，果白其轻者，延年索怀中，得重劾，即收送狱。夜入，晨将至市论杀之，先所案者死，吏皆股弁。更遣吏分考两高，穷竟其奸，诛杀各数十人。郡中震恐，道不拾遗。

这里说明，轻重两劾在吏所为。同时，从中还可看到，一夜之间论杀赵绣，可以肯定事先没有奏请，或者是先斩后奏，太守之专杀权由此可见。

东汉后期，太守集大权于一身，当然也包括专杀之权，如《后汉书·桥玄传》：

（玄）为汉阳太守。时上邽令皇甫祯有臧罪，玄收考髡笞，死于冀市，一境皆震。

这说明太守可以专杀县令。又《后汉书·王允传》载：

（王弘）初为弘农太守，考案郡中有事宦官买爵位者，虽位至二千石，皆考掠收捕，遂杀数十人。

诛除宦官党羽，无可厚非，但位至二千石亦不能免，据此可知东汉末太守专杀权力之大。

六、兵权

前人多谓秦汉时太守主民，都尉主兵，兵民分治，这与事实不完全符合。《汉书·百官公卿表》明言“都尉，秦官，掌佐守典武职甲卒。”孙星衍辑《汉官解诂》：“都尉将兵，副佐太守。……言与太守俱受银印剖符之任，为一郡副将；然仅主其武职，不预民事。”这些记载都是说都尉佐助太守掌兵，故太守称郡将，而都尉称副将。按郡守专一郡政务，无所不统，兵权亦不例外。所以《汉旧仪》说：

民年二十三为正，一岁而以为卫士，一岁为材官骑士，习射御骑驰战阵。八月，太守都尉令长相丞尉会都试，课殿最。

显然此类武事仍以太守为主。只是太守事烦，非一人所能办，故于民事则由太守自行处理，于军事则别置都尉以佐之。就都尉而言，可谓分治军事；然就太守而言，则总管军民诸政。不过太守虽拥有一郡的兵权，但在秦和西汉时期，地方上如有重要军情，一般是由中央命将置帅，郡守不得擅自发兵。如郡守发兵，必须有皇帝虎符①。或者，边郡有紧急军情，事后也得立即上报。如《汉书·冯唐传》记载说：

---

① 《汉书·文帝纪》：二年“初与郡守为铜虎符”，注引应劭云：“铜虎符第一至第五，国家当发兵遣使者，至郡合符，符合乃听受之。”师古曰：“与郡守为符者，谓各分其半，右留京师，左以与之。”此即谓之剖符受命。

> 魏尚为云中守，军市租尽以给市卒，出私养钱，五日一杀牛，以飨宾客、军吏、舍人，是以匈奴远避，不近云中之塞。虏尝一入，尚帅车骑击之，所杀甚众。

这一方面说明太守遇有紧急军情可以权宜发兵；可是另一方面，事后必须及时上报，并且其结果仍是“坐上功首虏差六级……下之吏，削其爵，罚作之”。郡守的兵权受到“军兴法”的约束，动不动就会被劾为“乏军兴”的罪名，并依其罪行轻重，分别处以贬秩、免官，甚至死刑，如：

> （公孙戎奴）坐为上党太守，发兵击匈奴，不以闻，免。[①]

> （黎扶）坐为东海太守行过擅发卒为卫，当斩。[②]

一直到西汉末，郡守尚无发兵之权。《汉书·王莽传》云：

> 群下愈恐，莫敢言贼情者，亦不得擅发兵。惟冀平连率[③]田况果敢，发民十八以上四万余人，授以库兵，与刻石为约。赤眉闻之，不敢入界。况自劾奏，莽让况未赐虎符而擅发兵，此弄兵也，厥罪乏兴（师古曰：擅发之罪与“乏军兴”同科也）。以况自诡必禽灭贼，故见勿治。

东汉时期，郡守职权逐渐扩大，建武中罢省都尉，并职于郡守[④]，虎符发兵之制亦渐被破坏，再加上东汉后期为了镇压各地农民起义和少数民族反抗的需要，于是太守逐渐有了发兵、领兵之权。《后汉书·杜诗传》说：

---

① 班固：《汉书》卷十七，《景武昭宣元成功臣表》，中华书局1962年版，第645页。

② 班固：《汉书》卷十六，《高惠高后文功臣表》，中华书局1962年版，第618页。

③ 王莽改太守官名，以伯爵典郡者称连率。

④ 《后汉书·百官志》：“中兴建武六年，省诸郡都尉，并职太守，无都试之役。”注引《古今注》曰：“六年八月，省都尉官。”

初，禁罔尚简，但以玺书发兵，未有虎符之信。诗上疏曰："臣闻兵者国之凶器，圣人所慎。旧制发兵，皆以虎符，其余征调，竹使而已①。符第合会，取为大信，所以著国命，敛持威重也。间者发兵，但以玺书，或以诏令，如有奸人作伪，无由知觉。愚以为军旅尚兴，贼寇未殄，征兵郡国，宜有重慎，可立虎符，以绝奸端……"书奏，从之。

此虽云"书奏，从之"，但后来在事实上虎符发兵之制仍归破坏。都尉或置或不置，除"边郡往往置都尉"② 之外，而内郡则省，"每有剧贼，临时置都尉，事讫罢之"③。一般州郡有事，常由刺史、郡守亲自领兵，和帝以后，屡见于帝纪。

太守领兵镇压少数民族反抗的事例：

和帝永元六年"武陵溇中蛮叛，郡兵讨平之"。

和帝永元十二年"日南、象林蛮夷反，郡兵讨平之"。

安帝永初四年"先零羌寇褒中，汉中太守郑勤战殁"。

安帝元初二年"右扶风仲光、安定太守杜恢、京兆虎牙都尉耿溥与先零羌战于丁奚城，光等大败，并没"。

安帝建光元年"秽貊复与鲜卑寇辽东，辽东太守蔡讽追击战殁"。

顺帝永和二年"武陵蛮叛，围充县，又寇夷道……武陵太守李进击叛蛮，破之"。

顺帝汉安二年"护羌校尉赵冲与广汉太守张贡击烧何羌于参䜌，破之"。

据《后汉书·西羌传》载："章和元年（武威太守傅）育上请发陇西、张掖、酒泉各五千人，诸郡太守将之，育自领汉阳、金城五千人，合二万

---

① 《汉书·文帝纪》注引应劭曰："竹使符皆以竹简五枚，长五寸，镌刻篆书，第一至第五。"

② 范晔：《后汉书》志第二十八，《百官五》，中华书局1965年版，第3621页。

③ 《后汉书·百官志》注。其具体事例见《后汉书·桓帝纪》永兴二年（154年）"太山琅邪贼公孙举等反叛，杀长吏"。次年（永寿元年）"初置太山琅邪都尉官。"注云："今二郡寇贼不息，故置。"

兵，与诸郡克期击之。”此则明言太守将（领）兵。

太守领兵镇压农民起义的事例：

> 顺帝建康元年“扬州刺史尹耀、九江太守邓显讨贼范容于历阳，军败，耀、显等为贼所殁”。
>
> 冲帝永熹元年“丹阳贼陆宫等围城，烧亭寺，丹阳太守江汉击破之”。
>
> 桓帝延熹八年“桂阳胡兰、朱盖等复反，攻没郡县，转寇零陵，零陵太守陈球拒之；遣中郎将度尚、长沙太守抗徐击兰、盖，大破斩之”。
>
> 灵帝中平元年“夏四月，汝南黄巾败太守赵谦于邵陵，广阳黄巾杀幽州刺史郭勋及太守刘卫。……六月，南阳太守秦颉击张曼成，斩之”。
>
> 灵帝中平四年“零陵人观鹄自称平天将军，寇桂阳，长沙太守孙坚击斩之”。

类似记载不胜枚举。据《后汉书·羊续传》载，续为南阳太守，“乃发兵与荆州刺史王敏共击（赵）慈，斩之，获首五千余级，属县余贼并诣续降。续为上言，宥其枝附”。此发兵、领兵之权更为明显。东汉末，刺史、太守不仅可以募兵、领兵，而且其募领之兵，往往变成私人部曲，可以父子相袭。如孙策初起，得父坚部曲千余人。其余群雄割据，亦多如此。这是地方行政制度的一个重要变化，也是造成地方割据的一个重要原因。

七、财权

财政可以说是其他一切权力的基础。郡守行使权力，要依靠庞大的郡府组织，乃至数量不等的军队，这些都必须有财政开支，还有郡守本人的俸禄，这一切经费均由国家拨给，由郡守支配。《汉书·文翁传》：

> 乃选郡县小吏开敏有材者张叔等十余人亲自饬厉，遣诣京师，受业博士，或学律令。减省少府用度，买刀布蜀物，赍计吏以遗博士。

（师古曰："少府，郡掌财物之府，以供太守者也。"）

这是郡守支配财务的明证。那么，国家从什么经费中拨给郡守使用呢？一般是从本郡赋税收入中拨给，收入少的边郡则由内郡调拨。《后汉书·伏湛传》载疏曰：

渔阳以东本备边塞，地接外虏，贡税微薄，安平之时，尚资内郡。

本来赋税是归国家所有的，除按规定拨给郡府使用之外，其余一般不得擅自使用。按规定拨给的部分需每年上计，过此，则必需事先上报奏请，《后汉书·第五访传》：

迁张掖太守。岁饥，粟石数千，访乃开仓赈给以救其敝。吏惧谴（谴，责也），争欲上言。访曰："若上须报（须，待也），是弃民也。太守乐以一身救百姓！"遂出谷赋人。顺帝玺书嘉之。由是一郡得全。

规定权限以外的开仓赈给，本应先上报，待批准后再执行。第五访因灾情紧急，先作处置，然后再报，使"一郡得全"，其受到玺书嘉奖，乃是法外施恩。又如《后汉书·刘平传》附《王望传》载：

王望……迁青州刺史……是时州郡灾旱，百姓穷荒，望行部，道见饥者，裸行草食……因以便宜出所在布粟，给其廪粮，为作褐衣。事毕上言，帝以望不先表请，章示百官，详议其罪。时公卿皆以望之专命，法有常条。钟离意独曰："……今望怀义忘罪，当仁不让，若绳之以法，忽其本情，将乖圣朝爱育之旨。"帝嘉意议，赦而不罪。

此虽为刺史专命，但同样说明，地方财权是归中央所有的，"法有常条"，"事毕上言"一般是不允许的。地方官只能在规定的范围内行使其财权，中央则通过上计制度进行控制。

既然税收、保管、漕运等等全由郡府诸曹负责（即使西汉时某些特种官由中央直接委派，但具体办事人员仍是郡县属吏），那么地方长官必经管其事，实际权力不小。虽有“常条”、“经法”，郡县地方官还是往往附加私调，如《史记·平准书》记载说：

而初郡时时小反，杀吏，汉发南方吏卒往往诛之，间岁万余人，费皆仰给大农。……然兵所过县，为訾给毋乏而已，不敢言擅赋法矣。

《史记集解》引徐广曰：

擅，一作经。经，常也。唯取用足耳，不暇顾经常法则也。

郡县不顾经法，中央就无法控制了，就可以巧立名目榨取百姓，如《后汉书·虞诩传》：

迁尚书仆射。是时（顺帝时），长吏二千石听百姓谪罚者输赎，号为“义钱”，托为贫人储，而守令用以聚敛。诩上疏曰：“元年以来，贫百姓章言长吏受取百万以上者，匈匈不绝，谪罚吏人至数千万，而三公、刺史少所举奏。寻永平、章和中，州郡以走卒钱给贷贫人，司空劾案，州及郡县皆坐免黜。今宜遵前典，蠲除权制。”于是诏书下诩章，切责州郡。谪罚输赎自此而止。

同书《张让传》：

让、忠等说（灵）帝令敛天下田亩税十钱，以修宫室。……刺史、太守复增私调，百姓呼嗟。

除正式田赋以外的杂调，各郡也还有一些公田和山泽之利，其收入自然由郡守支配，如《后汉书·黄香传》：

迁魏郡太守。郡旧有内外园田，常与人分种，收谷岁数千斛。……乃悉以赋人，课令耕种。

一般说来，地方财政是比较富裕的，郡守有绝对支配的权力。观《张让传》中所说刺史、太守可以随意增加私调一事，说明东汉末郡守已完全不顾“经法”所限了。

以上所述，为郡守职权的主要内容及其前后变化的大概情况。郡守是地方上的行政长官，负有方面的重任。正如汉宣帝所说：

庶民所以安其田里，而亡叹息愁恨之心者，政平讼理也。与我共此者，其唯良二千石乎?①

哀帝时，王嘉在上疏中也说：

今之郡守重于古诸侯……前山阳亡徒苏令等从横，吏士临难，莫肯伏节死义，以守相威权素夺也。孝成皇帝悔之，下诏书，二千石不为纵（孟康曰：“二千石不以故纵为罪，所以优也”），遣使者赐金，尉厚其意。诚以为国家有急，取办于二千石，二千石尊重难危，乃能使下。②

所以汉代郡守在郡内是无所不管的，郡境之内，不论任何人均需受郡守管理，《汉书·周勃传》说：

（绛侯周勃）免相就国。岁余，每河东守、尉行县至绛，绛侯勃自畏恐诛，常被甲，令家人持兵以见。

身有侯爵的周勃也要受郡守管理。再者，郡境内的各机关，即使是中央派出的机关，也受郡守的管理。《汉书·魏相传》说：

（相）后迁河南太守……会丞相车千秋死。先是千秋子为洛阳武

① 班固：《汉书》卷八十九，《循吏传》，中华书局1962年版，第3624页。
② 班固：《汉书》卷八十六，《王嘉传》，中华书局1962年版，第3491页。

库令，自见失父，而相治郡严，恐久获罪，乃自免去。相使掾追呼之，遂不肯还。相独恨曰："大将军闻此令去官，必以为我用丞相死不能遇其子。使当世贵人非我，殆矣！"武库令至长安，大将军果以责过相曰："幼主新立，以为函谷京师之固，武库精兵所聚，故丞相弟为关都尉，子为武库令。今河南太守不深惟国家大策，苟见丞相不在而斥逐其子，何浅薄也！"

按武库令，直属执金吾，因在河南郡境内，也要受河南太守的管理。其他临时设置的中央直属机构，如盐铁、均输之类也莫不如此。可见汉代中央对郡守权力的尊重。

汉代统治者对于郡守官职是十分重视的，政绩良好者，辄升任公卿。如《汉书·循吏传》序云：

及至孝宣……拜刺史守相，辄亲见问，观其所繇，退而考察所行以质其言，有名实不相应，必知其所以然。……故二千石有治理效，辄以玺书勉厉，增秩赐金，或爵至关内侯，公卿缺则选诸所表以次用之。（师古曰："所表，谓增秩赐金爵也。"）是故汉世良吏，于是为盛。称中兴焉。

吏治的好坏，特别是郡守治理的好坏，确实关系到整个国家的兴衰，这一点，已为历史事实所反复证明。西汉比较知名的郡守多在文景时期和宣帝时期。文景时有"河南守吴公、蜀守文翁之属，皆谨身率先，居以廉平，不至于严，而民从化"①。宣帝时"王成、黄霸、朱邑、龚遂、郑弘、召信臣等，所居民实，所去民思，生有荣号，死见奉祀"②。东汉光武时期"杜诗守南阳，号为杜母；任延、锡光，移变边俗，斯其绩用最章章者也；又第五伦、宋均之徒，亦足有可称谈"③。章和以后，还有吴祐、刘宽、王堂、陈宠等人④。总之，"良二千石"比较多的时期，也是整个国家治理得

① 班固：《汉书》卷八十九，《循吏传》，中华书局 1962 年版，第 3623 页。
② 班固：《汉书》卷八十九，《循吏传》，中华书局 1962 年版，第 3623 页。
③ 范晔：《后汉书》卷七十六，《循吏传》，中华书局 1965 年版，第 2457 页。
④ 俱见《后汉书》本传。

比较好的时期，历史上所谓“文景之治”、“宣帝中兴”、“光武中兴”，观此可思过半矣。

正因为郡守地位的重要，封建统治者除了对其政绩良好者予以奖励升赏之外，还对郡守的职权予以种种限制，以防止地方势力过大而对抗中央。如上述宣帝时张敞奏请：

郡事皆以义法令检式，毋得擅为条教，敢挟诈伪以奸名誉者，必先受戮。①

太守不得擅自离郡，不得擅自发兵：

掾史止章曰：二千石行不得出界，兵不得擅发。

注引《前书》杜钦奏记王凤曰：

二千石守千里之地，任兵马之重，不宜去郡也。②

太守要接受中央丞相、御史的监督：

（龚遂为渤海太守，上言）臣愿丞相、御史且无拘臣以文法，得一切便宜行事。上许焉。③

这是得到汉宣帝特许的事例，一般情况下，太守需受丞相、御史的监督。丞相、御史考察郡守，主要是通过岁终的计簿，即上计制度。郡守的升迁黜陟，也以上计考课次第为准（详见本书第三编第三章）。

另外，太守还要受刺史的直接监督，刺史以六条问事，主要纠察对象就是郡守。

尽管有这些限制，但由于郡守总揽地方军政大权，在职务上往往可以

① 班固：《汉书》卷八十九，《黄霸传》，中华书局1962年版，第3633页。
② 范晔：《后汉书》卷七十七，《李章传》，中华书局1965年版，第2493页。
③ 班固：《汉书》卷八十九，《龚遂传》，中华书局1962年版，第3639页。

自行其是。东汉末，随着中央集权力量的削弱，郡守擅权，于是地方割据局面形成。

第三节 郡佐官

《通典》卷三十三《总论郡佐》中说："郡之佐史，秦汉有丞、尉，丞以佐守，尉典武职。"实际上，郡府还有许多属官。因为任命不同，我们把他们分为佐官与属吏两类：秩二百石以上的由中央任命，有丞、长史、都尉等，谓之佐官；秩百石以下的由郡守自行辟除，如功曹、五官、督邮、主簿等掾史，皆为属吏。本节专述佐官。

一、丞、长史

《通典》卷三十三说：

> 郡丞，秦置之以佐守，汉因而不改。
>
> 长史，秦置郡丞，其郡当边戍者，丞为长史，掌兵马，汉因而不改，其后长史遂为军府官。

这里说郡丞是秦官没有问题，但说边郡丞为长史也是秦制不知有何根据。《汉官仪》说得比较笼统："大府秩二千石，丞一人，边郡称长史，皆六百石。丞者，丞也；长史，众史之长。"据《汉书·百官公卿表》说：

> 郡守……有丞。边郡又有长史，掌兵马，秩皆六百石。

这是说边郡既有丞又有长史，二者并置，分佐太守治军民。这一点卫宏的《汉旧仪》说得更明白：

> 边郡置长史一人，治兵马；丞一人，治民；当兵行，长史领。

东汉时才有变化，《后汉书·百官志》说：

郡当边戍者，丞为长史。

注引《古今注》云：

建武十四年，罢边郡太守丞，长史领丞职。

这里说罢，证明原来是有丞的，此后仅有长史而无丞，以长史兼领丞的职务。但边郡军务繁重，有时又不得不于长史之外另置将兵长史，以专门负责军事。如《后汉书·任延传》，有武威田绀为郡将兵长史；《后汉书·和帝纪》有象林将兵长史。可见，东汉边郡虽省郡丞，但事实上仍同西汉旧制，只不过易丞为长史，又易长史为将兵长史而已。

两汉郡丞与长史不仅要佐助郡守理事，而且有时还要代郡守行事。《居延汉简释文》卷一第7页：

张掖太守延行太守事。

又孙志祖《谢氏后汉书补逸》五：

孟政，地皇六年（?）为府丞虞卿书佐。时太守缺，丞视事。

《后汉书·百官志》注引《古今注》曰：

建武六年，令太守、诸侯相病，丞、长史行事。

如果郡守在作战中死亡，理所当然是由丞临时代理，《后汉书·孔奋传》记载说：

（孔奋）除武都郡丞。时陇西余贼隗茂等夜攻府舍，残杀郡守，贼畏奋追急，乃执其妻子，欲以为质。奋年已五十，唯有一子，终不顾望，遂穷力讨之。吏民感义，莫不倍用命焉……遂禽灭茂等，奋妻子亦为所杀。世祖下诏褒美，拜为武都太守。奋自为府丞，已见敬

> 重，及拜太守，举郡莫不改操。

总之，两汉时期，丞和长史均有代太守行事的权力。

郡丞是郡守府吏中地位较高的佐吏，《汉书·朱博传》记载朱博为琅邪太守时：

> 姑幕县有群辈八人报仇廷中，皆不得。长吏自系书言府，贼曹掾史自白请至姑幕。事留不出。功曹诸掾即皆自白，复不出。于是府丞诣阁，博乃见丞、掾曰："以为县自有长吏，府未尝与也，丞、掾谓府当与之邪?"

从这里可以看出府丞（郡丞）比诸曹掾史的地位都高。如果郡丞和郡守的关系好，郡守信任郡丞，则郡丞可以发挥一定的作用，如：

> （黄霸）为河南太守丞。霸为人明察内敏，又习文法，然温良有让，足知、善御众。为丞，处议当法，合人心，太守甚任之，吏民爱敬焉。①

又如东汉刘平：

> 拜济阴郡丞，太守刘育甚重之，任以郡职。②

不过这是比较少见的例子，在一般情况下，郡丞多不被郡守信任而无实权。如王尊为安定太守，出教云：

> 五官掾张辅怀虎狼之心，贪污不轨……今将辅送狱，直符史诣阁下，从太守受其事。丞戒之戒之，相随入狱矣。③

---

① 班固：《汉书》卷八十九，《黄霸传》，中华书局1962年版，第3628页。
② 范晔：《后汉书》卷三十九，《刘平传》，中华书局1965年版，第1296页。
③ 班固：《汉书》卷七十六，《王尊传》，中华书局1962年版，第3228页。

此郡丞在太守心目中，几乎与贪污犯相类，当然谈不上什么信任了。又严延年为河南太守：

> 丞义年老颇悖，素畏延年，恐见中伤。延年本尝与义俱为丞相史，实亲厚之，无意毁伤也，馈遗之甚厚，义愈益恐。①

丞畏太守如此，自身难保，又有什么实权可言。所以东汉时赵温为京兆丞，叹曰："大丈夫当雄飞，安能雌伏！"② 遂弃官而去。有的郡丞，为保住禄位，则对太守阿谀奉迎，行贿送礼。《后汉书·羊续传》载，羊续为南阳太守：

> 府丞尝献其生鱼，续受而悬于庭；丞后又进之，续乃出前所悬者以杜其意。

盖丞和长史均由中央任命，和郡守一样，也是朝廷命官，所以在郡府佐官中地位较高；但有的郡丞在任命时就带有贬意，如桓谭出为六安丞，谢弼出为广陵府丞③。也有少数是郡守的亲信，如臧洪为东郡太守：

> 洪邑人陈容，少为诸生，亲慕于洪，随为东郡丞。④

但一般都不是郡守的嫡系亲信。而郡守自除的功曹、五官、督邮、主簿等，虽为郡府属吏，职位较低；但他们都因郡守的信任而握有实权。

关于长史，因为是边郡，其主要任务似应为带兵作战，如《后汉书·西羌传》载：

> 于是守塞诸羌皆复相率为寇。遣谒者张鸿领诸郡兵击之，战于允吾、唐谷，军败，鸿及陇西长史田飒皆没。

---

① 班固：《汉书》卷九十，《严延年传》，中华书局 1962 年版，第 3670 页。
② 范晔：《后汉书》卷二十七，《赵典传》，中华书局 1965 年版，第 949 页。
③ 皆见《后汉书》本传。
④ 范晔：《后汉书》卷五十八，《臧洪传》，中华书局 1965 年版，第 1892 页。

又《后汉书·南匈奴传》：

> （永平）五年冬，北匈奴六七千骑入于五原塞，遂寇云中，至原阳，南单于击却之，西河长史马襄赴救，虏乃引去。

又，因为长史“领丞职”，故郡中其他事务也应归其管领，上引《西羌传》就说：

> 金城长史上官鸿，上开置归义、建威屯田二十七部。

此为主持屯田，当然与军事也多少有点关系。《通典》说“其后长史遂为军府官”，这一点颇值得注意。是否东汉已开始了此种变化？据《后汉书·盖勋传》载：

> （勋）为汉阳长史。时武威太守倚恃权势，恣行贪横，从事武都苏正和案致其罪。凉州刺史梁鹄畏惧贵戚，欲杀正和以免其负，乃访之于勋……中平元年，北地羌故与边章等寇乱陇右，刺史左昌因军兴断盗数千万，勋固谏，昌怒，乃使勋别屯阿阳以拒贼锋（注：阿阳县属天水郡），欲因军事罪之，而勋数有战功。……后刺史杨雍即表勋领汉阳太守。

从凉州汉阳长史盖勋的这些事迹我们可以看到其地位不同于一般郡守之下的丞，多与刺史打交道，不仅领兵作战，而且离开汉阳屯戍他郡，似乎是受刺史直接指挥。《后汉书·班勇传》勇为西域长史，将五百人（比敦煌郡营兵三百人还多）出屯柳中，他甚至可以“发敦煌、张掖、酒泉六千骑及鄯善、疏勒、车师前部兵，击后部王军就，大破之”。这西域长史显然非郡之长史，或者这就是《通典》所说的军府官。不过，东汉时边郡长史肯定是存在的。

丞与长史是否有属吏，文献记载中很少见到，他们大小也是朝廷命官，秘书、听差之类的服务人员，必不可少。如上述孟政为府丞虞卿书佐，可见书佐之类的低级属吏还是有的，只不过史书失载罢了。

二、都尉及其官属

（一）都尉

郡有尉佐太守主兵，是从秦开始的制度，《汉书·百官公卿表》说：

> 郡尉，秦置，掌佐守典武职甲卒，秩比二千石①。有丞，秩皆（“皆”字衍）六百石。景帝中二年，更名都尉。

《汉官仪》说：

> 都尉，秦官也，本名郡尉，掌佐太守典其武职，秩比二千石。孝景时更名都尉。

> 秦郡有尉一人，典兵禁备盗贼。景帝更名都尉。建武十年省，惟边郡置都尉及属国都尉。

秦时不仅设置了郡尉，而且其地位较高。一般都说“郡置守、尉、监”，如前所述，监是监御史，直隶中央，并非正式郡官，因而郡中长官主要是守和尉，所以陈胜、吴广起义时，“县杀其令、丞，郡杀其守、尉”②。汉时也是如此，所以上引《汉官解诂》说：

> 都尉将兵，副佐太守。……言与太守俱受银印③剖符之任，为一郡副将；然仅主其武职，不予民事。旧时以八月都试。讲习其射力，以备不虞，皆绛衣戎服，示扬威武折冲厌难者也。

准确地说，应该是都尉在军事方面副佐太守，这样才可以与《宋书·百官志》中的“守治民，丞佐之”有所区别。不过尉的地位比丞高得多。

---

① 《汉书补注》引周寿昌曰：“《元纪》建昭三年夏，令三辅都尉、大郡都尉，秩皆二千石。则不得以比二千石概之也。”

② 班固：《汉书》卷三十二，《张耳陈余传》，中华书局1962年版，第1831页。

③ 《汉书·百官公卿表》：“凡吏秩比二千石以上，皆银印青绶。”

一般在军事上，往往是都尉代理郡守的职务，《汉书·樊哙传》有“攻圉都尉、东郡守尉于成武”的记载，王鸣盛解释说：

> 守尉，则是都尉代守守郡者耳。知者，《高纪》秦三年攻东郡尉于成武，彼与《樊哙传》同述一事。彼孟康曰：尉，郡都尉也。师古曰：本谓之郡尉，至景帝时乃改曰都尉。据此，知《樊哙传》之守尉是都尉代守守。①

王先谦还进一步指出：

> 郡亦有时但置都尉，不置太守。吾丘寿王为东郡都尉，不复置太守，故玺书云：连十余城之守，任四千石之重。②

以上事例可能都是属于特殊情况，不是正常制度。但即使在正常情况下，都尉地位也是较高的，和太守一样“俱受银印剖符之任”。

一般情况，都尉的任命，是比较受重视的，或者是出于奖励，如中郎右师谭为颍川都尉，是因为他“上变事告”有功③；或者是以高官左迁，如杜业由太常左迁上党都尉④。又如成帝之左迁张放为北地都尉、天水属国都尉、河东都尉，都是不得已而为之⑤。

从职掌上看都尉的地位，就更清楚了。都尉的职务，既是佐助太守分管军事，故凡都内一切军事行动，均由都尉负具体责任。如每年都试，即由郡尉具体负责，故《汉官解诂》将八月都试注于都尉之下。又《后汉书·耿弇传》：

> 弇少好学……常见都尉试骑士，建旗鼓，肄驰射，由是好将帅之事。

---

① 王鸣盛：《十七史商榷》卷十四，《守尉改名》，上海书店 2005 年版，第 103～104 页。

② 《汉书补注》之《百官公卿表》郡尉条下。

③ 班固：《汉书》卷四十五，《息夫躬传》，中华书局 1962 年版，第 2180 页。

④ 班固：《汉书》卷六十，《杜周传》，中华书局 1962 年版，第 2682 页。

⑤ 《汉书·张汤传》：“上（成帝）虽爱放，然上迫太后，下用大臣，故常涕泣而遣之。后复征放为侍中光禄大夫，秩中二千石。”

《后汉书·李通传》：

> 光武既深知通意，乃遂相约结，定谋议，期以材官都试骑士日（注：汉法以立秋日都试骑士，谓课殿最也。翟义诛王莽以九月都试日勒车骑材官士也），欲劫前队大夫（职如太守）及属正（职如都尉），因以号令大众。

这些均说明都尉在军事上的地位是很重要的。

维护境内治安，也是都尉的主要职责。卫宏《汉旧仪》云：

> 郡都尉，治盗贼甲卒兵马。

《后汉书·百官志》亦云：

> （都尉）典兵禁备盗贼。

其具体事例，如《汉书·吾丘寿王传》：

> 会东郡盗贼起，拜为东郡都尉。

又《汉书·王温舒传》：

> （温舒）稍迁至广平都尉，择郡中豪（杰）敢往吏十余人为爪牙，皆把其阴重罪，而纵使督盗贼……以故齐赵之郡盗贼不敢近广平。

《汉书·义纵传》：

> 迁为河内都尉，至则族灭其豪穰氏之属，河内道不拾遗。

盗贼和豪强往往互相勾结，扰乱地方治安，故都尉之职既治盗贼，又制豪强。

都尉也和太守一样以时行县。上引《汉书·周勃传》“每河东守、尉行县至绛”，是有关都尉行县的最早记载。又《后汉书·城阳恭王祉传》注引《东观汉记》曰：

> 敞（为庐江都尉）临庐江岁余，遭旱，行县，人持枯稻，自言稻皆枯，吏强责租。敞应曰：“太守事也。”载枯稻至太守所。酒数行，以语太守。太守曰：“无有。”敞以枯稻示之。太守曰：“都尉事邪？”敞怒叱太守曰：“鼠子何敢尔！”

此记都尉行县事较详，并且是与太守分别行县。由此也可看出，都尉不管民事，其行县的目的则是巡禁盗贼；都尉以民事语太守，太守就认为是干涉他的职权。

都尉虽佐助太守典兵，但由于其直接统率军队，所以实际上握有一郡的兵权。有时为了军事上的需要，中央或仅置都尉，兼行太守之事。例如《汉书·吾丘寿王传》：

> 会东郡盗贼起，拜为东郡都尉。上以寿王为都尉，不复置太守。

又同书《王尊传》：

> 会南山群盗傰宗数百人为吏民害……于是（大将军）（王）凤荐尊，征为谏大夫，守京辅都尉，行京兆尹事。旬月间盗贼清。

又同书《王䜣传》，䜣迁右辅都尉，守右扶风。《汉书·赵广汉传》，广汉迁京辅都尉，守京兆尹。《汉书·翟方进传》，方进少子义为南阳都尉，行太守事等等。这些都是以都尉行太守事。

关于都尉的地位及其与郡守的关系，《文献通考》卷六十三有一段按语说：

> 按：自秦置三十六郡，而郡官有守、有尉、有丞。然考之西汉《百官表》称，郡守掌治郡，秩二千石，有丞，秩六百石；郡尉掌佐守典武

职，秩比二千石，有丞，秩亦六百石。是守、尉皆二千石，而俱有丞以佐之，尉之尊盖与守等，非丞掾以下可拟也。《酷吏传》言周阳由为守，视都尉如令；为都尉，陵太守，夺之治。明守不可卑视尉也。……《通典》叙都尉，而以置之郡佐之末，非是，故今以次郡守。

又《汉书·宁成传》：

（成）稍迁至济南都尉，而郅都为守。始前数都尉，步入府，因吏谒守如县令，其畏都如此。及成往，直陵都，出其上。都素闻其声，善遇，与结欢。

看来，都尉的地位及其与郡守的关系是因人而异；但无论如何，守尉的地位大体是相等的。两者除了均为二千石之官以外，还有两点相似之处：

其一，都尉有单独的治所。西汉时期，除少数例外，都尉与太守一般不同治，太守治所一般在首县，都尉治所不在首县，故《汉书·地理志》夹注中多标以某县某都尉治。

其二，都尉有单独的属官（详下）。因而都尉和太守一样均可称府，如《居延汉简释文》卷一：

地节五年……都尉府移太守府……所移敦煌太守府书曰……

总之，都尉之秩位仅次于太守，又直接负责军事，有时且代理太守行事，实为一郡的实权派。上述王莽当政时期，翟义以都试举兵，光武帝刘秀也以都试起事，均与都尉有关。所以刘秀即位以后，为了防止地方叛乱，于建武六年（30年）省诸郡都尉，并职太守，罢都试之役①。这是都尉制的一大变化。

刘秀虽罢郡都尉，但因边郡多事，故仍置都尉，以佐太守，分部领兵。所以刘秀所罢之都尉，事实上仅限于内郡，而边郡都尉并未罢黜。其后内郡有紧急军情，亦往往复置都尉。《后汉书·百官志》：

---

① 范晔：《后汉书》志第二十八，《百官五》，中华书局1965年版，第3621页。

安帝以羌犯法，三辅有陵园之守，乃复置右扶风都尉、京兆虎牙都尉。

注引应劭曰：

每有剧贼，郡临时置都尉，事讫罢之。

桓帝永寿元年（155年）设置太山都尉、琅邪都尉，即是为了镇压太山、琅邪公孙举领导的农民起义。前者罢于延熹八年（165年），后者罢于延熹五年（162年）。以上并见《后汉书·桓帝纪》。

以上所述为内郡都尉变化的大致情况。边郡的情况与内地不同。汉武帝以后，为了加强对新辟地区少数民族的统治，往往分部设置都尉。一郡之中有二部或三部都尉。见于《汉书·地理志》者：

会稽有西、南[①]两部都尉各一人；
广汉有都尉及北部都尉各一人；
牂柯有都尉及南部都尉各一人；
陇西有南部都尉一人（按：当另有都尉）；
武威有都尉及北部都尉各一人；
张掖有都尉二人，又有肩水都尉一人；
酒泉有东、西、北三部都尉各一人；
敦煌有中部都尉一人（按：当另有都尉）；
北地有北部、浑怀都尉各一人；
上郡有匈归都尉一人，又有北部都尉二人；
西河有南、北、西三部都尉各一人；
朔方、五原、云中、定襄、代郡、辽东皆有中、东、西三部都尉各一人；
雁门、上谷、辽西皆有东、西部都尉各一人。

---

① 《太平御览》卷一百七十一《州郡部十七》引《汉地志》作“东”。

此外，还有蜀郡西部两都尉，见《史记·西南夷列传》；金城有西部都尉，见《汉书·赵充国传》。可见边郡都尉的设置远较内郡为多。

东汉边郡所设置的部都尉，可考者有辽东西部（见《和帝纪》）、安定（《傅燮传》）、陇西南部（《马防传》及《西羌传》）、金城西部（《和帝纪》及《西羌传》）、张掖居延（《郡国志》）、广汉北部（《郡国志》及《安帝纪》）、蜀郡西部（《郡国志》《安帝纪》及《西南夷传》）、犍为南部（《郡国志》及《安帝纪》）、益州西部（《明帝纪》及《西南夷传》）、九真（《桓帝纪》《南蛮传》及《魏朗传》）、交阯（《胡广传》）、会稽东部（《顺帝纪》）、会稽西部（《任延传》），共十三部都尉。

据《汉书·百官公卿表》说："边郡又有长史掌兵马。"是否长史与都尉或部都尉同时设置呢?《汉旧仪》回答了这个问题：

> 边郡太守各将万骑行障塞烽火追虏，置长史一人掌兵马，丞一人治民，当兵行，长史领。置部都尉、千人、司马、候、农都尉，皆不治民。

显然因为边防的需要，太守所领之兵多于内地，协助太守将兵的官吏也相应地多于内地。部都尉等与长史虽同为掌兵马，但也有不同：长史之掌兵马和丞之治民一样，是太守的助手，太守所将之兵即由长史直接率领；而都尉或部都尉则别有治所，并且往往是单独行动，独当一面。

边郡都尉除部都尉外，还有：

关都尉　《汉书·百官公卿表》说是"秦官"。王先谦《汉书补注》曰："此函谷关都尉也。"西汉以后，边郡多有关都尉，如《汉书·地理志》记载，敦煌郡有阳关都尉，治阳关；玉门都尉，治玉门关。上述之肩水、居延等都尉，也当属于关都尉。《封泥考略》卷四第 53 页有"关都尉印章"。又西安汉城遗址出土有"函谷关印"封泥，当为关都尉官署中的公章。《汉印文字征》第 7、8 页还有"函谷关丞"印；《居延汉简释文》第 1 页有"关啬夫"，第 2 页有"关佐"之记载。可见，关都尉和一般都尉一样，其下也有丞及其他属官。设关之地，不拘于在郡县治所，但必为扼要之地，故以都尉掌治。

骑都尉　西汉末，天水郡有骑都尉，治豲道县；安定郡有主骑都尉，

治参繎县。(均见《汉书·地理志》)

农都尉 《汉书·百官公卿表》说农都尉是武帝初置。《后汉书·百官志》也说：

(武帝时)边郡置农都尉，主屯田殖谷。

《汉书·地理志》仅张掖番和县有一农都尉。敦煌有宜禾都尉，亦农都尉之类。《居延汉简释文》卷一第79页有简云，元帝时，自西河以西有十一农都尉。可见西汉时边郡多设置农都尉，只不过《汉书·地理志》失载而已。又《后汉书·梁统传》载，建初八年(83年)，统弟腾为酒泉典农都尉，是东汉章帝时于边郡仍置此官。《后汉书·西域传》明帝永平十六年(73年)，开伊吾庐屯田，置宜禾都尉主之。其也和西汉一样，是属于农都尉一类。

属国都尉 始置于武帝元狩三年(前120年)，主蛮夷降者。东汉初承而未改。安帝时，边郡都尉多改为属国都尉。(详见本编第六章)

以上种种，虽均名曰都尉，但分工不同，其所隶属也不同，部都尉、关都尉大体上都为郡守佐官。西汉时，农都尉属大司农，属国都尉属典属国。

(二)都尉属官

都尉既单独有府，所以，和太守府一样，有秩六百石的丞，《汉书·百官公卿表》：

有丞，秩皆六百石。

王先谦《汉书补注》曰：

皆字衍。都尉与太守多别治，故置丞如太守。汉中都尉丞，见《艺文志》；乐浪都尉丞，见《薛宣传》。

都尉不仅置丞如太守，并且和太守一样还有其他属吏，如主簿、功曹以及各种掾、史、属、书佐等等。不过太守诸曹掾史甚多(详下)，而都尉分曹要少一些，这与职掌有关。郡守诸曹见于东汉碑刻者甚多，都尉则较少，故可考者亦少，但军事性质的官属并不少。兹就记载中可考见者略述如下。

都尉府的官属，以《后汉书·任延传》所记为最详：

> 拜会稽都尉……会稽颇称多士。延到，皆聘请高行如董子仪、严子陵等，敬待之以师友之礼。掾吏贫者，辄分俸禄以赈给之。……吴有龙丘苌者，隐居太末……掾吏白请召之。延曰："龙丘先生躬德履义……都尉洒扫其门，犹惧辱焉，召之不可。"遣功曹奉谒，修书记，致医药，吏使相望于道。积一岁，苌乃乘辇诣府门，愿得先死备录（注：请编名录于郡职也）。延辞让再三，遂署议曹祭酒。

由此可见，都尉治所称府，掾吏的数目（包括像散职的议曹之类）也不少。功曹，亦当如公府和郡守府，是主要属吏。都尉功曹又见于《后汉书·张酺传》：

> 郡吏王青者……父隆，建武初为都尉功曹，青为小史，与父俱从都尉行县，道遇贼，隆以身卫全都尉，遂死于难。

王充《论衡·自纪篇》亦云："在都尉府，位亦掾功曹。"西汉亦有都尉功曹，见《汉书·鲍宣传》。

据史载，属国都尉有主簿①，京兆虎牙都尉亦有主簿②，这说明主簿也是都尉的属官之一。

还有门下掾，《后汉书·公孙述传》载：

> 哀帝时，以父任为郎。后父仁为河南都尉，而述补清水长。仁以述年少，遣门下掾随之官（注：州郡有掾，皆自辟除之，常居门下，故以为号）。

---

① 范晔：《后汉书》卷六十五，《张奂传》，中华书局1965年版，第2138页。

② 陈寿：《三国志》卷十八，《魏书十八·阎温传》注引《魏略》，中华书局1959年版，第551页。

此门下掾显然是主要属吏的泛称，而且此种属吏皆自辟除，为都尉的心腹、亲信，故委以重托。

边郡都尉之属吏更多，因有出土汉简，故多可考记。据陈直《汉书新证》说：

> 边郡都尉有烽燧台者，则设有候官，或简称为候。见于《汉书》者，《律历志》有酒泉候宜君，《董贤传》父恭为云中候是也（即扬雄解嘲“东南一尉，西北一候”之候）。候官之下有候长，候长之下有燧长。候官、候长之属吏，有令史、佐、啬夫等职，敦煌、居延两木简，纪载均甚详明。又在烽燧台之外，如遇有险要地区，设有障、塞，大者曰障，小者曰塞（约距离百里左近，可设者则设，并无定例），并置有障尉、塞尉……颜师古注《匈奴传》上卷，引《汉律》说明西汉塞尉之制度，属吏有士史、尉史各二人，与敦煌、居延两木简无一不合，但颜注之“士史”，当为“士吏”之误字。以上所述候官，障、尉等两官系统，皆直属于都尉管辖，均为本表所未详。又按：都尉府属吏今可考者有掾、属、书佐。见居延汉简释文二五页。

这是一个概述，但从中我们可以看到，都尉的属官特别是军事方面的属官是很多的，而且有些还是郡守属吏中所没有的。陈梦家《汉简缀述》（中华书局出版，《考古学专刊》甲种第十五号）对边郡都尉的属官系统做过更详细的整理，可供参考。

第四节　郡属吏

如前所述，郡守掌治一郡，职大任重，故有许多佐治人员，除了都尉、郡丞、长史等由朝廷任命之外，众多的属吏都是由太守自己辟除的。一般是任用本郡人士，西汉三辅和东汉河南尹属吏则可任用他郡人。至于初置边郡或境内少数民族地区，其属吏照例用内郡人，以便进行统治。

郡守属吏究竟有哪些?《后汉书·百官志》记载说：

> 皆置诸曹椽史。本注曰：诸曹略如公府曹，无东西曹。有功曹

史，主选署功劳。有五官掾，署功曹及诸曹事。其监属县，有五部督邮曹掾一人。正门有亭长一人。主记室史，主录记书，催期会。无令史。阁下及诸曹各有书佐，干主文书。

《宋书·百官志》记载说：

郡官属略如公府，无东西曹。有功曹史主选举，五官掾主诸曹事，部县有督邮，门亭长，又有主记史催督期会，汉制也，今略如之。诸郡各有旧俗，诸曹名号往往不同。

这两段记载都是一个简单的概述，包括内容甚多，我们可以指出如下几点：

第一，和中央（公府）一样，分曹办事，不过没有东西曹之分罢了[①]。分曹即分科办公，如民政（户曹、比曹、时曹、田曹、水曹）、财政（仓曹、金曹）、交通（集曹、漕曹、法曹）、军事（兵曹、尉曹）、治安（贼曹）、司法（决曹、辞曹）、教育（学官）、卫生（医曹）等等。各曹皆有办公处所（或机关），如《汉书·薛宣传》记载说：

日至休吏（师古曰："冬、夏至之日不省官事，故休吏"），贼曹张扶独不肯休，坐曹治事。宣出教曰："盖礼贵和，人道尚通。日至，吏以令休，所由来久。曹虽有公职事，家亦望私恩意。掾宜从众，归对妻子，设酒肴，请邻里，一笑相乐，斯亦可矣！"

贼曹掾张扶休假日仍"坐曹治事"，这里的"曹"显然是指机关或办公处所而言。又如《后汉书·张玄传》记载说：

玄初为县丞，尝以职事对府，不知官曹处，吏白门下责之。

---

① 如果按照《后汉书·百官志》所说："西曹主府史署用，东曹主二千石长吏迁除及军吏。"那么郡功曹"主选署功劳"，也大体相似。因此，"无东西曹"，当指《汉旧仪》所说东西曹："丞相初置吏员十五人，皆六百石，分为东西曹，东曹九人出督州为刺史，西曹六人，其五人往来白事东厢，为侍中，一人留府曰西曹，领百官奏事。"

也清楚说明“曹”是机关、办公处所。

第二，诸曹曹名及其职掌和公府曹大体相同。据《后汉书·百官志》记载，公府诸曹除东西曹之外有：

> 户曹，主民户、祠祀、农桑。奏曹，主奏议事。辞曹，主辞讼事。法曹，主邮驿科程事。尉曹，主卒徒转运事。贼曹，主盗贼事。决曹，主罪法事。兵曹，主兵事。金曹，主货币、盐、铁事。仓曹，主仓谷事。黄阁主簿，录省众事。

以上这些曹名（包括主簿）都是郡府所有的。并且，公府中稍次一等的令史，如：

> 阁下令史，主阁下威仪事。记室令史，主上章、表、报、书记。门令史，主府门……①

郡府中也有相应的机构和吏员，如门亭长、主记室史之类，不过，“无令史”和公府之分“掾史属”与“令史及御属”不同罢了（此如同“无东西曹”一样）。公府中除以上令史之外，“其余令史各典曹文书”，这是说各曹均有令史，显然，令史比掾史要低一等。而郡府中的门亭长之类，与诸曹地位大体是相等的，他们下面也还有办事人员，这就是“阁下及诸曹各有书佐，干主文书”。

第三，郡府官属中，在“诸曹掾史”之下，特别列举了功曹史、五官掾、督邮、门亭长、主记史这么几个名称，其意甚明，其他以“曹”为名者不必一一列举，而所列举的这几个，名虽不同，实际与曹相同，地位大体相等。主持各曹之吏，或曰掾，或曰史，一般是掾、史通用，也有时掾、史同时设置，则史位在掾下，见中平五年（188 年）《巴郡太守张纳碑》。掾是郡府各机关主要负责人的通称②，如主记掾、仓曹掾、督邮掾之类③。《后汉书》《宋书》的百官志均称功曹史，似乎功曹无掾，实则不然，

---

① 范晔：《后汉书》志第二十四，《百官一》，中华书局 1965 年版，第 3559 页。

② 《后汉书·冯异传》：“异以郡掾监五县。”

③ 《欧阳文忠全集》卷一百五十三《后汉朔方太守碑阴》。

《史记·萧相国世家》萧何为“沛主吏掾”，《史记索隐》曰：

> 《汉书》云，何为主吏，主吏功曹也。又云，何为沛掾，是何为功曹掾。

功曹掾的记载少一些，但不是没有[①]。而功曹史既然以功曹长官身份出现，可见功曹史即功曹掾，在这里掾史是互用的。当然有的曹有掾又有史，甚至还有左右史之分（见后）。对于郡府各曹掾史，汉人在习惯上一般只称曹名，而省掉掾字，如上引《汉书·薛宣传》，前面只说“贼曹张扶”，后面就说“掾宜从众”，显然贼曹为简称，张扶实即贼曹掾。

虽然各曹的地位大体是相当的，但由于职掌不同，也有主次、亲疏之分。汉制以右为尊，故重要的属吏，当时均称为右职或右曹，如《汉书·黄霸传》：

> 冯翊以霸入财为官，不署右职（师古曰：“轻其为人也。右职，高职也”），使领郡钱谷计。

又，《后汉书·张酺传》：

> 前郡守以青（东郡小史王青）身有金夷，竟不能举。酺见之，叹息曰：“岂有一门忠义而爵赏不及乎？”遂擢用为极右曹（注引《汉官仪》曰：“督邮、功曹，郡之极位”）。

是则督邮、功曹等重要属吏均称为右曹，与一般列曹有所区别。这右曹是“郡之极位”，或称豪吏，《汉书·曹参传》说“（参）秦时为狱掾，而萧何为主吏，居县为豪吏矣。”师古曰：“言参及萧何并为吏之豪长也。”大约从东汉开始又有“纲纪”之称，如《后汉书·张升传》说升“仕郡为纲纪”。东汉末年，纲纪更多见，如刘放为涿郡纲纪[②]，梁习为陈郡纲纪[③]。

---

① 《隶释》第十七《益州太守某碑》中就有“功曹掾”。

② 陈寿：《三国志》卷十四，《魏书十四·刘放传》，中华书局 1959 年版，第 456 页。

③ 陈寿：《三国志》卷十五，《魏书十五·梁习传》，中华书局 1959 年版，第 469 页。

汉以后的纲纪有的是指主簿而言，如《三国志·吴书·孙坚传》中所说的南阳纲纪，参阅正文和注文显然是指主簿，故晋以后多以主簿为纲纪[①]。但汉末纲纪并不专指主簿，如《三国志·魏书·徐宣传》，徐宣与陈矫并为广陵太守陈登纲纪，而《陈矫传》则说“太守陈登清（矫）为功曹”。功曹也是纲纪。所以胡三省注《资治通鉴》时说：“纲纪，综理府事者也。”[②] 可见纲纪也是右曹的异称。

郡府属吏颇多，除重要者外，又有较亲近的属吏。《后汉书·公孙述传》有门下掾，注云：

> 州郡有掾，皆自辟除之，常居门下，故以为号。

似乎州郡所自除之掾均可以门下为号。《后汉书·舆服志上》记载说：

> 公卿以下至县三百石长导从，置门下五吏：贼曹，督盗贼，功曹，皆带剑，三车导；主簿、主记，两车为从。

包括功曹在内均为“门下吏”，与“门下掾”是一个意思。但是，在实际上更亲近者称门下（或阁下），故《后汉书·百官志》有“阁下及诸曹”的说法。

第四，《后汉书·百官志》所说：“阁下及诸曹各有书佐，干主文书。”这也是一个概述。其意思是说，协助掾史治事的还有各种属吏，也可笼统称之为斗食、佐史之属，从秩奉上看有所区别，《后汉书·百官志》记载：

> 一百石奉，月十六斛。斗食奉，月十一斛。佐史奉，月八斛。

实际上百石以下的属吏在数量上很多。如《后汉书·百官志》注引《汉官》说到河南尹有员吏九百二十七人，其中低于掾史的就有书佐五十人，

---

① 《文选》卷三十六《傅季友为宋公修张良庙教》，李善注：“纲纪谓主簿也。教，主簿宣之，故曰纲纪，犹今诏书称门下也。”虞预《晋书》东平主簿王豹白事齐王曰：“况豹虽陋，故大州之纲纪也。”

② 《资治通鉴》卷九十三明帝太宁二年（324 年）注。

循行二百三十人，干、小史二百三十一人。虽然河南尹的属官和三辅“尤异”[1] 一样较一般郡府为多，但一般郡府也有大量书佐、干、小史等低级属吏，这一点是可以肯定的。

第五，《宋书·百官志》的记载是比较客观的，所谓“郡官属略如公府”，“诸郡各有旧俗，诸曹名号往往不同”等都不应该拘泥地理解，这一点对于我们以下的叙述以及对整个郡属吏情况的理解都是很重要的。

尤其值得注意的是，《后汉书》和《宋书》的百官志所记载的情况，主要是东汉或者西汉中期以后的典型情况。虽然“古者名官职不言曹；始自汉已来，名官尽言曹”[2]，这个所谓“汉已来”至少也是西汉中叶以来。因为秦和西汉初年太守的主要属吏是“卒史”，如《史记·张丞相列传》记载：

> 周昌者，沛人也。其从兄曰周苛，秦时皆为泗水卒史。及高祖起沛，击破泗水守监，于是周昌、周苛自卒史从沛公。

萧何也曾为泗水郡卒史，《史记·萧相国世家》索隐：

> 如淳按：律，郡卒史、书佐各十人也。

汉武帝时，汲黯为东海太守，“择丞史而任之”，《史记·汲黯列传》集解亦引如淳曰：

> 律，太守、都尉、诸侯内史史各一人，卒史、书佐各十人。

如淳所引的律文当是秦和西汉初年的律文，当时丞以下的主要属吏称为卒史，其次即书佐。

西汉中叶以后，卒史之名逐渐减少了，或者地位也降低了，曹掾日益形成，这有一个发展的过程，褚少孙补《史记·滑稽列传》记载：

---

① 《汉书·黄霸传》：“补左冯翊二百石卒史。”注引如淳曰：“三辅郡得仕用它郡人，而卒史独二百石，所谓尤异者也。”

② 陈寿：《三国志》卷四十二，《蜀书十二·杜琼传》，中华书局1959年版，第1022页。

> 武帝时，征北海太守诣行在所，有文学卒史王先生者，自请与太守俱……许之，诸府掾功曹白云："王先生嗜酒，多言少实，恐不可与俱。"

《史记索隐》以为非武帝时事，是宣帝召北海太守龚遂。《汉书·龚遂传》王生官为议曹，与《史记》略有不同。又《汉书·尹翁归传》记载霍光秉政时：

> 会田延年为河东太守，行县至平阳，悉召故吏五六十人，延年亲临见，令有文者东，有武者西。阅数十人，次到翁归，独伏不肯起，对曰："翁归文武兼备，唯所施设。"功曹以为此吏倨敖不逊，延年曰："何伤?"遂召上辞问，甚奇其对，除补卒史，便从归府。案事发奸，穷究事情，延年大重之，自以能不及翁归，徙署督邮。

此为卒史、功曹、督邮等属吏同时存在。到西汉后期，曹掾便比较齐全了，《汉书·朱博传》载：

> （朱博）后去官入京兆，历曹史列掾，出为督邮书掾，所部职办，郡中称之。

> 迁琅邪太守……右曹掾史皆移病卧……乃召见诸曹史书佐及县大吏，选视其可用者，出教置之，皆斥罢诸病吏。

以上为元帝、成帝时事。由此可见，这时的郡府曹掾已大体完备了。

以下再分类叙述诸曹掾史的具体情况。

一、功曹、五官掾、督邮

如上所说，督邮、功曹郡之极位，或称右职，或称右曹、极右曹，或称上曹，或称纲纪，或称主吏，或称豪吏。按其职掌，有负责全局、统领或监督其他各曹的性能，实权较大，是太守的左右手，在郡府自辟之属吏中地位最高。

（一）功曹

功曹在郡府中的地位，在汉人心目中等同朝廷的相国，如王充在《论衡·遭虎篇》中说："功曹众吏之率。"他又说："功曹之官，相国是也。"南朝刘湛也说："今世宰相何难？此政可当我南阳郡汉世功曹耳。"[①] 其显然也是以郡功曹比汉世宰相。又《后汉书·马武传》载：

> （光武）帝后与功臣诸侯宴语，从容言曰："诸卿不遭际会，自度爵禄何所至乎？"高密侯邓禹先对曰："臣少尝学问，可郡文学博士。"帝曰："何言之谦乎？卿邓氏子，志行修整，何为不掾功曹？"

这可以说明，功曹在时人心目中确为郡中最尊显之属吏。

因为功曹的这种地位，所以常有太守委政于功曹的事例，如《后汉书·冯勤传》：

> （冯勤）初为太守铫期功曹，有高能称。期常从光武征伐，政事一以委勤。

又如《后汉书·党锢传》序：

> 汝南太守宗资任功曹范滂，南阳太守成瑨委功曹岑晊。二郡又为谣曰："汝南太守范孟博，南阳宗资主画诺；南阳太守岑公孝，宏农成缙但坐啸。"

其意思是说，功曹成了实际的太守。又《三国志·魏书·臧洪传》：

> 太守张超请洪为功曹……政教恩威，不由己出，动任臧洪。

这也是功曹行使太守权力的例子。以上这几例还说明，从东汉初年到东汉末年都存在着这种委政于功曹的现象，其地位之高由此可见。

---

① 沈约：《宋书》卷六十九，《刘湛传》，中华书局1974年版，第1817页。

又前引《后汉书·韩棱传》云：

（棱）初为郡功曹，太守葛兴中风，病不能听政，棱阴代兴其事……吏以棱掩蔽兴病，专典郡职，遂致禁锢。

这是一个比较特殊的例子，但是其之所以能“阴代兴视事”，也是因为其特殊地位。

在特殊情况下，功曹在郡府中职总内外，可以决定一切。然而其本职的主要工作，还是《后汉书·百官志》所说“主选署功劳”，这中间既包括郡吏之任免，也包括郡吏之赏罚。功曹主选举实例较多，前引《汉书·尹翁归传》中说太守田延年选用员吏时，功曹就参与其事。《汉书·朱博传》也有记载：

府功曹受赂，白除（尚方）禁调守尉。

《后汉书·王涣传》：

（广陵太守陈宠）入为大司农。和帝问曰：“在郡何以为理？”宠顿首谢曰：“臣任功曹王涣，以简贤选能。”

同书《乐恢传》：

为（郡）功曹，选举不阿，请托无所容。

谢承《后汉书》：

范滂，字孟博，汝南人，太守宗资署功曹。滂外甥西平李颂，公族子孙，顽嚣秽浊，为乡曲所弃，常侍唐衡属其事，资敕曹召署文学史。滂不肯听。资怒，召功曹书佐朱零问不召颂意状。零以告滂，滂曰：“答教当言：颂则滂之姊子，岂不乐其升进，但颂夸秽小人，不宜染污朝廷①，不敢以位私人，是以不召。”

又曰：许劭仕郡为功曹，抗忠举义，进善黜恶，正机执衡，允齐风俗，所称如龙之升，所贬如堕于渊，清论风行，所吹草偃，为众所服。

又曰：李寿聪明智达有俊才，太守黄谠高其名德，召署功曹，每进见，常荐达郡中善人有异行者，谠辄序用。寿虽见优礼愈隆，寿意益下，其所致达，未尝伐其功美。②

由此可见，功曹实操选署之权，他们可以向郡太守推荐人才，郡太守用人也得通过他们具体署用。

与此相关的另一主要职责即议论赏罚，如《汉书·韩延寿传》：

延寿尝出，临上车，骑吏一人后至，敕功曹议罚白（师古曰："令定其罪名而更白之"）。

又如谢承《后汉书》：

（彭修）仕郡为功曹。时西部都尉宰晁行太守事，以微过收吴县狱吏，将杀之。主簿钟离意争谏甚切，晁怒，使收缚意。修排阁直入，拜于庭，曰："明府发雷霆于主簿，请闻其过。"晁曰："受教三日，初不奉行，废命不忠，岂非过耶？"修因拜曰："昔任座面折文侯，朱云攀毁栏槛，自非贤君，焉得忠臣？"遂原意罚，贷狱吏。③

又如《东观汉记》：

---

① 郡府也可称朝，《后汉书·法真传》："（真）性恬静寡欲，不交人间事。太守请见之，真乃幅巾诣谒。太守曰：'昔鲁哀公虽为不肖，而仲尼称臣。太守虚薄，欲以功曹相屈，光赞本朝，何如？'"

② 李昉等：《太平御览》卷二百六十四，《职官部六十二》引，中华书局1960年版，第1235页。

③ 李昉等：《太平御览》卷二百六十四，《职官部六十二》引，中华书局1960年版，第1235页。

汝南太守欧阳歙召郅恽为功曹。汝南旧俗，十月飨会，百里内皆赍牛酒到府饮宴。时临飨礼毕，歙教曰："西部督邮繇延，天资忠贞，不严而治，今与众儒共论延功，显之于朝。"恽于下座愀然前曰："案延资性贪邪，外方内员，朋党构奸，罔上害民。明府以恶为善，以直从曲，此既无君，又复无臣，恽敢奉觥。"歙色惭，不知所为。门下掾郑敬进曰："君明臣直，功曹言切，明府德也。"歙意少解，曰："实歙罪也。"①

这些都说明，如果功曹认真履行自己的职责，无论褒贬进退，都能起很大的作用，不仅影响太守的决策，对郡府其他吏员也有很大的影响，如前述功曹范滂之书佐朱零就为范滂不以私害公的言行所感动，叹曰：

范滂清议，犹利刃截腐肉。愿为明府所笞杀，不为滂所废绝。今日之死当受忠名，为滂所废永成恶人。

功曹之议论赏罚被称为"清议"或者"清论"，所谓"清论风行，所吹草偃，为众所服" （见上）。因此，好的功曹，可以使"郡中奸吏皆自引去"②；坏的功曹，则被人比之于猛虎，如《论衡·遭虎篇》说：

功曹为奸，采渔于吏。故虎食人，以象其意。

（二）五官掾

对于"五官"这个名称，《急就篇》颜师古解训：

古言五官者，总举众职，以配五行，无所不包……若今言百官也。

---

① 李昉等：《太平御览》卷二百六十四，《职官部六十二》引，中华书局1960年版，第1234页。《风俗通义·过誉》所载恽对话略详。又据《后汉书·郅恽传》载，事后"恽乃免冠谢曰：'昔虞舜辅尧，四罪咸服，谗言弗庸，孔任不行，故能作股肱……恽不忠，孔任是昭，豺虎从政，既陷诽谤，又露所言，罪莫重焉。请收恽、延，以明好恶'"，是则督邮的任免和议论也是功曹职责之一。

② 陈寿：《三国志》卷十一，《魏书十一·袁涣传》，中华书局1959年版，第333页。

无所不包，意思也就是无一定职掌，可见五官掾为一荣誉职务。《后汉书·百官志》说是“署功曹及诸曹事”。《宋书·百官志》则说“主诸曹事”。其实《后汉书》用一个“署”字极为恰当，署者署理也，凡官出缺或离任，以他官暂理其职务，谓之署理，有别于正式任命者。可以说，没有功曹，五官掾就署理功曹事，其他各曹或缺，他也可以代行其事。因为他可以署理功曹之事，其地位是比较高的，或者仅次于功曹。《后汉书·任光传》有功曹阮况、五官掾郭唐的排列法，同书《邳彤传》有五官掾张万、督邮尹绥的排列法，大体上是能说明其地位的。有些具体史料也可说明这个问题，如《汉书·王尊传》记载说：

> 五官掾张辅怀虎狼之心，贪污不轨，一郡之钱尽入辅家，然适足以葬矣。

一郡之钱尽入辅家未免有些夸张，但如果在郡府中没有显著地位，也不可能影响全郡。又如《后汉书·谅辅传》记载：

> 谅辅……仕郡为五官掾。时夏大旱，太守自出祈祷山川，连日而无所降。辅乃自暴庭中，慷慨咒曰：“辅为股肱，不能进谏纳忠，荐贤退恶，和调阴阳，承顺天意，至令天地否隔，万物焦枯，百姓喁喁，无所诉告，咎尽在辅。今郡太守改服责己，为民祈福，精诚恳到，未有感彻。辅今敢自祈请，若至〔日〕中不雨，乞以身塞无状。”

这段记事虽然是说明谅辅的志诚，但也反映其在郡府中的地位，不仅是太守的“股肱”，而且从“进谏纳忠、荐贤退恶”看，也正是功曹的职责。

但是，五官掾之设既为定制①，就理应有其具体职责，从许多资料看，郡中春秋祭祀，是由五官掾主祭的，故列于群吏之首，如《桐柏淮源庙碑》记春秋祭祀时官属的排列次第：

> 春，侍祠官属：五官掾章陵刘䜣，功曹史安众刘瑗，主簿蔡阳乐

① 《通典》《文献通考》都说“后汉有之”，或者后汉才成为定制。

茂，户曹史宛任巽。

秋，五官掾新□梁懿，功曹史郦周谦，主簿安众邓嶷，主记史宛起旻，户曹史宛谢综。[1]

又《史晨飨孔庙后碑》：

五官掾鲁孔畅，功曹史孔淮，户曹掾薛东……[2]

以上二例皆东汉末年的情况，五官掾置于功曹史之前，或者因五官掾主祭，也或因为五官掾地位高于功曹史，《三国志·蜀书·秦宓传》记载说：

广汉太守夏侯纂，请（秦）宓为师友祭酒，领五官掾，称曰仲父。

祭酒为尊敬之称，谓其人年齿德望高于同列也。仲父也是尊称，有称宰相为仲父者。由此看来，五官掾的地位当是在郡府同列中最高者。东汉以后大约就是如此了，故《晋书·职官志》中除主簿地位突出外，五官掾即排在功曹史之前。

（三）督邮

西汉初年有遣都吏巡行属县之事，《汉书·文帝纪》元年（前179年）记载说：

有司请令县道：年八十以上赐米人月一石、肉二十斤、酒五斗，其九十以上，又赐帛人二匹、絮三斤。赐物及当禀鬻米者，长吏阅视，丞若尉致。不满九十，啬夫、令史致。二千石遣都吏循行，不称者督之。

注引如淳曰：

---

① 《金石萃编》卷十。
② 《金石萃编》卷十三。

律说，都吏今督邮是也。闲惠晓事，即为文无害都吏。

可见在未置督邮之前，即由都吏督察郡内各县。

大约西汉中叶以后逐渐形成督邮督察属县之制。

督邮之名，见于记载的有“督邮曹掾”、“督邮书掾”、“督邮掾”、“督邮”或“都邮”等等，也有“督邮曹史”的记载。督邮是简称，也是通称，没有问题。督邮掾也好解释，属于曹掾之一。至于“督邮曹掾”，有人认为“曹盖书之讹”。[①] 我们认为，倒不如说“书乃曹之讹”。按“邮”字本身乃是指边境上之舍，最早还是田间之舍。邮书是后来才联系起来的。汉代，或者说西汉中叶以后，设置了督邮，并相应采取一些措施，如《后汉书·郭太传》注引《风俗通》说：

汉改邮为置。置者，度其远近之间置之也。

《后汉书·舆服志》刘昭注云：

东晋犹有邮驿共置，承受旁县文书。有邮有驿，行传以相付。县置屋二区。有承驿吏，皆条所受书，每月言上州郡。《风俗通》曰：今吏邮书掾、府督邮职掌此。

从这些记载看，督邮巡行境内，督察长吏，同时也督察邮驿，这是很可能的；而邮驿设有专职官吏，也是很明显的。特别是这个“邮书掾”，官名十分清楚，而且又是和“府督邮”同时出现的。因此，我们认为，“督邮书掾”没有什么意义，既有邮书掾、府督邮，就不必再设督送邮书的专职。而“督邮曹掾”，则可理解为郡府诸曹之一，虽不一定在府内有办事处所，但就分科办事而言，督邮所分则为监察属县。

督邮作为郡太守之耳目[②]，“分明善恶于外”[③]，其主要职责即督察县政，韦昭《辩释名》曰：

① 严耕望：《中国地方行政制度史》上编，台湾商务印书馆1963年版，第138、144页。
② 《北堂书钞》卷七十七引谢承《后汉书》记蒋崇语：“守相以督邮为耳目。”
③ 班固：《汉书》卷七十六，《韩延寿传》，中华书局1962年版，第3213页。

督邮主诸县罚以负督邮殷紏摄之也。[①]

此处讹舛特甚，文意很难理解，但督察县政的意思是明确的。其督察之范围，一郡之中有两部、三部、四部或五部之分，说见前。督察的对象主要是所属县长吏，察其善恶与是否称职，然后报府，以便奖惩，有时且受权收捕罪犯。例如《汉书·冯野王传》记载：

（冯野王）入为左冯翊。岁余，而池阳令并素行贪污，轻野王外戚年少，治行不改。野王部督邮掾祋祤赵都案验，得其主守盗十金罪，收捕。并不首吏，都格杀（之）。

同书《黄霸传》：

（黄霸为颍川太守，）许丞老病聋，督邮白欲逐之。

《后汉书·卓茂传》：

（茂为密令，）平帝时，天下大蝗……独不入密县界，督邮言之。太守不信，自出案行，见乃服焉。

此处李贤注云：

《汉书》志曰：郡监县有五部，部有督邮掾，以察诸县也。

以上是西汉中叶以后的情况。东汉的史料更多，如：

（苏谦初为郡督邮。）时魏郡李暠为美阳令，与中常侍具瑗交通，贪暴为民患，前后监司畏其势援，莫敢纠问。及谦至部，案得其赃，

① 李昉等：《太平御览》卷二百五十三，《职官部五十一》引，中华书局1960年版，第1192页。

论输左校。①

(会稽)太守第五伦擢(谢夷吾)为督邮。时乌程长有臧衅,伦使收案其罪。②

太守桓虞下车,叶令雍霸及新野令皆不遵法,乃复(赵)勤督邮。(勤)到叶,见霸,不问县事,但高谈清论以激厉之。霸即陈责,解印绶去。勤还,入新野界,令闻霸已去,遣吏奏记陈罪,复还印绶去。虞乃叹曰:"善吏加良鹰矣,下鞲即中。"③

(伍孚)为郡门下书佐。其本邑长有罪,太守使孚出教,敕曹下督邮收之。④

(王堂)为汝南太守,属多暗弱,堂简选四部督邮,奏免四十余人。⑤

督邮除督察所属县长吏外,部内上自王侯,下至豪右,亦在其督察之列,例如:

(京兆尹孙宝)以立秋日署(侯)文东部督邮。入见,敕曰:"今日鹰隼始击,当顺天气取奸恶,以成严霜之诛,掾部渠有其人乎?"文印曰:"无其人不敢空受职。"宝曰:"谁也?"文曰:"霸陵杜稚季。"宝曰:"其次。"文曰:"豺狼横道,不宜复问狐狸。"宝默然。稚季者大侠,与卫尉淳于长、大鸿胪萧育等皆厚善。……稚季耳目

① 范晔:《后汉书》卷三十一,《苏不韦传》,中华书局1965年版,第1107页。
② 范晔:《后汉书》卷八十二,《谢夷吾传》,中华书局1965年版,第2713页。
③ 李昉等:《太平御览》卷二百五十三,《职官部五十一》引《东观汉记》,中华书局1960年版,第1193页。
④ 陈寿:《三国志》卷六,《魏书六·董卓传》注引谢承《后汉书》,中华书局1959年版,第175页。
⑤ 《后汉书·王堂传》惠拣补注引钟岏《良吏传》。

长，闻知之，杜门不通水火……遂不敢犯法。①

(张俭)为东部督邮。时中常侍侯览家在防东，残暴百姓，所为不轨。俭举劾览及其母罪恶，请诛之。②

郅寿迁冀州刺史。时冀部属郡多封诸王，宾客放纵，类不检节，寿案察之，无所容贷……又徙督邮舍王宫外，动静得失，即时骑驿言上奏王罪及劾傅相，于是藩国畏惧，并为遵节。③

因为督察属县，所以其部属范围内的有关事宜，诸如捕系罪犯，追案盗贼、录送囚徒以及催租点兵等等，督邮均可奉诏处置，例如：

(桓帝时)诏中都官及郡部督邮，捕诸赵(赵息等)，尺儿以上……皆杀之。④

(灵帝时)诏下急捕范滂等。督邮吴导至县，抱诏书，闭传舍，伏床而泣。滂闻之曰："必为我也。"遂自诣狱。⑤

这是奉诏捕系犯人。又如：

(太守但望奏：)时有贼发，督邮追案，十日乃到，贼已远逃，踪迹绝灭。⑥

这是追案盗贼。又如：

---

① 班固：《汉书》卷七十七，《孙宝传》，中华书局1963年版，第3259～3260页。
② 范晔：《后汉书》卷六十七，《张俭传》，中华书局1965年版，第2210页。
③ 范晔：《后汉书》卷二十九，《郅恽传》，中华书局1965年版，第1032～1033页。
④ 陈寿：《三国志》卷十八，《魏书十八·阎温传》注引《魏略》，中华书局1959年版，第552页。
⑤ 范晔：《后汉书》卷六十七，《范滂传》，中华书局1965年版，第2207页。
⑥ 常璩：《二十五别史·华阳国志》卷一，《巴志》，齐鲁书社2000年版，第7页。

(马)援为郡督邮,送囚至府……哀而纵之。[①]

(武威太守张猛)以(雍州刺史邯郸商)属督邮。督邮录商,闭置传舍。[②]

这是录送囚徒。又如:

(孔)融在北海……自理甚疏。租赋少稽,一朝杀五部督邮。[③]

(司马)芝为管长。……差(郡主簿刘)节客王同等为兵。……而节藏同等,因令督邮以军兴诡责县,县掾史穷困,乞代同行。[④]

这是催租点兵。其他也还有临时的差遣,如:

(汉阳)郡人上邽姜岐,守道隐居,名闻西州。(太守桥)玄召以为吏,称疾不就。玄怒,敕督邮尹益逼致之,曰:"岐若不至,趣嫁其母。"益固争不能得,遽晓譬岐。岐坚卧不起。郡内士大夫亦竞往谏,玄乃止。[⑤]

汝南黄谠拜会稽太守,召(钟离)意署北部督邮。时郡中大疫,黄君转署意中部督邮。意乃露车不冠,身循行病者门,入家赐医药,诣神庙为民祷祭,其所临户四千余人。后日府君出行灾眚,百姓攀车言曰:"明府不须出也,但得钟离督邮,民皆活也。"[⑥]

---

① 刘珍:《东观汉记校注》卷十二,《马援传》,中华书局 2008 年版,第 427 页。

② 陈寿:《三国志》卷十八,《魏书十八·庞淯传》注引《典略》,中华书局 1959 年版,第 548 页。

③ 陈寿:《三国志》卷十二,《魏书十二·崔琰传》注引《九州春秋》,中华书局 1959 年版,第 371 页。

④ 陈寿:《三国志》卷十二,《魏书十二·司马芝传》,中华书局 1959 年版,第 386~387 页。

⑤ 范晔:《后汉书》卷五十一,《桥玄传》,中华书局 1965 年版,第 1695 页。

⑥ 李昉等:《太平御览》卷二百五十三,《职官部五十一》引《钟离意别传》,中华书局 1960 年版,第 1194 页。

从以上所述来看，督邮的职责是很重的，任用得人与否，确是关系到一郡治理的好坏，如《汉书·尹翁归传》记载：尹翁归为汾南督邮，“所举应法，得其罪辜，属县长吏虽中伤，莫有怨者”。上述苏谦、赵勤、侯文、钟离意等也都是比较好的典型。如任用不得其人，则必然苛政扰民，例如《后汉书·高获传》记载，汝南境内大旱，太守鲍昱问高获何以致雨。获曰：“急罢三部督邮……雨可致也。”其意即谓督邮扰民以致大旱不雨，反映了人民对督邮的不满情绪。故有以宽和为政的太守，常召督邮还府，不令外督，如《后汉书·何敞传》说，何敞为汝南太守：

在职以宽和为政。立春日，常召督邮还府，分遣儒术大吏案行属县。

由于督邮的职责是案行属县，所以督邮即使无事，一般也要在其所部巡行，如马融《长笛赋序》曰：

融既博览典雅，精核数术，又性好音，能鼓琴吹笛，而为督邮无留事，独卧平阳邬中。①

又如谢承《后汉书》曰：

许庆，字子伯，家贫，为郡督邮，牛车，乡里号曰“轺车邮”……②

闻人袭为郡督邮，行则负担，卧则无被，连麋皮以自覆，不受人食之费。③

有的甚至过家门而不入，《会稽先贤传》曰：

---

① 《文选》卷十八。
② 李昉等：《太平御览》卷二百五十三，《职官部五十一》，中华书局1960年版，第1193页。
③ 李昉等：《太平御览》卷二百五十三，《职官部五十一》，中华书局1960年版，第1193页。

茅开，字季闿，余姚人，为督邮，平决厌众心。尝之部，历其家门，不入门，当路向堂朝拜，府君益善之。①

由此可见，督邮也是一项苦差。

又，从以上茅开的情况看，其所督之部，不包括其家所在之部。这是因为督邮的任命与郡中其他属吏有相同处，也有不同处，相同的是一般都为本郡人（见上），不同的则是督邮一般不督本部②。如尹翁归，平阳人，平阳属汾北，而翁归则部汾南。这种籍贯限制，也是回避的意思，以免滋生弊端。

二、门下亲近属吏

门下又称阁下，汉代官府正门一般不轻易开启，府内人员日常出入皆走旁门、小门，小门曰阁，故有阁下或门下之称，表示亲近的意思。郡府属吏似乎均可称为门下或阁下。但功曹、五官、督邮等地位特殊，其余列曹又各有所掌，实际变成相对独立的机构，所以史书常把一些最亲近的属吏特别冠以“门下”的称号，以示与其他职事曹有所区别。故门下亲近属吏可别为一类。

（一）主簿

顾炎武《日知录》卷二十四有关于主簿的一段概述：

《周礼·司会》注：主计会之簿书。疏云：古有简策以记事，若在君前，以笏记事，后代用簿，簿今手版，故云吏当持簿，簿则簿书也。汉御史台有此官，御史大夫张忠署孙宝为主簿。而魏晋以下，则寺监以及州郡并多有之。杜氏《通典》“州佐”条下云：主簿一人，录门下众事，省署文书，汉制也。

据此，我们可以作如下几点说明：首先，主簿原来的意义是“主计会之簿书”，于君前记事，自然是在君之左右，故有“主簿，股肱近臣”③ 的说

---

① 李昉等：《太平御览》卷二百五十三，《职官部五十一》，中华书局1960年版，第1194页。
② 严耕望：《中国地方行政制度史》上编，台湾商务印书馆1963年版，第144页。
③ 《古文苑》卷十《曹公卞夫人与杨太尉夫人袁氏书》。

法。又，《汉书·严延年传》记载，延年为河南太守，“所欲诛杀，奏成于手，主簿亲近吏，不得闻知”。其亲近关系可以许多具体事例为证，如王尊为东郡太守时，河水泛滥，王尊率吏民祀水神，请以身填金堤，居堤上，堤坏时，吏民皆走，“唯一主簿泣在尊旁，立不动”①。又如《东观汉记》云：

> 周喜仕郡为主簿……从太守何敞讨贼，为流矢所中，谓贼众曰：“卿曹皆民隶也，岂有还害其君者耶？请以死赎君命。”因仰天号泣。……

其次，据顾炎武说，从魏晋以下州郡才多有主簿，其实不然（顾引《通典》已与其说自相矛盾），汉代州郡不仅普遍设立主簿“主诸簿书”，而且是“普关诸事”②。当然，其职掌和地位的发展变化也有一个过程。开始其地位并不高，上述孙宝为主簿时就有“两府高士俗不为主簿”③ 的说法，这虽是指中央两府而言，州郡亦当如此。如前所说，两汉郡府内职重位尊的属吏主要是功曹、五官，主簿的地位的确不怎么突出。到东汉时，主簿也还是“拾遗补阙”，《后汉书·王堂传》说：

> 其宪章朝右，简核才职，委功曹陈蕃；匡政理务，拾遗补阙，任主簿应嗣。

又同书《王涣传》：

> （陈宠曰：）臣任功曹王涣，以简贤选能；主簿覃显，拾遗补阙。

功曹的职务是具体的，主簿的职务并不固定。汉以后，主簿逐渐代替了功曹的地位，甚至只有主簿而不再设功曹了④。

---

① 班固：《汉书》卷七十六，《王尊传》，中华书局 1962 年版，第 3237 页。

② 李昉等：《太平御览》卷二百六十五，《职官部六十三》引韦昭《辩释名》，中华书局 1960 年版，第 1239 页。

③ 班固：《汉书》卷七十七，《孙宝传》，中华书局 1962 年版，第 3257 页。

④ 杜佑：《通典》卷三十二，《职官十四》，中华书局 1992 年版，第 889 页。

那么，主簿究竟干些什么呢？所谓“拾遗补阙”就是有什么做什么。从有关记载看，主簿的主要职责有：

代郡守宣读书教。《汉书·张敞传》载敞为京兆尹时，“使主簿持教告（贼捕掾絮）舜曰：五日京兆竟何如？冬月已尽，延命乎？”《后汉书·郅恽传》更有“主簿读书教”的明确记载。

为太守奉送要函。东汉弘农太守皇甫规，因门吏得罪当时名士赵壹，“谨遣主簿奉书”① 谢罪，即为其例。

为太守迎接贵客。《后汉书·高获传》：“（汝南）太守鲍昱请（高）获，既至门，令主簿就迎，主簿但使骑吏迎之，获闻之，即去。昱遣追请获，获顾曰；‘府君但为主簿所欺，不足与谈。”可见，尊贵的客人当由主簿招待。

凡此种种，一方面说明主簿“拾遗补阙”，另一方面说明主簿与郡守的亲近关系。到东汉末年，主簿的职权及亲近地位均有所发展，如《三国志·吴书·孙坚传》载孙坚为长沙太守，举兵讨董卓，至南阳，因为道路不治，军资不具，孙坚的主簿就请收南阳主簿“推问意故”。从这两主簿的情况看来，主簿地位之提高、职权之加大，当是东汉后期开始的事。东汉以后，主簿甚至能代太守守郡，如《吴录》曰：“苞咸……为郡主簿，太守黄君行春，留咸守郡……”②

（二）主记室史

原来“主计会之簿书”的主簿，变成了“拾遗补阙”的主簿之后，其记事、簿书等工作当另有人担负，这就是主记室史。《后汉书·百官志》写道：

> 主记室史，主录记书、催期会。

主记室，好像是一个专管记录、簿书的办公室，或者说相当于一个曹。其员吏则为主记室史，或者简称为主记，《后汉书·舆服志》记载，公卿以下至县三百石长之门下五吏，其中就有主记，是仅次于主簿的亲近吏。除主记室史的称呼之外，还有主记掾、主记史、记室史等称呼，当均属于主

① 范晔：《后汉书》卷八十，《赵壹传》，中华书局1965年版，第2633页。

② 李昉等：《太平御览》卷二百六十五，《职官部六十三》引，中华书局1960年版，第1239页。

记室的员吏，或者有时仅置掾或史，有时掾史并置。《巴郡太守张纳碑》有主记掾，序列于主簿之后。《后汉书·袁安传》附玄孙闳传注引谢承《后汉书》曰：

> （功曹）封观与主簿陈端、门下督范仲礼、贼曹刘伟德、主记史丁子嗣、记室史张仲然、（门下）议生袁秘等七人，擢刃突阵，与战并死。

这是主记史与记室史同时并置的证明。除此之外，还有录事等职，亦当属主记室员吏，《巴郡太守张纳碑》就有录事掾，位次主记掾。

（三）少府

《汉书·文翁传》记载，文翁为蜀郡守时，曾“减省少府用度”，师古注云：“少府，郡掌财物之府，以供太守者也。”则郡中少府实为太守之内府，总管太守私人财政，这与中央少府管理皇帝私人财政性质相同。有关郡国的少府史料不多，《苍颉庙碑》有少府史。

（四）门下督盗贼

上引《后汉书·舆服志》门下五吏有督盗贼，带剑导从。《汉书·萬章传》记载，萬章，长安豪侠，“为京兆尹门下督，从至殿中，侍中诸侯贵人，争欲揖章，莫与京兆尹言者。章逡循甚惧，其后京兆不复从也”。又，《后汉书·铫期传》有“督盗贼李熊，郧中之豪”。《后汉书·伏湛传》载，西汉末年，湛为平原太守“时门下督素有气力，谋欲为湛起兵”。《后汉书集解》引《资治通鉴》胡注曰：“诸郡各有门下督，主兵卫。”由此可见。这种主兵卫的门下督很像是郡守的侍卫队长，因而不是豪侠就是素有气力。门下督、督盗贼当为简称，其全称似应如《会稽典录》所载“门下督盗贼”①。又《巴郡太守张纳碑》有府后督盗贼，又是一异称。

（五）府门亭长

一般郡府城门、府门皆有门亭长②。《后汉书·陈寔传》中的“郡西门

① 陈寿：《三国志》卷五十七，《吴书十二·虞翻传》注引，中华书局1959年版，第1325页。

② 长安、洛阳京师所在地则不同，有级别更高的官吏主守城门，如《汉官仪》曰：“洛阳十二门……每门校尉一人，秩二千石，司马一人，秩千石，候一人秩六百石。”虽然“十二门皆有亭”，也应有门亭长，但其地位远不如一般郡府门亭长之重要。

亭长”，乃是郡城门亭长。《后汉书·百官志》所载“正门有亭长一人”，即为郡府之门亭长，主守府门。《后汉书·周泽传》，孙堪为县令，“谒府，趋步迟缓，门亭长遣堪御吏”，对县令出入府门时“趋步迟缓”都要管。门亭长之下还有其他门吏、门卒，如《汉书·韩延寿传》：“还至府门，门卒当车。”又，《后汉书·赵壹传》：“……（壹）过候太守皇甫规，门者不即通，壹遂遁去。门吏惧，以白之。”则门亭长之下尚有门吏、门卒若干人。

（六）书佐、循行、干、小史

《后汉书·百官志》说，“阁下及诸曹各有书佐，干主文书。”阁下即门下，此处乃总言诸曹掾史以下之属吏。同书“太尉”条下，有掾史属二十四人。其本注曰：

> 《汉旧注》东西曹掾比四百石，余掾比三百石，属比二百石，故曰公府掾，比古元士三命者也。或曰，汉初掾史辟，皆上言之，故有秩比命士。其所不言，则为百石属。其后皆自辟除，故通为百石云（《汉书音义》曰：正曰掾，副曰属）。

据此可知，公府诸曹有掾、史、属的区别，虽同为掾，级别也不尽相同，掾史以下有属，或曰守属，如《汉书·王尊传》云：

> （尊）给事太守府，问诏书行事，遵无不对。太守奇之，除补书佐，署守属监狱（师古曰：署为守属，令监狱主囚也）。久之，尊称病去……复召署守属治狱，为郡决曹史。

守属显然在史之下。又，《巴郡太守张纳碑》在掾史之后列有守属八人，亦可证明。

一般地说，属或者守属，当为掾史以下属吏之总名，分别则有书佐、循行、干、小史等名称，其地位也各有不同。《后汉书·百官志》注引《汉官》云：“河南尹员吏九百二十七人”，掾史以下有“书佐五十人，循行二百三十人，干、小史二百三十一人”。这大体上能反映书佐、循行、干、小史的等级地位。

书佐 在次于掾史的属吏中，书佐的地位略高，故史书记载较多。如朱博新任琅邪太守，“乃召见诸曹史书佐及县大吏，选视其可用者，出教置之”。又，“阁下书佐入，博口占檄文”令书佐书之①。谢承《后汉书》还有太守使门下书佐出教敕曹下督邮收捕邑长的记载②。又，《后汉书·樊准传》载永元中准上疏云：

今学者盖少，远方尤甚。……文吏则去法律而学诋欺，锐锥刀之锋，断刑辟之重，德陋俗薄，以致苛刻。……臣愚以为宜下明诏，博求幽隐……复召郡国书佐，使读律令。

由这些记载可见，主簿地位提高之后，真正的秘书工作，包括记录、缮写、起草、宣读等等，往往由书佐来担任③。这是指门下（或阁下）书佐而言。其他诸曹亦各有书佐，如谢承《后汉书》就有南阳功曹书佐朱零之记载④。

循行 一般称门下循行，是郡府中一种低级散吏，类似门下客，所以《后汉书·百官志》讲诸曹职吏下各有书佐、干，而未提循行。有时循行数量很多，如河南尹之下有二百三十人，《三国志·吴书·胡综传》记载说：

孙策领会稽太守，综年十四，为门下循行，留吴与孙权共读书。策薨，权为讨虏将军，以综为金曹从事，从讨黄祖，拜鄂长。

一是年少，一是与孙权共读书，看来是养客性质，与书佐、干有所不同。

干、小史 干和小史是最卑末之小吏，《后汉书·栾巴传》载，栾巴为桂阳太守，“虽干吏卑末，皆课令习读”。注云：“干，府吏之类也。”《三国志·魏书·司马芝传》：

---

① 班固：《汉书》卷八十三，《朱博传》，中华书局1962年版，第3400页。

② 陈寿：《三国志》卷六，《魏书六·董卓传》注引，中华书局1959年版，第175页。

③ 个别的也委以他事，如《后汉书·董宣传》，宣为北海相，收公孙丹族党三十余人入狱，“使门下书佐水丘岑尽杀之”。

④ 李昉等：《太平御览》卷二百六十四，《职官部六十二》引，中华书局1960年版，第1234页。

门下循行尝疑门干盗簪，干辞不符，曹执为狱。芝教曰："凡物有相似而难分者，自非离娄，鲜能不惑。就其实然，循行何忍重惜一簪，轻伤同类乎！"其寝勿问。

门干当为门下干之省称，与循行同类，地位差不多。小史同属此类，故《后汉书·百官志》只提书佐、干，未言小史。又《汉官》所载河南尹员吏干、小史二百三十一人，亦合计在一起。关于小史，《汉书·翟方进传》记载说：

（翟方进）年十二三，失父孤学，给事太守府为小史，号迟顿不及事，数为掾史所詈辱……

小史和循行不一样，是要"及事"的，还常常受掾史辱骂。小史与干虽为卑末之吏，看来小史的地位更低一些，不过，干和小史均为府吏之类，有的或冠以具体名称，如直事干、门干、直事小史、门下小史，甚或不以干、小史为名者，如骑吏、铃下①、五百②等，亦属此类。

三、列曹

（一）户曹

汉代公府"户曹主民户、祠祀、农桑"，郡府户曹亦以民户为主，兼及狱讼、礼俗和祠祀等事。《后汉书·陆续传》：

续幼孤，仕郡户曹史。时岁荒，民饥困，太守尹兴使续于都亭赋民饘粥。续悉简阅其民，讯以名氏。事毕，兴问所食几何。续因口说六百余人，皆分别姓字无有差谬。

因陆续为功曹史，主民户，故令其赈赡灾民；而续皆讯问名氏，也说明其

---

① 《后汉书·周纡传》有铃下，注云《汉官仪》曰："铃下、侍阁、辟车，此皆以名自定者也。"

② 五百职在导引，兼行杖事，《后汉书·曹节传》注引韦昭《辩释名》曰："五百字本为伍。伍，当也。伯，道也。使之导引当道陌中以驱除也。"案："今俗呼行杖人为五百也。"

职为主民户。又，《后汉书·孟尝传》：

尝少修操行，仕郡为户曹史。上虞有寡妇至孝养姑，姑年老寿终，夫女弟先怀嫌忌，乃诬妇厌苦供养，加鸩其母，列讼县庭。郡不加寻察，遂结竟其罪。尝先知枉状，备言之于太守，太守不为理。尝哀泣外门，因谢病去。

此则兼及百姓狱讼之事。又，同书《李郃传》：

（汉中太守）召署（李郃）户曹史。时大将军窦宪纳妻，天下郡国皆有礼庆，郡亦遣使。郃进谏曰："窦将军椒房之亲，不修礼德，而专权骄恣，危亡之祸可翘足而待，愿明府一心王室，勿与交通。"太守固遣之，郃不能止。

因为户曹兼管礼庆，故身为户曹史的李郃干预此事。

关于祠祀之职，多见于碑文记载，如蔡邕《伯夷叔齐碑》："熹平五年，天下大旱，祷请名山……三府请雨使者与郡县户曹掾史登山升祠。"①又《古文苑》八《桐柏庙碑》载春秋侍祠官除总揽郡事之五官掾、功曹、主簿之外，即为户曹。《史晨后碑》载主飨官除五官、功曹及专事孔庙之正副掾外，亦为户曹。这些均证明郡府户曹和公府户曹一样，有主祠祀之职，所谓主者，参与也。

户曹在诸职事曹中较为重要，故许多碑文中户曹掾史排在其他列曹之前。有的碑文中还有左右户曹史②、户令史③的记载。

（二）比曹

《巴郡太守张纳碑》题名中有比曹掾、比曹史各一人。比曹之职掌为何?《周礼·小司徒》云：

及三年则大比，大比则受邦国之比要。

① 范晔：《后汉书》志第十三，《五行一》注引，中华书局1965年版，第3280页。
② 《两汉金石记》七，《竹叶碑》。
③ 《巴郡太守张纳碑》。

郑玄注云：

大比谓使天下更简阅民数及其财物也。

郑司农云：

五家为比，故以此为名，今时八月案比是也。

案比即案验，《后汉书·江革传》：

建武末年，（革）与母归乡里。每至岁时，县当案比（注：案验以比之，犹今貌阅也），革以母老，不欲摇动，自在辕中挽车，不用牛马。

则案验时人人都得到场。既然检阅民数及财物为比，比曹当即主管检核之事。此职与户曹相近，或不常置，故记载所见不多。

（三）时曹、祠祀掾史

据《宋书·百官志》载，汉制，州有月令师一人，主时节祠祀。《五行大义》引《洪范五行传》说："时曹共政教。"汉人重阴阳五行，认为违时节则政教失和，时曹即主时节祠祀之曹①。此外，又有祠祀掾史②、供曹掾史③、祠仁德掾史④等等，皆为郡国境内祭祀名山大川或先圣先贤庙所专设之掾史，与时曹相类。

（四）田曹、劝农掾史

《五曹算经》云：

一为田曹，地利为先；既有田畴，必资人力，故次兵曹；人众必

① 《隶释》卷一《孔龢碑》有太常祠曹掾史，名称不同，职掌相近。或以时曹即户曹，未必是。

② 《隶释》卷三，《白石神君碑》。

③ 《隶释》卷二，《华山亭碑》。

④ 《隶释》卷三，《无极山碑》。

用饮食，故次集曹；众既会集，必务储蓄，次仓曹；仓廪货币相交质，次金曹。①

此处以田曹为五者之首。《五行大义》引刘向《洪范五行传》亦有“田曹共畜养”的记载。在重农的汉代，理所当然的重视田官，但见于史籍和碑传记载的甚少。或者西汉以后，田曹为其他农官所代替，因而不置。例如劝农掾史，即为田曹所职。《居延汉简释文》卷一第68页载张掖有劝农掾，有的大郡还分部置劝农之吏，如《隶续》卷二十一某残碑，南阳有南北中三部劝农。

（五）水曹、都水

西汉中央一些官署如太常、司农、少府、水衡都尉等均有都水一官，东汉开始即改属郡国，有都水掾，或置水曹，有掾有史，职主兴修水利。《后汉书·许杨传》：

汝南旧有鸿郤陂，成帝时丞相翟方进奏毁败之。建武中，太守邓晨欲修复其功，闻杨晓水脉，召与议之……因署杨为都水，使典其事。

《隶释》十五《繇竹江堰碑》，广汉有都水掾及水曹掾、史各一人。可见水曹与都水同时并置。《金石萃编》卷十一《西岳华山庙碑》有监都水掾。有的地方还置监津渠漕水掾，如前引《汉官》所载河南尹员吏，即有监津渠漕水掾二十五人，当然也是管理水利之官。

（六）将作掾

《金石萃编》卷六《三公山碑》有将作掾王篝，《嵩岳太室石阙铭》及《嵩岳少室石阙铭》均有将作掾严寿；又《水经注·谷水》引《建春门石桥纪功柱铭》有将作吏。郡属将作掾主工程兴建，当是有所兴作则置。其西汉时或名司空，《汉书·陈咸传》：

（陈咸）为南阳太守。所居以杀伐立威，豪猾吏及大姓犯法，辄

① 《汉书·艺文志》补注引《疏证》。

> 论输府（师古曰：府谓郡之府），以律程作司空（师古曰：司空主行役之官）。

此当为成帝更名御史大夫为大司空以前之官称。将作掾或将作吏则为后起，故多见于东汉碑阙铭文。

（七）仓曹

郡有仓曹，和公府仓曹一样，主仓谷事，《后汉书·戴就传》载：

> （就）仕郡仓曹掾，扬州刺史欧阳参奏太守成公浮臧罪，遣部从事薛安案仓库簿领，收就于钱唐县狱。

其职毫不含混。仓曹有掾有史，见于碑传者较多，如《苍颉庙碑》[1] 碑阴有仓曹史临晋杨仲，碑右侧有仓曹掾任就。而《巴郡太守张纳碑》有左右仓曹史各一人。又，《宋恩题名碑》有谷曹史张仪、赵某二人，名称与仓曹甚近，和其他碑传中仓曹与户曹、金曹并列一样，此二谷曹也与金曹并列，谷曹应为仓曹之异称。

（八）金曹、市掾

公府金曹，主货币盐铁事。郡府金曹大约不管盐铁，但主钱布，《五行大义》引《洪范五行传》："金曹共钱布。"又引翼奉曰："金曹主市租。""仓曹收民租。"二者有所分工，一个管钱布，一个管仓谷。《巴郡太守张纳碑》有金曹掾及左右金曹史各一人。此外，当时管钱布的还有市掾、督铸钱掾，《后汉书·第五伦传》：

> 京兆尹阎兴……召伦为主簿。时长安铸钱多奸巧，乃署伦为督铸钱掾，领长安市。伦平铨衡，正斗斛，市无阿枉，百姓悦服。

注引《东观记》曰：

> 时长安市未有秩，又铸钱官奸轨所集，无能整齐理之者。兴署伦

① 《金石萃编》卷十。

督铸钱掾，领长安市。其后小人争讼，皆云：“第五掾所平，市无奸枉。”

同传后面注又引华峤《后汉书》则谓第五伦曾为市掾。看来，第五伦系被临时委派为督铸钱掾，兼领长安市掾。他一是监督铸钱事，二是整顿市场，即所谓“平铨衡，正斗斛”等等，虽均涉钱布事，但与金曹之“主市租”不同。故《巴郡太守张纳碑》除金曹掾史之外，别有监市掾一人。监市掾当即市掾，为管理市场的官吏。

（九）集曹

据《汉书·匡衡传》载，丞相府有集曹掾主管郡国上计，则郡府集曹亦当主管各县上计。前引《五曹算经》：“人众必用饮食，故次集曹；众既会集，必务储蓄，次仓曹。”集曹与仓曹有密切关系，故《仓颉庙碑》右侧有集曹掾马津子列于仓曹掾任就子之前，与《五曹算经》合。又《五行大义》引《洪范五行传》云：“集曹供纳输。”则集曹之职当为征集粮谷以实仓廪。集曹有掾有史，《巴郡太守张纳碑》有集曹掾、右集曹史各一人，则集曹史也有左右。

（十）漕曹

《巴郡太守张纳碑》除集曹掾史外，又有漕曹掾及左右史各一人，此漕曹当管漕运。《史记·平准书》：“漕转山东粟以给中都官，岁不过数十万石。”《史记索隐》：“《说文》云：漕，水转谷也。一云：车运曰转，水运曰漕……”汉代漕运之事由地方负责，《后汉书·百官志》载太仓令“主受郡国传（转）漕谷”，即为明证。又，《汉书·卜式传》：“迁成皋令，将漕最。”师古曰：“为县令而又使领漕，其课最上。”亦可证漕运之职归地方。漕曹掾或可称为监漕掾，《汉官》所记河南尹员吏中有监津渠漕水掾，就包括监漕掾。

（十一）法曹

公府有“法曹主邮驿科程事”，与后世司法性质的法曹不同。汉代郡府亦有法曹，挚茂即为郡法曹①。《巴郡太守张纳碑》有法曹掾史各一人，

---

① 李昉等：《太平御览》卷四百七十七，《人事部一百一十八》引《三辅决录》，中华书局1960年版，第2187页。

间列集曹与漕曹之中，大概因其职相近而并列在一起。或者郡法曹亦主邮驿科程事。

（十二）兵曹、兵马掾、监军掾

和公府一样，兵曹主兵事无可疑义，但郡府兵曹具体管什么，需要弄清楚，否则与都尉及其属官之职混淆不清。前引《五曹算经》有“必资人力，故次兵曹”之说，可见兵曹所管之事为征集、输送兵丁。《巴郡太守张纳碑》有兵曹掾及右兵曹史各一人，则还应有左兵曹史。兵曹也有书佐，如敦煌有兵曹书佐，见《流沙坠简屯戍丛残》。

郡主兵事之吏，除兵曹掾史之外，还有兵马掾、监军掾等，如渔阳有兵马掾严授临阵作战①，陇西有监军掾李苞将五千人与羌人战②。又，《后汉书·东夷传》载，辽东郡兵曹掾龙端、兵马掾公孙酺，以身扞人守蔡飒，俱殁于阵。由此可见兵马掾与兵曹掾是同时并置的。不过此类情况多发生在边疆地区，因为战事多而设。《三国志·魏书·高堂隆传》载泰山郡有郡督军，督军当与监军掾相似，为东汉末年之事。

（十三）尉曹

公府尉曹“主卒徒转运事”，郡府尉曹当亦相同。《五行大义》引《洪范五行传》：“辛为尉曹，共本使。”疑“本”为“卒”字误。又引翼奉云：“尉曹主士卒。”那么，尉曹与上述兵曹之职又如何区分呢？从“徒”、“使”等字来看，其转运者为服徭役的卒徒，与兵曹征集和输送兵卒不一样。翼奉虽云主士卒，但其下面接着又说“尉曹以狱司空为府，主士卒，狱闭逋亡”，与刑徒有关。《巴郡太守张纳碑》有尉曹掾，地位排列还比较靠前。《隶续》卷十一《武都太守李翕天井道碑》又有尉曹史。汉简中有戍曹，有人认为系边郡尉曹别称③。

（十四）贼曹

公府贼曹主盗贼事，郡府亦同，《汉书·朱博传》：

> （博为琅邪太守，）姑幕县有群辈八人报仇廷中皆不得。长吏自系书官府，贼曹掾史自白请至姑幕。

---

① 范晔：《后汉书》卷八十一，《刘茂传》，中华书局1965年版，第2672页。

② 范晔：《后汉书》卷八十七，《西羌传》，中华书局1965年版，第2879页。

③ 陈梦家：《汉简缀述》，中华书局1980年版，第123页。

又同书《薛宣传》有贼曹掾张扶休吏日坐曹治事。和其他曹一样，事多时往往有数名曹史，而且分部负责，《后汉书·岑晊传》太守成瑨以张牧为“中贼曹吏”，注引刘颁曰：“案，文多一中字，吏又当作史。”“吏”当作“史”是对的，说多一“中”字则不妥，汉碑中有许多记载能证明贼曹史有好几个，如《竹叶碑》碑阴①题名有中贼曹史、左贼（曹）史、右贼曹史。又，《巴郡太守张纳碑》有贼曹史四人、右贼曹史一人。

门下贼曹见于记载者较多，应即为贼曹，因郡府诸曹均可冠“门下”二字。碑文中也有门下贼曹与贼曹掾史同时出现的，如《武氏前石室画象题字》② 就既有门下贼曹，又有贼曹，或者性质略有不同。而前引《后汉书·舆服志》说：“门下五吏：贼曹、督盗贼、功曹皆带剑，三车导”，督盗贼与贼曹并置是可以肯定的。《隶续·八碑图》图中第一行有“门下督”、“□下贼曹”，也可证明。又，《汉书·张敞传》还有捕贼掾，《宛令李孟初神祠碑》有贼捕掾，不知是否贼曹或督盗贼的别称。

（十五）辞曹

公府辞曹主辞讼事，列于户曹、奏曹之后，郡府辞曹，记载较少，掾不见，辞曹见于汉碑中。如《竹叶碑》有辞曹史列于户曹、奏曹等史之后，贼曹等史之前。《巴郡太守张纳碑》亦有辞曹史列于户曹、奏曹之后，贼曹之前。《五行大义》引《洪范五行传》云“辞曹共讼诉”，是与公府职同。

（十六）决曹、案狱仁恕掾

公府决曹主罪法事，郡府决曹亦主决狱，如《汉书·于定国传》云：

> 其父于公为县狱史、郡决曹，决狱平，罗文法者于公所决皆不恨。郡中为之生立祠，号曰于公祠。

又《后汉书·周嘉传》云：

> 高祖父燕，宣帝时为郡决曹掾。太守欲枉杀人，燕谏不听，遂杀

① 《金石萃编》卷十九。

② 《金石萃编》卷二十一。

因而黜燕。因家守阙称冤，诏遣复考，燕见太守曰："愿谨定文书，皆著燕名，府君但言时病而已。"出谓掾史曰："诸君被问，悉当以罪推燕。"

《后汉书·郭恭传》云：

父弘，习《小杜律》，太守寇恂以弘为决曹掾，断狱至三十年，用法平。诸为弘所决者，退无怨情，郡内比之东海于公。

《后汉书·应奉传》云：

（奉）为郡决曹史，行部四十二县，录囚徒数百千人。及还，太守问之，奉口说罪系姓名，坐状轻重，无所遗脱，时人奇之。

据以上这些记载，关于决曹，可以有比较详细的了解：第一，决曹有掾、有史，掾又见《汉书·薛宣传》《后汉书·王霸传》，史又见《汉书》之《薛宣传》《王尊传》、《后汉书》之《王景传》《缪彤传》等，《竹叶碑》更有左右决曹史各一人。第二，决曹的职掌主要是决狱、断狱、用法，用法行刑还有一定手续，即签定文书，一则便于用刑，二则以备复核。除治狱外，还有行县录囚徒的职责。第三，决曹多以晓习文法者为之，如郭弘习《小杜律》，于定国则"少学法于父，父死，后定国亦为狱史、郡决曹"①。有时，决曹史也可以县狱史或守属治狱者补之，如路温舒以县狱史署决曹史②，王尊以守属治狱为郡决曹史③。掾、史之下还有书佐等小吏，决曹书佐见《沛相杨统碑》阴④。

又有仁恕掾，亦主案狱，《后汉书·百官志》注引《汉官》河南尹有案狱仁恕三人。又《后汉书·鲁恭传》：

---

① 班固：《汉书》卷七十一，《于定国传》，中华书局 1962 年版，第 3042 页。
② 班固：《汉书》卷五十一，《路温舒传》，中华书局 1962 年版，第 2368 页。
③ 班固：《汉书》卷七十六，《王尊传》，中华书局 1962 年版，第 3227 页。
④ 《隶释》卷七。

> 建初七年，郡国螟伤稼，犬牙缘界，不入中牟。河南尹袁安闻之，疑其不实，使仁恕掾肥亲往廉之（注云：仁恕掾主狱，属河南尹，见《汉官仪》。廉，察也）。

是仁恕掾不仅主案狱，且负有纠察的责任。《巴郡太守张纳碑》有中部案狱，是案狱仁恕掾亦如督邮之分部，则案狱仁恕掾不独河南尹有之。

（十七）医曹

医曹职当主医药事。《三国志·魏书·华佗传》：

> （沛）督邮徐毅得病，佗往省之。毅谓佗曰：昨使医曹吏（当作"史"）刘租针胃管讫，便苦咳嗽，欲卧不安。

有关医曹材料不多见，但郡府设有此职是可以肯定的。

以上所列职吏诸曹是比较主要的，一般不可缺少，散吏也有名曹者（详下）。职吏诸曹在不同时期、不同地区或置或废，甚至曹名也不尽相同。如汉碑中之谷曹，当为仓曹之别称（见上）；汉简中之钱曹、戍曹，或即金曹、尉曹之别称[①]。汉碑中还有一些曹掾，如《西岳华山庙碑》之主者掾[②]、《冯焕碑》阴之士曹令士与客曹史[③]以及《风俗通义·怪神》之侍奉掾等均有待详考。

四、上计掾、史

《后汉书·百官志》述郡国守相的职责中有一条说："岁尽，遣吏上计。"述县令、长的职责也有一条说："秋冬集课，上计于所属郡国。"此种上计制度，是中央对郡国、郡国对县了解情况、考察政绩、监督官吏的一种制度（详见本书第三编第三章考课制度）。

那么，由谁负责上计？上计使者由什么人充当呢？这在历史上是有发展变化的。秦汉之前，由地方长官亲自上计于中央，如《说苑·政理》记载：

---

① 陈梦家：《汉简缀述》，中华书局1980年版，第122页、第123页。

② 《隶释》卷二。

③ 《隶释》卷十三。

晏子治东阿三年，景公召而数之……晏子对曰："臣请改道易行而治东阿，三年不治，臣请死之。"景公许之。于是明年上计，景公迎而贺之。

又如《韩非子·外储说左下》记载：

西门豹为邺令，清克洁悫，秋毫之端，无私利也，而甚简左右。左右因相与比周而恶之。居期年，上计，君收其玺。豹自请曰："臣昔者不知所以治邺……愿请玺复以治邺……"豹因重敛百姓，急事左右。期年，上计，文侯迎而拜之。

从西汉开始，郡国守相不再自行上计，而是派遣守丞、长史，故上计吏兼指守丞、长史，前引《汉书·王成传》作上计长史守丞，《汉旧仪》作上计守长史或丞长史，皆指郡国守丞长史为上计使者。武帝时，严助为会稽太守，上书曰"敢奉三年计最"。注引如淳曰：

旧法：当使丞奉岁计，今助自欲入奉也。

以丞奉上计制度到武帝时行之已久，成为旧法了。不过，西汉时除丞为奉计使者外，同时还有上计掾史，《汉书·朱买臣传》载：

拜为太守。买臣衣故衣，怀其印绶，步归郡邸。直上计时，会稽吏方相与群饮，不视买臣。买臣入室中，守邸与共食，食且饱，少见其绶。守邸怪之，前引其绶，视其印，会稽太守章也。守邸惊，出语上计掾吏（史）。……座中惊骇，白守丞（张晏曰："汉旧郡国丞、长吏（史）与计吏俱送计也。"师古曰："张说是也，谓之守丞者，系太守而言也"），相推排陈列中庭拜谒。

由此可见，除丞或长史为上计使者之外，还有专门的上计掾、史，也还有厮役徒卒，如朱买臣就曾"随上计吏为卒，将重车至长安"。师古曰："买臣身自充卒，而与计吏将重车也。载衣食具曰重车。"

东汉和西汉不同，郡丞长史不再上计，而由计吏奉上计簿，其为首者即上计掾。《后汉书·应奉传》注引谢承书曰：

> （应）奉少为上计吏，许训为计掾，俱到京师。训自发乡里，在路昼顿暮宿，所见长吏、宾客、亭长、吏卒、奴仆，训皆密疏姓名，欲试奉。还郡，出疏示奉。奉云："前食颍川纶氏都亭，亭长胡奴名禄，以饮浆来，何不在疏？"座中皆惊。（《后汉书集解》引刘攽曰："注奉少为上计吏，许训为计掾。案'吏'当为'史'。总而言掾、史皆吏，别而言之不同，上计有史、有掾也。"）

又，《后汉书·刘翊传》曰：

> 翊举上计掾。是时寇贼兴起，道路隔绝，使驿希有达者。翊夜行昼伏，乃到长安。

从这些例子中可以看到，上计掾（或简称计掾）就是郡守上计中央的代表。此种计吏不仅代表郡守，甚至能在中央评议郡守的能否，《后汉书·张堪传》载：

> （光武）帝尝召见诸郡计吏，问其风土及前后守令能否。蜀郡计掾樊显进曰："渔阳太守张堪，昔在蜀，其仁以惠下，威能讨奸。前公孙述破时，珍宝山积，卷握之物足十世，而堪去之日，乘折辕车，布被囊而已。"帝闻，良久叹息，拜显为鱼腹长。方征堪，会病卒。

一般来说，凡是赴京的上计掾、史，不是皇帝亲自接见，就是三公受计，如《后汉书·赵壹传》载：

> 光和元年，举郡上计到京师。是时，司徒袁逢受计，计吏数百人皆拜伏庭中……

上计吏能够直接见皇帝，见三公，因此郡守选任上计吏时也比较慎重。

《三国志·魏书·邴原传》注引《原别传》：

> （原）后为郡所召，署功曹、主簿。时鲁国孔融在郡，教选计当任公卿之才，乃以郑玄为计掾，彭璆为计吏（史），原为计佐。

邴原是功曹、主簿，尚且只能为计佐，足见上计掾、史之地位较高。他们上计中央时，还能够参与朝会等大典，如《后汉书·礼仪志》：

> 西都旧有上陵。东都之仪，百官、四姓亲家妇女、公主、诸王大夫、外国朝者侍子、郡国计吏会陵……群臣受赐食毕，郡国上计吏以次前，当神轩占其郡国谷价，民所疾苦，欲神知其动静。……最后亲陵，遣计吏，赐之带佩。八月，饮酎，上陵，礼亦如之。

东汉有关记载还说明，上计掾、史与孝廉同科，得拜郎除官。《后汉书·和帝纪》：永元十四年（102年）"复郡国上计补郎官"（注：上计今计吏也）。既云复，则本有拜计吏为郎之制。又《后汉书·杨秉传》："时（延熹五年）郡国计吏多召拜为郎。"可见东汉末此制犹存。计吏既可拜为郎，当然也可实授官职，如上述蜀郡计掾樊显之拜为鱼腹长，刘宠"上计阙下，见除成都令"①，皆其例证。

据《后汉书·赵壹传》载，每年到京师的上计吏有数百人（这当然还只是主要掾、史），加上一些小史、徒卒，自然更多。所以各郡皆在京师设邸，《汉书·卢绾传》有燕邸，师古曰："诸侯王及诸郡朝宿之馆，在京师者谓之邸。"又上引《汉书·朱买臣传》有会稽郡邸，并且设有专门的管理人员曰守邸。上计吏卒上计京师时，平时就住在这郡邸之内。实际上，邸就是郡国的驻京办事处，没有上计使者时，自然是守邸主持。上计使者到京之后，当然就是主管官吏，故朱买臣被任为太守步至郡邸时，先是守邸告上计掾、史，最后报告上计的郡丞。这些上计官员，在京师也是很神气的，"时诸计吏多盛饰车马帷幕"，而赵壹上计三公府，司徒袁逢"延置上坐"，"名动京师，士大夫想望其风采"②。

---

① 常璩：《华阳国志》卷十，《广汉士女》，齐鲁书社2000年版，第145页。
② 范晔：《后汉书》卷八十，《赵壹传》，中华书局1965年版，第2632页。

五、学官

秦时未有学校，“有欲学者，以吏为师”①。汉初，因“尚有干戈，平定四海，亦未皇庠序之事也”②。直至武帝时才正式下令全国各地设立学校。《汉书·文翁传》记载说：

> 景帝末为蜀郡守，仁爱好教化。见蜀地辟陋有蛮夷风，文翁欲诱进之……修起学官于成都市中，招下县子弟以为学官弟子，为除更繇，高者以补郡县吏，次为孝弟力田。常选学官僮子，使在便坐受事。每出行县，益从学官诸生明经饬行者与俱，使传教令，出入闺阁。县邑吏民见而荣之，数年，争欲为学官弟子，富人至出钱以求之。繇是大化，蜀地学于京师者比齐鲁焉。至武帝时，乃令天下郡国皆立学校官，自文翁为之始云。③

令天下郡国皆立学校，当在武帝初年，据《汉书·武帝本纪》及《汉书·儒林传》序所载，元朔五年（前 124 年），武帝下诏令礼官劝学，讲议洽闻，举遗兴礼，以为天下先。太常、博士等议，曰：“闻三代之道，乡里有教，夏日校，殷曰庠，周曰序……请因旧官而兴焉。”

郡国学校一般称学官，也有称校官者，如《汉书·韩延寿传》：延寿为颍川太守，“令文学校官诸生，皮弁执俎豆（师古曰：校亦学也），为吏民行丧嫁娶礼。百姓遵用其教”。（联系以上《汉书·文翁传》记载，则学官诸生要参加一定的实践活动，直接为郡府服务。）郡国学校有时又称黉或横，如《后汉书·儒林传》序：“顺帝感翟酺之言，乃更修黉宇。”注：“《说文》曰：黉，学也。黉与横同。”（按：《说文》无“黉”字。）例如管辂为琅邪郡即邱县“一黉之俊”，又曾为清河郡“北黉文学”④，是郡县皆

① 司马迁：《史记》卷八十七，《李斯列传》，中华书局 1982 年版，第 2546 页。

② 班固：《汉书》卷八十八，《儒林传》，中华书局 1962 年版，第 3592 页。

③ 《华阳国志·蜀郡士女》载：“太守文翁遣（张）宽诣博士东受七经，还以教授，于是蜀学比于齐鲁，巴汉亦化之。景帝嘉之，命天下郡国皆立文学，由翁唱其教，蜀为之始也。”此言不像误字，景帝命郡国立文学，是又一说也。

④ 陈寿：《三国志》卷二十九，《魏书二十九·管辂传》注引《辂别传》，中华书局 1959 年版，第 812、819 页。

有黉，或不止一所，故以方位命名。又如《后汉书·鲍昱传》，鲍德为南阳太守，“时郡学久废，德乃修起横舍（注：横，学也，字又作‘黉’）”。也有时称为学宫，如《汉书·何武传》，武为扬州刺史“行部，必先即学宫见诸生（师古曰：‘学宫，学舍也’）……然后入传舍”。亦有在学舍之前加具体名号者，如《史晨飨孔庙后碑》有畔宫①，或为孔庙畔之学宫。

地方学校和中央太学有博士与弟子一样，有文学先生和弟子之分，《史晨飨孔庙后碑》：“畔宫文学先生，执事诸弟子。”这文学先生即郡国学官，或称郡文学，如韩延寿“少为郡文学”②，一般简称为文学。因为其职为教授学生，故皆以明经者为之，西汉如盖宽饶、诸葛丰、张禹，东汉如张玄、魏应等，皆以明经为郡文学。又如西汉隽不疑治《春秋》、梅福明《尚书》《穀梁春秋》，东汉杨伦习《古文尚书》、杨由习《易》，亦均以所学为郡文学③。

文学是简称，正式的官名应为文学掾和文学史。《后汉书·杨伦传》及《杨由传》皆为“郡文学掾”。《汉书·郑崇传》有“郡文学史”。文学掾、史即学校之官，最明显的例证是《三国志·魏书·管辂传》“清河太守华表，召辂为文学掾”，而注引《辂别传》曰：“辂为华清河所召，为北黉文学……安平赵孔曜……从发干来，就郡黉上，与辂相见……”这里把北黉即郡黉、文学即学校之官以及文学即文学掾之简称等问题都说清楚了。

一般来说，郡县学校规模不算很小，《辂别传》说：“父为琅邪即丘长，时年十五，来至官舍读书……于时黉上有远方及国内诸生四百余人，皆服其才也。”又《华阳国志·蜀郡士女志》载，张霸为会稽太守，“立文学，学徒以千数，风教大行”。此郡生徒更多，规模更大。因而此类学校之文学先生也不会只一二人，而且也必有人负主要责任，《张纳碑阴》就有文学主事掾、史各一人，同时还有文学掾二人、文学史一人。《隶释》卷一《孔庙百石卒史碑》还有文学守助掾、守文学掾等名称。

文学掾或文学守助掾、守文学掾，仍为一种泛称，具体地说，还应该有分科名称，如《蜀学师宋恩等题名碑》中就有《易》掾二人，《尚书》

① 《隶释》卷一。
② 班固：《汉书》卷七十六，《韩延寿传》，中华书局1962年版，第3210页。
③ 以上分别见《汉书》《后汉书》本传。

掾三人，《诗》掾二人，《礼》（按：原字缺，据古文经说之五经次序补）掾二人，《春秋》掾一人，文学掾一人，文学孝掾一人，孝义掾一人（按：以上二掾或专授《孝经》），文学师四人，《易》师三人，《尚书》师三人，师二十人。掾位为正，故以掾名，这里不见史，师或史之代称？

文学掾、史的数量比郡府其他曹掾、史为多，其地位也比诸曹掾、史为高，汉人尊师重道，故往往排在前面。《巴郡太守张纳碑》中的文学主事掾、史，位仅次于主簿、主记掾、上计掾、议曹掾，而在其他掾、史之上。《汉书·儒林传》序云："元帝好儒……郡国置五经百石卒史。"我们认为，重点在"百石"上，这是进一步提高学官地位和待遇的一个措施。

文学掾、史的主要职责是管理学校，教授学生；而且郡内凡有关教化、礼仪之事往往也要参加。如上述《汉书·韩延寿传》"为吏民行丧嫁娶礼"。又如《史晨飨孔庙后碑》记载文学先生和弟子皆参加盛大的飨礼。又如《后汉书·杨厚传》记载，杨厚死后，"乡人谥曰文父，门人为立庙，郡文学掾、史，春秋飨射，常祠之"。则郡中春秋飨射之礼亦是文学掾、史的重要活动内容之一。

六、特设官

汉代各郡除设置共同的行政机构和属官之外，因各地物产不同以及某些特殊情况，有些郡还特设一些机构和官吏。这些特设官，在西汉大多直属中央某一机构，为中央之派出官吏；在东汉则大多改属地方，成为郡的属吏。《后汉书·百官志》州郡条记载说：

> 其郡有盐官、铁官、工官、都水官者，随事广狭，置令、长及丞，秩次皆如县、道，无分土，给均本吏。本注曰：凡郡县出盐多者置盐官，主盐税。出铁多者置铁官，主鼓铸。有工多者置工官，主工税物。有水池及鱼利多者置水官，主平水收鱼税。在所诸县均差吏更治之，置吏随事，不具县员。

同书大司农条又说：

> 本注曰：郡国盐官、铁官本属司农，中兴皆属郡县。又有廪牺

令，六百石，掌祭祀牺牲鹰鹜之属。及洛阳市长、荥阳敖仓官，中兴皆属河南尹。余均输等皆省。

《后汉书·和帝纪》注引《续汉书》曰：

其郡县有盐官、铁官者，随事广狭，置令、长及丞，秩次皆如县也。

据这些记载可以指出以下几点：

第一，东汉时各郡的特设官是从西汉沿袭下来的，不过西汉时大多属于中央的某一机构，如《汉书·百官公卿表》治粟内史（大司农）条下云：

又郡国诸仓、农、监、都水六十五官长丞皆属焉。

同书《食货志》云：

桑弘羊为治粟都尉，领大农……乃请置大农部丞数十人，分部主郡国，各往往置均输盐铁官。

又云：

水衡、少府、太仆、大农各置农官，往往即郡县比没入田田之。

《汉书·百官公卿表》太仆条下云：

边郡六牧师苑令，各三丞（师古曰："《汉官仪》云牧师诸苑三十六所，分置北边西边，分养马三十万头"）……皆属焉。

农、林、水、工、盐、铁、畜牧，包括方面很广，各地所设主管官吏均分属中央有关机构直接管辖。

西汉也有不属中央而归地方管辖之特设官，主要是三辅地区，所以《汉书·百官公卿表》特别交代说：

> 京兆尹属官有长安市、厨两令丞，又都水、铁官两长丞。

> 左冯翊，属官有廪牺令丞尉。又左都水、铁官、云垒、长安四[①]市长丞皆属焉。

> 右扶风……属官有掌畜令丞。又右都水、铁官、厩、廱、厨四长丞皆属焉。

其他郡国，除较大都市有市长[②]之外，如都水、铁官之类均属中央。只有"郡不出铁者，置小铁官，使属在所县"[③]。

东汉时，河南尹和西汉三辅一样有廪牺令、市长、仓官等属官，详见前引《后汉书·百官志》大司农条下本注。其他属官和各郡已无大差别，而原属中央管辖的许多地方特设官，也分别由各郡管理。

第二，特设官的名称一般称令、长，称丞，显然不同于一般郡属吏。秩俸也比较高，如上述河南尹属官廪牺令，六百石，注引《汉官》曰：

> 丞一人，三百石。员吏四十人，其十一人斗食，十七人佐，七人学事，五人守学事，皆河南属县给吏者。

洛阳市长下注引《汉官》曰：

> 市长一人，秩四百石。丞一人，二百石，明法补。员吏三十六人，十三人百石啬夫，十一人斗食，十二人佐。又有槭棹丞，三百石，别治中水官，主水渠，在马市东，有员吏六人。

---

① "四"字衍，说见前。

② 《汉书·食货志》有"洛阳、邯郸、临淄、宛、成都市长"。

③ 班固：《汉书》卷二十四下，《食货志下》，中华书局1962年版，第1166页。

此类属官确是“秩次皆如县道”，一般郡的特设官也当如此。

第三，特设官秩次虽如县道，但其吏属与县道却不一样。上引河南尹廪牺令及洛阳市长的属吏是比较多的，一般郡之特设官，均是“置吏随事，不具县员”。而且，其属吏均由所在之县委派，如河南尹属官廪牺令之员吏四十人，“皆河南属县给吏者”。员吏不具县员，是因为没有必要那么大的规模。由所在县派遣员吏这一规定，当是沿袭西汉旧制，西汉郡县属吏皆用本郡县人；而特设官不属地方，是由中央某机构委派下来的，不能带很多员吏，故规定“在所诸县均差吏更给之”。

第四，特设官是根据情况和需要而设置的，即所谓“出盐多者置盐官”，“出铁多者置铁官”，“有工多者置工官”，“有水池及鱼利多者置水官”等等，而且“随事广狭”或置令或置长。西汉时期，最多的是农、水、盐、铁等官。盐、铁最多是很明显的。《汉书·地理志》中有盐官之处三十五，有铁官之处四十八①。都水官比较普遍。我国自古以农业立国，农田离不开水利，而规模稍大一点的建设又不是一家一户的个体农民所能为力，因此必然要赋予国家以管理水利的职能，如西汉三辅属官中皆有都水。又《后汉书·任延传》载延为武威太守，“河西旧少雨泽，乃为置水官吏，修理沟渠，皆蒙其利”。当然，水官不只是都水，还有《汉书·地理志》中提到的九江郡的陂官、湖官，南郡的云梦官，南海郡的洭浦官等等，皆属水官一类。工官也很多，《汉书·贡禹传》记禹奏言：

> 方今齐三服官作工各数千人，一岁费数巨万。蜀广汉主金银器，岁各用五百万。三工官官费五百万，东西织室亦然。

注引如淳曰：

> 《地理志》河内怀、蜀郡成都、广汉皆有工官。工官，主作漆器物者也。

---

① 实际当不只这些，如《华阳国志》载巴郡临江县有盐官、宕渠有铁官，皆为《汉书·地理志》所未载。

师古曰：

如说非也。三工官，谓少府之属官，考工室也，右工室也，东园匠也。上已言蜀汉主金银器，是不入三工之数也。

此外，如河南郡、颍川阳翟、南阳宛、济南东平陵、泰山奉高均有工官，不过亦未注明何种工官罢了。

上述诸官，不仅西汉有，东汉也有。至于农官，西汉武帝时，“水衡、少府、太仆、大农各置农官”，这些都是中央机构特设之官，郡国特设农官则不多见（边郡屯田官例外）。东汉的情况大概也是如此，《后汉书·百官志》中说“其郡有盐官、铁官、工官、都水官者”，唯不及农官。

除盐、铁、都水、工官这几种主要的比较普遍的特设官之外，也还有一些其他更特殊的官，如丹阳郡有铜官，蜀郡严道县有木官，巴郡朐忍县及鱼腹县均有橘官，南海郡有圃羞官，庐江郡有楼船官，南郡有发弩官①，等等。这些官数量很少，或者是个别设置的。

最后还应该指出，以上特设官，或置或省，皆非常制，《后汉书·和帝纪》永元十五年（103 年）“复置涿郡故盐铁官”即为其例。

七、散吏

散者，冗散也，闲散而无具体职事之吏，称为散吏。散吏是对职吏而言的，《晋书·职官志》载：

郡国户不满五千者，置吏职（职吏?）五十人，散吏十三人，五千户以上，则职吏六十三人，散吏二十一人；万户以上职吏六十九人，散吏三十九人。

此种职吏与散吏之区分，是从汉代开始的，以后历代都有散官、散职。

此种散吏，大约是从战国养士、养客的风气发展而来的，郡守除了选拔郡内一些人才担任各种职吏、分曹理事之外，对于郡内另一些人，或德

① 以上诸特设官均见《汉书·地理志》。

行高妙，或志节清白，或才能出众，而又不愿意任具体职吏者，则以散吏的名义养在郡府之中，待以师友之礼。如《后汉书·任延传》："会稽颇称多士。延到，皆聘请高行如董子仪、严子陵等，敬待以师友之礼。"

散吏或者散职，都是一个意思，在西汉或者称冗从，《汉书·枚乘传》记载，枚皋为梁共王使，"与冗从争，见谗恶遇罪"。师古曰："冗从，散职之从王者也。"其又曰："恶，谓冗从言其短恶之事。"其或者又称从史。关于从史，《汉书·兒宽传》有比较具体的解释：

> 时张汤为廷尉，廷尉府尽用文史法律之吏，而宽以儒生在其间，见谓不习事，不署曹（张晏曰：不署为列曹也。师古曰：署，表也，置也。凡言署官，表其秩位，置立为之也），除为从史（师古曰：从史者，但只随官僚，不主文书）。

不署曹为从史（从即冗从之从），不主文书只随官僚，不作职吏即为散吏。此虽就廷尉府而言，但关于从史的解释是很明确的。西汉郡国从史，见《汉书·爰盎传》：

汉碑中还有从掾位（《巴郡太守张纳碑》有四人，《苍颉庙碑》碑侧有二人）、从史位（《李翕天井道碑》及《郙阁颂》）、待事掾①（《巴郡太守张纳碑》有六人）等名目，当是散吏的具体名称。《后汉书·胡广传》"入郡为散吏"，沈钦韩《后汉书疏证》曰："散吏，《隶续》碑阴所谓从掾位、从史位者是也。"

散吏的地位有相当于掾的，有相当于史的，地位最高的则是祭酒，《后汉书·卓茂传》。

> 及莽居摄，以病免归郡，常为门下掾祭酒，不肯作职吏。

不肯作职吏，当然是散吏。祭酒是一种尊称，韦昭《辨释名》曰：

---

① 《苍颉庙碑》碑阴有持事掾，泰山太守《李固恤奉高令教》（《文馆词林》）有侍事掾，盖一名而讹释耳。

祭酒，凡会同飨燕必尊长先用，先用必以祭酒先，故曰祭酒。

所以说门下掾祭酒，即郡府属吏掾、史中最尊长者，或称郡掾祭酒，见《汉书·鲍宣传》。又，《后汉书·周磐传》：蔡顺以至孝称，“太守韩崇召为东阁祭酒”。同书《班固传》有“京兆祭酒晋冯”。《后汉书·任延传》龙丘苌为“议曹祭酒”。《三国志·蜀书·秦宓传》：“广汉太守夏侯纂请宓为师友祭酒，领五官掾，称曰仲父。”这都说明祭酒是尊称，同时也是虚衔，不领具体职务，属于散吏。唯有称文学祭酒者不同，其职在教授生员，与其他文学掾、史同。《三国志·魏书·杜畿传》引《魏略》曰：

时（建安初）杜畿为太守，亦甚好学，署（乐）详文学祭酒，使教授后进，于是河东学业大兴。

上面提到的议曹祭酒也属于散吏，实际上称议曹者均为散吏。首先，议曹是可设可不设的闲散人员，《汉书·朱博传》：

博尤不爱诸生，所至郡辄罢去议曹，曰：岂可复置谋曹邪！

养在郡府，参与谋议，故名曰议曹或谋曹。《汉书·龚遂传》记载：

上遣使者征遂，议曹王生愿从……曰：“天子即问君何以治渤海，君不可有所陈对，宜曰皆圣王之德，非小臣之力也。”

其所谋议大抵属此类。

其次，设置议曹实际是对郡内知名人士的一种优礼，《汉书·原涉传》：

（原涉以孝行）显名京师……扶风谒请为议曹。

议曹的名额有时较多，而且地位较高，如《巴郡太守张纳碑》中，除待事掾六人之外，一般曹掾均只一人，议曹掾有五人。还有从掾位四人，也属于散吏。议曹掾位次排在主簿、主记掾、上计掾之后，在分职诸曹之前。

《后汉书·袁宏传》有“郡门下议生”，《北海相景君碑阴》有“门下议史”，似均为议曹之类散吏。

此外，郡府的奏曹或亦属于散吏。和三公府奏曹主奏议事不同，郡奏曹掾史似无固定职务。《三国志·吴书·太史慈传》：

> 仕郡奏曹史。会郡与州有隙，曲直未分，以先闻者为善。时州章已去，郡守恐后之，求可使者。慈年二十一，以选行……由是知名。

按其情事，很像是散职人员。再则，奏曹掾也好像不止一个，《风俗通义》[①] 记载任腾为长沙奏曹掾，又称奏曹仕掾，以姓名掾，或因不只一个，以示区别。奏曹掾、史地位也比较高，《苍颉庙碑》碑阴奏曹掾仅次五官掾，《巴郡太守张纳碑》奏曹史则列于户曹等所有诸曹史之前。

总之，郡府散吏数量不少，故有种种不同名称。

以上所述，只是郡守掾属的大概情况。自秦历西汉以至东汉四百年间，前后多有增省变化，或多或少，或置或废，不尽相同。且郡守对于其属吏可以自行任免变更，故即使在同时，郡与郡之间也不可能完全一样，而边郡情况尤为特殊。

一郡治绩的好坏，责在郡守；一个好的郡守，又必定认真选拔和培养属吏，所谓“举善以教，则不能者劝”[②]。如《汉书·文翁传》：

> （文翁）为蜀郡守……乃选郡县小吏开敏有材者张叔等十余人亲自饬厉，遣诣京师，受业博士，或学律令……数岁，蜀生皆成就还归，文翁以为右职（师古曰：“郡中高职也”），用次察举，官有至郡守刺史者。

又如《后汉书·栾巴传》：

---

① 李昉等：《太平御览》卷二百五十九，《职官部五十七》引，中华书局 1960 年版，第 1217 页。

② 《风俗通义·过誉》长沙太守汝南郅恽。

四迁桂阳太守。以郡处南垂，不闲典训，为吏人定婚姻丧纪之礼，兴立学校，以奖进之。虽干吏卑末，皆课令习读，程试殿最，随能升授，政事明察。

由于郡守对属吏有任免与荐举之权，所以属吏与长官，被举者与举主，往往因私恩结合成一种特殊的关系。如被郡守任用或保荐过的属吏，即使日后做了大官，对其前上司、举主，也要自称“故吏”。《昭明文选》卷二十五卢子谅《赠刘琨》诗，李善注引《傅子》曰：

汉武元光初，郡国举孝廉。元封五年，举秀才。历世相承，皆向郡国称故吏。

有时甚至称郡府为本朝，郡朝。《日知录》卷二十四“上下通称”条云：

汉人有以郡守之尊称为本朝者。《司隶从事郭究碑》云：“本朝察孝，贡器帝庭”，《豫州从事尹宙碑》云“纲纪本朝”是也。亦谓之郡朝，《后汉书·刘宠传》“山谷鄙生，未尝识郡朝”是也。

又《太平御览》卷二百六十四引谢承《后汉书》载，汝南太守宗资嘱功曹范滂署李颂为文学史，滂曰：“颂洿秽小人，不宜染污朝廷。”此更尊称郡府为朝廷。

郡府既被尊称为朝廷，属吏与郡守便有了君臣之分。《后汉书·郅恽传》，恽为汝南太守功曹，批评太守说：“此既无君，又复无臣。”而门下掾郑敬则曰：“君明臣直，功曹言切，明府德也。”又同书《彭修传》，修仕郡为功曹，对太守说：“自非贤君，焉得忠臣。今庆明府为贤君，主簿为忠臣。”此二例均称郡守为君，称属吏为臣，这是当时官场颇为流行的一种风气。

属吏事郡守如臣子事君父，故主死者，则为之服丧；故主有罪，则随同流徙，或声言替死；故主被斩，则冒死领尸。凡此种种，均被视为符合气节名誉的行为。下面略举数例，以见一斑。如《后汉书·杜乔传》：

（杜乔被外戚梁冀所害，）暴尸于城北，家属故人莫敢视者。乔故掾陈留杨匡闻之，号泣星行到洛阳，乃着故赤帻，托为更门亭吏，守卫尸丧，驱护蝇虫，积十二日，都官从事执之以闻。梁太后义而不罪。匡于是带铁锧诣阙上书，并乞李（固）杜（乔）二公骸骨。太后许之。成礼殡殓，送乔丧还家，葬送行服，隐匿不仕。

同书《公孙瓒传》：

太守刘君坐事槛车征，官法不听吏下亲近，瓒乃改容服，诈称侍卒，身执徒养，御车到洛阳。太守当徙日南，瓒具豚酒于北芒上，祭辞先人，酹觞祝曰："昔为人子，今为人臣，当诣日南。日南多瘴气，恐或不还，便当长辞坟茔。"慷慨悲泣，再拜而去，观者莫不叹息。

又同书《索卢放传》：

索卢放，字君阳，东郡人也。……初署郡门下掾。更始时，使者督行郡国，太守有事，当就斩刑。放前言曰："今天下所以苦毒王氏，归心皇汉者，实以圣政宽仁故也。而传车所过，未闻恩泽。太守受诛，诚不敢言，但恐天下惶惧，各生疑变。夫使功者不如使过，愿以身代太守之命。"遂前就斩，使者义而赦之，由是显名。

由上述可见，属吏与府主的关系，与其说郡府属吏忠于汉朝皇帝，不如说更尽忠于他们的主人。这种以私恩结成的君臣依附关系，势必造成同中央集权离心的力量，助长地方割据势力。

第三章　县

县的历史比郡要早，《通典》卷三十三写道：

> 周官有县正，各掌其县之政令而赏罚之。春秋时列国相灭，多以其地为县，则县大而郡小，故《传》云：上大夫受县，下大夫受郡。县邑之长曰宰、曰尹、曰公、曰大夫（注云："晋谓之大夫，鲁、卫谓之宰，楚谓之公、尹"），其职一也。至于战国，则郡大而县小矣，故甘茂谓秦武王曰：宜阳大县，名曰县，其实郡也。

至少可以说，从春秋开始，县就比较普遍地设立了。

《史记·秦本纪》说，孝公十二年（前350年），"并诸小乡、聚，集为大县，县一令，四十一县"①。这并不是说始设县的时间，而是和秦始皇二十六年（前221年）并天下置立三十六郡一样，是一次统一地方行政制度的措施。实际上孝公之前就早已设县了。据《史记·秦本纪》的记载：

> 秦武公十年，伐冀、邽戎，初县之。
>
> 武公十一年，初县郑社。
>
> 厉公二十一年，初县频阳。

其他如《史记·六国年表》上也还有设县的记载。上引所谓"初县"，也并非县制的开始，只不过说明某地开始设县。但是，孝公十二年（前350年）"县一令"的记载却值得注意。也许这是把过去宰、尹、公、大夫等

---

① 《史记·商君列传》"集小乡邑聚为县，置令、丞，凡三十一县"，与此略有不同。

名称统一为县令的开始，从此以后，秦国县的长官一般都称为县令①。县令的名称一直沿用到宋，以后才出现所谓“知县”、“县知事”或“县正堂”等名称。

秦孝公时的统一，一方面是统一了县的组织，即把当时的秦国全境划分为四十一县，每县设一令，令之下还有丞（见《史记·商君列传》）。另一方面又统一了县的标准。这个标准是什么呢？从地域范围来看，即《汉书·百官公卿表》所说：

> 县大率方百里，其民稠则减，稀则旷，乡、亭亦如之，皆秦制也。

这显然是以百里为一县区的古制为标准，不过在事实上又不可能那样整齐划一，所以有“民稠则减，稀则旷”的灵活规定。因此，所谓方百里，实际上只不过是一句空话。统一设县的另一标准就是户口数，这关系到赋税的收入和兵徭役的征调，所以这一标准是实在的，也是主要的。战国时人认为，一个县大体上应该是一万户左右，例如《战国策·赵策》就有“万家之邑”和“万家之县”之类的说法。秦亦以万户为标准，所谓“万户以上为令，减万户为长”②。

汉代的县又因不同情况而有不同的名称，《汉书·百官公卿表》云：

> 列侯所食县曰国，皇太后③、皇后、公主所食曰邑，有蛮夷曰道。

其名称虽有县、国、邑、道之别，但就行政区划而言，都是属于县制。县制在秦汉基本定型之后，便成为我国封建社会两千年一种固定的地方行政区划。

---

① 后因有大小县之区别，小县的长官则称县长；或因地区不同，还有“啬夫”的称号（详后）。

② 《汉书·百官公卿表》。按秦汉时期县的户口数实际上有很大出入，所谓万户以上，有上至七八万者，据《汉书·地理志》记载，长安即有八万余户，边远的县如成都也有七万六千余户，其他四五万户的不少。万户以下差别也不小，如“平陆县……建武元年，以户不满三千置为尉氏县之陵树乡”（《水经注·渠水注》）。

③ 或认为“皇太后”三字乃后人所加，《汉书补注》引有王念孙的详细考证。

西汉县的数目，据《汉书·百官公卿表》云："凡县、道、国、邑千五百八十七。"《汉书·地理志》所载与此数相同，为汉平帝时统计的数字。至于东汉，据《后汉书·郡国志》所记，光武帝刘秀时省县、邑、侯国四百余所，至明帝、章帝、和帝、安帝，所有县又渐复分置，至于顺帝，"凡县、邑、道、侯国千一百八十"，较西汉末几乎省去三分之一。

县以下还有乡、亭、里等基层组织，其官吏亦属本章论述范围。今分节述之于后。

第一节 县廷官吏

郡府称朝廷已如上述，县之行政官署亦可称廷或县廷。《汉书·朱博传》：

> 姑幕县有群辈八人报仇廷中，皆不得。

这个廷即指县廷而言。《后汉书·郭太传》：

> 早孤，母欲使给事县廷。(《苍颉篇》曰："廷，直也。"《说文》："廷，朝中也。"《风俗通》："廷，正也。言县廷、郡廷、朝廷，皆取平均正直也。")

此乃明言县廷。又同书《马援传》：

> 援奏言西于县户有三万二千，远界去庭千余里（注：庭，县庭也），请分为封溪、望海二县，许之。

"庭"与"廷"通，所谓县庭即指县署而言。县廷又可称为寺，《汉书·何并传》：

> （并）为长陵令……侍中王林卿……坐法免……归长陵上冢，因留饮连日。并恐其犯法，自造门上谒，谓林卿曰："冢间单外，君宜以时归。"林卿曰："诺。"……林卿既去，北渡泾桥，令骑奴还至寺

门（师古曰：诸官曹之所通呼为寺），拔刀剥其建鼓。

此寺门即县官署之门。又，《钟离意别传》曰：

意迁东平瑕丘令……复召（仉）直子涉署门下将。游徼私出入寺门，无所关白，收涉鞭之。[①]

可见寺也是一种通称，不过不及称廷为普遍罢了。

县廷和郡府一样，也有长官，有佐属。

一、县令、长

（一）名称和等级

大体说来，从秦开始，便普遍实行了以万户上下分别设置县令和县长的制度。《汉书·百官公卿表》：

县令、长，皆秦官，掌治其县。万户以上为令，秩千石至六百石；减万户为长，秩五百石[②]至三百石。

《后汉书·百官志》：

每县、邑、道，大者置令一人，千石；其次置长，四百石；小者置长，三百石……县万户为令，不满为长……皆秦制也。[③]

县长官为令、长，原来史籍基本一致，但据新出土的云梦秦简，又发现秦时还有县啬夫、大啬夫的名称。我们认为，这是县令、长的别名[④]，因其

---

① 李昉等：《太平御览》卷二百六十八，《职官部六十六》引，中华书局1960年版，第1255页。

② 《汉旧仪》："县户口满万置六百石令，多者千石；户不满万，置四百石、三百石长。"严耕望认为："两书小异，乃由成帝阳朔二年省五百石秩就四百石之故。"见《中国地方行政制度史》上编，台湾商务印书馆1963年版，第217页；又见该书第45页。这个论证是正确的。

③ 严耕望据《通典》等书考证认为："千石"之下夺"其次置令六百石"七字。见《中国地方行政制度史》上编，台湾商务印书馆1963年版，第217页。

④ 见郑实（熊铁基）《啬夫考——读云梦秦简札记》（《文物》1978年第2期）与裘锡圭《啬夫初探》（中华书局编辑部编：《云梦秦简研究》，中华书局1981年版）。详见本章第二节一。

时秦正在统一过程中，设置的时间短，且有过渡的性质，故不为一般史籍所载。又，王莽时曾改县令、长名宰，这也只是一个短暂时间。

就是设置令长的规格，从当时实际情况看，也并非如以上所说那样整齐划一。应劭《汉官仪》写道：

> 《前书·百官表》云：万户以上为令，万户以下为长。三边，始孝武皇帝所开，县户数百而或为令；荆扬江南七郡惟有临湘、南昌、吴三令尔。及南阳穰中土沃民稠，四五万户而为长。……俗说，令长以水土为之，及秩高下，皆无明文。班固通儒，述一代之书，斯近其真。

班固是从比较复杂的各种不同情况中，概括成“万户以上为令，万户以下为长”这两句话的。指出这一点是很重要的，不然，遇到一些具体问题就不好解决了。

从应劭列举的事实以及考察当时的实际情况看，很多都不是以户数多少而设令、长的，有些地方，如豫章、巴郡、蜀郡等，户口虽多，但设令之县甚少①。因此，《汉官仪》所说“令、长以水土为之及秩高下”，“水土”，当指自然条件；“秩高下”即被派去官员的秩位高下，如南方某些地区，虽户口众多，但长官地位并不高，故为长；或者有的地方重要，派去的长官秩位较高，则为令。一般来说，令大于长。但令、长本身也有秩高下的不同，有千石或六百石的令，也有四百石或三百石的长，如《陈留风俗传》曰：

> 昭帝时蒙人焦贡为小黄令，路不拾遗……诏迁贡。百姓挥涕守阙，求索还贡，天子听，增贡之秩千石。②

这说明小黄令本非千石，昭帝从百姓之请，增其秩而为千石。又如《后汉书·祭彤传》：

---

① 严耕望：《中国地方行政制度史》上编，台湾商务印书馆1963年版，第46～47页。

② 李昉等：《太平御览》卷二百六十八，《职官部六十六》引，中华书局1960年版，第1255页。

彤为偃师长……课为第一，迁为襄贲令。……数年，襄贲政清。玺书勉历，增秩一等……

这也是令同而秩不同的例子。

不仅令秩有高下之分，长也有高下之分，如《汉书·召信臣传》：

以明经甲科为郎，出补谷阳长，举高第，迁上蔡长。

显然，上蔡长比谷阳长的秩位要高。

由此可见，汉代令长的区别以及其本身秩位的高低并不仅仅限于户口的多少，地区的大小，还包括治理的难易和治绩的好坏，而后者更为重要。按，汉代的县有剧县和平县之分，这种区分，主要就是根据治理的难易。两汉察举有治剧之科，所谓治剧就是能够治理老大难的县，如《汉书·尹赏传》：

以郡吏察廉为楼烦长，举茂材，粟邑令。左冯翊薛宣奏赏能治剧，徙为频阳令。

这说明不仅由长而令，令中间又有平、剧之分。《汉书·原涉传》也有“举能治剧，为谷口令”的记载，谷口也是左冯翊的属县。东汉卫飒也是“举能案剧，除侍御史，襄城令”①。他们所治之县即为剧县。剧县与平县的待遇不同，除了秩次有高下之别外，其他方面剧县也比平县待遇要高，如《后汉书·安帝纪》曰：

（永初元年九月）丁丑诏：自令长吏被考竟未报，自非父母丧无故辄去职者，剧县十岁，平县五岁以上，乃得次用。

（二）职掌

县令、长之职，《汉书·百官公卿表》只说是“掌治其县”。《后汉

① 范晔：《后汉书》卷七十六，《循吏列传》，中华书局1965年版，第2459页。

书·百官志》本注所说则较具体：

> （令、长）皆掌治民，显善劝义，禁奸罚恶，理讼平贼，恤民时务，秋冬集课，上计于所属郡国。

实际上县内一切事务无所不管，如《汉书·薛宣传》：

> 宣子惠……为彭城令，宣从临淮迁至陈留，过其县，桥梁邮亭不修，宣心知惠不能。

这是从外表考察其治县之能力，也说明县令无所不管，包括桥梁、邮亭修治这一类具体事务。又如《东观汉记》曰：

> 钟离意为堂邑令。初到，市无屋，意乃出俸钱作屋，民赍茅竹或持材木，争赴趣作，不日而成。既毕，为解土，祝曰："兴功役者令也，如有祸祟，令自当之。"民皆大悦。①

华峤《后汉书》曰：

> 周规除临湘令。长沙太守程徐二月行县，敕诸县治道。规以方春向农，民多剧务，不欲夺人良时。徐出督邮，规即委官而去。徐怃然有愧色，遣功曹赍印绶檄书谢请还，规谓功曹曰："程府君爱马蹄不重民力。"径逝去不顾。②

除开一些具体事务，县令、长主要是从礼、法两个方面掌治其民（或掌治其县），如卓茂"迁密令。劳心谆谆，视人如子，举善而教，口无恶言，吏人亲爱而不忍欺之"。其尝对人言：

---

① 李昉等：《太平御览》卷二百六十七，《职官部六十五》，中华书局1960年版，第1249页。
② 李昉等：《太平御览》卷二百六十六，《职官部六十四》，中华书局1960年版，第1245页。

律设大法，礼顺人情。今我以礼教汝，汝必无怨恶；以律治汝，何所措其手足乎！一门之内，小者可论，大者可杀也。①

又如鲁恭为中牟令：

恭专以德化为理，不任刑罚。讼人许伯等争田，累守令不能决，恭为平理曲直，皆退而自责，辍耕相让。亭长从人借牛而不肯还之，牛主讼于恭。恭召亭长，敕令归牛者再三，犹不从。恭叹曰："是教化不行也。"欲解印绶去。掾史泣涕共留之，亭长乃惭悔，还牛，诣狱受罪，恭贯不问。于是吏人信服。②

汉代虽崇儒，又"本以霸王道杂之"，故以礼义劝民者不少，但更多的是礼、法并用，如《东观汉记》曰：

虞延为细阳令。每至岁时伏腊，辄休遣徒系，各使归家，并感其恩德，齐期而还。有囚于家被病，自载诣狱，既至而死，延率掾史殡于门外，百姓感悦之。③

又如谢承《后汉书》曰：

贾彪……补新息长。政多奇异。小人迫困贫，产子不能举养。彪禁有犯者，以杀人罪罪之，县境震慄。人养子佥曰："贾父所长。"皆以贾为名。④

一个是执法中辅以礼义，一个本是礼义之事又以法督之，这都是运用礼、法两手治民的典型例子。当然也有不少纯任法治的事例，如：

---

① 范晔：《后汉书》卷二十五，《卓茂传》，中华书局 1965 年版，第 870 页。
② 范晔：《后汉书》卷二十五，《鲁恭传》，中华书局 1965 年版，第 874 页。
③ 李昉等：《太平御览》卷二百六十七，《职官部六十五》，中华书局 1960 年版，第 1249 页。
④ 李昉等：《太平御览》卷二百六十七，《职官部六十五》，中华书局 1960 年版，第 1250 页。

长安中奸猾浸多，闾里少年群辈杀吏，受赇报仇……城中薄暮尘起，剽劫行者，死伤横道，枹鼓不绝。（尹）赏以三辅高第选守长安令，得壹切便宜从事。赏至，修治长安狱，穿地方深各数丈，致令辟为郭，以大石覆其口，名为“虎穴”。乃部户曹掾史，与乡吏、亭长、里正、父老、伍人，杂举长安中轻薄少年恶子，无市籍商贩作务，而鲜衣凶服被铠扞持刀兵者，悉籍记之，得数百人。赏一朝会长安吏，车数百两，分行收捕，皆劾以为通行饮食群盗。赏亲阅，见十置一，其余尽以次内虎穴中，百人为辈，覆以大石。数日壹发视，皆相枕藉死……赏所置皆其魁宿，或故吏善家子失计随轻黠愿自改者，财数十百人，皆贳其罪，诡令立功以自赎，尽力有效者，因亲用之为爪牙，追捕甚精，甘耆奸恶，甚于凡吏。赏视事数月，盗贼止，郡国亡命散走，各归其处，不敢窥长安。①

这可算是“禁奸罚恶”最突出的例子。还有不畏强暴、执法不阿的例子，如：

宋翻……为河阴令，顺阳公主家奴为劫，摄而不送，翻将兵围主宅，执主婿冯穆，步驱向县，时正炎暑，立之日中，流汗霑地，于是威振京师。②

董宣为洛阳令。时湖阳公主苍头白日杀人，因匿主家，吏不能得。及主出行，而以奴骖乘，宣于夏门亭候之，乃驻车叩马，以刀画地，大言数主之失，叱奴下车，因格杀之。……由是搏击豪强，莫不震慄。京师号为“卧虎”。歌曰：“枹鼓不鸣董少平。”③

（虞延）迁洛阳令。是时，阴氏有客马成者，常为奸盗，延收考之。阴氏屡请，获一书则加篣二百。信阳侯阴就乃诉帝，谮延多所冤

---

① 班固：《汉书》卷九十，《尹赏传》，中华书局1962年版，第3673～3674页。

② 李昉等：《太平御览》卷二百六十六，《职官部六十四》，中华书局1960年版，第1245页。

③ 范晔：《后汉书》卷七十七，《董宣传》，中华书局1965年版，第2489～2490页。

枉。帝乃临御道之馆，亲录囚徒。延陈其狱状可论者在东，无理者居西。成乃回欲趋东，延前执之，谓曰："尔人之巨蠹，久依城社，不畏熏烧。今考实未竟，宜当尽法!"成大呼称枉，陛戟郎以戟刺延，叱使置之。帝知延不私，谓成曰："汝犯王法，身自取之!"呵使速去。后数日伏诛。于是外戚敛手，莫敢干法。[①]

其他如阳平令李章、洛阳令周纡、中牟令缪肜、怀令赵熹等[②]也都是一些不畏豪强权贵，执法不阿的县令。

关于令、长的职权，大量的材料是说明其"禁奸罚恶，理讼平贼"的，其他方面当然有，不过记载比较少罢了。在令、长治县的方法、能力等方面，不仅如旧史书有循吏、酷吏之分，实际上还有勤与惰、能与不能之分。上述薛宣子惠是属于无能的例子。再看一些勤于政事的令、长，可进一步了解令、长的职掌及其治理方法，如《后汉书》曰：

胡绍为河内怀令，三日一视事，十日一诣仓。受俸米，于阁外炊作干饭食之，不设釜灶。得一强盗，问其党与，得数百人，皆诛之。政教清平，为三河表。[③]

这里的"十日一诣仓"特别值得注意，这是其财政职掌。又华峤《后汉书》曰：

刘平为全椒令，掾史五日一朝。罢门阑卒署，各遣就农。人感怀至，或增赀就赋，或减年从役。刺史行部，狱无囚徒，民各自以为职，不知所问，唯班诏书而去。[④]

或三日一朝，五日一朝，或政教清平，狱无囚徒，这都是勤于政事的例子。也有一些非常能干的令、长，如《后汉书·公孙述传》：

① 范晔：《后汉书》卷三十三，《虞延传》，中华书局1965年版，第1152～1153页。
② 均见《后汉书》本传。
③ 李昉等：《太平御览》卷二百六十七，《职官部六十五》，中华书局1960年版，第1250页。
④ 李昉等：《太平御览》卷二百六十七，《职官部六十五》，中华书局1960年版，第1250页。

述补清水长……太守以其能，使兼摄五县，政事修理，奸盗不发，郡中谓有鬼神（注：言明察也）。

户口增减是汉代考课地方官好坏的一个重要内容。治理得好的县，往往是流人归附，户口大增，如《后汉书·童恢传》：

除不其令。吏人有犯违禁法，辄随方晓示。若吏称其职，人行善事者，皆赐以酒肴之礼，以劝励之。耕织种收，皆有条章。一境清静，牢狱连年无囚。比县流人归化，徙居二万余户。

二万余户相当于一个大县！这里“耕织种收，皆有条章”特别值得注意。一方面说明其关心农业生产，这当是流人归属的重要原因；另方面也说明令长可自立条章，除这里明文指出外，上引贾彪以不养子者与杀人同罪，亦是自“为其制”①。

人民对于好的“父母官”和良令、长，是非常爱戴的，史书也不乏记载，如《后汉书》曰：

刘宠除东平陵令。是时民俗奢泰，宠到官躬俭，训民以礼，上下有序，都鄙有章。视事数年，以母病弃官归，百姓士女攀舆距轮，充塞道路，车不得前，乃止亭，轻服潜遁。②

这是百姓挽留的例子。《续汉书》又曰：

刘骖驹为浈阳长，政化大行，道不拾遗，以病去官。童谣歌之曰：“邑然不乐，思我刘君。何时复来，安此下民。”③

---

① 范晔：《后汉书》卷六十七，《贾彪传》，中华书局 1965 年版，第 2216 页。

② 李昉等：《太平御览》卷二百六十七，《职官部六十五》，中华书局 1960 年版，第 1250 页。

③ 李昉等：《太平御览》卷二百六十七，《职官部六十五》，中华书局 1960 年版，第 1250 页。《后汉书·刘陶传》记刘陶为顺阳长，吏民歌辞与此同，或“骖驹”为“陶除”之误？陶，名；除，动词。

这是百姓思念的例子。又如《后汉书·王涣传》：

为洛阳令，以平正居身，得宽猛之宜。其冤嫌久讼，历政所不断，法理所难平者，莫不曲尽情诈，压塞群疑。又能以谲数发擿奸伏。京师称叹，以为涣有神算。元兴元年，病卒。百姓市道，莫不咨嗟，男女老壮皆相与赋敛，致奠醊以千数。涣丧西归，道经弘农，民庶皆设槃桉于路。吏问其故，咸言：平常持米到洛，为卒司所钞，恒亡其半。自王君在事，不见侵枉，故来报恩。其政化怀物如此。民思其德，为立祠安阳亭西，每食辄弦歌而荐之。

这是人民立祠纪念的例子。后桓帝事黄老道，悉毁诸祠，特诏洛阳留王涣祠（见本传）。或挽留、或怀念、或立祠以纪念，足见“父母官”对人民影响之深。这种基层亲民之官对于地方治理与否至关重要。如果令、长得其人选，确能对一县之政起到良好作用。可惜，如“卧虎令”董宣以及以上所举为人民所纪念的县令、长，究竟为数甚少。正如邓太后诏中所说：“夫忠良之吏，国家所以为理也。求之甚勤，得之至寡。故孔子曰才难不其然乎！”①

（三）与郡守的关系

县令、长与郡守的关系是直接的上下级关系，郡守是县令、长的顶头上司，因此县令、长之治县就不能不受郡守的影响。汉制，郡以秋冬课吏，县令、长则先期集课，然后上计于所属郡，郡核其计簿，以评定殿最。《后汉书·百官志》注引胡广曰：

秋冬岁尽，各计县户口垦田，钱谷入出，盗贼多少，上其集簿。丞尉以下，岁诣郡，课校其功。功多尤为最者，于廷尉劳勉之，以劝其后。负多尤为殿者，于后曹别责，以纠怠慢也。诸对辞穷尤困，收主者，掾史关白太守，使取法，丞尉缚责，以明下转相督敕，为民除害也。明帝诏书不得僇辱黄绶，以别小人吏也。

① 范晔：《后汉书》卷七十六，《王涣传》，中华书局1965年版，第2469页。

“丞尉以下，岁诣郡，课校其功”，或者是各主管曹掾分别向郡的有关诸曹上计，要不然就是功曹、主簿代理。但西汉时，也有令、长自行上计之事，如《汉书·萧育传》：

为茂陵令，会课，育第六。而漆令郭舜殿，见责问，育为之请，扶风怒曰：“君课第六，裁自脱，何暇欲为左右言？”及罢出，传召茂陵令诣后曹，当以职事对。

这明显是令、长亲自参加考课，亲自对辞。又《汉官仪》：

八月，太守都尉令长丞尉会都试，课殿最。

这也是令、长亲自参加，不过这是属于军事方面的考课。

郡守除通过每年的上计对县令、长实行监督考察之外，好的郡守也不放过平时的检查，如：

（羊续）为南阳太守。当入郡界，乃羸服间行，侍童子一人，观历县邑，采问风谣，然后乃进。其令长贪洁，吏民良猾，悉逆知其状，郡内惊竦，莫不震慑。①

（刘祐）为河东太守。时属县令长率多中官子弟，百姓患之。祐到，黜其权强，平理冤结，政为三河表。②

（张磐）为庐江太守。浔阳令尝饷一奁甘，其子年七岁，就取一枚，磐夺取付还。外卒因私与两枚与儿，磐夺儿甘，鞭卒曰：“何故行赂于吾子！”磐以操行清廉见称，京师谚曰：“闻清白，张子石。”③

这些郡守或私访民情，或打击权要，或一物不取，以故所属县令、长皆知

① 范晔：《后汉书》卷三十一，《羊续传》，中华书局1965年版，第1110页。
② 范晔：《后汉书》卷六十七，《刘祐传》，中华书局1965年版，第2199页。
③ 《北堂书钞》卷三十八《政术部》、《太平御览》卷九百九十六引谢承《后汉书》。

畏惧，不敢轻易贪赃枉法。否则，如郡守作风不正，必将对所属县政发生很坏的影响，如：

（陈球）稍迁繁阳令。时魏郡太守讽县求纳货贿，球不与之，太守怒而挝督邮，欲令逐球。督邮不肯，曰："魏郡十五城，独繁阳有异政，今受命逐之，将致议于天下矣。"太守乃止。①

由于郡守公开贪污纳贿，魏郡十五县只有繁阳一县治理较好，如果不是督邮为之力争，就是这一个县的政治也必将败坏。无怪乎汉宣帝曾有慎选二千石的慨叹！

（四）选用中的问题

汉制，县令、长的铨选途径较多，或由察廉，或由治剧，或由茂才、孝廉，或由征辟，或由吏积功，而其主要途径则是由郎官出补，如《汉官仪》所说：

尚书郎出，亦与郎同，宰百里。

宰百里即为县令、长。然而郎官未必都是贤能之人。早在汉武帝初年，董仲舒就已指出这一问题，他说：

夫长吏多出于郎中、中郎、吏二千石子弟选郎吏，又以富訾，未必贤也。②

所以一些有见识的统治者和政治家对于郎选都极为重视。如东汉明帝时，馆陶公主为子求郎，帝不许，而赐钱千万，谓群臣曰：

郎官上应列宿，出宰百里，苟非其人，则民受其殃。③

---

① 范晔：《后汉书》卷五十六，《陈球传》，中华书局 1965 年版，第 1831 页。
② 班固：《汉书》卷五十六，《董仲舒传》，中华书局 1962 年版，第 2512 页。
③ 范晔：《后汉书》卷二，《明帝纪》，中华书局 1965 年版，第 124 页。

但是，东汉自顺帝以后，选官制度日益破坏，地方令、长多非德选，往往“谓杀害不辜为威风，聚敛整办为贤能，以理己安民为劣弱，以奉法循理为不化。髡钳之戮，生于睚眦；覆尸之祸，成于喜怒。视民如寇仇，税之如豺虎”①。灵帝时，宦官专权，黄门子弟为令、长者布满天下，多奸猾纵恣。皇帝又贪财卖官，占令长随县好丑，丰约有价。出价高的人始能上任，可是上任不久，又有新官接任，一月之内，甚至更换数次。买官的人怕损失本钱，又要大获利钱，一到任就得本利兼收，刻不容缓。吏治败坏如此，东汉焉得不亡。

二、县丞和县尉

县丞和县尉皆为县佐官，如孙坚先后为盐渎、盱眙、下邳三县丞，被称为“历佐三县”②。《汉书·百官公卿表》：

> 县令长皆秦官，掌治其县……皆有丞尉。

这里用两个“皆”字，这后面的“皆有”当即杜佑所说“汉诸县皆有”③。那么，秦县令、长之下是否也“皆有”丞、尉呢？据《后汉书·百官志》说：

> 县万户以上为令，不满为长，侯国为相，皆秦制也。丞各一人。尉大县二人，小县一人。

这里只讲县令、长为秦制，丞、尉是否也是秦制，没有说明。又，《宋书·百官志》：

> 县令长，秦官也。大者为令，小者为长，侯国为相。汉制丞一人，尉大县二人，小县一人。

---

① 范晔：《后汉书》卷六十一，《左雄传》，中华书局1965年版，第2017页。
② 《三国志·吴书·孙坚传》及注引《江表传》。
③ 《通典》卷三十三：“丞，汉诸县皆有”；“尉，汉诸县皆有”。

这段文字是分开写的：县令、长，秦官，至于丞、尉则特别标明为“汉制”。因此，秦制究竟如何尚待详考。《史记·商君列传》载商鞅变法时：

集小都、乡、邑、聚为县，置令、丞。

秦时每县皆有丞是毫无疑问的，但没有见到县设尉的明确记载。有人曾据《汉书·樊哙传》“从攻圉都尉”的记载认为：“秦时县尉原称都尉”[①]，这个看法证据似嫌不足。对此，王鸣盛早已作过解释，他说：

刘攽云：圉，县名，有尉无都尉。又，郡都尉景帝方置，明此衍都字。愚谓都尉在圉，即可称圉都尉。刘以为县尉太卑，未必能守城，恐刘亦误。但秦本无都尉名，郡都尉与县尉同称尉，汉之改名，当亦为其易溷。今此上言圉都尉，必是追称。[②]

我们认为还可以进一步这样说：秦本无县尉，只有郡尉，汉（最多是秦末）开始有县尉之后，为了避免混淆，就需要改名了。《史记·秦始皇本纪》二世元年（前209年），“山东郡县少年苦秦吏，皆杀其守、尉、令、丞以应陈涉”。此处郡未提郡丞，因为郡丞地位较低，而且不管兵事；县未提尉，当是无尉。又《史记·绛侯周勃世家》记载勃身经百战，其中有“袭取宛朐，得单父令”；“攻东郡尉于城武，破之”；“围章邯废丘，破西（县）丞”，而无一处提到县尉。可以被认为是县尉的，倒是率领陈涉等九百戍卒的那两个尉。《史记·陈涉世家》说“将尉醉”。《史记索隐》解释：“尉，官也。《汉旧仪》，大县二人。其尉将屯九百人，故云将尉也。”颜师古注《汉书》也说：“将尉者，其官本尉耳，时领戍人，故曰将尉。”《史记》《汉书》除“将尉醉”这一句外，其他叙述都只单用一个“尉”字，如“广数言欲亡，忿恚尉，令辱之，以激怒其众。尉果笞广。尉剑挺，广起，夺而杀尉。陈胜佐之，并杀两尉”[③]。这两个尉只带九百人，显然比郡

① 金少英：《秦官考——“秦会要订补职官篇”补正》，《西北师范学院学报（人文科学）》1958年第1期。

② 王鸣盛：《十七史商榷》卷十四，《守尉改名》，上海书店出版社2005年版，第103页。

③ 司马迁：《史记》卷四十八，《陈涉世家》，中华书局1982年版，第1952页。

尉要小。也许他们就是大县的两尉。所以我们说最早是秦末开始设县尉。当然，也不排除这两个将尉作军队的带兵官解。这个问题留待以后详考。

下面，再分别叙述丞和尉。

（一）县丞

县丞在县的地位，比郡丞在郡的地位要高。郡守秩二千石，郡丞秩仅六百石。而县令、长最高只有千石，低的到三百石，县丞和县尉一样，“秩四百石至二百石，是为长吏”①，级别相差不大。再从职掌看，郡丞的职责仅仅是“掌佐守”，比较空泛，郡守可以重用，也可以不重用。县丞则不然，据《通典》记载，除佐令、长之外，还“兼主刑狱囚徒”②。《史记·淮南王安列传》集解引如淳曰：“丞主刑狱囚徒。”《后汉书·百官志》本注还说：“丞署文书，典知仓、狱。”主和典的意思表明，丞对于令、长不完全是辅佐，更不是从属身份，而能独立地处理仓、狱等事。丞和尉皆可为卿，这是文献和汉石刻均可证明的。钱大昭说：

> 《隶释》引应劭说：大县有丞、左右尉，所谓命卿三人，小县一丞一尉者，命卿二人。汉刻武开明终吴郡府丞，而《武荣碑》称为吴郡府卿。《绵竹江堰碑》称县丞犍为王卿。《隶续·平乡道碑》云，丞什邡王卿，尉绵竹杨卿，丞尉皆称卿，与应说合。今汉石刻有祝其卿坟坛、上谷府卿坟坛、皆县府丞也。③

总之，县丞地位较高，主管仓、狱。这也是最重要的两件事，如孙坚“历佐三县，所在有称，吏民亲附”④，可见其地位和作用都是很突出的。

一般说来，一个县只有一个丞，但都城所在地则不止一人，如西汉长安就有左右丞，《居延汉简释文》第39页“印曰长安右丞”（简背），又第40页“十一月壬子长安令，守在丞起移过□”。甚至三辅属县也不止一个丞，如《杜陵壶铭》云：“永始元年，并工长造护昌守啬夫宗，掾通主，

① 班固：《汉书》卷十九上，《百官公卿表上》，中华书局1962年版，第742页。

② 杜佑：《通典》卷三十三，《职官十五》，中华书局1988年版，第920页。

③ 钱大昭《汉书辨疑》卷九。

④ 陈寿：《三国志》卷四十六，《吴书一·孙坚传》注引《江表传》，中华书局1959年版，第1094页。

守左丞博，守令并省。”东汉，据《后汉书·百官志》注引《汉官》：“洛阳……丞三人，四百石。”如果“三”字不误，西汉长安或者还不止二人。

除文献记载之外，汉简中还有狱丞，如《居延汉简释文》卷一有禄福狱丞、阳翟狱丞。汉印中还有徒丞，如《汉印文字征》有“故且兰徒丞”（第一，第10页）、“爰得徒丞”（第二，第17页）、“巩县徒丞印”（第三，第14页）、“鲜昌县徒丞”（第六，第7页），《十钟山房印举》有“雍丘徒丞印”、“雒卢徒丞印”（举之二，第5页），《金石索》有“浿水徒丞”（《金索》玺印之属，第82页）。又，汉代各县又多马丞印，如“济南马丞”（《陶斋藏印》卷一），“睢陵马丞”、“东平陵马丞”、“上虞马丞”、“虢县马丞”（《金石索·金索》玺印之属，第83页），“昌县马丞印”、“赣榆马丞印”、“圜阳马丞印”（《十钟山房印举》举之二，第5页），《汉印文字征》中也还有不少马丞印，除少数为郡名外，多系县名。关于狱丞和马丞，严耕望认为，诸县或得置狱丞或马丞，“盖汉世特重刑狱与马政，故特置之”①。陈直则说，马丞印“疑为武帝时郡国养马官吏所用”②。我们认为，陈直所疑有一定道理。从后世的情况看，有些单位不必有令、长或其他主官，丞即是主官，如驿丞就是。至于狱丞和徒丞，或为事广之后专设之官。

（二）县尉

就一般情况看，县尉的设立，如《后汉书·百官志》所说：“大县二人，小县一人。”不过，这大、小县并非以有令或长为准，汉碑中就有一些设两尉的县，长官皆为长而非令，如溧阳有左右两尉（《隶释·溧阳长校官碑》）；临江有右尉（《隶续·严举碑》），当亦有左尉；浈阳（《隶释·周憬碑》）、朝歌（《隶释·张公神碑》）均有左尉，当亦有右尉。则大县之所谓大，或者是指地区范围之大而言。

又，都城所在县，设尉更多。《汉旧仪》曰：

长安城方六十里中，皆属长安令，置左右尉，城东城南置广部尉，城西城北置明部尉，凡四尉。

---

① 严耕望：《中国地方行政制度史》上编，台湾商务印书馆1963年版，第220页。

② 陈直：《汉书新证》，天津人民出版社1979年版，第137页。

东汉洛阳也有四尉，《唐六典》卷三注曰：

后汉洛阳置四尉，皆孝廉作，有东部、西部、南部、北部尉。

但一般记载，则是左右尉，如《后汉书·百官志》注引《汉官》曰：

洛阳……孝廉左尉四百石，孝廉右尉四百石。

又如《后汉书·桥玄传》：

举孝廉，补洛阳左尉（注：左部尉也）。

皆以左右尉为称，这可能是东汉早期和后期的不同。

县尉的选任与令、长略有不同，一般来说，原来地位要略低一些，或者多少与武事有点关系者，如：

（张）汤给事内史，为宁成掾，以汤为无害，言大府，调茂陵尉（师古曰：调，选也，选以为此官也）。①

（梅福）为郡文学，补南昌尉。②

（尹翁归为督邮）举廉为缑氏尉。③

光禄勋于永除（王嘉）为掾，察廉为南陵丞，后察廉为长陵尉。④

东州多盗贼……其渠帅张汉等率支党降，（鲁）恭上以汉补博昌尉。⑤

---

① 班固：《汉书》卷五十九，《张汤传》，中华书局1962年版，第2637页。
② 班固：《汉书》卷六十七，《梅福传》，中华书局1962年版，第2917页。
③ 班固：《汉书》卷七十六，《尹翁归传》，中华书局1962年版，第3207页。
④ 班固：《汉书》卷八十六，《王嘉传》，中华书局1962年版，第3488页。
⑤ 范晔：《后汉书》卷二十五，《鲁恭传》，中华书局1965年版，第878页。

由此可见，和县令、长的选任不同，县尉多是从二千石之掾属调选的。

县尉的职掌，《后汉书·百官志》本注曰：

> 尉主盗贼。凡有贼发，主名不立，则推索行寻，案察奸宄，以起端绪。

因为职主盗贼，就必须巡行境内，故于境内交通要道上的各亭中常常可以见到县尉的踪迹，如《汉书·李广传》载：

> （李广）屏居兰田山中射猎。尝夜从一骑出，从人田间饮。还至亭，霸陵尉醉，呵止广，广骑曰："故李将军。"尉曰："今将军尚不得夜行，何故也！"宿广亭下。

又，《后汉书·逄萌传》：

> 给事县为亭长。时尉行过亭，萌侯迎拜谒，既而掷楯叹曰（注：亭长主捕盗贼，故执楯也）："大丈夫安能为人役哉！"遂去，之长安学，通《春秋经》。

这都是尉在境内交通要道上行使其警备、捕盗贼的职权。

尉主盗贼，属于武事，因此更卒番上之类的事亦由县尉主管。如《汉书·昭帝纪》元凤四年（前77年）注引如淳曰：

> 尉律，卒践更一月。

又，《史记·游侠列传》记载说：

> （郭）解出入，人皆避之。有一人独箕倨视之，解遣人问其名姓。……乃阴属尉史曰："是人，吾所急也，至践更时脱之。"每至践更，数过，吏弗求。怪之，问其故，乃解使脱之。

又，役使卒徒之事，有时也由尉主持，如《史记·张汤列传》：

以汤为无害，言大府，调为茂陵尉，治方中。(《集解》引《汉书音义》曰：“方中，陵上土作方也。汤主治之。”如淳曰：“茂陵尉，主作陵之尉也。”)

县尉职掌较专，对于令、长有一定的独立性，有时还可直接与郡府发生联系，如《后汉书·桥玄传》：

(玄)补洛阳左尉(注：左部尉也)。时梁不疑为河南尹，玄以公事当诣府受对，耻为所辱，弃官还乡里。

又因其以部为称，且分部而治，故多与令长别治。《水经注》卷三十五《江水》：

阳岐山……山东有城，故华容县尉旧治也。

江水自龙巢而东得俞口……江之北岸上有小城，故监利县尉治也。

县尉既有单独的治所，自然就有自己的官廨，《三国志·魏书·武帝纪》注引《曹瞒传》曰：

太祖(除洛阳北部尉)初入官廨，缮治四门。造五色棒，悬门左右各十余枚，有犯禁者，不避豪强，皆棒杀之。后数月，灵帝爱幸小黄门蹇硕叔父夜行，即杀之。京师敛迹，莫敢犯者。

县尉既有单独治所——官廨，自然也有属吏，其主要属吏曰尉史。《汉书·赵广汉传》有长安尉史禹，注引文颖曰：“尉史，尉部史也。禹，其名。”《汉旧仪》云：

更令吏曰令史，丞吏曰丞史，尉吏曰尉史，捕盗贼得补格。

显然尉史之职亦为捕盗贼。《汉书·田广明传》还有圉县尉史苏昌参与收捕谋反者。上引《游侠列传》中之尉史，则主更卒事。见于记载的尉廨属吏还有尉从佐，《后汉书·周燮传》：

(冯良) 少作县吏。年三十，为尉从佐（注：从佐谓随从而已，不主案牍也)。奉檄迎督邮，即路慨然，耻在厮役，因坏车杀马，毁裂衣冠，乃遁至犍为，从杜抚学。

又，《后汉书·范冉传》“少为县小吏”，《后汉书集解》惠栋引干宝曰：“为尉从佐。”则尉从佐乃小吏之一种。

三、县属吏

县属吏，就其秩次而言，即《汉书·百官公卿表》所说“百石以下有斗食、佐史之秩，是为少吏”。就其职别而言，则如《后汉书·百官志》所说“各署曹掾史”。本注曰：

诸曹略如郡员，五官为廷掾，监乡五部，春夏为劝农掾，秋冬为制度掾。

县和郡一样设诸曹掾恐怕是西汉中叶以后的情况。如上引《汉旧仪》所说，秦和汉初，县廷的主要属吏是令史。

秦之县令史见于记载的有夏侯婴为沛县令史①，陈婴为东阳令史②。西汉初年仍沿用令史的名称，如《汉书·文帝纪》元年（前 179 年）诏各县道赐八十岁以上老年人米、酒、肉、帛、絮、“不满九十，啬夫、令史致”。是令史为各县通称。《汉书·武五子传》有新安令史李寿，《汉书·外戚恩泽侯表》有巨野令史成，皆武帝时人，则令史之名一直沿用到武

① 司马迁：《史记》卷九十五，《夏侯婴列传》，中华书局 1982 年版，第 2664 页。

② 《史记·项羽本纪》。《史记正义》引《楚汉春秋》云“东阳狱史陈婴”。《汉书·项籍传》注又引苏林说为曹史。看来令史、曹史皆为泛称，而狱史才是专职名称。

帝。盖汉初官名多沿用秦制，武帝以后始逐渐有所改变，形成汉代自己的制度和名称，如分曹置掾之类。

在分曹置掾以后，大体和郡属吏一样，有称为主吏或纲纪者，如功曹、廷掾即是；有称为门下者，如主簿及其下之记室、录事、书佐、循行之类的左右亲信；有分职诸曹，大体上与郡列曹对口；有散职，如祭酒、从掾位、从史位等。兹分述如下：

（一）功曹、廷掾

1. 功曹。功曹职总内外，是县廷的主要属吏，原来就被称为主吏，《史记·曹相国世家》："萧何为主吏，居县为豪吏。"《史记·萧相国世家》："何以文无害，为沛主吏掾。"《史记索隐》："《汉书》云'何为主吏'。主吏，功曹也。又云：'何为沛掾'，是何为功曹掾也。"功曹之名乃后起，故《史记索隐》以功曹解释主吏。由此可见，功曹即秦和汉初的主吏。县功曹，或称功曹，见《刘熊碑》；或称功曹史，见《繁阳令杨君碑》，均无有以功曹掾为称者，此或与郡功曹不同。有的汉碑如《苍颉庙碑》《中部碑》中功曹与功曹史同时出现，而且功曹之前皆冠有"门下"二字，这一点也与郡功曹有所不同。功曹在县属吏中地位最高，职权最大，如《后汉书·袁安传》记载说：

> （安）初为县功曹，奉檄诣从事，从事因安致书于令。安曰："公事自有邮驿，私请则非功曹所持。"辞不肯受，从事惧然而止。

又《后汉书·列女传》：

> 孝女叔先雄者，犍为人也。父泥和，永建初为县功曹。县长遣泥和拜檄谒巴郡太守……

又《五行大义》卷五引翼奉云：

> 游徼、亭长外部吏，皆属功曹。

县功曹对上可代表县令、长，对下可指挥游徼、亭长，于此可见其地位和职权之重。

2. 廷掾。《后汉书·百官志》说得很清楚，县之廷掾，相当于郡的五官掾，亦有径以五官掾为称者，如《东观汉记·王阜传》有重泉县五官掾长沙叠，《建平郫县碑》[1] 有郫五官掾范功平。廷掾和郡五官掾一样，地位较高，故碑传中其位次常排在丞之后、户曹史之前[2]，而在祠祀方面更处于领先地位，甚至排在功曹之前，如《水经注·清水》引《太公庙碑》云：

> 国老王喜、廷掾郑笃、功曹邠勤等咸曰宜之，遂立坛祀，为之位主。

又《八琼室金石补正》四《三公山碑》：

> 遣廷掾□□具酒脯诣山请雨。

足见其职与郡五官掾相同。褚少孙补《史记·滑稽列传》记载：西门豹为邺令，问民之疾苦，长老对曰：

> 邺三老、廷掾常岁赋敛百姓，收取其钱得数百万，用其二三十万为河伯娶妇，与祝巫共分其余钱持归。

战国时不一定有廷掾之称，但至少可以反映西汉中叶已有此官。此处所言，亦与祠祀之事有关。廷掾与郡五官掾所不同者，则在于兼有督邮之职，即《后汉书·百官志》所说：

> 监乡五部，春夏为劝农掾，秋冬为制度掾。

廷掾和督邮一样，要经常下乡，四处巡行，和其他曹掾居于门下不同。

---

① 《隶续》卷三。
② 见《两汉金石记》之《三公山碑》《嵩岳少室石阙铭》。

《后汉书·周紆传》：

> （紆）迁召陵侯相。廷掾惮紆严明，欲损其威（注：《续汉志》每郡有五官掾，县为廷掾也），乃晨取死人断手足，立寺门。紆闻，便往至死人边，若与死人共语状。阴察视口眼有稻芒，乃密问守门人曰："悉谁载藁入城者？"门者对："唯有廷掾耳。"又问铃下："外颇有疑令与死人语者不？"对曰："廷掾疑君。"乃收廷掾考问，具服"不杀人，取道边死人"。后人莫敢欺者。

这段故事中提到廷掾载藁入城，也说明廷掾是常在乡下的。

（二）门下亲近吏

和郡属吏一样，除分职列曹之外，县属吏往往冠以门下称号，如功曹又称门下功曹；还有门下祭酒、门下掾、门下史等，皆为泛称。我们在这里要说明的门下，是指县令、长更为亲近的带有今秘书、侍从性质的属吏。

1. 主簿。主簿在县廷内地位仅次于功曹，但比功曹亲近。前引《后汉书·舆服志》记载县令、长出行时，后从者第一人即为主簿，紧跟在长吏后面，其亲近可见。《后汉书·缪肜传》：

> 仕县为主簿。时县令被章见考，吏皆畏惧自诬，而肜独证据其事，掠考苦毒，至乃体生虫蛆，因复传换五狱，逾涉四年，令卒以自免。

亦可见其与县令关系不同于一般属吏。主簿可以说是门下亲近吏之长，但无论史传或碑刻，均不冠以"门下"二字。

2. 主记、录事。原为掌簿书之主簿成为门下之长以后，具体的记事、文书等职掌或由主记、录事之类的属吏来承担，《水经注·睢水》记桥玄碑时说：

> 主记掾李友字仲僚作碑文。

显然主记之职是作文书工作。主记有掾、有史，见于汉碑刻者颇多，《郑季宣碑阴》① 有记室史一人，记室书佐一人，主记书佐二人，皆为主记室之属吏。主记掾亦可简称为主记。又有录事掾、史、书佐，其职掌当与主记相同。但也有二者并存的，《苍颉庙碑》碑侧②就有御主记掾一人、录事史一人。这里一个标明了御县，一个未标县名，也可能不是同一县，然《郑季宣碑阴》则记室书佐、主记书佐、录事书佐并存。

3. 小府。小府见《隶释》卷七《竹邑侯相张寿碑》。《五行大义》卷五《论诸官》引翼奉云："小府主出纳，主饷粮。"或称少府，《洪范五行传》称："辰为少府，金铜钱布。"此官乃主县廷财政。云梦秦简中有少内，《法律答问》：

> "府中公金钱私貣用之，与盗同法。"可（何）谓"府中"？唯县少内为"府中"，其它不为。③

《汉官解诂》有"仓、库、少内啬夫之属"的记载，可见少内之长称啬夫。西汉封泥中有"少内"半通印文。小府在秦和西汉称少内。

4. 门下游徼、门下贼曹。见下"贼曹"。

（三）列曹

1. 主管民政方面的诸曹。

户曹 和郡制一样，职主户口、名籍、婚庆、祠祀诸事；有掾、有史，史籍和碑刻中均可见到。

田曹 类似郡府的劝农掾，秦时称为由啬夫，秦简《田律》云：

> 百姓居田舍者毋敢醢（酤）酉（酒），田啬夫、部佐谨禁御之，有不从令者有罪。④

又《厩苑律》云：

---

① 《隶续》卷十九。
② 《金石萃编》卷十。
③ 睡虎地秦墓竹简整理小组：《睡虎地秦墓竹简》，文物出版社 1978 年版，第 165 页。
④ 睡虎地秦墓竹简整理小组：《睡虎地秦墓竹简》，文物出版社 1978 年版，第 30 页。

以四月、七月、十月、正月肤田牛。卒岁，以正月大课之，最，赐田啬夫壶酉（酒）束脯，为旱（皂）者除一更，赐牛长日三旬；殿者，谇田啬夫，罚冗皂者二月。其以牛田，牛减絜，治（笞）主者寸十。有（又）里课之，最者，赐田典日旬；殿，治（笞）卅。①

所言之事皆属劝农性质。前一条提到“部佐”，后一条提到“田典”，可能都是田啬夫的下属。银雀山所出竹书的《田法》篇中有“田啬夫及主田”②，“主田”当与“田典”相近。田啬夫一官在西汉中期仍普遍设立，《春秋繁露·求雨》：

春旱求雨……田啬夫亦斋三日，服青衣而立之……

田啬夫何时改名田曹，不可考。《洪范五行传》有“田曹共畜养（一作群畜）”的记载，与上述田啬夫之事基本一致。但东汉中后期，此种属吏或停止设置，故《后汉书·百官志》有“五官为廷掾，监乡五部，春夏为劝农掾……”的记载。

时曹 《洪范五行传》：“时曹共政教。”则县还有主时节之时曹。但史籍及碑刻中均未考见。

水曹 《繇竹江堰碑》③ 记水利之事，其中即有水曹掾史。水曹史杜慈列名于县丞王卿之后，可见其为繇竹县之水曹。《中部碑》中亦有水曹。

将作掾 主土木兴作之吏。《华山亭碑》④ 载华县有“将作掾曹鉴孔明、任就幼成，史吴武丙昌”。

2. 主管财政方面的诸曹。

仓曹 和郡制一样，主收民租，有掾、有史。《中部碑》有中仓曹史，还有左右或东西仓曹。

金曹 也和郡制一样，主收市租。《中部碑》有右金曹掾史各一人，

---

① 睡虎地秦墓竹简整理小组：《睡虎地秦墓竹简》，文物出版社 1978 年版，第 30～31 页。

② 转引自裘锡圭：《啬夫初探》，中华书局编辑部：《云梦秦简研究》，中华书局 1981 年版，第 245 页。

③ 《隶释》卷十五。

④ 《隶释》卷二。

则还应有左金曹掾史。

3. 主管交通方面的诸曹。

集曹 和郡制一样，“集曹供纳输”[①]，有掾、有史。集曹掾见《苍颉庙碑》，史见《郃阳令曹全碑》。

法曹、邮书掾 公府法曹主邮驿科程事。但是，县除法曹外，又有邮书掾，且二者同见于《郃阳令曹全碑》及《中部碑》中。或者法曹乃坐曹理事，邮书掾则职司邮递。公府则无需后者。《汉安长陈君阁道碑》[②] 又有邮亭掾，因汉安长陈君躬自案行省阁道，令就土，以致行人欢咏，邮亭掾尹厚勒石作颂。邮亭掾也是该阁道的受益者，职亦当司邮递。或者，邮亭掾即邮书掾。

道桥掾 《汉安长陈君阁道碑》最后有“时道桥掾董□□”一段文字，显然，道桥掾为当时具体主持修阁道者。

厩啬夫 云梦秦简《秦律杂抄》：

> 肤吏乘马笃、辈（胔），及不会肤期，赀各一盾。马劳课殿，赀厩啬夫一甲，令、丞、佐、史各一盾。马劳课殿，赀皂啬夫一盾。[③]

秦简整理小组认为，厩啬夫是整个养马机构的负责人，皂啬夫是饲养人员的负责人。在汉代，皂啬夫就不见了。厩啬夫则在汉简和史籍中均有，如《汉书·田广明传》圉县有厩啬夫江德，汉简中有“厩啬夫千秋里马敞”，又有“昭武厩令史乐成里公乘尹昌”[④]。令史与啬夫关系待考，或为不同时期不同地区之名称。《史记·夏侯婴列传》记夏侯婴在秦时为沛厩司御。据秦简《传食律》，司御的身份与官佐、史相类[⑤]，沛厩司御当是沛厩啬夫的下属。

4. 主管军事方面的诸曹。

兵曹 当然是主兵事，与县尉职同，或者是专主县廷范围以内的兵事。《中部碑》有兵曹掾、史各一人。

---

① 《五行大义》卷五《论诸官》引《洪范五行传》。

② 《隶释》卷十五。

③ 睡虎地秦墓竹简整理小组：《睡虎地秦墓竹简》，文物出版社 1978 年版，第 142 页。

④ 劳干：《居延汉简考释·释文之部》卷三，《簿录》，商务印书馆 1949 年版，第 475、481 页。

⑤ 睡虎地秦墓竹简整理小组：《睡虎地秦墓竹简》，文物出版社 1978 年版，第 103 页。

库啬夫 《洪范五行传》：“库官，兵戎器械。”① 库官即库啬夫，这在云梦秦简中可得到证明，《秦律杂抄》云：

> 稟卒兵，不完善（缮），丞、库啬夫、吏赀二甲，法（废）。②

汉简及西汉封泥中也常见到库啬夫，如：

> 初元五年四月壬子，居延库啬夫贺以小官印行丞事敢言□。③

又如临淄出土西汉封泥印有“库啬夫印”④。据考证，库啬夫不仅负责保管器械，而且管理生产，所以也役使刑徒劳动力⑤。

尉曹 中央公府尉曹主卒徒转运事，郡府尉曹亦主士卒，县尉曹职当相同。《隶释》卷十五《都乡正卫弹碑》题名有尉曹掾史，洪适云该碑“盖是记述守令傜役条教也”。这说明尉曹与傜役事有关。

5. 主管司法、治安方面的诸曹。

贼曹 主盗贼事无疑。这方面的吏员比较多，如《中部碑》等碑刻，既有以门下贼曹为称者，又有以右贼曹掾史为称者。其他记载中还有以贼捕掾为称者，如《钟离意别传》：

> 迁瑕丘令，男子倪直勇悍……意到官，召署贼捕掾。⑥

前述郡属吏中有贼曹、督盗贼和功曹一起导从，《嘉祥武宅山县令导从图刻像》⑦ 所载前导者，由近而远有门下功曹、门下游徼、门下贼曹，后

---

① 《五行大义》卷五《论诸官》引。

② 睡虎地秦墓竹简整理小组：《睡虎地秦墓竹简》，文物出版社 1978 年版，第 134 页。

③ 劳干：《居延汉简考释·释文之部》卷一，《文书》，商务印书馆 1949 年版，第 67 页。

④ 《临淄封泥文字》七。

⑤ 裘锡圭：《啬夫初探》，中华书局编辑部：《云梦秦简研究》，中华书局 1981 年版，第 254～255 页。

⑥ 李昉等：《太平御览》卷二百六十八，《职官部六十六》引，中华书局 1960 年版，第 1255 页。

⑦ 《两汉金石记》卷十五。

从者由前而后有主簿、主记、亭长。则县廷中门下游徼代替了督盗贼之职。

狱掾史、狱司空　此类属吏相当于郡府主罪法之事的决曹，如《汉书·路温舒传》：

为狱小吏，因学律令，转为狱史，县中疑事皆问焉。太守行县，见而异之，署决曹史。

同书《于定国传》：

父于公为县狱史，郡决曹，决狱平。罗文法者于公所决，皆不恨。……定国少学法于父，父死，后定国亦为狱史，郡决曹，补廷尉史……

又同书《薛宣传》，宣为陈留太守，移书池阳曰：

县所举廉吏狱掾王立，家私受赇而立不知，杀身以自明。立诚廉士，甚可闵惜！其以府决曹掾书立之柩，以显其魂。

专主牢狱者曰狱司空，各县均有。《汉官仪》曰：

绥和元年，罢御史大夫，法周制，初置司空。议者以县道官狱司空，故复加大为大司空。

传舍、候舍吏　传舍虽为客馆，然也有监督行人的职责。《后汉书·光武帝纪》：

于是光武趣驾南辕，晨夜不敢入城邑，舍食道旁。至饶阳，官属皆乏食。光武乃自称邯郸使者，入传舍。传吏方进食，从者饥，争夺之。使者疑其伪，乃椎鼓数十通，绐言邯郸将军至，官属皆失色。光武升车欲驰，既而惧不免，徐还坐，曰："请邯郸将军入。"久乃驾去。使中人遥语门者闭之。门长曰："天下讵可知，而闭长者乎?"遂得南出。

候舍乃门候之舍。《后汉书·张湛传》有中东门候舍，注引《汉官仪》曰：

洛阳十二门……每门……候一人，秩六百石。候舍盖候之所居。

洛阳为京师所在地，门候秩级较高。其他县亦应有此类属吏，《后汉书·李郃传》：

县召署幕门候吏。和帝即位，分遣使者，皆微服单行，各至州县，观采风谣。使者二人到益部，投郃候舍。

此类传舍、候舍吏以及门候、门长，皆为县之属吏。传舍吏之名称或曰啬夫，如《居延汉简释文》卷三第450页有居延传舍啬夫，第482页有显美传舍斗食啬夫；六安缪王十三年（相当于宣帝元康五年，即前61年）所作《阳泉使者舍熏炉铭》① 有洛阳传舍啬夫兑。

守津吏 县内津要之处亦置专吏守之，如守津吏即是。《后汉书·段翳传》：

段翳……习《易》经，明风角。时有就其学者，虽未至，必预知其姓名。尝告守津吏曰："某日当有诸生二人，荷担问翳舍处者，幸为告知。"后竟如其言。又一生来学，积年，自谓略究要术，辞归乡里。……生到葭萌，与吏争度，津吏挝破从者头。

津乃渡水之处，即后世所谓码头，设有守津吏维持治安，监督行人。又《隶续》卷十一《南安长王君平乡道碑》有主泊山史，盖县境有泊潭山当平乡新道之要冲，故置史以护之。交通要隘、水陆码头，均置吏管理，其职都是维持治安、检查和监督行人。《汉书·王莽传》：

① 《积古斋钟鼎彝器款识》九。

> 吏民出入，持布钱以副符传（师古曰：旧法，行者持符传，即不稽留。今更令持布钱，与符相副，乃得过也），不持者，厨、传勿舍（师古曰：厨，行道饮食处。传，置驿之舍也），关津苛留。

此类守关津之吏，各地皆有。

市掾 市掾或称都市掾，《汝南先贤传》：黄浮为濮阳令，“同岁子为都市掾”[①]。亦可泛称市吏，如平阳市吏[②]、新野市吏[③]。乃是主持县市治安的官吏。西汉时或承秦制，以市啬夫为称。《汉书·何武传》：

> 武弟显家有市籍，租常不入，县数负其课。市啬夫求商捕辱显家，显怒，欲以吏事中商。武曰：“以吾家租赋、徭役不为众先，奉公吏不亦宜乎！”武卒白太守，召商为卒吏。

卒吏、啬夫皆西汉时名称。东汉记载或碑刻中则多见市掾或都市掾。市吏之职掌据上述有催缴租课之责；《洪范五行传》又说“市官平准买卖”，即又有主物价之责。但其主要职责当是掌都市治安，如《汉书·尹翁归传》：

> 是时大将军霍光秉政，诸霍在平阳，奴客持刀兵入市斗变，吏不能禁，及翁归为市吏，莫敢犯者。公廉不受餽，百贾畏之。

盟掾 在汉族与少数民族杂居之县设有盟掾，见《蜀郡属国辛君造桥碑》[④]。顾名思义，其当为掌少数民族事务之吏。

（四）校官

《中部碑》有校官祭酒，《张禅题名碑》有校官掾。《汉书·平帝纪》元始三年（3年）：“立官稷及学官。郡国曰学，县道邑侯国曰校，校、学

---

① 李昉等：《太平御览》卷二百六十八，《职官部六十六》引，中华书局1960年版，第1255页。

② 班固：《汉书》卷七十六，《尹翁归传》，中华书局1962年版，第3206页。

③ 范晔：《后汉书》卷七十七，《樊晔传》，中华书局1965年版，第2491页。

④ 《隶释》卷十五。

置经师一人。”《后汉书·刘宽传》：“迁南阳太守。……每行县止息亭传，辄引学官祭酒及处士诸生，执经对讲。”则校官又可称学官。

（五）散吏

和郡府一样，县廷也设一些虚衔以尊老敬贤，是为散吏，如祭酒、议曹、从掾位、从史位之类。县祭酒在碑刻中常见，如《隶续》卷十九《郑季宣碑阴》以及以上多次引用过的《郃阳令曹全碑》《中部碑》中均有，有的称门下祭酒，皆列于诸曹掾、史之前，足见其地位之尊。祭酒之前还可冠以其他称号，如《三国志·魏书·袁涣传》注引《魏书》云：

> 谷熟长吕岐善朱渊、爰津，遣使行学还，召用之，与相见，出署渊师友祭酒，津决疑祭酒……

议曹和祭酒一样，亦为地位较尊之散吏。《溧阳长潘乾校官碑》[1] 有议曹掾二人。《郃阳令曹全碑》碑阴有门下议掾。县有从掾位亦见汉碑，《刘熊碑阴》[2] 之从掾位多至十五人。从史位则尚未考见。

以上所说县属吏，仍只是就一般情况而言，大体上秦和西汉前期以令史、啬夫为名者多，西汉中后期逐渐分曹置掾、史，但令史、啬夫等名称仍有不少保留。分曹之后，各县情况也不尽相同，正如《宋书·百官志》所说：“其余众职，或此县有而彼县无，各有旧俗，无定制也。”如《中部碑》中有供曹史。《繁长张禅等题名碑》中还有“县�例掾”，“�”或为“讼”之异体字，未知是否属辞曹之类？总之，诸如此等掾、史，不一定各县皆有，不能尽举。

曹掾、史是主要属吏，其下还有各种各样的小吏，大约和郡府一样，也有佐史、书佐、循行、干、小史之类。佐史、书佐在上述诸曹中已经提到，比较普遍。据《汉官》记载，洛阳有循行二百六十人，比干、小史的总和还多。干，是听差性质的小吏，《水经注·沔水》引《神异经》曰：

① 《隶释》卷五。
② 《隶释》卷五。

……忽有大水，长欲没县，主簿令干入白令，令见干曰："何忽作鱼?"干又曰："明府亦作鱼。"遂乃沦陷为谷矣。因目长水城水曰谷水也。

《郑季宣碑阴》有直事干四人。该碑又有直事小史三人，门下小史一人。此外，还有骑吏三人，列于录事书佐、记室书佐之后，直事干之前，则骑吏也是县小吏。又前引《后汉书·周紜传》有铃下，注引《汉官仪》曰："铃下……以名自定者也。"铃下又作铃下，乃铃阁侍从之亲近小吏，亦属小史之类。

据上所述，县廷也是一架庞大的官僚机器，《后汉书·百官志》注引《汉官》云：

洛阳……员吏七百九十六人。十三人四百石，乡有秩、狱史五十六人，佐史、乡佐七十七人，斗食、令史、啬夫、假五十人，官掾、史、干、小史二百五十人，书佐九十人，循行二百六十人。

洛阳为东汉都城所在地，员吏当然多一些，但一般县吏员额亦不会太少。

第二节　乡里基层官吏

从全国范围说，县是基层的行政单位，故中央任命官吏至县而止。但是真正的最基层却是乡、亭、里等组织，如柳宗元《封建论》所说：

有里胥而后有县大夫，有县大夫而后有诸侯，有诸侯而后有方伯、连帅，有方伯、连帅而后有天子。

乡里基层官吏虽不是朝廷的正式命官，但乡官、里吏之名在秦汉时期已经流行了。其地位至为重要，举凡国家赋税、徭役、兵役以及地方教化、狱讼、治安等事，无不由乡官里吏直接承担。

乡官里吏情况各不相同，本节将尽可能作一些较为详细的叙述。但在叙述秦汉此类基层官吏之前，有必要对乡里组织作一简略的历史考察。

乡里组织起源甚早，春秋战国时期，各诸侯国大同小异，今略举有关资料以见其发展之迹。

《周礼·地官·大司徒》：

令五家为比，使之相保；五比为闾，使之相受；四闾为族，使之相葬；五族为党，使之相救；五党为州，使之相赒；五州为乡，使之相宾。

《周礼·地官·遂人》：

五家为邻，五邻为里，四里为酂，五酂为鄙，五比为县，五县为遂。（郑司农云："田野之居，其比伍之名，与国中异制。"）

《管子·小匡》：

制国……五家为轨，轨有长；十轨为里，里有司；四里为连，连有长；十连为乡，乡有良人；三乡一帅。

（制鄙）五家为轨，轨有长；六轨为邑，邑有司；十邑为率，率有长；十率为乡，乡有良人；三乡为属，属有帅；五属一大夫。（按：《国语·齐语》记载与之略同。）

《管子·度地》：

故百家为里，里十为术，术十为州，州十为都，都十为霸国。

《鹖冠子·王𫓧》：

其制邑……五家为伍，伍为之长；十伍为里，里置有司；四里为扁，扁为之长；十扁为乡，乡置师；五乡为县，县有啬夫治焉；十县为郡，有大夫守焉。

此外，《墨子·尚同》排列的顺序是天子—国—乡—里；《吕氏春秋·怀宠》的顺序是国—邑—乡—里。

从上述记载可以看出：

第一，五家为一单位是一个基本的细胞组织，曰邻、曰比、曰轨、曰伍，名称有所不同，邻伍后来成为通用的名称。其他记载大多是五家为邻，唯一不同的是《尚书大传》作“八家为邻”，不知是指何时何地之制度。

第二，邻以上就是里，或称闾，亦或称邑[①]。但里的户数很不相同。《周礼》只有二十五家，《管子·小匡》的制国为五十家（制鄙三十家为邑），《管子·度地》则是百家，《鹖冠子》也是五十家。此外，如《释名·释州国》：

> 五邻为里，里居方一里之中也。

又《风俗通》：

> 里者，止也。里有司，司五十家为居止同事。

也是说二十五家或五十家为里。可见一里最少是二十五家，最多是百家。其他记载也有不同者，然均在此幅度之内，如《春秋公羊传·宣公十五年》注云：

> 在田曰庐，在邑曰里，一里八十户，八家共一巷[②]。中里为校室，选其耆老有高德者名曰父老，其有辩护伉健者为里正。……父老比三老孝弟官属，里正比庶人在官之吏。

是八十家为里。又如《尚书大传·咎繇謩》云：

---

① 相当于里的邑，仅见于《管子·小匡》，以后或以邑为乡，或以邑为县。

② 此或即“八家为邻”？

八家而为邻，三邻而为朋，三朋而为里，五里而为邑，十邑而为都，十都而为师，州有十二师焉。

《广雅·释地》亦引此文，略有不同，十邑之后作：

十邑为乡，十乡为都，十都为师。

则是一里七十二家。总之，一里之户或数十，或百家。

第三，里之上即为乡。《周礼》情况特殊，乡下有州、有党、有族，一乡有一万二千五百家。除此之外，其他记载多为两三千家：《管子》一乡二千家或三千家，《鹖冠子》二千家，《尚书大传》三千六百家。《管子》中乡以下二百家的连或三百家的率，《鹖冠子》中二百家的扁等一类组织，以后就见不到了。这当与秦统一有关。秦自商鞅变法开始，一方面令民为什伍，一方面集大小乡聚为县。秦统一后，普遍实行了以县统乡，以乡统里的地方基层组织制度。《吕氏春秋》国—邑—乡—里的排列顺序，是反映了当时的实际情况的。

《汉书·百官公卿表》在记述乡官时说：

大率十里一亭，亭有长；十亭一乡，乡有三老、有秩啬夫、游徼。……皆秦制也。

似乎乡下有亭，亭下才是里。然而这与上述乡里组织的发展趋势是不符合的，并且矛盾重重。如乡的数目与亭的数目矛盾①，乡的户数与县的户数矛盾②，与全国总户数也有矛盾③等等。现在看来，“十亭一乡”的“亭”字确实是个误字，应该是“十里一乡”。《汉书·百官公卿表》所说，既是“十里一亭”，又是“十里一乡”。“十里一亭”主要是指城市中里以上相当

---

① 《汉书·百官公卿表》有乡六千六百二十二，亭二万九千六百三十五，平均每乡只有四个亭，与“十亭一乡”之数不符。

② 按《后汉书·百官志》“一里百家”计算，所谓“十里一亭，十亭一乡”，则一乡有万户，与表、志所载县有万户之数有矛盾。

③ 《汉书·百官公卿表》西汉有乡六千六百二十二，按“一里百家”计算，所谓“十里一亭，十亭一乡”，则应为六千六百余万户，与《地理志》所载一千二百多万户相差太大。

于乡一级的组织，乡间也有亭（乡亭）同样直属县，不属于乡，这在后面还要加以详述。

以下分述乡、亭、里的官吏。

一、以啬夫为主的乡官

秦汉之制，县以下分为若干乡。据《汉书·百官公卿表》，西汉平帝时有县、道、邑、国千五百八十七，有乡六千六百二十二，平均每县辖四乡有余。《后汉书·郡国志》有县、邑、道、侯国千一百八十，注引《东观书》永兴元年（153年）乡三千六百八十一，平均每县辖三乡有余。《续后汉书》曰：

> 凡县户五百以上置乡，二千以上置二乡，五千以上置三乡，万以上置四乡。

县下辖乡的大体情况就是如此。关于乡的官吏，《汉书·百官公卿表》说：

> 乡有三老、有秩啬夫、游徼。三老掌教化。啬夫职听讼，收赋税。游徼徼循，禁贼盗。……皆秦制也。

《后汉书·百官志》说：

> 乡置有秩、三老、游徼。本注曰：有秩，郡所署，秩百石，掌一乡人，其乡小者，县置啬夫一人。皆主知民善恶，为役先后，知民贫富，为赋多少，平其差品。三老掌教化。凡有孝子顺孙，贞女义妇，让财救患，及学士为民法式者，皆扁表其门，以兴善行。游徼掌徼循，禁司奸盗。又有乡佐，属乡，主民收赋税。

中国古代一向是政、教互相配合以统治人民。三老掌教化，为百姓之表率，故把三老摆在乡官之首。但实际行政却主要是由秩啬夫负责的。

（一）三老

古代天子设三老、五更，以父兄之礼养之。《礼记·文王世子》：“遂设三老、五更（或作叟）、群老之席位焉。”注云：

> 三老、五更各一人，皆年老更事致仕者也。天子以父兄养之，示天下之孝悌也。名以三五者，取象三辰五星。

则三老之设本为兴教化之义。春秋战国时，地方官中已有了三老的名称，如《管子·度地》：

> 三老、里有司、伍长者，所以为率也。

上引《史记·滑稽列传》记载魏国有邺三老。秦统一后，也设立三老，除《汉书·百官公卿表》说乡置三老是秦制外，《史记·陈涉世家》更有具体的记载：

> ……入据陈。数日，号令召三老、豪杰与皆来会计事。……当此时，诸郡县苦秦吏者，皆刑其长吏，杀之以应陈涉。

由此可见，三老不属秦吏，但又是有影响的人物。

汉承秦制，不但乡置三老成为定制，而且不断完善。《汉书·高帝纪》二年（前205年）二月：

> 举民年五十以上，有修行，能帅众为善，置以为三老，乡一人。择乡三老一人为县三老，与县令丞尉以事相教，复勿繇戍。

惠帝四年（前191年）又“举民孝弟力田者，复其身”。高后元年（前187年），“初置孝弟力田二千石者一人”。这是配合三老而设，目的是“欲以劝励天下，令各敦行务本”①。至文帝时，举三老、孝悌、力田遂成为定制。《汉书·文帝纪》十二年（前168年）三月诏曰：

---

① 班固：《汉书》卷二，《惠帝纪》，中华书局1962年版，第90页；卷三，《高后纪》及注，第96页。

孝悌，天下之大顺也。力田，为生之本也。三老，众民之师也。廉吏，民之表也。朕甚嘉此二三大夫之行。今万家之县云无应令（师古曰：无孝悌、力田之人可应察举之令），岂实人情？是吏举贤之道未备也。其遣谒者劳赐三老、孝者帛，人五匹，悌者、力田二匹，廉吏二百石以上率百石者三匹。及问民所不便安，而以户口率置三老、孝悌、力田常员（师古曰：计户口之数以率之，增置其员，广教化也），令各率其意以道民焉（师古曰：道读曰导）。

终两汉之世，一直重视三老、孝悌、力田，经常赐爵赐帛，可见汉世特重教化，有比以前更完善的一套办法。

三老之制，实为当时一种社会教育制度。除乡三老之外，县三老也是普遍设立的，除上述《汉书·高帝纪》的记载之外，县三老又见于《东观记》：

（秦彭为山阳太守，）择民能率众者以为乡三老，选乡三老为县三老，令与长吏参职。①

以后又有郡三老②、国三老③，其职都在推行教化，实质上就是教导人民安分守己、老老实实地服从统治者的剥削和压迫。汉代统治者优礼、尊崇三老，免除其徭役，并屡加赏赐，其目的即在于此。故选择三老的标准，也在于是否能安分守己、遵守封建教化，即“有遵奉教化者，擢为乡三老”④，以便能使三老在人民中间起到示范作用。

三老在两汉时期有较高的政治地位和社会地位，不但可与县令丞尉分庭抗礼，以事相教，而且可以直接上书皇帝，皇帝也往往采纳他们的意见和建议。如汉武帝时壶关三老令狐茂上书为戾太子辩冤，终于使武帝感悟⑤。成帝时王尊为京兆尹，免官，湖三老公乘兴等上书颂尊治理京兆功

① 另《金石萃编》卷十八《郃阳令曹全碑》碑阴有“县三老商量”、“乡三老司马集”题名。
② 《后汉书·王景传》：“父宏为郡三老。”
③ 《后汉书·李充传》：“年八十，为国三老，安帝常特进见，赐以几杖。”
④ 范晔：《后汉书》卷七十六，《秦彭传》，中华书局1965年版，第2467页。
⑤ 班固：《汉书》卷六十三，《武五子传》，中华书局1962年版，第2744～2745页。

效卓著，复被任用为徐州刺史、东郡太守。以后白马三老朱英等又上书表彰王尊治水之功，王尊因而受到皇帝嘉奖①。但是，如果地方治理不好，三老也要负教化不善之责。如武帝时遣司马相如以檄书晓谕巴蜀民，"让三老孝悌以不教诲之过"②。又如韩延寿为左冯翊，有昆弟争田，延寿以为责在冯翊，移病不视事，"令、丞、啬夫、三老，亦皆自系待罪"③。

三老不是行政职务，亦无俸禄，所以在汉人心目中，三老"比于吏"，并非真正之吏。《史记·平准书》：

> 非吏比者三老、北边骑士，轺车以一算；商贾人轺车二算。

《史记集解》引如淳曰：

> 非吏而得与吏比者，官谓三老、北边骑士也。

就是令、长，也不把三老当作属吏看待，东汉《三老掾赵宽碑》中有"优号三老，师而不臣"的话可以为证。

如上所述，三老是汉代统治者在地方上树立的道德化身，通过他们对人民进行封建思想教育。因此，三老和直接统治剥削人民的其他乡官不同，有较大的欺骗作用，因而在人民的心目中也有一定的威望。《后汉书·刘盆子传》记载王莽末年赤眉起义时，军中"最尊者号三老"，赤眉领袖樊崇即"自号三老"。这一历史现象并不是偶然的。

（二）有秩啬夫

从《汉书·百官公卿表》和《后汉书·百官志》的记载看，乡的主要行政事务（听讼和赋役）是由啬夫承担的，三老非正式官吏，游徼或者是县的派出人员（详下），因此乡官实际上是以啬夫为主。

啬同穑，啬夫在古代原为农夫之别称，以后其中的生产能手被选拔为田官，才逐渐变成了一种官称。春秋战国时期，许多官吏均以啬夫为称，《管子·君臣》把啬夫分成吏啬夫和人啬夫两类：

---

① 班固：《汉书》卷七十六，《王尊传》，中华书局1962年版，第3234、3237页。
② 班固：《汉书》卷五十七下，《司马相如传》，中华书局1962年版，第2580页。
③ 班固：《汉书》卷七十六，《韩延寿传》，中华书局1962年版，第3213页。

> 吏啬夫任事，人啬夫任教。教在百姓，论在不挠，赏在信诚，体之以君臣，其诚也以守战，如此，则人啬夫之事究矣。吏啬夫尽有訾程事律，论法辟、衡权斗斛，文劾不以私论，而以事为正，如此，则吏啬夫之事究矣。人啬夫成教，吏啬夫成律之后，则虽有敦悫忠信者不得善也，而戏豫怠傲者不得败也。

尹知章注："吏啬夫谓检束群吏之官也，若督邮之比也。""人啬夫亦谓检束百姓之官。"清人张佩纶认为"人啬夫"本当作"民啬夫"（唐人避太宗讳，多改古书"民"字为"人"），古书常见的"乡啬夫"即"民啬夫之类也"；《史记·张释之列传》的虎圈啬夫、《汉书·何武传》的市啬夫，"即吏啬夫之类也"①。两家对吏啬夫的解释不一样，尹氏的解释与《管子》本文即不合，张氏的解释是正确的。云梦出土的秦简提供了有力的证据，秦简中提到"啬夫"一百多次，大多数是属于"以事为正"的"吏啬夫"，秦简总称为官啬夫，其中提到各种各类的官啬夫有田啬夫、仓啬夫、库啬夫、司空啬夫、苑啬夫、厩啬夫、皂啬夫、发弩啬夫等等。还有主持"采山"的啬夫②、管"髼园"的啬夫③、管理度量衡的啬夫④等等。秦简中这类官啬夫在汉代仍然有不少，如上述虎圈啬夫、市啬夫之类。

《管子》中的人啬夫或民啬夫，从其所述的内容看，当即统治人民、管理百姓的地方主管官吏，乡官啬夫当即属此类。不过，从云梦秦简看，啬夫似乎一度成为县长吏的称呼，即所谓"县啬夫"或"大啬夫"，其证据是：第一，《南郡守腾文书》开首说的是"南郡守腾谓县、道啬夫"，而文书后面还有"自从令、丞以下"、"论及令、丞"等等，说明是对县一级发的文书，那么"啬夫"应即县令。第二，秦律中很多条都是"大啬夫、丞"、"县啬夫、丞"或"县啬夫若丞"这样排列在一起，和"令、丞"相连对应，也说明大啬夫或县啬夫即县令。第三，有一条法律问答说："侨

---

① 据《管子集校》转引。

② "采山重殿，訾啬夫一甲。"睡虎地秦墓竹简整理小组：《睡虎地秦墓竹简》，文物出版社1978年版，第138页。

③ "髼园殿，赀啬夫一甲。"睡虎地秦墓竹简整理小组：《睡虎地秦墓竹简》，文物出版社1978年版，第138页。

④ "衡石不正，十六两以上，訾官啬夫一甲。"睡虎地秦墓竹简整理小组：《睡虎地秦墓竹简》，文物出版社1978年版，第138页。

（矫）丞、令可（何）殴（也）？为有秩伪写其印为大啬夫。”有秩是乡有秩啬夫的简称，伪写了大啬夫的印即为矫造，说明大啬夫是大于有秩啬夫的，也说明大啬夫就是县令。乡的啬夫和县啬夫一样，是属于人啬夫这一类的，不过地位根本不同。从汉代情况看，统治人民、管理百姓的人啬夫就只有乡啬夫了。

但是，在乡官啬夫中，和县有令、长的区别一样，也有不同等级，《后汉书·百官志》本注曰：

> （乡）有秩，郡所署，秩百石，掌一乡人；其乡小者，县置啬夫一人。

这就是说，有“有秩啬夫”和无秩的啬夫之区别，《汉书·百官公卿表》上的“乡有三老、有秩啬夫、游徼”，这“有秩啬夫”被分读成“有秩”、“啬夫”，这样就引起了问题，有人说“有秩”是官名，“所掌与啬夫同”，似乎乡官中除啬夫之外还有一个有秩。实际是“有秩啬夫”，应该连读，是一个官吏。这里，我们要指出以下两点：

第一，“有秩”不是官名。秩，在秦汉时期，包括官品的大小和俸禄的多少（有时还和爵位高低联系在一起）。有秩，就是有官品、禄秩的意思。《汉书·百官公卿表》所说“吏员，自佐史至丞相，十二万二百八十五人”，就是讲有秩的官吏。《通志》《文献通考》述西汉官品时，都是认为“自中二千石凡十六等”，《汉书·百官公卿表》在县令、长之下有长吏和少吏的区别，二百石以上为长吏，“百石以下，有斗食、佐史之秩，是为少吏”。东汉时则把斗食正式列入了官品。许多官吏可以是同一种秩，例如卿位的官都是中二千石；同一种官可以有不同的秩，例如县令有“秩千石至六百石”的不同，县长有“秩五百石至三百石”的不同。还有，秩，对于同一官吏还是可以增减的，如《汉书·京房传》说：

> （焦赣补小黄令，）爱养吏民，化行县中，举最当迁，三老官属上书愿留赣。有诏许增秩留，卒子小黄。

这是增秩留官。《后汉书·陈宠传》有“尉贬秩一等”、“令、长贬秩一等”

的记载，这是保留官职减秩。由上述可见，有秩，只应该是有一定官品、禄秩的意思。史书上还有“有秩吏”或者“有秩之吏”，就是有官品、禄秩的官吏；“诸有秩”，就是“一切有官品、禄秩者”。

第二，“有秩啬夫”是对无秩的啬夫而言的。《汉书·百官公卿表》上讲“有秩啬夫”而不提无秩的啬夫，是以大包小（如同讲县官时只讲县令不讲县长一样）；然而讲职掌时又把“有秩”二字省掉了，因为官名本是“啬夫”，“有秩”不过强调其有官品禄秩而已。《后汉书·百官志》只说“乡置有秩”，省掉了“啬夫”二字，所以本注对“有秩”和“啬夫”的区别又作了一番说明。郡所署的“有秩”，当即《汉书·百官公卿表》中的“有秩啬夫”，县于小乡所置的啬夫就应该是无秩的啬夫。《汉书》和《后汉书》的本文都把无秩的啬夫省略了，一方面是举出大的包括小的，另一方面是因为其职掌完全相同，毫无区别，所以《后汉书·百官志》本注说：

皆主知民善恶，为役先后，知民贫富，知赋多少，平其品差。

另外，值得注意的是，其他讲到这种乡官的记载，单称“有秩”而省掉“啬夫”二字时，往往是与“乡”字紧紧相连的，或者说“乡置有秩”，或者说“乡有秩”，如《汉书·张敞传》“敞本以乡有秩，补太守卒史”。师古注云：“乡有秩者，啬夫之类。”他讲得不明确，或者他已经搞不太清楚。然而他以前的人是清楚的，刘昭补注“乡有秩”时引《风俗通》说：

秩则田间大夫，言其官裁有秩耳。

所谓“田间大夫”或称“农夫”，或称“田畯”，《尔雅·释言》郭璞注云：“今之啬夫是也。”而做过乡啬夫的郑玄更是明确称“有秩啬夫”。阚骃的《十三州志》中也是用“有秩啬夫”的全称。

那么，乡官中的“有秩啬夫”和无秩的啬夫有什么区别呢？有秩啬夫有如下三条：

第一，有秩啬夫的禄秩是百石。《后汉书·百官志》本注曰：

有秩，郡所署，秩百石。

百石，在西汉官品和禄秩中是最后一等，所以说“其职裁有秩耳”，是刚刚入官品的芝麻官。无秩的啬夫当然就没有百石，或者相当于斗食，或者更少，即东汉左雄所谓“乡官部吏，职斯（斯，贱也）禄簿”，故左雄主张：

> 乡部亲民之吏，皆用儒生清白任从政者，宽其负算，增其秩禄，吏职满岁，宰府州郡乃得辟举。①

李贤注云：

> 负，欠也。算，口钱也。儒生未有品秩，故宽之。

这说明，“乡部亲民之吏”有些是没有品秩的。由此又可见，为什么对于郡所属的乡啬夫要特别标明“有秩”。

第二，有秩啬夫和其他有秩之吏一样，是要上报的。《后汉书·百官志》本注引的一条材料说：

> 或曰：汉初，掾史辟，皆上言之，故有秩比命士。其所不言，则为百石属，其后皆自辟除，故通为百石云。

“有秩比命士”，一方面是汉儒喜欢拿当时的事和《周礼》比附；另一方面说明，有秩是朝廷命官。而受命于朝廷又有一定手续，“上言”即其中之一。《后汉书·和帝纪》永元五年（93 年）三月所下诏令中说：

> 选举良才，为政之本。科别行能，必由乡曲。而郡国举吏，不加简择，故先帝明敕在所，令试之以职，乃得充选。又，德行尤异，不须经职者，别署状上。

又，凡是有秩之吏都要在一定的官簿上登记，《后汉书·安帝纪》延光元年（122 年）八月就有“无拘官簿”之语。不一定所有食廪禄的人都名列

① 范晔：《后汉书》卷六十一，《左雄传》，中华书局 1965 年版，第 2018 页。

官簿，但名列官簿的一定是有秩之吏，只有这样，哀帝时“吏员自佐史至丞相十二万二百八十五人”的数字才统计得出来。这官簿在秦代或被称为官籍，《史记·蒙恬列传》：

(赵) 高有大罪，秦王令蒙毅法治之。毅不敢阿法，当高罪死，除其官籍。

籍，也就是簿籍，官籍即官簿。

第三，有秩啬夫在官品之中，或者说刚刚入等，或者算是半等（或即所谓“少吏”之一），但它和其他有秩之吏一样，是佩带印绶的，即仲长统所说的“半通青纶之命”。李贤在注《后汉书·仲长统传》时引的阚骃《十三州志》说得更加明确：

有秩啬夫，得假半章印。

什么是“半通青纶之命”呢?《后汉书·舆服志》说：

百石，青绀纶（一作绶），一采，宛转缪织（圭），长丈二尺。

《说文解字》：

纶，青丝绶也。

则“青纶之命”就是百石之官。郑玄注《礼记·缁衣》说：

纶，今有秩啬夫所佩也。

有秩啬夫，百石，这些记载完全是一致的。又，什么是“半章印”呢? 沈钦韩《汉书疏证》说：

《汉官仪》：皇太子黄金印，龟钮，印文曰章，下至二百石，皆为通官印。案：自此以上，印皆取方，曰“通官印”。其百石以下，则为半印，曰“半通”……《法言·孝至篇》：不由其德，五两之纶，半通之铜，亦泰矣。仲长统亦云，身无半通青纶之命。则百石虽假印绶，不得为通官印也。（今园印、邑印皆半方，即此是。）

李轨注《扬子法言》说：

纶，如青丝绳也。五两之纶，半通之铜，皆有秩啬夫之印绶，印绶之微者也。

有秩啬夫所佩带的印绶是最低一等的印绶，这一点是比较明确的。

郑玄、阚骃、李轨这些当时人和唐以前的人，都是说的“有秩啬夫”，他们所说的“有秩啬夫”显然是不可拆开读的，即“有秩”和“啬夫”都佩带“纶”这样的印绶，那么所谓“有秩，郡所署，秩百石”和“其乡小者，县置啬夫一人”的注解就毫无意义了。

以上说的是有秩啬夫。再说小乡无秩的啬夫。

“其乡小者，县置啬夫一人”这句话说明，县所置的小乡啬夫和郡所置的有秩啬夫不同，既不称“有秩”，又为县所置。此外，当还有一层意思，即小乡只置啬夫一人，不一定要有三老和游徼，否则这“一人”是毫无意义的，因为大乡也并没有两个啬夫（更不是既有有秩啬夫又有啬夫）。三老本来不应算一个什么正式的官吏①，而前引汉二年“举民年五十以上，有修行，能帅众为善，置以为三老，乡一人”的记载，也并不说明每乡都一定置三老。当然，如果一乡之中没有三老，一般父老总是有的。其乡小者，县也不一定另派游徼，啬夫、乡佐之类也可以兼任，《急就篇》云“攻击劫夺槛车胶，啬夫假佐扶致牢”就是证明。另外，还有分布各地的亭长，也可以兼管其附近的“微巡”、“求捕盗贼”的任务。

乡既有大、小之分，那么大和小如何分法呢？这也是一个不十分清楚的问题。《汉书·百官公卿表》在讲“县大率方百里”的同时顺带说了一句“乡、亭亦如之”。如什么呢。如县一样，大体上有个地方范围，但是

① 《汉书》卷八十九考证说三老也有秩，不知何据。

以民数多少为主，所谓“稠则减，稀则旷”。那么大乡之户应该是多少呢？《后汉书·百官志》注引《汉官》曰：

> 乡户五千，则置有秩。

似乎五千以上就是大乡。但这“五千”二字恐有讹误，因为：

第一，同书注又引《风俗通》曰：

> 国家制度，大率十里一乡。

如果一里百家，十里当是千户。《风俗通》还有“里有司，司五十家”的记载，则乡户五百。照此推算，“五千”二字，不是“一千”就是“五百”。

第二，上引《后汉书》所说，三千以上置二乡，五千以上置三乡等记载，与“乡户五千”也有很大矛盾。

第三，五千以上的乡即便有，那也是极少数的，那么置有秩的乡就很少很少了。而且，户数增多以后，就会有立县的要求了，如《陈留风俗传》① 记载说：

> 故梁国宁陵县之徙种龙乡也。以成哀之世，户至八九千，冠带之徒求置县矣。

达到八九千户，就要求置县，也可证五千以上的县不会太多。

第四，从《汉书·地理志》和《后汉书·郡国志》的统计数字看，平均一县三乡左右，而万户以下的县占百分之六十，乡户达到五千的可能性也很小。因此，我们认为所谓大乡，可能是指千户以上的乡。

总之，不论乡之大小，啬夫（包括有秩啬夫）是一乡之中的主要官吏，主管一乡的一切行政事务，《汉书·百官公卿表》说：

---

① 《水经注·阴沟水》已吾县下引。

啬夫职听讼，收赋税。

《后汉书·百官志》述其职掌稍详：

掌一乡人……主知民善恶，为役先后，知民贫富，为赋多少，平其差品。

实际上这还都只是一个概述，在一些有关啬夫的具体材料中，我们可以看到，啬夫是无所不管的，兹列举数条如下：

（朱邑）庐江舒人也。少时为舒桐乡啬夫，廉乎不苛，以爱利为行，未尝笞辱人，存问耆老孤寡，遇之有恩，所部吏民爱敬焉。①

（第五伦）为乡啬夫，平徭赋，理怨结，得人欢心。②

（爰延）陈留外黄人也。……令史昭以为乡啬夫，仁化大行，人但闻啬夫，不知郡县。③

（郑产）为白土啬夫。汉末，产子一岁辄出口钱，民多不举。产乃敕民勿得杀子，口钱自当代出，因名其乡曰“更生乡”。④

一般老百姓“但闻啬夫，不知郡县”倒是一句最可靠的话，实际上不论廉平或是奸苛的啬夫，人民都是只知道啬夫，不知道郡县的，天高皇帝远，当今皇上是谁知道的人就更少了。

（三）乡佐

《后汉书·百官志》在述乡官有秩、三老、游徼之后写道：

---

① 班固：《汉书》卷八十九，《朱邑传》，中华书局1962年版，第3635页。

② 范晔：《后汉书》卷四十一，《第五伦传》，中华书局1965年版，第1396页。

③ 范晔：《后汉书》卷四十八，《爰延传》，中华书局1965年版，第1618页。

④ 李昉等：《太平御览》卷一百五十七，《州郡部三》引《零陵先贤传》，中华书局1960年版，第764页。

又有乡佐，属乡，主民收赋税。

见于史传的乡佐，如《后汉书·张宗传》：

张宗……南阳鲁阳人也。王莽时，为县阳泉乡佐（注云：《续汉书》曰：乡佐，主佐乡收赋税）。会莽败，义兵起，宗乃率阳泉民三四百人，起兵略地……

《后汉书·第五伦传》：

为宕渠令，显拔乡佐玄贺，贺后为九江、沛二郡守。

《后汉书·周党传》：

初，乡佐尝众中辱党，党久怀之。后读《春秋》，闻复仇之义，便辍讲而还，与乡佐相闻，期剋斗日。既交刃，而党为乡佐所伤，困顿。乡佐服其义，舆归养之，数日方苏，既悟而去。

由这几条记载看，乡佐和啬夫一样，其主要职掌虽为赋税、徭役，其他行政、民事、兵事也似乎都管，其地位或相当于郡、县之丞，《居延汉简考释·释文之部》卷一有简云：

建平五年……广明乡啬夫客、假佐玄敢言之。（第 6 页）

陶乡啬夫定、佐博。（第 40 页）

掾宗守啬夫延年、佐就。（第 43 页）

啬夫党、佐忠。（第 87 页）

这种排列法和令、丞的排列法是相同的。《宋书·百官志》甚至把乡佐摆在乡官之首①：

乡有乡佐、三老、有秩啬夫、游徼各一人。乡佐、有秩主赋税，三老主教化，啬夫主争讼，游徼主奸非……②

（四）游徼

《汉书·百官公卿表》和《后汉书·百官志》都说乡有游徼，“徼循禁盗贼”或“徼循司奸盗”。但史传所见游徼，似乎均直属于县，如《汉书·胡建传》：

客藏公主庐，吏不敢捕。渭城令建将吏卒围捕。……主使仆射劾渭城令游徼伤主家奴。建报亡它坐。

《汉书·赵广汉传》：

广汉奏请，令长安游徼、狱吏秩百石……

《汉书·朱博传》：

姑幕县有群辈八人报仇廷中，皆不得。……博口占檄文曰：“府告姑幕令丞：言贼发不得，有书。檄到，令丞就职，游徼王卿力有余，如律令！”（师古曰：游徼职主捕盗贼，故言如律令。）

《汉书·黄霸传》：

始霸少为阳夏游徼。

《后汉书·臧宫传》：

① 《通典》亦同。

② 此条有秩与啬夫分为二职，不知是沈约理解的错误，还是何时特制，待考。

少为县亭长、游徼。

《后汉书·郑均传》引《东观汉记》：

兄仲，为县游徼。

《后汉书·王忳传》：

女子乃前诉曰："妾夫为涪令，之官迁宿此亭，亭长无状，枉杀妾家十余口，埋在楼下，悉盗取财货。"（郿令）忳问亭长姓名。女子曰："即今门下游徼者也。"……明旦，召游徼诘问，具服罪，即系，及同谋十余人悉伏辜。[1]

所有这些，均不言乡，有的直称某县游徼，或县游徼，或门下游徼。而门下游徼又多见于碑刻，如《堂邑令费凤碑》《中部碑》[2]，门下游徼列于门下功曹之后、门下贼曹之前。又如《苍颉庙碑》碑侧[3]，左侧有万年左乡、北乡有秩，莲勺左乡、池阳左乡有秩等等，门下游徼则在右侧，列于门下功曹和门下贼曹之间。

据上述可以认为，游徼是直属于县而派往各乡徼巡者，故两汉书均有"徼循"二字，徼和循同义，即巡也，巡行于乡以禁盗贼，故名游徼。《五行大义》引翼奉云：

游徼、亭长、外部吏，皆属功曹。

更说明游徼为县职，是分部于各乡的。

二、亭长和亭吏

《汉书·百官公卿表》说："大率十里一亭……十亭一乡……皆秦制

① 此处虽涉鬼怪迷信，但"门下游徼"可取为证。
② 《隶释》卷九、卷十六。
③ 《金石萃编》卷十。

也。”秦代亭的数目已不可考，西汉平帝时有亭二万九千六百三十五①，东汉桓帝永兴元年（153 年）有亭万二千四百四十二②。说明在汉代地方上亭的设置是很普遍的。关于亭的性质，历来说法不一，据《百官公卿表》所说，似乎亭是乡和里之间的一级地方行政组织，但解释不通之处甚多，早有人明确提出，“十亭一乡”乃“十里一乡”之误③，我们最近对此又作了一番考证，断定《百官公卿表》确系误字④。我们认为，既是“十里一亭”，又是“十里一乡”，都是讲的地方行政组织，亭和乡是同一级的单位，亭是城市中县以下里以上的单位，在乡村的亭亦为县以下的乡镇，但其作用有所不同，因而亭吏和乡官的职掌各有侧重。

在城市中亭下辖里，如同乡下辖里一样，大体上是十里一亭，所谓“大率十里一亭”。例如西汉的长安，据《三辅黄图》记载：

> 长安闾里一百六十，室居栉比，门巷修直，有宣明、建阳、昌阴、尚冠、修城、黄棘、北焕、南平等里。《汉书》万石君奋徙家长安戚里。宣帝在民间时常在尚冠里。刘向《列女传》节女长安大昌里人也。

这一百六十个里，分属于十六个亭，是完全合理的。《三辅黄图》又记载说长安有“八街九陌”：

> 有香室街、夕阴街、尚冠前街。《三辅旧事》云：长安城中八街九陌。《汉书》刘屈氂妻枭首华阳街，京兆尹张敞走马章台街，陈汤斩郅支王首悬藁街。张衡《西京赋》云“参涂夷庭，街衢相经，廛里端直，甍宇齐平”是也。

---

① 班固：《汉书》卷十九上，《百官公卿表上》，中华书局 1962 年版，第 743 页。

② 范晔：《后汉书》志第二十三，《郡国五》注引《东观记》，中华书局 1965 年版，第 3533 页。

③ 王毓铨：《汉代“亭”与“乡”“里”不同性质不同行政系统说——“十里一亭……十亭一乡”辨正》，《历史研究》1954 年第 2 期。

④ 熊铁基：《“十里一乡”和“十里一亭”——秦汉乡、亭、里关系的决断》，《江汉论坛》1983 年第 11 期。

陌也是市中之街，《后汉书·袁绍传》："填接街陌。"八街九陌，就是十七条街，街一亭，则十七个亭，辖一百六十个里，这也恰好是"大率十里一亭"。八街九陌和一百六十个里这两个数量是否完全同时，我们没有细加考释，但说大率如此，是说得过去的。

东汉洛阳的情况也可以为证。蔡质《汉仪》说：

洛阳二十四街，街一亭；十二城门，门一亭。

街亭当即管辖居里的一级组织。据《洛阳伽蓝记》记载，北魏时的洛阳尚有二百二十里，如果以"大率十里一亭"计算，正好是二十几条街，二十几个亭。当然还有门亭，门亭虽主要伺候望、警察之责，但城门附近也或有一些居里属门亭管辖。

以上就长安、洛阳二地而言，里有百数，其他城市当然没有这么多街和亭，郡所在地一般不过几条街，几个亭，一般县治所在地也不过一亭罢了，故曰都亭，《后汉书·何皇后纪》注云：

凡言都亭者，并城内亭也。

关于城市中亭辖里的事实，考古发掘材料提供了更有力的证据，以咸阳及其附近出土陶器为例，印文为"咸亭某里"者不少，为"咸某里某"者更多，"咸"是"咸亭"的省文，"咸亭"应即"咸阳亭"省文，里名则有完里、右里、鄘里、沙里以及市阳、新安等等。这是里隶属于亭的证明。此外，还有其他县亭之陶文，如临（淄）亭、河（南）亭、安（邑）亭、易（阳）亭等等①。为什么里有具体名字，而亭前只冠县名呢？这是因为：第一，亭的数目毕竟比较少，有的县治所在之亭就那么一两个，即所谓都亭；第二，因为比较少，所以亭即使有名也是一般化，不如里有特色，如《云梦秦简·治狱案例》中有"市南街亭求盗才（在）某里"以及"某亭求盗"、"某亭校长"的记载，南街、北街各县城都可能有，一般化。像长安、洛阳

① 俞伟超：《汉代的"亭""市"陶文》，《文物》1963年第2期；裘锡圭：《啬夫初探》，中华书局编辑部：《云梦秦简研究》，中华书局1981年版。

那样有很多街名的城市少得很，从一般情况看，里名就更重要一些。

既然亭是城中里以上的一级地方单位，那么乡村中是否有亭呢？有的，这就是乡亭。史书上关于乡亭的记载颇多，不必一一列举。至于野亭①、下亭②等名称，也是乡亭之别称。乡村之亭也就是乡村中的一个小集镇，至少有几十户或几百户人家。《论衡·诘术篇》说：

民间之宅与乡亭比屋相属，接界相连。

而且这种乡亭就是市镇，如《说文解字·邑部》“郊”字注：

鄦，美阳亭即鄦也，民俗以夜市。

又《史晨飨孔庙碑》③：

史君念孔渎、颜母井去市道远，百姓酤买，不能得香酒美肉，于昌平亭下立会市，因彼左右，咸所愿乐。

但是，乡亭虽为集镇，人户却不一定很多，百来户（不过一里的户数）的集镇在当时就不算很小了，几十户的小亭恐怕在西汉近三万个亭当中占绝大多数。班固所说“十里一亭”主要是就城市情况而言的，既讲城市的“十里一亭”，又讲农村的“十里一乡”，这在述县令、长及其属吏之后，讲乡、亭的官吏，本也是顺理成章。不过他没有考虑到乡亭的特殊情况。然而，亭管理一定数量的居民和城市是一样的。

乡亭的特殊情况，即主要起客舍和邮传的作用。《风俗通》云：

汉家因秦，大率十里一亭。亭，留也。今语有亭留、亭待，盖行旅宿食之所馆也。④

① 范晔：《后汉书》卷三十一，《郭伋传》，中华书局1965年版，第1093页。
② 范晔：《后汉书》卷八十一，《范式传》，中华书局1965年版，第2679页。
③ 《隶续》卷一。
④ 李昉等：《太平御览》卷一百九十四，《居处部二十二》引，中华书局1960年版，第937页。

亭作为行旅宿食之馆所，其例甚多，如《后汉书·刘宽传》宽典历三郡，每行县止息亭传。《郭伋传》伋为并州牧，行部既还，遂止于野亭。《王忳传》除郿令，到官，止宿斄亭。以上为接待过往官员的事例。又《郭躬传》，陈伯敬还，触归忌，则寄宿乡亭。谢承《后汉书·周敞传》，苍梧广信女子苏娥行宿高安鹊巢亭，为亭长龚寿所杀①。以上事例说明普通百姓也可以在亭舍住宿，不限于官吏。

亭又是中央与郡国文书传送的驿站和乡官治所。《汉书·黄霸传》："邮亭，乡官。"师古注云："邮亭书舍，谓传送文书所止处，亦如今之驿馆矣。乡官者，乡所治处也。"

亭的主要官吏是亭长。我们从亭长的任命和管理来看，他不是隶属于乡，而是直属于县。首先，亭长是由县任命的，如《后汉书·王忳传》"县署忳为大度亭长"；《仇览传》"县召补吏，选为蒲亭长"；《李充传》"太守鲁平请署功曹，不就。平怒，乃援充以捐沟中，因谪署县都亭长"②。又《吴汉传》及《逢萌传》均言"家贫，给事县为亭长"。《汉书·朱博传》亦云："家贫，少时给事县为亭长。"是给事县，不是给事乡，没有"十亭一乡"的统属关系。再从管理上看，《五行大义》引翼奉云："游徼、亭长、外部吏皆属功曹。"事实上不仅属功曹管理，有时县令也要亲自过问。如《后汉书·卓茂传》：

> 迁密令……人常有言部亭长受其米肉遗者，茂辟左右问之曰："亭长为从汝求乎？为汝有事嘱之而受乎？将乎居自以恩意遗之乎？"人曰："往遗之耳。"茂曰："遗之而受，何故言邪？"人曰："窃闻贤明之君，使人不畏吏，吏不取人。今我畏吏，是以遗之，吏既卒受，故来言耳。"茂曰："汝为敝人矣。……亭长素善吏，岁时遗之，礼也。"人曰："苟如此，律何故禁之？"茂笑曰："律设大法，礼顺人情。今我以礼教汝，汝必无怨恶；以律治汝，何所措手足乎？"

---

① 李昉等：《太平御览》卷一百九十四，《居处部二十二》引，中华书局1960年版，第938页。

② 这似乎还是由郡任命，或者和乡有秩为郡所署一样，大一些的亭长（如都亭长）由郡任命，一般乡亭则由县任命。

这段记事已经很清楚地说明亭长是直属于县，不属于乡。同书《鲁恭传》记载：

> 拜中牟令……亭长从人借牛而不肯还之，牛主讼于恭。恭召亭长，敕令归牛者再三，犹不从。恭叹曰："是教化不行也。"欲解印绶去。掾史泣涕共留之，亭长乃惭悔，还牛，诣狱受罪，恭贯不问。于是吏人信服。

同样是县令直接管理亭长，根本置乡吏不顾。

亭长的职责是什么呢?《后汉书・百官志》云：

> 亭有亭长，以禁盗贼。本注曰：亭长主求捕盗贼，承望都尉。

这说明亭长的主要职责是"禁盗贼"，即维持地方治安。有人认为其"承望都尉"就是隶属于都尉，是都尉的另一系统。其实不然，仔细推敲这四字是有问题的。首先，东汉都尉已并职太守，原则上没有了，县尉倒是有的。其次，不用简单明确的"属都尉"，而用"承望"二字，看来，亭长和尉的关系，主要是在"禁盗贼"这一方面，《后汉书・百官志》述县尉的职责是：

> 尉主盗贼。凡有贼发，主名不立，则推索行寻，案察奸宄，以起端绪。

县尉"行寻"到哪里，那里的亭长当然要听他指挥。非直接隶属，只是在"求捕盗贼"这一方面"承望"而已。

另外，亭长维持治安，"求捕盗贼"，又与游徼职务相同。《急就篇》云："斗变杀伤捕伍邻，游徼亭长共杂诊。"是共同维持治安。其不同之处则在于：游徼无固定治所，系巡行流动逐捕；亭长则有固定治所——亭，以警察收捕奸盗。尉、游徼、亭长三者有共同之处，即共同维持县内治安。故《汉官仪》曰：

尉、游徼、亭长皆习备五兵。五兵：弓弩、戟、楯、刀剑、甲铠。……设十里一亭，亭长、亭侯；五里一邮，邮间相去二里半，司奸盗。亭长持二尺板以劾贼，索绳以收执贼。①

因为其职责是维持地方治安，故在官员出行时，亭长要负责保卫工作。《后汉书·舆服志》在讲“导从车”时说：

长安、洛阳令及王国都县加前后兵车，亭长，设右騑，驾两。

此种候迎护送之事在城市中是很多的。乡间也有，《后汉书·逢萌传》：

给事县为亭长。时尉行过亭，萌候迎拜谒，既而掷楯叹曰：“大丈夫安能为人役哉!”遂去之长安学，通《春秋经》。

一般达官贵人经过，亭长都要“整顿洒扫以待”，或“扫除亭舍”，或“发人牛修桥”②。又可见亭长实际是一种职役，故《后汉书·李充传》云：“谪署县都亭长。不得已，起亲职役。”

乡间之亭有权检查过往行人，执行宵禁法。如桓谭《新论》云：

余从长安归沛，道疾，蒙絮被绛罽襜褕，乘骍马，宿于邑东亭中。亭长疑是贼，发卒夜来攻。

又《东观汉记·延岑传》：

衣虎皮襜褕，宿下邑亭。亭长曰：“睢阳贼衣绛罽褕，今宿舍疑是。”

这是监视过往行人的例子。《汉书·王莽传》：

---

① 此处与上引《风俗通》所说“十里一亭”之“里”，显然都是指道里之“里”，而非作为地方基层单位之“里”。

② 见《后汉书》之《刘宠传》《赵孝传》《韩康传》。

> 大司空夜过奉常亭，亭长呵之，告以官名，亭长醉曰：“宁有符传邪？”士以马棰击亭长，亭长斩士，亡，郡县逐之。家上书，莽曰：“亭长奉公，勿逐。”大司空邑斥士以谢。

又《后汉书·周紆传》：

> 皇后弟黄门郎窦笃从宫中归，夜至止奸亭，亭长霍延遮止笃，笃苍头与争，延遂拔剑拟笃，而肆詈恣口。

此言宵禁，虽皇亲国戚犯禁，亭长也有权干涉。又，亭长因职在维持治安，故有权捕系犯人，如《后汉书·虞延传》记载：

> 少为户牖亭长，时王莽贵人魏氏宾客放纵，延率吏突入其家捕之。

因为亭长有权捕系犯人，所以也有亭狱。《汉书·刑法志》“狱犴不平”，服虔曰：“乡亭之狱曰犴。”《汉书疏证》云：

> 服注本《韩诗》，《释文》云岍，《韩诗》作犴，云乡亭之系曰犴，朝廷曰狱。《风俗通》曰：犴，司空也。案司空即圜土之类。

官府公告，亦往往布之于亭。如王莽末年悬赏捉拿光武帝兄刘伯升，即图形天下，布之于亭：

> 使长安中官署及天下乡亭皆画伯升像于塾（《字林》：塾，门侧堂也），旦起射之。[1]

又王景为庐江太守，修起芍陂，教民犁耕：

① 范晔：《后汉书》卷十四，《齐武王縯传》，中华书局1965年版，第550页。

由是垦辟倍多，境内丰给。遂铭石刻誓，令民知常禁。又训令蚕织，为作法则，皆著于乡亭。①

以上说明，亭长的主要职责是禁盗贼，维持地方治安，以加强中央集权的封建统治。但是，不仅城市的亭下辖十里，乡村的亭也有一定的管辖范围，称为亭部②，部域之内有一定数量的居民。故亭长自然也要兼理民事，如《风俗通》云：

亭，亦平也，民有讼争，吏留辩处，勿失其正也。③

《后汉书·仇览传》就有母至亭长处告其子不孝之事。亭于其他也无所不管。《仇览传》写道：

县召补吏，选为蒲亭长。劝人生业，为制科令，至于果菜为限，鸡豕有数，农事既毕，乃令子弟群居，还就黉学。其剽轻游恣者，皆役以田桑，严设科罚。躬助丧事，赈恤穷寡。期年称大化。……乡邑为之谚曰："父母何在在我庭，化我鸤枭哺所生。"

这里制科令，劝生业，励风俗，兴教化，样样都有，比乡啬夫的职掌还要广泛。但没有收赋税这一条，这是因为城镇居民，务农者少，从事工商者多，在城市中有专门收税的官吏如市长、市啬夫之类。不过也不会绝对没有，《后汉书·章帝纪》元和二年（85 年）：

诏凤凰、黄龙所见亭部无出二年租税。

较大的亭部，农田较多，租赋还是有的，尤其是人口税，城镇居民亦不能免。主要是田租不多，所以未列入亭长的主要职掌之中。

---

① 范晔：《后汉书》卷七十六，《王景传》，中华书局 1965 年版，第 2466 页。

② 见《汉书》之《元帝纪》《哀帝纪》《张禹传》及《后汉书·章帝纪》。

③ 李昉等：《太平御览》卷一百九十四，《居处部二十二》引，中华书局 1960 年版，第 937 页。

因为亭长主要职掌是逐捕盗贼，故多选少壮有勇力者或有军事经验者充任，如《史记·高祖本纪》：

> 及壮，试为吏，为泗水亭长。

《汉书·朱博传》：

> 少时给事县为亭长，好客少年，捕搏敢行。稍迁为功曹，任侠好交，随从士大夫，不避风雨。

同书《王温舒传》：

> 少时椎埋为奸。已而试县亭长，数废。数为吏，以治狱至廷尉史。

《后汉书·虞延传》：

> 及长，长八尺六寸，要带十围，力能扛鼎。少为户牖亭长。……王莽末，天下大乱，延常婴甲胄，拥卫亲族，扞御钞盗，赖其全者甚众。

以上均说明为亭长者皆为少壮有勇力者。《后汉书·百官志》注引《汉官仪》又云：

> 材官、楼船年五十六老衰，乃得免为民就田，应合（当作令）选为亭长。

材官、楼船虽然年老退伍，但既有勇力又有军事经验，故得选为亭长。

据上所述，亭长基本是武人，如用人得当，自然有利于社会治安。用人不当，则不仅不利于治安，反而给民众造成更大的灾难，《潜夫论·爱日》云：

乡亭部吏，足以断决，使无怨言。然所以不者，盖有故焉。……夫直者贞正而不挠志，无恩于吏。怨家务主者结以货财，故乡亭与之为排直家。

乡亭部吏营私舞弊，欺压百姓，是一般通病，更有甚者是与盗贼一样，图财害命，凶杀过客。如前引《后汉书·王忳传》，亭长枉杀上任官员全家十余口，且有同谋十余人，实即一伙盗贼。又前引谢承《后汉书·周敞传》苍梧广信女子苏娥行宿高安鹊巢亭，为亭长龚寿所杀，亭舍如同黑店，亭长即是强盗，群众的身家性命就更无保障了。

亭这一级组织，除亭长之外还有亭部之吏卒。

亭佐 《东观汉记·赵孝王良传》记载说：

裔孙乾嗣位，私出国，到魏郡邺、易阳，止宿亭，令奴金盗取亭席，金与亭佐孟常争言，以刃伤常，部吏追逐……

亭佐当与乡佐相当，是亭的副职。

亭候 《汉旧仪》和《汉官仪》皆云：

十里一亭，亭长、亭候。

亭候在《后汉书》中有“筑亭候”（《光武帝纪》《杜茂传》）、“大筑亭候”（《南匈奴传》）的记载，而且与“修烽燧”或“修烽火”连在一起。故《光武帝纪》十二年（36 年）注云：“亭候，伺候望敌之所。”但以上“亭长、亭候”像是作为官吏名称记述的。《集古录》三《后汉碑阴题名录》有亭长、亭侯（“侯”当作“候”）。亭候又是官名无疑。大概亭有候望的任务，故专设亭候以主其事。

求盗 《史记·高祖本纪》，为泗水亭长，使求盗至薛治竹皮冠。《史记集解》引应劭曰：

旧时亭有两卒：其一为亭父，掌开闭扫除；一为求盗，掌逐捕盗贼。

《史记·田叔列传》后，褚少孙补《任安传》，《史记正义》所引与此相同。但此外各注家所引则不同，如《高祖本纪》索隐引应劭曰：

旧亭卒名弩父，陈楚谓之亭父，或云亭部，淮泗谓之求盗。

《后汉书·百官志》注引《风俗通》云：

亭吏旧名负弩，改为长，或谓亭父。

《北堂书钞》卷七十九引《风俗通》云：

亭长者，一亭之长率也。为率吏，陈、楚、宋、魏谓之亭父，齐海谓之师也。

其他也还有不同者，如《方言》三：

楚东海之间，亭父谓之亭公，卒谓之弩父（主儋幔弩道檐因名之），亦谓之褚（言衣赤也。褚音赭）。

又《史记·任安列传》："代人为求盗亭父。"《史记集解》引郭璞曰："亭卒也。"

以上记载混乱得很，除因各地名称相异之外，关于亭父的身份就有两种可能：一认为亭父是亭长以下"掌开闭扫除"的亭卒，二认为亭父即亭长之别称。关于求盗、亭父是一职还是二职也有不同。我们认为亭父、亭长是一职异名的可能性较大，而求盗则别为一职，其地位低于亭长。因为《史记》本身的记载已证明亭长和求盗不是一职，而《任安列传》或可读为"求盗、亭父"，即先为求盗，后为亭父。

三、里正、典、老

据上所述，乡、亭可以说是最基层的地方政府，按所谓"十里一乡"、"十里一亭"计算，范围还是比较大的，在自然经济占支配地位的社会条件下，一乡人民彼此之间没有或很少有密切的联系，范围之大也非啬夫等乡官耳目所能及，还必须分而治之，故其下又有里，里下又有什伍。什伍不过是左邻右舍，关系当然密切。但是另一方面，几户人家，五家或者十家，又是不能满足人们交往要求的，再扩大一点范围，那就是里，一里之中百来户人家，从当时的经济、交通等各方面条件说，其范围不大不小，也正好适合人们日常生活方面的联系。《汉书·韩延寿传》：

置正、五长（师古曰：正，若今之乡正、里正也；五长，同伍之中置一人为长也），相率以孝弟，不得舍奸人（师古曰：舍，止也），闾里阡陌有非常，吏辄闻知，奸人莫敢入界。

既有利于统治阶级的教化，又有利于社会治安。治安尤其是主要而且具体的，如《汉书·尹赏传》：

赏以三辅高第选守长安令，得一切便宜从事。……乃部户曹掾史，与乡吏、亭长、里正、父老、伍人，杂举长安中轻薄少年恶子、无市籍商贩作务，而鲜衣凶服被铠持刀兵者，悉籍记之，得数百人。

里正、伍长职在维持治安，所以《后汉书·百官志》的记载是：

里有里魁，民有什伍，善恶以告。本注曰：里魁掌一里百家。什主十家，伍主五家，以相检察。民有善事恶事，以告监官。

后代的里甲制度，当即渊源于此。因为里和乡与人民关系至为密切，所以在人们心目中，乡里是十分重要的，后世人们往往把家乡称为乡里①，故乡②称为故里③。《日知录》卷二十二《乡里》综述说：

① 《晋书·华谭传》：“同郡刘颂见之，叹曰：不悟乡里乃有如此才也。”
② 《史记·高祖本纪》：“游于思故乡。”
③ 白居易诗云：“二疏返故里，四老归旧山。”

以县统乡，以乡统里，备书之者，《史记》老子苦县厉乡曲仁里人；樗里子室在昭王庙西，渭南阴乡樗里是也。书县里而不言乡，《史记》高祖沛丰邑中阳里人（应劭曰：沛，县也；丰，其乡也），聂政轵深井里人，淳于意师临菑元里公乘阳庆，《汉书》卫太子亡至湖泉鸠里是也。亦有书乡而不言里，《史记》陈丞相平阳武户牖乡人，王翦频阳东乡人是也。

《居延汉简》所载戍卒名籍，皆著爵里，证明户籍是以里为基本单位的。云梦出土秦简也提供了很多这方面的具体资料，在《封诊式》二十多个案例中，“爰书”开头大多是“某里公士”、“某里士伍”等等。如果不是开头这样说，就是在“男子某辞曰”之后说“居某里”、“居某县某里”，事情也多半是讲“里人”或者“同里”人的事，也有发生在里与里之间的事，如：

□□□爰书：某里公士甲自告曰：“以五月晦与同里士五（伍）丙盗某里士五（伍）丁千钱，毋（无）它坐，来自告，告丙。即令［令］史某往执丙。”①

这后面的某里当是另一个里。这些发生在里中或里与里之间的事，具体说明了“民有善事恶事，以告监官”的记载是可靠的。

在里这个居民活动的基层单位中，政府置有里吏，此种里吏具有官民二重身份，所以《春秋公羊传》说是“比庶人在官之吏”。里吏有哪些？

首先是里正，或称里魁，《后汉书·百官志》“里有里魁”。不过里魁之名少见，一般均称为里正。《韩非子·外储说右下》记载，秦襄王病，百姓“杀牛塞祷”，“訾其里正与伍老屯②二甲”。说明秦原以里正为称。又前引《汉书·尹赏传》亦作里正，是西汉仍称里正。

其次是父老，《史记·陈丞相世家》：

---

① 睡虎地秦墓竹简整理小组：《睡虎地秦墓竹简》，文物出版社1978年版，第251页。

② 注云：“屯亦罚也。”王先慎《韩非子集解》曰：“屯无罚义，《一切经音义》一引《字书》云：屯亦邨也，一邨之中，或里正或伍老，量出二甲。”

里中社，平为宰，分肉食甚均。父老曰："善，陈孺子之为宰！"平曰："嗟乎！使平得宰天下，亦如是肉矣！"

这父老不做事，却可指手画脚品评人物，当是"耆老有高德者"。

又，据此条记载，当时还有社宰，《史记索隐》云：

其里名库上里。知者，据蔡邕《陈留东昏库上里社碑》云"惟斯库里，古阳武之牖乡"。陈平由此社宰，遂相高祖也。

虽然《周礼》中有里宰之名，但陈平之为宰，不像是里正之别名，"里中社，平为宰"，或许是专管祭社神之事。《荆楚岁时记》云：

社日，四邻并结宗会社，宰牲牢，为屋于树下，先祭社，然后享其胙。

陈平分肉，当即祭社之后分享其酢。也有可能当时的里宰就是里正之别名。

又，汉碑中有里祭酒，如《中部碑》有里祭酒竟达十四人之多，按祭酒之义，或者是父老的别称？

此外，还有里监门，《史记·张耳陈余列传》：

张耳、陈余乃变姓名，俱之陈，为里监门以自食（《集解》张晏曰：监门，里正卫也）。两人相对。里吏尝有过笞陈余，陈余欲起，张耳蹑之，使受笞。吏去，张耳乃引陈余之桑下而数之曰："始吾与公言何如？今见小辱而欲死一吏乎？"陈余然之。秦诏书购求两人，两人亦反用门者以会里中（《索隐》案：门者即余、耳也。自以其名而号令里中，诈更别求也）。

《史记·郦生陆贾列传》：

郦生食其者，陈留高阳人也。好读书，家贫落魄，无以为衣食

> 业，为里监门吏①。(《正义》:《战国策》云齐宣谓颜斶曰:“夫监门闾里，士之贱也。”）然县中贤豪不敢役。

师古注《汉书·张耳陈余传》曰:“监门，卒之贱者，故为卑贱以自隐。”是其为吏卒中最低下的一种，大约相当于后世之保丁，或者专司门房，为里吏（里正或里魁）所役使。

以上说的是里吏卒。

下面再说“民有什伍”。

《后汉书·百官志》本注:“什主十家，伍主五家。”什和伍都是数字的代表，或代表十人、五人，或代表十家五家。那么主十家和五家的人究竟称为什么呢？在军队中有伍长、什长之称，如《周礼·夏官·司马》:“五家为伍，伍皆有长。”《史记·匈奴列传》:“各自置千长、百长、什长。”民间组织在秦代也有自己的称呼，前引《韩非子·外储说右下》“里正与伍老”，当是主五家之人称为“伍老”。云梦秦简提供了很好的证据，有一条《傅律》记载:

> 匿敖童，及占瘩（癃）不审，典、老赎耐。百姓不当老，至老时不用请，敢为酢（诈）伪者，赀二甲；典、老弗告，赀各一甲；伍人，户一盾，皆罨（迁）之。②

这就是“以相检察”的什伍连坐法，除了罚当事人之外，典、老和同伍之人都要受罚，为诈伪者罚最重，其次是典、老，再其次才是同伍之人。还有两条法律问答也可参考:

> 贼入甲室，贼伤甲，甲号寇，其四邻、典、老皆出不存，不闻号寇，问当论不当？审不存，不当论；典、老虽不存，当论。

> 可（何）谓四邻？四邻即伍人谓殹（也)。③

① 《汉书·郦食其传》作“为里监门，然吏县中贤豪不敢役”，“吏”、“然”字颠倒不同。
② 睡虎地秦墓竹简整理小组:《睡虎地秦墓竹简》，文物出版社1978年版，第143页。
③ 睡虎地秦墓竹简整理小组:《睡虎地秦墓竹简》，文物出版社1978年版，第193、194页。

盗贼闯入某甲的家里，并且伤害了甲，甲发出呼喊求救，四邻之人和典、老不在家，没有听到呼救声，追查的结果确实是都不在家，四邻可以不问罪，但是典、老即使不在家也要问罪。由此可见，在什伍连坐法中，什伍中的典、老有更大的责任。这也证明《急就篇》中“变斗杀伤捕伍邻”一句话是有根据的，颜师古注说：

有犯变斗杀伤者，则同伍及邻居之人皆被收掩也。

“四邻”也好，“五邻”也好，指的是左邻右舍同什伍之人无疑。

在《睡虎地秦墓竹简》中，典、老特别引人注目，老当即《韩非子》中的伍老。典是什么人呢?《睡虎地秦墓竹简》案例中有几处“某里典甲”的叙述法，这可以说明：第一，前述典和老不是连称，老是老，典是典。第二，典和老一样也是在里之中，而不是里外的什么人。但其又不可能是里正的别称或管理里内事务的某种吏卒，因为要在呼救时能够听到，在百来户人家的范围内，里正之类的人就不一定能够听得到（如果说听不到也要问罪，那就不必交代“存”或者“不存”的问题了）。四邻同伍之人是听得到的，所以交代一下“虽不存，当论”。再扩大一点相邻的十家，同什的人，也是应该听得到的。既然伍老有责，那主十家的人当然也不能辞其责了。因此，典应该就是主十家的人。这也正是什伍连坐之法。《急就篇》中还有一句说“戎伯总阅什伍邻”，是除了“伍邻”之外，还有这“什伍邻”连称，颜师古注云：“五人为伍，二伍为什，五家为邻。”什和伍是紧紧相连的，典和老自然也就紧连在一起称为典、老了。再从《睡虎地秦墓竹简》中两个案例情况看，典也正好是充当这样的角色，一条关于“厲”的案例说：

爰书：某里典甲诣里人士五（伍）丙，告曰：疑厲（疠），来诣……①

其他案例中多云“缚诣”。另一条关于“经死”的案例：

① 睡虎地秦墓竹简整理小组：《睡虎地秦墓竹简》，文物出版社1978年版，第263页。

> 爰书：某里典甲曰："里人士五（伍）丙经死其宅，不智（知）故，来告。"即令令史某往诊……①

这又有点像《急就篇》的"亭长游徼共杂诊"。师古注云：

> 诊，验视也。有被杀伤者，则令亭长与游徼相杂而诊验之，知其轻重曲直也。

所不同的是，《睡虎地秦墓竹简》案例是自缢而死，所以令令史去诊验之。"汉制：里魁什伍以告监官。监官，长吏也。"②"某里典甲"显然是告到监官长吏那里去了，不是长吏也不能指挥令史。这个典既不是里正，也不是伍老，那就是主什家的典，或者叫作什典。

据上所述，秦代主五家的曰伍老，主十家的曰什典。汉代也许均以"长"为名，如《汉书·韩延寿传》：

> 又置正、五长，相率以孝弟，不得舍奸人。（师古曰："正若今之乡正、里正也。五长，同伍之中置一人为长也。"）

同书《黄霸传》：

> 然后为教条，置父老师帅伍长，班行之于民间。

又，《史记·酷吏列传》有"置伯格长，以牧司奸盗贼"一句，《史记集解》引徐广曰：

> 一作落，古村落字亦作格，街陌屯落皆设督长也。

《史记索隐》：

---

① 睡虎地秦墓竹简整理小组：《睡虎地秦墓竹简》，文物出版社1978年版，第267页。
② 俞正燮：《癸巳类稿》卷十一，《少吏论》。

伯音阡陌，格音村落，言阡陌村落皆置长也。

由此可见，西汉时已经普遍以长为名。

此外，秦汉时期，乡、亭以下还有聚、落之名。聚、落是两个古老的名称，《史记·五帝本纪》“一年而所居成聚”，《史记正义》“谓村落也”。秦国商鞅变法时，“集大小乡聚为县”。西汉末立学校于县、道、乡、聚，“县道侯国曰校，乡曰庠，聚曰序”①。聚像是乡以下的一个单位。或以为里制行于城市，聚落之制行于乡野，但又与“十里一乡”的记载矛盾。《汉书·地理志》和《后汉书·郡国志》有不少地名称聚者，也许是保留旧名，不一定作为地方的一级行政单位。《说文通训定声》：“今曰村、曰镇，北方曰集，皆是。”落，更为泛指。《后汉书·仇览传》“庐落整顿”，注：“落，居也。”人所聚居之处即曰落，故有部落、村落、聚落、里落、邑落等等。如“里落化其仁让”②，“比落蒙其安全”③，“原之邑落独无虎患”④ 等，均系泛指人们聚居之处。我们无需单独考证聚落之吏。

以上所述，为内地的县、亭、乡、里组织及其官吏设置概况。边塞郡县，因为防御设施与军事的需要，其组织自成系统。据《居延汉简》所载，一郡之中，由几个都尉分部管理。都尉上承太守指挥，其下有候官、候长、隧长三级，隧长之下则为戍卒。如遇有险要地区，则又设有障、塞，大者曰障，小者曰塞，并置有障尉、塞尉⑤。按《居延汉简释文》卷二《簿录·钱谷类》，候官月俸钱三千，候长月俸钱一千二百或千六百、千八百，隧长月俸钱六百或九百。而塞尉则月俸二千，故其身份当低于候官，高于候长。障塞尉与候官、候长系统不同，均直属于都尉管辖，负责边塞的守卫。这是军事系统，故不在此详述。

此外，属于郡县系统的还有塞曹史、督烽掾等吏员。塞曹史，顾名思

---

① 班固：《汉书》卷十二，《平帝纪》，中华书局 1962 年版，第 355 页。
② 范晔：《后汉书》卷七十九，《孙期传》，中华书局 1965 年版，第 2554 页。
③ 范晔：《后汉书》卷八十四，《姜诗妻传》，中华书局 1965 年版，第 2783 页。
④ 陈寿：《三国志》卷十一，《魏书十一·邴原传》，中华书局 1959 年版，第 352 页。
⑤ 参阅陈梦家《汉简缀述》、陈直《汉书新证》。

义，当为主边塞事之吏。《居延汉简释文》卷一第 27 页有塞曹史，是西汉末年之事。《郃阳令曹全碑》有故塞曹史杜留、吴产二人。可见两汉边郡一直设有此官。督烽掾，见《后汉书·西羌传》：

> 元和三年……秋，号吾先轻入寇陇西界，郡督烽掾李章追之，生得号吾，将诣郡。

《居延汉简释文》卷一亦有督薰掾。又《流沙坠简》烽燧类四十："督蓬不察，欲驰诣府，自出言状，宜禾塞吏敢言之。"督薰、督蓬即督烽，其职为督察边郡之烽燧。

有少数民族杂居的地区，则称为道。《汉书·百官公卿表》云："有蛮夷曰道。"《后汉书·百官志》亦云："凡县之蛮夷曰道。"可见道的编制相当于县。《汉书·地理志》记西汉有道三十二。《后汉书·郡国志》记东汉有道十八。如南郡的夷道，广汉郡的甸氐道、刚氐道，蜀郡的湔氐道，陇西郡的羌道、狄道、氐道，安定郡的月氏道，北地郡的义渠道，这些地区顾名思义，均为少数民族比较集中的地区。可见，道的设置是专门统治少数民族的。道的长官，在秦曰道啬夫，《睡虎地秦墓竹简》第 15 页有"县道啬夫"；在两汉则曰道长，《封泥考略》卷五第 22 页有"刚羝道长"封泥。关于少数民族地区的官制，详见本编第六章。

附表二十二：汉代地方官吏组织系统简表

- 中央政府
  - 州
    - 刺史
      - 主簿
      - 别驾从事史
      - 治中从事史
      - 簿曹从事史
      - 兵曹从事史
      - 门亭长
      - 律令师
      - 月令师
      - 《孝经》师
      - 部郡（国）从事史
  - 郡(国)
    - 太守(国相)
      - (佐官)
        - 丞（国置长史）
        - 长史（边郡置）
        - 都尉（东汉省，国置中尉，边郡置部都尉）
      - (属吏)
        - (右曹)
          - 功曹史
          - 五官掾
          - 督邮
        - (门下亲近吏)
          - 主簿
          - 主记室史
          - 少府
          - 门下督盗贼
          - 府门亭长
          - 书佐、循行、干、小史
        - (列曹)
          - 户曹
          - 比曹
          - 时曹
          - 田曹
          - 水曹、都水
          - 将作掾
          - 仓曹
          - 金曹
          - 集曹
          - 漕曹
          - 法曹
          - 兵曹、兵马掾、监军掾
          - 尉曹
          - 贼曹
          - 辞曹
          - 决曹、按狱仁恕掾
          - 医曹
        - (上计吏)
          - 上计掾、史
        - (学官)
          - 文学掾、史
        - (特设官)
          - 盐官
          - 铁官
          - 工官
          - 服官
          - 水官（陂官、湖官、云梦官、洭浦官）
          - 铜官
          - 木官
          - 橘官
          - 圃羞官
          - 牧师官
          - 楼船官
          - 发弩官
        - (散吏)
          - 祭酒
          - 议曹
          - 奏曹
          - 从掾位
          - 从史位

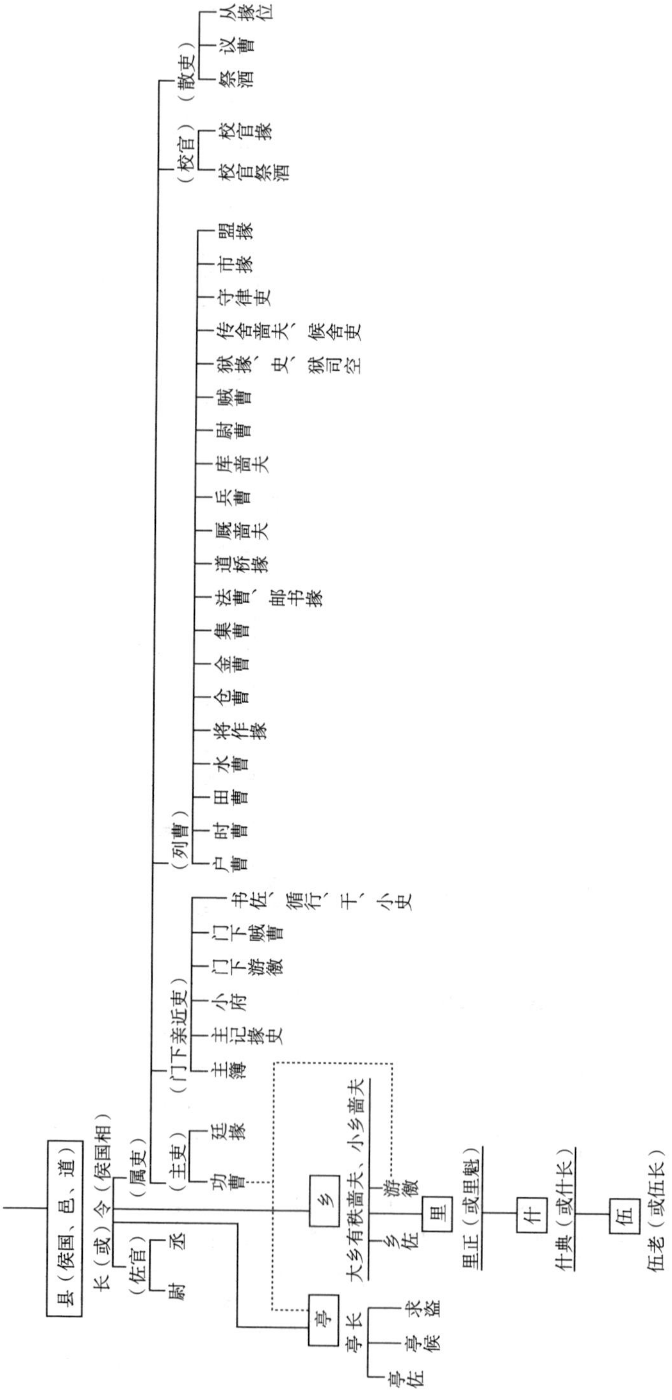
县（侯国、邑、道）
长（或）令（侯国相）
（属吏）
（主吏）
功曹
廷掾
（门下亲近吏）
主簿
主记掾史
小府
门下游徼
门下贼曹
书佐、循行、干、小史
（列曹）
户曹
时曹
田曹
水曹
将作掾
仓曹
金曹
集曹
法曹、邮书掾
道桥掾
厩啬夫
兵曹
库啬夫
尉曹
贼曹
狱掾、史、狱司空
传舍啬夫、候舍吏
守律吏
市掾
盟掾
（校官）
校官祭酒
校官掾
（散吏）
祭酒
议曹
从掾位
（佐官）
丞
尉
乡
大乡有秩啬夫、小乡啬夫
乡佐
游徼
里
里正（或里魁）
什
什典（或什长）
伍
伍老（或伍长）
亭
亭长
求盗
亭候
亭佐

第四章　王国

秦汉时期，地方政府除了郡县制以外，还存在着封国制。秦时虽普遍推行郡县制度，但也有个别例外。如《史记·秦始皇本纪》云：

> （八年）嫪毐封为长信侯。予之山阳地，令毐居之。宫室、车马、衣服、苑囿、驰猎恣毐。事无大小皆决于毐。又以河西太原郡更为毐国。

可见缪毐统治下的毐国实际成了一个独立诸侯国。嫪毐伏诛后，不复置国。此虽秦一时权宜之制，但实开汉代封国制之先河。

封国制，包括王国和侯国，是两汉地方政府的一个重要制度，前后变化又很大。本章先述王国①。

第一节　王国概况及汉法对王国的限制

一、王国概况

在楚汉战争中，刘邦为了集中力量战胜项羽，曾分封韩信、彭越、英布等人为王，以换取他们的支持；当项羽瓦解之后，遂不得不承认这些既成事实。所以在西汉王朝建立之初，被封为王的竟有八人之多，即齐王韩信（后徙为楚王）、梁王彭越、淮南王英布、韩王信、赵王张耳、燕王臧荼（汉五年反，更立卢绾为燕王）、衡山王吴芮（后改为长沙王）、闽粤王亡诸。后来贾谊在陈政事疏中追述汉初的情况说：

---

① 本章所述西汉王国及其官制，参阅张师维华先生《汉史论集·西汉一代之诸侯王国》一文。

> 高皇帝与诸公并起……即天子位，割膏腴之地以王诸公，多者百余城，少者乃至三四十县。①

其封疆之大可以想见。这些异姓诸侯王各自拥兵据地，“其后十年之间，反者九起”②，对汉朝中央造成很大威胁。刘邦几乎用了他后半生大部分时间和精力，才次第将他们加以剪除。

但在消灭异姓王的同时，刘邦鉴于亡秦孤立之败，各地统治不稳，又大封同姓子弟九人为诸侯王：

> 自雁门、太原以东至辽阳，为燕、代国；常山以南，大行左转，度河、济，阿、甄以东薄海，为齐、赵国；自陈以西，南至九疑，东带江、淮、穀、泗，薄会稽，为梁、楚、淮南、长沙国……汉独有三河、东郡、颍川、南阳，自江陵以西至蜀，北自云中至陇西，与内史凡十五郡，而公主列侯颇食邑其中。③

刘邦分封同姓王的目的，正如司马迁所说：

> 天下初定，骨肉同姓少，故广彊庶孽，以镇抚四海，用承卫天子也。④

也就是为了巩固汉朝对地方的统治，以拱卫中央集权。在最初也确实达到了这一目的。如汉初的安定局面以及平定诸吕之难，均有赖于同姓诸侯王的力量。《汉书·诸侯王表》序云：

> 高祖创业，日不暇给，孝惠享国又浅，高后女主摄位，而海内晏如，亡狂狡之忧，卒折诸吕之难，成太宗（文帝）之业者，亦赖之于诸侯也。

---

① 班固：《汉书》卷四十八，《贾谊传》，中华书局1962年版，第2233～2234页。
② 班固：《汉书》卷四十八，《贾谊传》，中华书局1962年版，第2234页。
③ 司马迁：《史记》卷十七，《汉兴以来诸侯王年表》，中华书局1982年版，第801～802页。
④ 司马迁：《史记》卷十七，《汉兴以来诸侯王年表》，中华书局1982年版，第802页。

不过，有其利也有其弊，封国制本身就包含着分裂割据的因素：

而藩国大者夸州兼郡，连城数十，宫室百官同制京师，可谓挢枉过其正矣。①

随着时间的推移，诸侯王的势力迅速发展，以至于“小者淫荒越法，大者睽孤横逆”②，至文帝时，遂形成尾大不掉之势。当时贾谊已看出了这种情况的严重性，他在给文帝上疏中就指出：

若此诸王，虽名为臣，实皆有布衣昆弟之心，虑亡不帝制而天子自为者。擅爵人，赦死罪，甚者或戴黄屋，汉法令非行也。③

贾谊把这种形势比作“方病大瘇，一胫之大几如要，一指之大几如股。平居不可屈信，一二指搐，身虑无聊。失今不治，必为锢疾”④。因此，他向文帝建议：

欲天下之治安，莫若众建诸侯而少其力。力少则易使以义，国小则无邪心。⑤

文帝采纳了他的建议，分齐国为七国，淮南为三国。

景帝时又采纳了晁错的削藩政策，先后削去楚之东海郡，吴之豫章郡、会稽郡，赵之河间郡（《汉书》作常山郡）以及胶西六县，归中央直接管辖。诸侯王不甘心自己的领土被削减，于是爆发了吴、楚、赵、胶东、胶西、济南、淄川等七国的叛乱。景帝派兵及时地镇压了这次叛乱，并乘机将几个叛王的国土分封给许多皇子；对国土已被削减或新封的诸侯王则加强了控制，不仅将王国的行政权、官吏任免权以及财政权收归中

① 班固：《汉书》卷十四，《诸侯王表》，中华书局 1962 年版，第 394 页。
② 班固：《汉书》卷十四，《诸侯王表》，中华书局 1962 年版，第 395 页。
③ 班固：《汉书》卷四十八，《贾谊传》，中华书局 1962 年版，第 2234 页。
④ 班固：《汉书》卷四十八，《贾谊传》，中华书局 1962 年版，第 2239 页。
⑤ 班固：《汉书》卷四十八，《贾谊传》，中华书局 1962 年版，第 2237 页。

央，而且还裁减王国的官吏，降黜他们的秩位。从此诸侯王的独立地位被取消了，成了只有爵位而无实权的封建贵族。

武帝时，继续推行削弱诸侯王国的政策，他采纳主父偃的建议，颁布推恩令：诸侯王除了以嫡长子继承王位之外，还可以推恩将自己的封地分给其他子弟，由皇帝制定封号，别属汉郡。这样，从王国里就不断分出许多小的侯国。据《汉书·王子侯表》所载，由此令而侯者：城阳五十四人，赵三十五人，河间二十三人，淄川二十一人，鲁二十人。其食邑皆划归汉郡直接管辖。故王国封地越来越小，势力越来越弱。以后武帝又作左官之律，设阿党附益之法（见下）。诸侯王不与国政，唯得衣食租税。中央集权的统治得到进一步巩固。《汉书·诸侯王表》序记其事云：

> 汉兴之初，海内新定，同姓寡少，惩戒亡秦孤立之败，于是剖裂疆土，立二等之爵。功臣侯者百有余邑，尊王子弟，大启九国。……然诸侯原本以大，末流滥以致溢，小者淫荒越法，大者睽孤横逆，以害身丧国。故文帝采贾生之议分齐、赵①，景帝用晁错之计削吴、楚。武帝施主父之册，下推恩之令，使诸侯王得分户邑以封子弟，不行黜陟，而藩国自析。自此以来，齐分为七，赵分为六，梁分为五，淮南分为三。皇子始立者，大国不过十余城，长沙、燕、代虽有旧名，皆亡南北边矣。景遭七国之难，抑损诸侯，减黜其官。武有衡山、淮南之谋，作左官之律，设附益之法，诸侯惟得衣食税租，不与政事。

《汉书·高五王传》赞也说：

> 自吴、楚诛后，稍夺诸侯权，左官、附益、阿党之法设。其后诸侯唯得衣食租税，贫者或乘牛车。

这里我们还要指出一点，西汉的王国制在景、武以后变化很大，不仅是所辖范围有很大变化，在管辖系统方面也有所不同，在汉初所谓

---

① 按《汉书·诸侯王表》分赵置河间，事在文帝前元二年（前178年），贾生之议在后，与此事无关。

“大者五六郡”不单是疆域之大，而且实际上是国内辖郡。《廿二史考异》卷四云：

> 汉初，诸侯王国大率兼数郡之地，郡之属王国者，郡名似未尝废。齐悼惠王献城阳以为鲁公主汤沐邑；吕后割齐之济南郡封吕台，琅邪郡封刘泽；吴王濞封有四郡五十余城；景帝时割吴之豫章郡、会稽郡，削楚之东海郡，赵之河间郡；皆郡之属于国者也。赵相周昌奏常山二十五城，亡其二十城，请诛守尉，则诸侯王国之郡亦有守也。

景帝、武帝削分诸侯王国之后，一般疆域均比郡小，王国就不再领郡而直接统县了。因而，官制也必有相应的变化，《汉书·元帝纪》初元三年（前46年）“令诸侯①相位在郡守下”，可以为证。

至西汉末年，王子侯日益衰弱，政权完全集中于汉朝中央。但中央集权之后，大权又落到外戚王氏手里。这时由于刘氏王侯已毫无势力，根本没有力量和外戚王氏相抗衡，有的甚至依附王氏，以求容媚。至此西汉政权遂不得不转移于王氏之手，而形成王莽篡汉之局。《汉书·诸侯王表》序云：

> 至于哀、平之际，（王子侯）皆继体苗裔，亲属疏远，生于帷墙之中，不为士民所尊，势与富室亡异。而本朝短世，国统三绝，是故王莽知汉中外殚微，本末俱弱，亡所忌惮，生其奸心；因母后之权，假伊、周之称，颛作威福庙堂之上，不降阶序而运天下。诈谋既成，遂据南面之尊，分遣五威之吏，驰传天下，班行符命。汉诸侯王厥角稽首，奉上玺韨，唯恐在后；或乃称美颂德，以求容媚，岂不哀哉！

西汉王国，至此遂告灭绝。

东汉，光武中兴，鉴于西汉诸侯王的叛乱与外戚篡权，一方面禁止后宫之家干政，另一方面也限制诸侯王的权势，重申“阿附蕃王法”。当时王国的封地很小，据《晋书·地理志》云：

---

① 师古曰：“此诸侯谓诸侯王也。”

> 光武中兴，不逾前制。东海王彊以去就有礼，故优以大封，兼食鲁郡二十九县。其余称为宠锡者，兼一郡而已。

东汉诸侯王的封地和西汉比起来，简直不可同日而语。又据《后汉书·孝明八王传论》云："明帝封诸子，租岁不过二千万，马后为言而不得也。"注引《东观汉记·明帝纪》曰：

> 皇子之封，皆减旧制。尝案舆地图，皇后在傍，言巨鹿、乐成、广平各数县，租谷百万，帝令满二千万止。（曰）诸小王皆当略与楚、淮阳相比，什减三四。我子不当与先帝子等者也。

是明帝封国更明以租税多少为准，而不以封地大小为准，换言之，即虽有封爵之名，已渐无封土之实。《后汉书·黄琼传》所谓"今（指顺帝时）诸侯以户邑为制，不以里数为限"，也反映了这个问题。东汉抑制了诸侯王，但为了加强对地方的控制，则又不得不提高州郡牧守之权。随着牧守权力的日益增大，于是又演变为汉末地方割据的局面。

二、汉法对王国的限制

汉初分封诸王时，对于王国已有立法限制。如淮南厉王长"擅为法令，不用汉法"①。晁错"又言宜削诸侯及法令可定者，书凡三十篇"②，惜此法未能留传于世。今据有关史籍中可考见者，分述于后：

（一）诸侯王不得窃用天子仪制

《汉书·淮南王传》，厉王"不用汉法，出入警跸，称制"。"丞相张苍、典客冯敬行御史大夫事，与宗正、廷尉杂奏：长废先帝法，不听天子诏，居处无度，为黄屋盖拟天子。"按：警跸、称制以及戴黄屋，均为天子仪制，诸侯王窃用，即为僭越违法。

（二）诸侯王置吏需依汉制

汉初王国二千石官，均由中央代置；二千石以下官，始由王国自置。

---

① 班固：《汉书》卷四十四，《淮南王传》，中华书局1962年版，第2141页。

② 班固：《汉书》卷四十九，《晁错传》，中华书局1962年版，第2299页。

齐悼惠王、淮南厉王、梁孝王请自置二千石，是少数例外，而且必须经过天子特许。景帝以后，定制四百石以上官吏均由中央派遣，王国仅得自置四百石以下官。《汉书・衡山王传》注引如淳曰：“《汉仪注》吏四百石以下自除国中。”有时甚至还限制在二百石以下，天子“为置吏二百石以上”。违者即以不法论。

（三）诸侯王无虎符不得擅自发兵

《汉书・荆燕吴传》，“将军（弓高侯颓当）曰：王（胶西王印）苟以（晁）错为不善，何不以闻？及未有诏虎符，擅发兵击义国。以此观之，意非徒欲诛错也。”又同书《高五王传》，齐王“阴谋发兵。齐相召平闻之，乃发兵入卫王宫。魏勃绐平曰：王欲发兵，非有汉虎符验也”。可见诸侯王无汉天子虎符，即不得擅自发兵。

（四）诸侯王不得在国内私自煮盐冶铸

《汉书・荆燕吴传》载晁错所举吴王的罪名为：“公即山铸钱，煮海为盐，诱天下亡人谋作乱逆。”《汉书・晁错传》载景帝所举吴王的罪名，也是“吴王即山铸钱，煮海为盐，诱天下豪杰，白头举事”。山海之利，本属天子所有，吴王私自铸钱煮盐，自然是非法的；而吴王因有山海之利，以故无赋，国用饶足，并据此发动叛乱，更为汉朝中央所忌。故七国之乱平定后，“名山陂海咸纳于汉”①。诸侯王唯得衣食租税，不得专擅山海之利。这是从经济上对诸侯王的限制。如果有人违犯这一禁令，就要受到严厉处罚。如《汉书・终军传》载：“元鼎中，博士徐偃使行风俗。偃矫制，使胶东、鲁国鼓铸盐铁。……御史大夫张汤劾偃矫制大害，法至死。”这说明诸侯王没有天子的诏令，不得在国内私自煮盐铸铁。徐偃假传天子诏令，破坏禁限，结果是被处以死刑。

（五）诸侯王不得擅爵人、赦死罪

《汉书・贾谊传》：“若此诸王，虽名为臣，实皆有布衣昆弟之心，虑亡不帝制而天子自为者。擅爵人，赦死罪……汉法令非行也。”是爵人、赦死罪，均为天子权限，诸侯王则无此权力。

（六）诸侯王不得收纳亡人，藏匿亡命

《汉书・淮南王传》载薄昭与厉王书：“亡之诸侯，游宦事人，及舍匿

---

① 司马迁：《史记》卷十七，《汉兴以来诸侯王年表》，中华书局1982年版，第803页。

者，论皆有法。”又同书《荆燕吴传》，吴王“诱天下亡人谋作乱逆”。同书《燕刺王旦传》，旦“后坐藏亡命，削良乡、安次、文安三县”。此类皆为收纳亡命有罪的例证。

（七）诸侯王当定期入朝

汉承秦制，以十月为岁首，故汉初诸侯王入朝，率以冬十月。《汉书·高帝纪》九年（前198年）“冬十月，淮南王、梁王、赵王、楚王朝未央宫”。十年（前197年）“冬十月，淮南王、燕王、荆王、梁王、楚王、齐王、长沙王来朝”。汉武帝太初改历以后，以正月为岁首，诸侯王入朝，始改为正月。据《史记·梁孝王世家》褚少孙曰：“诸侯王朝见天子，汉法凡当四见耳。始到，入少见；到正月朔旦，奉皮荐璧玉贺正月，法见；后三日，为王置酒，赐金钱财物；后二日，复入少见，辞去。”此为春朝。此外，还有秋请。《汉书·荆燕吴传》注引孟康曰：“律，春曰朝，秋曰请。”春朝，诸侯王必须自行；秋请，则可使人代替。如“吴王濞使人为秋请”。但吴王濞自恃权势，不仅使人代为秋请，甚至连春朝也不自行，故晁错对景帝说：“（吴王）诈称疾不朝，于古法当诛。”① 可见诸侯王如不按时入朝，即当死罪。

诸侯王入朝，不得稽留京师，凡留长安还过二十日，过期即为非法。《汉书·梁孝王传》：“二十九年十月，孝王入朝。……既朝，上疏，因留。”又“三十五年冬，复入朝。上疏欲留，上弗许”。可见诸侯王入朝，欲久留京师，必须提出申请，经皇帝许可，始能留居，否则即为非法。

诸侯王朝请时，对天子要有三种贡献：一种是献费。《汉书·高帝纪》十一年（前196年）诏：“令诸侯王、通侯常以十月朝献，及郡各以其口数率人岁六十三钱，以给献费。”献费是根据王国户口数而定。制与郡同，是郡国从征收的算赋（人岁百二十钱）中提交中央的那一部分人口税。一种是聘币，这是诸侯王私人对天子的贡礼。贡礼原来是用苍璧，武帝改为以皮币荐璧，苍璧不过值数千，而皮币则值四十万，从数千一下子猛增至四十万，实际上也是汉中央从经济上削弱诸侯王的一种措施。一种是酎金。《后汉书·礼仪志》注引丁孚《汉仪》曰：“《酎金律》，文帝所加，以正月旦作酒，八月成，名酎酒，因令诸侯助祭贡金。”《汉律金布令》曰：

① 班固：《汉书》卷三十五，《荆燕吴传》，中华书局1962年版，第1906页。

“诸侯各以民口数，率千口奉金四两奇，不满千口至五百口亦四两，皆会酬，少府受。”又，《汉书·武帝纪》元鼎五年（前112年）“九月，列侯坐献黄金酎祭宗庙不如法，夺爵者百六人”。注引服虔曰：“因八月献酎，祭宗庙时，使诸侯各献金来助祭也。”如淳曰：“《汉仪注》诸侯五岁以户口酎黄金于汉庙，皇帝临受献金，金少不如斤两，色恶，王削县，侯免国。”

（八）诸侯王不得与外戚家私自交往

《汉书·文三王传》：“元始中，（梁王）立坐与平帝外家中山卫氏交通，新都侯王莽奏，废立为庶人。”

（九）诸侯王不得与其他诸王私自会晤

《汉书·荆燕吴传》，应高“归报吴王，（吴王）犹恐其不果，乃身自为使者，至胶西，面约之”。师古注：“潜行而去也。”吴王与胶西王会晤，不敢公开身份，可知当时有法令的限制。

（十）诸侯王不得私自出境

《汉书·宣元六王传》，谏大夫王骏谕指淮阳王钦曰：“王幸受诏策，通经术，知诸侯名誉不当出境。”

（十一）诸侯王不得对朝廷大臣私行赏赐

《汉书·李广传》：“吴楚反时，（广）为骁骑都尉，从太尉（周）亚夫战昌邑下，显名。以梁王授广将军印故，还，赏不行。”又同书《灌夫传》：“夫亦持蚡阴事，为奸利，受淮南王金与语言。”① 可见诸侯王对朝廷大臣私行赏赐是不合法的。又《汉官仪》记有推荐博士举状，其中有一条“世六属不与妖恶交通、王侯赏赐”。这里把王侯赏赐与妖恶交通视为同科，家族中有人一旦得了王侯的私自赏赐，便失掉了博士候补的资格。

另外，诸侯王私行不检，更要受到汉法的严厉制裁，或削地，或夺爵，甚至诛死。见《汉书》之《高五王传》《荆燕吴传》《文三王传》等，此例甚多，不备举。

吴楚七国之乱平定以后，汉中央政府除直接剥夺诸侯王的政治权力与减省王国官属外，又作左官之律，设阿党、附益之法，进一步从经济上、政治上对诸侯王加以限制：

---

① 《汉书·灌夫传》：“后淮南王安谋反，觉。始安入朝时，蚡为太尉，迎安霸上，谓安曰：‘上未有太子，大王最贤，高祖孙，即宫车晏驾，非大王立，尚谁立哉?’淮南王大喜，厚遗金钱财物。上自婴、夫事时不直蚡，特为太后故。及闻淮南事，上曰：‘使武安侯在者，族矣!”

（一）左官律

关于左官律，因史无详文，故后人言各有殊。《汉书·诸侯王表》序注引服虔说："仕于诸侯为左官，绝不得使仕于王侯（当作朝）也。"此言左官为一种惩罚，使诸侯王官不得仕于朝廷，以绝其仕宦显达之路。又引应劭说："人道尚右，今舍天子而仕诸侯，故谓之左官也。"此言仕于诸侯，其官位不如仕于天子为尊。师古主应劭之说，谓"左官犹左道也，皆僻左不正，应说是也。汉时依上古法，朝廷之列以右为尊，故谓降秩为左迁，仕诸侯为左官也"。师古认为左官如同左道，即仕于诸侯为不正当的出身；汉人称降秩为左迁，仕诸侯为左官，左官与左迁都含有贬低的意思。按以上诸说，都有一定的道理，也都有所本。如《汉书·周昌传》载，高祖欲使御史大夫周昌为赵王相，"昌泣曰：'臣初起从陛下，陛下独奈何中道而弃之于诸侯乎？'高祖曰：'吾极知其左迁，然吾私忧赵，念非公无可者。公不得已强行。'于是徙御史大夫昌为赵相"。按御史大夫在中央为副丞相，与丞相比，其地位当然偏低；但和王国相比，御史大夫秩中二千石，则秩位又较高。周昌以御史大夫为赵国相，实际上是降了级，故刘邦说是"左迁"。可见同类官，在诸侯王国远不如在中央为尊，已甚为明显。这虽然是汉初情形，但七国乱后，汉朝中央为了从政治上削弱诸侯王的权势，降低其政治地位，又把它制为律令，这是有可能的。故应劭与师古之说，不无道理。至于服虔之说，也有所本，如《汉书·龚胜传》：

> 胜（楚人）为郡吏，三举孝廉，以王国人不得宿卫。

又同书《彭宣传》云：

> 彭宣（原为东平太傅）……入为右扶风，迁廷尉，以王国人出为太原太守[李奇曰：初汉制，王国人不得在（当作"仕"）京师]。数年，复入为大司农、光禄勋、右将军。哀帝即位，徙为左将军。岁余，上欲令丁、傅处爪牙官，乃策宣曰："有司数奏言诸侯国人不得宿卫，将军不宜典兵马，处大位……其上左将军印绶，以关内侯归家。"

诸侯国人不得宿卫，又不得仕于朝廷，与服虔之说相合。可见做了诸侯王的官等于因犯罪被谪遣，故《汉书·王吉传》称“吉坐昌邑王被刑后，戒子孙勿为王国吏”。但亦有例外，如元帝时韦玄成以淮阳中尉累迁至汉丞相[①]。张禹原为东平内史，成帝时拜为光禄大夫给事中领尚书事[②]。可见左官之律亦未严格执行。大概自景帝以后，诸侯王不得复治国，天子为置吏，王国官属既同为天子所置，应一视同仁。又自武帝以后，诸侯王国势力日趋衰微，不足为患，故左官之律亦逐渐变成具文。上引彭宣事例，不过是哀帝欲令丁、傅用事的借口而已。

（二）阿党法

《汉书·诸侯王表》序张晏曰：“阿媚王侯，有重法也。”又同书《高五王传》赞引张宴注：“诸侯有罪，傅、相不举奏，为阿党。”按傅、相职在辅王，如王有罪，不举则坐法。汉初即有此制，并非自景帝而后始。但汉初虽有此制，由于诸侯王有除吏之权，阿附之势在所难免，故景帝以后，又重申阿党之法，制为律令，以便加强对王国的控制。而王国官吏执行汉法，亦奉命唯谨，宁严勿宽。《汉书·中山靖王胜传》：“今或无罪，为臣下所侵辱，有司吹毛求疵，笞服其臣，使证其君，多自以侵冤。”如果王国官属知情不举，即为阿党，要受到朝廷的严厉制裁。同书《王吉传》：“昌邑群臣坐在国时不举奏王罪过，令汉朝不闻知，又不能辅道，陷王大恶，皆下狱诛。”可见汉朝执行阿党法是十分严厉的。

（三）附益法

《汉书·诸侯王表》序注引张晏曰：“律，郑氏说，封诸侯过限曰附益。”师古则曰：“附益者，盖取孔子云‘求也为之聚敛而附益之’之义也。皆背正法而厚于私家也。”一主封土过限，一主背法厚王，其说各异。考汉朝对诸侯王封地多少，因亲疏有别，并无定制；而且经过景帝削藩以及武帝实行推恩令，诸侯王封土过限问题已基本得到解决，无同时再行他法的必要，故张晏之说似为曲解。至于师古之说，与当时情形尚合。七国之乱，吴王为首，其罪名即为煮盐铸钱。汉朝为了从经济上限制诸侯王的势力，特设附益之法，使各级官吏不敢背法厚私，为王聚敛。如前引御史大夫张汤劾博士徐偃矫诏使胶东、鲁国煮盐铸铁，法至死。这个“法”，

---

① 班固：《汉书》卷七十三，《韦玄成传》，中华书局1962年版，第3113页。
② 班固：《汉书》卷八十一，《张禹传》，中华书局1962年版，第3348页。

当即附益之法。

此外，汉朝中央为了便于对诸侯王实行监督和管制，还允许各级官吏和王国臣民可以举奏诸侯王不法。《汉书·淮阳宪王钦传》：

> 丞相、御史复劾："钦前与博（宪王母舅张博）相遗私书，指意非诸侯王所宜，蒙恩勿治，事在赦前。不悔过而复称引，自以为直，失藩臣礼，不敬。"

又同书《赵敬肃王彭祖传》：

> 大鸿胪禹奏："（王）元前以刃贼杀奴婢，子男杀谒者，为刺史所举奏，罪名明白。病，先令，令能为乐奴婢从死，迫胁自杀者十六人，暴虐不道。故《春秋》之义，诛君之子，不宜立。元虽未伏诛，不宜立嗣。"奏可。国除。

以上为朝廷大臣可以举奏诸侯王的事例。

《汉书·高五王传》，青州刺史奏齐思王终古乱行，终古因而被削四县。同书《文三王传》，冀州刺史奏清河刚王年与女弟子私通，年因被废为庶人。此为州刺史可以举奏诸侯王不法的事例。如王有反状，还可以依法逮捕。如同书《武五子传》，燕王旦与宗室中山哀王子刘长、齐孝王孙刘泽等有反谋，"会瓶侯刘成知泽等谋，告之青州刺史隽不疑，不疑收捕泽以闻"。

《汉书·荆燕吴传》，燕王"定国有所欲诛杀臣肥如令郢人，郢人等告定国。定国使谒者以它法劾捕格杀郢人灭口。至元朔中，郢人昆弟复上书具言定国事。下公卿，皆议曰：'定国禽兽行，乱人伦，逆天道，当诛。'上许之。"同书《文三王传》："济东王彭离立二十九年。彭离骄悍，昏暮私与其奴、亡命少年数十人行剽，杀人取财物以为好。所杀发觉者百余人，国皆知之，莫敢夜行。所杀者子上书告言，有司请诛，武帝弗忍，废为庶人。"可见王国属官及国中人民亦可举奏诸侯王不法。

综合上述，汉初王国虽然与中央分立，有时甚至造成尾大不掉之势；但经过文、景、武诸帝采取一系列政治、经济和军事的措施，王国的势力已大大削弱，其性质也发生了变化，实与郡同。而诸侯王唯得衣食租税，不与政事，势与富室无异，贫者或乘牛车。东汉初仍本西汉武帝削弱诸侯王的精神，遵而未改。《后汉书·北海靖王兴传》有一段记事，可以完全说明当时诸侯王的处境：

（兴）立三十九年薨，子敬王睦嗣。睦少好学，博通书传，光武爱之，数被延纳。显宗之在东宫，尤见幸待，入侍讽诵，出则执辔。中兴初，禁罔尚阔，而睦性谦恭好士，千里交结，自名儒宿德，莫不造门，由是声价益广。永平中，法宪颇峻，睦乃谢绝宾客，放心音乐。然性好读书，常为爱玩。岁终，遣中大夫奉璧朝贺，召而谓之曰："朝廷设问寡人，大夫将何辞以对?"使者曰："大王忠孝慈仁，敬贤乐士。臣虽蝼蚁，敢不以实?"睦曰："吁，子危我哉！此乃孤幼时进趣之行也。大夫其对以孤袭爵以来，志意衰惰，声色是娱，犬马是好。"使者受命而行。其能屈申若此。

北海王刘睦为了保全自己，不惜屈身自污，亦可见明帝对诸侯王防范之一斑。明帝以后，诸侯王仅有封爵之名，而无封土之实，王侯的地位，每况愈下，已毫无能力与中央对抗了。

第二节　王国官制

自西汉至东汉，随着诸侯王权力的消长，王国官制前后也有很大变化，总的趋势是逐渐缩减。《史记·五宗世家》太史公曰：

高祖时，诸侯皆赋（《集解》徐广曰：国所出有皆入于王也），得自除内史以下，汉独为置丞相，黄金印。诸侯自除御史、廷尉、（宗）正、博士，拟于天子。自吴、楚反后，五宗王室，汉为置二千石，去"丞相"曰"相"，银印。诸侯独得食租税，夺之权。其后诸侯贫者或乘牛车也。

《汉书·百官公卿表》记汉初至成帝时王国官吏设置的情况说：

诸侯王，高帝初置，金玺盭绶，掌治其国。有太傅辅王，内史治国民，中尉掌武职，丞相统众官，群卿大夫都官如汉朝。景帝中五年令诸侯王不得复治国，天子为置吏，改丞相曰相，省御史大夫、廷尉、少府、宗正、博士官，大夫、谒者、郎诸官长丞皆损其员。武帝改汉内史为京兆尹，中尉为执金吾，郎中令为光禄勋，故王国如故。损其郎中令秩，千石；改太仆曰仆，秩亦千石。成帝绥和元年省内史，更令相治民，如郡太守，中尉如郡都尉。

《后汉书·百官志》有一段关于西汉的追述：

汉初立诸王，因项羽所立诸王之制，地既广大，且至千里。又其官职傅为太傅，相为丞相，又有御史大夫及诸卿，皆秩二千石，百官皆如朝廷。国家唯为置丞相，其御史大夫以下，皆自置之。至景帝时，吴楚七国恃其国大，遂以作乱，几危汉室。及其诛灭，景帝惩之，遂令诸王不得治民，令内史主治民，改丞相曰相，省御史大夫、廷尉、少府、宗正、博士官。武帝改汉内史、中尉、郎中令之名，而王国如故，员职皆朝廷为署，不得自置。至成帝省内史治民，更令相治民，太傅但曰傅。

以上所载，只是西汉王国主要官属的设置及其变化情况，语焉不详。今再据有关史籍，分别评述于后。

一、太傅、傅

汉初，天子置太傅以辅王，成帝时，太傅但曰傅。《汉书·贾谊传》：

文帝拜谊为梁怀王太傅，怀王，上少子，爱而好读书，故令贾谊傅之，数问以得失。

大国之王幼弱未壮，汉之所置傅相方握其事。(《治安策》)

可见太傅之设，多由于王年纪幼小，故天子代为置师傅，以匡辅之。又因太傅为王师，地位重要，责任重大，所以多任以儒生，如卫绾为河间王太傅，彭宣、苏隆为东平王太傅，以及贾谊为梁怀王太傅，皆出身儒生①。又，《汉书·东平思王宇传》：

（宇）上疏求诸子及《太史公书》，上以问大将军王凤，对曰："……傅相皆儒者，旦夕讲诵，足以正身虞意。"

此更为太傅多为儒生的明证。

太傅秩二千石，职在辅王，不豫国政，遇有诸侯王不法，得谏诤或举奏于朝，如《汉书·楚元王传》：

景帝之三年也，削书到，（王戊）遂应吴王反。其相张尚、太傅赵夷吾谏，不听。遂杀尚、夷吾。

又同书《文三王传》：

太傅辅奏："（王）立一日至十一犯法，臣下愁苦，莫敢亲近，不敢谏止。愿令王，非耕、祠、法驾毋得出宫。……"事下丞相、御史，请许。奏可。后数复殴伤郎，夜私出宫。傅、相连奏，坐削或千户或五百户，如是者数焉。

如果太傅辅导无方，王为非法，傅当坐罪。哀帝建平中，遣使移书梁王傅、相、中尉书曰：

傅、相、中尉，皆以辅正为职……书到，明以谊晓王。敢复怀诈，罪过益深，傅、相以下，不能辅导，有正法。②

① 均见《汉书》本传。
② 班固：《汉书》卷四十七，《文三王传》附梁平王立传，中华书局1962年版，第2218页。

又《汉书·王尊传》亦云：

东平王以至亲骄奢，不奉法度，傅、相连坐。

这就加重了太傅对王管教的职责。

二、相国、丞相、相

汉天子代诸侯王国置相。初名相国，惠帝元年（前194年）更名丞相，景帝中五年（前145年），复更名为相。《汉书·曹参传》：

高祖以长子肥为齐王，而以参为相国。

惠帝元年，除诸侯相国法，更以参为齐丞相。

同书《景帝纪》：

中五年，更名诸侯丞相为相。

自此以后，终西汉之世未改。相秩二千石，有功，得增秩为中二千石。《汉书·宣帝纪》地节三年（前67年）诏：

今胶东相成劳来不怠，流民自占八万余口，治有异等，其秩成中二千石，赐爵关内侯。

相为国中最高行政长官，为天子代置。《汉书·高五王传》赞：

时诸侯得自除御史大夫群卿以下众官，如汉朝，汉独为置丞相。

因丞相为重要职务，举足轻重，故中央非代置不可。但汉初诸侯王势力很大，再加上汉朝用法不严，亦有例外。如《汉书·淮南王传》载薄昭与厉王书：

汉法，二千石缺，辄言汉补，大王逐汉所置，而请自置相、二千石，皇帝骩天下正法而许大王，甚厚。

又《汉书·韩安国传》：

梁王以至亲故，得自置相、二千石，出入游戏，僭于天子。

此诸侯王虽可自置相，然究竟与汉法不合，故时人均视为一种特殊待遇。

丞相之职，《汉书·百官公卿表》说是“统众官”。《汉书·何武传》说是“相总纲纪，辅王”。又说“相如太守”。故历来守、相并称。实际上是王国内的事均由相负责掌管。其与郡守不同者，乃多一层与诸侯王的关系，王国之相对于诸侯王，既有辅导之责，又有谏诤或举奏之责。如《汉书·田叔传》：

（叔）为鲁相。相初至官，民以王取其财物自言者百余人。叔取其渠率二十人笞，怒之曰：“王非汝主邪？何敢自言主！”鲁王闻之，大惭，发中府钱，使相偿之。相曰：“王自使人偿之，不尔，是王为恶，而相为善也。”鲁王好猎，相常从入苑中，王辄休相就馆。相常暴坐馆外，终不休，曰：“吾王暴露，独何为舍。”王以故不大出游。

又如同书《董仲舒传》：

天子以仲舒为江都相，事易王。易王，帝兄，素骄，好勇。仲舒以礼谊匡正，王敬重焉。

辅导、匡正之责于此可见一斑。至于谏诤或举奏之责，相与傅同，见上，不另引。

诸侯王相不仅“总纲纪”、“统众官”，必要时亦有典兵之权，如《汉书·曹参传》：

参以齐相国击陈豨将张春，破之。黥布反，参从悼惠王将车骑十二万，与高祖会击黥布军，大破之。南至蕲，还定竹邑、相、萧、留。参功，凡下二国、县百二十二，得王二人，相三人，将军六人，大莫嚣（同敖）、郡守、司马、候、御史各一人。

又同书《高五王传》：

（齐王）阴谋发兵。齐相召平闻之，乃发兵入卫王宫。魏勃绐平曰："王欲发兵，非有汉虎符验也。而相君围王，固善。勃请为君将兵卫卫王。"召平信之，乃使魏勃将。勃既将，以兵围相府。召平曰："嗟乎！道家之言，当断不断，反受其乱。"遂自杀。

诸侯王相实际上拥有地方一切权力，并且对诸侯王实行监督。

由于相位尊权重，故多以功臣或有才能者任此职。贾谊云："天子选功臣、有识者以为之相吏。"① 如曹参相齐，周昌相赵，田叔相鲁，董仲舒为胶东、江都相等皆是②。汉初选任相职，是极为慎重的，而为相者也多能称职，以曹参为例即可见其一斑：

参之相齐，齐七十城。天下初定，悼惠王富于春秋。参尽召长老、诸先生，问所以安集百姓。而齐故诸儒以百数，言人人殊，参未知所定。闻胶西有盖公，善治黄老言，使人厚币请之。既见盖公，盖公为言治黄老贵清静而民自定，推比类具言之。参于是避正堂，舍盖公焉。其治要用黄老术，故相齐九年，齐国安集，大称贤相。③

另一方面，因相为中央所置，以监辅王国，如辅导不善，王为不法，相和傅一样也当坐罪（见上），甚至诸侯王也有上诉于朝廷之权。《汉书·景十三王传》：

胶西王端，孝景前三年立。……相二千石至者，奉汉法以治，端

① 贾谊：《新书》卷四，《淮难》。
② 均见《汉书》本传。
③ 班固：《汉书》卷三十九，《曹参传》，中华书局1962年版，第2018页。

辄求其罪而告之。

赵敬肃王彭祖以孝景前二年立为广川王。……彭祖为人巧佞，卑谄足共，而心刻深，好法律，持诡辩以中人。……相二千石欲奉法以治，则害于王家。是以每相二千石至，彭祖衣帛布单衣，自行迎除舍，多设疑事以诈动之，得二千石失言，中忌讳，辄书之。二千石欲治者，则以此迫劫；不听，乃上书告之，及污以奸利事。彭祖立六十余年，相二千石无能满二岁，辄坐罪去，大者死，小者刑。以故二千石莫能治。

西汉前期，诸侯王的势力、范围都比较大，相的地位也比较高，直到昭帝、宣帝之时，诸侯王相的地位都还在郡守之上，《汉书·孔光传》：

（孔霸）宣帝时为太中大夫，以选授皇太子经，迁詹事，高密相。是时，诸侯王相在郡守上。

元帝初元三年（前 46 年），则明令“诸侯相位在郡守下”①。师古曰：“此诸侯谓诸侯王也。”诸侯王相地位的变化，反映了王国由盛而衰的发展趋势。

郡国连称，王国相如郡太守，但王国官吏与郡府属吏有所不同，前者是仿照汉朝中央建制，由诸卿分管各事。不过，相府内另有自己的属吏，见于《汉书》记载者有：

长史　《后汉书·百官志》说“相如太守，有长史如郡丞”，西汉就有此吏。《汉书·马宫传》：“（宫）以射策甲科为郎，迁楚长史。”故《汉旧仪》云：“相置长史。”

少史　《汉书·河间献王传》有少史留贵。

从史　《汉书·爰盎传》：“盎为吴相时，从史盗私盎侍儿。盎知之，弗泄，遇之如故。人有告从史，‘君知女与侍者通’，乃亡去。盎驱自追之，遂以侍者赐之，复为从史。”

① 班固：《汉书》卷九，《元帝纪》，中华书局 1962 年版，第 283 页。

舍人 《汉书·高五王传》:“(魏)勃少时,欲求见齐相曹参,家贫无以自通,乃常独早埽齐相舍人门外。舍人怪之,以为物而司之,得勃。勃曰:‘愿见相君无因,故为子埽,欲以求见。’于是舍人见勃,曹参因以为舍人。”显然相府舍人不止一人。

相掾 《汉书·文三王传》:“(梁平王)立复以公事怨相掾及睢阳丞,使奴杀之。”

以上属吏,除长史之外,其他掾、史当系普通名称,均不止一人,或者还以事为名,称某掾、某史。

三、中尉

汉初王国自置中尉。景帝以后,为汉中央代置。中间曾一度废除,至成帝时复置。《汉书·何武传》:

> 及(武)为御史大夫司空,与丞相(翟)方进共奏言:“往者诸侯王断狱治政,内史典狱事,相总纲纪辅王,中尉备盗贼。今王不断狱与政,中尉官罢,职并内史,郡国守相委任,所以一统信安百姓也。今内史位卑而权重,威职相逾,不统尊者,难以为治。臣请相如太守,内史如都尉,以顺尊卑之序,平轻重之权。”制曰:“可。”以内史为中尉。①

中尉的职掌,《汉书·百官公卿表》说是“掌武职”,《汉书·何武传》说是“备盗贼”,都说明是维持王国治安,因而也有督察军吏之权,《汉书·淮南王传》载薄昭与厉王书云:

> 今诸侯子为吏者,御史主;为军吏者,中尉主。

但王国中尉,位比傅相,秩二千石,有与傅、相共辅王之责。史书中常常是傅、相、中尉并称,朝廷往往“移书傅、相、中尉”,并且明确说:

① 《汉书·百官公卿表》:“成帝绥和元年,省内史,更令相治民,如郡太守,中尉如郡都尉。”

“傅、相、中尉，皆以辅正为职。”①《汉旧仪》甚至说：

相、中尉、傅不得与国政，辅王而已。当有为，移书告内史。

以中尉辅王的具体事例，见《汉书·宣元六王传》：

上（宣帝）以故丞相韦贤子玄成阳狂让侯兄，经明行高，称于朝廷，乃召拜玄成为淮阳中尉，欲感谕宪王，辅以推让之臣。

由此可见，中尉在王国官吏中有比较特殊的地位。《汉旧仪》又云：

成帝时，大司空何武奏罢内史，相如太守，中尉如都尉，参职。是后，相、中尉争权，与王递相奏，常不和。②

汉武帝时改朝廷中尉为执金吾，“王国如故”，所以始终以中尉为名。

中尉属官，据《汉旧仪》说，置丞一人，六百石。此就其主要者而言，实际上当有许多自除之属吏。

四、御史大夫

王国和汉朝中央一样，除丞相之外，也有御史大夫，《汉书·高五王传》赞云：

时诸侯得自除御史大夫群卿以下众官，如汉朝，汉独为置丞相。

这说明，在西汉初年：第一，御史大夫是仅次于丞相的官吏，位在群卿众官之上；第二，御史大夫为王国自置。但是吴楚七国之乱后，景帝省其官。《汉书·景帝纪》中元三年（前147年），“罢诸侯御史大夫官”，师古曰：“所以抑省其权。”以后未见恢复的记载。

---

① 班固：《汉书》卷四十七，《文三王传》，中华书局1962年版，第2218页。

② 《后汉书·百官志》补注引作：“是后，中尉争权，与王相奏，常不和也。”

御史大夫的职掌，据上引薄昭与淮南厉王书，主督察诸侯子为吏者。而王国其他官吏当亦在其督察之列，此与汉朝中央御史大夫的职掌略同。

御史大夫亦有属吏，《史记·仓公列传》齐有侍御史，当即御史大夫之属吏。这也是汉初的情况。

五、内史

内史一官，汉初为王国自置，其权有时甚至超过丞相。《汉书·高五王传》：

> （齐相曹参以魏勃）言之悼惠王。王召见，拜为内史。始悼惠王得自置二千石。及悼惠王薨，哀王嗣，勃用事重于相。

《汉书·百官公卿表》说“内史治国民”。《汉旧仪》说：

> 汉置内史一人，秩二千石，治国如郡太守、都尉职事。调除吏属相。中尉、傅不得与国政，辅王而已。当有为，移书告内史。内史见傅、相、中尉礼，如都尉、太守。

汉朝的内史，权力没有这么多，地位没有这么高。其权、位之增加，又特别是在景帝以后。《后汉书·百官志》记载说：

> 至景帝时，吴楚七国恃其国大，遂以作乱，几危汉室。及其诛灭，景帝惩之，遂令诸王不得治民，令内史主治民……武帝改汉内史……之名，而王国如故，员职皆朝廷为署，不得自置。

则任命的变化，也是在景帝或武帝时，因为前此“国家唯为置丞相，其御史大夫以下皆自置之”（同上）。大约武帝时或武帝以后，曾经一度“中尉官罢，职并内史”①，这样，《汉旧仪》所说“治国如郡太守、都尉职事”，才有了根据。

---

① 班固：《汉书》卷八十六，《何武传》，中华书局1962年版，第3485页。

关于内史的职掌，除上所述之外，史书中能见到的一些具体记载还有《汉书·何武传》所说“往者诸侯王断狱治政，内史典狱事”。这是汉初之事。又，《汉书·淮南王传》：“诸从蛮夷来归谊，及以亡名数自占者，内史县令主。”此亦为汉初情况。后来内史实际上总揽一切，当然也包括这些职事在内。另外，内史还有谏诤与举奏之权，如《汉书·高五王传》：

> 吴楚反，（赵王）遂与合谋起兵。其相建德、内史王悍谏，不听，遂烧杀德、悍。

又，《汉书·衡山王传》：

> 谒者卫庆有方术，欲上书事天子，王怒，故劾庆死罪，强榜服之。内史以为非是，郤其狱。王使人上书告内史，内史治，言王不直（师古曰：内史被治而具言王之意状）。又数侵夺人田，坏人冢以为田。有司请逮治衡山王。

成帝时罢内史官，以后不见复置。《汉书·百官公卿表》特记其事云：

> 成帝绥和元年，省内史①，更令相治民，如郡太守，中尉如郡都尉。

此乃根据丞相翟方进、御史大夫何武等人的奏议。详见上，不另引。

内史职权甚重，必有不少属吏，但见于记载的不多。《汉旧仪》说有六百石的丞一人。《汉书·广川惠王传》记载，王师被逐以后，“内史请以为掾”，则掾史之类的属吏肯定是有的。

六、郎中令

郎中令为王之侍卫近臣，亦为重要官职。遇有大事，王常与郎中令谋议。如《汉书·高五王传》，齐王“与其舅驷钧、郎中令祝午、中尉魏勃

---

① 《后汉书·百官志》作“成帝省内史治民，更令相治民”。

阴谋发兵”。又如同书《文帝纪》，文帝为代王时，汉朝大臣使人迎立代王，“郎中令张武等议”是否去长安的问题，后又护卫代王至长安，夕入未央宫，是夜即拜张武为郎中令，行殿中，以备不虞。均可见其亲密关系。

郎中令初秩二千石①，武帝时改汉郎中令为光禄勋，王国仍名郎中令，但减其秩为千石②，后更为六百石③。

郎中令属官有大夫、郎、谒者等：

（一）大夫及中大夫

大夫及中大夫为王扈从，侍奉左右，或充使者。如《汉书·淮南王传》有大夫但，《汉书·梁孝王传》有大夫茅兰。又《汉书·楚元王传》：“元王既至楚，以穆生、白生、申公为中大夫。”《汉书·韩安国传》载安国事梁孝王为中大夫。以上可见大夫及中大大多为文学士④，善词令，故往往被派为使者，如《汉书·高五王传》：

> 吴楚反……齐王使路中大夫（张晏曰：姓路，为中大夫）告于天子。天子复命路中大夫还报，告齐王坚守，汉兵今破吴楚矣。路中大夫至，三国兵围临菑数重，无从入。三国将与路中大夫盟曰：“若反言汉已破矣，齐趣下三国，不，且见屠。”路中大夫既许。至城下，望见齐王，曰：“汉已发兵百万，使太尉亚夫击破吴楚，方引兵救齐，齐必坚守无下！”三国将诛路中大夫。齐初围急，阴与三国通谋，约未定，会路中大夫从汉来，其大臣复劝王无下三国。

又《汉书·荆燕吴传》：

> 吴王……欲发谋举事……乃使中大夫应高口说胶西王……高曰：“今者主上任用邪臣，听信谗贼，变更律令，侵削诸侯，征求滋多，诛罚良重，日以益甚……吴与胶西，知名诸侯也，一时见察，不得安

---

① 《后汉书·百官志》：“御史大夫及诸卿，皆秩二千石。”

② 《汉书·百官公卿表》：“损其郎中令秩千石。”

③ 《汉旧仪》：“郎中令秩六百石。”

④ 也有有武力者，如《汉书·江都易王非传》有“中大夫疾，有材力，善骑射”。

肆矣……窃闻大王以爵事有过，所闻诸侯削地，罪不止此，此恐不止削地而已。”王曰：“有之，子将奈何?”高曰：“同恶相助，同好相留，同情相求，同欲相趋，同利相死。今吴王自与大王同爱，愿因时循理，弃躯以除患于天下，意亦可乎?”胶西王瞿然骇曰：“寡人何敢如是？主上虽急，固有死耳，安得不事?”高曰：“御史大夫鼂错营惑天子，侵夺诸侯，蔽忠塞贤，朝廷疾怨，诸侯皆有背叛之意，人事极矣。彗星出，蝗虫起，此万世一时，而愁劳，圣人所以起也。吴王内以鼂错为诛，外从大王后车，方洋天下，所向者降，所指者下，莫敢不服。大王诚幸而许之一言，则吴王率楚王略函谷关，守荥阳、敖仓之粟，距汉兵，治次舍，须大王。大王幸而临之，则天下可并，两主分割，不亦可乎?”王曰：“善。”

举此二例，可见善于词令的中大夫在王的左右起多大的作用。他们临机应变，或言守，或言反，正面反面的理由都说得头头是道，而且都完成了出使的任务。

（二）郎官

郎官或称为郎吏，《汉书·文三王传》，梁王立“手殴郎吏二十余人”。和汉朝廷一样，郎官有郎、郎中、中郎、侍郎。《汉书·文三王传》梁平王襄时有郎尹霸。此外，《汉书》之《江都易王非传》《胶西于王端传》《常山宪王顺传》《孝宣许皇后传》均有郎的记载。

郎中 枚乘“为吴王濞郎中”[①]，韩义“为燕郎中”[②]，燕刺王旦时还有郎中成轸等[③]。淮南王刘安时有郎中雷被，因“太子数恶被，王使郎中令斥免，欲以禁后”[④]。由此可见郎中为郎中令直接管辖。

中郎 伍被“为淮南中郎。是时淮南王安好术学，折节下士，招致英隽以百数，被为冠首。久之，淮南王阴有邪谋，被数微谏”[⑤]。后来伍被与淮南王反复讨论谋反事，可见其关系亲近。

---

① 班固：《汉书》卷五十一，《枚乘传》，中华书局1962年版，第2359页。
② 班固：《汉书》卷七十六，《韩延寿传》，中华书局1962年版，第3210页。
③ 班固：《汉书》卷六十三，《燕刺王旦传》，中华书局1962年版，第2753页。
④ 班固：《汉书》卷四十四，《淮南王安传》，中华书局1962年版，第2147页。
⑤ 班固：《汉书》卷四十五，《伍被传》，中华书局1962年版，第2167页。

侍郎 王尊为东平王相，王欲观其佩刀，“尊举掖，顾谓旁侍郎：前引佩刀视王”①。

各种郎官均侍从王之左右，其中文学之士不少，枚乘、伍被都是当时著名文人。

（三）谒者

和汉廷一样，谒者以宦官充任，为王的亲近侍从，如《汉书·荆燕吴传》：

> （燕王）定国有欲诛杀臣肥如令郢人，郢人等告定国。定国使谒者以它法劾捕格杀郢人灭口。

又同书《文三王传》：

> 有汉使者来，李太后欲自言，（梁）王使谒者中郎胡等遮止，闭门。李太后与争门，措指，太后啼呼，不得见汉使者。

又同书《景十三王传》：

> （江都王）建使谒者吉，请问共太后，太后泣谓吉：“归以吾言谓尔王，王前事漫漫，令当自谨，独不闻燕齐事乎？言吾为而王泣也。”吉归，致共太后语，建大怒，击吉，斥之。

又同书《王吉传》：

> 为昌邑中尉……（王）使谒者千秋赐中尉牛肉五百斤，酒五石，脯五束。

又同书《宣元六王传》：

① 班固：《汉书》卷七十六，《王尊传》，中华书局1962年版，第3230页。

> 赵王使谒者持牛、酒、黄金三十斤劳（张）博。

同传又有中谒者信，以中为称，当为宫中之意，亦可见其为宦官。

（四）侍中、常侍

侍中、常侍亦属于郎官之类，侍从王之左右，备顾问应对，和朝廷一样，均为加官。《汉书·文三王传》：

> 梁之侍中、郎、谒者著引籍出入天子殿门，与汉宦官无异。

又同书《武五子传》：

> （燕刺王旦）郎中侍从者著貂羽，黄金附蝉，皆号侍中。

《汉书·龚舍传》：

> 楚王入朝，闻舍高名，聘舍为常侍。

七、卫尉、大行

《汉书·淮南王传》记载薄昭与淮南厉王书，其中有言曰：

> 客出入殿门者，卫尉、大行主。

可见王国有卫尉和大行。汉朝廷卫尉的职务与中尉不同，中尉掌都城护卫与治安；亦不同于郎中令，郎中令掌宫殿掖门户。卫尉则掌宫门卫屯兵。此处言出入殿门者，其职当近。但亦有所不同，即“客出入殿门者”。故云卫尉与大行同主。大行，汉朝中央有典客（景帝中六年更名大行令，武帝太初元年更名大鸿胪），属官有行人，武帝太初元年（前104年）更名为大行令。但王国之大行并不同于典客之“掌诸归义蛮夷”，因为薄昭同时说：“诸从蛮夷来归谊……内史县令主。”可能是，客出入殿门之礼仪诸事由大行主，警卫则由卫尉主。

另外，《汉书·武五子传》昌邑哀王有卫士长。师古曰：“卫士长，主卫之官。”但不知此卫士长是属于郎中令还是属于卫尉。

八、廷尉、少府、宗正、博士

据《汉书·百官公卿表》记载：

> 景帝中五年，令诸侯王不得复治国，天子为置吏，改丞相曰相，省御史大夫、廷尉、少府、宗正、博士官。

同书《景帝纪》的记载则是：

> （中）三年冬十一月，罢诸侯御史大夫官。

《史记·孝景本纪》则作：

> 中三年冬，罢诸侯御史中丞。

《史记》和《汉书》的本纪在中五年（前145年）均有“更名诸侯丞相为相”的记载，《汉书·百官公卿表》因综述其事，故未细分，皆系于中五年，实际上罢御史大夫等官当在中三年（前147年）。

其次，罢省这些官的目的是很清楚的，如师古所说：“所以抑损其权。”① 这是吴楚七国之乱后，削弱诸侯王国势力的措施之一。值得注意的是，这种抑省，不单纯是数量上的减少，也是剥夺几个方面的权力：一是司法权，如御史大夫（或御史中丞）、廷尉；宗正实际也是掌管宗室的司法权。二是财政权，罢省少府，是进一步限制其财政权力②。

另一方面，据《汉书·百官公卿表》的记载，说明廷尉、少府、宗正、博士等在汉初（景帝以前）诸侯王国和汉朝廷一样，不仅都有，而且是自置的，但廷尉、少府等官均未见于记载。关于博士，见《汉书·景十三王传》：

---

① 在《汉书·景帝纪》中五年（前145年）“更名诸侯丞相曰相”的注中还说：“亦所以抑黜之，令异于汉朝。”

② 有关财经的官吏本来不多。《通典》叙王国官属中有“大司农”，不知何据？

河间献王德，以孝景前二年立，修学好古，实事求是。……其学举六艺，立《毛氏诗》《左氏春秋》博士。

同书《儒林传》：

毛公，赵人也。治诗，为河间献王博士。

景帝时废王国宗正之后，平帝元始五年（5 年）又有郡国置宗师的记载，《汉书·平帝纪》五年诏曰：

其为宗室自太上皇以来族亲，各以世氏，郡国置宗师以纠之，致教训焉。二千石选有德义者，以为宗师。考察不从教令有冤失职者，宗师得因邮亭书言宗伯，请以闻。常以岁正月赐宗师帛各十匹。

宗师性质同于宗正，不过名称与朝廷有别而已。

九、太仆、仆

《汉书·百官公卿表》说武帝时把王国太仆改曰仆，和郎中令一样，"秩亦千石"。这说明汉初王国有太仆官，如《史记·仓公列传》有齐太仆，而且和汉朝廷群卿一样，是二千石官。武帝以后才改名、损秩。但其职掌舆马并未改变。如《汉书·武五子传》昌邑哀王贺"使仆寿成御"。不过，舆马等具体事务当有属官负责。《汉书·王尊传》：

（尊）迁为东平相……先是，王数私出入，驱驰国中与后姬家交通。尊到官，召敕厩长："大王当从官属，鸣和鸾乃出，自今有令驾小车，叩头争之，言相教不得。"

此厩长当即仆之属官。

十、将军

诸侯王用兵时往往有将军的称号，如《汉书·高五王传》：

> 齐王以……魏勃为将军……悉发国中兵。

同书《荆燕吴传》：

> 初吴王之度淮……乘胜而前，锐甚。梁孝王恐，遣将军击之……梁使韩安国及楚死事相弟张羽为将军，乃得颇败吴兵。

吴王濞反时，更有大将军的称号：

> 吴王之初发也，吴臣田禄伯为大将军。（同上）

将军也可以作为武官的一种荣誉泛称，如《汉书·文三王传》所说：

> 公孙诡多奇邪计，初见日，（梁）王赐千金，官至中尉，号曰公孙将军。

又有老将、少将等泛称，如《汉书·荆燕吴传》有“吴少将桓将军”，“吴王问吴老将，老将曰：此年少推锋可耳，安知大虑”等记载。

十一、其他

（一）都尉

都尉当为主兵之官，如《汉书·爰盎传》记载，吴王“使一都尉以五百人围守盎军中”。又，《史记·仓公列传》齐有左右阁都尉。《史记索隐》案：“阁者，姓也，为都尉。一云阁即宫阁，都尉掌之，故曰阁都尉也。”按汉制，以都尉名官者甚多，或专主一事，或专主一地，或为军官，此阁都尉，当为主宫阁之官。

（二）校尉、候、司马

此皆为领兵之官。《汉书·荆燕吴传》：吴王“未度淮，诸宾客皆得为将、校尉、行间候、司马”。注引孟康曰：“行伍间候也。”师古曰：“在行伍间，或为候，或为司马也。”从将军到司马，皆为军中各级带兵之官无疑。其中也应包括都尉，如上述《汉书·爰盎传》中说吴王使一都尉以五百人围守爰盎于军中时，爰盎原来的从史“适在守盎校为司马”。此司马即该都尉所辖之一下级军官。

（三）私府长、中御府长

此皆为主王国府藏之官。《汉书·路温舒传》，温舒为广阳私府长。师古曰：

> 藏钱之府，天子曰少府，诸侯曰私府。长者，其官之长也。

汉初王国有少府，景帝中五年（前 145 年）省，或即以私府代之。又，私府或曰中府，《汉书·田叔传》有鲁王发中府钱的记载，师古曰：

> 中府，王之财物藏也。

《史记·仓公列传》又有齐中御府长信。少府、私府、中府、中御府，或为不同时期、不同地区王国之主府藏官。

（四）太仓长

《史记·仓公列传》云：

> 太仓公者，齐太仓长，临菑人也，姓淳于氏，名意。

此太仓长无疑是主管谷物仓库之官长。同传又提到太仓马长冯信，为菑川王之属官，此马长当为太仓管马之长。

（五）医工长、太医、侍医、尚方

此皆为主医药之官。王国之医官不止一两人，故《史记·仓公列传》中有“众医”之说，又分别提到“齐太医”、“齐王侍医”。《汉书·武五子传》燕刺王有医工长，师古注云：

> 医工长，王官之主医者也。

《史记·封禅书》及《汉书·郊祀志》有栾大为胶东王尚方，师古注：“主方药。”

（六）尚食监、食官长

《汉书·冯唐传》，文帝为代王时有尚食监高祛。同书《文三王传》梁平襄王有食官长。均为王国主膳食之官。

（七）北宫司空

《史记·仓公列传》，齐有北宫司空，当为主后宫罪人之官。

（八）永巷长、永巷仆射

《史记·仓公列传》，济北王有永巷长。《汉书·景十三王传》广川惠王越有永巷仆射。均为主后宫妇女之官。

（九）冗从

《汉书·枚皋传》，皋为梁共王使，与冗从争。师古曰：“冗从，散职之从王者也。”

以上根据史籍所载，略举了王国属官的一个大概情况，除主兵之官外，前面属于比较高级的官吏当还有不少属吏，由于史书缺载，所述甚少。后面的当分别隶属于群卿，但亦无明文记载，姑胪列于上，以备参考。

值得补述的是，出土的汉印封泥还可以为王国属官提供不少佐证资料。高级官吏的官印有：

丞相和相 临菑丞相、菑川丞相、梁丞相印、淮阳相印章（以上见《齐鲁封泥集存》），梁相之印章、鲁相之印章、长沙相印章、广川相印章、六安相印章（以上见《封泥考略》），胶东相印章（见《续封泥考略》）。

御史大夫 齐御史大夫（《齐鲁封泥集存》）。

中傅 齐中傅印（《齐鲁封泥集存》）。

内史 齐内史印（《齐鲁封泥集存》），菑川内史、六安内史章、淮阳内史章（《封泥考略》），长沙内史、真定内史（《续封泥考略》）。

仆 清河仆印（《金石索》）、六安仆印（《封泥考略》）。

大行 齐大行印（《齐鲁封泥集存》）。

中尉 齐中尉（《齐鲁封泥集存》），城阳中尉（《封泥考略》），菑川中尉、淮南中尉（《续封泥考略》）。

大匠（将作大匠） 大匠印（《临菑封泥文字目录》）。

长秋 齐长秋印（《齐鲁封泥集存》）。

此外，属于诸卿之属吏的印泥更多。

有属于太常的齐太祝印、齐祠祀印、齐太史印（《齐鲁封泥集存》）。

有属于郎中令的齐郎中印、齐郎中丞、菑川郎丞（《齐鲁封泥集存》），吴郎中印（《封泥考略》）。

有属于卫尉的齐卫士印（《续封泥考略》）。

有属于仆或太仆的齐中厩印、齐中厩丞（《齐鲁封泥集存》），齐大厩印、齐大厩丞（《临淄封泥文字目录》），菑川厩长（《续封泥考略》），菑川厩丞（《再续封泥考略》），梁厩丞印（《十钟山房印举》举之二），鲁厩丞印（《封泥考略》）。

有属于大司农的齐太仓印（《齐鲁封泥集存》）。

有属于少府的齐太医丞（《临菑封泥文字目录》），齐典医丞（《汉印分韵续集》十六铣），齐乐府印、齐大官丞、齐居室丞、齐御府印、齐御府丞、齐永巷丞、齐宦者丞、齐内官丞、齐司空丞、齐左工丞、齐工长印（《齐鲁封泥集存》），齐内官印、楚永巷印（《续封泥考略》），齐中谒者（《再续封泥考略》），楚永巷丞（《十钟山房印举》举之二）。

有属于中尉的齐中尉丞、楚中尉丞（《续封泥考略》）。

有属于将作大匠的齐大匠丞（《齐鲁封泥集存》）。

有属于詹事的齐食官丞（《续封泥考略》）、齐家丞印（《临菑封泥文字目录》）。

有属于长秋的齐长官丞（《齐鲁封泥集存》）、齐秋官丞（《续封泥考略》）。

有属于水衡都尉的齐钟官长、齐铁官印（《齐鲁封泥集存》），齐铸长（《汉印文字征》第十四），临菑铁丞、临菑采铁（《续封泥考略》）等等。

这里列举的官名当然也只是王国官属的一部分，但大多为史籍失载。

以上所说乃是西汉王国官属的概况。至于东汉，虽仍置王国，但领地已很狭小，大率不过一郡；而官属也相应减少，且多由汉中央代置。虽有特例，如“邓太后特听清河王置中尉、内史”①。但在整个东汉极为少见，一般则是削减。《后汉书·百官志》注引《东观书》云：

> 其绍封削绌者，中尉、内史官属亦以率减。

① 范晔：《后汉书》卷五十五，《章帝八王传》，中华书局1965年版，第1802页。

下至王国郎官，亦由中央出补。《后汉书·顺帝纪》云：

阳嘉二年，除京师耆儒年六十以上四十八人，补郎舍人及诸王国郎。

《后汉书·百官志》记述东汉王国属官情况云：

皇子封王，其郡为国，每置傅一人，相一人，皆二千石。本注曰：傅主导王以善，礼如师，不臣也。相如太守，有长史，如郡丞。

中尉一人，比二千石。本注曰：职如郡都尉，主盗贼。

郎中令一人，仆一人，皆千石。本注曰：郎中令掌王大夫、郎中宿卫，官如光禄勋。自省少府，职皆并焉。仆主车及驭，如太仆。本注曰，太仆，比二千石，武帝改，但曰引，又皆减其秩。

治书，比六百石。本注曰：治书本尚书更名。

大夫，比六百石。本注曰：无员。掌奉王使至京师，奉璧贺正月，及使诸国。本皆持节，后去节。

谒者，比四百石。本注曰：掌冠长冠，本员十六人，后减。

礼乐长。本注曰：主乐人。

卫士长。本注曰：主卫士。

医工长。本注曰：主医药。

永巷长。本注曰：宦者，主宫中婢使。

祠祀长。本注曰：主祠祀。(《补注》：自礼乐长至此皆四百石。)

郎中，二百石。本注曰：无员。

以上诸官，概由汉中央政府代置，诸侯王虽有封爵之名，而毫无实权。所谓王国，实同郡县，国相如太守，甚至在郡守之下，王国名存实亡。

第五章　侯国

第一节　侯国概况及汉法对侯国的限制

一、侯国概况

战国时代，随着中央集权封建国家的出现，旧时的采邑制逐渐被废除，而代之以新的封君制度。封君与采邑中的大夫不同，封君既无领地，也不治民，仅能收取民户的租税。如齐田文（孟尝君）封于薛，即是派人收其租税。赵胜（平原君）封于平原，尚须从所收租税中提取一部分上交国家。秦国依照东方各国之制，亦以封户为主。如商鞅“封于商，受十五邑”①。吕不韦“封为文信侯，食河南洛阳十万户”②。

秦统一中国之后，对有食邑而无治民之权的列侯，皆“以公赋税重赏赐之”③，即封建国家将封邑内的赋税赏给封君。汉初侯国，大体仍继承秦制。《汉书·高惠高后文功臣表》云：

> （汉五年刘邦）即皇帝位，八载而天下乃平，始论功而定封。讫十二年，侯者百四十有三人。时大城名都民人散亡，户口可得而数裁什二三，是以大侯不过万家，小者五六百户。封爵之誓曰：“使黄河如带，泰山若厉，国以永存，爰及苗裔。”于是申以丹书之信，重以白马之盟，又作十八侯之位次。高后二年，复诏丞相陈平，尽差列侯之功，录第下竟，臧诸宗庙，副在有司。始未尝不欲固根本，而枝叶稍落也。故逮文、景四五世间，流民既归，户口亦息，列侯大者至三四

---

① 司马迁：《史记》卷六十八，《商君列传》，中华书局 1982 年版，第 2233 页。
② 司马迁：《史记》卷八十五，《吕不韦列传》，中华书局 1982 年版，第 2509 页。
③ 司马迁：《史记》卷六，《秦始皇本纪》，中华书局 1982 年版，第 239 页。

万户，小国自倍，富厚如之。子孙骄逸，亡其先祖之艰难，多陷法禁，殒命亡国，〔或亡〕子孙。迄于孝武后元之年，靡有孑遗，耗矣。罔亦少密焉。故孝宣皇帝愍而录之，乃开庙臧，览旧籍，诏令有司求其子孙，咸出庸保之中，并受复除，或加以金帛，用章中兴之德。降及孝成，复加恤问，稍益衰微，不绝如线。

西汉初年，刘邦封功臣为侯，其目的也和封同姓王一样，都是为了拱卫中央集权。开始时，功臣列侯在这方面也确是起到应有的作用。如外戚诸吕专权，以周勃、陈平为代表的功臣列侯与同姓诸王共同平定诸吕；吴楚七国反叛中央，以周亚夫为代表的长安列侯纷纷从军，成为军队中的骨干，终于平定七国之乱。但在文、景之世，随着社会经济的恢复和发展，功臣列侯的势力也逐渐膨胀起来，他们的子孙后代，大多不知祖宗创业之艰难，骄奢淫逸，横行不法。这样又同汉中央政权发生了矛盾。结果是“多陷法禁，殒命亡国”。自成帝至哀平之世，虽复封萧何、曹参、周勃之后，亦不过装点门面而已，并不能挽救这个集团的衰亡。与此同时，汉初同姓诸王亦屡遭打击，尤其是武帝实行推恩令之后，王子支庶毕侯，由王国分出许多小的侯国。这一批继体苗裔、亲属疏远、娇生惯养的王子侯，在政治上既无能力，又毫无权力，不为士民所尊，势与富室无异，而贫者或乘牛车。他们和功臣列侯后代的命运一样，也都趋于没落。

东汉时期，对于宗室、功臣侯者，基本上仍遵循西汉文、景、武以来的封国政策，列侯封户愈少，管制愈严，在地方上已处于无足轻重的地位。其时分封列侯的情况，据《通典》卷三十一历代王侯封爵条云：

后汉爵亦二等，皇子封王，其郡为国。其列侯虽邓、寇元勋，所食不过四县为侯国。……罪侯归国，不得臣吏民。

又，西汉侯国相当于县一级行政单位，或有列侯虽食仅一乡，然皆离故县而独立为侯国。至于东汉，除县侯以外，还有都乡侯、乡侯、都亭侯、亭侯各级，都乡侯以下皆不由旧县划出而另立为国，其地位更是每况愈下了。

二、汉法对侯国的限制

秦和汉初，中央有主爵中尉，掌管列侯。汉景帝时更名主爵中尉为都尉，武帝又改为右扶风，治内史右地，因而列侯更属大鸿胪。秦汉时列侯多居京师，由国家赐其第宅；其所食租税，则由其封地转输京师以供费用。功臣列侯留居京师，一方面可以加强中央的力量，另一方面对列侯也是一种控制办法。文帝以代王入承大统，因列侯大臣权势太重，为防止他们把持朝政，始有遣列侯就国之举。《汉书·文帝纪》二年（前178年）十月诏曰：

> 朕闻古者诸侯建国千余，各守其地，以时入贡，民不劳苦，上下欢欣，靡有违德。今列侯多居长安，邑远，吏卒给输费苦，而列侯亦无繇教训其民。其令列侯之国。

中间隔了一年，由于列侯拖延抵制，不愿离开京师，以致诏令未能实现。于是文帝又下了一道诏书，催促此事，并让丞相周勃带头率领列侯就国。《汉书·文帝纪》三年（前177年）十一月诏曰：

> 前日诏遣列侯之国，辞未行。丞相朕之所重，其为朕率列侯之国。

遂免丞相周勃，遣就国。

列侯初封或就国，以及朝觐聘享，皆归大鸿胪掌管，与诸侯王同。列侯居国，则还要受郡守尉的监督，《汉书·周勃传》记载说：

> （勃）免相就国。岁余，每河东守尉行县至绛，绛侯自畏恐诛，常被甲，令家人持兵以见。

河东守尉每行县至绛，实际上就是对周勃的监视。

又，列侯居国，对于征发国人徭役和赋税，均有严格的法律规定，既不得“过律”，更不得“擅兴”，否则要受到免爵或削封的处分，如《汉书·高惠高后文功臣表》记载：

（信武侯靳亭，）孝文后三年，坐事（师古曰：事，谓役使之也）国人过律，免。

（祝阿侯高成，）孝文后三年，坐事国人过律，免。

又如《汉书·王子侯表》记载：

（祚阳侯仁，）元帝初元五年，坐擅兴徭赋，削爵一级。

类此而免爵者尚多见，不备举。

列侯之国后，还不得擅自逾越国界，如：

孝文后元三年，（宁严）侯（魏）指嗣，坐出国界，免。①

（终陵侯华禄，）孝景四年，坐出界，耐为司寇。②

列侯更不得与诸侯王私通，犯者轻则免爵，重则处死，如：

（广平侯薛穰，）元狩元年，坐受淮南赂称臣，在赦前，免。③

（安平侯鄂但，）元狩元年，坐与淮南王安通，遗王书称臣尽力，弃市。④

此外，尚有匿死罪、铸白金、擅发卒为卫、买田宅不法、阑出入关、

① 班固：《汉书》卷十六，《高惠高后文功臣表》，中华书局1962年版，第590页。
② 班固：《汉书》卷十六，《高惠高后文功臣表》，中华书局1962年版，第570页。
③ 班固：《汉书》卷十六，《高惠高后文功臣表》，中华书局1962年版，第536页。
④ 班固：《汉书》卷十六，《高惠高后文功臣表》，中华书局1962年版，第575页。

诅咒上以及谋反等罪名，犯者或免或削，甚至处死刑①。

东汉建武以后，对列侯的管制，大体仍尊西汉制度，而更加严厉，加以列侯封户很少，势单力弱，在地方上已处于无足轻重的地位。

两汉的列侯封君除在政治上受中央集权的控制外，在经济上还受大商人与高利贷者的压抑，如《史记·平准书》中就说：

富商大贾，废居居邑，封君皆低首仰给。

仲长统《昌言》亦云：

豪人货殖，荣乐过于封君。

由此可见，列侯封君的势力确实是逐渐衰微了。

第二节　侯国官制

以功劳封侯，为秦制。秦爵二十级（见本书第三编第四章），最高级（亦即第二十级）为彻侯。汉初承秦制，亦有彻侯。《汉书·百官公卿表》云：

彻侯，金印紫绶。避武帝讳，曰通侯，或曰列侯。改所食国令长名相。又有家丞、门大夫、庶子。

是汉代列侯，即秦之彻侯。秦时彻侯所食国，其官制与县同，县令、长直属郡守，自成系统，彻侯仅得食租税而已。《汉书·高帝纪》十二年（前195年）诏曰：

吾立为天子，帝有天下，十二年于今矣。与天下之豪士贤大夫共定天下，同安辑之。其有功者，上致之王，次为列侯，下乃食邑。而

① 散见《汉书》之功臣表、王子侯表。

> 重臣之亲，或为列侯，皆令自置吏，得赋敛。

这说明汉朝初年，列侯在其国内可以自行设置官吏，征收赋税。至武帝时，改侯国令、长曰相，由中央直接派遣，主治民，如令、长，对列侯不称臣，但将其应得户租交与列侯。上述《汉书·百官公卿表》只说改所食国令、长名相。《后汉书·百官志》作了较为详细的说明：

> 每国置相一人，其秩各如本县。本注曰：主治民，如令长，不臣也。但纳租于侯，以户数为限。

武帝以后的变化，实际上是取消了侯国自置官吏、征收赋税的权力，而由朝廷直接控制的相（县令、长的异名）来征租，按其规定户数给予列侯，这个相并不是侯的臣属。因而其相以下的官属，当与县同，是上属于郡国的独立系统。因而西汉武帝以后以及整个东汉，侯国的官属只有家臣，即《汉书·百官公卿表》所说："又有家丞、门大夫、庶子。"《后汉书·百官志》的记载则更为详细：

> 其家臣，置家丞、庶子各一人。本注曰：主侍侯，使理家事。列侯旧有行人、洗马、门大夫，凡五官。中兴以来，食邑千户已上置家丞、庶子各一人，不满千户不置家丞，又悉省行人、洗马、门大夫。

据此，西汉武帝以后列侯的家臣，也就是列侯的属官①。主要的家臣有：

（一）家丞

主侍侯，理家事。《汉书·韦贤传》：

> 于是贤门下生博士义倩等与宗家计议，共矫贤令，使家丞上书言大行，以大河都尉玄成为后。

---

① 《汉书·高惠高后文功臣表》留侯张不疑注，师古曰："门大夫，侯之属官也。"

《后汉书·朱晖传》：

永平初，显宗舅新阳侯阴就慕晖贤，自往候之，晖避不见。复遣家丞致礼（《续汉志》曰：诸侯家丞，秩三百石[①]）。晖遂闭门不受。

又《后汉书·张奋传》：

父纯，临终敕家臣曰："司空无功于时，猥蒙爵土，身死之后，勿议传国。"

列侯在临终时关于后事的重大安排，都由家丞上奏、转达，或者代表列侯本人致礼，足见家臣为列侯属官之主要成员，地位较高。东汉不满千户的列侯还不能置家丞。

（二）庶子

据《战国策·秦策》记载，甘罗年十二，为文信侯少庶子。汉以后规定列侯置庶子一人，和家丞一样，主侍侯，理家事。东汉时，千户以下列侯不置家丞，但置庶子一人。

（三）门大夫

《汉书·高惠高后文功臣表》记载：

（留）侯不疑……孝文五年，坐与门大夫杀故楚内史，赎为城旦。

观此，门大夫或相当于门亭长之类，为侍卫武官。东汉省此官。

（四）行人

无可考。据中央官职，行人或与礼仪有关。东汉亦省此官。

（五）洗马

无可考。但洗马、门大夫、庶子等官名均与东宫太子官属相同，其职掌当亦相近。

除此之外，还当有舍人。《汉书·樊哙传》云：

---

① 今《后汉书·百官志》不见此记载。果如是，则家丞相当于小县、小国长，相之秩。

> 孝文帝立，乃复封哙庶子市人为侯，复故邑。薨，谥曰荒侯。子佗广嗣。六岁，其舍人上书言：荒侯市人病不能为人。

又如高后时爰盎曾为吕禄舍人①。此类舍人，显然属于列侯家臣之类。

从上述侯国属官情况来看，可知武帝以后，列侯只不过是寄食所在县邑的一个寄生阶层而已。列侯以下其他封君更是如此。一般来说，封侯是一种荣誉，位次较高，但并没有多少实权，而且封邑的大小，租税的多少，乃至位次的高低，在不同时期也有不同情况。徐天麟在《东汉会要》中指出：

> 列侯封邑，小大不同，而其位序，则与公卿相配。按《灵思何后纪》注：大县侯位视三公，小县侯位视上卿，乡、亭侯位视中二千石，盖中二千石即九卿秩耳。然《百官志》云：旧列侯奉朝请在长安者，位次三公。中兴以来，唯以功德赐位特进者，次车骑将军；赐位朝侯，次五校尉；赐位侍祠侯，次大夫；其余以肺附及公主子孙，奉坟墓于京师者，亦随时见会，位在博士、议郎下。而《邓禹传》注复云：诸侯功德优盛，朝廷所敬者，位特进，在三公下；其次朝侯，在九卿下。是三者前后参错，未知孰正也。②

不是"孰正"的问题，而是不同的记载反映了不同时期变化着的复杂情况。一般来说，列侯没有实权，既无权设置官吏，也无权管理其食邑之人民，但《后汉书·百官志》也还有这样一句话：

> 列侯，所食县为侯国。本注曰……功大者食县，小者食乡、亭，得臣其所食吏民。

这也许是指汉初情况而言的。以后主要是食租税。

列侯封君所食租税的税率，据《史记·货殖列传》云：

---

① 班固：《汉书》卷四十九，《爰盎传》，中华书局1962年版，第2267页。

② 徐天麟：《东汉会要》卷十八，《封建下》，上海古籍出版社1978年版，第257页。

> 封者（列侯封君）食租税，岁率户二百，千户之君则二十万，朝觐聘享出其中。

对这条记载，历来有两种说法：一种认为是按户征收，一种认为是按亩征收。这两种说法各有道理，但都失之偏颇。汉代封君所食的租税，实际上是秦“公赋税”制度的继续和发展。所谓“岁率户二百”，就是封君向所封民户征收“十五税一”或“三十税一”的土地税。在这里，司马迁是按照当时的物价情况，将征收的地税——谷物——折合成钱数，来和下文“庶民农工商贾，率以岁万息二千，百万之家则二十万，而更徭赋税出其中”相比较而言的。换句话说，列侯封君所食的租税，就是封建国家向土地所有者征收的土地税，只不过是将封邑内的这一部分地税，转移给了封君列侯而已①。

东汉时期的情况也是如此。国家对列侯封君所食租税的数量有时还做了具体的考虑和规定，如：

> （明帝时）皇子之封，皆减旧制。尝按舆地图，皇后在傍，言巨鹿、乐成、广平各数县，租谷百万，帝令满二十万止。②

> （安帝时）诸绍封者，皆食故国半租，（邓）康以皇太后亲属，独三分食二。③

两汉之世，列侯封君在其封邑内不仅无行政之权，即使所食租税，他们也不能独占享用，还要从其中提取一部分作为朝觐聘享时的贡纳。列侯封君和诸侯王一样都有向中央献纳的义务，贡纳种类有献费、聘币以及酎金等（见前）。武帝元鼎五年（前112年），“列侯坐献黄金酎祭宗庙不如法夺爵者百六人”。其他如酎金不足数或成色不纯而削爵坐免者，则为常见之事。东汉时期，此制仍然存在。这实际上是汉朝中央借口从经济上强干

---

① 安作璋：《汉史初探》，上海人民出版社1957年版，第132页。

② 范晔：《后汉书》卷五十，《孝明八王传》注引《东观·明纪》，中华书局1965年版，第1679页。

③ 范晔：《后汉书》卷十六，《邓禹传》，中华书局1965年版，第606页。

弱枝的一种措施。

以上所述，主要讲的是功臣、王子侯者。另外，在汉代还有一类侯者，即外戚恩泽侯。西汉初年，刘邦曾与群臣约：

> 非刘氏不得王，非有功不得侯。

此即所谓“白马之盟”①。这一盟约是否可靠，姑且不论，但刘邦分封的对象多是同姓或功臣则是事实。在西汉初年，既非刘姓，又无功劳的人，一般是没有资格受封的，如果要封，便要受舆论的指责。如吕后欲王诸吕，王陵则面折廷争；景帝欲封王皇后兄弟王信，周亚夫则犯颜直谏。两人的谏诤虽未被采纳，但说明当时即使是亲近外戚，也总要受到某些限制。

到了西汉后期，情况有所变化，一方面是功臣列侯和同姓诸侯王日趋衰落，另一方面外戚无功而侯又成为通常现象，于是西汉政权亦随之转入外戚之手。《汉书·外戚恩泽侯表》云：

> 汉兴，外戚与定天下，侯者二人。故誓曰：“非刘氏不王，若有亡功非上所置而侯者，天下共诛之。”是以高后欲王诸吕，王陵廷争；孝景将侯王氏，条侯犯色，卒用废黜。是后薄昭、窦婴、上官、卫、霍之侯，以功受爵。其后父据《春秋》褒纪之义，帝舅缘《大雅》申伯之意，浸广博矣。

是宣帝以前，尚能维持非有功不得侯之制；成帝以后，则渐趋于滥，外戚无功而侯，完全取决于人主之意。《汉书·元后传》云：

---

① 所谓“白马之盟”，见《汉书》之《王陵传》《周亚夫传》及《外戚恩泽侯表》。然据《汉书·高帝纪》载，十二年（前195年）三月诏书云：“吾立为天子，帝有天下，十二年于今矣。与天下之豪士贤大夫共定天下，同安辑之。其有功者，上致之王，次为列侯，下乃食邑。”其又云：“其有不义，背天子，擅起兵者，与天下共伐诛之。”按此诏书明言，“其有功者，上致之王”，并未限定“非刘氏不得王”，而只是强调了不得背叛天子，否则，才“与天下共伐诛之”。据此，所谓盟约，不会在此诏发布之前，而此诏书发布之时下距刘邦去世不过月余。“非刘不王”，为刘邦死后出自他人之口，并不见于刘邦诏书。且长沙王吴芮，自刘邦封他为王后，传国五世，直至文帝后七年因无嗣始国除。故白马之盟约实属可疑。

成帝河平二年，上悉封舅谭为乎阿侯，商成都侯，立红阳侯，根曲阳侯，逢时高平侯，五人同日封，故世谓之五侯。

又同书《郑崇传》云：

（哀帝）欲封祖母傅太后从弟商，崇谏曰："孝成皇帝封亲舅五侯，天为赤黄昼昏，日中有黑气。今祖母从昆弟二人已侯。孔乡侯（傅晏），皇后父；高武侯（傅喜），以三公封，尚有因缘。今无故欲复封商，坏乱制度，逆天人心，非傅氏之福也。……臣愿以身命当国咎。"崇因持诏书案起。傅太后大怒曰："何有为天子乃反为一臣所颛制邪！"上遂下诏曰："……侍中光禄大夫商，皇太太后父同产子，小自保大，恩为最亲，其封商为汝昌侯。"

此后，王莽专权，主要就是依靠了以王氏五侯为代表的外戚势力。这是西汉政权转移的主要原因之一。

东汉初期，因鉴于西京外戚之祸，外戚封侯控制较严，明帝甚至明令"后宫之家，不得封侯与政"①。章帝时，欲封爵诸舅，至于再三为请，马太后不听。东汉后期，多女主临朝听政，不仅外戚封侯相沿成例，而且阉宦亦得享侯爵之封。于是，外戚、宦官迭起把持中央政权，东汉王朝名存而实亡。

① 范晔：《后汉书》卷二，《明帝纪》，中华书局1965年版，第124页。

第六章　少数民族地区

秦汉时期，是我国多民族封建统一国家的形成和发展时期。游牧于蒙古草原的匈奴人，辽东一带的乌桓人、鲜卑人，河西一带的羌人以及西域、西南各族人，都先后加入祖国的大家庭。秦汉中央王朝在这些地区设官建职，对加速民族融合、互相间经济文化交流以及维护祖国统一，都起了一定的作用。其所置属国都尉、使匈奴中郎将、护乌桓校尉、护羌校尉、西域都护等官，秩皆为二千石，或比二千石，实际上相当于内地郡守。可见在汉人心目中，已把这些地区视同内地郡县，有些类似今日的自治区。今分别叙述如后。

第一节　典属国、属国都尉

一、典属国

典属国，秦朝即已设立，掌管归附的少数民族[①]。西汉前期和中期均有此官，任此官者多半为熟悉少数民族情况的人。如景帝时有典属国公孙昆邪[②]，虽然注中明确交代“昆邪中国人也”，但从名字来看，大概多少与少数民族有些关系。昭帝时苏武被拜为典属国，就因为他“留匈奴凡十九岁”[③]，了解和熟悉匈奴的情况。宣帝时常惠“代苏武为典属国，明习外国事，勤劳数有功”[④]。常惠曾随苏武使匈奴被拘留十余年，以后又曾单独出使乌孙。元帝时代常惠为典属国的是冯奉世，也是在出使大宛诸国取得显著成绩之后担任此官的[⑤]。

---

① 《汉书·百官公卿表》：“典属国，秦官，掌蛮夷降者。”

② 班固：《汉书》卷五十四，《李广传》，中华书局1962年版，第2439页。

③ 班固：《汉书》卷五十四，《苏武传》，中华书局1962年版，第2467页。

④ 班固：《汉书》卷七十，《常惠传》，中华书局1962年版，第3005页。

⑤ 班固：《汉书》七十九，《冯奉世传》，中华书局1962年版，第3296页。

正因为典属国的职务是和少数民族打交道，故其主要属官为九译令。译即翻译，九译者多次或多种之翻译也。如《汉书·张骞传》所说："广地万里，重九译，致殊俗，威德遍于四海。"边地的属国都尉，亦曾归典属国管辖，《汉书·百官公卿表》记载：

武帝元狩三年，昆邪王降，复增属国，置都尉、丞、候、千人。

成帝河平元年（前28年）六月，"罢典属国并大鸿胪"①。典属国没有了，但属国都尉终两汉之世一直存在。

二、属国都尉

从汉武帝时开始，对于降附或内属的少数民族，均设属国以处之，以后一直实行这个制度。《汉书·武帝纪》：

（元狩二年秋）匈奴昆邪王杀休屠王，并将其众合四万余人来降，置五属国以处之（师古曰："凡言属国者，存其国号而属汉朝，故曰属国"）。

同书《宣帝纪》：

（神爵二年）夏五月，羌虏降伏，斩其首恶大豪杨玉、酋非首。置金城属国以处降羌。

（五凤三年）置西河②、北地属国以处匈奴降者。

又《后汉书·安帝纪》：

永初元年……蜀郡徼外羌内属（《东观记》曰：徼外羌龙桥等六

① 班固：《汉书》卷十，《成帝纪》，中华书局1962年版，第309页。

② 《汉书·冯奉世传》："昭帝末，西河属国胡伊酋若王亦将众数千人畔。"或为武帝所置，然至迟不得晚于昭帝末。

种慕义降附)。戊寅，分犍为南部为属国都尉。

二年……广汉塞外参狼羌降，分广汉北部为属国都尉。

两汉时期究竟有多少属国?

《汉书·地理志》在安定郡的三水县、上郡的龟兹县、五原郡的蒲泽县、天水郡的勇士县、西河郡的美稷县等五地皆注云:“属国都尉治。”或以为此即武帝元狩二年(前121年)所置五属国，不一定确切。因为《后汉书·郡国志》张掖属国条下注云:“武帝置属国都尉，以主蛮夷降者。”加上上述金城和北地，至少也有八个。此乃西汉情况。

东汉属国更多，据《后汉书·郡国志》的记载有:

广汉属国;(注:故北部都尉，属广汉郡，安帝时以为属国都尉，别领三城。)

蜀郡属国;(注:故属西部都尉，延光元年以为属国都尉，别领四城。按:《安帝纪》延光二年，“是岁分蜀郡西部为属国都尉”。)

犍为属国;(注:故郡南部都尉，永初元年以为属国都尉，另领二城。)

张掖属国;(注:武帝置属国都尉，以主蛮夷降者。安帝时别领五城。)

张掖居延属国;(注:故郡都尉，安帝别领一城。)

龟兹属国(上郡);

辽东属国。(注:故邯乡西部都尉，安帝时以为属国都尉，别领六城。集解引马与龙曰:“辽东属国治昌梨，见《安帝纪》注。”)

此外，尚有安定属国(见《光武帝纪》及《张奂传》)、西河属国(见《和帝纪》)和酒泉属国(见《西域传》)。

据上述可见:第一，从西汉到东汉，有些属国时置时废，故有时复置，如和帝时“复置西河、上郡属国都尉官”①，就因为西汉时已有西河、

① 见《后汉书·和帝纪》永元二年(90年)，此上郡当即上述龟兹属国，因为《汉书·地理志》龟兹即为属国都尉治所。

上郡属国都尉，中废了才言复置。第二，属国多由郡中分出以专主蛮夷降者，故《后汉书·百官志》说："稍有分县，治民比郡。"第三，东汉和西汉比，不仅数量增多了，而且西汉属国仅限于西北边境，东汉属国则更扩展到东北和西南地区了。故《后汉书·窦融传》注有"汉边郡皆置属国"的说法。

属国的官吏，据《汉书·百官公卿表》说：

置都尉、丞、候、千人。

都尉是主要的，《后汉书·百官志》也说：

每属国置都尉一人，比二千石，丞一人。

属国所置都尉即名属国都尉，是属国的最高长官，其和一般都尉仅典武职不同，还兼理民事，"治民比郡"。西汉末年班彪的父亲班稚曾为西河属国都尉，刘歆曾为安定属国都尉。《后汉书》中记载的属国都尉更多，有的属国还记了好几个：如为张掖属国都尉者，先后有窦融（本传）、冯宗（《冯勤传》）、张鲂（《张兴传》）、冯毅（《马棱传》注引《东观记》）等，为辽东属国都尉者有庞奋（《安帝纪》）、段颎（本传）、公沙穆（本传）等。

都尉之下有丞一人。不知是否如《后汉书·百官志》所说"郡当边戍者丞为长史"。窦融为张掖属国都尉时有长史刘钧。公孙瓒更是明言"除辽东属国长史"；后拜降虏校尉、封都亭侯之后，"复兼领属国长史"①。

候和千人不可考。《汉书·匈奴传》有张掖属国之"属国千长"，师古曰："千长者，千人之长。"千长或即千人？又，《后汉书·郡国志》张掖属国下有"候官②、左骑、千人、司马官、千人官"，齐召南以为此皆官名，未知确否。

又，《后汉书·张奂传》，安定属国有主簿，则属国与郡同，亦设有主簿。

---

① 范晔：《后汉书》卷七十三，《公孙瓒传》，中华书局1965年版，第2358页。

② 《后汉书·刘茂传》"哀帝时察孝廉，再迁五原属国候"，当即候官。

两汉属国都尉的设立，对保卫和开发祖国的边疆都起到了一定的作用，如《后汉书·窦融传》云：

> （融）为张掖属国都尉……既到，抚结雄杰，怀辑羌虏，甚得其欢心，河西翕然归之。……河西民俗质朴，而融等政亦宽和，上下相亲，晏然富殖。修兵马，习战射，明烽燧之警，羌胡犯塞，融辄自将与诸郡相救，皆如符要，每辄破之。其后匈奴惩乂，稀复侵寇，而保塞羌胡皆震服亲附，安定、北地、上郡流人避凶饥者，归之不绝。

又同书《张奂传》云：

> （桓帝）永寿元年，（奂）迁安定属国都尉。初到职，而南匈奴左奥鞬台耆、且渠伯德等七千余人寇美稷，东羌复举种应之，而奂壁唯有二百许人，闻即勒兵而出。军吏以为力不敌，叩头争止之。奂不听，遂进屯长城，收集兵士，遣将王卫招诱东羌，因据龟兹，使南匈奴不得交通东羌。诸豪遂相率与奂和亲，共击奥鞬等，连战破之。伯德惶恐，将其众降，郡界以宁。羌豪帅感奂恩德，上马二十匹，先零酋长又遗金鐻八枚。奂并受之，而召主簿于诸羌前，以酒酹地曰：“使马如羊，不以入厩；使金如粟，不以入怀。”悉以金马还之。羌性贪而贵洁吏，前有八都尉，率好财货，为所患苦，及奂正身洁己，威化大行。

举以上二例可见一斑，属国都尉的好坏，对边疆地区的安全与否，确是起着重要的作用。

第二节　持节领护诸官

秦汉时期，对内属之少数民族相对稳定者，则多于边郡以内置属国以处之，设属国都尉以分县治民，如上节所述。虽时有废置，但相对稳定，其中很大一部分也就慢慢地与当地汉族居民融合了。而对于更边远一些地区“叛服无常”的少数民族，则往往派一些临时的加官，所谓“持节领护”，如《后汉书·西羌传》司徒掾班彪上言中所说：

旧制益州部置蛮夷骑都尉，幽州部置领乌桓校尉，凉州部置护羌校尉，皆持节领护，理其怨结，岁时循行，问所疾苦。又数遣使驿通动静，使塞外羌夷为吏耳目，州郡因此可得警备。

一、使匈奴中郎将

以中郎将出使匈奴，始于西汉武帝时。《汉书·苏武传》记其事曰：

时汉连伐胡，数通使相窥观，匈奴留汉使郭吉、路充国等前后十余辈。匈奴使来，汉亦留之以相当。天汉元年，且鞮侯单于初立……尽归汉使路充国等。武帝嘉其义，乃遣（苏）武以中郎将使持节送匈奴使留在汉者，因厚赂单于，答其善意。武与副中郎将张胜及假吏常惠等（师古曰：“假吏，犹言兼吏也。时权为使之吏，若今之差人充使典矣”）募士斥候百余人俱（师古曰：“募人以充士卒及在道为斥候者”）。既至匈奴，置币遗单于。单于益骄，非汉所望也。

中郎将秩比二千石①，是比较高级的官员，而且又是武官，适合于出使处于敌对地位的匈奴。同时这也是当时匈奴方面的要求。据《汉书·匈奴传》记载，开始出使匈奴者身份地位都不高，如丞相长史任敞不过秩千石，郭吉、王乌、杨信皆不知名，杨信“素非贵臣”，故匈奴曰：“非得汉贵人使，吾不与诚语。”“匈奴使其贵人至汉……不幸而死。汉使路充国佩二千石印绶，使送其丧，厚币值数千金。”这就大体上说明了为什么以中郎将为出使匈奴的持节使者。另外，当时也还有派中郎将身份的使者到其他少数民族地区出使的例子，如《汉书·司马相如传》说：

是时邛、筰之君长闻南夷与汉通，得赏赐多，多欲愿为内臣妾，请吏，比南夷。……乃拜相如为中郎将，建节往使，副使者王然于、

① 《汉书·百官公卿表》：“中郎有五官、左、右三将，秩皆比二千石。”

壶充国、吕越人，驰四乘之传，因巴蜀吏币物以赂西南夷。至蜀，太守以下郊迎，县令负弩矢先驱，蜀人以为宠。

这和苏武之出使匈奴完全一样，都只是临时的出使任务，虽“持节”（或“建节”），而尚无“领护”职权。

到了西汉后期，以中郎将出使匈奴，似乎逐渐成为定制了，见于《汉书·匈奴传》者即有：

（成帝河平元年）伊邪莫演言欲降……遣中郎将王舜往问降状。

（成帝绥和元年）汉遣中郎将夏侯藩、副校尉韩容使匈奴。

（哀帝建平二年）汉遣中郎将丁野林、副校尉公乘音使匈奴，责让单于……

（平帝时）遣中郎将韩隆、王昌、副校尉甄阜、侍中谒者帛敞、长水校尉王歙使匈奴，告单于曰：西域内属，不当得受，今遣之。

遣中郎将王骏、王昌、副校尉甄阜、王寻使匈奴，班四条与单于，杂函封，付单于，令奉行，因收故宣帝所为约束封函还。

此外，还有萧育为中郎将使匈奴，萧咸为中郎将使匈奴①，“（金）参使匈奴，匈奴中郎将（师古曰：‘以其出使匈奴，故拜为匈奴中郎将也’）”②。这里已经出现“匈奴中郎将”的名称了。

以后王莽统治时期和农民起义的更始政权时期，也都沿用以中郎将出使匈奴的旧例，如：

（莽）遣中郎将蔺苞、副校尉戴级将兵万骑，多赍珍宝至云中塞

① 班固：《汉书》卷七十八，《萧望之传》，中华书局1962年版，第3289、3291页。
② 班固：《汉书》卷六十八，《金日磾传》，中华书局1962年版，第2964页。

下，招诱呼韩邪单于诸子，欲以次拜之。使译出塞，诱呼右犁汗王咸、咸子登、助，三人，至则胁拜咸为孝单于……拜助为顺单于。①

以武力为使，正符合中郎将的身份。又：

更始二年冬，汉遣中郎将归德侯飒、大司马护军陈遵使匈奴，授单于汉旧制印绶。②

东汉初，匈奴分为南北两部。东汉主要与南匈奴打交道，故《后汉书》立《南匈奴传》，注云："《前书》直言匈奴传，不言南北，今称南者，明其为北生义也。以南单于向化尤深，故举其顺者以冠之。"东汉初继续以中郎将出使匈奴，并且正式设置使匈奴中郎将这一官职。据《后汉书·光武帝纪》载：

（建武六年）匈奴遣使来献，使中郎将③报命。

（十四年）匈奴遣使奉献，使中郎将报命（注：中郎将刘襄也）。

（二十六年）遣中郎将段郴授南单于玺绶，令入居云中。始置使匈奴中郎将，将兵卫护之（注：中郎将即段郴也。《汉官仪》曰：使匈奴中郎将屯西河美稷县也）。南单于遣子入侍，奉奏诣阙。于是云中、五原、朔方、北地、定襄、雁门、上谷、代八郡民归于本土。④

由此可见，在边境局势相对稳定的情况之下，由于南匈奴的多次请求，汉

① 班固：《汉书》卷九十四，《匈奴传》，中华书局1962年版，第3823页。

② 班固：《汉书》卷九十四，《匈奴传》，中华书局1962年版，第3829页。

③ 《后汉书·南匈奴传》："至六年，始令归德侯刘飒使匈奴，匈奴亦遣使来献，汉复令中郎将韩统报命，赂遗金币，以通旧好。"

④ 《后汉书·南匈奴传》："二十六年，遣中郎将段郴、副校尉王郁使南单于，立其庭，去五原西部塞八十里。单于乃延迎使者。使者曰：'单于当伏拜受诏。'单于顾望有顷，乃伏称臣。拜讫，令译晓使者曰：'单于新立，诚惭于左右，愿使者众中无相屈折也。'骨都侯等见，皆泣下。郴等反命，诏乃听南单于入居云中。"

廷才开始正式设立使匈奴中郎将这一官职，并且正式有了卫护或者监护的职权。

使匈奴中郎将，史书中有时简称中郎将（在匈奴传中尤其如此），或匈奴中郎将，如《后汉书·杨秉传》有燕瑗，同书《鲜卑传》有赵稠，赵稠在《后汉书·顺帝纪》阳嘉二年（133 年）作匈奴中郎将王稠，其事为一，肯定是一个人，不知孰误。或者又称为“护匈奴中郎将”、“领中郎将”①、“行中郎将”② 以及“北中郎将”等，如张奂在《后汉书·桓帝纪》中称为“使匈奴中郎将”，在《后汉书·窦武传》中称为“护匈奴中郎将”，本传前面说是“迁使匈奴中郎将”，后“复拜为护匈奴中郎将”，两种称号均有。而在《后汉书·南匈奴传》中又称为“北中郎将”，由此可见，这些名称皆为使匈奴中郎将之别称。据《后汉书·南匈奴传》记载，历任使匈奴中郎将者就有段郴、吴堂、耿谭、任尚、杜崇、耿种、马翼、梁并、陈龟、张耽、马实、臧旻、张修等多人。还有散见于各纪、传者，不备举。

关于匈奴中郎将这个官职，《后汉书·百官志》云：

> 使匈奴中郎将一人，比二千石。本注曰：主护南单于。置从事二人，有事随事增之，掾随事为员。

使匈奴中郎将的级别是比二千石，故《汉官仪》曰：

> 使匈奴中郎将，拥节，秩比二千石。

这“拥节”二字也值得注意，和郡守与天子剖符不一样，其是持节出使，有一定的临时性和更大的独立性。其官属则“随事为员”③。据《后汉书·南匈奴传》说，开始设置使匈奴中郎将不久，即“令中郎将置安集掾史，将弛刑五十人，持兵弩随单于所处，参辞讼，察动静。单于岁尽辄遣奉奏，送侍子入朝，中郎将从事一人将领诣阙”。这里讲到了属官，“安集掾

---

① 《后汉书·南匈奴传》有领中郎将庞奋，行中郎将班固（又见同书《和帝纪》）。
② 《后汉书·南匈奴传》有领中郎将庞奋，行中郎将班固（又见同书《和帝纪》）。
③ 《汉官仪》亦有“拥节，屯中步南，设官府掾史”的记载。

史”恐非官名，而是置“安集”之掾和史，具体的即如“中郎将从事”。同时这里也讲到了其职掌，包括“参辞讼”、“察动静”等等，显然有监和护的双重意义。同书接着又补述说：

> 于是复诏单于徙居西河美稷，因使中郎将段郴及副校尉王郁留西河拥护之，为设官府、从事、掾史。令西河长史岁将骑二千、弛刑五百人，助中郎将卫护单于，冬屯夏罢。自后以为常，及悉复缘边八郡。南单于既居西河，亦列置诸部王，助为扞戍。使韩氏骨都侯屯北地，右贤王屯朔方，当于骨都侯屯五原，呼衍骨都侯屯云中，郎氏骨都侯屯定襄，左南将军屯雁门，栗籍骨都侯屯代郡，皆领部众为郡县侦罗耳目。

这样杂错相处，中郎将在其中的地位和作用也就比较好理解了。

使匈奴中郎将的属官既然是随事而设，并不固定，常见到的副校尉或副中郎将①，亦可算作属官之一。其直接的下属除从事之外，可考见者还有司马，如张奂为护匈奴中郎将时，曾遣司马尹端、董卓击破羌人②。

使匈奴中郎将的设立，对防御北匈奴的侵扰，保卫汉朝边塞的安全起过一定作用，这从上述开始设立时的情况已可以看出。以后，如《后汉书·陈龟传》记载说：

> （顺帝）永和五年，拜使匈奴中郎将。时南匈奴左部反乱，龟以单于不能制下，外顺内畔，促令自杀。

可见其权威还是很大的。又如《后汉书·张奂传》：

> （桓帝时）迁使匈奴中郎将。时休屠各及朔方乌桓并同反叛，烧度辽将军门，引屯赤阬，烟火相望。兵众大恐，各欲亡去。奂安坐帷中，与弟子讲诵自若，军士稍安。乃潜诱乌桓阴与和通，遂使斩屠各

① 《后汉书·南匈奴传》有副中郎将庞雄。
② 范晔：《后汉书》卷六十五，《张奂传》，中华书局1965年版，第2140页。

> 渠帅，袭破其众。诸胡悉降。延熹元年，鲜卑寇边，奂率南单于击之，斩首数百级。……九年春，征拜大司农。鲜卑闻奂去，其夏，遂招结南匈奴、乌桓数道入塞，或五六千骑，或三四千骑，寇掠缘边九郡，杀略百姓。秋，鲜卑复率八九千骑入塞，诱引东羌与共盟诅。于是上郡沈氐、安定先零诸种共寇武威、张掖，缘边大被其毒。朝廷以为忧，复拜奂为护匈奴中郎将……匈奴、乌桓闻奂至，因相率还降，凡二十万口。奂但诛其首恶，余皆慰纳之。唯鲜卑出塞去。永康元年春，东羌、先零五六千骑寇关中……冬，羌岸尾、摩鳖等胁同种复钞三辅。奂遣司马尹端、董卓并击，大破之，斩其酋豪，首虏万余人，三州清定。

可见任用一个精明能干的使匈奴中郎将，加上威抚并用的正确政策，就能够使边境出现一个比较“清定”的局面。

二、西域都护

西汉初，西域为匈奴所控制。从汉武帝派遣张骞出使西域起，西汉王朝联络西域各少数民族共同反击匈奴，至汉宣帝时，始取得基本胜利。于是始有西域都护之设置。《汉书·西域传》写道：

> 西域诸国……故皆役属匈奴……及秦始皇攘却戎狄，筑长城，界中国，然西不过临洮。汉兴至于孝武，事征四夷，广威德，而张骞始开西域之迹。其后骠骑将军击匈奴右地……始筑令居以西……列四郡据两关焉。自贰师将军伐大宛之后，西域震惧，多遣使来贡献，汉使西域者益得职。于是自敦煌西至盐泽，往往起亭，而轮台、渠犁皆有田卒数百人，置使者校尉领护（师古曰：统领保护营田之事也），以给使外国者。至宣帝时，遣卫司马使护鄯善以西数国……时汉独护南道，未能尽并北道也，然匈奴不自安矣。其后日逐王畔单于，将众来降，护鄯善以西使者郑吉迎之……是岁神爵三年也。乃因使吉并护北道，故号曰都护，都护之起，自吉置矣（师古曰：都犹总也，言总护南北之道）。

是以首任西域都护为郑吉。《汉书·郑吉传》云：

> 自张骞通西域，李广利征伐之后，初置校尉，屯田渠犁。至宣帝时，吉以侍郎田渠犁，积谷，因发诸国兵攻破车师，迁卫司马，使护鄯善以西南道。神爵中，匈奴乖乱，日逐王先贤掸欲降汉，使人与吉相闻。吉发渠犁、龟兹诸国五万人迎日逐王……吉既破车师，降日逐，威震西域，遂并护车师以西北道，故号都护（师古曰：并护南、北二道，故谓之都，都犹大也，总也）。都护之置，自吉始焉。

这两段记载，把始置西域都护的大致经过以及官名的来源和意义都讲清楚了。西域都护开始并非固定官名，着重是一个“护”字，“护”即领护、卫护、监护之“护”，以校尉、或骑都尉、或卫司马、或其他官为持节使者，护西域各国；“都”者，都总南、北二道也（针对原来仅护南道而言）。所以《汉书·百官公卿表》说是加官：

> 西域都护，加官，宣帝地节二年初置，以骑都尉、谏大夫使护西域三十六国。

这段记载有不少问题，如说地节二年（前68年）初置西域都护，也许从郑吉护南道开始，真正有“都”字倒应该是《汉书·郑吉传》所说的神爵中。《汉书·宣帝纪》：“匈奴日逐王先贤掸将人众万余来降。使都护西域骑都尉郑吉迎日逐、破车师，皆封列侯。”此事系于神爵二年（前60年）。上引《汉书·西域传》则说是神爵三年（前59年）。不过，《汉书·宣帝纪》用“使都护西域”一词，也可见一开始并非“西域都护”这个正式的官名。又，《汉书·景武昭宣元成功臣表》，吉官为光禄大夫（秩比二千石），与此谏大夫（秩比八百石）有异；谏大夫秩禄偏低，与骑都尉（秩比二千石）不相称。而所谓“护西域三十六国”，也只是宣帝初建西域都护时的情况，以后又增至五十余国，大体上相当于今天的巴尔喀什湖以东、以南和我国新疆地区。《汉书·百官公卿表》概述过分简略，因而显得不够确切。加官的说法也是如此，开始确实只是一种加官，后来事实上已成了一种正式官职，故《汉官仪》说西域都护秩二千石，这就比其他几个持节领护少数民族的官位要高。

据《汉书》所载，西汉历任都护凡十八人①，然可考见者仅得十人，即郑吉、韩宣、甘延寿、段会宗、廉褒、韩立、郭舜、孙建、但钦和李崇。李崇为西汉最后一任都护。王莽时，与匈奴的关系恶化，“西域亦瓦解”，王莽派李崇为西域都护，“李崇收余士，还保龟兹。数年莽死，崇遂没，西域因绝”②。

王莽末和东汉初，西域又被北匈奴所控制，东汉中央政府同北匈奴割据势力进行了反复斗争，才重新统一西域。《后汉书·西域传》记载说：

> （明帝）永平中，北虏乃胁诸国共寇河西郡县，城门昼闭。十六年，明帝乃命将帅北征匈奴，取伊吾卢地，置宜禾都尉以屯田，遂通西域。于寘诸国皆遣子入侍。西域自绝六十五载，乃复通焉。明年始置都护、戊己校尉。

东汉的首任西域都护似乎是陈睦③。以后，都护时置时废，任此职者还有班超、任尚、段禧等人，其中班超任职时间最长，他在西域三十年，任西域都护十一年，实际上以前还有十几年没有都护，他以军司马、将兵长史等身份“留于寘，绥集诸国”④。班超被封为定远侯，确有定远之功，在他任都护时期，“西域五十余国，悉皆纳质内属焉”⑤。

但是东汉朝廷对于西域的政策始终不稳定，以致“自建武至于延光，西域三绝三通”⑥，几次不复遣都护，有时仅置护西域副校尉、或军司马、西域长史，甚至“西域绝无汉吏十余年”⑦ 者亦有之。从安帝开始，再也不派都护了，“但令置西域副校尉，居敦煌，复部营兵三百人，羁縻而已”⑧。延光

① 《汉书·傅常郑甘陈段传》赞曰：“郑吉建都护之号，讫王莽世，凡十八人。”

② 班固：《汉书》卷九十六，《西域传》，中华书局1962年版，第3927页。

③ 《后汉书·西域传》：明帝永平十七年（74年）始置都护，“明帝崩，焉耆、龟兹攻没都护陈睦”。

④ 范晔：《后汉书》卷八十八，《西域传》，中华书局1965年版，第2910页。

⑤ 范晔：《后汉书》卷四十七，《班超传》，中华书局1965年版，第1582页。

⑥ 范晔：《后汉书》卷八十八，《西域传》，中华书局1965年版，第2912页。

⑦ 范晔：《后汉书》卷四十七，《班勇传》，中华书局1965年版，第1587页。

⑧ 范晔：《后汉书》卷八十八，《西域传》，中华书局1965年版，第2911页。

二年（123年），改置西域长史，直至东汉末年。

西域都护的属官据《汉书·百官公卿表》记载：

> 有副校尉，秩比二千石，丞一人，司马、候、千人各二人。

其中副校尉秩位较高，虽为都护副职，但由汉中央政府直接任命。有时候不设都护，即以副校尉领护西域。如陈汤以副校尉与甘延寿出使西域，史书上说他“独矫制发城部诸国兵、车师戊己校尉屯田吏士”。当延寿欲止其事时，“汤怒，按剑叱延寿曰：‘大众已集会，竖子欲沮众邪？’延寿遂从之”①。可见，副校尉不同于一般的属官，也可以说是都护的同僚。

西域都护开府置吏，真正的属官有：

丞，一人，类似管理文书的官吏。

司马，二人，《汉书·西域传》有“都护司马”。其地位约略相当于军中之司马，故或称军司马。代理司马之职者，则称为假司马，如班超先为假司马，后为军司马②。其有都护时属都护，无都护时亦可单独行动，如班超即是。

候，二人，负责守望。其或称军候，《汉书·陈汤传》有军候假丞杜勋。其本职即为军候而代理丞的职务。

千人，二人，为带兵的低级军官。其地位大约相当于军中的屯长。

以上为比较固定之属吏。根据需要也可临时设置，如陈汤击郅支，“部勒行阵，益置扬威、白虎、合骑之校”，共分六校③。

此外，都护还兼领屯田区的田官。《汉书·西域传》记载说：

> （宣帝置都护后）匈奴益弱，不得近西域。于是徙屯田，田于北胥鞬、披莎车之地，屯田校尉始属都护。

同传又载：

---

① 班固：《汉书》卷七十，《陈汤传》，中华书局1962年版，第3011页。

② 范晔：《后汉书》卷四十七，《班超传》，中华书局1965年版，第1573页。

③ 班固：《汉书》卷七十，《陈汤传》，中华书局1962年版，第3011页。

（鄯善王）自请天子曰：“……国中有伊循城，其地肥美，愿汉遣一将，屯田积谷，令臣得依其威重。”于是汉遣司马一人，吏士四十人，田伊循以填抚之。其后更置都尉。伊循官置始此矣。

这伊循司马和伊循都尉当亦属都护。

在西域屯田官中还有一个比较重要的官职即戊己校尉。《汉书·百官公卿表》云：

戊己校尉，元帝初元元年置，有丞、司马各一人，候五人，秩比六百石。

同书《西域传》亦云：

至元帝时，复置戊己校尉，屯田车师前王庭。

颜师古在《汉书·百官公卿表》的注中说：

甲乙丙丁庚辛壬癸皆有正位，唯戊己寄治耳。今所置校尉亦无常居，故取戊己为名也。有戊校尉，有己校尉。一说，戊己居中，镇覆四方，今所置校尉亦处西域之中抚诸国也。

师古着重解释了何以名戊己校尉，其实两说俱可通，不必深究。重要的是戊己校尉一官的地位和作用值得研讨。

戊己校尉屯田车师前王庭，确实是当时西域之中，也是当时汉朝政府直接派兵屯田驻守最远的地方，所以《后汉书·西域传》说：

自敦煌西出玉门、阳关，涉鄯善，北通伊吾千余里，自伊吾北通车师前部高昌壁千二百里，自高昌壁北通后部金满城五百里。此其西域之门户也，故戊己校尉更互屯焉。

可见戊己校尉处于相当重要的地位。《汉书·百官公卿表》“秩比六百石”

很为可疑，不知这比六百石是否指其属官丞、司马而言？戊己校尉，既以校尉名官，当不止比六百石。黄文弼《罗布淖尔考古记·释官》一章认为戊己校尉秩应为比二千石，这是一个可以同意的看法。再说，其虽受都护调遣但有一定的独立性，可以单独设府（见《汉书·西域传》），故《汉书·百官公卿表》特记其官属。

其次，戊己校尉本应为戊校尉和己校尉分屯车师前后王庭。这一点，《后汉书·耿恭传》的记载比较清楚：

> 永平十七年……始置西域都护、戊己校尉。乃以恭为戊己校尉，屯后王部金蒲城（《后汉书·西域传》作金满城），谒者关宠为戊己校尉，屯前王柳中城，屯各置数百人。[1]

《后汉书集解》引刘攽曰：

> 案：戊、己本是两校尉，故耿恭、关宠各为一校。今都为戊己校尉，盖流俗不知《汉书》。以理观之，恭是戊校、宠是己校也。

所论甚确，不过刘攽也太绝对化了，解释《后汉书·西域传》亦如此说则可商榷，如《后汉书·西域传》云：

> （永元）三年班超遂定西域，因以超为都护，居龟兹。复置戊己校尉，领兵五百人，居车师前部高昌壁，又置戊部候，居车师后部候城，相去五百里。

这时很可能只设戊己校尉一人，居前部（原为己校尉所驻地），而以戊部候居后部，文义较明。则是戊己校尉有时为二人，有时为一人。

戊己校尉单独置府，其署官除《汉书·百官公卿表》所云丞、司马、候之外，似还有史，为其副职。《汉书·西域传》记载说：

---

① 《后汉书·耿恭传》下文的记载，对于说明戊己校尉的地位和作用也很有意义。

> 时戊己校尉刁护病，遣史陈良屯桓且谷备匈奴寇，史终带取粮食，司马丞韩玄领诸壁，右曲候任商领诸垒……

候还有具体的名称，如右曲候及上述戊部候等。

西域都护秩二千石，相当于内郡的郡守。其所管辖的西域，虽然仍保留着原来“国”的名称，但是，如《汉书·西域传》所说：

> 最凡国五十，自译长、城长、君、监、吏、大禄、百长、千长、都尉、且渠、当户、将、相至侯、王，皆佩汉印绶，凡三百七十六人。

在这一点上，其相当于今天的自治区，而且所谓的五十国，也主要是今新疆地区，“而康居、大月氏、安息、罽宾、乌弋之属，皆以绝远，不在数中，其来贡献，则相与报，不督录总领也”。都护的职务是代表汉朝中央总护西域南北道，并且“督察乌孙、康居诸外国动静，有变以闻。可安辑，安辑之；可击，击之”[①]。汉朝对于西域的统治，主要是通过都护进行的。历任都护中有一些是“功效茂著”的，如首任都护郑吉：

> 中西域而立莫府，治乌垒城[②]，镇抚诸国，诛伐怀集之。汉之号令班西域矣，始自张骞而成于郑吉。[③]

又如段会宗两任都护，“西域敬其威信”，“城郭亲附”，最后为“安辑乌孙”，病死于乌孙中，年七十五，“城郭诸国为发丧立祠焉”[④]。班固在《汉书·傅常郑甘陈段传》中赞曰：

> 自元狩之际，张骞始通西域，至于地节，郑吉建都护之号，讫王莽世，凡十八人，皆以勇略选，然其有功迹者具此。廉褒以恩信称，

---

① 班固：《汉书》卷九十六，《西域传》，中华书局1962年版，第3874页。

② 都护治所以后也有变动，东汉班超即居龟兹，也有居河西的。

③ 班固：《汉书》卷七十，《郑吉传》，中华书局1962年版，第3006页。

④ 班固：《汉书》卷七十，《段会宗传》，中华书局1962年版，第3031页。

郭舜以廉平著，孙建用威重显，其余无称焉。

功绩显著者不多。东汉则以班超最著名，他在西域三十余年，“西域五十余国，悉皆纳质内属”。他能够“不动中国，不烦戎士，得远夷之和，同异俗之心”①。怎样才能做到“功效茂著”呢？看来既要有勇，又要有略，班超以三十六人出入西域，勇、略双全自不待说，他对其下任都护任尚交代时的一段话即可见一斑：

> 超被征，以戊己校尉任尚为都护。与超交代。尚谓超曰：“君侯在外国三十余年，而小人猥承君后，任重虑浅，宜有以诲之。”超曰：“年老失智，任君数当大位，岂班超所能及哉！必不得已，愿进愚言。塞外吏士，本非孝子顺孙，皆以罪过徙补边屯。而蛮夷怀鸟兽之心，难养易败。今君性严急，水清无大鱼，察政不得下和，宜荡佚简易，宽小过，总大纲而已。”超去后，尚私谓所亲曰：“我以班君当有奇策，今所言平平耳。”尚至数年，而西域反乱，以罪被征，如超所戒。②

这平平之言（其中有些话如把少数民族比做鸟兽，是不对的，这是受历史和阶级的局限），正反映了班超能够知己知彼，审时度势，对少数民族采取正确的政策和策略，从而取得统一和安定西域的功效。后人永远纪念班超定远以及像他这样的西域都护，就是因为他们靠着献身精神和大勇大略，为巩固祖国的统一，发展内地与西域各族人民的经济文化交流，乃至为中西经济文化交流，做出了重大的贡献。

三、护乌桓校尉

乌桓，又写作乌丸，原来是东胡族的一支。《后汉书·乌桓传》记载说：

---

① 范晔：《后汉书》卷四十七，《班超传》，中华书局1965年版，第1582页。
② 范晔：《后汉书》卷四十七，《班超传》，中华书局1965年版，第1586页。

乌桓者，本东胡也。汉初，匈奴冒顿灭其国，余类保乌桓山，因以为号焉。……乌桓自为冒顿所破，众遂孤弱，常臣伏匈奴，岁输牛马羊皮，过时不具，辄没其妻子。

同书又说，从武帝开始，其才正式与汉朝联系：

及武帝遣骠骑将军霍去病击破匈奴左地，因徙乌桓于上谷、渔阳、右北平、辽西、辽东五郡塞外，为汉侦察匈奴动静。其大人岁一朝见，于是始置护乌桓校尉，秩二千石，拥节监领之，使不得与匈奴交通。

武帝时始置护乌桓校尉，《汉官仪》有大致相同的记载：

护乌桓校尉，孝武帝时乌桓属汉，始于幽州置之，拥节监领，秩比二千石。

一曰二千石，一曰比二千石，《后汉书·百官志》亦作比二千石，当以比二千石为是。

西汉武帝以后，乌桓也时叛时服，但多半是“保塞降服”，故护乌桓校尉当始终存在。王莽时乌桓叛降匈奴。到东汉初年，边郡皆被其害，直到光武末年才复置乌桓校尉。《后汉书·乌桓传》写道：

（建武）二十五年，辽西乌桓大人郝旦等九百二十二人率众向化，诣阙朝贡……乌桓或愿留宿卫，于是封其渠帅为侯王君长者八十一人，皆居塞内，布于缘边诸郡，令招来种人，给其衣食，遂为汉侦侯，助击匈奴、鲜卑。时司徒掾班彪上言：“乌桓……好为寇贼，若久放纵而无总领者，必复侵掠居人，但委主降掾史，恐非所能制。臣愚以为宜复置乌桓校尉，诚有益于附集，省国家之边虑。”帝从之。于是始置校尉于上谷宁城，开营府，并领鲜卑，赏赐质子，岁时互市焉。

这里告诉我们，在复置乌桓校尉之前，还曾一度设置过主降掾史，注谓："盖当时权置也。"置校尉以后，历"明、章、和三世，皆保塞无事"①。整个东汉时期，乌桓校尉一直存在，历任此官可考见者，有任尚（《和帝纪》）、吴祉（《安帝纪》）、耿晔（《顺帝纪》）、徐常（《耿夔传》）、文穆（《窦固传》）、王元（《应劭传》）、李膺（《刘陶传》）、箕稠（《刘虞传》）、闫柔（《公孙瓒传》）、邓遵（《南匈奴传》）、夏育、邢举（《乌桓鲜卑传》）等人。

护乌桓校尉是官名全称，但也有称领乌桓校尉者（见《后汉书·西羌传》），或简称乌桓校尉（以上所举各传多如此称）。

护乌桓校尉既是"开营府"，必置官属。《后汉书·百官志》注引应劭《汉官》曰：

> 拥节。长史一人，司马二人，皆六百石。

则其主要官属为长史和司马，与其他持节使官相同。

护乌桓校尉的职掌，《后汉书·百官志》说是"主乌桓胡"，实际和其他领护官一样，是"拥节监领"（见上引《后汉书·乌桓传》），当也是"可安辑，安辑之；可击，击之"，如《后汉书·邓训传》所载：

> 会上谷太守任兴欲诛赤沙乌桓，乌桓怨恨谋反，诏训将黎阳营兵屯狐奴，以防其变。训抚接边民，为幽部所归。（永平）六年，迁护乌桓校尉，黎阳故人多携将老幼，乐随训徙边。鲜卑闻其威恩，皆不敢南近塞下。

鲜卑与乌桓很近，故护乌桓校尉"并领鲜卑"②。《后汉书·耿恭传》云：

> 顺帝初，（耿晔）为乌桓校尉。时鲜卑寇缘边，杀代郡太守，晔率乌桓及诸郡卒出塞讨击，大破之。鲜卑震怖，数万人诣辽东降。自

① 范晔：《后汉书》卷九十，《乌桓传》，中华书局1965年版，第2983页。

② 范晔：《后汉书》志第二十八，《百官五》注引应劭《汉官》，中华书局1965年版，第3626页。

> 后频出辄克获，威振北方。

鲜卑主要是由乌桓校尉“并领”，有时也可能另置官吏，《后汉书·百官志》补注引《晋书》曰：

> 汉置东夷校尉，以抚鲜卑。

监领自然就包括赏赐、质子、岁时互市等一切事务①。

护乌桓校尉之设立，对于保卫北疆、开发东北，都起过一定作用。

四、护羌校尉

羌族是一个古老的民族，秦和汉初的情况，《后汉书·西羌传》有一个比较简要的概述：

> 及秦始皇时，务并六国，以诸侯为事，兵不西行，故种人得以繁息。秦既兼天下，使蒙恬将兵略地，西逐诸戎，北却众狄，筑长城以界之，众羌不复南度。至于汉兴，匈奴冒顿兵强，破东胡，走月氏，威震百蛮，臣服诸羌。景帝时，研种留何率种人求守陇西塞，于是徙留何等于狄道、安故，至临洮、氐道、羌道县。及武帝征伐四夷，开地广境，北却匈奴，西逐诸羌，乃度河、湟，筑令居塞；初开河西，列置四郡，通道玉门，隔绝羌胡，使南北不得交关。于是障塞亭燧出长城外数千里。时先零羌与封养牢姐种解仇结盟，与匈奴通，合兵十余万，共攻令居、安故，遂围枹罕。汉遣将军李息、郎中令徐自为将兵十万人击平之。始置护羌校尉，持节统领焉。

护羌校尉的设立是在武帝时，武帝以后一直存在，王莽时罢，东汉建立后又恢复。因为西汉时重点是在匈奴，所以关于护羌校尉的事记载甚少。《汉官仪》简要地写道：

---

① 范晔：《后汉书》卷九十，《乌桓传》，中华书局1965年版，第2982页。《百官志》注引应劭《汉官》，“赏赐”作“客赐”，“互市”作“胡市”。

护羌校尉，武帝置，秩比二千石，持节以护西羌。王莽乱，遂罢。时（光武建武时）班彪议宜复其官，以理冤结。帝从之。以牛邯为护羌校尉，都于陇西令居县。

关于班彪之议，《后汉书·西羌传》记其言曰：

今凉州部皆有降羌，羌胡被发左衽，而与汉人杂处，习俗既异，言语不通，数为小吏黠人所见侵夺，穷恚无聊，故致反叛。夫蛮夷寇乱，皆为此也。旧制益州部置蛮夷骑都尉，幽州部置领乌桓校尉，凉州部置护羌校尉，皆持节领护，理其怨结，岁时循行，问所疾苦。又数遣使译通动静，使塞外羌夷为吏耳目，州郡因此可得儆备。今宜复如旧，以明威防。

护羌校尉在东汉时置时废，直至东汉末，历任护羌校尉可考见者，有牛邯、窦林、郭襄、吴棠、傅育、张纡、邓训、聂尚、贯友、史充、吴祉、周鲔、侯霸（二任）、段禧、庞参、马贤（二任）、韩皓、马续、赵冲、卫瑶（领）、张贡、第五访、段颎（二任）、胡闳、泠征等人，以上这些，主要见于《后汉书·西羌传》，散见其他纪、传者还有任尚（《安帝纪》）、卫琚（《顺帝纪》）①、胡畴（《马融传》）等。

关于护羌校尉的秩别及职掌，《后汉书·百官志》只有简单记载：

护羌校尉一人，比二千石。本注曰：主西羌。

其属官，注引应劭《汉官》曰：

拥节。长史、司马二人，皆六百石。

又有护羌从事，见《后汉书·西羌传》。

所谓“主西羌”，即持节领护西羌，当也是“可安辑，安辑之；可击，

① 《后汉书·西羌传》作“卫瑶”。又，纪、传均作“领护羌校尉”。

击之”。从东汉时期的实际情况看，设置护羌校尉主要是为了镇压羌族人民的反抗，隔绝西羌与匈奴的交通。但在护羌校尉主持下，沿河两岸，广置屯田，修治沟渠，种植五谷，发展畜牧，对河西地区的开发也起了一定的作用。这中间护羌校尉的好坏、能否又有所不同，如《后汉书·邓训传》记载说：

> 章和二年，护羌校尉张纡诱诛烧当种羌迷吾等，由是诸羌大怒，谋欲报怨，朝廷忧之。公卿举训代纡为校尉。诸羌激忿，遂相与解仇结婚，交质盟诅，众四万余人，期冰合渡河攻训。先是小月氏胡分居塞内，胜兵者二三千骑，皆勇健富强，每与羌战，常以少制多。虽首施两端，汉亦时收其用。时迷吾子迷唐，别与武威种羌合兵万骑，来至塞下，未敢攻训，先欲胁月氏胡。训拥卫稽故（《东观记》作“诸故”），令不得战。议者咸以羌胡相攻，县官之利，以夷伐夷，不宜禁护。训曰：“不然，今张纡失信，众羌大动，经常屯兵，不下二万，转运之费，空竭府帑，凉州吏人命悬丝发。原诸胡所以难得意者，皆恩信不厚耳。今因其迫急，以德怀之，庶能有用。”遂令开城及所居园门，悉驱群胡妻子内之，严兵守卫。羌掠无所得，又不敢逼诸胡，因即解去。由是湟中诸胡皆言：“汉家常欲斗我曹，今邓使君待我以恩信，开门内我妻子，乃得父母。”咸欢喜叩头曰：“唯使君所命。”训遂抚养其中少年勇者数百人以为义从。羌胡俗耻病死，每临病困，辄以刃自刺。训闻有困疾者，辄拘持缚束，不与兵刃，使医药疗之，愈者非一，小大莫不感悦。于是赏赂诸羌种，使相招诱。……烧当豪帅东号，稽颡归死，余皆款塞纳质。于是绥接归附，威信大行。遂罢屯兵，各令归郡。唯置弛刑徒二千余人，分以屯田，为贫人耕种，修理城郭坞壁而已。……（永元）四年冬，病卒官，时年五十三。吏人羌胡爱惜，旦夕临者日数千人。

综上所述，少数民族地区的职官，开始都带有临时差遣的性质，以后才逐渐变成某一边境地区的正式官制。这一变化反映了这些地区和汉朝中央的关系，也是统一的多民族国家形成的一个重要标志。

第三编 官吏的选用、考课及其他各项制度

从前述中央到地方各级各类官吏不难看出，秦汉王朝都有一个庞大的官僚机器，如《汉书·百官公卿表》记载西汉官吏的情况说：

吏员自佐史至丞相十二万①二百八十五人。

这恐怕还不一定是全部。这样多的官吏，最高统治者如何驾驭？这不能不说是一个大问题。因而自古以来，就不断积累着这方面的经验，从《周礼》的记载中就可以反映出来。《周礼·大宰》曰：

大宰之职，掌建邦之六典，以佐王治邦国。一曰治典，以经邦国，以治官府，以纪万民；二曰教典，以安邦国，以教官府，以扰万民；三日礼典，以和邦国，以统百官，以谐万民；四曰政典，以平邦国，以正百官，以均万民；五曰刑典，以诘邦国，以刑百官，以纠万民；六曰事典，以富邦国，以任百官，以生万民。

以八法治官府：一曰官属，以举邦治；二曰官职，以辨邦治；三曰官联，以会官治；四曰官常，以听官治；五曰官成，以经邦治；六曰官法，以正邦治；七曰官刑，以纠邦治；八曰官计，以弊邦治。

…………

以八柄诏王驭群臣：一曰爵，以驭其贵；二曰禄，以驭其富；三曰予，以驭其幸；四曰置，以驭其行；五曰生，以驭其福；六曰夺，以驭其贫；七曰废，以驭其罪；八曰诛，以驭其过。

无论选举、任用、管理、考课、赏罚，都有相应的典章制度。这些制度，是官制的重要组成部分之一。而秦汉时期，有关记载也还不少，可以整理出一个大概，今分章叙述如后。

① 官本“十二万”作“十三万”。

第一章　选官制度

“设官分职”，文武百官怎样产生？这就是官吏选拔问题，史书称之为选举。

春秋以前，官吏的任用是和分封制、宗法制紧密相连的世卿世禄制，官位是不会空缺的，空缺之后自然会有合法的继承人，不需要也不允许重新进行选择。《汉旧仪》说：

> 古者，诸侯治民，周以上千八百诸侯，其长伯为君，次仲、叔、季为卿大夫，支属为士、庶子，皆世官位。

这个官位等级是父死子继、世世代代固定了的。俞正燮作《乡兴贤能论》讲到了古代的选举问题，他说：

> 太古至春秋，君所任者，与共开国之人及其子孙也。虑其不能贤，不足共治，则选国子教之，上士、中士、下士、府史、胥、徒，取诸乡与贤能。士大夫以上皆世族，不在选举也，选举使乡主之。①

大夫以上是世官，不由选举，选举只限于士以下。具体情况虽不很清楚，大略却是如此。

从战国开始，随着世卿世禄制的逐渐废除，军功爵制的建立，官吏的选举也随之发生了变化。在这方面和其他许多方面一样，秦同样处于一个承上启下的地位，所以上引《汉旧仪》在古者“皆世官位”之后，紧接着说：

---

① 俞正燮：《癸巳类稿》卷三，《乡兴贤能论》。

> 至秦始皇帝灭诸侯为郡县，不世官，守、相、令、长以他姓相代，去世卿、大夫、士。

但是如何相代，如何选举官吏，没有明确完整的记载。《通典·选举典》关于秦代的情况也说得很笼统，只有一句话：

> 秦自孝公纳商鞅策，富国强兵为务，仕进之途，唯辟田与胜敌而已。以至始皇，遂平天下。

记载虽简略，还是可以看出一些线索。首先，改变世官情况不能简单地说从秦始皇开始，而有一个过程。秦是自孝公纳商鞅策开始，也就是战国时期开始这种变化，其他各国当也如此。其次，改变世官之后，仕进之途主要有两条：一是辟田，二是胜敌。实际上这正是商鞅奖励农战政策的具体运用。

辟田，就是积极开辟田地，发展农业生产。《商君书》中《垦令》《农战》等篇就是讲这个问题的。所谓"善为国者，其教民也，皆作壹（农战）而得官爵，是故[不作壹]不官无爵"。可见凡是积极垦辟田地从事农业生产的就可以得到官爵。《去强》篇还有"按兵而农，粟爵粟任，则国富"的话，就是说只有多辟田，才能多产粟，有了粟就可以用粟买到爵位和官职。如秦始皇四年（前243年），"天下疫。百姓内粟千石，拜爵一级"①，有了爵就有做官的可能。当然，纳粟买官还不是主要的，但它却说明在秦国历史上曾经以辟田多少作为选官的标准之一。

胜敌，当然就是军功。在秦国历史上，立了军功就拜爵，有了爵就可以做官，所谓"爵一级，欲为官者，为五十石之官"；"爵二级，欲为官者，为百石之官"②。军功应是选官的主要标准。

不过，辟田和胜敌，主要还是选官的条件，如何选官？看来和汉代一样，也是征召和荐举之类的办法（详下），不过汉代是在不断地发展和完善。

---

① 司马迁：《史记》卷六，《秦始皇本纪》，中华书局1982年版，第224页。

② 《韩非子·定法》，诸子集成本，中华书局1954年版。

到了汉代，地主阶级为了适应专制主义中央集权封建国家统治的需要，在秦代的基础上，建立和发展了一整套选拔统治人才的选官制度。这种制度包括察举、皇帝征召、公府与州郡辟除、大臣荐举、考试、任子、纳赀及其他多种方式，不限于一途，而且还可以交互使用。汉代的统治者通过多种方式，的确选拔了不少人才，对当时政治、经济、文化等方面的发展，都起了一定的作用。汉代在我国封建社会中所以能占有重要的历史地位，也和这个时期人才辈出有着密切的关系。但是，由于时代和阶级的限制，其流弊也很多。今将汉代选官制度的内容及其得失分节论述于下。

第一节 察举

察举也就是选举，是一种由下向上推选人才为官的制度，这种制度秦汉以前就有，即上述俞正燮所谓“乡与贤能”：“与贤者出使长之，用为伍长；与能者入使治之，用为乡吏。”又有所谓“诸侯贡士于王”[①]，不过限于下级官吏罢了。

秦已经比较广泛地实行了由下而上的推举制度，如韩信“贫无行，不得推择为吏”[②]，即从反面证明了有推选制度的存在。《史记·范雎列传》所载：“秦之法，任人而所任不善者，各以其罪罪之。”这里的任，当作保举讲。如《汉书·汲黯传》：“濮阳段宏始事盖侯（王）信，信任宏，官亦再至九卿。”苏林曰：“任，保举。”而《史记·范雎列传》所说秦任人之法，正是在范雎“任郑安平，使击赵。郑安平为赵所围，急，以兵二万人降赵”之后说的，显然是保举之义。而《史记·李斯列传》所说“吕不韦任李斯为郎”，这个“任”亦为保举。新出土的云梦秦简也有这方面的材料：“任人为丞，丞已免，后为令，今初任者有罪，令当免不当？不当免。”[③] 这说明，不仅被保举者犯罪，保举者应连坐，保举者犯罪，也要连坐被保举者，只是被保举者已经迁官之后才不再对原保举者的犯罪负连坐责任了。据这些记载看，由下而上推举官吏的情况在秦代无疑是比较普遍的。但形成察举制度，恐怕还是汉代的事。

---

① 俞正燮：《癸巳类稿》卷三，《乡兴贤能论》。
② 司马迁：《史记》卷九十二，《淮阴侯列传》，中华书局 1982 年版，第 2609 页。
③ 睡虎地秦墓竹简整理小组：《睡虎地秦墓竹简》，文物出版社 1978 年版，第 212 页。

汉高祖刘邦虽然是以马上得天下，但不久之后，也深感到不可以马上治之的苦闷。为了使汉朝长治久安，他于是选拔统治人才的问题便提到了重要的议事日程。十一年（前196年）诏曰：

> 盖闻王者莫高于周文，伯者莫高于齐桓，皆待贤人而成名。今天下贤者智能岂特古之人乎？患在人主不交故也，士奚由进！今吾以天之灵，贤士大夫定有天下，以为一家，欲其长久，世世奉宗庙亡绝也。贤人已与我共平之矣，而不与吾共安利之，可乎？贤士大夫有肯从我游者，吾能尊显之。布告天下，使明知朕意。御史大夫（周）昌下相国，相国酂侯（萧何）下诸侯王，御史中执法下郡守，其有意称明德者，必身劝，为之驾，遣诣相国府，署行、义、年（苏林曰：行状年纪也）。有而弗言，觉，免。[①]

这道求贤诏，对象是具有治国才能的"贤士大夫"，并要求登记"行、义、年"（行，品行；义同仪，即仪表；年，年龄），这和后来主要是以儒术取士的察举不同。但从郡国推荐人才这一点来看，却是开了汉代察举制的先河。

汉惠帝、吕后时，都曾诏举"孝弟力田"，如：

> 孝惠四年，春正月，举民孝弟力田者复其身。[②]

> 吕后元年，春正月，初置孝弟力田二千石者各一人。[③]

从此以后，终两汉之世，举"孝弟力田"成为一种固定的制度。这些被推举出来的"孝弟力田"，或免除其徭役，或厚加赏赐，其作用无非是使其为民表率，除个别例外，一般都不是到政府去做官，至多和三老相似，做一个乡官而已。所以这和两汉通行的作为官吏进身的察举制度还是不同。察举制度中也有"举孝"一项内容，但和"孝弟力田"则是两回事，不可

---

① 班固：《汉书》卷一下，《高帝纪下》，中华书局1962年版，第71页。

② 班固：《汉书》卷二，《惠帝纪》，中华书局1962年版，第90页。

③ 班固：《汉书》卷三，《高后纪》，中华书局1962年版，第96页。

混淆。虽然如此，从形式上看，其也可看作察举制度的先声。

严格说来，作为选用官吏的察举制度，应当从文帝开始。文帝二年（前178年）诏曰：

> 天下治乱，在予一人，唯二三执政犹吾股肱也……举贤良方正能直言极谏者，以匡朕之不逮。

十五年（前165年）又诏：

> 诸侯王公卿郡守举贤良能直言极谏者，上亲策之，傅纳以言。[①]

十五年这一次诏举贤良能直言极谏者，晁错即在举中。文帝策问的内容为"朕之不德，吏之不平，政之不宣，民之不宁，四者之阙，悉陈其志，毋有所隐"。时"对策者百余人，唯错为高第，由是迁中大夫"[②]。这时已有制策对策制度、高第下第的区别，和后来察举相同，可见文帝时已有正式察举制度了。然而这两道诏令均限于举贤良能直言极谏者，且未有期限与人数的规定，这样与武帝以后的情况又不尽相同。

汉代察举成为一种比较完备的选官制度，应在汉武帝时代。《汉书·武帝纪》云：

> 建元元年冬十月，诏丞相、御史、列侯、中二千石、二千石、诸侯相举贤良方正直言极谏之士。丞相（卫）绾奏"所举贤良或治申、商、韩非、苏秦、张仪之言，乱国政，请皆罢"。奏可。

关于贤良方正直言极谏的举法和文帝时大致相同。值得注意的是将申不害、商鞅、韩非、苏秦、张仪等人明白提出，一概罢去，这一点不仅树立了儒家在中国学术思想史上的正统地位，而且也开创了主要以儒术取士的察举制度。董仲舒即是通过此次贤良对策列于上第的。《汉书·董仲舒传》云：

---

① 班固：《汉书》卷四，《文帝纪》，中华书局1962年版，第127页。

② 班固：《汉书》卷四十九，《晁错传》，中华书局1962年版，第2299页。

自武帝初立，魏其武安侯为相而隆儒矣。及仲舒对册，推明孔氏，抑黜百家，立学校之官，州郡举茂材、孝廉，皆自仲舒发之。

董仲舒的对策，是在建元元年（前 140 年），而丞相卫绾的奏议，只不过是武帝授意实行董仲舒的建议而已。但是第二年，便遭到崇尚黄老的窦太后干涉而废止了。到了元光元年（前 134 年）窦太后死去，董仲舒的建议才得以贯彻实行。这一年的十一月，“初令郡国举孝廉各一人”①。这一次所举的孝廉，虽然据《汉书》现存的史料看来并没有什么知名人物，但就制度本身来说，却是奠定了两汉时代察举制度的基础。

汉代察举的科目很多，主要有孝廉、茂才、贤良方正与文学（通常指经学）、明经、明法、尤异、治剧、兵法、阴阳灾异及其他临时规定的特殊科目。这些都是功名，有了功名，便可实授官职。汉代察举的标准，大致不出四科：“一曰德行高妙，志节清白（如孝廉、贤良方正）；二曰学通行修，经中博士（如文学、明经）；三曰明达法令，足以决疑，能按章覆问，文中御史（如明法）；四曰刚毅多略，遭事不惑，明足以决，才任三辅令（如治剧），皆有孝弟廉公之行。”② 四科取士，大约起于西汉，下迄东汉，大体未改。不过有时单举其中的一二科，或全举四科，均由诏令临时规定。现将汉代察举的主要科目分述如下：

一、孝廉

孝廉即孝子廉吏。举孝察廉原为察举二科，武帝元光元年（前 134 年）初令郡国举孝廉各一人，即举孝举廉各一人。然而在两汉通常的情况下，孝廉则往往连称而混同为一科，此例甚多，如：

（路温舒）署决曹史。又受《春秋》，通大义，举孝廉，为山邑丞。③

---

① 班固：《汉书》卷六，《武帝纪》，中华书局 1962 年版，第 160 页。

② 见《后汉书・百官志》注引应劭《汉官仪》。这段文字之前，还有“世祖诏：方今选举，贤佞朱紫错用。丞相故事，四科取士”云云。可见四科取士，当始于西汉行丞相制之时。又《后汉书・和帝纪》注引《汉官仪》则作建初八年（83 年）诏，不知孰是。

③ 班固：《汉书》卷五十一，《路温舒传》，中华书局 1962 年版，第 2368 页。

（王吉）少好学明经，以郡吏举孝廉为郎。①

（韦彪）好学洽闻，雅称儒宗。建武末，举孝廉，除郎中。②

（冯豹）长好儒学，以《诗》《春秋》教丽山下，乡里为之语曰：“道德彬彬冯仲文。”举孝廉，拜尚书郎。③

（周章）初仕郡为功曹。……举孝廉，六迁为五官中郎将。④

（寒朗）及长，好经学，博通书传，以《尚书》教授，举孝廉，永平中，以谒者守侍御史。⑤

（张敏）建初二年举孝廉，四迁，五年，为尚书。⑥

（袁安）初为县功曹……后举孝廉，除阴平长、任城令。⑦

（霍谞）少为诸生，明经。……仕郡，举孝廉，稍迁金城太守。⑧

（蔡衍）少明经讲授……举孝廉，稍迁冀州刺史。⑨

（刘儒）察孝廉，举高第，三迁侍中。⑩

关于察举孝廉的史例还有很多，两《汉书》中可考见者不下一百余人。这里

① 班固：《汉书》卷七十二，《王吉传》，中华书局1962年版，第3058页。
② 范晔：《后汉书》卷二十六，《韦彪传》，中华书局1965年版，第917页。
③ 范晔：《后汉书》卷二十八，《冯衍传》，中华书局1962年版，第1004页。
④ 范晔：《后汉书》卷三十三，《周章传》，中华书局1965年版，第1157页。
⑤ 范晔：《后汉书》卷四十一，《寒朗传》，中华书局1965年版，第1417页。
⑥ 范晔：《后汉书》卷四十四，《张敏传》，中华书局1965年版，第1502页。
⑦ 范晔：《后汉书》卷四十五，《袁安传》，中华书局1965年版，第1517页。
⑧ 范晔：《后汉书》卷四十八，《霍谞传》，中华书局1965年版，第1615～1617页。
⑨ 范晔：《后汉书》卷六十七，《蔡衍传》，中华书局1962年版，第2208～2209页。
⑩ 范晔：《后汉书》卷六十七，《刘儒传》，中华书局1962年版，第2215页。

所选录的只是几种不同的类型。从其资历来看，大多为州郡属吏或通晓经书的儒生。从任用的情况来看，在中央的则以郎署为主，再迁为尚书、侍御史、侍中、中郎将等官。在地方的则为令、长、丞，再迁为太守、刺史。可见孝廉一科，在汉代实乃清流之目，为官吏进身的正途。汉武帝以后，迄于东汉，一些所谓名公巨卿，有不少是孝廉出身，对汉代政治影响很大。

察举孝廉，为岁举，即郡国每一年都要向中央推荐人才，而且还有人数的限定。这说明统治者对孝廉一科的重视。然而这项工作在开始时并不顺利，原因是汉承秦法，举人失当者有罪，所以各郡国对察举孝廉并不积极，“或至阖郡而不荐一人”。因此，汉武帝在元朔元年（前 128 年）又下了一道严格限制必须举人的诏书：

> 进贤受上赏，蔽贤蒙显戮，古之道也。其与中二千石、礼官、博士议不举者罪。有司奏议曰：“……今诏书昭先帝圣绪，令二千石举孝廉，所以化元元，移风易俗也。不举孝，不奉诏，当以不敬论；不察廉，不胜任也，当免。”奏可。①

有了这个硬性的规定，自此以后，岁举孝廉制度才得以贯彻执行。武帝以后，孝廉一科既为入仕的正途，举孝廉也就成了一种政治待遇和权力，这样又出现了一个问题，即各郡国人口多少不一，大郡人口多至五六十万，小郡人口只不过二十万，两者所举孝廉名额相同，事实上颇不平均。故至东汉和帝永元之际，又改以人口为标准，率二十万岁举孝廉一人。《后汉书·丁鸿传》载其事云：

> 时大郡口五六十万，举孝廉二人，小郡二十万并有蛮夷者亦举二人。帝以为不均，下公卿会议。鸿与司空刘方上言：“凡口率之科，宜有阶品，蛮夷杂错，不得为数。自今郡国率二十万口岁举孝廉一人，四十万二人，六十万三人，八十万四人，百万五人，百二十万六人；不满二十万，二岁一人；不满十万，三岁一人。”帝从之。

---

① 班固：《汉书》卷六，《武帝纪》，中华书局 1962 年版，第 167 页。

以后，和帝对于边郡少数民族杂居地区，又另定优宽之制。永元十三年（101年）诏云：

> 幽、并、凉州户口率少，边役众剧，束脩良吏，进仕路狭。抚接夷狄，以人为本。其令缘边郡口十万以上岁举孝廉一人，不满十万二岁举一人，五万以下三岁举一人。①

规定期限和名额固然可以使察举孝廉有制度的保证，但另一方面有时也不免滥竽充数。其他各科也大体类此。关于这个问题，下文还要作专门的论述。

二、茂才

茂才，西汉曰秀才，东汉时避光武帝刘秀讳改为茂材，或写作茂才。茂才与孝廉同为两汉重要的察举科目。

察举茂才，亦始于汉武帝。元封五年（前106年），名臣文武欲尽，诏曰："……其令州郡察吏民有茂才异等，可为将相及使绝国者。"② 其后，宣帝、元帝时均有察举茂才异等的诏令，如宣帝元康四年（前62年）"遣中大夫强等十二人循行天下……举茂才异伦之士"③。元帝初元二年（前47年）诏"丞相、御史、二千石举茂才异等直言极谏之士"④。建昭四年（前35年）"遣谏大夫博士赏等二十一人循行天下……举茂才特立之士"⑤。这个时期，所举的茂才见于史籍的有：

> （赵广汉）少为郡吏、州从事……举茂材，平准令。⑥

> （萧咸）为丞相史，举茂才，好畤令。⑦

---

① 范晔：《后汉书》卷四，《和帝纪》，中华书局1965年版，第189页。
② 班固：《汉书》卷六，《武帝纪》，中华书局1962年版，第179页。
③ 班固：《汉书》卷八，《宣帝纪》，中华书局1962年版，第258页。
④ 班固：《汉书》卷九，《元帝纪》，中华书局1962年版，第281～282页。
⑤ 班固：《汉书》卷九，《元帝纪》，中华书局1962年版，第281～282页。
⑥ 班固：《汉书》卷七十六，《赵广汉传》，中华书局1962年版，第3199页。
⑦ 班固：《汉书》卷七十八，《萧望之传》，中华书局1962年版，第3291页。

(冯逡)太常察孝廉为郎，补谒者。……光禄勋于永举茂才，为美阳令。①

(薛宣)迁乐浪都尉丞。幽州刺史举茂才，为宛句令。②

从以上所举茂才的资历来看，均为现任官吏，而且是属于特举，这和孝廉岁举且不限于现任官吏有所不同。

东汉建武十二年(36年)八月乙未诏书："三公举茂才各一人……光禄岁举茂才四行各一人……监察御史、司隶、州牧岁举茂才各一人。"③ 此后，茂才也和孝廉一样变成了岁举④。因此茂才和孝廉往往并称，这是一个很大的变化。不过孝廉是属于郡举，而茂才则是州举，故茂才的数目仍较孝廉为少。据建武十二年(36年)诏，三公举三人，十三部刺史举十三人，总计不过十六人。再加上光禄、监察御史等，亦不过二十人左右。

东汉茂才的出路和西汉一样，也多为地方县令，而孝廉则多为郎官。东汉官制，县令是千石官，三署郎最高不过六百石，所以茂才比孝廉任用为重。名额少，任用重，这又是茂才与孝廉不同之处，也是茂才比孝廉可贵之处。又汉代被察举为孝廉、茂才者，一般都是先举孝廉，后举茂才，这也可见茂才比孝廉为高。

三、贤良方正与文学

举贤良方正，始于文帝二年(前178年)，已见前述。自此以后，两汉诸帝大都颁布过察举贤良方正的诏令，诸侯王、公卿、郡守均得依诏令规定察举。诏举贤良方正常连言能直言极谏者，其目的，主要是广开直言之路。当时流行这样一种观点，认为灾异是上天对人间帝王的谴告，一旦上天降下灾异，皇帝就得作自我检讨，下诏征求意见，以匡正过失。文帝二年的诏举，就是因为日食。正如文帝自己所说："人主不德，布政不均，

---

① 班固：《汉书》卷七十九，《冯奉世传》，中华书局1962年版，第3305页。

② 班固：《汉书》卷八十三，《薛宣传》，中华书局1962年版，第3385页。

③ 范晔：《后汉书》志第二十四，《百官一》注引《汉官目录》，中华书局1965年版，第3559页。

④ 《宋书·百官志》："汉武元封四年，令诸州岁各举秀才一人，后汉避光武讳改茂才，魏复曰秀才。"是岁举秀才始于汉武帝。二说不知孰是，姑录以存疑。

则天示之以灾，以戒不治。”所以汉代诏举贤良方正常在灾异之后。不过在汉代也有几次不言贤良方正而单举直言者，如成帝河平四年（前25年）、鸿嘉三年（前18年），平帝元始元年（1年）诏皆是。有时也从贤良中直接选拔亲民的官吏，如宣帝地节三年（前67年）、神爵四年（前58年）两次诏举“贤良方正可亲民者”，即是如此。

文学的察举，亦始于文帝。文学在当时也就是经学，与贤良类似，所以文帝十五年（前165年）诏举贤良，而在《汉书·晁错传》中则连称贤良文学。但正式见于皇帝诏令，则始于昭帝时。始元五年（5年）诏：“其令三辅、太常举贤良各二人，郡国文学高第各一人。”①

至于东汉灵帝时的鸿都门文学，流品颇杂，为士林所非。如蔡邕所说：“孝武之世，郡举孝廉，又有贤良、文学之选，于是名臣辈出，文武并兴。汉之得人，数路而已。夫书画辞赋，才之小者，匡国理政，未有其能。”② 可见鸿都门文学与贤良、文学是两回事，不能等同。但蔡邕对前者不加分析，一概贬低，亦属偏见。

又东汉安帝时举贤良方正，还曾连言“有道术之士”，如：

> （永初元年，）诏公卿内外众官、郡国守相举贤良方正，有道术之士、明政术、达古今、能直言极谏者，各一人。③

> （永初五年诏：）其令三公、特进、侯、中二千石、二千石、郡守、诸侯相举贤良方正，有道术、达于政化、能直言极谏之士，各一人。④

建光元年（121年）又令公卿、特进、侯、中二千石、郡国守相单举“有道之士”各一人⑤。自此，“有道”也成为东汉察举的一科了。

两汉时代察举的贤良、文学，多见于有关列传，其中著名的人物有：

---

① 班固：《汉书》卷七，《昭帝纪》，中华书局1962年版，第223页。
② 范晔：《后汉书》卷六十，《蔡邕传》，中华书局1965年版，第1996页。
③ 范晔：《后汉书》卷五，《安帝纪》，中华书局1962年版，第206页。
④ 范晔：《后汉书》卷五，《安帝纪》，中华书局1962年版，第217页。
⑤ 范晔：《后汉书》卷五，《安帝纪》，中华书局1962年版，第233页。

（晁错原为太子家令，）后诏有司举贤良文学，错在选中……对策者百余人，唯错为高第，由是迁中大夫。①

（董仲舒）武帝即位，举贤良文学之士前后百数，而仲舒以贤良对策焉。……对既毕，天子以仲舒为江都相。②

（公孙弘）武帝初即位，招贤良文学士，是时弘年六十，以贤良征为博士。③

（严助）郡举贤良，对策百余人，武帝善助对，由是独擢助为中大夫。④

（刘焉）举贤良方正，稍迁南阳太守、宗正、太常。⑤

（樊英）公卿举贤良方正，有道，皆不行。⑥

（徐稚）后举有道，家拜太原太守，皆不就。⑦

（尹勋）桓帝时，以有道征，四迁尚书令。⑧

以上只不过略举数例，以见举贤良、文学、有道之士，也是汉代选拔官吏的一种重要途径。但是要指出的一点是，不论贤良方正，或是文学，或是有道，都和孝廉、茂才不同。前者均为特举或特科，而后者则为岁举或常科。所以孝廉、茂才到后世仍为科举项目，而特科便和后代科举无直

① 班固：《汉书》卷四十九，《晁错传》，中华书局1962年版，第2290～2299页。
② 班固：《汉书》卷五十六，《董仲舒传》，中华书局1962年版，第2495～2523页。
③ 班固：《汉书》卷五十八，《公孙弘传》，中华书局1962年版，第2613页。
④ 班固：《汉书》卷六十四，《严助传》，中华书局1962年版，第2775页。
⑤ 范晔：《后汉书》卷七十五，《刘焉传》，中华书局1965年版，第2431页。
⑥ 范晔：《后汉书》卷八十二，《樊英传》，中华书局1965年版，第2721页。
⑦ 范晔：《后汉书》卷五十三，《徐稚传》，中华书局1965年版，第1746页。
⑧ 范晔：《后汉书》卷五十七，《刘瑜传》，中华书局1965年版，第1857～1858页。

接关系了。

四、其他特科

上述贤良、文学等科目虽然名义上不同，其性质大体近似，虽非岁举，但在两汉也是常见的。至于偶尔一举或数举，或者性质稍异的，尚有以下各科：

（一）明经

明经就是通晓经学。自汉武帝尊崇儒学，明经亦为察举及入仕之一途。其在西汉，如孔安国、贡禹、夏侯胜、张禹均以明经为博士，龚遂以明经为昌邑郎中令，眭弘、翟方进以明经为议郎，召信臣以明经甲科为郎，盖宽饶以明经为郡文学，后来这些人都成了汉代名臣。而韦贤、韦玄成父子更以明经先后历位丞相。当时有一句谚语："遗子黄金满籯，不如一经。"[①] 但西汉时尚未限定郡国依人口贡举之制，至东汉章帝元和二年（88 年）始"令郡国上明经者，口十万以上五人，不满十万三人"[②]。以后又有年龄的规定："本初元年令郡国举明经，年五十以上，七十以下，诣太学。"[③] 可见明经亦为察举之一科。如东汉初，戴凭"习《京氏易》，年十六，郡举明经，征试博士，拜郎中"。张玄"少习《颜氏春秋》，兼通数家法。建武初，举明经，补弘农文学，迁陈仓县丞"[④]。然两汉取士，多重经学，如前所举各科，均与经学有关，并不限于明经一科，此又特立一科，更说明经学在汉代政治上地位的重要。

（二）明法

明法就是通晓法律。《汉书·元帝纪》载宣帝对元帝说："汉家自有制度，本以霸王道杂之。"其意思是说汉朝治国的传统制度是儒法兼用。故在选官时除重视儒生以外，也把明律令文法者作为察举的一个科目。两汉明法被举者如：

---

① 以上诸人事均见《汉书》本传。

② 范晔：《后汉书》卷三，《章帝纪》，中华书局 1965 年版，第 152 页。

③ 范晔：《后汉书》卷六，《质帝纪》，中华书局 1965 年版，第 281 页。

④ 俱见《后汉书·儒林传》。

(郑崇) 父宾，明法令，为御史。①

(陈宠) 曾祖父咸，成哀间，以律令为尚书。②

(陈忠) 永初中，辟司徒府，三迁廷尉正，以才能有声称。司徒刘恺举忠明习法律，宜备机密。于是擢拜尚书，使居三公曹。③

(郭躬) 为廷尉正，迁廷尉。家代掌法律。(郭) 镇自廷尉左监迁廷尉。凡郭氏为廷尉者七人。④

(吴雄) 以明法律，桓帝时自廷尉致位司徒。⑤

(三) 尤异

汉代官吏治绩最好的称“尤异”，这是从现任官吏中选拔人才使其担任更高级职务的一个科目，同时也是对忠于职守的官吏的一种鼓励。如黄霸“为颍川太守……治为天下第一，征守京兆尹”。朱邑“迁北海太守，以治行第一，入为大司农”⑥。此或以考课结果而定，不必限于察举尤异科目，至于明言举尤异者，亦不乏其例，如：

(赵广汉) 察廉为阳翟令，以治行尤异，迁京辅都尉，守京兆尹。⑦

(张奂) 为武威太守……举尤异，迁度辽将军。⑧

---

① 班固：《汉书》卷七十七，《郑崇传》，中华书局1962年版，第3254页。

② 范晔：《后汉书》卷四十六，《陈宠传》，中华书局1965年版，第1547页。

③ 范晔：《后汉书》卷四十六，《陈宠传》，中华书局1965年版，第1555页。

④ 徐坚：《初学记》卷十二，《职官部下》引华峤《后汉书》，中华书局1962年版，第311页。

⑤ 徐坚：《初学记》卷十二，《职官部下》引华峤《后汉书》，中华书局1962年版，第311页。

⑥ 俱见《汉书》本传。

⑦ 班固：《汉书》卷七十六，《赵广汉传》，中华书局1962年版，第3199页。

⑧ 范晔：《后汉书》卷六十五，《张奂传》，中华书局1965年版，第2139页。

（刘祐）除任城令，兖州举为尤异，迁扬州刺史。①

（童恢）除不其令……青州举尤异，迁丹阳太守。②

（四）治剧

两汉时，郡县因治理难易而有剧、平之分。能治剧，用现在的话说，即能治理老大难的郡县。汉代统治者为鼓励能治剧者，亦列为察举一科。如：

（何并）举能治剧，为长陵令。③

（尹赏）能治剧，徙为频阳令。④

（陈遵）大司徒马官……乃举遵能治三辅剧县，补郁夷令。⑤

（原涉）大司徒史丹举能治剧，为谷口令。⑥

（卫飒）建武二年，辟大司徒邓禹府，举能案剧，除侍御史，襄城令。⑦

（袁安）三府举安能理剧，拜楚郡太守。⑧

可见能治剧者，一般都是任用为郡守、县令。

（五）勇猛知兵法

汉代察举勇猛知兵法，始于成帝元延元年（前12年），诏曰："乃者，

① 范晔：《后汉书》卷六十七，《刘祐传》，中华书局1965年版，第2199页。
② 范晔：《后汉书》卷七十六，《童恢传》，中华书局1965年版，第2182页。
③ 班固：《汉书》卷七十七，《何并传》，中华书局1962年版，第3266页。
④ 班固：《汉书》卷九十，《尹赏传》，中华书局1962年版，第3673页。
⑤ 班固：《汉书》卷九十二，《陈遵传》，中华书局1962年版，第3710页。
⑥ 班固：《汉书》卷九十二，《原涉传》，中华书局1962年版，第3714页。
⑦ 范晔：《后汉书》卷七十六，《卫飒传》，中华书局1965年版，第2459页。
⑧ 范晔：《后汉书》卷四十五，《袁安传》，中华书局1965年版，第1518页。

日蚀星陨……北边二十二郡，举勇猛知兵法者各一人。”① 这可以看作后世武举的先声。以后，哀帝建平四年（前3年）、元寿元年（前2年），平帝元始二年（2年）均有诏令察举。东汉时，安帝建光元年（121年），顺帝阳嘉三年（134年）、汉安元年（142年），桓帝延熹九年（166年），灵帝中平元年（184年）也有诏令察举。举勇猛知兵法者多在两汉后期“灾变不息，盗贼众多”② 之时，显然这是为了镇压农民起义，以维护封建统治的一项措施。

（六）阴阳灾异

自董仲舒天人感应之说流行以后，汉代君臣大都相信阴阳灾异与国家政治有密切关系。因此有时也要察举明阴阳灾异之士。如西汉元帝初元三年（前46年）诏：“盖闻安民之道，本由阴阳。间者阴阳错谬，风雨不时。……丞相御史举天下明阴阳灾异者各三人。”③ 东汉安帝永初二年（108年）诏曰：

> 朕以不德，遵奉大业，而阴阳差越，变异并见，万民饥流，羌貊叛戾，夙夜克己，忧心京京。间令公卿郡国举贤良方正，远求博选，开不讳之路，冀得至谋，以鉴不逮；而所对皆循尚浮言，无卓尔异闻。其百僚及郡国吏人有道术、明习灾异阴阳之度、璇玑之数者，各使指变以闻。二千石长吏明以诏书，博衍幽隐，朕将亲览，待以不次。④

诏举明习阴阳灾异之士，常在社会危机之时，说明统治者在社会危机面前已无能为力，只好求助于迷信了。

此外，还有一些临时特定的科目，如成帝阳朔二年（前23年）诏：“丞相、御史，其与中二千石、二千石杂举可充博士位者。”⑤ 哀帝初诏举吏民“能浚川疏河者”⑥，“后有诏举太常”，“哀帝崩……（太后）诏有司

---

① 班固：《汉书》卷十，《成帝纪》，中华书局1962年版，第326页。
② 班固：《汉书》卷四十五，《息夫躬传》，中华书局1962年版，第2185页。
③ 班固：《汉书》卷九，《元帝纪》，中华书局1962年版，第284页。
④ 范晔：《后汉书》卷五，《安帝纪》，中华书局1965年版，第210页。
⑤ 班固：《汉书》卷十，《成帝纪》，中华书局1962年版，第313页。
⑥ 班固：《汉书》卷二十九，《沟洫志》，中华书局1962年版，第1691～1692页。

举可大司马者”[①]。平帝元始二年（2年）“中二千石举治狱平，岁一人”[②]。安帝元初六年（119年）“诏三府选掾属高第，能惠利牧养者各五人，光禄勋与中郎将选孝廉郎宽博有谋、清白行高者五十人，出补令、长、丞、尉”。延光元年（122年）“诏三公、中二千石举刺史、二千石、令、长，相视事一岁以上至十岁，清白爱利，能敕身率下，防奸理烦，有益于人者，无拘官簿”[③]。等等。两汉时规模最大的一次诏举，是在平帝元始五年（5年）王莽执政时，曾“征天下通知逸经、古记、天文、历算、钟律、小学、《史篇》、方术、《本草》及以《五经》《论语》《孝经》《尔雅》教授者，在所为驾一封轺传，遣诣京师，至者数千人”[④]。这是一次内容广泛、规模很大的察举。不过，人数过多、靡费太甚，非当时财力所能及，所以东汉以后就不再这样举行了[⑤]。

据上所述，察举之中实际上分为岁举和特举两种情况。常行的郡国岁举制，史有明文，《后汉书·百官志》本注曰：

> 凡郡国皆掌治民，进贤劝功，决讼检奸。……岁尽，遣吏上计，并举孝廉，郡国二十万举一人。

特举则由诏令临时规定。

察举（包括岁举和特举），虽是由下向上推选，但却是由上向下规定的，包括科目、人数以及被举者的条件等等。除此之外，尚有公卿大臣向皇帝负责推荐人才一途，或称为荐举。被推荐者或由皇帝亲自询问，以观其能，或即委之以政，或令特诏候补，如：

> （彭宣）治《易》，事张禹，举为博士，迁东平太傅。禹以帝师见尊信，荐宣经明有威重，可任政事，由是入为右扶风。[⑥]

---

① 班固：《汉书》卷八十六，《何武传》，中华书局1962年版，第2487页。

② 班固：《汉书》卷十二，《平帝纪》，中华书局1962年版，第355页。

③ 范晔：《后汉书》卷五，《安帝纪》，中华书局1965年版，第236页。

④ 班固：《汉书》卷十二，《平帝纪》，中华书局1962年版，第359页。

⑤ 劳干：《汉代察举制度考》，国立中央研究院历史语言研究所集刊编辑委员会：《国立中央研究院历史语言研究所集刊》第十七本，商务印书馆1948年版，第129页。

⑥ 班固：《汉书》卷七十一，《彭宣传》，中华书局1962年版，第3051页。

（平当）以明经为博士，公卿荐当论议通明，给事中。①

（薛宣）举茂才，为宛句令。大将军王凤闻其能，荐宣为长安令，治果有名。②

（翼奉）治《齐诗》，与萧望之、匡衡同师。三人经术皆明。……元帝初即位，诸儒荐之，征待诏宦者署，数言事宴见，天子敬焉。③

先是博士选举，多不以实，（杨）震荐明经名士陈留杨伦等，显传学业，诸儒称之。④

南阳太守杜诗上疏荐（伏）湛曰："……湛公廉爱下，好恶分明，累世儒学，素持名信，经明行修，通达国政，尤宜近侍，纳言左右。"⑤

观以上诸例，可知大臣荐举，亦为选官的一种方式。上述被荐者中如平当、薛宣等后来都官至丞相。不过，这种荐举完全视具体情况而定，并非常制。

第二节　征辟

征辟是一种自上而下选任官吏的制度，主要有皇帝征聘与公府、州郡辟除两种方式。

一、皇帝征聘

皇帝除了诏令公卿大臣与州郡察举官吏之外，有时也采取特征与聘召的方式，选拔某些有名望的品学兼优的人士，或备顾问，或委任政事。例

① 班固：《汉书》卷七十一，《平当传》，中华书局1962年版，第3048页。
② 班固：《汉书》卷八十三，《薛宣传》，中华书局1962年版，第3385页。
③ 班固：《汉书》卷七十五，《翼奉传》，中华书局1962年版，第3167页。
④ 范晔：《后汉书》卷五十四，《杨震传》，中华书局1965年版，第1760～1761页。
⑤ 范晔：《后汉书》卷二十六，《伏湛传》，中华书局1965年版，第896页。

如秦孝公公开下令求贤①；秦始皇时叔孙通以文学征②；王次仲以变仓颉旧文为隶书征③；萧何为泗水卒史，课居第一，秦御史欲入言征之④，皆属于征召性质。到了汉代，如上述汉高祖十一年（前196年）求贤诏，也是继承了这一方式。以后自西汉武帝以至东汉，相沿成例，且对于德高望重的老年学者，特予优待，用安车蒲轮迎进朝廷，如：

> 武帝初即位……使使者束帛加璧，安车以蒲裹轮，驾驷迎申公，弟子二人乘轺传从。⑤

> 武帝自为太子闻（枚）乘名，及即位，乘年老，乃以安车蒲轮征乘。⑥

> （韩康）博士公车连征，不至，桓帝乃备玄纁（为币帛之代词）之礼，以安车聘之。⑦

> （徐稚）屡辟公府，不起。……桓帝乃以安车玄纁，备礼征之，并不至。……灵帝初，欲蒲轮聘稺，会卒，时年七十二。⑧

凡此，皆为朝廷特征。而一般被征用之士，赴朝廷就职，皆须自备车马，如：

> 元帝初即位，征（贡）禹为谏大夫。……禹上书曰："陛下过意征臣，臣卖田百亩，以供车马。"⑨

---

① 《史记·秦本纪》载孝公之令曰："宾客群臣有能出奇计强秦者，吾且尊官，与之分土。"商鞅即是闻此令而入见秦孝公的。

② 司马迁：《史记》卷九十九，《叔孙通列传》，中华书局1982年版，第2720页。

③ 《水经注·漯水》。

④ 司马迁：《史记》卷五十三，《萧相国世家》，中华书局1982年版，第2014页。

⑤ 班固：《汉书》卷八十八，《儒林传》，中华书局1962年版，第3608页。

⑥ 班固：《汉书》卷五十一，《枚乘传》，中华书局1962年版，第2365页。

⑦ 范晔：《后汉书》卷八十三，《韩康传》，中华书局1965年版，第2771页。

⑧ 范晔：《后汉书》卷五十三，《徐稚传》，中华书局1965年版，第1746～1748页。

⑨ 班固：《汉书》卷七十二，《贡禹传》，中华书局1962年版，第3069页。

（哀帝征龚胜为谏大夫，）胜曰："窃见国家征巫医，常为驾，征贤者宜驾。"上曰："大夫乘私车来邪？"胜曰："唯唯。"有诏为驾。①

征君前往京师就职，有时特诏令县次传舍供给酒食，并及从者，沿途地方官须迎送招待，如：

元光五年，征吏民有明当世之务，习先圣之术者，县次续食，令与计偕。②

昭帝时，涿郡韩福以德行征，至京师，赐策书束帛遣归，诏曰："朕闵劳以官职之事，其务修孝弟，以教乡里，行道舍传舍，县次具酒肉，食从者及马，长吏以时存问，常以岁八月赐羊一头、酒二斛，不幸死者，赐复衾一，祠以中牢。"③

皇帝征聘，为汉代最尊荣的仕途，征君去就自由，朝廷虽可督促，如坚不应命，亦不能强制；且于既征之后，其地位也不同于一般臣僚，大都是待以宾礼，如：

（严光）少有高名，与光武同游学。及光武即位，乃变名姓，隐身不见。帝思其贤，乃令以物色访之。后齐国上言：有一男子披羊裘钓泽中。帝疑其光，乃备安车玄𫄸，遣使聘之，三反而后至。舍于北军，给床褥，太官朝夕进膳。……除为谏议大夫，不屈，乃耕于富春山。……建武十七年，复特征不至，年八十，终于家。④

（法真）辟公府，举贤良，皆不就。……（顺）帝虚心欲致，前后四征。真曰："吾既不能遁形远世，岂饮洗耳之水哉！"遂深自隐绝，终不降屈。⑤

① 班固：《汉书》卷七十二，《龚胜传》，中华书局1962年版，第3080页。
② 班固：《汉书》卷六，《武帝纪》，中华书局1962年版，第164页。
③ 班固：《汉书》卷七十二，《龚胜传》，中华书局1962年版，第3083页。
④ 范晔：《后汉书》卷八十三，《严光传》，中华书局1965年版，第2763～2764页。
⑤ 范晔：《后汉书》卷八十三，《法真传》，中华书局1965年版，第2774页。

（董扶）前后宰府十辟，公车三征，再举贤良方正、博士、有道，皆称疾不就。①

（杨厚）不应州郡、三公之命，方正、有道、公车特征，皆不就。永建二年，顺帝特征，诏告郡县，督促发遣，厚不得已，行到长安，以病自上。②

（黄琼）五府俱辟，连年不应。永建中，公卿多荐琼者，于是会稽贺纯、广汉杨厚俱公车征，琼至纶氏，称疾不进。有司劾不敬，诏下县以礼慰遣。③

观以上诸条，可知征聘之风，东汉较西汉为尤盛。征聘原意，不外是为国家搜罗遗才，有助于政教。但其末流，上则以此沽求贤之名，下则以此钓清高之誉，朝野上下，率以此鸣高，不仅流于形式，甚至成了有些人借以博取高官厚禄的资本了。

二、公府与州郡辟除

辟除是高级官员任用属吏的一种制度。汉代辟除官吏有两种情况：一种是三公府辟除，试用之后，由公府高第或由公卿荐举与察举，可出补中央官或外长州郡，故公府掾属官位虽低，却易于显达。一种是州郡辟除，由州郡佐吏，积功久次，或试用之后，以有能被荐举或被察举，亦可升任中央官吏或做地方长吏。

（一）公府辟除

两汉公府自丞相（或司徒）、御史大夫（司空）、太尉（司马）、大将军以至九卿如光禄勋、太常，皆可自辟掾属。《后汉书·百官志》太尉掾史属条下本注曰：

汉初掾史辟，皆上言之，故有秩比命士。其所不言，则为百石

① 范晔：《后汉书》卷八十二，《董扶传》，中华书局1965年版，第2734页。
② 范晔：《后汉书》卷三十，《杨厚传》，中华书局1965年版，第1048页。
③ 范晔：《后汉书》卷六十一，《黄琼传》，中华书局1965年版，第2032页。

属。其后皆自辟除，故通为百石云。

有时皇帝也敕令公府辟召，如《后汉书·杨震传》云：

帝舅大鸿胪耿宝荐中常侍李闰兄于震，震不从。宝乃自往候震曰："李常侍国家所重，欲令公辟其兄，宝唯传上意耳。"震曰："如朝廷欲令三府辟召，故宜有尚书敕。"遂拒不许，宝大恨而去。

又同书《寒朗传》云：

帝（章帝）至梁，召见朗，诏三府为辟首，由是辟司徒府。

由此可知公府除自辟之外，有时又须遵敕令辟召。杨震之所以拒绝辟召，是因为没有皇帝的正式敕令。

西汉时，辟除之权以丞相为最大。如汉武帝时，丞相除署置除吏之外，且可大开客馆以招贤士。

当是时，丞相（田蚡）入奏事，语移日，所言皆听。荐人或起家至二千石，权移主上。上（武帝）乃曰："君除吏尽未？吾亦欲除吏。"①

时上方兴功业，屡举贤良，弘自见为举首，起徒步，数年至宰相封侯，于是起客馆，开东阁以延贤人，与参谋议。②

掾属本系佐助主官治事，由此再行荐举，便可升迁。东汉崔实《政论》云：

三府掾属，位卑职重，及其取官，又多超卓，或期月而长州郡，

① 班固：《汉书》卷五十二，《田蚡传》，中华书局1962年版，第2380页。
② 班固：《汉书》卷五十八，《公孙弘传》，中华书局1962年版，第2621页。

或数年而至公卿。

但有时亦有掾属过限未除者，如东汉陈蕃为尚书，时诏下州郡一切皆得举孝廉、茂才，蕃上疏驳之曰：

三署郎吏二千余人，三府掾属过限未除，但当择善而授之，简恶而去之。岂烦一切之诏，以长请属之路乎！①

为了说明公府辟除的情况，兹略举数例于下：

毋将隆……东海兰陵人也。大司马车骑将军王音内领尚书，外典兵马，踵故选置从事中郎，与参谋议，奏请隆为从事中郎，迁谏大夫。②

大将军王凤以萧育名父子，著材能，除为功曹，迁谒者，使匈奴副校尉。③

萧望之为御史大夫，除（薛）广德为属，数与论议，器之，荐广德经行，宜充本朝。为博士，论石渠，迁谏大夫，代贡禹为长信少府、御史大夫。④

（李膺）初举孝廉，为司徒胡广所辟，举高第，再迁青州刺史。⑤

（杨秉）年四十余，乃应司空辟，拜侍御史，频出为豫、荆、徐、兖四州刺史。⑥

---

① 范晔：《后汉书》卷六十六，《陈蕃传》，中华书局1965年版，第2161页。
② 班固：《汉书》卷七十七，《毋将隆传》，中华书局1962年版，第3263～3264页。
③ 班固：《汉书》卷七十八，《萧望之传》，中华书局1962年版，第3289页。
④ 班固：《汉书》卷七十一，《薛广德传》，中华书局1962年版，第3046～3047页。
⑤ 范晔：《后汉书》卷六十七，《李膺传》，中华书局1965年版，第2191页。
⑥ 范晔：《后汉书》卷五十四，《杨秉传》，中华书局1965年版，第1769页。

(陈翔)察孝廉，太尉周景辟举高第，拜侍御史。[①]

(王)允少好大节，有志于立功……三公并辟，以司徒高第为侍御史。[②]

子(韩)融，字元长。少能辩理而不为章句学。声名甚盛，五府并辟，献帝初，至太仆。[③]

大体说来，公府辟除，东汉较西汉为盛。公府既辟之后，除主官可直接向朝廷推荐之外，又得依诏令所定科目察举。所以公府辟除，实为汉代（特别是东汉）选官与入仕的重要途径。

（二）州郡辟除

西汉武帝时设立十三部州，州刺史纯为监察官，以六条巡察郡国，用人权很小，法令仅规定“得择所部二千石卒史与从事”[④] 而已。至西汉末，刺史逐渐干预地方行政，组织扩大，掾属亦随之增多。《太平御览》卷二百六十二引应劭《汉官仪》云：

元帝时，丞相于定国条州大小，为设吏员，治中、别驾、诸部从事，秩皆百石。

东汉以后，刺史既成为地方高级行政长官，自然有辟除掾史之权，如：

周景为豫州，辟陈蕃为别驾，景题别驾舆曰：“陈仲举座也。”不复更辟。蕃惶惧起视职。[⑤]

陈茂，豫州刺史周敞辟为别驾从事，与俱行部。[⑥]

① 范晔：《后汉书》卷六十七，《陈翔传》，中华书局1965年版，第2213页。

② 范晔：《后汉书》卷六十六，《王允传》，中华书局1965年版，第2172页。

③ 范晔：《后汉书》卷六十二，《韩韶传》，中华书局1965年版，第2063页。

④ 班固：《汉书》卷七十六，《王尊传》注引《汉仪注》，中华书局1962年版，第3227页。

⑤ 李昉等：《太平御览》卷二百六十三，《职官部六十一》引谢承《后汉书》，中华书局1960年版，第1230页。

⑥ 李昉等：《太平御览》卷二百六十三，《职官部六十一》引谢承《后汉书》，中华书局1960年版，第1230页。

（袁绍领冀州牧，）以（田）丰为别驾，（审）配为治中，甚见器任。①

郡守辟除掾属，西汉时已成通制，甚至诸曹设置，太守亦可酌加变更。如朱博不爱诸生，所至郡，辄罢去议曹，曰："岂可复置谋曹邪！"② 这说明太守有权变更郡制。至于自除诸曹掾史，更是多见，如：

（朱博）迁琅邪太守。齐郡舒缓养名，博新视事，右曹掾史皆移病卧。博问其故，对言："惶恐！故事二千石新到，辄遣使存问致意，乃敢起就职。"博奋髯抵几曰："观齐儿欲以此为俗邪！"乃召见诸曹史书佐及县大吏，选视其可用者，出教置之。皆斥罢诸病吏，白巾走出府门。郡中大惊。③

（王）尊窃学问，能史书。年十三，求为狱小吏。数岁，给事太守府，问诏书行事，尊无不对。太守奇之，除补书佐，署守属监狱。久之，尊称病去，事师郡文学官，治《尚书》《论语》，略通大义。复召署守属治狱，为郡决曹史。④

赵勒，南阳人，太守桓虞召为功曹，委以郡事。⑤

郭丹为郡功曹，荐阴亶、程胡、鲁歆自代，太守杜诗曰："古者卿士让位，今功曹稽古经，可为至德，编署黄堂，以为后法。"⑥

---

① 范晔：《后汉书》卷七十四，《袁绍传》，中华书局 1965 年版，第 2379 页。
② 班固：《汉书》卷八十三，《朱博传》，中华书局 1962 年版，第 3399～3400 页。
③ 班固：《汉书》卷八十三，《朱博传》，中华书局 1962 年版，第 3399～3400 页。
④ 班固：《汉书》卷七十六，《王尊传》，中华书局 1962 年版，第 3226～3227 页。
⑤ 李昉等：《太平御览》卷二百六十四，《职官部六十二》引《东观汉记》，中华书局 1960 年版，第 1234 页。
⑥ 李昉等：《太平御览》卷二百六十四，《职官部六十二》引《东观汉记》，中华书局 1960 年版，第 1234 页。

李郃……太守奇其隐德，召署户曹史。①

（杜密）迁泰山太守、北海相……行春到高密县，见郑玄为乡佐，知其异器，即召署郡职。②

观以上诸例，可知州郡辟除，亦为汉代选官的一条重要途径。上列诸人中，后来就有不少人成了中央或地方大吏。

总之，两汉时期，公府与州郡长官除奉皇帝敕令辟除之外，还可以自行辟除。公府与州郡既有自行选官之权，而被辟除的属吏又不为朝廷命官，故去留亦可以自便。如东汉延笃，五府并辟，不就；宗慈，九辟公府，不就③，即其例证。如不应召，也不能加以强迫；否则，在舆论上要受到非议，如：

时梁冀贵盛，被其征命者，莫敢不应，惟（周）勰前后三辟，竟不能屈。④

郑均……常称疾家廷，不应州郡辟召，郡将欲必致之，使县令谲将诣门，既至，卒不能屈。⑤

郡人上邽姜岐，守道隐居，名闻西州。（桥）玄召以为吏，称疾不就。玄怒，敕督邮尹益逼致之，曰："岐若不至，趣嫁其母。"……岐坚卧不起。郡内士大夫亦竞往谏，玄乃止。时颇以为讥。⑥

观此可知，州郡辟召为当时比较自由的仕宦途径，而且既辟除之后，主官即当加以重用，否则，有气节志行之士可以辞去。如闵仲叔，"建武中，应司徒侯霸之辟。既至，霸不及政事，徒劳苦而已。仲叔恨曰：'始蒙嘉

① 范晔：《后汉书》卷八十二，《李郃传》，中华书局1965年版，第2718页。
② 范晔：《后汉书》卷六十七，《杜密传》，中华书局1965年版，第2198页。
③ 均见《后汉书》本传。
④ 范晔：《后汉书》卷六十一，《周举传》，中华书局1965年版，第2031页。
⑤ 范晔：《后汉书》卷二十七，《郑均传》，中华书局1965年版，第946页。
⑥ 范晔：《后汉书》卷五十一，《桥玄传》，中华书局1965年版，第1695页。

命，且喜且惧，今见明公，喜惧皆去。以仲叔为不足问邪？不当辟邪？辟而不问，是失人也。’遂辞出，投劾而去”①。

公府州郡辟除，既为选官与入仕的重要途径，而公卿牧守又可自行辟除，他们为了发展个人的势力，皆争以此笼络士人；士人为了做官，也不得不依托权门。所谓“名公巨卿，以能致贤才为高；而英才俊士，以得所依秉为重”②，这样便发展成为一种私恩的结合。西汉时，被辟除者犹为国家官吏；到东汉，故吏实际上成了主官的私属。于是中央集权力量遭到分割，地方割据势力得到发展，东汉末年四分五裂的局面，和用人之权转移到私人之手有很大关系。

第三节　考试

两汉的察举与考试是相辅而行、相互为用的。察举加考试，是汉代选官制度中的两个重要的步骤。察举之后，是否选得其人，还需要经过考试，而后始能量才录用。因此，无论是诏令特举的贤良、文学，还是郡国岁举的孝廉、茂才，到中央之后，均须经过复试。另外，公府与州郡辟除之士、三署郎官、博士以及博士弟子也要依诏令规定进行考试。考试的内容，诸生试经学，文吏试章奏。考试的方法，有对策、射策。所谓对策、射策，据《汉书·萧望之传》注引师古说：

> 射策者，谓为难问疑义书之于策，量其大小署为甲乙之科，列而置之，不使彰显。有欲射者，随其所取得而释之，以知优劣。射之，言投射也。对策者，显问以政事经义，令各对之，而观其文辞定高下也。

又《后汉书·顺帝纪》注引《前书音义》曰：

> 甲科，谓作简策难问，列置案上，任试者意投射取而答之，谓之

① 范晔：《后汉书》卷五十三，《周黄徐姜申屠列传》，中华书局1965年版，第1740页。
② 徐天麟：《东汉会要》卷二十七，《选举下》，上海古籍出版社1978年版，第404页。

射策。上者为甲，次者为乙。若录政化得失，显而问之，谓之对策也。

用现在的话说，对策就是命题考试，射策就是抽签考试。对策多用于考试举士，射策多用于考试博士弟子。兹将各类考试情况分述于下：

一、天子策试

凡属诏令特举之士，皇帝往往亲加策试，如文帝十五年（前165年）"诏诸侯王公卿郡守举贤良能直言极谏者，上亲策之，傅纳以言"[①]。至武帝时，则"受策察问，咸以书对"，当时称为对策，天子亲览其策，而第其高下，如：

元光五年，复征贤良文学，菑川国复推上（公孙）弘。……时对策者百余人，太常奏弘第居下。策奏，天子擢弘对为第一。[②]

郡举贤良，对策百余人，武帝善（严）助对，由是独擢助为中大夫。[③]

盖宽饶……以孝廉为郎，举方正，对策高第，迁谏大夫。[④]

太仆王音举（何）武贤良方正，征对策，拜为谏大夫。[⑤]

建初元年，肃宗诏举贤良方正，大司农刘宽举（鲁）丕。时对策者百有余人，唯丕在高第，除为议郎。[⑥]

被举者对策时，如引起皇帝的特别注意，有的甚至还要反复进行两三次，

---

① 班固：《汉书》卷四，《文帝纪》，中华书局1962年版，第127页。
② 班固：《汉书》卷五十八，《公孙弘传》，中华书局1962年版，第2617页。
③ 班固：《汉书》卷六十四，《严助传》，中华书局1962年版，第2775页。
④ 班固：《汉书》卷七十七，《盖宽饶传》，中华书局1962年版，第3243页。
⑤ 班固：《汉书》卷八十六，《何武传》，中华书局1962年版，第3482页。
⑥ 范晔：《后汉书》卷二十五，《鲁丕传》，中华书局1965年版，第590页。

如董仲舒以贤良对策，武帝览而异之，遂至两策三策，对既毕，武帝以仲舒为江都相。自西汉至东汉，在家举诏令中，常有“朕将亲览”之句，如武帝元光五年（前130年）诏、成帝建始三年（前30年）诏、光武建武七年（31年）诏，均是如此。这样提法，无非是表示皇帝对于举贤、选官的重视。对策的地方，或在太常寺，或在公车，或在白虎殿，一均为随时指定。

二、公府复试

郡国岁举的孝廉、茂才，到京师之后，也要依其科目与被举人的学艺不同，由公府分别加以考试。《后汉书·左雄传》云：

> 雄又上言：“郡国孝廉，古之贡士。……请自今孝廉年不满四十，不得察举，皆先诣公府，诸生试家法（所学某一经学大师的经说），文吏课笺奏，副之端门，练其虚实，以观异能，以美风俗。有不承科令者，正其罪法。若有茂才异行，自可不拘年齿。”帝从之，于是班下郡国。

又《后汉书·胡广传》云：

> （胡广为郡散吏）……遂察孝廉。既到京师，试以章奏，安帝以广为天下第一，旬月拜尚书郎，五迁尚书仆射。

孝廉考试的内容是“诸生试家法，文吏课笺奏”，胡广因系文吏出身，故试以章奏。

孝廉考试制度，东汉时又有增益，据《后汉书·黄琼传》载：

> 琼以前左雄所上孝廉之选，专用儒学文吏，于取士之义，犹有所遗，乃奏增孝悌及能从政者为四科，事竟施行。

公府辟召之士，西汉至东汉初，通常由公府主官负责荐举，或依诏令所定科目，选出高第以贡于朝廷。但自东汉中叶以后，由于公府辟召不慎，过限未除，清浊混淆，良莠不齐。左雄为尚书令，为了革除其弊，乃奏请举吏皆先试之公府，又覆之于端门。后尚书张盛奏除此科，尚书令黄琼上言："覆试之作，将以澄洗清浊，覆实虚滥，不宜改革。"帝乃止。于是复试始成为一种固定的制度。

左雄所创立的复试制度，虽遭顽固派的反对，但对于防止营私舞弊、择优选拔人才方面，仍不失为一种有效的办法。《后汉书·左周黄列传》论曰：

> 汉初诏举贤良、方正，州郡察孝廉、秀才，斯亦贡士之方也。中兴以后，复增敦朴、有道、贤能、直言、独行、高节、质直、清白、敦厚之属（其中有些科目，前汉已有之），荣路既广，觖望难裁。自是窃名伪服，浸以流兢。权门贵仕，请谒繁兴。自左雄任事，限年试才，虽颇有不密，固亦因时识宜。……故雄在尚书，天下不敢妄选，十余年间，称为得人，斯亦效实之征乎？

范晔的这个评论还是比较公允的。

三、博士三科

博士本由察举或荐举、征召而来，但既为博士之后，仍须进行考试。成帝时有三科之制，《汉书·孔光传》云：

> 成帝初即位，举为博士。……是时，博士选三科，高为尚书，次为刺史，其不通政事，以久次补诸侯太傅，光以高第为尚书。

东汉以来，仍承西汉制度，考试博士。博士们为了争第高下，至有私行钱货，定兰台漆书经字，以合其私文者。据《后汉书·吕强传》云：

> （汝阳李巡）以为诸博士试甲乙科，争第高下，更相告言，至有行贿定兰台漆书经字，以合其私文者，乃白帝，与诸儒共刻五经文于石。于是诏蔡邕等正其文字。自后五经一定，争者用息。

四、博士弟子课试

自武帝立五经博士，置博士弟子员，设科射策，劝以官禄，博士弟子通过考试，选补官吏，遂成为定制。《汉书・儒林传》序记其事云：

> (武帝元朔五年，公孙弘奏请)“为博士官置弟子五十人，复其身。太常择民年十八以上、仪状端正者，补博士弟子。郡国县官有好文学、敬长上、肃政教、顺乡里、出入不悖，所闻，令相长丞上属所二千石，二千石谨察可者，常与计偕，诣太常，得受业如弟子。一岁皆辄课，能通一艺以上，补文学掌故缺，其高第可以为郎中，太常籍奏。即有秀才异等，辄以名闻。其不事学若下材，及不能通一艺，辄罢之，而请诸能称者。……以治礼掌故以文学礼义为官，迁留滞。请选择其秩比二百石以上及吏百石通一艺以上补左右内史、大行卒史比百石以下补郡太守卒史，皆各二人，边郡一人。先用诵多者，不足，择掌故以补中二千石属，文学掌故补郡属，备员。请著功令，它如律令。”制曰：“可。”自此以来，公卿大夫士吏彬彬多文学之士矣。昭帝时，举贤良文学，增博士弟子员满百人，宣帝末增倍之。元帝好儒，能通一经者皆复。数年，以用度不足，更为设员千人，郡国置五经百石卒史。成帝末，或言孔子布衣养徒三千人，今天子太学弟子少，于是增弟子员三千人。岁余，复如故。平帝时王莽秉政，增元士之子得受业如弟子，勿以为员，岁课甲科四十人为郎中，乙科二十人为太子舍人，丙科四十人补文学掌故云。

西汉时，博士弟子员额既少，弟子的人选也较严格，如山阳侯张当居，坐为太常择博士弟子故不以实，完为城旦①。博士弟子的来源有郡国选送者，有以令诣太常受业者，也有以父任者，如：

> (兒宽)以郡国选诣博士，受业孔安国。②

---

① 见《汉书・景武昭宣元成功臣表》。城旦，四岁刑。

② 班固：《汉书》卷五十八，《兒宽传》，中华书局 1962 年版，第 2628 页。

（萧望之）以令诣太常受业。①

（伏湛）成帝时，以父任为博士弟子。②

东汉建武五年（29 年）修起太学。明帝复为功臣子孙、四姓末属别立校舍，自期门、羽林之士，悉令通《孝经》章句；匈奴亦遣子入学。顺帝时又扩建黉舍二百四十房、千八百五十室，试明经下第补弟子，增甲乙之科，员各十人。质帝本初元年（146 年）梁太后又诏令大将军下至六百石，悉遣子就学，博士弟子多达三万余人。自西汉武帝置博士弟子，至于东汉，皆按甲乙之科射策。试以经学，如：

（兒宽）以郡国选诣博士，受业孔安国……以射策为掌故。③

（何武）诣博士受业，治《易》。以射策甲科为郎。④

（房凤）以射策乙科为太史掌故。⑤

（匡衡）射策甲科，以不应令除为太常掌故。⑥

按条令射策甲科应为郎中或郎，匡衡以不应令，即所对不符合甲科之令，所以只能为掌故。

以上是西汉博士弟子考试制度。当时郡国贡举的明经，大抵亦遵此制加以复试，故又有明经射策之科，如王嘉“以明经射策甲科为郎”⑦，召信臣“以明经甲科为郎”⑧。顺帝时试明经下第者补博士弟子，也就是让他们

---

① 班固：《汉书》卷七十八，《萧望之传》，中华书局 1962 年版，第 3271 页。
② 范晔：《后汉书》卷二十六，《伏湛传》，中华书局 1965 年版，第 893 页。
③ 班固：《汉书》卷五十八，《兒宽传》，中华书局 1962 年版，第 2628 页。
④ 班固：《汉书》卷八十六，《何武传》，中华书局 1962 年版，第 3481 页。
⑤ 班固：《汉书》卷八十八，《房凤传》，中华书局 1962 年版，第 3619 页。
⑥ 班固：《汉书》卷八十一，《匡衡传》，中华书局 1962 年版，第 3331 页。
⑦ 班固：《汉书》卷八十六，《王嘉传》，中华书局 1962 年版，第 3488 页。
⑧ 班固：《汉书》卷八十九，《召信臣传》，中华书局 1962 年版，第 3641 页。

在博士的教导下再进修一年，以便来年再试。

东汉仍承袭西汉制度，设甲乙两科，以课试太学诸生。和帝时，因太学试博士弟子，皆以意说，不修家法，司空徐防上疏请试博士弟子甲乙策均依家法章句。以后左雄亦建议令诸生试家法。至灵帝光和元年（178年）置鸿都门学，“时其中诸生，皆敕州郡三公举召能为尺牍辞赋及工书鸟篆者相课试，至千人焉”①。于是诸生考试内容为之一变。蔡邕对此评论说：

> ……宰府孝廉，士之高选。近者以辟召不慎，切责三公，而今并以小文超取选举，开请托之门，违明王之典，众心不厌，莫之敢言。②

考试内容以尺牍辞赋代替经学，再加以选举不实，请托公行，于是博士弟子考试制度名存实亡。

以上均为固定的考试制度。此外，尚有根据临时需要而进行的考试，如东汉安帝时“尚书有缺，诏将大夫六百石以上试对政事、天文、道术，以高第者补之，……由是（翟）酺对第一，拜尚书”③。可见仕至六百石以上即相当于县令、长一级的现任官吏，仍可由诏令规定特考，高第者可以迁官。这种办法既是对现任官吏的考核，又是发现和选拔人才的一条途径。

第四节　任子

新兴地主阶级在政治上废除了旧的世卿世禄制，同时又通过军功爵制取得了土地、财产、爵禄、官职。出于剥削阶级的共同本性，他们也和奴隶主阶级一样，希望把既得利益永远保持下去，秦始皇幻想他的子子孙孙永远做皇帝，一般的官僚、地主自然也要求世世代代保住自己的地位，因而任子这样一种选官制度也就应运而生了。所谓任子，即“子弟以父兄任为郎”④，或

---

① 范晔：《后汉书》卷八，《灵帝纪》注，中华书局1965年版，第341页。
② 范晔：《后汉书》卷六十，《蔡邕传》，中华书局1965年版，第1999页。
③ 范晔：《后汉书》卷四十八，《翟酺传》，中华书局1965年版，第1602页。
④ 班固：《汉书》卷七十二，《王吉传》注引张晏曰，中华书局1962年版，第3065页。

“大臣任举其子弟为官”[1]。这里，任也就是“保任”和“任举”之意，颜师古注《汉书·哀帝纪》除任子令时说：“任者，保也。”任子，即高级官吏可以保任其子弟为官，在汉代一般是首先保任为郎官，故有“任为郎”之说，但也不尽为郎（详下）。

秦是否有任子制史无明文，但从有关记载分析，应该是汉承秦制。首先，郎官制度是从秦开始的，而史籍中又有吕不韦任李斯为郎的记载，据此，官吏任子是完全有可能的。其次，云梦秦简中有关于“葆子”的记载，如：

> 《司空律》规定：“葆子以上居赎刑以上到赎死，居于官府，皆勿将司。”
>
> 《法律答问》：“葆子以上，未狱而死若已葬，而誧（甫）告之，亦不当听治，勿收，皆如家罪。”
>
> 又：“葆子狱未断而诬告人，其罪当刑为隶臣，勿刑，行其耐，有（又）毄（系）城旦六岁。”

这里，“葆子”犯了罪不同于其他罪犯，享有一定的特权。此种“葆子”疑即为任子[2]。

从秦简中这些记载来看，可以推知秦官吏是可以保任其子弟为官的。

西汉初年，功臣、高级官员子弟一则可以继承其父爵位，二则年纪尚小，不存在任官问题，故汉初很少有任子的记载。随着时间的推移，他们的子弟逐渐长大，而且越来越多，于是开始了任子弟为郎这一条途径，如《汉书·爰盎传》：

> 孝文即位，盎兄哙任盎为郎中（如淳曰：“盎为兄所保任，故得为郎中也”）。

以后任子弟即成为通制。东汉时又推及祖孙，如黄琼为司徒，琬以公孙拜

---

① 班固：《汉书》卷五十，《汲黯传》注引孟康曰，中华书局1962年版，第2316页。

② 参阅《睡虎地秦墓竹简》之《司空律》注及高敏著《秦汉史论集》之《关于汉代“任子”制的几个问题》。

童子郎[①]。除此之外，还有“以族父任”、“以宗家任”，乃至以姊任者，如《后汉书·侯霸传》云：

> 族父渊……元帝时，佐石显等领中书，号曰大常侍。成帝时，任霸为太子舍人。

此即以族父任。又《汉书·宁成传》云：

> 周阳由，其父赵兼以淮南王舅侯周阳（师古曰：“封为周阳侯”），故因氏焉（师古曰：“遂改赵姓而为周阳也”），由以宗家任为郎。

此即所谓以宗家任。《汉书·义纵传》云：

> 纵有姊，以医幸王太后（师古曰：“武帝母”）。太后问：“有子、兄、弟为官者乎?”姊曰：“有弟无行，不可。”太后乃告上，上拜义姁弟纵为中郎，补上党郡中令。

这是以姊任为郎。

两汉时期，任子制日益发展，东汉时尤盛，无论保任者或保任的对象都在不断扩大。对象除了上述子、弟、孙等之外，又扩大到了“门从”，如顺帝即位，“除（邓）骘兄弟子及门从十二人悉为郎中”[②]。保任者则不仅现任官吏的子弟可以得官，死亡的官吏也可以任子，如：

> 朝廷愍（严）授等（死）节，诏书褒叹，厚加赏赐，各除子一人为郎中。[③]

更有本非官吏，因有义行也可荫其子弟得官，如：

---

① 范晔：《后汉书》卷六十一，《黄琬传》，中华书局1965年版，第2040页。
② 范晔：《后汉书》卷十六，《邓骘传》，中华书局1965年版，第617页。
③ 范晔：《后汉书》卷八十一，《刘茂传》，中华书局1965年版，第2672页。

（索卢放有义行），除子为太子中庶子。①

宦官亦可保任其子弟为官，桓帝延熹年间：

是时宦官方炽，任（注：任，谓保任）人及子弟为官，布满天下。②

有时且由诏令特除，如安帝建光元年（121年）二月诏：

以公卿、校尉、尚书子弟各一人为郎、舍人。③

又，献帝中平六年（189年）九月：

赐公卿以下至黄门侍郎家一人为郎，以补宦官所领诸署，侍于殿上。④

汉代任子制是官僚子弟做官的重要途径，最初，保任多数是为郎官，或者与郎类似的太子洗马、庶子、舍人等官。如苏武、王骏、陈咸、张安世、冯立皆以父任为郎，爰盎、杨恽、霍光均以兄任为郎，皆以郎官步入仕途，然后再迁升为朝廷大官。类似郎官者如汲黯以父任为太子洗马，冯野王以父任为太子中庶子，董贤以父任为太子舍人，萧育以父任为太子庶子，史丹九男皆以丹任并为侍中诸曹⑤，伏湛以父任为博士弟子⑥。还有为其他官吏者，如辛庆忌以父任为右校丞，杜延年以三公子补军司空⑦等等。

关于任子的数量。在通常情况下，一般是任子弟一人。据《汉书·哀帝纪》注引应劭曰：

---

① 范晔：《后汉书》卷八十一，《索卢放传》，中华书局1965年版，第2675页。

② 范晔：《后汉书》卷五十四，《杨秉传》，中华书局1965年版，第1772页。

③ 范晔：《后汉书》卷五，《安帝纪》，中华书局1965年版，第232页。

④ 范晔：《后汉书》卷九，《献帝纪》，中华书局1965年版，第367页。

⑤ 见《汉书》本传。

⑥ 范晔：《后汉书》卷二十六，《伏湛传》，中华书局1965年版，第893页。

⑦ 见《汉书》本传。

任子令者，《汉仪注》吏二千石（相当于郡太守一级）以上，视事满三年，得任同产若子一人为郎。不以德选……

任子弟一人的规定也见于上引东汉安帝、献帝时的诏令。但从事实上看，保任多人者也不少，如西汉时，苏武“少以父任，兄弟并为郎”①；冯奉世之子野王“少以父任为太子中庶子”、立“以父任为郎”②；韩延寿“三子皆为郎吏”③；上引史丹“九子皆以丹任为侍中诸曹”。东汉亦如此，如冯石“为安帝所宠……拜子世为黄门侍郎，世弟二人皆为郎中”④，以及上引邓骘兄弟子及门从十二人悉除为郎中。由此可见，保任二人、三人乃至多人者，也是常见的事。

总之，任子制不断扩大，此种“不以德选”，完全由父兄荫庇而得官的制度，其目的是维护地主阶级官僚新贵的既得利益和特权。当然，通过任子制选拔的人才，虽未必都是碌碌无为之辈，但德才兼备者绝少，其弊病是很大的，从地主阶级统治本身来说也很不利，所以早在汉武帝时董仲舒就上书指出：

长吏多出于郎中、中郎、吏二千石子弟……未必贤也。⑤

宣帝时王吉上疏言政治得失说得更清楚：

今使俗吏得任子弟，率多骄骜，不通古今，至于积功治人，无益于民。……宜明选求贤，除任子之令。⑥

“不以德选”的任子妨碍着贤才的任用，这是封建制度不可克服的矛盾。所以，西汉哀帝初即位，虽曾一度诏除任子之令，但由于大官僚的反对，不久即恢复了。东汉更为盛行。此种制度，一是败坏了当时的吏治，二是

① 班固：《汉书》卷五十四，《苏武传》，中华书局1962年版，第2459页。
② 班固：《汉书》卷七十九，《冯奉世传》，中华书局1962年版，第3302页。
③ 班固：《汉书》卷七十六，《韩延寿传》，中华书局1962年版，第3216页。
④ 范晔：《后汉书》卷三十三，《冯鲂传》，中华书局1965年版，第1149页。
⑤ 班固：《汉书》卷五十六，《董仲舒传》，中华书局1962年版，第2512页。
⑥ 班固：《汉书》卷七十二，《王吉传》，中华书局1962年版，第3065页。

对东汉以后世官世族的形成也起了不小的作用。

第五节　纳赀、卖官及其他

以资财得官，也是秦汉时期选官与入仕的一条途径。秦的情况不可详考，只有《史记·秦始皇本纪》的一条记载可以提供一点线索：

（始皇四年）天下疫。百姓内粟千石，拜爵一级。

这里说的是卖爵，然而，有了爵就有了做官的可能。汉初，也有这种卖爵的记载：

文帝从（晁）错之言，令民入粟边，六百石爵上造，稍增至四千石为五大夫，万二千石为大庶长，各以多少级数为差。①

以资财得官，文景之时已有明确记载，如：

（张释之）以赀为骑郎，事文帝。②

（司马相如）以赀为郎，事孝景帝。③

（黄霸）武帝末以待诏入钱赏官，补侍郎谒者，坐同产有罪劾免。后复入谷沈黎郡，补左冯翊二百石卒史。④

纳赀补官，西汉时以武帝一朝为最滥。《西汉会要》卷四十五“鬻官”条集其事云：

---

① 班固：《汉书》卷二十四，《食货志》，中华书局1962年版，第1134页。

② 班固：《汉书》卷五十，《张释之传》，中华书局1962年版，第2307页。以赀为郎与纳赀补官不尽相同，详见前注。

③ 班固：《汉书》卷五十七，《司马相如传》，中华书局1962年版，第2529页。

④ 班固：《汉书》卷八十九，《黄霸传》，中华书局1962年版，第3627～3628页。

> 武帝即位，干戈日滋，财赂衰耗而不赡，入物者补官，选举陵迟，廉耻相冒，兴利之臣，自此始也。其后府库益虚，乃募民入奴婢，得以终身复，为郎增秩，及入羊为郎始于此。其后四年（元朔五年，《汉书·武帝纪》作元朔六年）置赏官命曰武功爵，大者封侯、卿大夫，小者郎吏，吏道杂而多端，则官职耗废。（元狩四年）除故盐铁官家富者为吏，吏道益杂不选而多贾人矣。（元鼎二年）始令吏得入谷补官，郎至六百石。（元鼎三年）所忠言世家子弟、富人或斗鸡走狗，弋猎博戏，乱齐民。乃召诸犯令相引数千人，命曰“株送徒”，入财者得补郎，郎选衰矣。

按纳赀为官，虽为选官与入仕之一途，但最初并不为人所重视，只不过借此谋得一种冗散的位置或较低的吏职，以为升迁的阶梯而已。如张释之以赀为郎，十年不得调，无所知名，至欲自免归。黄霸以入财为官，左冯翊不署右职（师古曰：右职，高职也）。这就是说，以资财为官，是被人瞧不起的。此亦可见当时仕途风气之一斑。所以西汉一代除了武帝时因连年战争财政困难而不得不采取入物补官的临时应急措施之外，选官尚未过滥。这时以纳资取官和东汉末公开卖官在程度上还有很大区别。

东汉前期，由于统治者重视整饬吏治，提倡气节，公开卖官的事例尚不多见。至桓帝延熹四年（161 年）始公开计金卖官，“占卖关内侯、虎贲、羽林、缇骑、营士、五大夫钱各有差”[①]。灵帝时更是把卖官钱作为重要的私人财政收入。光和元年（178 年）“初开西邸卖官，自关内侯、虎贲、羽林入钱各有差。又私令左右卖公卿，公千万，卿五百万”[②]。

灵帝时卖官之滥是空前的，但是在当时也遭到不少正直之士的反对和抵制，下面几个事例可以说明这种情况。

> 灵帝时，开鸿都门榜卖官爵，公卿州郡下至黄绶各有差。其富者则先入钱，贫者到官而后倍输，或因常侍、阿保别自通达。先是段颎、樊陵、张温等虽有功勤名誉，然皆以先输货财而后登公位。（崔）

① 范晔：《后汉书》卷七，《桓帝纪》，中华书局 1965 年版，第 309 页。

② 《后汉书·灵帝纪》。又此条下注引《山阳公载记》则云：“时卖官二千石二千万，四百石四百万，其以德次应选者半之，或三分之一，于西园立库以贮之。”

烈时因傅母入钱五百万，得为司徒。及拜日，天子临轩，百僚毕会。帝顾谓亲幸者曰："悔不小靳，可至千万。"程夫人于傍应曰："崔公冀州名士，岂肯买官？赖我得是，反不知姝（美）邪！"烈于是声誉衰减。久之不自安，从容问其子钧曰："吾居三公，于议者何如？"钧曰："大人少有英称，历位卿守，论者不谓不当为三公；而今登位，天下失望。"烈曰："何为然也？"钧曰："论者嫌其铜臭。"①

灵帝欲以（羊）续为太尉。时拜三公者，皆输东园礼钱千万，中使督之，名为"左驺"。其所之往，辄迎致礼敬，厚加赠赂。续乃坐使人于单席，举缊袍以示之，曰："臣之所资，唯斯而已！"左驺白之，帝不悦，以此故不登公位。②

刺史、二千石及茂才、孝廉迁除，皆责助军修官钱。大郡至二三千万，余各有差。当之官者，皆先至西园谐价，然后得去。有钱不毕者，或至自杀。其守清者，乞不之官，皆迫遣之。时巨鹿太守河南司马直新除，以有清名，减责三百万。直被诏怅然曰："为民父母，而反割剥百姓，以称时求，吾不忍也。"辞疾不听。行至孟津，上书极陈当世之失、古今祸败之戒，即吞药自杀。③

从以上诸例，可见灵帝时卖官、买官已成为一种官场风气，类似段颎、崔烈等素有功勋名望的官僚，欲得为三公，犹须出钱买官；而类似羊续、司马直等人宁愿丢掉乌纱帽、甚至自杀，也不愿同流合污，然毕竟为数不多。汉末吏治的败坏，可想而知。

以上所述，为汉代选官与入仕的大概情况。此外，还有几种选官办法，虽非常制，但对当时以及后世都有一定的影响，今亦一并录之于后。

一、上书拜官

这是皇帝征召、毛遂自荐、审查录用三者结合的一种选官办法。武帝

① 范晔：《后汉书》卷五十二，《崔实传》，中华书局1965年版，第1731页。
② 范晔：《后汉书》卷三十一，《羊续传》，中华书局1965年版，第1111页。
③ 范晔：《后汉书》卷七十八，《张让传》，中华书局1965年版，第2535～2536页。

时上书自荐者曾达千人之多，武帝亲自审阅奏牍，不厌其烦，从中选拔了不少人才，如：

武帝初即位，征天下举方正贤良、文学、材力之士，待以不次之位，四方士多上书言得失，自炫鬻者以千数。……朔文辞不逊，高自称誉，上伟之，令待诏公车。①

朔初入长安，至公车上书，凡用三千奏牍，公车令两人共持举其书，仅然能胜之，人主从上方读之，止，辄乙其处，读之二月乃尽，诏拜以为郎。②

主父偃，齐国临淄人，学长短纵横术，……上书阙下。……是时徐乐、严安亦俱上书言世务。书奏，上召见三人，谓曰："公皆安在，何相见之晚也?"乃拜偃、乐、安皆为郎中。③

终军，年十八……至长安上书言事，武帝异其文，拜军为谒者给事中。④

二、以材力为官

《汉书·地理志》云："汉兴，六郡（陇西、天水、安定、北地、上郡、西河）良家子选给羽林、期门，以材力为官，名将多出焉。"其中有名的如：

李广，陇西成纪人。……以良家子从军，击胡，用善射，杀首虏多，为郎骑常侍。⑤

---

① 班固：《汉书》卷六十五，《东方朔传》，中华书局 1962 年版，第 2841～2842 页。

② 司马迁：《史记》卷一百二十六，《滑稽列传》褚少孙补，中华书局 1982 年版，第 3205 页。

③ 班固：《汉书》卷六十四，《主父偃传》，中华书局 1962 年版，第 2798～2802 页。

④ 班固：《汉书》卷六十四，《终军传》，中华书局 1962 年版，第 2814 页。

⑤ 班固：《汉书》卷五十四，《李广传》，中华书局 1962 年版，第 2439 页。

赵充国，陇西上邽人……以六郡良家子，善骑射，补羽林。①

傅介子，北地人也，以从军为官。②

甘延寿字君况，北地郁郅人也。少以良家子善骑射，为羽林。③

以上这些人都是一代名将，对抗击匈奴、安定西域做出了很大的贡献。

三、以方伎为官

即凡有一技之长，皆可以为官，如：

（卫绾）以戏车为郎，事文帝。④

（邓通）以濯船为黄头郎。⑤

（周仁）以医见，景帝为太子时，拜为舍人。⑥

武帝时，更是“博开艺能之路，悉延百端之学，通一技之士，咸得自效，绝伦超奇者为右，亡所阿私”⑦，如：

（吾丘寿王）以善格五（一种博戏）召待诏。⑧

（东郭先生）以方士待诏公车。⑨

① 班固：《汉书》卷六十九，《赵充国传》，中华书局1962年版，第2971页。
② 班固：《汉书》卷七十，《傅介子传》，中华书局1962年版，第3001页。
③ 班固：《汉书》卷七十，《甘延寿传》，中华书局1962年版，第3007页。
④ 司马迁：《史记》卷一百三，《卫绾列传》，中华书局1982年版，第2768页。
⑤ 司马迁：《史记》卷一百二十五，《邓通列传》，中华书局1982年版，第3192页。
⑥ 司马迁：《史记》卷一百三，《周仁列传》，中华书局1982年版，第2771页。
⑦ 司马迁：《史记》卷一百二十八，《龟策列传》，中华书局1982年版，第3224页。
⑧ 班固：《汉书》卷六十四，《吾丘寿王传》，中华书局1962年版，第2794页。
⑨ 司马迁：《史记》卷一百二十六，《滑稽列传》褚少孙补，中华书局1982年版，第3208页。

待诏虽为预备官员，但宦途无限，一旦得到皇帝宠信，便可大用。如吾丘寿王为东郡都尉，不复置太守，一人而任四千石之重。东郭先生后来也被拜为二千石官，佩青绶，出宫门，荣华道路，立名当世。

第六节 选举法规与选官制度的利弊得失

一、选举法规

自秦以来，选举任人在法令上即有严格规定：

> 秦之法，任人而所任不善者，各以其罪罪之。①

汉承秦制，选任得人与否，选任者与被选任者要负连带责任，功罪赏罚相同。如西汉武帝时令郡国贡举，即由于选令严苛，以致有阖郡不荐一人者。于是元朔元年（前128年）又下了一道必须定期举人的诏书，如果不举，轻则免官，重则以不敬论处。不敬在汉代为重罪，法当斩首，甚至族诛。东汉初年，为了纠正选举不实、官非其人的弊病，也曾一再颁布正举诏书，如应劭《汉官仪》引世祖诏曰：

> 方今选举，贤佞朱紫错用。……有非其人，临计过署，不便习官事，书疏不端正，不如诏书，有司奏罪名，并正举者。②

《后汉书·明帝纪》载中元二年（57年）诏曰：

> 今选举不实，邪佞未去，权门请托，残吏放手，百姓愁怨，情无告诉，有司明奏罪名，并正举者。（原注：举非其人，并正举主之罪）。

---

① 司马迁：《史记》卷七十九，《范雎列传》，中华书局1982年版，第2417页。
② 范晔：《后汉书》志第二十四，《百官一》注，中华书局1965年版，第3559页。

这些都是关于选举责任制的一般法律规定。其具体事例，西汉时如何武所举方正槃辟雅拜（意谓不知经，但能盘旋屈一膝跪拜），坐左迁楚内史①；张勃举陈汤，汤以待迁，父死不奔丧，司隶奏汤亡修行，勃选举故不以实，坐削户二百②；严延年察狱史廉，有臧不入身，坐选举不实，贬秩③。其余，如执金吾韩立、御史大夫张谭、宗正刘顺、山阳侯张当居、邛成侯王勋、太常杜业，皆坐选举故不以实，或则免官，或则被刑④。可见西汉之世，对选举法令的执行还是比较严厉的。平帝即位时，王莽执政，为收揽人心，特诏令选举法可以适当放宽：

> 选举者，其历职更事有名之士，则以为难保，废而弗举，甚谬于“赦小过，举贤才”之义。诸有臧及内恶未发而荐举者，皆勿案验，令士厉精乡进，不以小疵妨大才。⑤

东汉时，仍行选举责任制，如《后汉书·王丹传》载“客初有荐士于丹者，因选举之，而后所举者陷罪，丹坐以免”。

以上为选举不实、举者坐罪之例。但是如果选举得人，不仅被举者可以升迁，而举者也要受到嘉奖：“故事孝廉高第，三公及尚书辄优文特劳来其举将。”如法雄举胡广为孝廉，试为天下第一，“于是公府下诏书劳来雄焉”⑥。

对于被选举人与参与考试人的家庭出身、秩位、年龄、资历、才能、学识、体格等也都有具体规定，如：

> 孝惠、高后时，为天下初定，复弛商贾之律，然市井子孙亦不得仕宦为吏。⑦

---

① 班固：《汉书》卷八十六，《何武传》，中华书局 1962 年版，第 3484 页。
② 班固：《汉书》卷七十，《陈汤传》，中华书局 1962 年版，第 3007 页。
③ 班固：《汉书》卷九十，《严延年传》，中华书局 1962 年版，第 3670 页。
④ 以上分别见《汉书》之《百官公卿表》、功臣表、《杜延年传》。
⑤ 班固：《汉书》卷十二，《平帝纪》，中华书局 1962 年版，第 348 页。
⑥ 范晔：《后汉书》卷四十四，《胡广传》注引《续汉书》，中华书局 1965 年版，第1505 页。
⑦ 司马迁：《史记》卷三十，《平准书》，中华书局 1982 年版，第 1418 页。

> 臧吏子孙，不得察举。①

此为家庭出身的限制。

> 黄龙元年诏曰："举廉吏诚欲得其真也。吏六百石位大夫，有罪先请，秩禄上通，足以效其贤才，自今以来勿得举。"②

此为秩位上的限制。

> 延光二年八月初令三署郎通达经术任牧民者，视事三岁以上，皆得察举。③

> 本初元年诏：其令秩满百石，十岁以上，有殊才异行乃得参选。④

此为资历与才能的限制。

> 阳嘉元年初令郡国举孝廉限年四十以上，诸生通章句，文吏能笺奏，乃得应选，有茂才异行若颜渊、子奇，不拘年齿。……令诸以诏除为郎，年四十以上，课试如孝廉科者得参廉选，岁举一人。⑤

> 太常上（杨）仁经中博士，仁自以年未五十，不应旧科（《汉官仪》曰：博士限年五十以上），上府让选。⑥

此为年龄与学识的限制。

---

① 范晔：《后汉书》卷七，《桓帝纪》，中华书局1965年版，第288页。
② 班固：《汉书》卷八，《宣帝纪》，中华书局1962年版，第274页。
③ 范晔：《后汉书》卷五，《安帝纪》，中华书局1965年版，第237页。
④ 范晔：《后汉书》卷七，《桓帝纪》，中华书局1965年版，第288页。
⑤ 范晔：《后汉书》卷六，《顺帝纪》，中华书局1965年版，第261页。
⑥ 范晔：《后汉书》卷七十九，《杨仁传》，中华书局1965年版，第2574页。

前郡守以青（郡吏王青）有金夷，竟不能举。①

此为身体条件的限制。

以上所举诸例，皆有关汉代对被选举人资格的若干规定。当然这些规定也并非一成不变，有时因某种政策的改变或有特殊的关系，也可视具体情况作必要的调整。如武帝时“除故盐铁家富者为吏，吏道益杂不选而多贾人”，就是由于财政需要而对汉初抑商政策的改变，于是大商人也可以被举为官。又如上引郡吏王青因身有创伤不能举，后来新郡守张酺“见之叹息曰：‘岂有一门忠义而爵赏不及乎！’遂擢用极右曹。乃上疏荐青，三世死节，宜蒙显异，奏下三公，由此为司空所辟”。

至于选举人的资历和地位，同样也有法令规定。每年例行的郡国岁举，则由刺史、守、相等地方长官负责进行。汉法，郡国守相视事需满一岁者始有察举的资格。东汉顺帝即位时，始“令郡国守相视事未满岁者，一切得举孝廉吏”②。由于两汉官制多有变化，所以负责选举的主管机关前后也有变化。西汉时期，三公中的丞相、九卿中的太常、光禄，均为负责选举的主官；丞相司直、司隶校尉与刺史均为监察选举虚实的主官。西汉后期，尚书逐渐参掌选举；东汉以降，尚书的权力更大。郎官与博士弟子的选考虽仍归太常与光禄，但最后铨选权均总归尚书。郡国选举，初犹委任三府，其后亦转归尚书。《后汉书·吕强传》云：

旧典，选举委任三府。三府有选，参议掾属，咨其行状，度其器能，受试任用，责以成功。若无可察，然后付之尚书。尚书举劾，请下廷尉，覆案虚实，行其诛罚。今但任尚书，或复敕用，如是三公得免选举之负（忧），尚书亦复不坐，责赏无归，岂肯空自苦劳乎！

观此可知，后世吏部尚书所以在六部之中权力最大，地位最高，就是因为掌握了铨选官吏的人事大权；而其渊源，实始于东汉。

① 范晔：《后汉书》卷四十五，《张酺传》，中华书局 1965 年版，第 1530 页。
② 范晔：《后汉书》卷六，《顺帝纪》及注，中华书局 1965 年版，第 251 页。

二、选官制度的利弊得失

汉代察举的科目很多，选官的范围也很广，而选举法令又严，得人与否，举者与被举者同其赏罚。这就使举者不得不慎重选举，同时又不得不努力搜求人才。再加上察举与考试相结合，因人而授官，汉之得人，实有赖于此。尤其是创建新的选官制度的汉武帝时代，由于统治者重视，求贤若渴，不拘一格选拔和重用人才，这样就使汉武帝一朝成为西汉人才辈出，功业兴盛的一个黄金时代。《汉书·兒宽传》赞云：

> 是时，汉兴六十余载，海内艾安，府库充实，而四夷未宾，制度多阙。上（武帝）方欲用文武，求之如弗及，始以蒲轮迎枚生，见主父而叹息，群士慕向，异人并出。卜式拔于刍牧，弘羊擢于贾竖，卫青奋于奴仆，日磾出于降虏，斯亦曩时版筑饭牛之朋已。汉之得人，于兹为盛。儒雅则公孙弘、董仲舒、兒宽，笃行则石建、石庆，质直则汲黯、卜式，推贤则韩安国、郑当时，定令则赵禹、张汤，文章则司马迁、相如，滑稽则东方朔、枚皋，应对则严助、朱买臣，历数则唐都、洛下闳，协律则李延年，运筹则桑弘羊，奉使则张骞、苏武，将率则卫青、霍去病，受遗则霍光、金日磾，其余不可胜纪，是以兴造功业，制度遗文，后世莫及。

上述武帝一朝人才济济的盛况，可以说，即使在整个封建时代也是不多见的。它反映了地主阶级在其上升时期为了发展封建政治、经济、文化，对人才的重视；也说明汉朝所以能在我国历史上成为一个盛大的封建王朝，甚至在当时世界上也算得上一个数一数二的文明大国，这些都是和汉朝的统治者重视选用人才并有一套比较完整的选官制度分不开的。

当然封建地主阶级的选官制度不可避免地要受到历史的和阶级的局限。其根本的缺陷，就是选用人才的大权掌握在封建皇帝及高级官吏等少数人手里；而且选拔人才的标准，所谓德才，也是封建地主阶级所标榜的德才；其下焉者，则任人唯亲、唯财、唯势以及个人的好恶。这样，必然要产生许多弊端。如前所述，还在汉武帝时，选官制度即一度遭到破坏，然而终西汉之世，大体上还能得到正常的维持。东汉光武中兴，承西汉余绪，奖励淳朴气节，明帝也能注意矫正选举之弊，故东汉初期，选官制度尚未完全破坏。东汉中叶以后，除左雄为尚书令的十余年间“称为得人”之外，选举完全被权门势家所把持，流弊百出；再加上皇帝公开计钱卖官，于是整个选官制度完全败坏。以郡国察举孝廉而论，权门请托，贵戚书命，盖已成一时的社会风气，举下列数例，可以想见一般：

（史弼）迁河东太守，被一切诏书，当举孝廉，弼知多权贵请托，乃豫敕断绝书属。中常侍侯览果遣诸生赍书请之，并求假盐税，积日不得通。生乃说以它事谒弼，而因达览书。弼乃大怒曰：“太守忝荷重任，当选士报国，尔何人而伪诈无状?”命左右引出，楚捶数百。府丞掾史十余人皆谏于庭，弼不对，遂付安邑狱，即日考杀之。侯览大怨，遂诈作飞章下司隶，诬弼诽谤，槛车征。……弼遂受诬，事当弃市。（魏）劭与同郡人卖郡邸，行赂于侯览，得减死罪一等，论输左校。①

时小黄门京兆高望为尚药监，幸于皇太子，太子因蹇硕属望子进为孝廉，（盖）勋不肯用。或曰：“皇太子副主，望其所爱，硕帝之宠臣，而子违之，所谓三怨成府者也。”勋曰：“选贤所以报国也，非贤不举，死亦何悔?”②

时河南尹田歆外甥王堪名知人，歆谓之曰：“今当举六孝廉，多得贵戚书命，不宜相违，欲自用一名士，以报国家，尔助我求之。”③

以上第一、二例，如史弼、盖勋能够坚持选贤报国，顶住权势请托的歪风，是很不容易的，在当时也是很少见的，他们都要为此而承担很大的风险，包括丢官、杀头的危险。第三例是在贵戚书命的面前，表示了妥协退让，当举六孝廉而由贵戚内定五人。田歆还算是一个比较正直的官吏，他自己要保留一个名额，选拔有真才实学之士，以报效国家。像田歆这样的

---

① 范晔：《后汉书》卷六十四，《史弼传》，中华书局 1965 年版，第 2111 页。
② 范晔：《后汉书》卷五十八，《盖勋传》，中华书局 1965 年版，第 1882 页。
③ 范晔：《后汉书》卷五十六，《种暠传》，中华书局 1965 年版，第 1826 页。

人，在当时也是不多见的。

再以中央三署选举郎官而论，也同样为权势者所把持，虽有一二正直的主官想要改变这种局面，但结果反被中伤而降秩免官。据《后汉书·黄琬传》云：

旧制，光禄勋举三署郎，以高功、久次、才德、尤异为茂才四行。时权贵子弟多以人事得举，而贫约守志者以穷退见遗，京师为之语曰："欲得不能，光禄茂才。"于是（黄）琬、（陈）蕃同心，显用志士，平原刘醇、河东朱山、蜀郡殷参等，并以才行蒙举。蕃、琬遂为权富郎所见中伤，事下御史丞王畅、廷尉刁韪。畅、韪重蕃、琬，不举其事，而左右复陷以朋党，畅左转议郎，而免蕃官，琬、韪俱禁锢。

对于东汉末察举、选官制度败坏的情况，王符在《潜夫论》中曾有两段痛快淋漓的描述：

今当涂之人，既不能昭练贤鄙，然又劫于贵人之风指，胁以权势之属托，请谒填门，礼贽辐辏，迫于目前之急，然且先之，此正士之所独蔽，而群邪之所党进也。(《本政》)

群僚举士者，或以顽鲁应茂才，以桀逆应至孝，以贪饕应廉吏，以狡猾应方正，以谀谄应直言，以轻薄应敦厚，以空虚应有道，以嚚暗应明经，以残酷应宽博，以怯弱应武猛，以顽愚应治剧。名实不相副，求贡不相称，富者乘其财力，贵者阻其势要，以钱多为贤，以刚强为上。凡在位所以多非其人，而官听（当作"职"）所以数乱荒也。(《考绩》)

《抱朴子·审举》引汉末民谣，也很生动形象地揭露了这个问题：

灵、献之世……台阁失选用于上，州郡轻贡举于下。夫选用失于上，则牧、守非其人矣；贡举轻于下，则秀、孝不得贤矣。故时人语曰："举秀才不知书，察孝廉父别居，寒素清白浊如泥，高第良将怯如鸡。"

东汉末察举、选官制度的败坏与吏治败坏互相影响，互为因果，以致造成恶性循环，一败而不可收拾。东汉灭亡，实肇基于此。

第二章　任用制度

上一章选官制度，着重是讲人才的选举，本章则着重讲官吏的任用。秦汉时期任用官吏的制度已经独立成为一种人事制度。马端临在《文献通考》卷三十六中说：

> 古人之取士盖将以官之，然则举士与举官非二途也。三代之时，法制虽简，而考核本明；毁誉既公，而贤愚自判。往往当时士之被举，未有不入官者也。降及后世，巧伪日甚，而法令亦滋多，遂以科目为举士之途，铨选为举官之途，二者各自为防闲检校之法。

他指出了这种现象，但无法解释这种现象。实际上，秦汉任用官吏制度和选官制度一样，都是封建官僚制度下的产物。春秋战国时期，随着奴隶主贵族世卿世禄制度的废除，封建官僚制度的出现，任用官吏法也逐渐成为一种重要的人事制度。这一制度至秦汉而初具规模。诸如任用方式、任用法规、任用期限等都有具体的法令条文规定。今依据史书所载，归纳分述如下：

第一节　任用方式

秦汉时期，官吏的任用称之为拜，或称之为除。拜除之权，特别是高级官吏的拜除权是属于皇帝的。这从秦始皇以前就已经开始，如范雎说昭王，昭王拜雎为客卿，后又拜为丞相。又因范雎之任举，拜王稽为河东守①。范雎言蔡泽于昭王，王“与语，大说之，拜为客卿”。又“新悦蔡泽计划，遂拜为秦相”②。秦始皇时，拜李斯为长史，又拜为客卿③。二十六

---

① 司马迁：《史记》卷七十九，《范雎列传》，中华书局1982年版，第2417页。

② 司马迁：《史记》卷七十九，《蔡泽列传》，中华书局1982年版，第2425页。

③ 司马迁：《史记》八十七，《李斯列传》，中华书局1982年版，第2541页。

年（前221年），拜蒙恬为内史①。二世即位，拜叔孙通为博士②。汉代，地方官吏秩过百石者，皆由朝廷任命（实即皇帝任命），故有所谓命卿之称。《后汉书·百官志》注引应劭《汉官》曰：

大县丞、左右尉，所谓命卿三人。小县一尉一丞，命卿二人。

事实上由于官吏越来越多，皇帝不可能一一亲自拜除，而不得不假他人之手，所以，在汉代上自丞相、三公，下至九卿，皆有拜除之权。《汉旧仪》说：

旧制，令六百石以上，尚书调拜迁；四百石长相至二百石，丞相调除。中都官百石，大鸿胪调；郡国百石，二千石调。

又，《后汉书·顺帝纪》阳嘉元年（132年）诏曰：

今刺史、二千石之选归任三司。其简序先后，精核高下，岁月之次，文武之宜，务存厥衷。

《后汉书·郎颉传》也说：

今选举牧守，委任三府。长吏不良，既咎州郡，州郡有失，岂得不归责举者？

先是二百石至四百石由丞相调除，六百石以上尚书调拜迁，都是由皇帝最后决定。以后，则二千石的地方官选任也归三府了。实际上，丞相、三公也不必具体经管此事，其下主管此类任用的属吏在《后汉书·百官志》中就有明确记载，三公府所属东曹即主二千石长吏迁除。

下面再具体说一说官吏的任用方式。任用方式有多种，主要有：

---

① 司马迁：《史记》卷八十八，《蒙恬列传》，中华书局1982年版，第2565页。
② 司马迁：《史记》卷九十九，《叔孙通列传》，中华书局1982年版，第2720页。

一、真、守

真即真除实授，一般不用这个“真”字，只是在与守相对时才用。守，为试署性质①，一般是试守一岁，即试用期为一年，称职者即可为真。《汉书·平帝纪》注引如淳曰：

诸官初除，皆试守一岁乃为真，食全俸。

其具体事例，如：

（薛宣）入守左冯翊，满岁称职为真。②

（韩延寿）入守左冯翊，满岁称职为真。③

（尹翁归）以高第入守右扶风，满岁为真。④

（赵广汉）复用守京兆尹，满岁为真。⑤

（张敞）守太原太守，满岁为真。⑥

《汉旧仪》还有试守的一般性规定：

丞相考召取明经一科，明律令一科，能治剧一科，各一人。诏选谏大夫、议郎、博士、诸侯王傅、仆射、郎中令，取明经；选廷尉正监乎案章，取明律令；选能治剧长安三辅令，取治剧，皆试守，小冠，满岁为真。

① 《陔余丛考》二十六“假守”条：“（秦汉时）其官吏试职者则曰守……凡试职皆曰守。”
② 班固：《汉书》卷八十三，《薛宣传》，中华书局1962年版，第3387页。
③ 班固：《汉书》卷七十六，《韩延寿传》，中华书局1962年版，第3213页。
④ 班固：《汉书》卷七十六，《尹翁归传》，中华书局1962年版，第3208页。
⑤ 班固：《汉书》卷七十六，《赵广汉传》，中华书局1962年版，第3201页。
⑥ 班固：《汉书》卷七十六，《张敞传》，中华书局1962年版，第3225页。

这是因为“官事至重，古法虽圣，犹试……皆试以能信，然后官之”①。在试守期间，如不称职，则或他调、左转或罢归原职，所谓“不宜者还故官”②，如：

颍川太守黄霸以治行第一入守京兆尹。霸视事数月，不称，罢归颍川。③

两汉时，无论文官或武官，中央官或地方官，均有试守之制。如泰山太守萧育入守大鸿胪④，尹公守茂陵令⑤，冯异守征虏将军⑥，王允守尚书令⑦，吕种守沅陵长⑧，等等。像京兆尹这样的职务，更是频频换人试守：

京兆典京师，长安中浩穰，于三辅尤为剧。郡国二千石以高第入守，及为真，久者不过三二年，近者数月一岁，辄毁伤失名，以罪过罢。⑨

总之，试守的事例甚多，兹不备举⑩。但也有因受到皇帝的宠幸，不经过试用期，初拜即为真者，那是对制度的破坏，不足为训。如，李固在对策中说：

窃闻长水司马武宣、开阳城门候羊迪等，无他功德，初拜便真，此虽小失，而渐坏旧章，先圣法度，所宜坚守，政教一跌，百年不复。⑪

---

① 卫宏：《汉旧仪》，中华书局1990年版，第69页。
② 卫宏：《汉旧仪》，中华书局1990年版，第69页。
③ 班固：《汉书》卷七十六，《张敞传》，中华书局1962年版，第3221页。
④ 班固：《汉书》卷七十八，《萧育传》，中华书局1962年版，第3289页。
⑤ 班固：《汉书》卷九十二，《原涉传》，中华书局1962年版，第3717页。
⑥ 范晔：《后汉书》卷十七，《冯异传》，中华书局1965年版，第651页。
⑦ 范晔：《后汉书》卷六十六，《王允传》，中华书局1965年版，第2174页。
⑧ 范晔：《后汉书》卷四十一，《宋均传》，中华书局1965年版，第1412页。
⑨ 班固：《汉书》卷七十六，《张敞传》，中华书局1962年版，第3222页。
⑩ 参阅《西汉会要》卷三十六及《东汉会要》卷二十一。
⑪ 范晔：《后汉书》卷六十三，《李固传》，中华书局1965年版，第2076页。

守，除试守之意外，还有兼、摄之意。有已居官职，而又守他职者，如：

（王䜣）为右辅都尉，守右扶风。①

有既已居官，又有守职，复再行他事者，如：

（王尊）为谏大夫，守京辅都尉，行京兆尹事。②

这里所谓守、行，均为兼官性质。守为摄事之意，如卓茂初为密令，“有所废置，吏人笑之，邻城闻者皆蚩其不能。河南郡为置守令”③。所谓守令，即代理县令。又据《汉旧仪》记载：“丞相史物故，调御史少史守丞相史；若御史少史监祠寝园庙，调御史少史属守。”此为摄事称守之明证。

二、假

假有摄事之意，非真假之假，如项羽之为假上将军，韩信为假齐王，王莽称假皇帝，这些言摄最为明显。《陔余丛考》卷二十六说：

秦汉时官吏摄事者皆曰假，盖言借也。

以假任者甚多，如：

始皇十六年，有南阳假守腾。④

二世元年，有会稽假守殷通。⑤

汉二年，拜曹参为假左丞相。⑥。

① 班固：《汉书》卷六十六，《王䜣传》，中华书局 1962 年版，第 2888 页。
② 班固：《汉书》卷七十六，《王尊传》，中华书局 1962 年版，第 3233 页。
③ 范晔：《后汉书》卷二十五，《卓茂传》，中华书局 1965 年版，第 870 页。
④ 司马迁：《史记》卷六，《秦始皇本纪》，中华书局 1982 年版，第 232 页。
⑤ 司马迁：《史记》卷七，《项羽本纪》，中华书局 1982 年版，第 297 页。
⑥ 班固：《汉书》卷三十九，《曹参传》，中华书局 1962 年版，第 2016 页。

赵充国以假司马从贰师将军。①

假稻田使者燕仓。②

军候假丞杜勋。③

西域假司马班超。④

上至丞相，下至军候丞，均有以假为称者，此皆为摄事之官。

东汉末又有假节、假黄钺之制。节，是代表皇帝使命的凭证；黄钺，为皇帝专用的仪制。这些表示特殊地位和权力的凭证、仪制一旦假于人手，往往就意味着君权的旁落和被分割。

三、平

平，是平决的意思，《后汉书·梁冀传》注云："平，谓平议也。"汉代之平，多用之于廷尉尚书，其用于尚书者，皆以本官而平决尚书事，如：

（于）定国为光禄大夫平尚书事。⑤

宣帝征（张）敞为太中大夫，与于定国并平尚书事。⑥

（大将军梁冀）每朝会与三公绝席，十日一入平尚书事。⑦

四、领

领，为兼领之意，即已有主官主职，又领他官他职而不居其位者，则谓之领。西汉，如：

---

① 班固：《汉书》卷六十九，《赵充国传》，中华书局1962年版，第2971页。
② 班固：《汉书》卷七，《昭帝纪》，中华书局1962年版，第227页。
③ 班固：《汉书》卷七十，《陈汤传》，中华书局1962年版，第3014页。
④ 范晔：《后汉书》卷四十七，《班超传》，中华书局1965年版，第1572页。
⑤ 班固：《汉书》卷七十一，《于定国传》，中华书局1962年版，第3042页。
⑥ 班固：《汉书》卷七十六，《张敞传》，中华书局1962年版，第3216页。
⑦ 范晔：《后汉书》卷三十四，《梁冀传》，中华书局1965年版，第1183页。

桑弘羊为治粟都尉，领大农。①
孔仅为大农丞，领盐铁事。②
孔光为帝太傅，领宿卫。③
金涉为侍中骑都尉，领三辅胡越骑。④
钟元为尚书令，领廷尉。⑤
刘向为光禄大夫，领校中五经秘书。⑥

东汉，如：

南阳宗广领信都太守事。⑦
陈俊为琅邪太守，领将军如故。⑧
王丹领左冯翊。⑨
盖勋领汉阳太守。⑩

从东汉情况看，领又有暂守之意。此外，还有以大司马大将军、车骑将军、卫将军、左将军、前将军、光禄大夫等官而领尚书事者，汉武帝以后，事例多见。此种领尚书事，往往即代理天子之职务，如霍光以大司马大将军领尚书事，“政事壹决于光”⑪。又如张安世，先后以车骑将军、卫将军领尚书事，“职典枢机，以谨慎周密自著”⑫。还有大司马车骑将军王音“内领尚书、外典兵马”⑬。总之，领尚书事者权力甚大。到东汉以后，领尚书事发展成录尚书事，且多以太傅、太尉为之，成为后世权臣窥窃神

① 班固：《汉书》卷二十四下，《食货志下》，中华书局1962年版，第1174页。
② 班固：《汉书》卷二十四下，《食货志下》，中华书局1962年版，第1174页。
③ 班固：《汉书》卷八十一，《孔光传》，中华书局1962年版，第3362页。
④ 班固：《汉书》卷六十八，《金日磾传》，中华书局1962年版，第2964页。
⑤ 班固：《汉书》卷七十七，《何并传》，中华书局1962年版，第3267页。
⑥ 班固：《汉书》卷三十六，《刘向传》，中华书局1962年版，第1950页。
⑦ 范晔：《后汉书》卷二十一，《任光传》，中华书局1965年版，第752页。
⑧ 范晔：《后汉书》卷十八，《陈俊传》，中华书局1965年版，第691页。
⑨ 范晔：《后汉书》卷二十七，《王丹传》，中华书局1965年版，第931页。
⑩ 范晔：《后汉书》卷五十八，《盖勋传》，中华书局1965年版，第1181页。
⑪ 班固：《汉书》卷六十八，《霍光传》，中华书局1962年版，第2932页。
⑫ 班固：《汉书》卷五十九，《张安世传》，中华书局1962年版，第2649页。
⑬ 班固：《汉书》卷七十七，《毋将隆传》，中华书局1962年版，第3263页。

器之渐。

领或以领护、领校为称。如刘向以故九卿召拜为郎中，领护三辅都水①；息夫躬以左曹光禄大夫，使持节领护三辅都水②；冯参为谏大夫，领护左冯翊都水③。此皆明显有暂时署守之意。又，刘歆为黄门郎，河平中受诏与父向领校秘书④。一般理解“校”字，是校勘的意思，其实也有校理之意，此处之校，即指掌图书之官而言，而领校已成为领之别名，故刘歆在哀帝时有“复领五经”⑤ 之说。从东汉碑刻的材料看，领校之称更为明显。《隶释》卷第十一《巴郡太守樊敏碑》记载，刘璋为益州牧，袁樊敏领校巴郡太守。同书卷第十《孙根碑阴》有博昌领校，《巴郡太守张纳碑》有领校安汉长，亦均为暂署。

五、视

一般以居官治事为视事，如《汉书·王尊传》：“今太守视事已一月矣。”但作为任用制度之一种，视，与平、领近似，也有兼官的意思。如薛宣“复爵高阳侯，加宠特进，位次师安昌侯，给事中，视尚书事”⑥。不过，视尚书事在西汉不多见，与平、领均为不定的名称。

六、录

录的名称始于东汉，亦仅限于尚书事。录，有参决、总领之意，《后汉书·和帝纪》注云：“录，谓总领之也。”同书《殇帝纪》又云：“参录尚书事，百官总已以听。”东汉的录尚书事，与西汉的平、领、视尚书事相近，而其权位则较之为重。西汉时，中朝官多可平、领尚书事，东汉则渐以太傅、太尉兼任此职，而尤以太傅为主。在称谓方面，平、领、视渐被废弃（此就尚书事而言，于他官仍有用领者），而单用录名。录尚书事最初也只是兼职性质，以后则渐变为一种实职官了。《后汉书·章帝纪》云：

---

① 班固：《汉书》卷三十六，《刘向传》，中华书局 1962 年版，第 1949 页。
② 班固：《汉书》卷四十五，《息夫躬传》，中华书局 1962 年版，第 2182 页。
③ 班固：《汉书》卷七十九，《冯参传》，中华书局 1962 年版，第 3306 页。
④ 班固：《汉书》卷三十六，《刘歆传》，中华书局 1962 年版，第 1967 页。
⑤ 班固：《汉书》卷三十六，《刘歆传》，中华书局 1962 年版，第 1967 页。
⑥ 班固：《汉书》卷八十三，《薛宣传》，中华书局 1962 年版，第 3394 页。

其以（赵）熹为太傅，（牟）融为太尉，并录尚书事。

注云：

武帝初以张子孺（安世）领尚书事①。录尚书事由此始。

七、兼

兼，乃是以本官而兼任其他官职。《韩非子·说林上》云：

秦武王令甘茂择所欲为于仆与行事，孟卯曰："公不如为仆。公所长者、使也，公虽为仆，王犹使之于公也。公佩仆玺而为行事，是兼官也。"

是早在秦武王时，即有兼官之制。始皇三十七年（前210年）十月，中车府令赵高兼行符玺事②，亦为兼官。两汉兼官，或以武官兼文官，或以文官兼武官。如张安世为车骑将军兼光禄勋③，萧望之为前将军兼光禄勋④，赵充国为后将军兼水衡都尉⑤，张温为司空兼车骑将军⑥。有时也有以文官兼文官者，如"王尊转守槐里，兼行美阳令事"⑦。"滕抚初仕州郡，稍迁为涿令，有文武才用，太守以其能，委任郡职，兼领六县。"⑧ 而以武兼文或以文兼武，容易破坏行政系统，或权力过大，或顾此失彼，故兼官制度较少实行。

---

① 据《汉书》本传，武帝时，安世"用善书给事尚书"，后"擢为尚书令"。宣帝初，始"拜为大司马车骑将军领尚书事"。注云"武帝初"，当作"宣帝初"。

② 司马迁：《史记》卷八十七，《李斯列传》，中华书局1982年版，第2547页。

③ 班固：《汉书》卷五十九，《张安世传》，中华书局1962年版，第2648页。

④ 班固：《汉书》卷七十八，《萧望之传》，中华书局1962年版，第3283页。

⑤ 班固：《汉书》卷六十九，《赵充国传》，中华书局1962年版，第2972页。

⑥ 范晔：《后汉书》卷七十二，《董卓传》，中华书局1965年版，第2320页。

⑦ 班固：《汉书》卷七十六，《王尊传》，中华书局1962年版，第3227页。

⑧ 范晔：《后汉书》卷三十八，《滕抚传》，中华书局1965年版，第1279页。

八、行

所谓行，乃是官缺未补，暂时由他官摄行之意。两汉时有以低级官吏摄行高一级官吏职务者，如：

> 张汤为御史大夫，数行丞相事。[①]
> 翟义以南阳都尉行太守事。[②]
> 伏湛为司直，行大司徒事。[③]
> 赵熹为卫尉，行太尉事。[④]。

有以同级官吏而互相摄行者，如：

> 韩延年为太常，行大行令事。[⑤]
> 少府乐成行大鸿胪事。[⑥]。

也间有以高级官吏摄行低级官吏之事者，如：

> 黄霸为廷尉，行丞相长史事。[⑦]

有以文官行武官事者，如：

> 盖宽饶迁谏大夫，行郎中户将事。[⑧]
> 寇恂拜河内太守，行大将军事。[⑨]

---

① 班固:《汉书》卷五十九,《张汤传》,中华书局 1962 年版,第 2645 页。
② 班固:《汉书》卷八十四,《翟义传》,中华书局 1962 年版,第 3425 页。
③ 范晔:《后汉书》卷二十六,《伏湛传》,中华书局 1965 年版,第 894 页。
④ 范晔:《后汉书》卷二,《明帝纪》,中华书局 1965 年版,第 110 页。
⑤ 班固:《汉书》卷十七,《景武昭宣元成功臣表》,中华书局 1962 年版,第 653 页。
⑥ 班固:《汉书》卷六十八,《霍光传》,中华书局 1962 年版,第 2937 页。
⑦ 班固:《汉书》卷八十九,《黄霸传》,中华书局 1962 年版,第 3629 页。
⑧ 班固:《汉书》卷七十七,《盖宽饶传》,中华书局 1962 年版,第 3243 页。
⑨ 范晔:《后汉书》卷十六,《寇恂传》,中华书局 1965 年版,第 621 页。

也有以武官行文官事者，如：

骠骑将军刘隆行大司空事。①

总之，摄行制度较为普遍，这是在遇有官缺，而一时无适当人选补缺时采取的一种临时措施。东汉时对作战武官，常采取此种措施，如行度辽将军事吴棠②、朱徽③，行车骑将军马防④，行征西将军司马钧⑤等等。

九、督

督是由中央派员监督地方之制，多为军事上的需要而设，始于东汉。《通典》卷三十二《都督》说：

后汉光武建武初，征伐四方，始权置督军御史，事竟罢。

可见督是属于一种临时差遣性质。以后的具体事例有：

豫章艾县人六百余人，……焚烧长沙郡县，寇益阳，杀县令，众渐盛，遣谒者马睦督荆州刺史刘度击之。⑥

青冀盗贼屯聚山泽，（张）宗以谒者督诸郡兵讨平之。⑦

拜（张）奂为护匈奴中郎将，以九卿秩督幽、并、凉三州及度辽、乌桓二营。⑧

① 范晔：《后汉书》卷二十二，《刘隆传》，中华书局1965年版，第781页。
② 范晔：《后汉书》卷八十九，《南匈奴传》，中华书局1965年版，第2949页。
③ 范晔：《后汉书》卷四，《和帝纪》，中华书局1962年版，第179页。
④ 范晔：《后汉书》卷八十七，《西羌传》，中华书局1965年版，第2881页。
⑤ 范晔：《后汉书》卷五十一，《庞参传》，中华书局1965年版，第1689页。
⑥ 范晔：《后汉书》卷三十八，《度尚传》，中华书局1965年版，第1285页。
⑦ 范晔：《后汉书》卷三十八，《张宗传》，中华书局1965年版，第1276页。
⑧ 范晔：《后汉书》卷六十五，《张奂传》，中华书局1965年版，第2139页。

汉以后，有所谓都督、督军、总督等名称，其制盖渊源于此。

十、待诏

待诏即等待皇帝诏命的意思，类似一种候补官员。秦时已有待诏之制，《史记·叔孙通列传》云：

> 叔孙通，薛人也，秦时以文学征，待诏博士。

汉承秦制，待诏多出于上书求试，或出于皇帝的征召，是当时一种特殊的仕途。在没有正式委任官职以前，由皇帝临时指定待诏官署，等待诏命，故曰待诏，如：

> 公孙弘、刘向待诏金马门。
> 东方朔、朱买臣待诏公车。
> 刘向父刘德待诏丞相府。
> 苏武、刘歆待诏宦者署。
> 李寻、梁丘贺待诏黄门。①

待诏之地点并不固定，还有如韩生以《易》召待诏殿中②，郭广意待诏五柞宫③，扬雄待诏承明之庭④等皆是。但是，一般来说，待诏之处主要是公车，其他当为特例。《后汉书·和帝纪》注云：

> 《前书音义》曰：公车，署名也，公车所在，故以名焉。《汉官仪》曰：公车令一人，秩六百石，掌殿门。诸上书诣阙下者皆集奏之；凡所征召，亦总领之。

可见一般都是待诏公车。

---

① 俱见《汉书》本传。东汉亦有待诏，如鲁恭待诏公车，世祖征桓谭待诏，均见其本传。
② 班固：《汉书》卷八十八，《韩婴传》，中华书局1962年版，第3614页。
③ 班固：《汉书》卷六十三，《燕刺王刘旦传》，中华书局1962年版，第2751页。
④ 班固：《汉书》卷八十七，《扬雄传》，中华书局1962年版，第3522页。

凡是待诏人物大都有所专长，如：

（武帝）诏求能为《韩诗》者，征（蔡）义待诏。[①]

伍宏以医待诏。[②]

吾丘寿王……年少，以善格五召待诏。[③]

宣帝时……益召高材刘向、张子侨、华龙、柳褒等待诏金马门。……知音善鼓雅琴者勃海赵定、梁国龚德，皆召见待诏。[④]

（成帝时）言祭祀方术者皆得待诏。[⑤]

《汉书·郊祀志》又有“本草待诏”，凡此等等，均因有一技之长而待诏。

因待诏非实职，故无正式俸禄，但在待诏期间，为使其能维持生活，也给予一定的生活补助，如《汉书·东方朔传》记载说：

令（东方朔）待诏公车，奉禄薄，未得省见。……（朔对武帝问曰：）“侏儒长三尺余，奉一囊粟、钱二百四十。臣朔长九尺余，亦奉一囊粟、钱二百四十，侏儒饱欲死，臣朔饥欲死。臣言可用，幸异其礼；不可用，罢之，无令但索长安米。”上大笑，因使待诏金马门，稍得亲近。

由此可见，待诏公车的待遇是比较低的，不过相当于侏儒的待遇。而待诏之地点不同，俸禄多少也有差异。

---

① 班固：《汉书》卷六十六，《蔡义传》，中华书局 1962 年版，第 2898 页。
② 班固：《汉书》卷九十三，《董贤传》，中华书局 1962 年版，第 3753 页。
③ 班固：《汉书》卷六十四，《吾丘寿王传》，中华书局 1962 年版，第 2794 页。
④ 班固：《汉书》卷六十四，《王褒传》，中华书局 1962 年版，第 2821 页。
⑤ 班固：《汉书》卷二十五，《郊祀志》，中华书局 1962 年版，第 1260 页。

十一、加官

加官为本职以外的一种虚衔。汉代，凡列侯、将军、卿、大夫、将（五官及左右中郎将）、都尉、尚书、太医、太官令至郎中皆可加官，所加有侍中、左右曹、诸吏、散骑、中常侍等官；又大夫、博士、议郎也可加官，所加多为给事中。以上诸加官均属中朝官。故加官虽为虚衔，但由于一旦加官之后便可出入禁中，侍从皇帝左右，故权力很大，在汉代政治生活中起着重要作用。

除上述加官之外，如特进、奉朝请以及朝侯、侍祠侯之类，也应属加官性质。特进、奉朝请多用以赐予功德优盛的高级官吏，如宋徐天麟所说：

> 按汉杂事，诸侯功德优盛、朝廷所敬异者，赐位特进。①

有此官衔，虽免官或退休之后，仍可以参与朝廷大政。如西汉丞相张禹告老罢相之后，“以列侯朝朔望，位特进，见礼如丞相”，以后“虽家居，以特进为天子师，国家每有大政，必与定议”②。东汉大将军邓骘兄弟等服阕之后，不受官封，“于是并奉朝请，位次在三公下，特进、侯上，其有大政，乃诣朝堂与公卿参谋”③。又，朝请大概需著门籍，西汉窦婴“因病免，太后除婴门籍，不得朝请”④。

此外，西域都护亦为加官，其本职为骑都尉、光禄大夫，加官都护，是为了总统西域诸国之事。武帝时以卫青数征伐有功，拜为大将军，欲尊宠之，冠以“大司马”称号，大司马也是一种加官，所以《汉书·霍去病传》说：“乃置大司马位，大将军、骠骑将军皆为大司马。”

十二、散官

散官为无印绶、不治事之官。中央如大夫、博士、御史、谒者、郎官

---

① 徐天麟：《西汉会要》卷三十六，《职官六》，上海人民出版社 1977 年版，第 417 页。
② 班固：《汉书》卷八十一，《张禹传》，中华书局 1962 年版，第 3351 页。
③ 范晔：《后汉书》卷十六，《邓骘传》，中华书局 1965 年版，第 615 页。
④ 班固：《汉书》卷五十二，《窦婴传》，中华书局 1962 年版，第 2375 页。

之类，或不治而议论，或侍从传达。地方亦有散吏，如祭酒、从掾位、从史位、待事掾、待事史等，与中央之散官性质相同。散官虽不治事，然其在上层者如太中大夫、中大夫、大夫、博士之职，多参与国家大政谋议与朝廷宗庙礼仪。西汉贾谊、晁错、董仲舒、主父偃、朱买臣等人，均曾居此类官职，论议定计，对文、景、武时期的政治有很大影响。大夫本身虽为无印绶之散官，但由此极易迁任有印绶的高官。博士迁任，与大夫略同，成帝时有三科之制，依科第高低可为尚书、刺史、诸侯太傅①。其下层者如御史，为皇帝耳目所寄，监察百官，权力很大，亦极易升迁。又如郎官，入奉宿卫，出充车骑，常侍从皇帝左右，与皇帝关系最为密切。东汉明帝时药崧为郎，因过，明帝自起以杖撞之，药崧顺口吟道："天子穆穆，诸侯煌煌，未闻人君，自起撞郎。"② 此亦可见郎与皇帝亲狎之一斑。因此郎官极易通显，董仲舒以为"长吏多出于郎中、中郎"③，多虞诩则认为"台郎显职，仕之通阶"④，均代表了当时人对郎的看法。

总之，两汉任用官吏的方式是灵活多样的，如果运用得当，是能够起到一定积极作用的。当然，决定的问题不在于任用方式，而在于任人唯贤还是任人唯亲的组织路线。

第二节 任用法规和任用期限

一、任用法规

汉代任用官吏的法规，虽无系统的记载，然从《史记》《汉书》纪、传中散见的有关事例来看，不仅有许多法律条文规定，而且在执行上还是比较严格的。现就可考者分几个问题叙述如下：

（一）关于王国官、地方官的任用法

汉初分封诸侯王，原意在拱卫中央，加强中央集权的统治；但其后却

---

① 班固：《汉书》卷八十一，《孔光传》，中华书局 1962 年版，第 3353 页。又《汉官仪》曰："博士入平尚书，出部刺史、诸侯相，次转谏大夫。"

② 范晔：《后汉书》卷四十一，《钟离意传》，中华书局 1965 年版，第 1409 页。

③ 班固：《汉书》卷五十六，《董仲舒传》，中华书局 1962 年版，第 2512 页。

④ 范晔：《后汉书》卷五十八，《虞诩传》，中华书局 1965 年版，第 1872 页。

向着相反方向发展，逐渐变成了与中央对抗的割据势力。汉朝中央为了从政治上削弱诸侯王国，自汉惠帝以后对王国官吏的任用便常常采取限制与裁抑的政策，如"孝惠帝元年，除诸侯王相国法"①。文帝时，"法，二千石缺，辄言汉补"②，即凡是二千石官，都要由汉中央任命。吴、楚七国之乱后，汉景帝更"令诸侯王不得复治国，天子为置吏"③。武帝时又"作左官之律，设附益之法"④，以限制诸侯王网罗人才，防止他们从事非法的活动。依据这些政策的精神，汉朝中央在任用王国官吏时颇多限制，如：

> （龚）胜为郡吏，三举孝廉，以王国人不得宿卫补吏。⑤

> （彭宣）为右扶风，迁廷尉，以王国人出为太原太守。⑥

> 有司数奏言诸侯国人不得宿卫，将军（时彭宣为左将军）不得典兵马、处大位。⑦

西汉时，由于诸侯王国与中央集权的对立，故汉朝中央任用王国人特别谨慎，并加以限制。

对于地方官的任用，主要是对籍贯的限制。西汉初年，由于州郡势力并不妨碍中央集权，故无所谓限制，地方长官郡守、县令均可由本郡人担任，如严助、朱买臣等人均曾被选守本郡，河南人卜式曾先后为河南缑氏令、成皋令。但是，武帝中叶以后，地方长官明显地要回避本籍，虽无明令规定，事实则是不用本籍人；刺史不用本州人；郡守、国相等不用本郡人；县令、长、丞、尉不但不用本县人，且不用本郡人⑧。不过，西汉时

---

① 司马迁：《史记》卷五十四，《曹相国世家》，中华书局 1982 年版，第 2028 页。
② 班固：《汉书》卷四十四，《淮南厉王传》，中华书局 1962 年版，第 2137 页。
③ 班固：《汉书》卷十九上，《百官公卿表上》，中华书局 1962 年版，第 741 页。
④ 班固：《汉书》卷十四，《诸侯王表》，中华书局 1962 年版，第 395 页。
⑤ 班固：《汉书》卷七十二，《龚胜传》，中华书局 1962 年版，第 3080 页。
⑥ 班固：《汉书》卷七十一，《彭宣传》，中华书局 1962 年版，第 3051 页。
⑦ 班固：《汉书》卷七十一，《彭宣传》，中华书局 1962 年版，第 3052 页。
⑧ 严耕望：《中国地方行政制度史》上编第十一章，《籍贯限制》，台湾商务印书馆 1963 年版。

司隶校尉、京兆尹以及长安县令、丞、尉不在此限。郡县之属官佐吏除三辅外，则一律用本籍人，用外郡人即为破例。还有，郡督邮用本郡人，但不用所督诸县之人；州之部郡从事亦用本州人，而不用所部之郡人。

东汉时，对地方长官的籍贯限制更严，京畿也不例外，一律不用本籍人（当然，初兴和末季乱世也有例外），甚至婚姻之家及两州人士不得对相监临，以后又有“三互法”。《后汉书·蔡邕传》云：

> 初，朝议以州郡相党，人情比周，乃制婚姻之家及两州人士不得对相监临。至是复有“三互法”。禁忌转密，选用艰难。幽、冀二州，久缺不补。邕上疏曰：“伏见幽、冀旧壤，铠马所出，比年兵饥，渐至空耗。今者百姓虚县，万里萧条，阙职经时，吏人延属，而三府选举，逾月不定。臣经怪其事，而论者云避三互，十一州有禁，当取二州而已。又二州之士或复限以岁月，狐疑迟淹，以失事会。愚以为三互之禁，禁之薄者，今但申以威灵，明其宪令，在任之人岂不戒惧，而当坐设三互，自生留阂邪？……臣愿陛下上则先帝，蠲除近禁，其诸州刺史器用可换者，无拘日月三互，以差厥中。”书奏不省。

李贤注：

> 三互，谓婚姻之家及两州人士不得交互为官也。

按此注所云，应为“三互法”以前之制。在此以前，两州人士有婚姻者，则其家人不得交互为官；甲州有人在乙州做官者，则乙州人不得在甲州做官。至于三互之法，对于此种限制又有发展。如甲州人士在乙州为官，同时乙州人士又在丙州为官，则丙州人士不但不能到乙州做官，也不能到甲州做官。三州婚姻之家也是如此。总之，这些都是防止地方官互相勾结庇护，以加强中央对地方的控制，如：

> 史弼迁山阳太守，其妻巨野薛氏女，以三互自上，转拜平原相。①

① 范晔：《后汉书》卷六十，《蔡邕传》注引谢承《后汉书》，中华书局1965年版，第1991页。

史弼是陈留考城人，他之所以不到山阳做官，就是因为其妻是巨野人，而巨野属山阳郡。

限制过严，禁忌繁密，致使选用困难，所以有的地方（如上述幽、冀二州）久缺不补。东汉这种对地方官任用的限制，其目的与西汉对王国官的限制相同。但由于历史条件不同，西汉是成功的，而东汉则是失败的。东汉后期尾大不掉之势已经形成，虽有这样严密的限制，也无法改变地方割据的局面。

（二）关于宗室、外戚、宦官的任用法

由于宗室、外戚、宦官和皇帝的关系特殊，往往对政权有很大影响。皇帝为了防止大权旁落，对于这三种人，在任用方面有时也有意识地加以适当限制。从下列记载，可见其一斑：

> （刘歆）为河内太守，以宗室不宜典三河，徙守五原。①

“宗室不宜典三河”，看来这是有条文规定的，或者至少是不成文的习惯法。汉代称河东、河内、河南三郡为三河，《史记·货殖列传》云：“夫三河在天下之中，若鼎足，王者之所更居也。”为了防止宗室觊觎帝位，故有此限制。又，东汉初年，东平宪王苍上疏云：

> 自汉兴以来，宗室子弟无得在公卿位者。②

王苍的话也是有根据的。

关于外戚，《汉书·冯野王传》有“有司奏：野王王舅，不宜备九卿”的记载。《后汉书·明帝纪》也记载说：

> 帝遵奉建武制度，无敢违者。后宫之家，不得封侯与政。

注引《东观记》曰：

---

① 班固：《汉书》卷三十六，《刘歆传》，中华书局 1962 年版，第 1972 页。
② 范晔：《后汉书》卷四十二，《光武十王传》，中华书局 1965 年版，第 1435 页。

光武伤前代权臣太盛，外戚与政，上浊明主，下危臣子，后族阴、郭之家不过九卿，亲属荣位不能及许、史、王氏之半耳。

这说明两汉都有关于外戚任官的限制。又：

（冯绲）上言："旧典，中官子弟不得为牧人职。"①

（杨）秉与司空周景上言……旧典，中臣子弟不居位秉势。②

显然是有法典限制宦官子弟为官。李固亦云：

诏书所以禁侍中、尚书、中臣子弟不得为吏察孝廉者，以其秉威权、容请托故也。③

从以上这些事实不难看出，两汉曾制定一些法规对宗室、外戚、宦官的任用加以限制。但是，由于他们始终麇集在皇帝周围，皇帝和他们无法脱离关系，防此失彼，防不胜防。故宗室权落，外戚兴起；外戚势衰，而宦官又盛。虽有各种任用法规的限制，亦不过一时权宜之计，不能贯彻到底。这是君主专制制度本身所无法克服的弊病。

（三）关于财产、职业、身份、学历以及年龄等方面的规定

秦朝时候即把财产作为任用官吏的一个重要条件，如韩信"始为布衣时，贫无行，不得推择为吏"④。西汉初年，需资算十以上乃可得官，至景帝后元二年（前142年）始减至四算，诏曰：

今訾（同资）算十以上乃得官，廉士算不必众，有市籍不得官，亡訾又不得官，朕甚愍之。訾算四得官，亡令廉士久失职，贪夫长利。⑤

① 范晔：《后汉书》卷三十八，《冯绲传》，中华书局1965年版，第1284页。
② 范晔：《后汉书》卷五十四，《杨秉传》，中华书局1965年版，第1772页。
③ 范晔：《后汉书》卷六十三，《李固传》，中华书局1965年版，第2075页。
④ 司马迁：《史记》卷九十二，《淮阴侯列传》，中华书局1982年版，第2609页。
⑤ 班固：《汉书》卷五，《景帝纪》，中华书局1962年版，第152页。

资算，就是按照财产多少交纳算赋，即财产税。汉代家资值万钱，算赋一百二十文，十算就是十万。这就是说在景帝后元二年（前 142 年）前家资需在十万以上始能做官，后元二年为了扩大选官的来源，减至四万即可做官。据《史记·孝文本纪》："百金，中民十家之产。"汉代黄金一斤为一金，值万钱①，可见在当时拥有十万家资，便是中家之产，"中家"即是中等地主，即使减至四万钱，也不失为一个小地主②。于此已足以说明汉代政权代表地主阶级的性质。西汉时张释之、司马相如均以訾为郎③，东汉"王溥，安帝时家贫不得仕"④。这些都证明两汉时做官确有财产方面的限制。如董仲舒所说："选郎吏又以富訾，未必贤也。"⑤ 这不仅说明汉代存在着以訾为官的选官制度，而且也反映了这种制度所产生的弊端。正因为如此，所以也有另一方面的限制，如"入财为官，不署右职"⑥。

在职业方面，上引景帝后元二年（前 142 年）诏中曾提到"有市籍不得官"。有市籍即指商人，商人不同于一般民户，需另立户口册，叫作市籍，这是汉初抑商政策的一个内容。有关汉初的记载说：

> 高祖乃令贾人不得衣丝乘车，重租税以困辱之。孝惠、高后时，为天下初定，复弛商贾之律，然市井子孙亦不得为官吏。⑦

---

① 班固：《汉书》卷二十四下，《食货志下》，中华书局 1962 年版，第 1178 页。

② 汉代的土地价格，由于各地区情况不同，差别较大。如《汉书·东方朔传》："丰镐之间，号为土膏，其价亩一金。"即每亩值万钱，这可说是汉代最高的土地价格。有些地区每亩的价格约为千余钱，如《汉书·李广传》所记："李蔡以丞相坐诏赐冢地阳陵当得二十亩，蔡盗取三顷，颇卖得四十余万。"是每亩价格约为一千三百余钱。又《汉书·扬雄传》谓雄"有田一壥（百亩），有宅一区"，而曰"家产不过十金"。是每亩不过千钱，这也还是汉代较高的土地价格。还有些地区，每亩仅值百钱，如《居延汉简考释·释文之部》卷三第 455、463 页有估计家资的两简，分别提到"田五顷五万"、"田五十亩直五千"，每亩价格都是百钱。又如《汉书·贡禹传》说贡禹"有田百三十亩"，而曰"家资不满万钱"。是田一亩尚不足百钱，这是汉代较低的土地价格。今若取其中数，以每亩四百钱计之，则四万钱可置田一百亩。再说汉朝的亩制，武帝太初以前，亩制很乱，有的地区实行秦亩制，即二百四十步的大亩，有的地区仍沿用六国亩制东田，即百步为亩的小亩。《汉书·食货志》晁错所说的农夫五口之家，耕田百亩，指的乃是小亩。武帝太初以后才统一实行大亩制。上面所引有关土地价格的资料，多系大亩的价格。汉大亩约合今亩七分，一百亩约合今亩七十亩，正相当于一个小地主占有的土地。

③ 见《汉书·本传》。

④ 王嘉《拾遗记》。

⑤ 班固：《汉书》卷五十六，《董仲舒传》，中华书局 1962 年版，第 2512 页。

⑥ 班固：《汉书》卷八十九，《黄霸传》，中华书局 1962 年版，第 3628 页。

⑦ 班固：《汉书》卷二十四下，《食货志下》，中华书局 1962 年版，第 1153 页。

> 孝文帝时……贾人赘婿及吏坐赃者皆禁锢不得为吏。[①]

这些都是对商人做官的限制。武帝时因财政困难，实行盐铁官卖，“除故盐铁家富者为吏”，于是“吏道益杂不选而多贾人”[②]，以前商贾不得为吏的禁令一度有所放松。但到哀帝时又重申“贾人不得为吏”[③] 的禁令。

此外，武帝时“巫蛊之祸”[④] 以后，对巫觋之家也有所限制，《后汉书·高凤传》云：

> 凤……名声著闻，太守连召请。恐不得免，自言本巫家，不应为吏。

显然是有巫家不得为吏的规定。

在身份方面，秦律明确规定，不得任“废官”为吏，其《除吏律》说：“任废官者为吏，赀二甲。”又规定，不许任用罪犯为佐、史，其《内史杂》说：“侯（候）、司寇及群下吏毋敢为官府佐、史及禁苑宪盗。”按此规定，不得任用刑徒（候、司寇均为刑徒），甚至不得任用未决犯（下吏）担任佐、史以及警卫禁苑的“宪盗”（捕盗小吏）。这正是秦“刑人无国位，戮人无官任”[⑤] 的具体反映。汉代沿袭了这样的规定，上引孝文帝时即有“吏坐赃者，禁锢不得为吏”的规定。东汉质帝本初元年（146 年）又诏：“臧吏子孙不得察举。”[⑥] 由此可知秦汉时对臧吏及其子孙做官都有严格的限制。又《汉书·萧望之传》：“弟犯法不得宿卫”，即犯法者的亲属不得在接近皇帝的要害部门做官，这显然是为了保护皇帝安全的一项规定。

---

① 班固：《汉书》卷七十二，《贡禹传》，中华书局 1962 年版，第 3077 页。

② 班固：《汉书》卷二十四下，《食货志下》，中华书局 1962 年版，第 1153 页。

③ 班固：《汉书》卷十一，《哀帝纪》，中华书局 1962 年版，第 336 页。

④ 巫蛊为当时流行的一种迷信，谓用巫术诅咒及用木偶人埋地下可以害人。武帝晚年多病，怀疑是左右的人巫蛊所致，派江充率胡巫四出追查巫蛊，被杀害者前后数十万人。江充又诬告太子宫中埋有木人，太子惧，不能自明，乃杀江充及胡巫，并发兵抗拒，最后兵败自杀，史称“巫蛊之祸”。

⑤ 《商君书·算地》，诸子集成本，中华书局 1954 年版。

⑥ 范晔：《后汉书》卷七，《桓帝纪》，中华书局 1965 年版，第 288 页。

在学历方面，有关记载告诉我们，汉代任用官吏也有学历方面的规定，如：

> 汉兴，萧何草律。……曰：太史试学童，能讽书九千字以上，乃得为史。①

> （武帝时，博士弟子）一岁皆辄课，能通一艺以上，补文学掌故缺，其高第者可以为郎中。……其不事学，若下材及不能通一艺，辄罢之。②

又据《汉旧仪》和《汉官仪》记载，丞相四科取士之一："学通行修，经中博士。"顾炎武在《日知录》中说："汉武帝从公孙弘之议，下至郡太守卒史，皆用通一艺以上者。"③ 这些都说的是学历问题。

在年龄方面也有规定。云梦秦简《内史杂》："除佐必当壮以上，毋除士五（伍）新傅。"据此规定，新傅籍的青年人不可担任官府的佐吏，只许任用壮年以上的人。由此可见，《史记·高祖本纪》所说"高祖及壮，试为吏"，正是与秦简的规定相符。汉代在年龄方面限制的记载更多，如从军至五十六岁衰老免归者，可以应龄选为亭长④；明经、博士限年五十⑤；选举孝廉限年四十⑥；博士弟子限年十八以上，一岁课试，通一艺者始能做官，则其任用年龄当在二十左右。但确有奇才异能者，则不受年龄的限制，如终军年十八，因上书言事，武帝异其文，拜为谒者给事中⑦。有时更明令"其有茂才异行，若严渊、子奇，不拘年齿"⑧。

---

① 班固：《汉书》卷三十，《艺文志》，中华书局1962年版，第1720～1721页。

② 班固：《汉书》卷八十八，《儒林传》，中华书局1962年版，第3594页。

③ 顾炎武著，黄汝成集释：《日知录集释（全校本）》卷十七，《通经为吏》，上海古籍出版社2006年版，第1019页。

④ 《后汉书·百官志》注引《汉官仪》，亦见《汉旧仪》。

⑤ 《后汉书·质帝纪》，《后汉书·杨仁传》注引《汉官仪》。

⑥ 范晔：《后汉书》卷六，《顺帝纪》，中华书局1965年版，第261页。

⑦ 班固：《汉书》卷六十四，《终军传》，中华书局1962年版，第2814页。

⑧ 范晔：《后汉书》卷六，《顺帝纪》，中华书局1965年版，第261页。

二、任用期限

汉代官吏的任期，虽无明文规定期限，但从许多资料看来，两汉多重久任之制。如：

> 孝文时，吏居官者或长子孙，以官为氏，仓氏库氏，则仓库吏之后也。其二千石长吏亦安官乐职，然后上下相望，莫有苟且之意。①

> （武帝）即位数岁，……为吏者长子孙，居官者以为姓号。②

> 宣帝地节二年，上始亲政事……侍中尚书功劳当迁及有异善，至于子孙，终不改易（师古曰："言各久其职事也"）。③

西汉官吏久任之事例很多，如萧何、曹参、公孙贺为丞相并十三年，张苍十五年，陈平十二年，石庆十年，于定国、魏相并九年④。徐自为为光禄勋二十六年，王恬启二十五年，张武二十三年，于永十六年，周仁十三年⑤。于定国为廷尉十七年⑥。商丘成为大鸿胪十二年⑦。咸宣为御史中丞几二十年⑧。地方官如田叔守汉中、孟舒守云中，皆十余年⑨。而所谓故事"尚书以久次转迁"⑩，"刺史居部九岁，举为守相"⑪，则是对久任官吏的奖励。但另一方面，政绩良好者，朝廷宁愿就原职增秩、加俸，也不轻易调动，如：

---

① 班固：《汉书》卷八十六，《王嘉传》，中华书局1954年版，第3490页。
② 司马迁：《史记》卷三十，《平准书》，中华书局1982年版，第1420页。
③ 班固：《汉书》卷八，《宣帝纪》，中华书局1962年版，第248页。
④ 见《汉书·百官公卿表》。
⑤ 见《汉书·百官公卿表》。
⑥ 见《汉书·百官公卿表》。
⑦ 见《汉书·百官公卿表》。
⑧ 班固：《汉书》卷九十，《咸宣传》，中华书局1962年版，第3661页。
⑨ 班固：《汉书》卷三十七，《田叔传》，中华书局1962年版，第1982页。
⑩ 班固：《汉书》卷八十一，《孔光传》，中华书局1962年版，第3361页。
⑪ 班固：《汉书》卷八十三，《朱博传》，中华书局1962年版，第3406页。

宣帝时，王成为胶东相，黄霸为颍川太守，皆且十年，但就增秩、赐金、封关内侯，以次入为公卿。①

关于久任的好处，《汉书·循吏传》序云：

及至孝宣……以为太守，吏民之本也，数变易，则下不安，民知其将久，不可欺罔，乃服从其教化。故二千石有治理效，辄以玺书勉励，增秩赐金，或爵至关内侯，公卿缺，则选诸所表以次用之。是以汉世良吏，于是为盛，称中兴焉。

以上是西汉的大致情况。

东汉官吏久任的事例也不少，如冯鲂为魏郡太守二十七年，王霸为上谷太守二十余岁，祭彤为辽东太守几三十年②。东汉也承西汉以来增秩而不迁其位的遗制，如崔寔《政论》所云：

中兴后，上官象为并州刺史，祭彤为辽东太守，视事各十八年，皆增秩至中二千石。建初中，南阳阴意以诏除郎，为饶阳令，视事二十三年，迁寿阳令，又十八年。

东汉时，虽仍行久任之制，但同时也逐渐有所改变。“建武、永平之间，吏事深刻，亟以谣言单辞，转移守长，故朱浮数上谏书，箴切峻政。”据朱浮说：

大汉之兴，亦累功效，吏皆积久，养老于官，至名子孙，因为氏姓。当时吏职，何能悉理，论议之徒，岂不喧哗，盖以为天地之功，不可仓卒，艰难之业，当累日也。而间者守宰数见换易，迎新相代，疲劳道路，寻其视事日浅，未足昭见其职，既加严切，人不自保，各相顾望，无自安之心。有司或因睚眦以骋私怨，苟求长短以媚上意。

① 崔寔《政论》。
② 均见《后汉书·本传》。

二千石及长吏迫于举劾，惧于刺讥，故争饰诈伪，以希虚誉。①

东汉后期，由于政治腐败，任用制度更加混乱不堪。顺帝阳嘉元年（132 年）尚书令左雄上疏曰：

昔（宣帝）以为吏数变易，则下不安业；久于其事，则民服教化。其有政理者，辄以玺书勉励，增秩赐金，或爵至关内侯，公卿缺则以次用之。是以吏称其职，人安其业。汉世良吏，于滋为盛。……汉初至今，三百余载，俗浸凋敝，巧伪滋萌，下饰其诈，上肆其残，典城百里，转动无常，各怀一切，莫虑长久。……故使奸滑枉滥，轻忽去就，拜除如流，缺动百数。乡官部吏，职斯（贱也）禄薄，车马衣服，一出于民，廉者取足，贪者充家，特选横调，纷纷不绝，送迎烦费，损政伤民。②

左雄上疏，虽然企图恢复任官的正常秩序，但由于当时宦官专权，终不能改。“自是选代交互，令长月易，迎新送旧，劳扰无已，或宦寺空旷，无人案事，每选部剧，乃至逃亡。”③ 东汉末，不仅地方官的任用一片混乱，而中央官也是这样，崔寔《政论》说：

近日所见，或一期之中，郡主易数二千石，云扰波转，溃溃纷纷，吏民疑惑，不知所谓。及公卿尚书，亦复如此。

从上述情况看来，官吏久任，确有其优点，所谓“吏称其职，人安其业”，能保持政治局面的安定；而调动过于频繁，则“各怀一切，莫虑长久”，容易造成政治秩序的混乱。汉代政治家朱浮、左雄、崔寔等人多主张官吏久任制的原因即在于此。但官吏任职过久，也有其弊端，主官和属官容易结成私人集团，垄断政权，形成和中央集权的离心力量，汉末割据纷争的局势，与此有很大的关系。

---

① 范晔：《后汉书》卷三十三，《朱浮传》，中华书局 1965 年版，第 1142 页。
② 范晔：《后汉书》卷六十一，《左雄传》，中华书局 1965 年版，第 2016～2017 页。
③ 范晔：《后汉书》卷六十一，《左雄传》，中华书局 1965 年版，第 2019 页。

第三章　考课制度

战国时期，封建地主阶级中有头脑的思想家和政治家，就已提出“明主治吏不治民”的主张①，意思是只要把官吏治理好了，民的问题就好办了。这的确是一个治国经验的历史总结。所谓治吏，不外是选贤举能、知人善任、考核严明以及赏罚公平等。关于秦汉时期的选官、任用制度，已见前两章，本章所要论述的是这一时期的考课以及相应的迁降赏罚制度。

第一节　上计与考课

官吏的考核制度是和任用制度紧密相连的一种人事制度。官吏任用之后是否称职，或升或降，或赏或罚，必须要有一套考核制度。战国时各国所推行的上计与考课之制，就是对官吏的考核制度，如：

田婴相齐，人有说王者曰：“终岁之计，王不一以数日之间自听之，则无以知吏之奸邪得失也。”王曰：“善。”……田婴令官具押券斗石参（太田方曰：“参疑区之误”）升之计，王自听计，计不胜听。②

李克治中山，苦陉令上计而多入。③

昭王召王稽，拜为河东守，三岁不上计。④

县令上计于郡守，郡守上计于国君，层层上计，而且一般是一年一次。此

---

① 《韩非子・外储说右下》，诸子集成本，中华书局 1954 年版。
② 《韩非子・外储说右下》，诸子集成本，中华书局 1954 年版。
③ 《韩非子・难二》，诸子集成本，中华书局 1954 年版。
④ 司马迁：《史记》卷七十九，《范雎列传》，中华书局 1982 年版，第 2415 页。

种考核制度在秦汉而渐趋完备。

秦国和战国其他国家一样实行上计制度以加强中央集权，除了王稽三岁不上计的特例之外，《商君书·禁使》有明确的记载：

夫吏专制决事于千里之外，十二月而计书以定，事以一岁别计，而主以一听。

一年一次，而且是年终十二月为计。可见秦是有上计制度传统的。云梦秦简又提供了更具体的例证，如：

县上食者籍及它费大（太）仓……与计偕。（《仓律》）

入禾稼、刍、稿，辄为廥籍，上内史。（《仓律》）

稻后禾孰（熟），计稻后年。已获上数，别粲、穤（糯）、秙（黏）稻。别粲、穤（糯）之襄（酿），岁异积之，勿增积，以给客，到十月牒书数，上内［史］。（《仓律》）

已禀衣，有余褐十以上，输大内，与计谐。（《金布律》）

每年年终的上计，不仅有各种税收、粮食收入以及其他籍、牒（各方面的登记造册），而且上计时还要将有关的物（余褐）一并送上。所谓计偕，《汉书·武帝纪》记载说：

征吏民有明当时之务、习先圣之术者，县次续食，令与计偕。

师古对此作注说：

计者，上计簿使也，郡国每岁遣至京师上之。偕者，俱也。令所征之人与上计者俱来，而县次给之食。后世讹误，因承此语，遂总谓上计为计谐。阐驷不详，妄为解说，云秦汉谓诸侯朝使曰计偕。偕，次也。晋代有计偕簿。又改偕为阶，失之弥远，致误后学。

秦简之计偕，则是与物俱上。可见在秦统一之前，上计制已相当完备。秦统一后承继此制，虽属郡县小吏也要进行考课。如《史记·萧相国世家》载：

秦御史监郡者与从事，常办之。何乃给泗水卒史事第一。秦御史欲入言征何，何因固请，得勿行。

汉代的上计考课，大体上承袭秦制。每年年终由郡国上计吏携带计簿（书面工作汇报）到京师上计（汇报工作）①，这叫常课；三年一考察治状②，叫大课。汉代的考课制度大体说来有两个系统：一是公卿守相或各部门主官各课其掾史属官，这是上下级系统；一是中央课郡，郡课县，这是从中央到地方的系统。

先说一说上级对下属人员的考课。如公府掾属、诸卿属官、守相掾史，均须依其职务由主官加以考核，以其能力高低和功劳大小为迁降赏罚的依据。如汉宣帝始亲政事，"自丞相以下，各奉职奏事，以傅奏其言，考试功能，侍中尚书功劳当迁及有异善，厚加赏赐"③。至于无具体职务的散官，则另立条格，加以考核或考试。如光禄勋岁以四行（敦厚、质朴、逊让、节俭）科第郎官，博士以三科选补，高为尚书，次为刺史，其不通政事者以久次补诸侯太傅。

本节要着重说的是中央对郡国以及郡国对属县的考课。

一、中央对郡国的考课

由于上计考课事关国家大政，故汉朝统治者对此非常重视。在中央，往往由皇帝亲自主持考课；有时皇帝行幸郡国，也常就地上计，如《汉书·武帝纪》载：

---

① 《通典》卷三十三《职官十五》："汉制，（郡守）岁尽遣上计掾史各一人，条上郡内众事，谓之计偕簿。"

② 崔寔《政论》："汉法亦三年一考察治状。"

③ 班固：《汉书》卷八，《宣帝纪》，中华书局1962年版，第247～248页。

元封五年春三月，还至泰山，增封。……因朝诸侯王列侯，受郡国计。

太初元年冬十月，行幸泰山。……春还，受计于甘泉。

天汉三年三月，行幸泰山，修封，祀明堂，因受计。

但是，皇帝亲自受计终归是特例，中央之主管上计机关乃是丞相、御史二府，如谷永荐薛宣疏云：

宣考绩功课，简在两府。①

但丞相、御史二府也各有侧重，丞相主要负责岁终课殿最（上功曰最，下功曰殿）上闻，御史大夫主要负责按察虚实真伪，二府相辅为用，如《汉书·丙吉传》说：

岁竟，丞相课其殿最，奏行赏罚。

又《汉书·宣帝纪》载黄龙元年（前49年）诏云：

上计簿，具文而已，务为欺谩，以避其课……御史察计簿非实者按之，使真伪毋相乱。

丞相、御史大夫亲自过问上计是当然的，如《汉旧仪》说：

哀帝元寿二年，以丞相为大司徒。郡国守丞长史上计事竟，遣，君侯②出坐庭上，亲问百姓所疾苦。

---

① 班固：《汉书》卷八十三，《薛宣传》，中华书局1962年版，第3391页。
② 《汉旧仪》："列侯为丞相、相国号君侯。"

御史大夫敕上计丞长史曰：……问今岁善恶孰与往年？对上。问今年盗贼孰与往年？得无有群辈大贼？对上。

但是，上计的具体事务则另有专人负责，《汉书·张苍传》云：

迁为计相，一月，更以列侯为主计，四岁。是时，萧何为相国，而苍乃自秦时为柱下御史，明习天下图书计簿……故令苍以列侯居相府，领主郡国上计者。

又同书《匡衡传》云："衡位三公，辅国政，领计簿。"然而具体治计时则又委派集曹掾陆赐主管其事。

具时，中央对郡国守相考课的情况，从下列诸例可见一斑：

河南守吴公治平为天下第一……征以为廷尉。①

（兒宽为左内史，）后有军发，左内史以负租课，殿，当免。民闻当免，皆恐失之，大家牛车，小家担负，输租繦属不绝，课更以最。②

（尹翁归为右扶风，）盗贼课常为三辅最。③

（韩延寿为东郡太守，）断狱大减，为天下最，入守左冯翊。④

（陈立）为天水太守，劝民农桑，为天下最，赐金四十斤。入为左曹卫将军、护军都尉。⑤

东汉以三公分掌丞相之职，所以郡国上计也由三公分管。《后汉书·

---

① 班固：《汉书》卷四十八，《贾谊传》，中华书局1962年版，第2221页。
② 班固：《汉书》卷五十八，《兒宽传》，中华书局1962年版，第2630页。
③ 班固：《汉书》卷七十六，《尹翁归传》，中华书局1962年版，第3208页。
④ 班固：《汉书》卷七十六，《韩延寿传》，中华书局1962年版，第3212～3213页。
⑤ 班固：《汉书》卷九十五，《西南夷传》，中华书局1962年版，第3845页。

百官志》在司徒、司空、太尉条下，分别注有考课之事：

> 大尉，公一人。本注曰：掌四方兵事功课，岁尽，则奏其殿最而行赏罚。

> 司徒，公一人。本注曰：掌人民事。……凡四方民事功课，岁尽，则奏其殿最而行赏罚。

> 司空，公一人。本注曰：掌水土事。……凡四方水土功课，岁尽，则奏其殿最而行赏罚。

三公奏课有分也有合，如李忠为丹阳太守，建武十四年（38 年），三公奏课为天下第一，这是因为他在兵事、民事乃至水土事等方面均课为最的缘故。《后汉书》本传记载说：

> （忠）迁丹阳太守。是时海内新定，南方海滨江淮，多拥兵据土。忠到郡，招怀降附，其不服者悉诛之，旬月皆平（按：此当为兵事）。忠以丹阳越俗不好学，嫁娶礼仪，衰于中国，乃为起学校，习礼俗，春秋乡饮，选用明经，郡中向慕之（按：此当为民事）。垦田增多，三岁间流民占著者五万余口（按：此与水土事有关）。十四年，三公奏课为天下第一。迁豫章太守。

这是三公合奏或同时考课第一，一般是分别考课，因为民事居多，故以司徒为主，如《后汉书·赵壹传》载：

> 光和元年，举郡上计到京师。是时司徒袁逢受计，计吏数百人皆拜伏庭中，莫敢仰视。

司徒亲自受计，计吏达数百人，如果不是汉末的特殊情况，对地方郡国的考课当是以司徒为主。不过，在实际上，自西汉末叶以至东汉，上计考课的实权即逐渐转归尚书。尚书主天下之大计，与西汉时具体办事的“举计”不同，如蔡质《汉仪》所说尚书“典天下岁尽集课事”①。据《周礼·天官冢宰第一》注：“司会主天下之大计，计官之长，若今尚书。”疏云：“汉之尚书亦主大计。”这主要是东汉的情况。

此外，在州成为郡的上级时，州对郡也有考课之权。州刺史原为监察官，西汉时以六条察事，非六条则不察，其本身则受中央御史中丞的督课，如：

（陈咸）为御史中丞，总领州郡奏事，课第诸刺史。②

可见刺史在法律上并不能直接考课郡国。但刺史巡行郡国，有权刺察守相，岁尽诣京师奏事③，而其时正当郡国上计之时，故其奏事对于考课郡国上计有很大作用，借此可以甄别计簿的虚实真伪，如：

（河南太守召信臣，治行常为第一，）荆州刺史奏信臣为百姓兴利，郡以殷富，赐黄金四十斤。④

东汉以来，刺史渐由监察官转变为地方最高行政长官，州成为郡的上级，自然就有考课的实权了⑤。

无论公卿考课州郡，或者刺史考课郡守，均须认真负责，如考课不实，应反坐其罪，如：

（大司空宋弘）在位五年，坐考上党太守无所据，免归第。⑥

（司徒郭丹）坐考陇西太守邓融事，无所据，策免。⑦

---

① 范晔：《后汉书》志第二十六，《百官三》注引，中华书局1965年版，第3597页。

② 班固：《汉书》卷六十六，《陈咸传》，中华书局1962年版，第2900页。

③ 《后汉书·百官志》：“诸州常以八月巡行所部郡国，录囚徒，考殿最。初，岁尽诣京都奏事，中兴但因计吏。”

④ 班固：《汉书》卷八十九，《召信臣传》，中华书局1962年版，第3642页。

⑤ 《后汉书·百官志》：“诸州常以八月巡行所部郡国，录囚徒，考殿最。初，岁尽诣京都奏事，中兴但因计吏。”

⑥ 范晔：《后汉书》卷二十六，《宋弘传》，中华书局1965年版，第905页。

⑦ 范晔：《后汉书》卷二十七，《郭丹传》，中华书局1965年版，第941页。

（王涣）迁兖州刺史，绳正部郡，风威大行。后坐考妖言不实论。岁余，征拜侍御史。①

二、郡国对属县的考课

在郡县两级制普遍实行之前，秦和战国其他国家一样，是县直接上计于中央的，所以云梦秦简中的《仓律》规定："县上食者籍及它费大（太）仓。"太仓是内史属官，说明县是直接上计于中央。在郡县两级制普遍实行之后，郡国守相上承中央考课，下则考课其属县。《后汉书·百官志》本注曰："秋冬集课，上计于所属郡国。"补注又引胡广曰：

秋冬岁尽，（县）各计县户口垦田，钱谷入出，盗贼多少，上其集（计）簿。丞尉以下，岁诣郡，课校其功。功多尤为最者，于廷尉劳勉之，以劝其后；负多尤为殿者，于后曹别责，以纠怠慢也。

上计时间，此处总言"秋冬岁尽"，史书中有时或言秋冬，或言岁尽。因为郡上计于中央，系在岁尽，如《后汉书·百官志》郡国条下本注曰："岁尽，遣吏上计。"② 所以郡课县的时间就必须提前，以便郡汇集各县情况向中央上计。如《汉书·尹翁归传》所说"翁归治东海明察……收取人必于秋冬课吏大会中"，秋冬是郡课县的通常时间。当时郡课县的情况，由下列记载可见：

（卜式）为成皋令，将漕最……拜为齐王太傅。③

（义纵）补上党郡中令，治敢往，少温籍，县无逋事，举第一。迁为长陵及长安令。④

---

① 范晔：《后汉书》卷七十六，《王涣传》，中华书局1965年版，第246页。
② 《后汉书·百官志》补注："卢植《礼注》曰：计断九月，因秦以十月为正故。"
③ 班固：《汉书》卷五十八，《卜式传》，中华书局1962年版，第2626页。
④ 班固：《汉书》卷九十，《义纵传》，中华书局1962年版，第3653页。

（赵广汉）为阳翟令，以治行尤异，迁京辅都尉。[①]

（法雄）除平氏长，善政事……南阳太守鲍德上其理状，迁宛陵令。[②]

（祭彤）除偃师长，视事五年，县无盗贼，州课第一，迁襄贲令。[③]

以上是经过考课，因治绩尤异而得到迁升的事例。还有因经过考课，被列为下等而受到斥责的例子，如：

（萧育）为茂陵令，会课，育第六。而漆令郭舜殿，见责问，育为之请，扶风怒曰："君课第六，裁自脱，何暇欲为左右言！"及罢出，传召茂陵令诣后曹，当以职事对。[④]

郡国考课属县，在西汉时一般采取大会都试的形式，如上引《汉书·尹翁归传》"必于秋冬课吏大会中"。《汉官仪》也说："八月，太守、都尉、令、长、丞、尉会都试，课殿最。"并且县上计时，由令、长、丞、尉亲行，这由上引萧育事可证。东汉以后，有所变化，令、长不再自行，但遣丞尉以下，如前引胡广云："丞尉以下岁诣郡课校其功。"

三、上计吏之职责

上计者并非仅仅奉上计簿，如上所述，在地方则是参加集课的都试大会。在中央也是一方面代表地方参与朝会，备询政俗；另一方面则上承中央诏敕，下达给地方守相。

关于参与朝会，如《东观汉记·明帝纪》云：

---

① 班固：《汉书》卷七十六，《赵广汉传》，中华书局 1962 年版，第 3199 页。

② 范晔：《后汉书》卷三十八，《法雄传》，中华书局 1965 年版，第 1276 页。

③ 李昉等：《太平御览》卷二百六十一，《职官部五十八》引《续汉书》，中华书局 1960 年版，第 1219 页。

④ 班固：《汉书》卷七十八，《萧育传》，中华书局 1962 年版，第 3289 页。

永平元年，帝即祚……逾年正月，乃率诸王、公主、外戚、郡国计吏上陵，如会殿前礼。

又《后汉书·礼仪志上》云：

正月……东都之仪，百官、四姓亲家妇女、公主、诸王、大夫、外国朝者侍子、郡国计吏会陵。……群臣受赐食毕，郡国上计吏以次前，当神轩占其郡国谷价，民所疾苦。……最后亲陵，遣计吏。

显然，郡国计吏是参与朝会及其他大典的。

关于备询政俗。上引《汉旧仪》的记载说：

郡国守丞长史上计事竟，遣，君侯出坐廷上，亲问百姓所疾苦。

这似乎是一个概括的记述。其他具体记述还有很多，如《汉书·王成传》：

宣帝……诏使丞相御史问郡国上计长吏（史）守丞以政令得失。

《后汉书·张堪传》：

帝（光武）尝召见诸君计吏，问其风土及前后守令能否。

《汉中士女志》：

光和二年……巴郡板楯反……天子访问益州计吏，考以方略。

《水经注·温水》引范泰《古今善言》：

日南张重举计入洛。正旦大会，明帝问："日南郡北向视日邪?"重曰："……日亦俱出于东耳。至于风气暄暖，日影仰当，官民居止，随情面向，东西南北，回背无定，人性凶悍，果于战斗，便山习水，不闲平地。”

这是在参加正旦大会的同时备询风俗。

关于承接中央诏敕，《汉旧仪》的记载说：

哀帝元寿二年。……郡国守丞长史上计事竟……敕曰：“诏书殿下禁吏无苛暴。丞长史归告二千石：顺民所疾苦，急去残贼；审择良吏，无任苛刻；治狱决讼，务得其中。明诏忧百姓困于衣食，二千石帅劝农桑，思称厚恩，有以赈赡之，无烦扰夺民时，公卿以下，务饬俭恪。今俗奢侈过制度日以益甚，二千石务以身帅，有以化之。民冗食者请谨以法，养视疾病，致医药务治之。诏书无饰厨传、增养食，至今未变，或更尤过度，甚不称。归告二千石，务省约如法。且案不改者，长吏以闻。官寺乡亭漏败，垣墙阤坏不治，无办护者，不称任，先自劾不应法。归告二千石听。”

又记载说：

御史大夫敕上计丞长史曰：“诏书殿下布告郡国：‘承宣无状，多不究，百姓不蒙恩被化，守丞长史到郡，与二千石同力，为民兴利除害，务有以安之，称诏书。郡国有茂才不显者言上。残民贪污烦扰之吏，百姓所苦，务勿任用。方察不称者。刑罚务于得中，恶恶止其身。选举民侈过度，务有以化之。’”

又如《汉书·黄霸传》记载说：

（张敞奏曰：）“……宜令贵臣明饬长吏（史）守丞归告二千石，举三老、孝弟、力田、孝廉、廉吏，务得其人，郡事皆以义法令检式，毋得擅为条教。敢挟诈伪以奸名誉者，必先受戮，以正明好恶。”天子嘉纳敞言，召上计吏，使侍中临饬，如敞指意。

由此可见，上计吏上承下宣，责任重大，中央诏敕，交代也十分具体，并要求上计吏与二千石同心协力，“为民兴利除害，成大化”。所以在考课郡国上计长吏守丞时，“有耕者让畔，男女异路，道不拾遗，及举孝子、弟弟、贞妇者为一辈，先上殿；举而不知其人数者，次之；不为条教者，在后叩头谢”①。这虽与郡国政绩有关，同时也与上计吏能力、水平有关。因此上计吏十分重要。大约秦时是主管长官自奉计簿送上中央。西汉时县道上计于郡国，仍是令长丞尉自行。而郡国上计于中央，则由丞长史代行。东汉之制，略从简省，县道上计于郡国，但遣丞尉以下。郡国上计于中央，则选派高级属吏为上计掾史（详见本书第二编第二章第四节郡属吏）。

四、上计内容

当时的中央政府主要是通过上计制度掌握全国情况，并据以考核地方官吏的政绩，因此地方上的一切情况都属于上计内容。上引《后汉书·百官志》补注引胡广曰：“秋冬岁尽，各计县户口垦田，钱谷入出，盗贼多少，上其集（计）簿。”此应是上计的主要内容。如《汉书·黄霸传》记载，霸为颍川太守，“户口岁增，治为天下第一”。可以看出，户口是每年要统计并上报的，而且是考察政绩的最重要内容，仅凭户口岁增，即课为第一。治狱情况，也是上计的重要内容之一。如《汉书·食货志》说，武帝时天下“断狱岁以千万数”。又如《汉书·刑法志》说：

> 考自昭宣元成哀平六世之间，断狱殊死，率多千余口而一人，耐罪上至右止三倍有余。

上报统计的数字越来越具体，如《汉书·魏相传》：

> 案今年计，子弟杀父兄、妻杀夫者，凡二百二十二人。

计就是计簿，这二百二十二人的具体数字就是根据当年各郡国所上计簿统计出来的。除断狱数的统计上报之外，还有其他各种情况的统计，如《汉书·宣帝纪》说：

---

① 班固：《汉书》卷八十九，《黄霸传》，中华书局1962年版，第3632页。

(地节四年九月诏)其令郡国岁上系囚以掠笞若瘐死者所坐名、县、爵、里，丞相御史课殿最以闻。

这是一项新的要求上报内容。

此外，还有一些记载说明上计内容之广泛，如《后汉书·百官志》宗正条下云：

郡国岁因计上宗室名籍。若有犯法当髡以上，先上诸宗正，宗正以闻，乃报决。

显然，宗室状况也是上计内容，不过要报给宗正罢了。又如《汉书·景武昭宣元成功臣表》云：

众利侯郝贤……元狩二年，坐为上谷太守入戍卒财物，上计谩，免。(师古曰："上财物之计簿而欺谩不实。")

则是戍卒情况亦为上计内容。又如《后汉书·郡国志》吴郡海盐县条刘昭注云：

案今计偕簿，县之故治，顺帝时陷而为湖，今谓为当湖。大旱湖竭，城郭之处可识。

刘昭，梁朝人，计偕簿中记载地理变迁情况，其制必承于汉。

从以上所述可以看出，汉代上计的内容非常广泛，可以说地方上的事情几乎无所不包，而且有时要求十分具体。这对于中央了解地方情况，考察地方官吏，无疑是一项重要的措施。然而任何一项措施或一种制度，有其利必有其弊，上计制度亦是如此，无论上面规定得如何详细，也难免下面的欺谩，如《商君书·禁使》说：

夫吏专制决事于千里之外，十二月而计书以定，事以一岁别计，而主以一听，见所疑焉，不可蔽，员不足。

即使怀疑有弊病，因物证不足，也难以判断。因为要对官吏考核，官吏也就常常弄虚作假，或欺谩朝廷以避其课，或谎报成绩冒功领赏，如《汉书·宣帝纪》载黄龙元年（前49年）诏曰：

> 方今天下少事，繇役省减，兵革不动，而民多贫，盗贼不止，其咎安在？上计簿，具文而已（师古曰："虽有其文而实不副也"），务为欺谩，以避其课。……御史察计簿，疑非实者，按之，使真伪毋相乱。

又如同书《王成传》云：

> 今胶东相成，劳来不怠，流民自占八万余口，治有异等之效。其赐成爵关内侯，秩中二千石。……后诏使丞相御史问郡国上计长吏（史）守丞以政令得失，或对言前胶东相成，伪自增加，以蒙显赏，是后俗吏多为虚名云。

又同书《贡禹传》云：

> ……郡国恐伏其诛，则择便巧史书、习于计簿、能欺上府者以为右职。……故……欺谩而善书者尊于朝。

为了对付上计，竟专门选用善于作伪的属吏编造计簿，其流弊之大，可想而知。

西汉末叶，考课制度逐渐有所废弛。元帝时，京房为整顿吏治，曾奏考功课吏法，《汉书·京房传》记其事云：

> 永光、建昭间……数召见问。房对曰："古帝王以功举贤，则万化成，瑞应著；末世以毁誉取人，故功业废而致灾异。宜令百官各试其功，灾异可息。"诏使房作其事，房奏考功课吏法。上令公卿朝臣与房会议温室，皆以房言烦碎，令上下相司，不可许。上意向之。……令房上弟子晓知考功课吏事者，欲试用之。房上中郎任良、姚

平，“愿以为刺史，试考功法，臣得通籍殿中，为奏事，以防壅塞”。石显、五鹿充宗皆疾房，欲远之。建言，宜试以房为郡守。元帝于是以房为魏郡太守，秩八百石，居得以考功法治郡。房自请愿无属刺史，得除用他郡人，自第吏千石以下，岁竟乘传奏事。天子许焉。

京房的考功课吏法究竟怎样，其详已无可考。据上所述，曾在魏郡局部实行，然亦只保留了有关县令丞尉的一条材料，本传注引晋灼曰：

令丞尉治一县，崇教化亡犯法者辄迁。有盗贼，满三日不觉者，则尉事也。令觉之，自除，二尉负其罪。率相准如此法。

看来其考课之法非常具体，可惜没有保留下来。当时京房虽多方努力求其实施，但是由于丞相韦玄成、中书令石显、尚书令五鹿充宗等权贵的阻挠，未能实行。并且京房本人还因此遭到排斥下狱。

东汉对官吏的考核制度，大体与西汉相同，至于末年，考核制度便完全破坏。王符《潜夫论·考绩》云：

今则不然，令长守相，不思立功，贪残专恣，不奉法令，侵冤小民，州司不治，令远诣阙上书讼诉。尚书不以责三公，三公不以让州郡，州郡不以讨县邑，是以凶恶狡猾易相冤也。

考课不行，则功过不明；功过不明，则赏罚不平；赏罚不平，则吏治势必趋于败坏。这应是东汉王朝灭亡的一个重要原因。

第二节 迁降与赏罚

对官吏迁降赏罚，除皇帝或主官出于私人亲疏爱憎这类主观因素之外，在通常情况下，均应以考课结果而定。考课之后，是要登记在册的，所谓“考绩功课，简在两府”①，简即记载劳绩的册籍，此制当始于秦，云

① 班固：《汉书》卷八十三，《薛宣传》，中华书局1962年版，第3391页。

梦秦简中有一条《中劳律》：

> 敢深益其劳岁数者，赀一甲，弃劳。

擅自增加自己劳绩年数者，要受罚一甲，并取消其劳绩。则计算官吏的劳绩，已有专门的律条。登记的简册，就是迁降赏罚的依据。

一、迁降及其他

（一）迁

一般来说，考课为最，为高第者，均能得到升迁。迁有平迁和超迁两种情况。以积功久次（功劳、资历）循序而升者为平迁；有特殊功绩或奇才异能因而被破格猎等而进者称为超迁。平迁之例，如：

> （石）奋积功劳，孝文时官至太中大夫。①

> （周仁）景帝为太子时，为舍人，积功迁至太中大夫。②

> 河南守吴公治平为天下第一……征以为廷尉。③

> （卜式）迁成皋令，将漕最。……拜为齐王太傅，转为相。④

> （兒宽）以射策为掌故，功次，补廷尉文学卒史。⑤

> （王䜣）以郡县吏积功，稍迁为被阳令。⑥

---

① 班固：《汉书》卷四十六，《石奋传》，中华书局 1962 年版，第 2193 页。
② 班固：《汉书》卷四十六，《周仁传》，中华书局 1962 年版，第 2203 页。
③ 班固：《汉书》卷四十八，《贾谊传》，中华书局 1962 年版，第 2221 页。
④ 班固：《汉书》卷五十八，《卜式传》，中华书局 1962 年版，第 2626 页。
⑤ 班固：《汉书》卷五十八，《兒宽传》，中华书局 1962 年版，第 2628 页。
⑥ 班固：《汉书》卷六十六，《王䜣传》，中华书局 1962 年版，第 2887 页。

（陈万年）迁广陵太守，以高第入为右扶风，迁太仆。①

（郑）弘为南阳太守……迁淮阳相，以高第入为右扶风。京师称之。代韦玄成为御史大夫。②

（冯野王为太子中庶子，）后以功次补当阳长。迁为栎阳令，徙阳夏令。③

（冯逡）为美阳令，功次迁长乐屯卫司马，清河都尉，陇西太守。④

（朱邑）迁北海太守，以治行第一入为大司农。⑤

（黄霸）为颍川太守……户口岁增，治为天下第一。征守京兆尹，秩二千石。⑥

（义纵）补上党郡中令，治敢往，少温籍，县无逋事，举第一。迁为长陵及长安令。⑦

（尹）赏以三辅高第，选守长安令。⑧

（赵）禹以刀笔吏积劳，迁为御史。⑨

① 班固:《汉书》卷六十六,《陈万年传》,中华书局1962年版,第2899页。
② 班固:《汉书》卷六十六,《郑弘传》,中华书局1962年版,第2902～2903页。
③ 班固:《汉书》卷七十九,《冯奉世传》附传,中华书局1962年版,第3302页。
④ 班固:《汉书》卷七十九,《冯奉世传》附传,中华书局1962年版,第3305页。
⑤ 班固:《汉书》卷八十九,《朱邑传》,中华书局1962年版,第3635页。
⑥ 班固:《汉书》卷八十九,《黄霸传》,中华书局1962年版,第3631页。
⑦ 班固:《汉书》卷九十,《义纵传》,中华书局1962年版,第3653页。
⑧ 班固:《汉书》卷九十,《尹赏传》,中华书局1962年版,第3673页。
⑨ 班固:《汉书》卷九十,《赵禹传》,中华书局1962年版,第3651页。

以上各种各样的迁升，或因考课为最，或以积劳为功，皆循序而升。对于有特异才能或功效显著者，则往往实行超迁，如：

宣帝立，大将军（霍）光领尚书事，条奏群臣谏昌邑王者皆超迁。（于）定国由是（御史中丞）为光禄大夫，平尚书事，甚见任用。数年，迁水衡都尉，超为廷尉。①

哀帝即位，以（朱）博名臣，召见，起家复为光禄大夫，迁京兆尹，数月，超为大司空。②

部刺史奉使典州，督察郡国，吏民安宁。故事，居部九岁，举为守相，其有异材功效著者辄登擢。③

（薛宣）迁为少府……月余，御史大夫于永卒……遂以宣御史大夫，数月，代张禹为丞相。④

（胡广）既到京师，试以章奏，安帝以广为天下第一。旬月拜尚书郎，五迁尚书仆射。⑤

（蔡邕）举高第，补侍御史，又转持书御史，迁尚书。三日之间，周历三台。⑥

（荀爽）拜平原相。行至宛陵，复追为光禄勋。视事三日，进拜司空。爽自被征命，及登台司，九十五日。⑦

① 班固：《汉书》卷七十一，《于定国传》，中华书局 1962 年版，第 3042 页。
② 班固：《汉书》卷八十三，《朱博传》，中华书局 1962 年版，第 3404 页。
③ 班固：《汉书》卷八十三，《朱博传》，中华书局 1962 年版，第 3406 页。
④ 班固：《汉书》卷八十三，《薛宣传》，中华书局 1962 年版，第 3391～3393 页。
⑤ 范晔：《后汉书》卷四十四，《胡广传》，中华书局 1965 年版，第 1505 页。
⑥ 范晔：《后汉书》卷六十，《蔡邕传》，中华书局 1965 年版，第 2005 页。
⑦ 范晔：《后汉书》卷六十二，《荀淑传》，中华书局 1965 年版，第 2057 页。

从以上诸例可见，超迁既包括越级提升，也包括提升得快。甚至如马援所说："车丞相高祖园寝郎，一月九迁为丞相者。"① 这种办法，能擢用优秀人才，不致使人才埋没，但使用不当，其流弊也很大。西汉对超迁颇有限制，如元帝时华阴守丞嘉上封事荐朱云以六百石秩试守御史大夫，太子少傅匡衡认为是"欲以匹夫徒步之人，而超九卿之右"，为妄相称举，嘉竟因此坐罪②。至东汉末，官吏升迁已不遵常轨，所谓"或期月而长州郡，或数年而至公卿"③。升迁之滥成了吏治败坏的一个重要原因。

（二）降

考课官吏，有功则升赏，有过则降免处罚。汉代官吏除因重罪犯法而被罢官削爵或处以死刑外，凡犯有小过而不宜重处者，一般仍留为官吏而降职罚俸。降职，当时称为左转或左迁；罚俸，称为贬秩，如：

（黄霸）守京兆尹，秩二千石。坐发民治驰道，不先以闻，又发骑士诣北军，马不适士，劾乏军兴，连贬秩。有诏归颍川太守官，以八百石居治如其前。④

（平当）迁丞相司直，坐法，左迁朔方刺史。⑤

（任延）为武威太守，坐擅诛羌不先上，左转召陵令。⑥

可见降职实即一种惩罚。

（三）转

转，既非迁，也非降。因工作需要由此官而改任他官，而其品秩相同者，则称为转，如：

---

① 严可均：《全上古三代秦汉三国六朝文·全后汉文》卷十七，中华书局 1958 年版，第 563 页。

② 班固：《汉书》卷六十七，《朱云传》，中华书局 1962 年版，第 2913 页。

③ 崔寔《政论》。

④ 班固：《汉书》卷八十九，《黄霸传》，中华书局 1962 年版，第 3631 页。

⑤ 班固：《汉书》卷七十一，《平当传》，中华书局 1962 年版，第 3050 页。

⑥ 范晔：《后汉书》卷七十六，《任延传》，中华书局 1965 年版，第 2463 页。

上诏（彭）宣为光禄大夫，迁御史大夫，转为司空。①

（杜）乔辟司徒杨震府，稍迁为南阳太守，转东海相。②

（陈蕃）征为尚书仆射，转太中大夫。③

（四）徙

徙兼有转、迁二义，视具体情况而定，如：

（韩延寿）迁淮阴太守，治甚有名，徙颍川……数年，徙为东郡太守。④

（段会宗）拜为沛郡太守，以单于当朝，徙为雁门太守。⑤

此种徙官均属于同等官秩，而互相调动，与转官相同。

（疏）广为少傅，数月……徙为太傅。⑥

（尹翁归）除补（郡）卒史……徙为署督邮。⑦

这里的徙则属于升迁的性质。

（五）出入

由中央官外调为地方官，称为出；由地方官内调为中央官，称为入。出入常含有迁降或赏罚的意义，如：

---

① 班固：《汉书》卷七十一，《彭宣传》，中华书局1962年版，第3052页。
② 范晔：《后汉书》卷六十三，《杜乔传》，中华书局1965年版，第2091～2092页。
③ 范晔：《后汉书》卷六十六，《陈蕃传》，中华书局1965年版，第2163页。
④ 班固：《汉书》卷七十六，《韩延寿传》，中华书局1962年版，第3210页。
⑤ 班固：《汉书》卷七十，《段会宗传》，中华书局1962年版，第3029页。
⑥ 班固：《汉书》卷七十一，《疏广传》，中华书局1962年版，第3039页。
⑦ 班固：《汉书》卷七十六，《尹翁归传》，中华书局1962年版，第3207页。

（冯野王）为大鸿胪……有司奏野王王舅，不宜备九卿，以秩出为上郡太守。①

（彭宣）举为博士，迁东平太傅。（张）禹以帝师见尊信，荐宣经明有威重，可任政事，由是入为右扶风，迁廷尉。以王国人出为太原太守。数年，复入为大司农、光禄勋、右将军。②

入，多半是外职内升；出，则为左迁，如：

（萧望之）征入守少府。宣帝察望之经明持重，论议有余，材任宰相，欲详试其政事，复以为左冯翊。望之从少府出为左迁，恐有不合意，即移病。上闻之，使侍中成都侯金安上谕意曰："所用皆更治民以考功。君前为平原太守日浅，故复试之以三辅，非有所闻也。"望之即视事。③

即便是"试其政事"也被认为是左迁。不过，中央小官如郎官、公府掾属之出任地方官，虽是外出，则并非左迁，《汉官仪》云：

羽林郎出补三百石丞尉，自占丞尉，小县丞尉三百石，其次四石，比秩为真，皆所以优之。

又《后汉书·百官志》刘昭注云：

旧河堤谒者，世祖改以三府掾属为谒者领之，迁超御史中丞、刺史，或为小郡。

由中央小官升为地方长吏，明明是一种优待，当然不属于左迁之列。

---

① 班固：《汉书》卷七十九，《冯野王传》，中华书局1962年版，第3302～3303页。
② 班固：《汉书》卷七十一，《彭宣传》，中华书局1962年版，第3051～3052页。
③ 班固：《汉书》卷七十八，《萧望之传》，中华书局1962年版，第3274页。

（六）迁补

官吏之迁补，似亦有常例可循，如丞相例由御史大夫迁补，御史大夫则选中二千石，中二千石则选郡国守相高第。

故事选郡国守相高第为中二千石，选中二千石为御史大夫，任职者为丞相，位次有序，所以尊圣德，重国相也。今中二千石未更（经）御史而为丞相，权轻，非所以重国政也。①

故事（刺史）居部九岁举为守相。②

其他迁补之常制还很多，兹录《汉官仪》的部分记载如下：

博士入平尚书，出部刺史，诸侯相，次转谏大夫。

（太常）丞皆选孝廉郎年少薄伐者，迁补府长史、都官令、候、司马。

光禄勋有南北庐主事、三署主事，于诸郎之中察茂才高第者为之，秩四百石，次补尚书郎，出宰百里。

太官令，秩一千石。桓帝延熹元年，使太官令得补二千石。

尚书秩五百石，次补二千石。

尚书左丞、右丞秩各四百石，迁刺史。

（尚书）左右丞，久次郎补也。

---

① 班固：《汉书》卷八十三，《朱博传》，中华书局1962年版，第3405页。
② 班固：《汉书》卷八十三，《朱博传》，中华书局1962年版，第3406页。

尚书郎初入台为郎中，满岁称为侍郎，五岁迁太尉也。

能通苍颉史篇补兰台令史，满岁补尚书令史，满岁为尚书郎，出亦与郎同，宰百里。

若郎处曹二年，赐迁二千石、刺史。

这些片断材料，不可能是同一时间的事，有些可能是特殊例子，如太官令得补二千石，侍郎五岁迁太尉。但也可看出一些常例，如一般中央机关的属吏外任①，迁补多半是重用；而博士、尚书、郎官等尤为明显，虽无显著功劳，以久次即可迁升，此董仲舒所谓“累日以取贵，积久以致官”② 也。

二、赏与罚

上述迁、降、转、徙、出、入及迁补诸例，其中多含有赏罚之意。除此之外，还有多种赏罚形式。

（一）赏的方面

主要有增秩、赐爵和礼遇上的优待。

1. 增秩、赐爵。

对于治理有效的官吏，有时并不立即迁升，而采取增秩、赐爵的办法，使之继续留任原职，如《汉书·循吏传》序云：

（宣帝）以为太守，吏民之本也，数变易则下不安，民知其将久，不可欺罔，乃服从其教化。故二千石有治理效，辄以玺书勉励，增秩赐金，或爵至关内侯。公卿缺，则选诸所表以次用之。

具体事例也不少，如：

① 关于地方官之迁补，严耕望《中国地方行政制度史》上编第十章论之甚详，可以参考。
② 班固：《汉书》卷五十六，《董仲舒传》，中华书局1962年版，第2513页。

颍川太守（秩二千石）黄霸以治行尤异，秩中二千石，赐爵关内侯，黄金百斤。①

今胶东相（王）成劳来不怠，流民自占八万余口，治有异等之效。其赐成爵关内侯，秩中二千石。②

（萧咸）为好畤令，迁淮阳、泗水内史，张掖、弘农、河东太守，所居有（政）迹，数增秩赐金。③

赏赐除增秩、赐爵、赐金之外，还有田宅、奴婢、甲第、安车驷马、秘器、缯帛、牛酒乃至冢地等许多赏赐④，这些都是完全依皇帝意旨而定。

2. 礼遇上的优宠。

对于有功之臣，在升迁、增秩、赐爵、赐金的同时，往往还有礼遇上的优宠，如：

汉五年，奏位次……令（萧）何第一，赐带剑履上殿，入朝不趋。⑤

高皇帝褒赏元功，相国萧何邑户既倍，又蒙殊礼，奏事不名，入殿不趋。⑥

上欲自击陈豨，蒯成侯（周緤）泣曰："始秦攻破天下，未尝自行，今上常自行，是为无人使者乎？"上以为"爱我"，赐入殿门不趋，杀人不死。⑦

---

① 班固：《汉书》卷八，《宣帝纪》，中华书局1962年版，第264页。
② 班固：《汉书》卷八十九，《王成传》，中华书局1962年版，第3627页。
③ 班固：《汉书》卷七十八，《萧咸传》，中华书局1962年版，第3291页。
④ 参阅《西汉会要》卷四十二及《东汉会要》卷二十五。
⑤ 班固：《汉书》卷三十九，《萧何传》，中华书局1962年版，第2009页。
⑥ 班固：《汉书》卷九十九，《王莽传》，中华书局1962年版，第4061页。
⑦ 司马迁：《史记》卷九十八，《蒯成侯列传》，中华书局1982年版，第2712页。

西汉初这些褒赏元功的特殊待遇，以后有时也采用，直至东汉亦是如此，桓帝时就赐梁冀“入朝不趋，剑履上殿，赞谒不名”①。优宠的方式很多，车饰冠服不同于众也是一种方式，如：

宣帝下诏曰：“制诏御史，其以贤良高第扬州刺史霸为颍川太守，秩比二千石，居官赐车盖，特高一丈，别驾主簿车，缇油屏泥于轼前，以章有德。”②

拜（郭贺）荆州刺史，引见赏赐，恩宠隆异。及到官，有殊政，百姓便之，歌曰：“厥德仁明郭乔卿，忠正朝廷上下平。”显宗巡狩到南阳，特见嗟叹，赐以三公之服，黼黻冕旒。敕行部去襜帷，使百姓见其容服，以章有德。每所经过，吏人指以相示，莫不荣之。③

此外，或玺书褒勉，或给以某种尊号（如宣帝以苏武著节老臣号为祭酒④），均为赏有功之臣。至于每逢大典（如皇帝即位、立太子、改元等）或节日的例行赏赐，则不在此论列。

（二）罚的方面

秦汉之制，自丞相、九卿以下至郡县小吏，如犯有罪过，得以律科罚，其科罪之律，今不能详考，但零星记载不少。从有关记载看，汉法除谋反以外，于贪污罪最严，《汉书·薛宣传》有“十金法重”一语，师古注曰：

依当时律条，赃直十金，则至重罪。

当时有律条是肯定的，如：

文帝十三年定律曰：“吏坐受赇枉法，守县官财物而即盗之，已

① 范晔：《后汉书》卷三十四，《梁冀传》，中华书局1965年版，第1183页。
② 班固：《汉书》卷八十九，《黄霸传》，中华书局1962年版，第3629页。
③ 范晔：《后汉书》卷二十六，《蔡茂传》附郭贺传，中华书局1965年版，第908～909页。
④ 班固：《汉书》卷五十四，《苏武传》，中华书局1962年版，第2468页。

论，命复有笞罪者，皆弃市。”①

可见赃罪的处分是很重的。又《汉书·景帝纪》载：

元年秋七月诏曰：“吏受所监临，以饮食免，重；受财物，贱买贵卖，论轻（师古曰：帝以为当时律条吏受所监临赂遗饮食，即坐免官爵，于法太重，而受所监临财物及贱买贵卖者，论决太轻，故令更议改之）。廷尉与丞相更议著令。”廷尉信谨与丞相议曰：“吏及诸有秩受其官属所监、所治、所行、所将，其与饮食计偿费，勿论。它物，若买故贱，卖故贵，皆坐赃为盗，没入臧县官，吏迁徙免罢。受其故官属所将、监、治送财物，夺爵为士伍，免之。无爵，罚金二斤，令没入所受。有能捕告，畀其所受臧。”

看来这是一般的贪污，其处分不是夺爵免官，就是罚金没收。以后的记载也证明，赃罪的处分一直是很重的。赃吏纵得免死，也要禁锢终身，甚至锢及三世，如：

安帝初，清河相叔孙光坐臧抵罪，遂增锢二世，衅及其子（注：二代谓父子俱禁锢）。②

臧吏三世禁锢。③

对于赃吏的处分，甚至连坐及主管官员，如：

（景帝后元三年诏曰：）“吏发民若取庸采黄金珠玉者，坐臧为盗，二千石听者，与同罪。”④

---

① 《西汉会要》卷四十三《戒贪吏》注引《刑法志》，但今本《汉书·刑法志》不见此律文。
② 范晔：《后汉书》卷三十九，《刘恺传》，中华书局1965年版，第1308页。
③ 范晔：《后汉书》卷四十六，《陈忠传》，中华书局1965年版，第1556页。
④ 班固：《汉书》卷五，《景帝纪》，中华书局1962年版，第153页。

（桓帝建和元年诏：）“长吏臧满三十万而不纠举者，刺史、二千石以纵避为罪。若有擅相假印绶者与杀人同弃市论。”①

其次，坐盗贼罪也很重，据《汉书·咸宣传》记载：

（武帝时）于是作《沈命法》（应劭曰：沈，没也。敢蔽匿盗贼者，没其命也）曰：“群盗起，不发觉，发觉而弗捕满品者（师古曰：品，率也，以人数为率也），二千石以下至小吏主者皆死。”其后小吏畏诛，虽有盗弗敢发，恐不能得，坐课累府，府亦不便言（孟康曰：县有盗贼，府亦并坐，使县不言之也）。故盗贼寖多，上下相为匿，以避文法焉。

考课盗贼问题甚严，并且“坐课累府”。又如《后汉书·光武帝纪》记载：

（十六年）郡国……群盗处处并起……吏虽逗留回避故纵者皆勿问，听以擒讨为效。其牧守、令长坐界内盗贼而不收捕者，又以畏愞捐城委守者，皆不以为负，但取获贼多少为殿最，唯蔽匿者乃罪之。

这是临时采取的一条紧急措施，“勿问”、“不以为负”正说明按照正常的法令是要“问”、要“以为负”的。安帝时，“百姓流亡，盗贼并起，郡县更相饰匿，莫肯纠发”。尚书陈忠上疏建议：

宜纠增旧科，以防来事。自今强盗为上官若它郡县所纠觉，一发，部吏皆正法，尉贬秩一等，令长三月俸赎罪；二发，尉免官，令长贬秩一等；三发以上，令长免官。

可见，坐盗罪实质上就是督促官吏加强对人民镇压的法律。

此外，还有坐灾害、坐刑滥、坐选举不实以及其他许多律条，兹举例如下：

① 范晔：《后汉书》卷七，《桓帝纪》，中华书局1965年版，第289～290页。

(成帝永始二年)梁国、平原郡皆半伤水灾,人相食,刺史守相坐免。①

(博平令周纡)以威名迁齐相……坐杀无辜,复左转博平令。②

济阴太守胡广等十余人皆坐谬举免黜。③

(司隶鲍宣)坐距闭使者,亡人臣礼,大不敬、不道,下廷尉狱。④

(大司空宋)弘在位五年,坐考上党太守无所据,免归第。⑤

(司徒郭丹)坐考陇西太守邓融事无所据,策免。⑥

(杨伦)为清河王傅。是岁,安帝崩,伦辄弃官奔丧,号泣阙下不绝声。阎太后以其专擅去职,坐抵罪。⑦

总之科罚的律条甚多,再引两条诏令以见统治者经常和着重注意的是哪些问题。《汉书·景帝纪》后元二年(前142年)诏曰:

……今岁或不登,民食颇寡,其咎安在?或诈伪为吏,吏以货赂为市,渔夺百姓,侵牟万民。县丞,长吏也,奸法与盗盗,甚无谓也。其令二千石各修其职,不事官职耗乱者,丞相以闻,请其罪。

---

① 班固:《汉书》卷二十四上,《食货志上》,中华书局1962年版,第1142页。
② 范晔:《后汉书》卷七十七,《周纡传》,中华书局1965年版,第2493～2494页。
③ 范晔:《后汉书》卷六十一,《左雄传》,中华书局1965年版,第2020页。
④ 班固:《汉书》卷七十二,《鲍宣传》,中华书局1962年版,第3093页。
⑤ 范晔:《后汉书》卷二十六,《宋弘传》,中华书局1965年版,第905页。
⑥ 范晔:《后汉书》卷二十七,《郭丹传》,中华书局1965年版,第941页。
⑦ 范晔:《后汉书》卷七十九,《杨伦传》,中华书局1965年版,第2564页。

《后汉书·殇帝纪》延平元年（106年）敕司隶校尉部刺史曰：

> 夫天降灾戾，应政而至。间者郡国或有水灾，妨害秋稼。朝廷惟咎，忧惶悼惧。而郡国欲获丰穰虚饰之誉，遂覆蔽灾害，多张垦田，不揣流亡，竞增户口，掩匿盗贼，令奸恶无惩，署用非次，选举乖宜，贪苛惨毒，延及平民。刺史垂头塞耳，阿私下比，“不畏于天，不愧于人”，假贷之恩，不可数恃。自今以后，将纠其罪。

所举这些，皆有科罚之律。

对于官吏的惩罚，除夺爵免官、减秩罚金之外，还有科罪之刑，自杖、笞、耐、髡诸刑以至弃市、族诛，有多种刑名，皆视罪情轻重而定。但为保全大臣体面，九卿以上的高级官吏可免捶扑之刑；如宣布死刑，则使之先期自裁。

> 是时（武帝时），九卿死即死，少被刑。①

> （左）雄上言：九卿位亚三司，班在大臣，行有佩玉之节，动有庠序之仪。孝明皇帝始有扑罚，皆非古典。（顺）帝从而改之。其后九卿无复捶扑者。②

汉代有“将相不辱”、“将相不对理陈冤”的习惯，凡诏丞相诣廷尉诏狱，不论有罪与否，受诏后即须自杀，谓之“自裁”。据《汉书·王嘉传》记载：

> 召丞相诣廷尉诏狱。使者既到府，掾史涕泣，共和药进嘉，嘉不肯服。主簿曰：“将相不对理陈冤，相踵以为故事，君侯宜引决。”使者危坐府门上（师古曰：“以逼促嘉也”）。主簿复前进药，嘉引药杯以击地，谓官属曰：“丞相幸得备位三公，奉职负国，当伏刑都市以

① 班固：《汉书》卷九十，《宁成传》，中华书局1962年版，第3649页。
② 范晔：《后汉书》卷六十一，《左雄传》，中华书局1965年版，第2022页。

示万众，丞相岂儿女子邪，何谓咀药而死！”嘉遂装出见使者，再拜受诏，乘吏小车，去盖不冠，随使者诣廷尉。廷尉收嘉丞相新甫侯印绶，缚嘉载致都船诏狱。上闻嘉生自诣吏，大怒，使将军以下与五二千石杂治。……嘉系狱二十余日，不食呕血而死。

受到各种侵辱，最后仍不免一死。这算是一个特例。有时候皇帝虽不明令处死，只遣尚书令赐酒十石，牛一头，受赐的丞相便须自杀，如《汉书·翟方进传》记载：

上遂赐册曰：“……君登位于今十年，灾害并臻，民被饥饿，加以疾病溺死，关门牡开，失国守备，盗贼党辈。吏民残贼，殴杀良民，断狱岁岁多前。上书言事，交错道路，怀奸朋党，相为隐蔽，皆亡忠虑，群下凶凶，更相嫉妒，其咎安在？观君之治，无欲辅朕富民、便安元元之念。……欲退君位尚未忍……君其自思，强食慎职。使尚书令赐君上尊酒十石（斛），养牛一，君审处焉。”方进即日自杀。

所赐之物即令其自杀的仪式。注引如淳曰：

《汉仪注》有天地大变，天下大过，皇帝特使侍中持节，乘四白马，赐上尊酒十斛，牛一头，策告殃咎。使者去半道，丞相即上病。使者还，未白事，尚书以丞相不起病闻。

关于赏罚的重要意义，韩非早就指出：“明主之所导制其臣者，二柄而已矣。二柄者，刑德也。何谓刑德？曰：杀戮之谓刑，庆赏之谓德。为人臣者，畏诛罚而利庆赏，故人主自用其刑德，则群臣畏其威而归其利矣。”[①] 东汉的王符也说：“法令赏罚者，诚治乱之枢机也，不可不严行也。”[②] 这是思想家们对历史经验的总结。历代的统治者也极为重视，问题

---

① 《韩非子·二柄》，诸子集成本，中华书局 1954 年版。
② 王符：《潜夫论·三式》，诸子集成本，中华书局 1954 年版。

在于如何运用它。在两汉盛世，赏其所当赏，罚其所当罚的事例，还是常见的；但在一般情况下，尤其是王朝末世，则多是赏不当赏，罚不当罚。所以处于东汉末的王符才有这样的慨叹："今则不然，有功不赏，无德不削，甚非劝善惩恶、诱进忠贤、移风易俗之法术也。"① 可以说，赏罚不明，是历朝政治败坏的一个共同弊病。

① 王符：《潜夫论·三式》，诸子集成本，中华书局 1954 年版。

第四章　赐爵制度

在秦汉及其以前的官制中，爵位的予夺是一个很重要的问题。《周礼》开头就说：

> 惟王建国，辨方正位，体国经野，设官分职，以为民极。

为了统治人民，必须“设官分职”，所谓“国家必有文武”① 是“天经地义”的事。那么最高统治者又如何驾驭众多的所谓“百官之职”呢?《周礼·大宰》说得很清楚：

> 以八柄诏王驭群臣：一曰爵，以驭其贵；二曰禄，以驭其富；三曰予，以予其幸；四曰置，以驭其行；五曰生，以驭其福；六曰夺，以驭其贫；七曰废，以驭其罪；八曰诛，以驭其过。

这驾驭群臣的“八柄”关键是爵和禄，如《周礼正义》所说：

> 爵禄为予夺废置之本，故首举之。

> 此经八者，唯爵、禄为赏罚通法，以下六者，则予、置、生为赏之事，夺、废、诛为罚之事。

一曰爵，二曰禄，这“爵”、“禄”二字是连得很紧的，所以《礼记·王制》说：

---

① 《韩非子·解老》，诸子集成本，中华书局1954年版。

王者之制爵禄，公、侯、伯、子、男凡五等，诸侯之上大夫卿、下大夫、上士、中士、下士凡五等。

春秋以前古代的爵禄之制究竟如何？要弄得很清楚不是那么容易的，南宋的朱熹注《礼记》时曾说：

程子曰：孟子之时，去先王未远，载籍未经秦火，然而班爵禄之制，已不闻其详。今之礼书，皆掇拾于煨尽之余，而多出于汉儒一时之傅会，奈何欲尽信而句为之解乎！然则其事固不可一一追复矣。

但是，不可尽信，也不可全不信。从《周礼》《礼记》之类的记载中，还是可以看出一个大概的。

春秋以前，官、爵、禄这三者基本上是统一的，所以《周礼》中的官职，都标明卿、大夫（上大夫、下大夫），士（上士、中士、下士）之类的爵位。同时，一定的爵位就有一定的禄。在古代，禄是以田邑来计算的，所以《礼记·王制》写道：

制：农田百亩，百亩之分，上农夫食九人，其次食八人，其次食七人，其次食六人，下农夫食五人。庶人在官者，其禄以是为差也。诸侯之下士视上农夫，禄足以代其耕也。中士倍下士，上士倍中士，下大夫倍上士，卿四大夫禄，君十卿禄。

上述官、爵、禄的统一，春秋以后发生了变化。战国时，随着世卿世禄制的废除，随着旧的等级制的破坏，如《汉书·百官公卿表》所说："官失而百职乱，战国并争，多变异。"官职乱了，爵禄制也发生了很大的变化。春秋战国以后，与以前显然不同的有如下几点：

第一，新的军功爵制代替了旧的五等爵制，爵位的等级、名称以及予夺办法等都不同了。五等爵制是与分封制、宗法制密切相关的，而且是世袭的，军功爵制则是"皆秦制以赏功劳"①，其"尊卑爵秩"是按军功大小

---

① 班固：《汉书》卷十九上，《百官公卿表上》，中华书局1962年版，第740页。

而定的，而且是不世袭的。这种军功爵制春秋时代就开始了，如齐“庄公为勇爵”①，即设爵位以赏勇士。又如：

> 田常上请爵禄而行之群臣。②

> （晋文公）赏从亡者及功臣，大者封邑，小者尊爵。③

> （楚孙叔敖说）吾爵益高，吾志益下。④

> （宋司城子罕说）爵禄赐予，民之所好也。⑤

这些表明，当时齐、晋、楚、宋等国皆有赐爵制度。秦国在春秋时也建立了军功爵制，《左传》鲁成公三年（前588年）“晋伐秦，获不更女父”。襄公十一年（前562年）“秦庶长鲍、庶长武帅师伐晋以救郑”。杜预注云：不更、庶长皆秦爵。战国时期，许多诸侯国都进行了变法，变法的一个重要内容，就是继续大力推行军功爵制。其中把军功爵制发展到较为完备程度的，就是秦国的商鞅变法。商鞅吸取其他各国的经验，结合秦国原有的情况，颁布了“有军功者，各以率受上爵”的法令，并规定：

> 宗室非有军功，论不得为属籍。明尊卑爵秩等级，各以差次；名田宅臣妾衣服，以家次。有功者显荣，无功者虽富无所芬华。⑥

这个法令彻底否定了世卿世禄制，否定了旧的爵位制，对腐朽的旧贵族是一个沉重的打击，而对新兴地主阶级夺取和巩固封建政权、胜利完成封建统一战争具有重要的意义。

第二，官职与爵位二者间没有固定的统一标准，和《周礼》中那种什

---

① 《左传·襄公二十一年》，十三经注疏本，中华书局1980年版。
② 《韩非子·二柄篇》，诸子集成本，中华书局1954年版。
③ 司马迁：《史记》卷三十九，《晋世家》，中华书局1982年版，第1162页。
④ 《淮南子·道应训》，诸子集成本，中华书局1954年版。
⑤ 《淮南子·道应训》，诸子集成本，中华书局1954年版。
⑥ 司马迁：《史记》卷六十八，《商君列传》，中华书局1982年版，第2230页。

么官固定为什么爵的情况不同，作某种官并不要求（也没有）相当的爵位，例如秦的丞相，有的封侯，有的没有封侯。虽然《韩非子·定法篇》说：

> 商君之法，斩一首者爵一级，欲为官者，为五十石之官。斩二首者爵二级，欲为官者，为百石之官。

值得注意的是，这是说的"欲为官者"，那就是说不一定都做官；也不一定都有官做①。

第三，禄也不再与爵紧紧相连了。春秋战国时，有爵位的人可以得到一定的田宅，这可以说是过去爵禄制的一点遗留，在五等爵之下，才根据不同爵位获得不同数量的土地和人民，所谓"授民授疆土"②。此时，禄成了与官职紧相连的俸禄，所以汉人郑玄注《周礼·大宰》解释"禄"的时候说："若今日奉也。"官吏的禄自有独立的等级，从五十石、百石……直到二千石、中二石、万石等等，称为"禄秩"，不再"爵禄"连称了。再者，禄也不再以田邑计算，而是"以石计禄"了，所以《汉书·百官公卿表》在官名之下都写明了"×××石"，与《周礼》官名下写明爵位形成鲜明的对照。《后汉书·百官志》更专门列有"百官受俸例"，说明多少石的官月俸多少斛。总之，爵禄为秩禄所代替了。《急就篇》中就有"赖赦救解贬秩禄"，注云："此说在官有罪，幸遇赦令及人救解，得免重罚，降其秩次而损其禄也。"官和禄是连在一起的，官禄有它的禄秩。

秦汉的爵制，就是上述这种与五等爵制不同的军功爵制，但是从秦到西汉再到东汉又有很大的变化，今分述如后。

---

① 《汉书·成帝纪》永始二年（前15年）诏曰："关东比岁不登，吏民以义收食贫民、入谷物助县官振赡者……其百万以上，加赐爵右更，欲为吏补三百石。"也是用的"欲为吏"。然而钱大昭据此就说："是爵至十四级，与三百石吏相埒矣，准是以推，九级之五大夫等比百石，十级之左庶长等百石，十一级之右庶长等比二百石，十二级之左更等二百石，十三级之中更等比三百石矣，故谓之官爵。"（《汉书辨疑》卷九）。这个推论是很不可靠的，再推下去，二十级的列侯只等六百石，西汉末年虽然爵制日趋轻滥，总不至于二十级的列侯只能做一个六百石的县令吧！这个疑究竟如何辨，姑且存而不论。我们只说明，战国秦汉时期官和爵是不一致的。

② 《大盂鼎铭》。

第一节　秦的赐爵制度

春秋战国时期在破坏旧等级制的过程中建立起来的军功爵制，在秦国得到最充分的发展，起的作用也最大。它延续到整个汉代。因此，秦的赐爵制度是应该重视的。但旧的史书记载并不完备，以至于许多问题都值得探讨，近来已有不少人专门论述，我们也想在此择要论述几个问题：

一、关于秦国论功行赏的优点

战国时，在战争中论功行赏是一个普遍现象。有些国家春秋时就开始了，如《左传·哀公二年》记晋国赵鞅的誓词说：

> 克敌者，上大夫受县，下大夫受郡，士田十万，庶人工商遂，人臣隶圉免。

燕国有所谓上功、中功、下功：

> 乐毅既破齐，昭王亲至济上劳苦，令军中曰："将军得齐祭器，谓之下功；得齐城郭，谓之中功；得齐人民心，谓之上功。上功飨太牢，受锐赏；其次中功，中功飨少牢，受钧赏；其次下功，下功飨少牢。"无功不飨，赐之壶浆，谓之报次，报劳之谓也。①

秦国和其他国一样论功行赏，但是却背了一个"上首功"的恶名。《七国考》卷十一《上首功》写道：

> 鲁仲连曰："彼秦者弃礼义而上首功之国。"谯周曰："秦用卫鞅计，制爵二十等，以战获首计者，计而受爵。是秦人每战胜，老弱妇人皆死，计功赏至数万，天下谓之上首功之国，皆以恶之也。"《汉书解诂》曰："秦上首功之国。首功者，获首也。……"

---

① 《七国考》卷十一引《战国阳秋》注。

秦国在当时就得此恶名，然而实际上不独秦国如此，齐国也是“得一首者，则赐赎锱金”①。

不过，秦国的论功行赏制度倒是有其优于别国的地方，在保证军事胜利上是起了一定作用的。这可以从《荀子·议兵篇》关于齐、魏、秦的比较中看出来：

> 齐人隆技击，其技也，得一首者则赐赎锱金，无本赏矣。是事小敌毳则偷可用也，事大敌坚则焉涣离耳。若飞鸟然，倾侧反覆无日，是亡国之兵也。……魏氏之武卒，以度取之，衣三属之甲，操十二石之弩，负服矢五十个，置戈其上，冠軸带剑，赢三日之粮，日中而趋百里，中试则复其户，利其田宅，是数年而衰而未可夺也，改造则不易周也。是故地虽大，其税必寡，是危国之兵也。秦人……劫之以埶，隐之以阸，忸之以庆赏，鰌之以刑罚，使天下之民所以要利于上者，非斗无由也。阸而用之，得而后功之，功赏相长也。五甲首而隶五家，是最为众强长久，多地以正。故四世有胜，非幸也，数也。

从这一大段话中我们看到，中心问题是个是否论功行赏的问题。齐国重视技击，同时也进行赏赐，其缺点在什么地方呢？杨倞作注说：

> 本赏，谓有功同受赏也，其技击之术，斩得一首则官赐锱金赎之。斩首，虽战败亦赏，不斩首，虽胜亦不赏，是无本赏也。

而且冒着生命危险，只不过八两金的奖赏，当然是很不可靠的。至于魏国的武卒呢？选拔的标准是不低，它的问题在于，一旦选中之后，就免除其家庭的徭役和田地房产的租税。就是说，只要够条件选上就可以享受优待，衰老了也“未可夺”，这样不但国家收入减少，而且打仗未必能用得上，因为他打仗时卖力与否并不影响他既得的利益，像铁饭碗的弊病一样。秦国就不同，它是“阸而用之，得而后功之，功赏相长也”。杨倞的注说“有功而赏之，使相长”，就是功与赏同步而长，功多则赏多，功少

① 《荀子·议兵篇》，诸子集成本，中华书局1954年版。

则赏少。而且又是赏罚相配合。更重要的是立功得爵位后就可益田宅，役使庶子，可以造福子孙。总之，秦国把其他国家的优点集中了，避免了其他国家的一些缺点，所以秦的胜利“非幸也，数也”，有它的必然性。

二、关于“斩一首者，爵一级”

“斩一首者，爵一级”，果真如此，那还了得，打一场大仗，杀死的人何止三个五个、十个二十个，而爵制通共只二十等，即便还有一些等级未算在内，也解决不了这个问题。仔细读读《商君书·境内》有关论功行赏的一些文字是可以回答这个问题的。有关的几段是：

> 能得爵（甲）首一者，赏爵一级，益田一顷，益宅九亩，一（疑衍）除庶子一人，乃得人（朱师辙《商君书解诂》：“得人当作得入”）兵官之吏。

这里应首先注意“甲首”，古代军队中一直有两部分人：一部分是甲士，身份高，装备齐全，武器精良；一部分是徒卒，身份低，是甲士的附属，几乎没有什么装备和武器，劳役杂务都是他们负担。“甲首”应该是指前一种人。因此这条记载的意思是说，如果一个普通士兵作战特别勇敢，能够杀死一个甲士，就可赏爵一级，得到田宅，役使庶子①，而且可以取得在军队或官府中做官吏的资格。

又一段：

> 其战，百将、屯长不得斩首；得三十三首以上盈论，百将、屯长赐爵一级。

高亨《商君书译注》认为，“不得斩首”当为“不得首，斩”，这样解释较有道理，有赏有罚正是秦的治国治军的原则，所谓“忸之以庆赏，鰌之以刑罚”。这一条意思是说，在打仗的时候，如果一百人的队伍毫无战功，

① 这一条的前面还说：“有其爵者乞无爵者以为庶子，级乞一人。”这和《荀子》中所说“五甲首而隶五家”是一致的。

一个敌人的首级也得不到，那么这个带兵官乃至其下的屯长就要被斩首，这是罚。至于赏呢？一百人的队伍，至少要斩敌首三十三个以上，才对百将和屯长赐爵一级，一般士兵看来就没有份。

下面接着又一段：

> 能攻城围邑，斩首八千已上，则盈论；野战，斩首二千，则盈谕［论］。吏自操及校以上大将尽赏。

这是说在较大的战斗中，或攻城围邑，或野战，能取得比较大的战果（攻城斩首八千以上，野战斩首二千——当然也是以上），则这支军队的大大小小带兵官都得赏赐（没有普通士兵的份）。下文还说了赏赐的办法，都按原来的爵位提高一级，而“大将、御、参皆赐爵三级”。

> 陷队之士，面十八人。陷队之士知疾斗，不（而）斩首队五人，则陷队之士，人赐爵一级。死则一人后，不能死之，千人环规，谏黥劓于城下。

这是关于敢死队的论功行赏，积极作战，十八人能斩敌首五个，就赐爵一级；牺牲了的家中可以有一人继承爵位（一般是不能世袭的，这是对敢死队的特殊优待）。但是，如果不能拼命也要当众处罚。

读以上这几段文字，可以得到以下几点认识：

第一，在论功行赏方面，规定是很详尽的、具体的，其中再三提到“盈论”，“论”是因功论赏或因过论罚，“盈”者满也，当是满了八千以上或两千以上，始能论功行赏，一般该拜爵的人也只能提高一级。这是指大规模的战斗。小规模的战斗则是所谓“得三十三首以上盈论”，在当时的条件下，士兵使用的武器不外是戈矛刀剑（甚至锄耰白梃），一百人手持戈矛刀剑这样的简单武器，能够杀死敌方三十三人那也是很不容易的，“以上”那就是须满三十三个人以上，三十二人自然就不论了，一个敌人也未斩还要受罚。由此可见，得一级爵位并不那么容易。《史记·秦始皇本纪》记载说：

> 九年，嫪毐作乱而觉……王知之，令相国昌平君、昌文君发卒攻毐。战咸阳，斩首数百，皆拜爵，及宦者皆在战中，亦拜爵一级。

这也说明，一次拜爵只拜一级，而且这还是一次特殊的重大战斗。

第二，上述几段关于战功的规定，都只提到大大小小官长的赏赐，而没有赏赐一般士兵。只有始皇九年（前238年）那次特殊战斗，宦者参加的也赐爵了，我们知道，宦者也是比较特殊的人物，不能当一般士兵看待。至于一般士兵，只有立了特殊的功劳（如斩了敌方官长的首级），或者是当敢死队而且勇敢作战杀敌立功，才能赏爵一级。由此可见，论功行赏也有明显的阶级性和等级性。同样的战功，有的赐爵，有的不赐爵；一般的赐一级，特殊的可以赐三级。参以其他的记载，如“吏民爵不得过公乘”以及高爵、低爵等等，都是反映赐爵制度中的阶级性和等级性。

第三，“斩一首者爵一级”这个话是很明确的，《韩非子·定法》中有这种说法，但这是抽象化了的语言，不足为据。《商君书·境内》说得比较具体，我们认为这样的说法才是合乎实际的。

三、爵的用处

军功爵制在一定意义上保证了秦的胜利。那么爵位究竟给人们带来什么样的好处呢？

（一）可以为官

如上述《商君书·境内》所说，赏爵一级之后，“乃得入兵官之吏”。《韩非子·定法》中也说：

> 商君之法曰：斩一首者爵一级，欲为官者，为五十石之官；斩二首者爵二级，欲为官者，为百石之官。官爵之迁，与斩首之功相称也。

按照我们上面的理解：首先，“斩一首”、“斩二首”可以解释为立一次斩首之功、立二次斩首之功；其次，欲为官，就是可以为官，但不一定都做官，也不一定都有官做。

（二）可以得到田宅和役使庶子

《史记·商君列传》说：

令有军功者，各以率受上爵，明尊卑爵秩等级，各以差次；名田宅臣妾衣服，以家次。

得多少田宅呢？照《商君书·境内》说是：

赏爵一级，益田一顷，益宅九亩。

由此推论，二十级也不过二十顷，数量并不太大，一个广占田宅的大地主可能有比这多得多的田宅。这样做的好处是，国家把无主荒地赏赐给有军功的人，土地利用起来了，国家还可以多收田租，增加收入，"多地以正"。当然爵位高的人还可以得到更多的田宅，但是由于所谓"废封建"，分封土地那种办法是废除了，所以说是"秦无尺土之封"①。封侯者虽有食邑，也不过是衣食租税而已。丞相吕不韦，爵位文信侯，食洛阳十万户即是一例。《商君书·境内》所说的"税邑三百家"也是如此。然而，这都是就高爵讲的。低爵就是上引《荀子》中的"五甲首而隶五家"。《商君书·境内》则说，赐爵一级之后，除了田宅之外，还"除庶子一人"，或者如该文前面所说：

其有爵者乞无爵者以为庶子，级乞一人。其无役事也，其庶子役其大夫月六日；其役事也，随而养之。

除，可以解释为给予，乞，就是求的意思，反正有爵位之后，可以役使无爵之人就是了。一级一人，或者说一级一家，都是一样的，当时一人就是指一个成年男子，这个人就代表着一家，这和"民有二男以上不分异者倍其赋"是一致的。所谓一家百亩，也是以一家一个成年男子劳动力计算的。总之，赐爵之后，既可以得到和增加田宅，又可以役使庶子。从军功

---

① 司马迁：《史记》卷八十七，《李斯列传》，中华书局 1982 年版，第 2546 页。

爵中得到的好处主要是这一条。通过这种途径，培养和扶植了一批新兴的地主，也可以说是军功地主。

（三）可以用来赎罪或赎奴隶

《商君书·境内》说：

> 爵自二级以上，有刑罪则贬；爵自一级以下，有刑罪则已。

二级爵位的人犯了刑罪，就降低他的等级；一级爵位以下的人犯了刑罪，就取消他的爵位。这是赎罪。云梦秦简《军爵律》中有一条写道：

> 欲归爵二级以免亲父母为隶臣妾者一人，及隶臣斩为公士，谒归公士而免故妻隶妾一人者，许之，免以为庶人。

这是以爵位赎奴隶，赎免之后，爵位就取消了。

这里应该说明一下，以上所述是一般情况，赎罪时或者降低等级，或者取消爵位，这和夺爵是不同的。《史记·秦始皇本纪》上有两条关于夺爵的记载：

> 始皇九年（嫪毐死），夺爵迁蜀四千余家，家房陵。

> 十二年，文信侯不韦死，窃葬。其舍人临者，晋人也逐出之；秦人六百石以上，夺爵，迁；五百石以下不临，迁，勿夺爵。

夺爵，就不存在等级的问题，不论多少级，一夺，什么爵位也就没有了。《资治通鉴》卷七十六注云：

> 秦汉之制，凡夺官爵者为士伍。

事实就是如此，《史记·秦本纪》上记载说：

> 昭襄王五十年十月，武安君白起有罪，为士伍。

士伍就是没有任何爵位，《汉书·景帝纪》有“夺爵为士伍，免之”一语，颜师古注云：

谓夺其爵，令为士伍，又免其官职，即今律所谓除名也。谓士伍者，言从士卒之伍也。

四、关于爵位的等级和名称

关于秦的爵制，《汉书·百官公卿表》云：

爵：一级曰公士（师古曰：“言有爵命，异于士卒，故称公士也”），二上造（师古曰：“造，成也，言有成命于上也”），三簪袅（师古曰：“以组带马曰袅，簪袅者，言饰此马也”），四不更（师古曰：“言不豫更卒之事也。”按：以上相当于士），五大夫（师古曰：“列位从大夫”），六官大夫，七公大夫（师古曰：“加官、公者，示稍尊也”），八公乘（师古曰：“言其得乘公家之车也”），九五大夫（师古曰：“大夫之尊也。”按：以上相当于大夫），十左庶长，十一右庶长（师古曰：“庶长，言为众列之长也”），十二左更，十三中更，十四右更（师古曰：“更言主领更卒，部其役使也”），十五少上造，十六大上造（师古曰：“言皆主上造之士也。”按：传世商鞅量、商鞅戟铭文，“大上造”均作“大良造”），十七驷车庶长（师古曰：“言乘驷马之车而为众长也”），十八大庶长（师古曰：“又更尊也。”按：以上相当于卿），十九关内侯（师古曰：“言有侯号而居京畿，无国邑”），二十彻侯（师古曰：“言其爵位上通于天子。”按：以上相当于诸侯），皆秦制，以赏功劳。

这二十级军功爵制，班固只说是“皆秦制”，没有明言是商鞅变法时的秦制，还是商鞅变法后逐渐形成的秦制。看来，班固关于爵制的记述和官制的记述一样，只是“略表举大分”而已。从实际情况看，二十级爵制的形成是有一个发展过程的。《商君书·境内》所提到的爵称、级数、顺序，就与上述二十等爵制颇有出入。

据《商君书·境内》记载，商鞅变法时有军爵和公爵之分：

> 军爵，自一级已下至小夫，命曰校徒操出（俞越《诸子平议》说："出"字疑当作士，古书"士"、"出"字多互误）。公爵，自二级以上至不更，命曰卒。

对此有各种不同解释，近人高亨《商君书译注》说：

> 按秦朝制度，爵位的等级，第一级最低，由第一级依次上升。小夫当是军队中地位最低者。校，教也。徒，兵众也。校徒操士即教育操练的士兵。
>
> 公爵，对军爵而言，如行政官吏的爵位与不任官职的人的爵位等是，只有军爵不在其内。
>
> 公爵第二、三、四级编入军队，都是一般士兵，所以称为卒。

云梦秦简的《传食律》提供的片断材料则说：

> 不更以下到谋人，粺米一斗。
>
> 上造以下到官佐、史毋（无）爵者，及卜、史、司御、寺、府，粝（粝）米一斗。

这里虽无公爵、军爵之名，但与《境内》篇所记情况是一致的，"谋人"不是二十等之内的爵名，上造是第二级，并说以下还有官佐、史无爵者，和上述"一级已下"、"二级以上"的记载是相近的，都说明二十等之外还有一些等级，这些等级又与一般无爵者不同[①]，也许这就是军爵了。这样

① 秦简《传食律》："其有爵者，自宦士大夫以上，爵食之。使者之从者，食粝（粝）米半斗；仆，少半斗。"有爵者和无爵者的区别是很明显的。无爵者一般称为士伍，所以秦简中除了"公士某"、"上造某"之类的记载外，"士伍某"的记载也不少。

看来，军爵是军队中的一种爵制，它包括公爵中的最低几个等级，作为军爵的最高等级，再以下还分若干等级。是否如此，姑且存疑。

但是，这里要着重指出的是，不论二十级也好，或者更多的级也好，其中还有几个大的等级，刘劭的《爵制》说：

> 秦依古制，其在军赐爵为等级，其帅人皆更卒也。有功赐爵，则在军吏之例。自一爵以上至不更四等，皆士也。大夫以上至五大夫五等，比大夫也。九等，依九命之义也。自左庶长以上至大庶长，九卿之义也。关内侯者，依古圻内子男之义也。……列侯者，依古列国诸侯之义也……吏民爵不得过公乘者，得贳与子若同产，然则公乘者，军吏爵之最高者也。

这里是按照所谓古制分为士、大夫、卿、侯四个大的等级。另外还有两个大等级，那就是以七级公大夫和八级公乘为界来划分的，钱大昭《汉书辨疑》说：

> 自公士至公乘，民之爵也，生以为禄位，死以为号谥，凡言民爵者，即此。自五大夫至彻侯，则官之爵也。

《汉书·高帝纪》则说：

> 七大夫、公乘以上，皆高爵也。……异日，秦民爵公大夫以上，令、丞与亢礼（应劭曰："言从公大夫以上，民与令、丞亢礼。亢礼者，长揖不拜。"师古曰："异日，犹言往日也。亢者，当也，言高下相当，无所卑屈，不独谓揖拜也"）。

或说公乘以上，或说七大夫（公大夫）以上，未知是时间不同规定不同，还是因为这两级是交叉级？这有待详考。然而，官爵和民爵的区别很大这一点是显然的，地位大不一样，爵位高低的不同，享受的特权自然也很不相同，例如汉初就有一条规定说：

其七大夫以上，皆令食邑，非七大夫以下，皆复其身及户勿事。①

又如上引秦简《传食律》规定，有爵和无爵、爵位高低不同，享受的传食标准也不同。诸如此类不同，还有不少。

据上所述，一般老百姓得到爵位很不容易，民爵和官爵、高爵和低爵的区别又如此之大，当然官爵中相当于大夫的五等和相当于卿的九等，以及和关内侯、彻侯比较，也有很大区别。这些不同和区别能够说明什么问题呢？它说明当时社会中各阶级以及每个阶级内部都存在着严格的等级差别，有着不同社会地位，这一事实充分证明了马列主义关于阶级理论的科学论断，正如《共产党宣言》所指出的那样：

在过去的各个历史时代，我们几乎到处都可以看到社会完全划分为各个不同的等级，看到由各种社会地位构成的多级的阶梯。②

列宁也是这样说的：

在奴隶社会和封建社会中，阶级的差别也是用居民的等级划分而固定下来的，同时还为每个阶级确定了在国家中的特殊法律地位。所以，奴隶社会和封建社会（以及农奴制社会）的阶级同时也是一些特别的等级。③

最后，关于爵名的问题。前引二十等爵名绝不是整个秦汉时期的爵名，只能是某一段时期的名称，而且它还有一个发展过程。商鞅变法时似乎只有十五级，而且有的爵名、爵序也与二十等爵制不同，《商君书·境内》记载说：

故爵公士也，就为上造也。故爵上造也，就为簪袅。[故爵簪袅，] 就为不更。故爵［不更，就］为大夫。爵吏而为县尉，则赐虏

① 班固：《汉书》卷一下，《高帝纪下》，中华书局1962年版，第54页。
② 《马克思恩格斯选集》第一卷，人民出版社1972年版，第251页。
③ 《列宁全集》第六卷，人民出版社1955年版，第93页。

> 六，加五千六百。爵大夫而为国治，就为［官］大夫。故爵［官］大夫，就为公大夫。［故爵公大夫，］就为公乘。［故爵公乘，］就为五大夫，则税邑三百家；故爵五大夫，［就为大庶长。故大庶长，就为左更。故四更也，就为大良造，］皆有赐邑三百家，有赐税三百家。爵五大夫，有税邑六百家者，受客。大将、御、参，皆赐爵三级。故客卿相，论盈，就正卿。①

这里只叙述了十五个等级，大良造为最高级，《汉书·百官公卿表》作大上造，其下缺十五级少上造，其上直到二十级列侯，均未提及。这个记载，可能比较接近商鞅变法时的实际情况，商鞅本人最后为大良造，即得到了最高爵位。战国初期，各国国君尚且称侯，在军功爵制中没有侯爵乃是理所当然的事。战国中后期，国君称王了，才可能有侯爵出现。在秦国历史上，封侯的也不多。秦统一以后才多起来。《史记·秦始皇本纪》上有“列侯”和“伦侯”的记载，如果说“列侯”是因避武帝讳改“彻侯”为“列侯”的话，“伦侯”这个名称是怎么回事呢？早就有人注意了这一点。《史记·秦始皇本纪》索隐曰：

> 伦侯，爵卑于列侯，无封邑者。伦，类也，亦列侯之类。

《秦会要》徐复补引刘师培曰：

> 《索隐》说甚允。《说文》云：伦，辈也。《仪礼·既夕》记：伦如朝服。郑注云，伦，比也。盖同列于侯曰列，拟于侯曰伦。伦侯之伦，犹汉之比二千石，后世之仪同三司也。

《史记会注考证》又引有不同的解释：

> 俞樾曰：秦有列侯，又有伦侯，伦侯之名止见于此铭。中井积德

---

① 这段文字多有漏误，今据高亨《商君书注译》校补。高先生疑大庶长之“大”字当作“左右”，后一句“爵五大夫”衍。俞樾《诸子平议》以为四更之“四”字乃“三”字之误。

曰：伦侯是关内侯之类。然当时列侯亦无封邑，注谬。

不论是列侯之类还是关内侯之类，爵名不同这一点是可以肯定的。除此之外，可能还有不同的爵名，如正卿是否也是爵名，有待进一步考证。总之，二十等爵制形成之前，爵名、爵等及其次序是有一些变化的。

第二节 两汉赐爵制度的演变

班固在《汉书·百官公卿表》中叙述二十等爵制之后写道："皆秦制，以赏功劳。"这和他讲官制一样，只是顺便交代一下"汉承秦制"这个传统说法，其实他讲的主要还是汉的爵制。而汉的爵制在表中也是"略举大分"，看不出汉代如何继承秦制，以及汉代爵制的演变情况。今据有关记载略述如下①。

一、西汉初对秦爵制的因袭

战国时各国都实行军功爵制，军功爵制在秦统一的过程中起了很大作用。刘邦响应陈胜起义后，也利用赐爵的办法来提高军队的战斗力。如樊哙因同秦将司马尼战，"斩首十五级，赐爵国大夫"；不久，击章邯于濮阳，"斩首二十三级，赐爵列大夫"；后又"破李由军，斩首十六级，赐上间（或作闻）爵"；接着又连续以杀敌有功被"赐爵五大夫"、"赐爵卿"②。又如曹参也以军功先后被"赐爵七大夫"及"封参为执帛"，"迁为执珪"③。夏侯婴被"赐爵七大夫"、五大夫、执帛、执珪④等等。

那么，刘邦实行的是什么样的赐爵制度呢？从刘邦赐给部下的爵名看，有国大夫、列大夫、上间、七大夫、五大夫、执帛、执珪等等⑤。这些爵名，有些是和二十等爵的爵名相同的，或者和秦国以前的爵名相同的，也有些爵名是各国共有的。如大夫、五大夫、卿，秦国有，楚国也

---

① 本节参阅朱绍侯《军功爵制试探》，高敏《秦汉史论集·论两汉赐爵制度的历史演变》。

② 参见《史记·樊哙列传》及《汉书·樊哙传》。

③ 参见《史记·曹相国世家》及《汉书·曹参传》。

④ 参见《史记·夏侯婴列传》及《汉书·夏侯婴传》。

⑤ 以上爵名见《史记》《汉书》有关刘邦的功臣列传及本纪。

有。但是从上列爵名看，多半是楚国的军功爵制，如五大夫，据《吕氏春秋·长见》记载：

> 荆文王曰："苋嘻犯我以义，违我以礼，与处则不安，旷之而不谷得焉，不以吾身爵之，后世有圣人，将以非不谷。"于是爵之五大夫。

又《战国策·楚策》：

> 楚杜赫说楚王以取赵，王且予之五大夫，而令私行。陈轸谓楚王曰：赫不能得赵，五大夫不可收也，是赏无功也；得赵而王无加焉，是无善也。王不如以十乘行之，事成，予之五大夫。

从这两条记载看，楚予爵位，也是要论功行赏的。又如卿也是楚爵位，据《离骚》注考证：

> 楚武王子瑕受屈为卿，因以为氏。

这是说瑕受卿爵封屈地，因此以为氏。再如执帛、执珪更是楚国爵名：执帛，《汉书·曹参传》注引郑氏曰："楚爵也。"执珪，据《战国策·楚策》记载，楚襄王曾封庄辛以执珪，注云：

> 楚国之法，破军杀将，其官为上柱国，封爵为执珪者，谓既封上柱国之官，又虚受执珪之爵也。

至于上间爵，孟康解释说：

> 不在二十爵中，如执珪、执帛比也。[①]

① 司马迁：《史记》卷九十五，《樊哙列传》注，中华书局1982年版，第2653页。

看来孟康是把上间爵当成楚国爵制的。其他有些注家，往往把以上爵名和二十等爵附会，是不符合实际的。例如在解释樊哙“赐爵封号贤成君”①时，“臣瓒曰：秦制列侯乃有封爵”。师古就此指出：

> 瓒说非也。楚汉之际，权设宠荣，假其号位，或得邑地，或空受爵，此例多矣。约以秦制，于义不通。

秦末陈胜起义，号为“张楚”，建官号即按楚制。刘邦最初也是采用楚爵制，从刘邦起事后自称沛公的有关记载可以证明。《史记·高祖本纪》裴骃引《汉书音义》曰：

> 旧楚僭称王，其县宰为公。陈涉为楚王，沛公起应涉，故从楚制，称曰公。②

官、爵皆从楚制，这是合情合理合乎事实的。

但是，后来刘邦还是采用了秦的二十等爵制。公元前202年，刘邦打败项羽统一中国，发布了一个重要诏令，与军功爵制有密切关系。《汉书·高帝纪》记载：

> （汉五年）诏曰：“诸侯子在关中者，复之十二岁，其归者半之。民前或相聚保山泽，不书名数，今天下已定，令各归其县，复故爵田宅，吏以文法教训辨告，勿笞辱。民以饥饿自卖为奴婢者，皆免为庶人。军吏卒会赦，其亡罪而亡爵及不满大夫者，皆赐爵为大夫。故大夫以上，赐爵各一级，其七大夫以上，皆令食邑，非七大夫以下，皆复其身及户勿事。”又曰：“七大夫、公乘以上皆高爵也。诸侯子及从军归者，甚多高爵，吾数诏吏先与田宅，及所当求于吏者，亟与。爵或人君，上所尊礼，久立吏前，曾不为决，甚亡谓也。异日，秦民爵公大夫以上，令丞与亢礼。今吾于爵非轻也，吏独安取此！且法以有

① 班固：《汉书》卷四十一，《樊哙传》，中华书局1962年版，第2067页。

② 《汉书·高帝纪》师古注云：“沛公，楚制。”

功劳行田宅，今小吏未尝从军者多满，而有功者顾不得，背公立私，守尉长吏教训甚不善。其令诸吏善遇高爵，称吾意，且廉问，有不如吾诏者，以重论之。”

从诏令的内容看，其目的是招集流民，释放奴婢，安置复员军人，但突出的特点是反复强调军功爵的重要性。从中我们可以得到关于汉初军功爵制的几点认识：

第一，诏令肯定了秦的军功爵制在汉朝的合法地位，恢复秦民原有的爵位和土地、房屋的所有权。

第二，对于从军的军吏除犯罪者外，一律赐给大夫爵位；原来享有大夫以上爵位的人各加一级；有七大夫以上爵位的人都可以食邑，七大夫以下者，免除其个人和全家的徭役。这就是奖赏和优待为他打天下出过力的人，也就是发挥了军功爵制的作用。

第三，明确宣布七大夫、公乘以上属于高爵，并表示对高爵的尊重，责令地方官必须优先满足高爵对于田宅和其他合乎其规定的要求，不得拖延。这说明刘邦对获得高爵的人是十分关心的，因为这些人是西汉政权的支柱。

楚汉战争之后，刘邦在主要方面因袭了秦的二十等爵制，这个转变，也许就在楚汉战争的过程中。这在一定程度上反映了刘邦背叛农民起义，恢复地主阶级元气，重建封建统治的转变。

二、西汉时期赐爵制的变化

刘邦死后，吕后执政，她为了收揽人心，以惠帝名义发布了一个大规模的赐爵诏令：

赐民爵一级。中郎、郎中满六岁爵三级，四岁二级。外郎满六岁二级。中郎不满一岁一级。外郎不满二岁赐钱万。宦官、尚食比郎中。谒者、执楯、执戟、武士、驺比外郎。太子御参乘赐爵五大夫，舍人不满五岁二级。①

① 班固：《汉书》卷二，《惠帝纪》，中华书局1962年版，第85页。

这次赐爵和刘邦时的赐爵相比，有明显的不同：

首先，从赐爵的对象和条件来看，取消了以军功赐爵这个根本条件。这样无条件地普遍赐民爵是前所未有的，开了赐爵轻滥的先河。

其次，把赐民爵与赐吏爵分开了。以往是没有这样分的，自此以后，在赐爵时吏与民就分开提了。而赐民爵一般每次赐爵一级；赐吏爵则每次不限级数，一般以官职的高低和在职时间的长短决定级数的多少，有一次赐爵两三级的，也有一次赐爵至五大夫的，后来还有更高的，专门"赐天下吏爵"① 的时候也有，官吏享受着更多的特权。

再次，取消了以爵级赐予田宅的规定。秦的军功爵制是与获得一定的田宅并役使庶子分不开的，是培植军功地主的一种措施。刘邦时也还把爵位和田宅连在一起。这以后所有的赐民爵都与田宅毫无关系了，只是得到一个空衔；但对吏爵特别是高爵，在赐爵的同时，还是有赐田宅、奴婢及金帛、车马、器物等赏赐的。

这些变化，是由于地主阶级的地位变化所决定的。吕后时期，封建统一战争已经结束，地主阶级政权已经巩固。这时的地主阶级所关心的是维护他们的既得利益与特权地位。因此，商鞅确定的关于赐爵的一些基本原则，如奖励军功等对他们已不适用了。

再以后，到文、景两帝时期，赐爵制度又有进一步变化。总的来说，是进一步背离了奖励军功的原则，向着轻滥的方面变化。此后，除十九级、二十级，即关内侯、列侯还拥有实际社会地位外，其他各级，特别是八级以下的民爵，成为徒有其名而无实际价值的空虚头衔。如钱大昕所说；"大约公乘以下，与齐民无异。"②

西汉滥赐民爵之事例甚多，据《西汉会要》卷三十五《赐爵》统计，在十六种情况下，如新君即位、立太子、改年号、册封皇后、太子加冠、皇帝加元服等所谓大事之时，都要发一纸诏书，宣布赐天下民爵一级，对"孝者"、"孝弟力田"、"勤事吏"等特殊人物，甚至赐爵二级、三级，赐爵成了统治者欢庆节日的点缀品。

赐爵制日趋轻滥的另一个重要表现，就是正式实行卖爵制。当时既可

① 班固：《汉书》卷八，《宣帝纪》，中华书局 1962 年版，第 255 页。
② 钱大昕：《再答袁简斋书》，《潜研堂文集》卷三十四。

以用钱买爵，也可以输粟入奴婢买爵。用钱买爵之例，如《汉书·惠帝纪》：

(孝惠元年)民有罪，得买爵三十级，以免死罪(应劭曰：一级值钱二千，凡六万)。

同书《食货志》：

(景帝时)上郡以西旱，复修卖爵令，而裁其贾，以招民。

又同书《成帝纪》：

(鸿嘉三年)令吏民得买爵，贾级千钱。

这样明令卖爵，而且不断减价卖爵，爵制之轻滥，于此可见。

输粟买爵，商鞅变法时和秦始皇时都曾偶一为之，西汉文帝时为了解决国家的财政困难和戍边问题，晁错建议“入粟县官，得以拜爵，得以除罪”，或“入粟于边，以受爵免罪”，文帝接受了他的建议，于是：

令民入粟边，六百石爵上造，稍增至四千石为五大夫，万二千石为大庶长，各以多少级数为差。①

从此以后，汉代入粟买爵之风大行。

入奴婢买爵，也是晁错的主意，他向文帝提出为防备匈奴入侵，应招募罪人实边，“不足，募以丁奴婢输罪，及输奴婢欲拜爵者，不足乃募民之欲往者，皆赐高爵复其家”②，又开辟了一个输奴婢买爵的途径。

在晁错看来卖爵是件很合算的事，“令民入粟受爵，至五大夫以上乃复一人耳”(五大夫才复一人，待遇显著下降)，而且“爵者，上之所擅，

---

① 班固：《汉书》卷二十四，《食货志》，中华书局1962年版，第1134页。
② 班固：《汉书》卷四十九，《晁错传》，中华书局1962年版，第2286页。

出于口无穷”。要什么爵，给什么爵，似乎说一句话就行了，但造成的后果却是他没有想到的。例如他本意是抑商，商人却因此取得了免役权，提高了政治地位，更便于其发展。又如大量卖爵的结果，造成政府兵、徭役的来源受到威胁，因为“民多买复及五大夫”，致使政府可以“征发之士益鲜”①。至于爵制之轻滥自不待言。原来刘邦时以第七级公大夫为高爵的起点，而有无食邑的特权是区分高低爵的标志；文、景以后，高低爵的界限则上移至第九级五大夫，其区分标志也由食邑变成了免役。即以上所述“五大夫以上，乃复一人”；“公乘以下，与齐民无异”。居延汉简中的戍卒爵至公乘而无五大夫，即是对于史籍的有力证明。由此可见，从文、景以后，军功爵制完全失去了秦与汉初的价值和作用。

汉武帝时期，为了发动对匈奴大规模的反击战争，又需要军功爵制度来调动战士的积极性，提高军队的战斗力。但旧有的军功爵制已经很滥，不被人们所重视，故在元朔六年（前123年），武帝根据大臣们的建议，又设置武功爵，“以宠战士”。《汉书·食货志》云：

> 武功爵，级十七万，凡值三十余万金，诸买武功爵官首者，试补吏，先除千夫如五大夫，其有罪又减二等，爵得至乐卿，以显军功，军功多用超等，大者封侯、卿大夫，小者郎。

根据这条材料来看，汉武帝设立的武功爵，目的是恢复军功爵的原有价值和作用，使立功受爵的将士得以补吏，得以赎罪。功劳超等，大者可以封侯，小者可以补郎。这样，就使受爵的人得到的有可能是实际利益，而不是虚名。

至于武功爵的级别和级数，以上这条材料的注引臣瓒曰：

> 《茂陵中书》有武功爵，一级曰造士，二级曰闲舆卫，三级曰良士，四级曰元戎士，五级曰官首，六级曰秉铎，七级曰千夫，八级曰乐卿，九级曰执戎，十级曰政戾庶长，十一级曰军卫。此武帝所制，以宠军功。

---

① 司马迁：《史记》卷三十，《平准书》，中华书局1982年版，第1428页。

师古引此文之后提出了疑问：

> 此下云级十七万，凡值三十余万金，今瓒所引《茂陵中书》止于十一级，则计数不足，与本文乖矣，或者《茂陵中书》说之不尽也。

师古的怀疑是有根据的，《茂陵中书》的记载显然是有遗漏的。

武帝所设置的武功爵，本有赏军功以宠战士之意，但同时也可以买卖，如买爵至千夫、五大夫者，就可以享受免役特权，由于买爵者多，致使“调发之士益鲜，于是除千夫、五大夫为吏，不欲者出马”①。汉政府调发千夫、五大夫为小吏，实质上是让买爵的人变相服役，如不愿为小吏，就要出马一匹，使买爵者免役的优待变成了一纸空文。这样就使武功爵与原来的军功爵同样失去了原有的意义。因此推行不久便自行取消。以至于后人对武功爵究竟有多少级也弄不清楚了。

武帝以后的西汉皇帝们，仍照例赐民爵、赐吏爵，值得注意的是，宣帝以后，赐吏爵日益突出，次数增多，级别也一次可赐爵至左更或关内侯不等。而在赐爵对象方面，增加了“列侯嗣子”和“孝弟力田”。这一些变化说明，赐爵制原有的性质和作用丧失后，作为维护官吏、贵族特权地位工具的性质却更加突出了。

三、东汉时期军功爵制的衰亡

东汉时期，世家豪族地主阶层已经形成，他们通过察举、征辟和任子制度，完全垄断了政治特权，布衣之士，包括一般地主在内，已很难进入政治舞台，完全用不着以赐吏爵去扶植新的权贵了。所以东汉时赐吏爵一次也没有，可见已经废除。至于赐民爵，则成了一种更廉价的点缀品。如刘秀在位期间就颁布过四次赐爵令，一次是“赐天下长子当为父后者爵，人一级”，有三次皆“赐天下男爵，人二级”②。以后的各个皇帝，都颁布过赐爵诏令，赐爵的次数、级数都很多，为了防止人民得爵超过八级，又三令五申宣布“爵过公乘，得移与子若同产、同产子”的命令③，不过公

---

① 班固：《汉书》卷二十四，《食货志》，中华书局1962年版，第1165页。
② 范晔：《后汉书》卷一，《光武帝纪》，中华书局1965年版，第33、80、81页。
③ 散见《后汉书》之《明帝纪》《安帝纪》《顺帝纪》。

乘（八级），就不得免役。这样，赐民爵与人民的减役、免役及士兵的社会地位，已没有任何关系。于是爵制名存实亡。正如王粲《爵论》所说：

> 古者爵行之时，民赐爵则喜，夺爵则惧，故可以夺赐而法也。今爵废矣，民不知爵者何也，夺之，民亦不惧，赐之，民亦不喜，是设空文书而无用也。[①]

事实也正是如此，东汉是赐爵最多的朝代，但人们竟不知赐爵的用意何在。甚至连熟悉官事的一些文吏也弄不清楚“赐民爵八级何法”[②]。可见军功爵制在东汉只不过是徒具形式而已。但也要说明一点，所谓军功爵在东汉已失去实际意义，乃是指十八级以下的爵位，至于最高两级，即关内侯、列侯，则仍以分封制的残余形式被保留下来。

东汉后期，皇帝滥封滥赏，为了适应外戚、宦官、豪强、军阀势力扩张的需要，又增设了县侯、乡侯、亭侯等爵位。这是赐爵制的又一次大变化。汉末曹操当政，建立新的爵制，“以赏军功”[③]。除原有的列侯、关内侯之外，新设名号侯十八级、关中侯十七级、关内外侯十六级、五大夫十五级四等，但新增的这四等按规定“皆不食租”。这种空有名号而不食租税的封爵，即后世所谓虚封。从此军功爵制不仅对广大士兵毫无用处，就是对一般将官也无实际利益可得。

以上一切变化说明，自东汉以后，商鞅变法时创立的赐爵制度随着历史的发展而消失了。

---

① 欧阳询：《艺文类聚》卷五十一，《封爵部》，中华书局 1982 年版，第 916 页。

② 王充：《论衡・谢短篇》，诸子集成本，中华书局 1954 年版。

③ 陈寿：《三国志》卷一，《魏书一・武帝纪》，中华书局 1959 年版，第 46 页。

第五章　秩俸和朝位制度

第一节　官吏的秩俸

春秋以前，在贵族中实行的是世卿世禄制，所以没有官吏的秩俸。春秋战国之际，随着奴隶制的崩溃和封建制的产生，世卿世禄制被废除，而代之以官吏的秩俸制度。战国时，因各国度量衡制不同，官秩不同，故官俸也不相同。至秦汉始有统一的秩俸。秩是指官阶，有几等秩即为几级官；俸是指薪俸，薪俸多少是依官阶的高低而定的。一般说增秩、减秩，既包括官阶的升降，也包括秩俸的增减。

秦的官吏秩俸虽不可详考，但也有记载可以说明一些问题。如《韩非子·定法》说，商鞅变法时有“五十石之官”和“百石之官”。《商君书·境内》则有“千石之令”、“八百〔石〕之令”、“七百〔石〕之令”、“六百〔石〕之令”等官秩。说明秦国早就实行了秩俸制，并且是以粮食的数额来表示官秩等级的。秦统一以后仍实行这种秩俸制度，所以《史记·秦始皇本纪》中有“斗食”、“六百石以上”、“五百石以下”的记载。云梦秦简也提供了具体例证，如《金布律》规定：

> 官啬夫免，复为啬夫，而坐其故官以赀赏（偿）及有它责（债），贫窭毋（无）以赏（偿）者，稍减其秩、月食以赏（偿）之。

这就是说，对官吏可以分期扣除其俸禄来偿还罚款和债务。这里的秩就是秩俸，并且秩俸是按月发放的，又叫月食，另一条《仓律》规定：

> 月食者已致禀而公使有传食，及告归尽月不来者，止其后朔食，而以其来日致其食；有秩吏不止。

可以说明是按月发口粮和月俸。秦的秩俸计算及发放等基本原则和方法，是为汉所承袭了的。汉代官吏的等级——秩，也是用米谷数量来分的，如二千石、千石、×百石等等；但在按秩发放俸禄米谷时，则用斛来计算。石是衡的单位，斛是量的单位，西汉一石约等于二斛，东汉一石约等于三斛。石不过是定等级的虚名，斛才是实俸①。

秦汉时期，历时数百年，其间因物价与货币的比值不同，有增有减，故官吏的秩俸也不尽相同。如汉惠帝即位时诏云：

> 吏所以治民也，能尽其力，则民赖之，故重其禄，所以为民也。②

宣帝神爵三年（前59年）诏云：

> 吏不廉平，则治道衰。今小吏皆勤事，而俸禄薄，欲其毋侵渔百姓难矣，其益吏百石以下俸十五。③

东汉时对百官俸也有所增减。光武二十六年（50年）诏云：

> 增百官俸，其千石以上，减于西京旧制；六百石以下，增于旧秩。④

安帝永初四年（110年）：

> 诏减百官及州郡县俸，各有差。⑤

桓帝延熹三年（160年）：

---

① 聂崇岐：《汉代官俸质疑》，《宋史丛考》，中华书局1980年版。
② 班固：《汉书》卷二，《惠帝纪》，中华书局1962年版，第85页。
③ 班固：《汉书》卷八，《宣帝纪》，中华书局1962年版，第263页。
④ 范晔：《后汉书》卷一，《光武帝纪》，中华书局1965年版，第77页。
⑤ 范晔：《后汉书》卷五，《安帝纪》，中华书局1965年版，第214页。

诏无事之官权绝俸，半年如故。①

可见两汉官吏秩俸是时有变化的。

两汉官吏的实俸，见《汉书·百官公卿表》颜师古注；东汉初年（建武二十六年，即公元50年）刘秀所定的官吏俸例，见《后汉书·光武帝纪》李贤注引《续汉志》以及刘昭补《后汉书·百官志》。今一并表列于下，以备参考。

附表二十三：两汉官吏秩俸表

秩（石）别	颜师古注	李贤注	刘昭注
	月俸（斛）	月俸（斛）	月俸（斛）
万石	350	350	350
中二千石	180	180	180
二千石	120	120	120
比二千石	100	100	100
千石	90	80	80
比千石	80		
六百石	70	70	70
比六百石	60	55	50
四百石	50	50	45
比四百石	45	45	40
三百石	40	40	40
比三百石	37	37	37
二百石	30	30	30
比二百石	27	27	27
百石	16	16	16
斗食	11	11	11
佐史	8	8	8

上表师古所注，有人考证，认为实取自《续汉志》，也就是把东汉制度当成了西汉制度，王鸣盛《十七史商榷》三十四官俸条云：

① 范晔：《后汉书》卷七，《桓帝纪》，中华书局1965年版，第307页。

> 西京官俸之例，《前书》不见，而颜师古注，乃于《百官公卿表》题下，详述其制。今以李贤所注《续志》细校之，内惟比六百石颜云六十斛，李贤云五十五斛，此为小异，而其余一概相同。夫颜师古所述，前汉制也；李贤所引，后汉制也。何相同乃尔！且《光武纪》文，于增百官俸之下，即继云："其千石以上，减于西京旧制；六百石以下，增于旧秩。"今以校颜注，则是千石以上，建武固毫无所增，而六百石以下，仅有比六百石一条不同；而如颜说，则建武反减于西京五斛，何云增乎！此必师古失记建武增俸之事，直取《续汉志》以注《百官表》，以后汉制当前汉制也。要之，颜与李贤同时所见《续汉书志》本，与刘昭所据之本，传录参差，未知孰是，而西京官俸之制则已无可考。

颜师古未加详考是可以肯定的，说他直取《续汉志》则未必，他还是参考了一些别的资料的，例如《汉书·百官公卿表》的另一条注说：

> 师古曰：《汉官名秩薄》云斗食月俸十一斛，佐史月俸八斛也。一说，斗食者，岁俸不满百石，计日而食一斗二升，故云斗食也。

显然师古参考了其他记载。又据师古引如淳注《汉书》看，也有律令条文作参考：

> 如淳曰：诸侯王相在郡守上，秩真二千石。《律》：真二千石月得百五十斛，岁凡得千八百石耳。二千石月得百二十斛，岁凡得一千四百四十石耳。①

说西汉官俸"已无可考"有一定道理，因为记载不全，而且时间不清，不过也还是可以做一些探索的。

古代官俸，多为谷物，如《史记·孔子世家》记载：

---

① 班固：《汉书》卷五十，《汲黯传》注引，中华书局 1962 年版，第 2323 页。

卫灵公问孔子居鲁得禄几何？对曰：俸粟六万。卫人亦致粟六万。

六国时所见的官俸，或以钟计，或以石计，或以盆计，或以担计，自然都是谷物。如上所述，秦也是以石计官吏的秩俸。汉承秦制，官吏的秩俸等级亦以石为标准，因而给官吏俸禄发放谷物是完全可能的，虽然以后有时发钱或钱谷参半，但仍以石计秩俸，这本身就是证明。不过，从一些零星记载来看，西汉的官俸，确曾有一段时间是以钱来计算的，如《史记·汲黯列传》集解引如淳曰：

《律》：真二千石，俸月二万；二千石，月万六千。

《史记·外戚世家》“又有真二千石者”句下索隐引如淳曰：

《汉律》：真二千石俸月二万。

《汉书·宣帝纪》如淳注曰：

《律》：百石，俸月六百。

《汉书·成帝纪》如淳注曰：

《律》：丞相、大司马大将军，俸钱六万，御史大夫俸月四万也。

以上皆为去汉不远曾做过三国魏陈郡丞的如淳所言，而他又明明白白写着是根据《汉律》。值得注意的是这里的第一条，师古作《汉书》注时引了如淳的另一段释文，即月得多少斛，也明明写的是根据《律》。则《汉律》本来既有谷物数，也有谷物折合银钱之数，如淳时可能是见过的，南北朝以后大概难得见到《汉律》原文了，而注家引如淳说时又各取一面。如淳所说确系西汉情况，这从《汉书》本身和其他记载也可得到证明，如《汉书·贡禹传》云：

> 拜为谏大夫，秩八百石，俸钱月九千二百……拜为光禄大夫，秩二千石，俸钱月万二千。①

又如卫宏《汉旧仪》云：

> 元朔二年，以上郡、西河为万骑太守，月俸二万。绥和元年，省大郡万骑员，秩以二千石居。②

还有《汉书·盖宽饶传》，宽饶为司隶校尉，“奉钱月数千”的记载。

总之，西汉时官俸有一段时间发放的是钱，而且是以谷物数量折合成钱的，因为如淳所引《汉律》既有月俸的谷物数，同时又有钱数。俸禄以谷物折钱从何开始？以上发钱记载，均为武帝以后之事，或者就是从武帝前后开始的③。《居延汉简考释·释文之部》卷二《簿录》钱谷类也有西汉官俸的零星记载，如候官月俸三千，塞尉月俸二千，候长月俸千二百或千六百、千八百，隧长六百或九百，说明当时边塞官吏的俸给也是用钱来计算的。但是，如果说俸钱是按谷物的定额来折算的话，究竟如何折算？折算之后是否一成不变？这又是有待进一步考查的问题。

据上所述，西汉时石是定秩俸等级的虚名，斛是实俸，但真正实际发放时，又往往折合为钱。当然，有的时候也同时发放钱谷，如《汉书·东方朔传》载东方朔之言曰：

> ……侏儒长三尺余，俸一囊粟，钱二百四十；臣朔长九尺余，亦俸一囊粟，钱二百四十。

---

① 据《汉书·百官公卿表》，谏大夫为比八百石，光禄大夫为比二千石。此处记载光禄大夫俸钱月万二千，比如淳所云“二千石，月万六千”少，可证为比二千石。依此类推，谏大夫亦当为比八百石。

② 一般郡守为二千石，特殊情况下可增秩为真二千石、中二千石，故月俸二万。

③ 聂崇岐：《汉代官俸质疑》，《宋史丛考》，中华书局 1980 年版。

其时东方朔待诏公车，属于后补官员，其俸给是钱谷兼发的。

至于东汉，《后汉书·百官志》最后记载了建武二十六年（50年）“百官受俸例”，仍然是按石的等级，列举了各等的月俸是多少斛，最后才说：“凡诸受俸，皆半钱半谷。”此文之下刘昭补注引荀绰《晋百官表注》曰：

> 汉延平中，中二千石俸钱九千，米七十二斛。真二千石月钱六千五百，米三十六斛。比二千石月钱五千，米三十四斛。一千石月钱四千，米三十斛。六百石，月钱三千五百，米二十一斛。四百石月钱二千五百，米十五斛。三百石月钱二千，米十二斛。二百石月钱一千，米九斛。百石月钱八百，米四斛八斗。

这个记载虽不一定精确，但可以看到钱谷兼发的情形。所谓半钱半谷，并不一定是五与五之比，“半”只是一部分的意思，从这条记载看，大约是钱七成谷三成①。

总之，东汉的秩俸有以下几点是可以肯定的：

第一，与秦和西汉一样，是以石定秩等的，乃至有“秩石”的说法，《献帝起居注》曰：

> ……以秩石为率赋与，令各自收其租税。②

第二，实际月俸也是以谷数定额，近年居延破城子出土的汉简中有建武三年（27年）窦融给张掖、居延都尉下达的命令，命令开列了居延都尉、丞，居延令、丞、左右尉的月俸谷数③，也证明月俸是以谷数定额的。《后汉书·百官志》百官受俸例的月俸数皆以斛为单位毋庸置疑。

第三，实际发放时，是半钱半谷的原则，准确地说就是部分钱部分

① 聂崇岐：《汉代官俸质疑》，《宋史丛考》，中华书局1980年版。

② 范晔：《后汉书》志第二十八，《百官五》补注引，中华书局1965年版，第3633页。

③ 参见甘肃居延考古队《居延汉代遗址的发掘和新出土的简册文物》图版六；徐苹芳：《居延考古发掘的新收获》，《文物》1978年第1期。

谷。至于谷如何折钱的问题，则有待进一步查考，正如王鸣盛所说：

以《续志》并李贤、颜师古二条细参，乃知各条所说数，皆是立法如此，临时尚须按照当时谷价之贵贱，以钱代给其半也。

但他在列举《汉书·贡禹传》《汉书·盖宽饶传》以及荀绰注之所记不同之后又说，“存疑备考”。

汉代官吏除常俸外，尚有节日赏赐，实际上是常俸以外的加薪。《后汉书·何敞传》注引《汉官仪》曰：

腊赐，大将军、三公钱各二十万，牛肉二百斤，粳米二百斛。特进、侯十五万，卿十万，校尉五万，尚书三万，侍中、将、大夫各二万，千石、六百石各七千，虎贲、羽林郎二人共三千，以为祀门户直。

又《通典》卷三十五《职官十七》“禄秩”云：

立春之日，遣使者赐文官司徒、司空帛三十匹，九卿十五匹，武官太尉、大将军各六十匹，执金吾校尉各三十匹。武官倍文官。献帝建安八年，颁赐三公以下金帛，由是三年一赐，以为常制。

以上赏赐值得注意的是其赏赐对象，多半是高级官员和中央官吏。与此相反，另一值得注意的情况，就是六百石以下的低级官吏，如县令、长以下的俸禄则比较低，时人颇以为非。如崔寔《政论》云：

昔在暴秦，反道违经，厚自封宠，而虏遇臣下。汉兴，循而未改其制。夫百里长吏，荷诸侯之任，而食监门之禄，请举一隅，以率其余。一月之禄，得粟二十斛，钱二千。长吏虽欲崇约，犹当有从者一人，假令无奴，当复取客，客庸一月千，刍、膏肉五百，薪炭、盐、菜又五百，二人食粟六斛，其余财足马，岂能供冬夏衣被、四时祠祀、宾客斗酒之费乎？况复迎父母致妻子哉！[①]

仲长统《昌言》也说：

夫选用必取善士，善士富者少而贫者多，禄不足以供养，安能不少营私门乎？从而罪之，是设机置阱以待天下之君子也。……夫薄利禄以丰军用，缘于秦征诸侯，汉承其弊，遂不改更，危国乱家，此之由也。[②]

两汉的统治者，如西汉的宣帝、东汉的光武帝，虽也曾注意到提高低俸的待遇，以“养廉”；但从崔寔、仲长统的话来看，基本情况似乎没有多大改变。官吏贪污，固然是封建官僚制度本身决定的，是不可避免的现象。但官俸过低，以至于难以养家糊口的地步，也未始不是促使官吏贪污的一个因素，特别是一些乡亭之吏，俸禄微薄，取给于民，乃是常事，《后汉书·左雄传》载雄上疏云：

乡官部吏，职斯禄薄，车马衣服，一出于民，廉者取足，贪者充家。……

《后汉书·吴祐传》还有一个具体例子：

（吴祐为胶东侯相），啬夫孙性私赋民钱（五百），市衣以进其父，父得而怒曰：“有君如是，何忍欺之！”促归伏罪。性惭惧，诣阁持衣自首，祐屏左右，问其政。性具谈父言。祐曰：“掾以亲故，受污秽之名，所谓观过斯知仁矣。”使归谢其父，还以衣遗之。

乡官啬夫孙性，因为父买衣，而私赋民钱，亦属不得已而为之；如薪俸尚能自给，按其家教和为人，当不会出此。

---

① 严可均：《全上古三代秦汉三国六朝文·全后汉文》卷四十六，中华书局1958年版，第726页。

② 范晔：《后汉书》卷四十九，《仲长统传》，中华书局1965年版，第1655～1656页。

附表二十四：西汉职官秩禄表①

万石（谷，月三百五十斛）

太师	太傅	太保
丞相	太尉	御史大夫
前后左右将军		

中二千石(师古曰：中二千石实得二千石也，中之言满也，月得百八十斛，是为一岁凡得二千一百六石，言二千石者，举成数耳。)

太常	光禄勋	卫尉
太仆	廷尉	大鸿胪
宗正	大司农	少府
执金吾		

真二千石(徐天麟谨按：《外戚传》傛华秩视真二千石，在中二千石之下、二千石之上。师古曰：真二千石，月得百五十斛，一岁凡得千八百石耳。又按如淳注《汲黯传》亦云：诸侯相秩真二千石，月得百五十斛。臣瓒注詹事引《茂陵书》秩真二千石，而《百官表》乃亡此秩，欠考。东京则有此秩矣。)

二千石（师古曰：谷，月百二十斛，一岁凡得一千四百四十石。）

太子太傅②	太子少傅	詹事③
将作少府	大长秋	长乐少府④
长信少府	典属国	水衡都尉
京兆尹	左冯翊	右扶风
京辅都尉	左辅都尉	右辅都尉
司隶校尉⑤	城门校尉	中垒校尉
屯骑校尉	步兵校尉	越骑校尉
长水校尉	胡骑校尉	射声校尉
虎贲校尉	诸侯相⑥	郡太守⑦
长信中太仆	诸侯太傅	诸侯御史大夫

① 《西汉会要》卷三十七，《职官七》。
② 荀悦《汉纪》，自太子太傅至扶风，比二千石。
③ 《茂陵书》，秩真二千石。
④ 建平四年（前3年），四太后各置少府，皆中二千石。
⑤ 荀悦《汉纪》，校尉并比二千石。
⑥ 初金印，吴、楚反后改银印，初真二千石，在郡守上。
⑦ 增秩者为中二千石，元帝建昭二年（前37年）益三河大郡太守秩。

续表

诸侯中尉①	中少府	左曹
右曹	大郡都尉	州牧②
长陵令	大内	
比二千石（谷，月百斛）		
丞相司直	护军都尉	光禄大夫③
五官中郎将	左中郎将	右中郎将
虎贲中郎将	监羽林中郎将	西域都护
奉车都尉	驸马都尉	骑都尉
郡都尉		
千石（谷，月九十斛）		
丞相长史	大司马长史	御史中丞
将军长史	太常丞	光禄丞
卫尉丞④	太仆丞	大鸿胪丞
宗正丞	大司农丞	少府丞
执金吾丞	廷尉正监⑤	廷尉左丞
廷尉右监	诸侯郎中令	诸侯仆⑥
万户县令		
比千石（谷，月八十斛）		
太中大夫	郎中车将	郎中户将
郎中骑将	谒者仆射	期门仆射
八百石（成帝阳朔二年，除吏八百石秩。李奇曰：除八百就六百。）		
比八百石		
谏大夫		
六百石（谷，月七十斛）		
将作少府丞	詹事丞	水衡都尉丞
廷尉左平	廷尉右平	京兆丞
左冯翊丞	右扶风丞	京辅都尉丞

① 《汉书·哀帝纪》，傅相、中尉皆国二千石。
② 《汉书·朱博传》，秩真二千石。
③ 亡印绶，增秩者为中二千石。
④ 《六典》注，比千石。
⑤ 荀悦《汉纪》，正监秩比千石。
⑥ 武帝损郎中令秩千石，仆秩亦千石。

续表

左辅都尉丞	右辅都尉丞	郡长史
州刺史	郡太守丞	郡都尉丞
万户县令	朔方刺史	太子门大夫
太子庶子	太常掌故	武骑常侍
公车司马令	大厩令	未央令
家马令	车府令	路軨令
骑马令	骏马令	式道左候
式道右候	式道中候	廪牺令
外史	闾师	
比六百石（谷，月六十斛）		
博士	议郎	左中郎
右中郎	五官中郎	戊己校尉
太子洗马	谒者	
五百石（成帝阳朔二年除吏五百石秩，李奇曰：除五百就四百。）		
县长		
四百石（谷，月五十斛）		
县丞	县尉	
比四百石		
五官侍郎	左侍郎	右侍郎
三百石（谷，月四十斛）		
次县长		
比三百石（谷，月三十七斛）		
五官郎中	左郎中	右郎中
二百石（谷，月三十斛）		
左冯翊卒史	县丞	县尉
比二百石（谷，月二十七斛）		
百石（谷，月十六斛）		
御史属	左右内史卒史	郡国五经卒史
大行卒史	长安游徼	长安狱吏
比百石		
斗食（百石以下有斗食之秩。师古曰：斗食者言一岁不满百石，日食一斗二升。）		
佐史①		

① 师古曰：斗食谓佐史也。

第二节　朝位的班序

朝位是指帝王主持朝议时各级官吏所应处的位置先后左右之班次，朝位和官秩是一致的，有什么样的官秩，就有什么样的朝位。朝位的班序是由秩次的高低决定的。

秦的朝位班序已不可详考，但《史记·秦始皇本纪》所载琅邪刻石中列有一个从臣的次序，或者可见其朝位的一斑，其次序是：

> 列侯武城侯王离，列侯通武侯王贲，伦侯建成侯赵亥，伦侯昌武侯成，伦侯武信侯冯毋择，丞相隗林，丞相王绾，卿李斯，卿王戊，五大夫赵婴，五大夫杨樛。

这个次序的基本精神，和下面将叙述的西汉朝位班序是一致的。

汉自叔孙通定朝仪而始有朝位班序。《汉书·叔孙通传》云：

> 汉王已并天下，诸侯共尊为皇帝于定陶，通就其仪号。高帝悉去秦仪法，为简易。群臣饮，争功，醉或妄呼，拔剑击柱，上患之。通知上益厌之，说上曰："夫儒者难与进取，可与守成。臣愿征鲁诸生，与臣弟子共起朝仪。"……上曰："可试为之，令易知，度吾所能行为之。"……汉七年，长乐宫成，诸侯群臣朝十月。仪：先平明，谒者治礼，引以次入殿门，廷中陈车骑戍卒卫官，设兵，张旗志。传曰："趋！"殿下郎中侠（挟）陛，陛数百人。功臣、列侯、诸将军、军吏以次陈西方，东乡；文官丞相以下陈东方，西乡。大行设九宾。胪句传①。于是皇帝辇出房，百官执戟传警，引诸侯王以下至吏六百石以次奉贺。自诸侯王以下莫不震恐肃敬。至礼毕，尽伏，置法酒，诸侍坐殿上皆伏抑首，以尊卑次起上寿。觞九行，谒者言罢酒。御史执法举不如仪者辄引去。竟朝置酒，无敢讙哗失礼者。于是高帝曰："吾乃

① 苏林曰："上传语告下为胪，下告上为句也。"韦昭曰："大行掌宾客之礼，今之鸿胪也。九宾则《周礼》九仪也。谓公、侯、伯、子、男、孤，卿、大夫、士也。"刘攽曰："宾谓传摈之摈，九宾，摈者九人，掌胪句传也。"

今日知为皇帝之贵也。”

这件事看起来似乎很滑稽，实际上却奠定了此后两千年间封建官吏的朝位制度。

高后二年（前 186 年），又令评定列侯功次，以定朝位，臧于高庙，世世勿绝①。这是汉初制定朝位的大概情况，也是汉代列侯有朝位之始。汉初朝仪，据叔孙通说是采自古礼与秦法，故西汉的朝会次序和秦也许差不多。今将《西汉会要》卷三十七所列班序抄录如下，以供参考：

附表二十五：西汉朝会班序表

诸侯王	相国	太师
太傅	太保	丞相
大司马	御史大夫	大将军
列将军兼官	特进	列将军
列侯奉朝请	太常	光禄勋
卫尉	太仆	廷尉
宗正	大司农	大鸿胪
少府	长信少府	中少府
执金吾	太子太傅	水衡都尉
京兆尹	左冯翊	右扶风
典属国	将作少府	就国侯
颍川三河太守	齐楚等相	东海等太守
高密等侯	太子少傅	太子詹事
关内侯	丞相司直②	司隶校尉③
城门校尉	八校尉	骢粟都尉
光禄大夫④	御史中丞⑤	丞相长史
三辅都尉	五官左右中郎将	羽林中郎将
护军都尉	奉车都尉⑥	驸马都尉

① 班固：《汉书》卷三，《高后纪》，中华书局 1962 年版，第 96 页。
② 与州郡叙，则居刺史守相上。
③ 与州郡叙，则居刺史守相上。
④ 非中二千石者，叙在三辅都尉下。
⑤ 与刺史守相叙，则居其上。
⑥ 秩光禄大夫者，在关内侯下。

续表

骑都尉	尚书令	西域都护
太中大夫	尚书仆射	尚书
诸侯太傅	十三州刺史①	朔方刺史
郡都尉	关都尉	农都尉
属国都尉	西域副校尉	郎中车将
郎中户将	郎中骑将	诸侯中尉
诸侯内史	谏大夫	太子家令
博士	九卿列卿丞	谒者仆射
公车司马令	将军长史	廷尉正监
长安令	千石令	黄门侍郎
尚书丞郎	议郎	五官左右中郎
从事中郎	太史令	廷尉平
三辅丞	六百石令	五百石长
郡司马长史	五官左右侍郎	太守丞
都尉丞	三百石长	侍御史
太子门大夫	五官左右郎中	太子庶子
中庶子	太子舍人	太子洗马
羽林郎		

以上这个班序，只不过是一般的序位。它与秦可能有所不同，秦似乎更重军功爵位，故列侯、伦侯位列于丞相之前，此处则诸侯王才列于相国、丞相之前，列侯的位置退后了。这与爵制的变化是一致的。至于汉代本身，由于前后汉官制的演变、官秩的升降，以及兼官、特进、奉朝请等附加条件，错综交叉，其间也颇多变通之处。如以列侯而论，就国侯位次将作少府，但如以列侯居长安奉朝请，则位在九卿上。如《后汉书·百官志》所说：

> 旧列侯奉朝请在长安者，位次三公。

① 与守相叙，则居其上。

或者如胡广所引《汉制度》曰：

> 功德优盛，朝廷所敬异者，赐特进，在三公下，不在车骑下。①

具体的例子，如张禹，以列侯朝朔望，位特进，见礼如丞相②。东汉以后，唯以功德赐位特进者次车骑将军，赐位朝侯者次五校尉，赐位侍祠侯者次大夫，其余位在博士、议郎下，是为“猥诸侯”③。关内侯本位次太子詹事，但萧望之为关内侯，给事中，朝朔望，坐次将军④。汉兴，置大将军、骠骑将军，位次丞相⑤；但武帝以卫青为大将军，位在公上。其后，霍光、窦融为大将军，均位上公。又如光禄大夫依本秩（比二千石）在三辅都尉（二千石）下，但秩中二千石者则位居其上。又如监官与被监官叙位时，往往是监官位在被监官之上，而不依秩次的高低。如丞相司直（比二千石）、司隶校尉（二千石）与州郡叙，则居守、相（二千石）之上；御史中丞（千石）、十三部刺史（六百石）与守、相叙，亦位居其上。

由以上诸例可见，朝位班序，因具体情况不同，有时也有变化。不过在通常情况下，朝位的班序和官秩高低是相应的，这也是封建等级制度的一种表现形式。两汉以后的官品之制，即由朝位制度发展而来。

① 范晔：《后汉书》志第二十八，《百官五》注引，中华书局1965年版，第3630页。
② 班固：《汉书》卷八十一，《张禹传》，中华书局1962年版，第3349页。
③ 范晔：《后汉书》志第二十八，《百官五》及注，中华书局1965年版，第3630页。
④ 班固：《汉书》卷七十八，《萧望之传》，中华书局1962年版，第3287页。
⑤ 《后汉书·百官志》注引蔡质《汉仪》。

第六章　印绶、符、节与舆服制度

第一节　印绶与符节

一、印、绶

《史记·秦始皇本纪》集解引卫宏曰：

> 秦以前，民皆以金玉为印①，龙虎钮，唯其所好。秦以来，天子独以印称玺，又独以玉，群臣莫敢用。

秦以后在印绶方面有统一规定，除了皇帝的印独称玺之外，百官的印绶也有种种区别，其区别都有一定的含意，如应劭《汉官仪》所说：

> 印者，因也。所以虎纽，阳类，虎，兽之长，取其威猛以执伏群下也。龟者，阴物，抱龟甲负文，随时蛰藏，以示臣道功成而退也。
>
> 绶者，有所承受也，所以别尊卑彰有德也。
>
> 绶者，有所承受也。长一丈二尺，法十二月；阔三丈，法天、地、人。旧用赤芾，示不妄古也，秦汉易之以丝。

百官印章形质、印文等均有不同，如《汉旧仪》说：

---

① 《后汉书·徐璆传》注引卫宏曰："秦以前以金玉银为方寸玺。"《北堂书钞》《太平御览》所引《汉旧仪》："秦以前民皆佩绶，以金银铜犀象为方寸玺，各服所好。"

诸侯王印，黄金橐驼纽，文曰玺，赤地绶；列侯，黄金印，龟纽，文曰印；丞相、大将军，黄金印，龟纽，文曰章；御史大夫、匈奴单于黄金印，橐驼纽，文曰章；御史（案《初学记》引无御史大夫以下）、二千石（案《初学记》引二上有“中”字），银印，龟纽，文曰章；千石、六百石、四百石，铜印，鼻纽，文曰印章；二百石以上皆为通官印。①

皇太子，黄金印，龟纽，印文曰章，下至二百石，皆为通官印。

这里只说了印，未言绶，同书的另一处讲了印绶：

拜御史大夫为丞相，左右前后将军赞，五官中郎将授印绶；拜左右前后将军为御史大夫，中二千石赞，左右中郎将授印绶；拜中二千石，中郎将赞，御史中丞授印绶。印绶盛以箧，箧以绿绨，表白素里（《太平御览》作白表赤里）。尚书令史捧，西向，侍御史东向，取箧中印绶，授者却退，受印绶者手握持出，至尚书下乃席（案“席”当作“带”）之。丞相、列侯、将军金印紫绱绶，中二千石、二千石银印青绱绶，皆龟纽。其断狱者，印为章也。

这里不但记载了印绶的规格，还记载了各种官吏印绶的授受仪式。上述这些说明，文武百官皆有印绶，一则表示受命于天子，二则表示官阶级别，三则表示行使其职务范围的权力。

秦百官印绶的具体情况无法详考。董说在《七国考》中说：“有司之赐印，自秦孝公变法始耳。”是否如此，姑且不论。云梦秦简中提供了官吏印章的一些例证，《金布律》中有“丞印”、“令印”的记载，《法律答问》中还有“公玺”的记载，这后一点说明，以上所说秦以后天子专用玺名应该是秦统一以后，或者说秦始皇称皇帝之后的事。官吏的印章就是国

① 据出土汉印来看，汉代官印并非纯金印，最多用鎏金印。西安汉城遗址曾出土“御史大夫章”一方，系铜质，并非银质。至于二千石以上诸卿，如奉常、大仆、卫尉、大鸿胪、大司农、京兆尹等官，皆出土过铜印，并非银质，亦不涂银。记载所云，或为汉初规定，后来铸印，不一定遵照制度。

家权力的象征，如《法律答问》云：

甲捕乙，告盗书丞印以亡。

说明加盖丞印的传书就具有法律效力，可以作为通行的凭证。此外，从秦简记载看，不仅公文传书要盖官印封缄，其他如财物的封存、官府收受货币、入仓谷物的封存、司法中的查封等，都需要官府用印。因此，私刻、盗用官印即为犯罪，如《法律答问》云：

侨（矫）丞令，可（何）殹（也）？为有秩伪写其印为大啬夫。

盗封啬夫可（何）论？廷行事以伪写印。

假造、盗用官印均要问罪。可见对印章之重视。

两汉官吏印绶的有关材料较多，西汉情况，据《汉书·百官公卿表》记载，大体上是：相国、丞相金印紫绶，高帝十一年（前196年），相国更为绿绶。太傅、太师、太保、太尉、左右前后将军皆金印紫绶。御史大夫与秩比二千石以上的官吏皆银印青绶。秩比六百石以上皆铜印黑绶。比二百石以上皆铜印黄绶。成帝绥和元年（前8年），长、相皆黑绶。哀帝建平二年（前5年），复改为黄绶。东汉情况，据《后汉书·舆服志》注引《东观书》曰：

建武元年，复设诸侯王金玺綟绶，公侯金印紫绶。九卿，执金吾、河南尹秩皆中二千石，大长秋、将作大匠、度辽诸将军、郡太守、国傅相皆秩二千石，校尉、中郎将、诸郡都尉、诸国行相、中尉、内史、中护军、司直秩皆二千石，以上皆银印青绶。中外官尚书令、御史中丞、治书侍御史、公将军长史、中二千石丞、正、平、诸司马、中宫王家仆、洛阳令秩皆千石，尚书、中谒者、谒者、黄门冗从、四仆射、诸都监、中外诸都官令、都候、司农部丞、郡国长史、丞、候、司马、千人皆秩六百石，家令、侍、仆秩皆六百石，洛阳市长秩四百石，主家长秩皆四百石，以上皆铜印黑绶。诸署长、楫棹丞秩三百石，诸秩千石者，其丞、尉皆秩四百石，秩六百石者，丞、尉秩三百石，四百石者，其丞、尉秩二百石，县国丞、尉亦如之，县国三百石长相，丞、尉亦二百石，明堂、灵台丞、诸陵校长秩二百石，丞、尉、校长以上，皆铜印黄绶。

此段记载使我们可以大略窥知秩等与印绶之关系。但是，从西汉到东汉这几百年中也是有一些变化的，除以上已指明的几个变化之外，具体变化还有，而且各种记载之间也有出入。例如《后汉书·舆服志》诸侯王是赤绶，而《东观书》则云綟绶。对于许多具体问题，我们始终只能从大处着眼，然后力求其详。此外，以上只讲到二百石以上的印绶，百石以下乃至乡官情况又是如何呢？乡吏也有印绶，《两汉金石记》卷五中就有乡三老印，翁方纲跋曰：

扬子《法言》，五两之纶，半通之铜。注曰：有秩啬夫之印绶，印绶之微者也。《后汉书·仲长统传》《昌言》曰：身无半通青纶之命。注引《十三州志》曰：有秩啬夫得假半章印。今存“园印”（《两汉金石记》）、“仓印”（《顾氏印薮》）约当汉印之半，盖即此类也。

以上皆为有印绶之官。凡有印绶之官，又皆为治事之命官。另外，还有无印绶之官，无印绶之官，则多为不治事的加官或散官。以大司马、将军为例：

（武帝）元狩四年初置大司马，以冠将军之号。宣帝地节三年置大司马，不冠将军，亦无印绶、官属。成帝绥和元年初赐大司马金印紫绶，置官属，禄比丞相，去将军。哀帝建平二年复去大司马印绶、官属，冠将军如故。元寿二年复赐大司马印绶，置官属，去将军，位在司徒上。有长史，秩千石。①

从上述情况看，或有印绶，或无印绶，其差别即在于：一为治事之官，故

① 班固：《汉书》卷十九上，《百官公卿表上》，中华书局1962年版，第725页。

有官属；一为不治事之官，故无官属。此外，如光禄大夫、中大夫、大夫、博士、御史、谒者、郎官，或不治而议论，或仅为侍从传达，故均无印绶；但其中的仆射、御史治书尚符玺者，因须治事，故有印绶。可见有无印绶，乃是否治事之官的一个重要标志。

如上所述，印绶的各种质色表示不同的官阶、级别。故当时有关官吏的政策法令，有时即依此而定。如汉制刺史察黑绶以上，其黄绶以下则不察①，即是以印绶之等级而定其监察的对象。一般人也是根据其所佩印绶而判断其属于何种官职。《汉书·朱买臣传》于此有一段生动的描述：

> 初，买臣免，待诏，常从会稽守邸者寄居饭食。拜为太守，买臣衣故衣，怀其印绶，步归郡邸。直上计时，会稽吏方与群饮，不视买臣。买臣入室中，守邸与共食，食且饱，少见其绶。守邸怪之，前引其绶，视其印，会稽太守章②也。守邸惊，出语上计掾吏（史）。皆醉，大呼曰："妄诞耳！"守邸曰："试来视之。"其故人素轻买臣者入内视之，还走，疾呼曰："实然！"坐中惊骇，白守丞，相推排陈列中庭拜谒。买臣徐出户。有顷，长安厩吏乘驷马车来迎，买臣遂乘传去。

会稽吏为何对朱买臣前倨而后恭，就是因为他们看到了朱买臣所佩的印绶，知道朱买臣当上了会稽太守。印绶是权力的象征，所以严助说：

> 方寸之印，丈二之组（师古曰：组者，印之绶），填抚方外。③

最后我们想指出一点，秦汉时期的绶一般是无法保存到现在的，但印章则可能保存下来。事实上出土的汉官印也不少。关于汉官印有两条记载可以抄录下来，以备参考：

一条是《汉书·武帝纪》太初元年（前104年）"数用五"之下注引张晏曰：

---

① 班固：《汉书》卷八十三，《朱博传》，中华书局1962年版，第3399页。

② 《封泥考略》卷三第45页有"会稽太守章"封泥。

③ 班固：《汉书》卷六十四，《严助传》，中华书局1962年版，第2782页。

汉据土德，土数五，故用五，谓印文也。若丞相曰“丞相之印章”，诸卿及守相印文不足五字者，以“之”足之。

《封泥考略》中有“丞相之印章”、“御史大夫章”、“大司空印章”、“裨将军印章”、“太史令之印”、“光禄勋印章”、“中郎将印章”、“卫尉之印章”、“廷尉之印章”、“少府之印章”、“左冯翊印章”等等。此外，“××相印章”、“×相之印章”及“××太守章”也很多，属官及县令、长之印则多为四字。

另一条是《后汉书·马援传》注引《东观记》曰：

援上书：臣所假伏波将军印，书“伏”字，“犬”外向。城皋令印，“皋”字为“白”下“羊”；丞印“四”下“羊”；尉印“白”下“人”、“人”下“羊”。即一县长吏，印文不同，恐天下不正者多。符印所以为信也，所宜齐同。荐晓古文字者，事下大司空，正郡国印章。奏可。

则考汉印时，除以上注文所说不必拘泥于印章材料为金为银之外，还有印文讹误的问题。

二、符、传

符是一种信物或凭证。有多种式样和使用方式。符的起源很早，战国时已较为普遍应用，如《史记·范雎列传》记范雎之言曰：

穰侯使者操王之重，决制于诸侯，剖符于天下，政适伐国，莫敢不听。

可知当时在各国交往中已用符为信物。苏代遗燕昭王书亦云：

今王若欲因祸为福，转败为功，则莫若挑霸齐而尊之，使使盟于周室，焚秦符。①

① 司马迁：《史记》卷六十九，《苏秦列传》，中华书局 1982 年版，第 2270 页。

又，《史记·吕不韦列传》记载，安国君与夫人刻玉符，约以子楚为适嗣，也是一种信物。用于军事方面，则谓之兵符，战国时普遍以虎形之符为兵符，存世的古器中就有秦兵符数种①，如《新郪虎符》：

甲兵之符，右在王，左在新郪。凡兴士被甲用兵五十人以上，必会王符，乃敢行之。燔燧之事，虽毋会符，行殹（也）。

显然是发兵用的兵符。

至汉代，分封功臣，任命郡守，以及发兵一类的军国大事，也都用符作为凭信，如《汉书·高帝纪》：

（汉六年十二月）始剖符封功臣曹参等为通侯。（师古注："剖，破也。与其合符而分授之也。"）

又如：

（文帝二年）初与郡守为铜虎符，竹使符。②

《史记索隐》解释说：

《汉旧仪》：铜虎符发兵，长六寸，竹使符出入征发。《古今注》：铜虎符，银错书之。张晏云：铜，取其同心也。

《汉书》师古注：

应劭曰：铜虎符第一至第五③，国家当发兵，遣使者至郡合符，

---

① 有阳陵虎符（《秦金石刻辞》）、《新郪虎符》（《历代牌符录》）、秦杜虎符（《文物》1979年第9期）、秦甲兵虎符及秦王命虎符（《历代牌符录》）等。

② 见《史记·文帝本纪》及《汉书·文帝纪》。

③ 《居延汉简考释·释文之部》卷一第81页有残简文云"从第一始太守，从第五始使者，符合为□"，似由第一至第四存于太守官府，使者仅有第五符。

符合乃听受之。竹使符，皆以竹箭五枚，长五寸，镌刻篆书，第一至第五。师古曰：与郡守为符者，谓各分其半，右留京师，左以与之。

以上是有关铜虎符、竹使符的式样和使用方式的记载。铜虎符多用以发兵，竹使符则用于一般的调发，如齐王欲发兵诛诸吕，魏勃给齐相召平曰："王欲发兵，非有汉虎符验也。"① 弓高侯颓当责胶西王卬曰："未有诏、虎符擅发兵。"② 可见没有虎符，即不得发兵；如擅发兵，即有背叛朝廷之罪。

虎符之信，至东汉曾一度中断，后因杜诗奏请，又重新恢复。《后汉书·杜诗传》云：

初，禁网尚简，但以玺书发兵，未有虎符之信，诗上疏曰："……旧制发兵，皆以虎符，其余征调，竹使而已。符第合会，取为大信，所以明著国命，敛持威重也。间者发兵，但用玺书，或以诏令，如有奸人诈伪，无由知觉。愚以为军旅尚兴，贼虏未殄，征兵郡国，宜有重慎，可立虎符，以绝奸端……"书奏，从之。

以上所述，为有关军国大事的符制。其余一般吏民出门远行或出入关界，均须用传。

传也叫作符，或符传连用。云梦秦简中即有符传（或作符券），《法律答问》中有一条说：

客未布吏与贾，赀一甲。可（何）谓布吏？诣符传于吏是谓布吏。

邦客必须拿自己的符传向有关官吏报告、验明，始能与之交易。显然符传类似身份证或通行证。对于旅客要验符传，是商鞅变法以来的制度，《史记·商君列传》说：

---

① 班固：《汉书》卷三十八，《高五王传》，中华书局 1962 年版，第 1993 页。
② 班固：《汉书》卷三十五，《荆燕吴传》，中华书局 1962 年版，第 1917 页。

商君亡至关下，欲舍客舍。客人不知其是商君也，曰："商君之法，舍人无验者，坐之。"

验，就是验符传。汉代继承了这种制度，诸关用传出入。《汉书·文帝纪》十二年（前195年）：

除关无用传。

颜师古注：

张晏曰："传，信也，若今过所也。"如淳曰："两行书缯帛，分持其一，出入关合之乃得过，谓之传也。"李奇曰："传，棨也①。"师古曰："张说是也。古者或用棨，或用缯帛。棨者，刻木为合符也。"

文帝时曾一度废除这种出入关的传，景帝时因七国之乱，为备非常，"复置诸关用传出入"②。这从汉简也可得到证明。

《居延汉简考释·释文之部》卷一第167页有符文云：

始元七年闰月甲辰，居延与金关，为出入六寸符券，齿百，从第一至千，左居官，右移金关，符合以从事。

又同书第168页有：

永光四年正月己酉，橐佗吞胡㸑长张彭祖符。

永光四年正月己酉，橐佗延寿㸑长孙时符。

① 按棨与符、传虽属同类，但并不完全相同，在使用范围和用途方面，似乎还有其独特的地方。如《后汉书·百官志》说："凡居宫中者，皆有口籍于门之所属。宫名两字为铁印文符，案省符乃内之。若外人以事当入，本官长史为封棨传；其有官位，出入令御者言其官。"又同书《窦武传》注引《汉官仪》曰："凡居宫中，皆施籍于掖门，案姓名当入者，本官为封棨传，审印信，然后受之。"观此可知棨应是出入宫禁所使用的一种类似符、传的通行证。

② 班固：《汉书》卷五，《景帝纪》，中华书局1962年版，第143页。

其下均载妻、子、女年龄，颜色甚悉。每符之券齿为一百，长度皆六寸。又同书第169页有：

> 永始五年四月戊午入关传。

传与符为一类，但也有区别，其区别是："符写人名，传或写或不写人名；符写到达地址，或有不写到达地址者与传相同。符有齿，传无齿；符记数，传不记数（记载有家属之符，则不记数）。其形式，符与普通木简相似，传则长方形，宽度约比符加一倍。"① 符传的作用类似后来的过所，也就是通行证，写有人名者就像身份证。

至于享有特权的人物，可以不用符传而自由出入。《汉书·终军传》记载说：

> 初，军从济南当诣博士，步入关，关吏予军繻（张晏曰："繻，符也，书帛裂而分之，若券契矣。"苏林曰："繻，帛边也，旧关出入皆以传，传烦，因裂繻头，合以为符信也"），军问："以此何为？"吏曰："为复传，还，当以合符。"军曰："大丈夫西游，终不复传还。"弃繻而去。军为谒者，使行郡国，建节东出关，关吏识之，曰："此使者乃前弃繻生也。"

又《后汉书·郭丹传》：

> （丹）从师长安，买符入函谷关。乃慨然曰："丹不乘使者车，终不出关。"……更始二年，三公举丹贤能，征为谏议大夫，持节使归南阳安集受降。丹自去家十有二年，果乘高车出关，如其志焉。

从上述二例可以看出，当终军、郭丹尚未做官时，入关均须用繻、符。终军丢掉繻，就不能出关；郭丹没有符，还要买符入关。后来二人做了官，有了节（关于节的作用见下），便可以自由出入了。又，《汉书·宁成传》

① 陈直：《汉书新证》，天津人民出版社1959年版，第21页。

记载，宁成“诈刻传出关”，用现在的话说，就是伪造通行证，也就是非法的行为。

此外，《汉书·冯唐传》还有伍符的记载，注云：

> 李奇曰：“伍符，军士伍伍相保之符信也。”如淳曰：“伍符，亦什伍之符要节度也。”

这是属于军队或地方伍伍相连保用的符，有互相监督的意义。

又有一种木传信。《汉书·平帝纪》元始五年（5年）有“在所为驾一封轺传”的记载，注云：

> 如淳曰：“律，诸当乘传及发驾置传者，皆持尺五寸木传信，封以御史大夫印章。其乘传参封之。参，三也。有期会累封两端，端各两封，凡四封也。乘置驰传五封也，两端各二，中央一也。轺传两马再封之，一马一封也。”师古曰：“以一马驾轺车而乘传。”

看来，木传信是一种使用驿马的凭证。一封一马，几封就几马。这虽是汉代的制度，但也是从秦代开始的，云梦秦简的《仓律》中就有“驾传马”、“皆八马共”、“数驾”之类的记载，当与上述几封几马有关，因此秦代也必有木传信之类的东西。秦简《司空律》说：“令县及都官取柳及木楘（柔）可用书者，方之以书，毋（无）方者乃用版。”《说文通训定声》：“判木为片，名之为版。”不能“方之以书”的木头就析之为片，这应该就是木传信的材料。

三、节

节和符同为古代行使君主权力的一种信物，所以符节往往连称。《周礼·秋官·小行人》说：

> 达天下之六节：山国用虎节，泽国用龙节，皆以金为之。道路用旌节，门关用符节，都鄙用管节，皆以竹为之。

郑玄注曰：

此谓邦国之节也。达之者，使之四方，亦皆赍法式以齐等之也。诸侯使臣行眺聘，则以金节授之，以为行道之信也。……凡邦国民远出至他邦，他邦之民若来入，由国门者，门人为之节；由关者，关人为之节；其以征令及家徙乡遂，大夫及采地吏为之节。皆使人执节将之以达之，亦有期以反节。管节，如今之竹使符也。其有商者，通之以符节，如门关。门关者，与市联事，节可同也。亦所以异于畿内也。凡节，有天子法式存于国。

秦代无疑是继承和沿用了以前的符节之制，秦简中说客要“诣符传于吏”，才能与之贾，不正是这“其有商者，通之以符节”吗！而且“如门关”，和门、关用的符传是一样的。秦制的具体情况似无可考，很可能秦或者汉以后，符、传、节等分别使用了，节成为一种比较高级的凭证，这在汉代可以看得比较清楚。

汉代如出使、发兵，均有持节之制。《汉书·高帝纪》元年（前206年）下师古注云：

节以毛为之，上下相重，取象竹节，因以为名，将命者持之以为信。

汉初之节纯赤，征和二年（前91年），以戾太子持赤节发兵反，武帝更节加黄旄，以示区别。少府属官有符节令丞，主符节事。《后汉书·百官志》符节令下本注曰：

为符节台率，主符节事。凡遣使，掌授节。

节的使用范围很广泛，但都不外是代表皇帝行使某一种权力，如文帝时：

（令冯唐）持节赦魏尚，复以为云中守。①

① 班固：《汉书》卷五十，《冯唐传》，中华书局1962年版，第2314页。

此为用以赦免罪犯、任命官吏的事例。

（终军）为谒者，使行郡国，建节东出关。①

此为代表皇帝视察地方的事例。又如武帝建元三年（前138年）：

遣严助以节发兵会稽，会稽守欲距法，不为发，助乃斩一司马，谕意旨，遂发兵。②

此为用以发兵的事例。按照常法，应该是虎符发兵，因为武帝说：“吾新即位，不欲出虎符发兵郡国。”故以节发兵，会稽守拒绝发兵，师古说：“以法距之，为无符验也。”但是严助因为有节，可以行使天子赋予的特殊权力，可见节有更高的权威。又如：

（李恂）后拜侍御史，持节使幽州，宣布恩泽，慰抚北狄。③

此为用以出使的事例，其身份和上述三例一样，都是皇帝的代表。

皇帝授节臣下，即表示授权；臣下受节，即表示受命。如苏武出使匈奴，被扣留十九年之久，节旄尽落，仍坚守不失，即为不辱君命，也叫守节。后代所谓节操、妇女守节，即由此演化而来。

由于节代表皇帝命令，是一种最高权力的象征，有些人为了达到某一种政治目的，常有夺节、矫节之事，如《汉书·高后纪》记载：

周勃欲入北军，襄平侯纪通尚符节，乃令持节矫内勃北军。

少帝令谒者持节劳刘章，章欲夺节，谒者不肯，章乃与载，因节信驰斩长乐卫尉吕更始，还入北军。

① 班固：《汉书》卷六十四，《终军传》，中华书局1962年版，第2820页。
② 班固：《汉书》卷六十四，《严助传》，中华书局1962年版，第2776页。
③ 范晔：《后汉书》卷五十一，《李恂传》，中华书局1965年版，第1683页。

因此汉代统治者为使权力不致旁落，以防不测，对于节的授受，极为慎重，并规定有极严格的法律加以限制。如戾太子擅发兵，卢贺坐受太子节，掠死①；任安坐受太子节，怀二心，腰斩②。汉末权臣常有假节之制，假节往往就意味着天子之权旁落，大臣专政。

第二节 车舆和冠服

《后汉书·舆服志》说：

> 夫礼服之兴也，所以报功章德，尊仁尚贤。故礼尊尊贵贵，不得相逾，所以为礼也。非其人不得服其服，所以顺礼也。

可见自古以来，车舆冠服等物就具有鲜明的等级性，并为等级制度服务的，所以历代统治者都十分重视车舆冠服制度。同书又说：

> 及秦并天下，揽其舆服，上选以供御，其次锡百官。汉兴，文学既缺，时亦草创，承秦之制，后稍改定，参稽六经，近于雅正。

这段话说明，秦汉时期，在舆服制度方面有一个较大的改革和变化。这是因为一则经过春秋战国礼坏乐崩，旧的等级秩序已被打破，秦统一后，需要建立一套能够适应新的等级秩序的舆服制度。二则时代前进了，诸工技巧也进步了，后世的车服超过前世，这也是必然的趋势。

帝王、后妃之乘舆、冠服非常复杂，非本书论述范围，故从略。这里只讲文武百官之车服。

百官车服，不仅用以区分官民，而且也表示官阶等级和文武职别。秦汉时期，对于官吏的车服制规定很严格，认为车服不称，即有失官体，当绳之以法，如《汉书·景帝纪》中元六年（前144年）诏曰：

---

① 班固：《汉书》卷十九，《景武昭宣元成哀功臣表》，中华书局1962年版，第641页。

② 班固：《汉书》卷六十六，《刘屈氂传》，中华书局1962年版，第2881页。

夫吏者，民之师也，车驾衣服宜称。吏六百石以上，皆长吏也，亡度者或不吏服，出入闾里，与民无异。令长吏二千石车朱两轓，千石至六百石朱左轓。车骑从者不称其官衣服，下吏出入闾巷亡吏体者，二千石上其官属，三辅举不如法令者，皆上丞相、御史请之。

汉代统治者对于舆服逾制的现象，往往颁布诏令严加禁止。但禁者自禁，服者自服的现象还是经常发生。文帝时贾谊上疏言：

今庶人屋壁得为帝服，倡优下贱得为后饰。①

东汉末，仲长统在《昌言》里也提到一些富豪"身无半通青纶之命，而窃三辰龙章之服"②。宋人徐天麟在记述秦汉舆服制度之后议论说：

……舆服之仪……所以明尊卑，辨等列，使之不得以相逾者也。故五车之制一定，则乘墨栈者不得拟于篆缦；五冕之制一立，则服絺玄者不得僭于鷩毳。所以捡摄人心，维持名分者，盖于此乎寓焉。③

车服制一乱套，封建等级制也就被打乱了。这是封建统治者所以重视舆服制的主要原因。

一、车制

关于秦汉车制的记载，以帝王御用之车为最多，《后汉书·舆服志》有比较集中的记述，这里从略。车制的主要内容，无非是包括动力和车的附件装饰等等，同时也有大小结构的问题，这些都是区别等级的主要标志。

秦代百官之车不可详考，从有关属车的记载也可窥其一斑，《后汉书·舆服志》云：

古者诸侯二车九乘。秦灭九国，兼其车服，故大驾属车八十一

① 班固：《汉书》卷四十八，《贾谊传》，中华书局1962年版，第2242页。

② 范晔：《后汉书》卷四十九，《仲长统传》，中华书局1965年版，第1651页。

③ 徐天麟：《东汉会要》卷十，《舆服下》，上海古籍出版社1978年版，第152～153页。

乘，法驾半之。属车皆皂盖赤里，朱轓，戈矛弩箙，尚书御史所载。最后一车，悬豹尾，豹尾以前比省中。

这属车当为百官所乘，虽不如帝王所乘那样华丽，但也有一定的车饰。

两汉车制是逐步完善的，徐天麟说：

西京礼文，本与秦仪杂就，而车服之制，因陋就简，是以班史无传焉。东京自显宗致意于明堂、辟雍、灵台之事，而辂车衮冕，其制始备。①

西汉初年确实“因陋就简”，“自天子不能具醇驷，而将相或乘牛车”②。又从前引景帝关于官吏车服之诏看，车马之饰也是比较简陋的，以后才慢慢讲究起来，如《汉书·黄霸传》云：

（宣帝时）霸为颍川太守，秩比二千石，居官赐车盖，特高一丈，别驾主簿车、缇油屏泥于轼前，以章有德。

此外，“赐安车驷马”、“安车蒲轮”者均为比较特殊的优礼。所谓“乘朱轮”就表示相当高的身份了，如杨恽家方隆盛时，乘朱轮者十人③。而过分治饰车马则要遭到弹劾、惩罚，《汉书·韩延寿传》云：

延寿在东郡时，试骑士，治饰兵车，画龙虎朱爵。延寿衣黄纨方领，驾四马，傅总，建幢棨，植羽葆，鼓车歌车。功曹引车，皆驾四马，载棨戟。五骑为伍，分左右部，军假司马、千人持幢旁毂。歌者先居射室，望见延寿车，嗷咷楚歌。延寿坐射室，骑吏持戟夹陛列立，骑士从者带弓鞬罗后。令骑士兵车四面营陈，被甲鞮鞪居马上，抱弩负籣。又使骑士戏车弄马盗骖。延寿又取官铜物，候月蚀铸作刀剑钩镡，放效尚方事。及取官钱帛，私假繇使吏。及治饰车甲三百万以

---

① 徐天麟：《东汉会要》卷十，《舆服下》，上海古籍出版社1978年版，第153页。
② 班固：《汉书》卷二十四，《食货志》，中华书局1962年版，第1127页。
③ 《汉书·杨恽传》，朱轮，高级官吏所乘之车。汉制公侯及二千石以上官皆得乘朱轮。

上。于是望之劾奏延寿上僭不道。……天子恶之，延寿竟坐弃市。

第一，这里主要是讲每岁都试时的治饰兵车；第二，韩延寿上僭者甚多，特别是“放效尚方”，私铸武器之类；第三，也确实是奢侈逾制。但是，事实又说明，正因为无定制，才会产生这种情况。哀帝时龚胜曰：“窃见国家征医巫常为驾，征贤者宜驾。”① 这亦可见制度不完善。故平帝时，王莽“奏车服制度”②，一方面是王莽托古改制，另一方面也说明西汉始终没有完备的车服之制。

东汉车制的资料保留较多，《后汉书·舆服志》有专门的记载，其有关百官的车制，主要有以下一些。

公、列侯安车，朱班轮，倚鹿较，伏熊轼，皂缯盖，黑轓，右騑。中二千石、二千石皆皂盖，朱两轓。其千石、六百石朱左轓。轓长六尺，下屈广八寸，上业广尺二寸，九文，十二初，后谦一寸，若月初生，示不敢自满也。景帝中元五年，始诏六百石以上施车轓，得铜五末，轭有吉阳筩，中二千石以上右騑，三百石以上皂布盖，千石以上皂缯覆盖，二百石以下白布盖，皆有四维杠衣。贾人不得乘马车（惠栋曰：“徐广云其余皆乘”）。除吏赤画杠，其余皆青云。

其等级之鲜明，一望便知。另外还有两段规定车马文饰的记载：

诸车之文：……公、列侯，倚鹿伏熊，黑轓，朱班轮，鹿文飞軨，九斿降龙。卿，朱两轓，两斿降龙。二千石以下各从科品。诸幡车以上，轭皆有吉阳筩。

诸马之文：……王、公、列侯，镂锡文髦，朱镳朱鹿，朱文，绛扇汗，青翅燕尾。卿以下有騑者，缇扇汗，青翅尾，当卢文髦，上下皆通。中二千石以上及使者，乃有騑驾云。

总之，通过车马的不同装饰以及许多不同的附件，就可以看出乘车者的身

① 班固：《汉书》卷七十二，《龚胜传》，中华书局1962年版，第3080页。

② 见《汉书·平帝纪》元始三年（3年）。

份和等级。

二、冠服

晋人袁宏在《后汉纪》卷九明帝永平二年（59年）中写道：

> 自三代服章皆有典礼，周衰而其制渐微，至战国时各为靡丽之服。秦有天下收而用之，上以供至尊，下以赐百官，而先王服章于是残毁矣。汉初，文学既缺，时亦草创，舆服旗帜，一承秦制，故虽少改，所用尚多。至是（按：永平二年），天子依《周官》《礼记》制度，冠冕衣裳，珮玉乘舆，拟古式矣。

除了这最后一段不尽然之外，前面所说都是符合历史事实的。

首先，秦时百官冠服，多取六国之制，例如《后汉书·舆服志》就记载了秦以六国冠服赐给臣下的一些情况：

> 高山冠，一曰侧柱。制如通天，顶不邪却，直竖，无山述展筒，中外官、谒者、仆射所服。太傅胡广说曰："高山冠，盖齐王冠也。秦灭齐，以其君冠赐近臣谒者服之。"

> 法冠，一曰柱后。高五寸，以纚为展筒，铁柱卷，执法者服之，侍御史、廷尉正、监、平也。或谓之獬豸冠。獬豸神羊，能别曲直，楚王常获之，故以为冠。胡广说曰："《春秋左氏传》有南冠而絷者，则楚冠也。秦灭楚，以其君服赐执法近臣御史服之。"

> 武冠，一曰武弁大冠，诸武官冠之。侍中、中常侍加黄金珰，附蝉为文，貂尾为饰，谓之赵惠王冠。胡广说曰："赵武灵王效胡服，以金珰饰首，前插貂尾，为贵职。秦灭赵，以其君冠赐近臣。"

录此数例，可见一斑。关于袍服、秦始皇制，三品以上绿袍深衣，庶人白袍，皆以绢为之①。

---

① 《中华古今注》。

汉初冠服也确实是“一承秦制”，所用者多，所改者少。以上所述秦官冠服，汉初都基本上继承下来了，到后来甚至于某些冠服的意义何在，有的人都弄不清了，如《汉官仪》说：

> 侍中金蝉左貂……予览《战国策》，乃知赵武灵王胡服也。其后秦始皇破赵，得其冠，以赐侍中。高祖灭秦，亦复如之。孝桓末，侍中皇权参乘，问貂蝉何法？不知其说。

当然，汉代也有所改进，有自己特制的冠服，如：

> 长冠，一曰斋冠，高七寸，广三寸，促漆纚为之，制如板，以竹为里。初，高祖微时，以竹皮为之，谓之刘氏冠，楚冠制也。民谓之鹊尾冠，非也。祀宗庙诸祀则冠之。皆服袀玄，绛缘领袖为中衣，绛绔袜，示其赤心奉神也。五郊，衣帻绔袜各如其色。此冠高祖所造，故以为祭服，尊敬之至也。①

长冠，虽原本为楚冠制，但是经过高祖改造的，所以又叫刘氏冠。又如：

> 樊哙冠，汉将樊哙造次所冠，以入项羽军。广九寸，高七寸，前后出各四寸，制似冕。司马殿门大难卫士服之。或曰，樊哙常持铁楯，闻项羽有意杀汉王，哙裂裳以裹楯，冠之入军门，立汉王旁，视项羽。②

樊哙冠是西汉的新产品，但高升以后的樊哙并不戴它，而是由卫士们服之。

据《汉书·叙传》说：“值汉初定，与民无禁。”师古曰：“国家不设车旗、衣服之禁。”汉高祖时曾“令群臣议天子所服，以安治天下”③。孝文帝时对服制并不怎么讲究，所谓“逮至圣文……躬服节俭，绨衣不敝，

---

① 范晔：《后汉书》志第三十，《舆服下》，中华书局 1965 年版，第 3664 页。
② 范晔：《后汉书》志第三十，《舆服下》，中华书局 1965 年版，第 3669 页。
③ 班固：《汉书》卷七十四，《魏相传》，中华书局 1962 年版，第 3140 页。

革鞜不穿"①。到景帝时，就要求各级官吏"车驾衣服宜称"了。成帝永始四年（前13年）下诏禁公卿列侯亲属近臣"车服过制"，但仍申明："青绿民所常服，且勿止。"② 汉代统治者对于车服过制的现象，经常下令加以禁止，这些都说明西汉服制有一个形成和不断改造的过程。《汉书·朱博传》云：

> （朱博为琅邪太守）敕功曹："官属多褒衣大袑，不中节度，自今掾史衣皆令去地三寸。"

此种地方性的小修小改必然很多，毋庸详考。

东汉的冠服制度，大概明帝时有一次较大的改革，《后汉书·舆服志》云：

> 孝明皇帝永平二年，初诏有司采《周官》《礼记》《尚书·皋陶篇》，乘舆服从欧阳氏说，公卿以下从大、小夏侯氏说。

说是完全复古，那倒不尽然，观《后汉书·舆服志》可见东汉冠服大多采用秦汉以来一直沿用的制度（当然其中也有些源于古制）。但东汉明帝以后冠服制度更完善，更整齐划一，这一点是可以肯定的，如：

> 天子、三公、九卿、特进侯、侍祠侯，祀天地明堂，皆冠旒冕，衣裳玄上纁下。乘舆备文，日月星辰十二章，三公、诸侯用山龙九章，九卿以下用华虫七章，皆备五采，大佩，赤舄絇履，以承大祭。百官执事者，冠长冠，皆祗服。五岳、四渎、山川、宗庙、社稷诸沾秩祠，皆袀玄长冠，五郊各如方色云。百官不执事，各服常冠袀玄以从。③

> 冕冠，垂旒，前后邃延，玉藻。……冕皆广七寸，长尺二寸，前

---

① 班固：《汉书》卷八十七下，《扬雄传下》，中华书局1962年版，第3560页。
② 班固：《汉书》卷十，《成帝纪》，中华书局1962年版，第325页。
③ 范晔：《后汉书》志第三十，《舆服下》，中华书局1965年版，第3663页。

圆后方，朱绿里，玄上，前垂四寸，后垂三寸，系白玉珠为十二旒，以其绶采色为组缨。三公诸侯七旒，青玉为珠；卿大夫五旒，黑玉为珠。皆有前无后，各以其绶采色为组缨，旁垂黈纩。郊天地，宗祀，明堂，则冠之。衣裳玉佩备章采，乘舆刺绣，公侯九卿以下皆织成，陈留襄邑献之云。①

凡冠衣诸服，旒冕、长冠、委貌、皮弁、爵弁、建华、方山、巧士，衣裳文绣，赤舄，服絇履，大佩，皆为祭服，其余悉为常用朝服。唯长冠，诸王国谒者以为常朝服云。宗庙以下，祠祀皆冠长冠，皂缯袍单衣，绛缘领袖中衣，绛绔袜，五郊各从其色焉。②

冠服和车舆一样，代表着官吏的身份和等级，使人们一望便知，赏赐冠服也是一种奖励和荣誉。如《后汉书·蔡茂传》记载说：

（郭贺）拜荆州刺史……有殊政……显宗巡狩到南阳，特见嗟叹，赐以三公之服，黼黻冕旒，敕行部去襜帷，使百姓见其容服，以章有德，每所经过，吏人指以相示，莫不荣之。

关于冠服，还有很多具体东西。此外，如佩刀、佩玉、印绶（已见前述）等等，也与冠服有关，《后汉书·舆服志》有较为详细的记载可以参考，这里就不再作更多的论列了。

① 范晔：《后汉书》志第三十，《舆服下》，中华书局1965年版，第3663～3664页。
② 范晔：《后汉书》志第三十，《舆服下》，中华书局1965年版，第3678页。

第七章　休假和致仕诸制度

第一节　休沐与告宁

秦时已有休假制度，称为告归，如《战国策·秦策》记载，孝公已死，惠王代后，莅政有顷，商鞅告归。又《史记·李斯传》记载，李斯长男为三川守，告归咸阳。《史记·高祖本纪》载，高祖为亭长时，常告归之田。所谓告归，注家解释即为休假，《史记·高祖本纪》集解引李斐曰："休谒之名也。吉曰告，凶曰宁。"孟康曰："古者名吏休假曰告。"秦的休假制度不可详考，汉制记载稍多，今略分述如下：

一、休沐

汉代官吏，一般利用休假日洗沐，如《汉书·霍光传》"光时休沐出"句下王先谦补注引《资治通鉴》胡注云："汉制中朝官五日一下里舍休沐。"故休沐成为休假的名称，并且是一般的例假。《初学记》引《汉律》"吏五日得一休沐"，就是官吏每隔五天休息一天。这一天的休息，实际是处理各种家务事，如《汉书·石奋传》记载：

> （万石君石奋）长子建为郎中令，少子庆为内史。建老白首，万石居尚无恙。每五日洗沐归谒亲（文颖曰："郎官五日一下。"刘奉世曰："建为郎中令、庆为内史非郎官也。"按霍光秉政亦休沐，然则汉公卿以下皆有休沐也）。入子舍，窃问侍者，取亲中裙厕牏，身自浣洒，复与侍者，不敢令万石君知之，以为常。

拜谒父母就是休假归家的一件大事。又如《汉书·郑当时传》记载：

孝景时，为太子舍人。每五日洗沐，常置驿马长安诸郊，请谢宾客，夜以继日，至明旦，常恐不遍。

这一天也够紧张的了，从早到晚乃至通宵“请谢宾客”。官吏五日一休，为两汉通制。《后汉书·张禹传》亦有“五日一归府”的记载。至于《后汉书·韩棱传》记载，韩棱为治窦氏之狱，“数月不休沐”，是特例，然而从反面也证明，定期休沐为通常之制。

为了使官吏都能按时休沐，并有法令规定。《汉书·杨恽传》云：

郎官故事，令郎出钱市财用，给文书，乃得出，名曰“山郎”。移病尽一日，辄偿一沐（晋灼曰：“五日一洗沐也。”师古曰：“言出财用者，虽非休沐，常得在外也。贫者实病，皆以沐假偿之也”），或至岁余不得休。其豪富郎，日出游戏，或行钱得善部。货赂流行，转相仿效。恽为中郎将，罢山郎，移长度大司农，以给财用。其疾病休谒洗沐，皆以法令从事。

以上为五日一次的例假，此外还有节假，《汉书·薛宣传》：“日至休吏。”师古曰：“冬夏至之日不省官事，故休吏。”据《后汉书·礼仪志》记载，夏至、冬至的休假似乎还不止一天，“冬至前后，君子安身静体，百官绝事，不听政”，“曰夏至，礼亦如之”。注引蔡邕《独断》曰：“冬至阳气始动，夏至阴气始起，麋鹿角解，故寝兵鼓。身欲宁，志欲静，故不听事。”此类节日休假，和例假一样，也是给官吏们处理私事，当时贼曹掾张扶不肯休假，坐曹治事，薛宣出教曰：

盖礼贵和，人道尚通。日至，吏以令休，所由来久。曹虽有公职事，家亦望私恩意。掾宜从众，归对妻子，设酒肴，请邻里，壹笑相乐，斯亦可矣！

这也是利用假日，家人团聚，以及请谢邻里、宾客等活动。

二、告假

告为因功或因病而休假之制，而告之中，又有予告、赐告之别。《汉书·高帝纪》："高祖尝告归之田。"注云：

李斐曰："休谒之名，吉曰告，凶曰宁。"孟康曰："古者名吏休假曰告。……《汉律》：吏二千石有予告，有赐告。予告者，在官有功最，法所当得也。赐告者，病满三月当免，天子优赐其告，赐得带印绶，将官属，归家治病。至成帝时，郡国二千石赐告不得归家。至和帝时，予赐皆绝。"师古曰："告者，请谒之言，谓请休耳，或谓之谢，谢亦告也。"

由此可见，所谓予告，系在职有功，课为上等者，依法应赐予休假，其性质等于赏赐。所谓赐告，大概是当时法令规定，请病假满三月当免，由皇帝赐告，则可延长假期而不免官。但也有不赐告而免之者，这完全是依皇帝的意旨而定，如：

（汲黯为主爵中尉，）黯多病，病且满三月，上常赐告者数，终不愈。最后，严助为请告。①

（谷永为大司农，）岁余，永病三月，有司奏请免。故事公卿病，辄赐告，至永独即时免。②

《汉书·冯奉世传》对予告、赐告的若干规定说得更为详细：

（冯野王）为琅邪太守。是时，成帝长舅阳平侯王凤为大司马大将军，辅政八九年矣，时数有灾异，京兆尹王章讥凤颛权不可任用，荐野王代凤。上初纳其言，而后诛章……惧不自安，遂病，满三月，赐告，与妻子归杜陵就医药。大将军（王）凤风御史中丞劾奏野王，赐告养病，而私自便，持虎符出界归家，奉诏不敬。杜钦时在大将军幕府，钦素高野王父子行能，奏记于凤，为野王言曰："窃见《令》

① 班固：《汉书》卷五十，《汲黯传》，中华书局1962年版，第2317页。
② 班固：《汉书》卷八十五，《谷永传》，中华书局1962年版，第3473页。

曰：吏二千石告，过长安谒（如淳曰：‘谒者，自白得告也。《律》：吏二千石以上告归、告宁，道不过行在所者，便道之官，无辞’），不分别予、赐。今有司以为予告得归，赐告不得，是一律两科，失省刑之意。夫三最予告，令也；病满三月赐告，诏恩也。令告则得，诏恩则不得，失轻重之差。又二千石病赐告得归，有故事；不得去郡，无著令。……今释令与故事[①]，而假不敬之法（师古曰：‘释，废弃也。假，谓假托法律而致其罪’），甚违阙疑从去之意。即以二千石守千里之地，任兵马之重，不宜去郡，将以制刑为后法者，则野王之罪，在未制令前也。刑赏大信，不可不慎。”凤不听，竟免野王。郡国二千石病赐告不得归家，自此始。

观此可知予告与赐告的区别以及前后的变化与限制。大概由皇帝诏令的予告、赐告仅限于二千石以上的官吏；至于一般下级官吏，也应有予告、赐告，不过由其主管部门批准执行而已。如前述刘邦为亭长时尝告归之田；杨恽为中郎将时，郎官疾病、休谒、洗沐皆以法令从事，均为明证。

此外，高级官员病假期间，还享受一定的优待，《后汉书·陈忠传》记载，东汉安帝以后：

九卿有疾，使者临问。加赐钱布[②]。

三、宁

宁和告本来是连称，告宁乃休谒之名。但是，告和宁又有区别，吉曰告，凶曰宁，宁则为丧假的专称。宁期的长短，大抵依丧服制度的推行情况而定。

西汉文帝崇尚节俭，也提倡丧制从简，《汉书·文帝纪》记其遗诏曰：

---

① 《后汉书·陈忠传》注引《前书音义》曰：“告宁，休谒之名。吉曰告，凶曰宁。古者名吏休假曰告，二千石有予告、赐告。予告，在官有功，法所当也。赐告，病三月当免，天子优赐其告，使带印绶，将官属归家养疾也。”

② 钱布：袁宏《后汉纪》作“钱帛”。

朕闻之：盖天下万物之萌生，靡不有死。死者，天地之理，物之自然，奚可甚哀！当今之世，咸嘉生而恶死，厚葬以破业，重服以伤生，吾甚不取。……其令天下吏民，令到出临三日，皆释服。无禁取妇、嫁女、祠祀、饮酒、食肉。自当给丧事服临者，皆无践。经带无过三寸。无布车及兵器。无发民哭临宫殿中。殿中当临者，皆以旦夕各十五举音，礼毕罢。非旦夕临时，禁无得擅哭。以下，服大红（功）十五日，小红（功）十四日，纤七日，释服。它不在令中者，皆以此令比类从事。

这是文帝遗诏，对自己死后的安排，总的意思是丧事从简，行丧的时间，大功十五日，小功十四日，纤七日，加起来共三十六日。应劭作注认为，因为古制是三年之丧，文帝以日易月，故为三十六日。有的注家不同意此说。但不论如何解释，三十六日而释服，从此以后成为定制则是事实，如《汉书·翟方进传》云：

（翟方进后母死，）既葬三十六日，除服起视事，以为身备汉相，不敢逾国家之制。

这就是说，父母丧亡，既葬之后，法定的丧假只有三十六天。但是《汉书·扬雄传下》应劭注云：

《汉律》：以不为亲行三年服，不得选举。

不知究为何时之律。哀帝即位，下令博士弟子父母死，予宁三年①。或者西汉后期丧服制有所变化。

东汉初，光武皇帝绝告宁之典，公卿、二千石、刺史不得三年丧。关于东汉一朝的大致情况，赵翼在《陔余丛考》卷十六《汉时大臣不服父母丧》写道：

---

① 班固：《汉书》卷十一，《哀帝纪》，中华书局1962年版，第336页。

直至元初中，始改令持服。《刘恺传》：旧制，公卿、二千石、刺史不得行三年丧，由是并废丧礼。元初中，邓太后朝，诏长吏以下不为亲行服者，不得典城选举。其时有上言牧守宜同此制者，诏下公卿议，多以为不便。恺独奏曰："刺史一州之表，二千石千里之师，谓宜以身先之，而议者谓不便，是犹浊其源，而欲清其流也。"太后乃从之。然《赵岐传》，岐为司空掾，议二千石得去官为亲行服。……是元初以后行丧之制又废。考安帝建光元年复断大臣二千石以上行三年丧。桓帝永兴二年又听刺史、二千石行丧服。延熙（当作"熹"）二年复断此制。是终汉之世，行丧不行丧迄无定制。

或听或断，即予宁三年或不予宁三年。两汉统治者标榜以孝治国，故主张行三年丧制。但丧假三年，尤其是高级主管官吏，一旦因丧假离职，官事皆废，又不得不明令制止，甚至有时还有提前释服或夺服之举，如：

（耿）恭母先卒，及还，追行丧制。有诏使五官中郎将赍牛酒释服（注：夺情不令追服）。①

（赵熹）行太尉事……后遭母忧，上疏乞身行丧礼，显宗不许，遣使者为释服。②

（太尉张辅）父卒，既葬，诏遣使赍牛酒为释服。③

（桓焉）迁太傅，以母忧自乞，听以大夫行丧。逾年，诏使者赐牛酒夺服。④

宁假在汉代始终未能形成一种固定期限的制度。但因为朝廷崇尚名节倡导

① 范晔：《后汉书》卷十九，《耿恭传》，中华书局1965年版，第723页。
② 范晔：《后汉书》卷二十六，《赵熹传》，中华书局1965年版，第915页。
③ 范晔：《后汉书》卷四十五，《张酺传》，中华书局1965年版，第1532～1533页。
④ 范晔：《后汉书》卷三十七，《桓焉传》，中华书局1965年版，第1257页。

以孝治天下，甚至明令规定“长吏以下不为亲行服者，不得典城选举”①。故下级官吏中行丧服之事也还不少，此类情况，多见于碑碣。《隶续》卷第十六《北海相景君碑阴》洪氏跋尾曰：

> （行丧）见之碑碣者：司隶鲁峻以母乞身，徙议郎，……解组居庐。……繁阳令杨君、上虞长度尚以叔父忧，西鄂长杨弼以伯母忧，思善侯国相杨著以从兄忧，广平令仲定以姊忧，皆解官而归。赵国令有兄之丧则不应司徒之辟。当其时二千石以上不行三年之服，而令长小□□□……

不但为父母持服，且为伯叔兄姊持服，这在当时被认为是一种品德高尚的表现。此类持服记载，史籍中也有一些，可见是比较流行的。《三国志·吴书·胡综传》云：

> 初以内外多事，特立科，长吏遭丧，皆不得去，而数有犯者。（孙）权患之，使朝臣下议。综议以为宜定科文，示以大辟，行之一人，其后必绝。遂用综言，由是奔丧乃断。

采取严厉措施，才制止了此种奔丧的风气。

第二节　致仕与优恤

一、致仕

致仕，近似现在的退休制度。致仕的条件，主要是年老或有病。但致仕后的归养俸禄，以及是否岁时朝见皇帝等，则要看其官位、功绩与皇帝恩宠的程度，而由诏令加以规定。因此具体情况颇不相同，如：

① 范晔：《后汉书》卷三十九，《刘恺传》，中华书局1965年版，第1307页。

（周仁为郎中令，）病免，以二千石禄归老。①

（张欧为御史大夫，）老笃，请免，天子亦宠以上大夫禄，归老于家。②

（韦）贤七十余，为相五岁，地节三年，以老病乞骸骨（按：乞骸骨为臣下告老的谦称），赐黄金百斤，罢归，加赐第一区。丞相致仕自贤始。③

（薛广德为御史大夫，）与丞相（于）定国、大司马车骑将军史高俱乞骸骨，皆赐安车驷马、黄金六十斤，罢。④

（杜延年为御史大夫）……视事三岁，以老病乞骸骨，天子优之，使光禄大夫持节赐延年黄金百斤、酒，加致医药。延年遂称病笃。赐安车驷马，罢就第。⑤

（疏广、疏受父子并为师傅，）（俱）上疏乞骸骨。上（宣帝）以其年笃老，皆许之，加赐黄金二十斤，皇太子赠以五十斤，公卿大臣故人邑子设祖道，供张东都门外，送者车数百辆。⑥

（尚书郑均）后以病乞骸骨，拜议郎，告归，因称病笃，帝赐以衣冠。元和元年诏告庐江太守、东平相曰："议郎郑均……前在机密，以病致仕……其赐均……谷千斛，常以八月长吏存问，赐羊酒，显兹异行。"明年，帝东巡过任城，乃幸均舍，敕赐尚书禄以终其身，故时人号为"白衣尚书"。⑦

---

① 班固：《汉书》卷四十六，《周仁传》，中华书局1962年版，第2203页。
② 班固：《汉书》卷四十六，《张欧传》，中华书局1962年版，第2205页。
③ 班固：《汉书》卷七十三，《韦贤传》，中华书局1962年版，第3107页。
④ 班固：《汉书》卷七十一，《薛广德传》，中华书局1962年版，第3048页。
⑤ 班固：《汉书》卷六十，《杜延年传》，中华书局1962年版，第2666页。
⑥ 班固：《汉书》卷七十一，《疏广传》，中华书局1962年版，第3040页。
⑦ 范晔：《后汉书》卷二十七，《郑均传》，中华书局1965年版，第946页。

（太尉邓彪）以疾乞骸骨。元和元年，赐策罢，赠钱三十万，在所以二千石俸终其身，又诏太常四时致宗庙之胙，河南尹遣丞存问，常以八月旦奉羊酒。①

（司马均）位至侍中，以老病乞身，（和）帝赐以大夫禄，归乡里。②

（刘恺为司徒，）视事五岁，永宁元年，称病，上书致仕，有诏优许焉，加赐钱三十万，以二千石禄归养。河南尹常以岁八月致羊酒。③

从以上事例，可知两汉公卿大臣老病退休，均得受国家的优厚待遇。不过情况不尽相同罢了。致仕就是去官，去官后当然不应享受原官的秩俸，故须另有诏令规定其俸，以上诸例说明，有的可以享受全俸，有的三公享二千石俸。在一般情况下，大概只能享受原官职三分之一的俸，如平帝元始元年（1年）令：

天下吏比二千石以上，年老致仕者，三分故禄，以一与之，终其身。④

如上所说，还有官吏致仕时一次性的赏赐，或钱、或黄金、或粮谷、或房屋（第一区即是）、或车马等等，以及平时地方官的馈赠，这都是经济上的优待。政治上，除了地方官定时派人“存问”之外，有些功高望重的老臣，致仕后仍可依时朝见皇帝，如：

孝景季年，万石君以上大夫禄归老于家，以岁时为朝臣。⑤

① 范晔：《后汉书》卷四十四，《邓彪传》，中华书局1965年版，第1495页。
② 范晔：《后汉书》卷三十六，《贾逵传》，中华书局1962年版，第1240页。
③ 范晔：《后汉书》卷三十九，《刘恺传》，中华书局1965年版，第1308页。
④ 班固：《汉书》卷十一，《平帝纪》，中华书局1962年版，第349页。
⑤ 班固：《汉书》卷四十六，《石奋传》，中华书局1962年版，第2194页。

(张禹)为相六岁，鸿嘉元年，以老病乞骸骨，上加优再三，乃听许。赐安车驷马，黄金百斤，罢就第，以列侯朝朔望，位特进，见礼如丞相。①

(李通)自为宰相，谢病不视事，连年乞骸骨，帝每优宠之。令以公位归第养疾，通复固辞。积二岁，乃听上大司空印绶，以特进奉朝请。②

总之，汉代官吏致仕后，还有经济上或政治上的待遇，其待遇的高低，主要是看皇帝恩宠程度的高低而定。

二、恤典

恤典，是朝廷对于官吏死后的一种抚恤制度。或赠赙(以财物助丧仪)，或赠印绶，或赐谥，或赐冢地、缯绣、衣物之类，不一而足。今抄录一些具体材料如下：

(骠骑将军霍去病)元狩六年薨，上悼之，发属国玄甲，军陈自长安至茂陵，为冢象祁连山。谥之并武与广地曰景桓侯。③

(卫将军张安世)薨，天子赠印绶，送以轻车介士，谥曰敬侯。赐茔杜东，将作穿土，起冢祠堂。④

(大将军霍光)薨，上及皇太后亲临光丧。太中大夫任宣与侍御史五人，持节护丧事。中二千石治莫府冢上，赐金钱、缯絮、绣被百领，衣五十箧，壁珠玑玉衣、梓宫、便房、黄肠、题凑各一具，枞木外臧椁十五具，东园温明，皆如乘舆制度。载光尸柩以辒辌车，黄屋左纛，发材官、轻车、北军五校士军陈至茂陵，以送其葬。谥曰宣成

① 班固：《汉书》卷八十一，《张禹传》，中华书局1962年版，第3349页。
② 范晔：《后汉书》卷十五，《李通传》，中华书局1965年版，第276页。
③ 班固：《汉书》卷五十五，《霍去病传》，中华书局1962年版，第2489页。
④ 班固：《汉书》卷五十九，《张安世传》，中华书局1962年版，第2653页。

侯。发三河卒穿复土，起冢祠堂，置园邑三百家，长丞奉守如旧法。①

（大司马吴汉）薨，有诏悼愍，赐谥曰忠侯。发北军五校、轻车、介士送葬，如大将军霍光故事。②

（光禄勋耿秉）卒……赐以朱棺玉衣，将作大匠穿冢，假鼓吹，五营骑士三百余人送葬。谥曰桓侯。③

（征虏将军祭遵）卒于军……祠以太牢，如宣帝临霍光故事。诏大长秋、谒者、河南尹护丧事，大司农给费。④

永平元年，东海王彊薨，遣司空冯鲂持节视丧事，赐升龙旄头、銮辂、龙旗。⑤

（大将军梁商）薨……赐以东园朱寿器、银镂、黄肠、玉匣、什物二十八种，钱二百万，布三千匹。……及葬，赠轻车介士，赐谥忠侯。⑥

（大傅胡广）薨，使五官中郎将持节奉策赠太傅、安乐乡侯印绶，给东园梓器，谒者护丧事，赐冢茔于原陵，谥文恭侯。⑦

（司空袁逢）卒于执金吾。朝廷以逢尝为三老特优礼之，赐以珠画特诏秘器，饭含珠玉二十六品，使五官中郎将持节奉策，赠以车骑将军印绶，加号特进，谥曰宣文侯。⑧

① 班固：《汉书》卷六十八，《霍光传》，中华书局1962年版，第2948页。
② 范晔：《后汉书》卷十八，《吴汉传》，中华书局1965年版，第684页。
③ 范晔：《后汉书》卷十九，《耿秉传》，中华书局1965年版，第718页。
④ 范晔：《后汉书》卷二十，《祭遵传》，中华书局1965年版，第741页。
⑤ 范晔：《后汉书》卷二，《明帝纪》，中华书局1965年版，第99页。
⑥ 范晔：《后汉书》卷三十四，《梁商传》，中华书局1965年版，第1177页。
⑦ 范晔：《后汉书》卷四十四，《胡广传》，中华书局1965年版，第1510～1511页。
⑧ 范晔：《后汉书》卷四十五，《袁安传》，中华书局1965年版，第1523页。

（司空杨赐）薨，天子素服，三日不临朝。赠东园梓器襚服，赐钱三百万，布五百匹。……使左中郎将郭仪持节追位特进。赠司空骠骑将军印绶。及葬，又使侍御史持节送丧，兰台令史十人，发羽林骑、轻车介士，前后部鼓吹。又敕骠骑将军官属司空法驾，送至旧茔。①

以上记载了从丧葬到死后享受的各种赠、赐，虽因人因时而异，但似乎也可看出某些共同之处，例如，有一定身份的官吏，皆赠以东园梓器，不过数量和品种不同罢了；皆派遣官吏持节视丧事，不过所派官吏地位因死者身份而定；皆发一定数量的军士送葬。凡此等等，所谓“送之如礼”②，似有一定典礼可依。除赠赐钱物之外，往往又加官晋爵。

袁梦麒曰：汉自公薨，或追爵、或赐谥、或赠之印绶，以示褒宠之恩，未有以官追赠者。至于印绶，亦不过即其生之官爵以赠之焉。翟方进薨，赐以丞相、高陵侯印绶；孔光薨，赠以丞相、博山侯印绶。此旧典，二千石卒官，赙百万（《羊续传》）。皆即其生之官爵以赠之而已。世祖中兴，鲜以印绶褒宠功臣，独祭遵薨，博士范升上疏追颂遵功德，赠以将军侯印绶，亦不过即其生之官爵以赠之，无加于旧典也。逮桓、灵之世，刘宽以太尉薨，袁逢以司空薨，皆赠车骑将军印绶，加号特进；以至朱穆卒，以尚书而追赠益州太守，悉非先朝旧典。至于后世大臣有加赠之恩，盖出诸此。③

此外，官吏因公死亡，除厚加赏赐，并得荫其后代，如：

（文帝十四年，瓶侯孙单）父卬以北地都尉与匈奴战死事，子侯。④

① 范晔：《后汉书》卷五十四，《杨赐传》，中华书局 1965 年版，第 1785 页。
② 范晔：《后汉书》卷五十八，《盖勋传》，中华书局 1965 年版，第 1883 页。
③ 徐天麟：《东汉会要》卷二十五，《职官七》，上海古籍出版社 1978 年版，第 381 页。
④ 班固：《汉书》卷十六，《高惠高后文功臣表》，中华书局 1962 年版，第 627 页。

（景帝中二年，）封故楚、赵傅、相、内史前死事者四人子皆为列侯。①

东汉延平中，渔阳太守张显、兵马掾严授、主簿卫福、功曹徐咸为抵御鲜卑入侵，战死。“朝廷愍授等节，诏书褒叹，厚加赏赐，各除子一人为郎中。”②

护羌校尉温序行部至襄武，为隗嚣别将苟宇所拘劫，伏剑自杀，“赐城傍为冢地，赙谷千斛，缣五百匹，除三子为郎中”。③。

后代的恩荫制度即出于此。

一九八〇年八月二十二日初稿
一九八一年二月十七日二稿
一九八四年七月一日改定

---

① 《汉书·景帝纪》注文颖曰：“楚相张简、太傅赵夷吾、赵相建德、内史王悍此四人各谏其王无使反，不听，皆杀之，故封其子。”

② 范晔：《后汉书》卷八十一，《刘茂传》，中华书局1965年版，第2672页。

③ 范晔：《后汉书》卷八十一，《温序传》，中华书局1965年版，第2673页。

附录

发挥各自优势　携手精诚合作

——《秦汉官制史稿》写作出版的前前后后

郭　涛

史学界曾有“四把钥匙”之说，即年代、地理、职官、目录。其中，职官一项尤为复杂，牵连甚广。就古代职官的整理而言，清人黄本骥曾编有《历代职官表》一书。随着近代学术研究的发展，历史研究各领域也逐步走向断代、精细化的轨道。秦汉王朝和秦汉官制在整个中国古代史上具有重要的意义，于是现代学术意义上的断代官制史《秦汉官制史稿》应运而生。

《秦汉官制史稿》由山东师大安作璋和华中师大熊铁基两位先生联袂完成于20世纪80年代初。著作分上、下两册，共70余万字，截至目前仍然是秦汉政治史、制度史研究的必备参考书。著作的质量和创作中的合作精神也都一直为学界所称道，被誉为史学合作中的典范。但是由于作者并未在著作中对创作过程做片言只语的交代，散见于纪念文集之中的相关内容又仅寥寥数语而已，个中原委不得而知。笔者有幸能与熊铁基先生共事，在数次请教该书形成过程时获得了一些总体印象，近来又从熊先生处得知两位先生合作时留有部分往来信件（安先生所藏书信已复印提供给熊先生），并得其慨允阅览，故而对创作细节有了更深的了解。

从往来书信中可以看到，合作的前期准备工作较为复杂、曲折，及至明确目标之后真正开始写作，整个进程就变得顺畅起来。其中的关键是合作之初就明确了写作模式，确定了相互之间相对合适的分工。

朴实正派的“舵手”与积极坦率的“助手”

安作璋与熊铁基的合作源起于1980年在山东烟台召开的十院校中国古

代史教材编写会议。安、熊两人虽初次见面，但一见如故，合作意向一拍即合。之后各自奔走此事，寻找更多合适的人选以组成扎实的写作班底。会后返汉的熊在给安的信中，亦即目前所见最早的信件（1980 年 11 月 17 日）首次提到合作中两人之间的角色定位，“究竟该如何搞，请你定夺，我积极支持，不过水平有限就是了”。由于各种主客观原因，其他人员难以邀集，安、熊才决定由二人合作。在 1980 年 12 月 26 日的信件中熊又坦诚了自己的优势和问题：

> 我想不如我们两人来搞，也许还省一些，当然主要是你。我们不必客气了。我的情况可以如实告诉你，用现在“扬长避短”的说法，我唯一的长处是能够对一些问题提出一点看法，做事比较快，而且时间也有保证，既没有太多杂务，也不打算另搞一套什么，如果跟着你学，在科研方面基本上可以说全力以赴；最大的短处是没有什么基础，只能边干边学，所以只能以你为主，在你的指导和帮助下完成任务。（这是确实的话，不是客气。）

熊还提到“如果你同意这个想法，而且觉得我可以作为一个助手的话”，“协助你做这件事”等等。为了表示信任，熊坦率地附上宁可先生对合作一事给熊的回信：“安作璋同志是强人，他学风朴实，为人正派，你们合作一定能有好的结果。”（1980 年 12 月 22 日）在对熊的回信中安先生也表露心迹称熊“古道热肠，肝胆照人，我已有所领会。今又来信，更加证实我的原来印象”（1981 年 1 月 4 日）。一个朴实正派、一个积极坦率，两人互相信任、彼此交心，在学界都有较好的口碑，为合作意向的达成和日后合作的顺利推进奠定了基础。“作为一个助手”并非仅仅是熊的自谦之辞，事实上是他对自己当时在专业上“先天不足，后天失调”的清晰的自我认识。他希望“边学边干”，以补足短板。其时安先生在秦汉史领域已耕耘有年，基础牢固，理应作为掌舵人。这种分工是建立在学术积累程度上的自然而合理的安排。熊当时说道：“对我的基础，你可千万不能有任何过高的估计，这也许是成败的关键点，舵，你是一定要掌握好的。”（1981 年 4 月 24 日）

突出特色：提纲撰写中的往复

决定合作之后，讨论的重心转向书稿编写形式和大纲的拟定方面，如何通过大纲呈现出新作的特色是核心问题。在 1981 年 1 月 4 日的信件中，鉴于熊积极思考的长处，安希望由熊先酝酿一个编写大纲。而为了表示一个积极的态度，熊接信后立即考虑提纲并表示最后还是由安定夺，“请你一一指示明白，丝毫也不要客气，我写是会有困难的，原来没有任何基础和积累，只能边干边学，把关等等你是义不容辞的”（1981 年 1 月 13 日）。1981 年 1 月 30 日，安收到编写提纲，觉得架子可以，但也有些问题值得进一步研究。由于近三个月未得回信，4 月 3 日，熊再次去信询问提纲之事，希望由安早定提纲，他好做些具体工作。安在 4 月 8 日的回信中对章节的重要性及内容作了较为详细的修改说明，并表示希望熊再写一个包括细目的详细提纲，因为有了细目，方能突出特色。4 月 24 日，熊听取武大魏晋南北朝史学友人建议且经过再三考虑，重提对“讲义体裁”的顾虑，与安再次讨论体例和提纲问题。大体上，熊具体着手提纲编写，希望早日确定或是定一个初步的东西动手试写，“边学习边写”，“总想还是快一点好”。

> 现在是你重新明确了，那么（关于体例——涛注）只要你决心不变。除了基础差之外，我还有一个粗疏的大毛病。因此首先是提纲，你还要多加考虑，我打算先翻翻书（就提纲问题），看五月份能不能最后定下来。然后好动手边学习边写。

没有安的明确意见，熊对自己所拟提纲不够有把握。而从 1981 年 4 月 28 日安的回信中可见其相对谨慎，他认为在拟定提纲时要考虑系统、全面、详细，同时也要考虑特色，提出了提纲撰写的四条原则。他请熊还是先拟一个提纲，在假期秦汉史年会召开之前至少要有一个反复。同年 5 月 22 日，安接到林剑鸣信，其中谈到他正在编写秦汉史一书。安感到形势紧迫，想法有所改变，便主动向熊询问大纲编写情况，希望尽快着手写作：

> 争取能早些定下来，只要篇、章、节、目能够有一个大致的蓝图也就可以了；至于细目，也可以就我们所想到的写一写，反正在编写过程中也可能还有变动。拟好统一的大纲，就可以分工动手了。

1981年5月27日，熊认为可以立即动手，提出章节写作分配方案。安在回信中表示同意立即动手写，明确章节分工和每章的分量，并希望最近仍由熊写一份详细提纲寄来。6月8日，熊回信表示不太明确安所指提纲的详细程度，并详细说明了自己按照四条原则撰写的提纲和初步想法。6月12日，安反馈了熊所撰写相关章节提纲的修改意见。

至此，提纲问题已基本解决。在提纲拟定的往复过程中，分工也非常清晰，大体上由熊撰写，由安修改、把关。

“流水作业”：《秦汉官制史稿》的生成方式

提纲拟定中这种你写我改的模式在之后的写作中贯彻了下来，由安寄来相关资料，熊写完初稿快速寄送与安，安则提出修改意见返回给熊，日复一日，往来不绝，形成了一幅独特的“流水”景象，被安称为“流水作业”。

早在1981年4月24日明确写作分工的信中，熊便提到交叉分担一些章节的设想，而为了保证他负主责的西汉部分的质量，他希望采取“每章我先写一个初稿，请你修改，提出意见等”的方式。熊在5月27日写的信中延续了这一思路，相关章节由熊利用两人的前期成果进行改写，争取在秦汉史年会开会前后试写出一两节或一章交给安审查。

《秦汉官制史稿》写作正式开展后比较顺利，行文风格和作品质量也都得到了保证，恰恰是沿用拟定提纲时初步确定的“流水作业”方式的结果。《秦汉官制史稿》的写作基础是熊和安分别有10万字的秦代官制史和20万字的汉代官制史的书稿。在1981年12月26日的信件中，熊提到写作的基本原则是把秦和汉两个稿子合起来，在原有的基础上补充扩大。写作是以熊撰写初稿和安修改的方式进行，写一章改一章，反复往返。以其中的第一章为例，熊撰写了约5万字，而原稿仅仅是1.5万字的稿子，增加了两倍有余。1982年9月11日，书稿将近完成之际，安回复熊：

九月七日来信及修订稿均收到。

对修订稿，立即遵命捧读一过，总的印象是：修订稿对原稿能取长补短，充实提高，证明我们的合作是对的，对保证书稿的质量很有好处。

其中个别地方，似还应有所增删调整。

从 1982 年 10 月 3 日安给熊的信也可见“流水作业”的方式一直延续到稿件的最终修订阶段：

官制一稿，我又从头审查了一遍，统一一下体例格式，改订一下错漏字以及个别问题。有些问题来不及跟你商量，我就擅自作主了，以后看清样时再请你看吧。加上附表十几页，二十万字出头，绪论改好后，请速寄来。

在书稿撰写过程中，两人还承担了历史大辞典词条的编写、审稿、改稿任务，除了审阅的那部分词条外，仅由他们承担编写、改定的官制、法律词条就有 300 余条。为了让熊集中力量修改初稿，安具体着手该事，花费了不少时间。此项工作刚告一段落，紧接着就是修订熊寄来的书稿。直到 1982 年底《秦汉官制史稿》才初步完工，1983 年交出版社，1984 年出版。装订好的底稿于 1983 年 9 月由安的研究生带到当时的华中师院，现在保存在熊的手中。

在上册修订稿交出版社的同时，下册的写作也在进行，仍然采用“流水作业”的方式。1983 年 5 月 31 日，安在给熊的信中写道：

按照我们原来的计划，是今年十月间把下册书稿交齐鲁书社，争取 1983、1984 年两年内出齐。现在看是根本无法实现了。我的意见是最近或到暑假我们开辞典定稿会时，你把已经修改好的书稿寄交给我，有多少算多少；会一结束，你就一边继续赶写下去，我一边就着手修改，流水作业，早则年底，晚则明年第一季度末（三月），把第二、三编全部搞完。下学期我虽然有课，也一定要挤时间来搞（包括看上册校样）。等全部搞完后，我还要利用明年上半年剩下的时间或暑假，再通盘审查一遍，包括善后工作。（搞出初稿后，修改定稿的时间往往很长，因此项工作最细做不过，也最繁琐。不过，如单是统一符号，就不知花费多少时间。）这样，至迟我们的书稿在明年下半年开学前就可以交出版社了。当然，越早越好，越快越好。

我之所以这样从先后考虑，不仅是保证时间速度问题，也涉及书稿质量问题。你的长处是思考敏捷，勇于创新，下笔较快；但多少有点粗放，不够稳妥。我的短处是思想迟钝，偏于保守，下笔较慢；但力求谨慎、细致、稳妥，不出或少出差误。我们二人配合起来，一先一后，就能扬长避短，既能加快速度，又能保证质量。当初我们一见如故，即你推心置腹，我的话如有不当或考虑不周之处，即请指出，我们再好好商量。总之，我们要善始善终，不能让人家看我们的笑话。

这种一先一后“流水作业”的方式便于利用各自的优势，扬长避短，亦保证了下册的进度和质量。下册于 1985 年顺利出版。

其后，两人又曾计划合写秦汉兵刑史，同样采用这一方式。熊在 1985 年 5 月 9 日致安的信中写道：“我想完成一章以后即寄给你，以后再慢慢补充、修改。”熊曾写过一点法制史，后来因为各自安排和研究兴趣的转变，这一计划未能实行，但《秦汉官制史稿》的合作佳话却成为一段很有意义的历史。

（原载《中国社会科学报》2019 年 7 月 22 日第 7 版，收入本书时略有修订）

总后记

本人文集的编辑出版，花了他人不少时间和精力，虽不得已，但是应该铭感在心。

酝酿出版文集前后也有两三个年头了，范军、吴琦、赵国华、刘固盛等几位教授反复谋划、合计促成了此事。文集的编选、整理阶段，刘固盛教授做了大量具体的组织工作。另外还邀请了叶秋菊、肖海燕、王闯几位老师参加，博士生则有聂新、杨志昆、张盼盼、张亚伟、杜文君、魏淑贤、张艳鸽等，他们都花了许多时间和精力，仅仅规范注释，按出版的要求，就是一个很费时间的细致工作。

这里我要说明一下，实际上有些注释的格式难以完全按照出版规范统一起来。例如过去写文章，如果引用《史记·五帝本纪》《汉书·礼乐志》的内容，注释只需注明书名就可以了，但现在的规范一般要求标明出版社、出版时间和引文的页码等。是为了读者，为了编辑，还是为了“统一”、“好看”？类似的要求似乎存在某些不合理之处。如果读书、写书的人，连基本的史料例如二十四史之类都不知道，那还谈什么学问？何况有些史料没有标点本，或者有而不准确，注明出来又有何用？所以本文集在注释规范方面虽然尽了很大的力，但仍然会有那么一些并不规范之处，也是不得已，特此说明。

参考已出的一些文集，本文集也选用了一些照片，是新来的硕士生杨帆帮忙完成的，想反映一下人生经历和师友关系。师友很多，学生更是不少，也只能选用有代表性的几张合影，由于选用的数量有限，遗漏恐怕还是有的。

华中师范大学出版社从过去到现在的领导和许多成员都是我的朋友，文集的出版，有他们的关注和支持。负责本文集具体实施的冯会平同志前后也交往多年了，她工作热情积极，此次也费力不少。还有梅杰、张怀东、张建英、曾艳、庞丹、卢格蕙、陈良军编辑的辛劳，都是应该衷心感谢的。

本文集的出版得到华中师范大学中国史一流学科建设的经费支持和历史文化学院的关心，在此一并致谢。